2016
中国高技术产业统计年鉴
CHINA STATISTICS YEARBOOK ON HIGH TECHNOLOGY INDUSTRY

国家统计局社会科技和文化产业统计司
国家发展和改革委员会高技术产业司 编

Compiled by

Department of Social,Science and Technology,and Cultural Statistics National Bureau of Statistics

Department of High-Tech Industy National Development and Reform Commission

图书在版编目（CIP）数据

中国高技术产业统计年鉴. 2016 : 汉英对照 / 国家统计局社会科技和文化产业统计司, 国家发展和改革委员会高技术产业司编. -- 北京 : 中国统计出版社, 2016.11
ISBN 978-7-5037-8009-7

Ⅰ. ①中… Ⅱ. ①国… ②国… Ⅲ. ①高技术产业－统计资料－中国－2016－年鉴－汉、英 Ⅳ. ①F279.244.4-54

中国版本图书馆 CIP 数据核字(2016)第 234866 号

中国高技术产业统计年鉴—2016

作　　者/国家统计局社会科技和文化产业统计司　国家发展和改革委员会高技术产业司
责任编辑/徐　涛　林　梅
封面设计/李雪燕　张　冰
出版发行/中国统计出版社
通信地址/北京市丰台区西三环南路甲 6 号　邮政编码/100073
电　　话/邮购（010）63376909　书店（010）68783171
网　　址/ http://www.zgtjcbs.com/
印　　刷/河北鑫宏源印刷包装有限责任公司
经　　销/新华书店
开　　本/880mm×1230mm　1/16
字　　数/960 千字
印　　张/30
版　　别/2016 年 11 月第 1 版
版　　次/2016 年 11 月第 1 次印刷
定　　价/280.00 元

本书附同版本 CD-ROM 一张，光盘内容以书面文字为准。
如有印装差错，由本社发行部调换。

《中国高技术产业统计年鉴—2016》

编辑委员会、编辑部

CHINA TATISTICS YEARBOOK ON HIGH TECHNOLOGY INDUSTRY-2016

Editorial Board and Staff

编辑说明

为反映我国高技术产业发展状况和国际竞争能力，满足国家宏观管理部门制订调整产业政策和产业发展规划的需要，我们根据国家统计局2013年颁布的《高技术产业（制造业）分类（2013）》，加工整理了这本高技术产业发展状况的统计资料书。

本书收集了2000-2015年我国高技术产业生产经营、研发及相关活动、固定资产投资等资料以及相关的国际比较数据，较为全面地描述了“十五”以来我国高技术产业发展的基本状况，是有关管理部门和社会各界了解我国高技术产业发展情况的主要资料工具书。

本书共分五个部分。第一部分主要反映高技术产业企业的生产经营情况。第二部分主要反映高技术产业企业的研发活动、新产品开发和销售、专利、技术获取和改造、企业办研发机构等情况。第三部分主要反映高技术产业企业的固定资产投资情况。第四部分为国际比较资料，根据世界银行等国际组织公布的高技术产业统计资料整理。第五部分为附录，包括高技术产业（制造业）分类（2013）、高技术产业（制造业）统计分类目录、高技术产业（制造业）统计资料整理公布格式和主要统计指标解释。

本书中2015年高技术产业（制造业）数据包括“信息化学品制造业”，未对历史年份数据进行调整；书中的“空格”表示该项统计指标数据不足本表最小单位数、数据不详或无该项数据；书中因小数取舍而产生的误差均未做配平处理。按地区分组东部地区包括：北京、天津、河北、上海、江苏、浙江、福建、山东、广东和海南；中部地区包括：山西、安徽、江西、河南、湖北和湖南；西部地区包括：内蒙古、广西、重庆、四川、贵州、云南、西藏、陕西、甘肃、青海、宁夏和新疆；东北地区包括：辽宁、吉林和黑龙江。

PREFACE

This Yearbook of High Technology Industry is based on the High Technology Industry (Manufacturing Industry) Classification, which has been published by the National Bureau of Statistics in 2013. The purposes of the Yearbook are to summarize the development and international competitive position of China's hi-tech industry and to facilitate the goals of the state macro administration in formulating policy and programming in support of China's hi-tech industry.

The Yearbook describes the development of China's hi-tech industry during the period from 2000 to 2015. Statistical series for the years 2000 to 2015 include production, R&D and related activities, investment on fixed assets, and relative international comparative measures of this fast-growing industry. The Yearbook should serve as a useful source for the public planning and administration sector as well as the broader business and research communities for understanding recent developments in China's hi-tech industry.

The Yearbook contains five parts. The first part focuses on the production and management of hi-tech industry. The second part of the Yearbook focuses on R&D activities, new products development, patents, technology acquisition and technology reconstruction, and R&D institutions in hi-tech enterprises. The third part focuses on investment on fixed assets in hi-tech industry. The fourth part of the Yearbook focuses on international comparisons of different countries based on the World Bank data. The fifth part is appendix information, including High Technology Industry (Manufacturing Industry) Classification(2013), catalogue of Hi-Technology Industry (Manufacturing Industry) Classifications, Published Format for Sorting-out the Statistical Data of High-Technology Industry (Manufacturing Industry) and Main Statistical Indicators.

The data of High-Technology Industry (Manufacturing Industry) for the year 2015 in the Yearbook include Manufacture of Electronic Chemicals data, but historical data are not adjusted retroactively. Notations used in this book:"(blank space)"indicates that the figure is not large enough to be measured with the smallest unit in the table or data are unknown or are not available. Statistical discrepancies due to rounding are not adjusted in the yearbook. Eastern region include Beijing, Tianjin, Hebei, Shanghai, Jiangsu, Zhejiang, Fujian, Shandong, Guangdong and Hainan. Middle region include Shanxi, Anhui, Jiangxi, Henan, Hubei and Hunan. Western region include Inner Mongolia, Guangxi, Chongqing, Sichuan, Guizhou, Yunnan, Tibet, Shaanxi, Gansu, Qinghai, Ningxia and Xinjiang. Northeastern region include Liaoning, Jilin and Heilongjiang.

目　录

Contents

第二部分 R&D 及相关活动情况

Statistics on R&D and Related Activities

第三部分 固定资产投资情况

Statistics on Investment in Fixed Assets

第四部分 国际比较情况
International Comparison

附 录
Appendix

1

生产经营情况
Statistics on Production and Management

1-1-1　高技术产业生产经营情况
Statistics on Production and Management in High-tech Industry

指　标	Indicator	2000	2005	2012	2013	2014	2015
企业数（个）	Number of Enterprises (unit)	9835	17527	24636	26894	27939	29631
从业人员平均人数（万人）	Annual Average Number of Employed Personnel (10 thousand persons)	392	663	1269	1294	1325	1354
主营业务收入（亿元）	Revenue from Principal Business (100 million yuan)	10050	33916	102284	116049	127368	139969
利润总额（亿元）	Profits (100 million yuan)	673	1423	6186	7234	8095	8986
出口交货值(亿元)	Exports(100 million Yuan)	3396	17636	46701	49285	50765	50923

注：本表2005年及以前年份数据口径为全部国有及年主营业务收入500万元及以上的非国有法人工业企业，2011年及以后年份为年主营业务收入2000万元及以上的法人工业企业。以下至1-1-14表相同。

1-1-2　制造业生产经营情况
Statistics on Production and Management in Manufacturing Industry

指　标	Indicator	2000	2005	2012	2013	2014	2015
企业数（个）	Number of Enterprises (unit)	148279	251499	318772	343584	352365	358665
从业人员平均人数（万人）	Annual Average Number of Employed Personnel (10 thousand persons)	4606	5935	8395	8614	8647	8520
主营业务收入（亿元）	Revenue from Principal Business (100 million yuan)	71698	213844	805662	909453	978230	992674
利润总额（亿元）	Profits (100 million yuan)	2733	9704	48571	55401	56898	57975
出口交货值(亿元)	Export(100 million yuan)	14193	47082	106321	112434	118119	115728

1-1-3 按行业分高技术产业生产经营情况

Statistics on Production and Management in High-tech Industry by Industrial Sector

行 业	Industry	企业数（个） Number of Enterprises (unit)					
		2000	2005	2012	2013	2014	2015
合计	**Total**	**9835**	**17527**	**24636**	**26894**	**27939**	**29631**
医药制造业	**Manufacture of Medicines**	**3533**	**4971**	**6387**	**6839**	**7108**	**7392**
#化学药品制造	Manufacture of Chemical Medicine	1619	2037	2274	2366	2371	2416
中成药生产	Production of Finished Traditional Chinese Herbal Medicine		1288	1493	1555	1592	1622
生物药品制造	Manufacture of Biological Medicine	271	478	821	889	934	975
航空、航天器及设备制造业	**Manufacture of Aircrafts and Spacecrafts and Related Equipment**	**176**	**167**	**304**	**318**	**338**	**382**
#飞机制造	Manufacture of Airplanes	130	143	123	126	136	149
航天器制造	Manufacture of Spacecrafts	46	24	27	29	28	30
电子及通信设备制造业	**Manufacture of Electronic Equipment and Communication Equipment**	**3996**	**7781**	**12215**	**13465**	**13973**	**14634**
#通信设备制造	Manufacture of Communication Equipment	809	1195	1323	1449	1507	1719
#通信系统设备制造	Manufacture of Communication System Equipment	323	426	720	756	770	820
通信终端设备制造	Manufacture of Communication Terminal Equipment	129	223	603	693	737	899
广播电视设备制造	Manufacture of Broadcasting and TV Equipment	98	361	447	624	626	644
雷达及配套设备制造	Manufacture of Radar and Its Fittings	47	47	61	58	59	52
视听设备制造	Manufacture of TV Set and Radio Receiver	453	855	897	1039	1036	1022
电子器件制造	Manufacture of Electronic Appliances	513	1285	2356	2593	2752	2867
#电子真空器件制造	Manufacture of Electronic Vacuum Appliance	105	134	96	103	98	99
半导体分立器件制造	Manufacture of Semiconductor Discreting Appliances	236	258	327	328	335	334
集成电路制造	Manufacture of Integrate Circuit	172	362	426	438	452	459
电子元件制造	Manufacture of Electronic Components	1598	3558	5091	5367	5490	5604
其他电子设备制造	Manufacture of Other Electronic Equipment	478	480	960	1095	1176	1234
计算机及办公设备制造业	**Manufacture of Computers and Office Equipment**	**506**	**1267**	**1387**	**1565**	**1629**	**1695**
#计算机整机制造	Manufacture of Entired Computer	139	201	157	167	172	188
计算机零部件制造	Manufacture of Computer Components and Parts	272	886	439	510	560	580
计算机外围设备制造	Manufacture of Computer Peripheral Equipment			404	441	442	471
办公设备制造	Manufacture of Office Equipment	95	180	194	240	241	243
医疗仪器设备及仪器仪表制造业	**Manufacture of Medical Equipments and Measuring Instrument**	**1624**	**3341**	**4343**	**4707**	**4891**	**5062**
1.医疗仪器设备及器械制造	Manufacture of Medical Equipment and Appliance	338	704	974	1084	1196	1310
2.仪器仪表制造	Manufacture of Measuring Instrument	1286	2637	3369	3623	3695	3752
信息化学品制造业	**Manufacture of Electronic Chemicals**						**466**

注：本表未对“计算机零部件制造”和“计算机外围设备制造”行业2011年及以前年份的历史数据进行调整(有关行业对应情况详见附录2)，下同。

1-1-3　续表 1　continued

行　业	Industry	从业人员平均人数（人） Annual Average Number of Employed Personnel (person)					
		2000	2005	2012	2013	2014	2015
合计	**Total**	**3922875**	**6633422**	**12686722**	**12936870**	**13250267**	**13543225**
医药制造业	**Manufacture of Medicines**	**1045293**	**1234389**	**1966586**	**2085498**	**2159430**	**2229376**
#化学药品制造	Manufacture of Chemical Medicine	612191	641919	885445	922024	928624	948815
中成药生产	Production of Finished Traditional Chinese Herbal Medicine		350233	556175	592006	616299	629665
生物药品制造	Manufacture of Biological Medicine	53451	77122	177311	195386	214841	230218
航空、航天器及设备制造业	**Manufacture of Aircrafts and Spacecrafts and Related Equipment**	**456531**	**304691**	**359315**	**339551**	**365708**	**387006**
#飞机制造	Manufacture of Airplanes	394176	283082	252073	237375	258084	259875
航天器制造	Manufacture of Spacecrafts	62355	21609	24899	27682	26382	27969
电子及通信设备制造业	**Manufacture of Electronic Equipment and Communication Equipment**	**1739147**	**3466681**	**7307914**	**7482696**	**7734261**	**8142256**
#通信设备制造	Manufacture of Communication Equipment	324118	555028	1377422	1387344	1560571	1981129
#通信系统设备制造	Manufacture of Communication System Equipment	151727	161370	535948	441277	599316	684084
通信终端设备制造	Manufacture of Communication Terminal Equipment	56902	115108	841474	946067	961255	1297045
广播电视设备制造	Manufacture of Broadcasting and TV Equipment	21493	75849	167031	218860	215379	229059
雷达及配套设备制造	Manufacture of Radar and Its Fittings	54161	39307	42697	50587	47392	43630
视听设备制造	Manufacture of TV Set and Radio Receiver	317255	553288	657685	710770	679482	651896
电子器件制造	Manufacture of Electronic Appliances	268611	616231	1561767	1624552	1662354	1669178
#电子真空器件制造	Manufacture of Electronic Vacuum Appliance	112600	104010	36087	33999	29634	27409
半导体分立器件制造	Manufacture of Semiconductor Discreting Appliances	82007	73727	126805	127932	132950	133819
集成电路制造	Manufacture of Integrate Circuit	74004	188080	288256	294452	289897	283925
电子元件制造	Manufacture of Electronic Components	645061	1495255	2712470	2604164	2571802	2557756
其他电子设备制造	Manufacture of Other Electronic Equipment	108448	131723	361962	436496	526585	500627
计算机及办公设备制造业	**Manufacture of Computers and Office Equipment**	**246902**	**1011417**	**1981602**	**1905640**	**1842440**	**1467024**
#计算机整机制造	Manufacture of Entired Computer	62331	322380	737692	716976	670702	504436
计算机零部件制造	Manufacture of Computer Components and Parts	125570	607302	659032	622213	600400	397157
计算机外围设备制造	Manufacture of Computer Peripheral Equipment			348480	307264	298340	297528
办公设备制造	Manufacture of Office Equipment	59001	81735	114918	133391	132504	115620
医疗仪器设备及仪器仪表制造业	**Manufacture of Medical Equipments and Measuring Instrument**	**435002**	**616244**	**1071305**	**1123485**	**1148428**	**1147356**
1.医疗仪器设备及器械制造	Manufacture of Medical Equipment and Appliance	67749	129701	260768	283845	296477	308858
2.仪器仪表制造	Manufacture of Measuring Instrument	367253	486543	810537	839640	851951	838498
信息化学品制造业	**Manufacture of Electronic Chemicals**						**170207**

1-1-3 续表 2 continued

行 业	Industry	主营业务收入（亿元） Revenue from Principal Business (100 million yuan)					
		2000	2005	2012	2013	2014	2015
合计	**Total**	**10050.1**	**33916.2**	**102284.0**	**116048.9**	**127367.7**	**139968.6**
医药制造业	**Manufacture of Medicines**	**1682.8**	**4019.8**	**17337.7**	**20484.2**	**23350.3**	**25729.5**
#化学药品制造	Manufacture of Chemical Medicine	1000.7	2325.6	8304.3	9433.8	10518.1	11417.0
中成药生产	Production of Finished Traditional Chinese Herbal Medicine		970.8	4112.5	5022.6	5745.8	6277.2
生物药品制造	Manufacture of Biological Medicine	112.3	318.2	1978.8	2403.7	2801.3	3160.9
航空、航天器及设备制造业	**Manufacture of Aircrafts and Spacecrafts and Related Equipment**	**377.8**	**781.4**	**2329.9**	**2853.2**	**3027.6**	**3412.6**
#飞机制造	Manufacture of Airplanes	335.1	735.3	1689.8	2071.7	2100.4	2283.5
航天器制造	Manufacture of Spacecrafts	42.8	46.0	140.3	183.5	221.1	211.5
电子及通信设备制造业	**Manufacture of Electronic Equipment and Communication Equipment**	**5874.5**	**16646.3**	**52799.1**	**60633.9**	**67584.2**	**78309.9**
#通信设备制造	Manufacture of Communication Equipment	2162.2	5834.0	13770.0	17018.9	19959.9	27108.4
#通信系统设备制造	Manufacture of Communication System Equipment	913.2	1403.5	5918.7	6504.5	7734.7	9747.5
通信终端设备制造	Manufacture of Communication Terminal Equipment	283.1	490.4	7851.3	10514.5	12225.2	17360.8
广播电视设备制造	Manufacture of Broadcasting and TV Equipment	33.2	196.0	927.7	1554.0	1619.0	1718.7
雷达及配套设备制造	Manufacture of Radar and Its Fittings	34.1	92.5	313.1	444.2	443.5	443.6
视听设备制造	Manufacture of TV Set and Radio Receiver	1467.8	3049.0	6172.2	7560.7	7358.9	7739.5
电子器件制造	Manufacture of Electronic Appliances	920.1	2958.6	12725.4	13560.6	14879.5	15808.9
#电子真空器件制造	Manufacture of Electronic Vacuum Appliance	533.0	563.0	194.6	205.0	176.3	208.5
半导体分立器件制造	Manufacture of Semiconductor Discreting Appliances	126.8	249.0	785.3	793.9	866.5	967.3
集成电路制造	Manufacture of Integrate Circuit	260.3	1118.8	2491.2	2683.8	2617.7	2701.2
电子元件制造	Manufacture of Electronic Components	993.8	4167.0	13065.7	13613.9	14717.3	16012.2
其他电子设备制造	Manufacture of Other Electronic Equipment	263.2	349.1	2439.9	3043.8	4248.2	4489.5
计算机及办公设备制造业	**Manufacture of Computers and Office Equipment**	**1606.7**	**10716.6**	**22045.2**	**23214.2**	**23499.1**	**19407.9**
#计算机整机制造	Manufacture of Entired Computer	657.3	5683.4	12644.4	13893.5	13769.3	11257.9
计算机零部件制造	Manufacture of Computer Components and Parts	763.0	4508.8	4746.6	4661.7	4505.8	2716.1
计算机外围设备制造	Manufacture of Computer Peripheral Equipment			2724.6	2505.6	2774.7	2902.2
办公设备制造	Manufacture of Office Equipment	186.4	524.4	1029.0	1192.5	1239.2	1122.1
医疗仪器设备及仪器仪表制造业	**Manufacture of Medical Equipments and Measuring Instrument**	**508.3**	**1752.2**	**7772.1**	**8863.5**	**9906.5**	**10471.8**
1.医疗仪器设备及器械制造	Manufacture of Medical Equipment and Appliance	95.4	341.6	1602.0	1853.6	2182.6	2431.3
2.仪器仪表制造	Manufacture of Measuring Instrument	412.9	1410.6	6170.1	7009.9	7723.9	8040.6
信息化学品制造业	**Manufacture of Electronic Chemicals**						**2636.8**

1-1-3　续表 3　continued

行　业	Industry	利润总额（亿元） Profits (100 million yuan)					
		2000	2005	2012	2013	2014	2015
合计	**Total**	**673.1**	**1423.2**	**6186.3**	**7233.7**	**8095.2**	**8986.3**
医药制造业	**Manufacture of Medicines**	**139.1**	**338.2**	**1865.9**	**2132.7**	**2382.5**	**2717.3**
#化学药品制造	Manufacture of Chemical Medicine	67.2	174.5	838.1	936.0	1064.2	1197.3
中成药生产	Production of Finished Traditional Chinese Herbal Medicine		97.4	471.6	562.6	619.1	697.0
生物药品制造	Manufacture of Biological Medicine	14.1	38.0	273.4	296.1	333.4	390.4
航空、航天器及设备制造业	**Manufacture of Aircrafts and Spacecrafts and Related Equipment**	**3.8**	**32.4**	**121.8**	**139.3**	**170.3**	**196.1**
#飞机制造	Manufacture of Airplanes	3.8	27.5	80.1	86.5	105.0	124.6
航天器制造	Manufacture of Spacecrafts		4.9	11.4	14.0	15.8	16.7
电子及通信设备制造业	**Manufacture of Electronic Equipment and Communication Equipment**	**426.1**	**650.8**	**2679.5**	**3326.8**	**3744.4**	**4348.9**
#通信设备制造	Manufacture of Communication Equipment	211.1	277.9	702.9	897.2	1046.3	1572.7
#通信系统设备制造	Manufacture of Communication System Equipment	100.2	77.1	308.0	535.5	655.0	1068.9
通信终端设备制造	Manufacture of Communication Terminal Equipment	11.7	8.2	394.9	361.7	391.2	503.8
广播电视设备制造	Manufacture of Broadcasting and TV Equipment	1.6	9.2	77.7	106.7	108.0	126.9
雷达及配套设备制造	Manufacture of Radar and Its Fittings	-0.1	6.5	24.0	28.3	29.3	30.5
视听设备制造	Manufacture of TV Set and Radio Receiver	40.8	64.2	242.7	379.5	293.8	217.3
电子器件制造	Manufacture of Electronic Appliances	82.7	65.4	642.3	797.4	847.2	770.6
#电子真空器件制造	Manufacture of Electronic Vacuum Appliance	57.1	-13.3	12.6	15.6	13.1	20.0
半导体分立器件制造	Manufacture of Semiconductor Discreting Appliances	7.9	7.1	37.7	33.7	42.8	44.5
集成电路制造	Manufacture of Integrate Circuit	17.7	32.6	157.2	164.7	217.9	189.4
电子元件制造	Manufacture of Electronic Components	65.5	209.8	614.9	704.1	870.3	999.3
其他电子设备制造	Manufacture of Other Electronic Equipment	24.4	17.9	147.6	166.9	275.4	292.0
计算机及办公设备制造业	**Manufacture of Computers and Office Equipment**	**76.0**	**262.7**	**790.5**	**810.4**	**889.2**	**622.1**
#计算机整机制造	Manufacture of Entired Computer	36.3	103.6	341.7	412.4	422.0	186.0
计算机零部件制造	Manufacture of Computer Components and Parts	33.6	137.3	177.2	165.3	172.3	142.1
计算机外围设备制造	Manufacture of Computer Peripheral Equipment			133.0	100.2	152.9	160.3
办公设备制造	Manufacture of Office Equipment	6.1	21.8	48.5	64.2	76.8	67.6
医疗仪器设备及仪器仪表制造业	**Manufacture of Medical Equipments and Measuring Instrument**	**28.2**	**139.1**	**728.7**	**824.6**	**908.9**	**938.8**
1.医疗仪器设备及器械制造	Manufacture of Medical Equipment and Appliance	6.0	30.5	187.1	201.1	237.2	246.1
2.仪器仪表制造	Manufacture of Measuring Instrument	22.2	108.7	541.5	623.5	671.7	692.7
信息化学品制造业	**Manufacture of Electronic Chemicals**						**163.1**

1-1-3 续表 4 continued

行 业	Industry	出口交货值（亿元） Exports (100 million yuan)					
		2000	2005	2012	2013	2014	2015
合计	**Total**	**3396.0**	**17636.0**	**46701.1**	**49285.1**	**50765.2**	**50923.1**
医药制造业	**Manufacture of Medicines**	**189.6**	**439.3**	**1164.9**	**1184.2**	**1312.3**	**1342.0**
#化学药品制造	Manufacture of Chemical Medicine	139.2	312.7	698.9	724.4	751.7	735.2
中成药生产	Production of Finished Traditional Chinese Herbal Medicine		25.2	54.7	48.2	75.6	57.8
生物药品制造	Manufacture of Biological Medicine	10.1	55.3	183.9	194.1	234.5	273.5
航空、航天器及设备制造业	**Manufacture of Aircrafts and Spacecrafts and Related Equipment**	**31.2**	**77.8**	**358.7**	**370.1**	**405.4**	**433.5**
#飞机制造	Manufacture of Airplanes	27.5	77.3	210.5	216.5	252.4	240.2
航天器制造	Manufacture of Spacecrafts	3.7	0.4		0.8	2.8	1.7
电子及通信设备制造业	**Manufacture of Electronic Equipment and Communication Equipment**	**2158.1**	**9410.0**	**27049.0**	**28738.4**	**31486.8**	**35321.9**
#通信设备制造	Manufacture of Communication Equipment	439.3	3084.6	7055.0	8102.9	9503.2	13809.8
#通信系统设备制造	Manufacture of Communication System Equipment	76.6	417.3	2423.5	2547.7	2834.1	3386.2
通信终端设备制造	Manufacture of Communication Terminal Equipment	103.0	294.3	4631.6	5555.2	6669.1	10423.6
广播电视设备制造	Manufacture of Broadcasting and TV Equipment	4.2	66.7	332.3	575.0	553.1	553.7
雷达及配套设备制造	Manufacture of Radar and Its Fittings	6.0	14.3	58.1	91.3	52.9	39.5
视听设备制造	Manufacture of TV Set and Radio Receiver	590.3	1707.5	2885.4	3295.2	3348.4	3410.2
电子器件制造	Manufacture of Electronic Appliances	367.7	1819.6	8376.6	8411.8	9439.6	9352.5
#电子真空器件制造	Manufacture of Electronic Vacuum Appliance	117.7	238.9	53.7	52.1	21.8	21.2
半导体分立器件制造	Manufacture of Semiconductor Discreting Appliances	90.5	149.1	402.6	407.6	438.5	493.2
集成电路制造	Manufacture of Integrate Circuit	159.5	833.7	1641.4	1706.3	1972.6	1705.5
电子元件制造	Manufacture of Electronic Components	644.4	2548.7	6597.1	6309.0	6461.0	6028.7
其他电子设备制造	Manufacture of Other Electronic Equipment	106.1	168.6	964.5	1252.7	1460.8	1358.7
计算机及办公设备制造业	**Manufacture of Computers and Office Equipment**	**910.7**	**7194.6**	**16926.4**	**17640.7**	**16154.9**	**11994.8**
#计算机整机制造	Manufacture of Entired Computer	239.8	3160.9	9500.9	10524.8	9323.3	7054.7
计算机零部件制造	Manufacture of Computer Components and Parts	538.2	3593.3	4124.2	3990.6	3626.4	1695.2
计算机外围设备制造	Manufacture of Computer Peripheral Equipment			2118.7	1875.4	1917.0	1990.0
办公设备制造	Manufacture of Office Equipment	132.6	440.3	740.7	762.8	808.8	648.2
医疗仪器设备及仪器仪表制造业	**Manufacture of Medical Equipments and Measuring Instrument**	**106.4**	**514.4**	**1202.1**	**1351.8**	**1405.8**	**1449.0**
1.医疗仪器设备及器械制造	Manufacture of Medical Equipment and Appliance	28.2	114.5	394.2	445.2	476.1	478.0
2.仪器仪表制造	Manufacture of Measuring Instrument	78.2	399.9	807.9	906.6	929.7	971.0
信息化学品制造业	**Manufacture of Electronic Chemicals**						**382.0**

1-1-4 大中型企业分行业高技术产业生产经营情况

Statistics on Production and Management in High-tech Industry of Large and Medium-sized Enterprises by Industrial Sector

行业	Industry	企业数（个） Number of Enterprises (unit)					
		2000	2005	2012	2013	2014	2015
合计	**Total**	**2030**	**3454**	**7506**	**7809**	**7969**	**8121**
医药制造业	**Manufacture of Medicines**	**733**	**795**	**1463**	**1539**	**1609**	**1660**
#化学药品制造	Manufacture of Chemical Medicine	444	441	672	690	708	727
中成药生产	Production of Finished Traditional Chinese Herbal Medicine		240	392	411	430	432
生物药品制造	Manufacture of Biological Medicine	52	45	157	170	188	200
航空、航天器及设备制造业	**Manufacture of Aircrafts and Spacecrafts and Related Equipment**	**156**	**109**	**118**	**130**	**145**	**159**
#飞机制造	Manufacture of Airplanes	116	94	59	68	81	82
航天器制造	Manufacture of Spacecrafts	40	15	16	18	20	21
电子及通信设备制造业	**Manufacture of Electronic Equipment and Communication Equipment**	**784**	**1791**	**4404**	**4584**	**4646**	**4618**
#通信设备制造	Manufacture of Communication Equipment	167	270	488	538	552	574
#通信系统设备制造	Manufacture of Communication System Equipment	85	75	204	227	219	235
通信终端设备制造	Manufacture of Communication Terminal Equipment	34	59	284	311	333	339
广播电视设备制造	Manufacture of Broadcasting and TV Equipment	13	42	134	170	173	169
雷达及配套设备制造	Manufacture of Radar and Its Fittings	35	21	31	25	30	29
视听设备制造	Manufacture of TV Set and Radio Receiver	108	247	364	418	393	374
电子器件制造	Manufacture of Electronic Appliances	142	370	943	966	973	977
#电子真空器件制造	Manufacture of Electronic Vacuum Appliance	45	47	31	31	28	24
半导体分立器件制造	Manufacture of Semiconductor Discreting Appliances	63	59	104	102	97	96
集成电路制造	Manufacture of Integrate Circuit	34	126	184	185	185	183
电子元件制造	Manufacture of Electronic Components	282	790	1882	1853	1863	1817
其他电子设备制造	Manufacture of Other Electronic Equipment	37	51	258	279	308	303
计算机及办公设备制造业	**Manufacture of Computers and Office Equipment**	**88**	**436**	**632**	**646**	**653**	**638**
#计算机整机制造	Manufacture of Entired Computer	27	85	85	84	88	83
计算机零部件制造	Manufacture of Computer Components and Parts	40	308	213	213	228	222
计算机外围设备制造	Manufacture of Computer Peripheral Equipment			187	188	176	178
办公设备制造	Manufacture of Office Equipment	21	43	78	89	85	82
医疗仪器设备及仪器仪表制造业	**Manufacture of Medical Equipments and Measuring Instrument**	**269**	**323**	**889**	**910**	**916**	**918**
1.医疗仪器设备及器械制造	Manufacture of Medical Equipment and Appliance	42	65	239	248	249	265
2.仪器仪表制造	Manufacture of Measuring Instrument	227	258	650	662	667	653
信息化学品制造业	**Manufacture of Electronic Chemicals**						**128**

注：2010年及以前年份数据口径为从业人员年平均人数300人及以上且年主营业务收入3000万元及以上且年资产合计4000万元及以上的法人工业企业。2011年及以后年份数据口径为从业人员年均人数300人及以上且年主营业务收入2000万元及以上的法人工业企业。

1-1-4 续表 1 continued

行　业	Industry	从业人员平均人数（人） Annual Average Number of Employed Personnel (person)					
		2000	2005	2012	2013	2014	2015
合计	**Total**	**2252216**	**4717460**	**10346625**	**10516563**	**10727828**	**10899742**
医药制造业	**Manufacture of Medicines**	**595461**	**735910**	**1359243**	**1440497**	**1496407**	**1548931**
#化学药品制造	Manufacture of Chemical Medicine	404721	439872	673710	704273	715735	734521
中成药生产	Production of Finished Traditional Chinese Herbal Medicine		208741	406604	436934	458193	469911
生物药品制造	Manufacture of Biological Medicine	26209	34208	104925	115651	128383	139594
航空、航天器及设备制造业	**Manufacture of Aircrafts and Spacecrafts and Related Equipment**	**441174**	**295608**	**255137**	**320242**	**343786**	**360074**
#飞机制造	Manufacture of Airplanes	380543	275002	180842	232291	251796	251724
航天器制造	Manufacture of Spacecrafts	60631	20606	16717	26849	25555	26799
电子及通信设备制造业	**Manufacture of Electronic Equipment and Communication Equipment**	**897501**	**2513846**	**6209351**	**6299280**	**6491751**	**6854148**
#通信设备制造	Manufacture of Communication Equipment	189054	439610	1265049	1268553	1434256	1833104
#通信系统设备制造	Manufacture of Communication System Equipment	105929	126338	466682	375541	529552	614627
通信终端设备制造	Manufacture of Communication Terminal Equipment	34660	89351	798367	893012	904704	1218477
广播电视设备制造	Manufacture of Broadcasting and TV Equipment	9775	37306	125725	160417	158235	168459
雷达及配套设备制造	Manufacture of Radar and Its Fittings	50285	31809	35711	45331	43686	40271
视听设备制造	Manufacture of TV Set and Radio Receiver	179337	427187	578999	625373	590776	568770
电子器件制造	Manufacture of Electronic Appliances	166699	483607	1369870	1407064	1424663	1426882
#电子真空器件制造	Manufacture of Electronic Vacuum Appliance	95194	92150	28534	25727	21724	17996
半导体分立器件制造	Manufacture of Semiconductor Discreting Appliances	41955	46488	95656	97393	100711	102011
集成电路制造	Manufacture of Integrate Circuit	29550	156367	256935	261894	253055	249375
电子元件制造	Manufacture of Electronic Components	278364	1018103	2238951	2119626	2069166	2053202
其他电子设备制造	Manufacture of Other Electronic Equipment	23987	76224	269645	333089	418503	386732
计算机及办公设备制造业	**Manufacture of Computers and Office Equipment**	**87499**	**874723**	**1870043**	**1775676**	**1712636**	**1329858**
#计算机整机制造	Manufacture of Entired Computer	26408	308291	727333	704900	659689	491512
计算机零部件制造	Manufacture of Computer Components and Parts	48855	509343	623487	575249	553744	347594
计算机外围设备制造	Manufacture of Computer Peripheral Equipment			313383	271047	261322	258154
办公设备制造	Manufacture of Office Equipment	12236	57089	100893	115294	113356	96160
医疗仪器设备及仪器仪表制造业	**Manufacture of Medical Equipments and Measuring Instrument**	**230581**	**297373**	**652851**	**680868**	**683248**	**672105**
1.医疗仪器设备及器械制造	Manufacture of Medical Equipment and Appliance	23393	54682	166038	178658	178682	185489
2.仪器仪表制造	Manufacture of Measuring Instrument	207188	242691	486813	502210	504566	486616
信息化学品制造业	**Manufacture of Electronic Chemicals**						**134626**

1-1-4 续表 2 continued

行 业	Industry	主营业务收入（亿元） Revenue from Principal Business (100 million yuan) 2000	2005	2012	2013	2014	2015
合计	**Total**	**6085.2**	**28783.2**	**83239.5**	**91634.8**	**103060.2**	**112246.1**
医药制造业	**Manufacture of Medicines**	**1090.8**	**2674.7**	**11036.8**	**13039.0**	**15232.6**	**17009.0**
#化学药品制造	Manufacture of Chemical Medicine	711.2	1703.8	6020.1	6851.8	7799.2	8557.4
中成药生产	Production of Finished Traditional Chinese Herbal Medicine		694.9	2716.1	3346.6	3937.4	4377.7
生物药品制造	Manufacture of Biological Medicine	63.7	148.0	1159.5	1397.9	1727.7	1955.9
航空、航天器及设备制造业	**Manufacture of Aircrafts and Spacecrafts and Related Equipment**	**352.3**	**753.9**	**1650.8**	**2191.0**	**2682.4**	**3079.2**
#飞机制造	Manufacture of Airplanes	310.6	714.1	1235.3	1635.2	2017.7	2210.2
航天器制造	Manufacture of Spacecrafts	41.6	39.8	103.8	173.0	214.3	203.1
电子及通信设备制造业	**Manufacture of Electronic Equipment and Communication Equipment**	**3741.9**	**14417.0**	**44900.4**	**49173.4**	**57050.1**	**66153.0**
#通信设备制造	Manufacture of Communication Equipment	1430.8	5272.1	12705.2	13412.3	18478.8	25217.5
#通信系统设备制造	Manufacture of Communication System Equipment	693.9	1250.8	5287.5	3484.7	6978.0	9005.0
通信终端设备制造	Manufacture of Communication Terminal Equipment	232.7	424.1	7417.6	9927.6	11500.8	16212.5
广播电视设备制造	Manufacture of Broadcasting and TV Equipment	6.7	100.3	620.1	1096.6	1138.4	1147.7
雷达及配套设备制造	Manufacture of Radar and Its Fittings	31.6	83.6	257.6	385.7	385.7	381.2
视听设备制造	Manufacture of TV Set and Radio Receiver	1113.7	2809.0	5605.0	6920.8	6643.8	7015.3
电子器件制造	Manufacture of Electronic Appliances	632.0	2593.9	11358.0	11980.2	12831.5	13493.4
#电子真空器件制造	Manufacture of Electronic Vacuum Appliance	486.2	529.0	147.2	153.5	123.7	145.2
半导体分立器件制造	Manufacture of Semiconductor Discreting Appliances	43.1	184.5	593.5	594.5	637.4	716.4
集成电路制造	Manufacture of Integrate Circuit	102.8	1025.2	2219.1	2364.6	2215.9	2253.5
电子元件制造	Manufacture of Electronic Components	464.7	3341.8	10164.0	10401.6	11188.4	12034.8
其他电子设备制造	Manufacture of Other Electronic Equipment	62.4	216.2	1697.5	2184.8	3256.7	3356.1
计算机及办公设备制造业	**Manufacture of Computers and Office Equipment**	**658.9**	**10028.7**	**21262.5**	**22240.1**	**22429.7**	**18099.4**
#计算机整机制造	Manufacture of Entired Computer	179.5	5571.6	12518.0	13759.5	13623.0	11060.4
计算机零部件制造	Manufacture of Computer Components and Parts	418.4	4001.7	4566.6	4402.8	4182.7	2316.4
计算机外围设备制造	Manufacture of Computer Peripheral Equipment			2470.8	2211.3	2500.6	2600.4
办公设备制造	Manufacture of Office Equipment	61.1	455.3	929.9	1040.7	1070.2	943.7
医疗仪器设备及仪器仪表制造业	**Manufacture of Medical Equipments and Measuring Instrument**	**241.2**	**909.0**	**4389.0**	**4991.2**	**5665.4**	**5887.7**
1.医疗仪器设备及器械制造	Manufacture of Medical Equipment and Appliance	46.0	171.5	931.7	1072.8	1239.6	1390.7
2.仪器仪表制造	Manufacture of Measuring Instrument	195.3	737.5	3457.3	3918.4	4425.8	4497.0
信息化学品制造业	**Manufacture of Electronic Chemicals**						**2017.7**

1-1-4 续表 3 continued

行 业	Industry	利润总额（亿元） Profits (100 million yuan)					
		2000	2005	2012	2013	2014	2015
合计	**Total**	**434.1**	**1153.7**	**4858.7**	**5465.1**	**6508.0**	**7165.5**
医药制造业	**Manufacture of Medicines**	**92.1**	**253.2**	**1307.7**	**1482.8**	**1724.0**	**1995.4**
#化学药品制造	Manufacture of Chemical Medicine	45.3	139.7	647.3	729.6	848.1	964.1
中成药生产	Production of Finished Traditional Chinese Herbal Medicine		80.5	337.5	409.5	468.5	531.2
生物药品制造	Manufacture of Biological Medicine	7.5	21.5	181.1	179.5	219.5	266.1
航空、航天器及设备制造业	**Manufacture of Aircrafts and Spacecrafts and Related Equipment**	**0.5**	**29.6**	**83.7**	**111.6**	**141.5**	**167.4**
#飞机制造	Manufacture of Airplanes	0.5	25.3	58.5	78.1	102.3	119.2
航天器制造	Manufacture of Spacecrafts	-0.1	4.3	8.6	13.5	15.5	16.2
电子及通信设备制造业	**Manufacture of Electronic Equipment and Communication Equipment**	**296.1**	**572.9**	**2272.9**	**2594.9**	**3221.1**	**3732.0**
#通信设备制造	Manufacture of Communication Equipment	155.0	267.4	638.2	578.0	954.8	1485.4
#通信系统设备制造	Manufacture of Communication System Equipment	83.5	73.7	262.8	238.4	594.8	1015.2
通信终端设备制造	Manufacture of Communication Terminal Equipment	8.7	8.3	375.4	339.6	360.0	470.3
广播电视设备制造	Manufacture of Broadcasting and TV Equipment	-0.4	5.8	56.3	84.3	89.2	95.4
雷达及配套设备制造	Manufacture of Radar and Its Fittings	-0.5	5.8	19.4	22.5	26.3	27.9
视听设备制造	Manufacture of TV Set and Radio Receiver	35.1	59.5	220.3	361.2	272.2	200.2
电子器件制造	Manufacture of Electronic Appliances	63.3	55.3	581.5	718.6	760.6	660.8
#电子真空器件制造	Manufacture of Electronic Vacuum Appliance	51.3	-13.9	10.9	14.1	11.9	18.4
半导体分立器件制造	Manufacture of Semiconductor Discreting Appliances	1.5	4.8	31.2	28.2	31.1	33.1
集成电路制造	Manufacture of Integrate Circuit	10.5	28.6	144.0	140.0	191.8	159.8
电子元件制造	Manufacture of Electronic Components	34.6	167.8	473.0	529.0	685.8	787.6
其他电子设备制造	Manufacture of Other Electronic Equipment	8.9	11.3	107.0	119.0	220.9	221.2
计算机及办公设备制造业	**Manufacture of Computers and Office Equipment**	**33.4**	**231.9**	**742.6**	**765.0**	**840.0**	**572.7**
#计算机整机制造	Manufacture of Entired Computer	8.6	104.2	334.2	409.7	414.7	179.0
计算机零部件制造	Manufacture of Computer Components and Parts	22.8	109.9	171.1	156.0	160.5	128.5
计算机外围设备制造	Manufacture of Computer Peripheral Equipment			117.0	86.8	140.1	143.3
办公设备制造	Manufacture of Office Equipment	2.0	17.8	41.3	53.1	65.7	54.9
医疗仪器设备及仪器仪表制造业	**Manufacture of Medical Equipments and Measuring Instrument**	**12.1**	**66.0**	**451.8**	**510.7**	**581.6**	**573.1**
1.医疗仪器设备及器械制造	Manufacture of Medical Equipment and Appliance	3.2	15.9	123.8	133.3	154.8	149.5
2.仪器仪表制造	Manufacture of Measuring Instrument	8.8	50.1	328.0	377.5	426.8	423.5
信息化学品制造业	**Manufacture of Electronic Chemicals**						**125.0**

1-1-4　续表 4　continued

行　业	Industry	出口交货值（亿元） Exports (100 million yuan)					
		2000	2005	2012	2013	2014	2015
合计	**Total**	**1771.5**	**16271.8**	**44345.9**	**45699.0**	**48008.9**	**47851.4**
医药制造业	**Manufacture of Medicines**	**123.5**	**299.8**	**864.5**	**903.3**	**1001.1**	**1008.3**
#化学药品制造	Manufacture of Chemical Medicine	101.7	240.5	558.1	603.9	632.0	617.6
中成药生产	Production of Finished Traditional Chinese Herbal Medicine		15.7	40.5	31.7	49.5	37.7
生物药品制造	Manufacture of Biological Medicine	3.7	25.3	114.0	117.3	154.1	170.8
航空、航天器及设备制造业	**Manufacture of Aircrafts and Spacecrafts and Related Equipment**	**24.0**	**72.4**	**247.6**	**308.0**	**339.2**	**354.9**
#飞机制造	Manufacture of Airplanes	20.3	72.2	134.4	198.6	234.4	223.5
航天器制造	Manufacture of Spacecrafts	3.7	0.2		0.8	2.8	1.7
电子及通信设备制造业	**Manufacture of Electronic Equipment and Communication Equipment**	**1194.2**	**8631.2**	**25641.8**	**26163.2**	**29746.6**	**33427.6**
#通信设备制造	Manufacture of Communication Equipment	271.5	2923.1	6948.1	6825.8	9347.6	13529.3
#通信系统设备制造	Manufacture of Communication System Equipment	43.1	403.6	2360.7	1356.6	2770.1	3339.9
通信终端设备制造	Manufacture of Communication Terminal Equipment	93.9	282.8	4587.3	5469.2	6577.5	10189.4
广播电视设备制造	Manufacture of Broadcasting and TV Equipment	3.2	40.0	286.0	510.2	492.4	474.8
雷达及配套设备制造	Manufacture of Radar and Its Fittings	6.0	13.6	52.6	86.2	49.2	33.2
视听设备制造	Manufacture of TV Set and Radio Receiver	396.3	1590.6	2707.2	3104.9	3088.1	3205.4
电子器件制造	Manufacture of Electronic Appliances	195.2	1693.8	8106.9	8122.8	8915.2	8896.3
#电子真空器件制造	Manufacture of Electronic Vacuum Appliance	100.2	232.7	48.6	49.1	16.9	12.4
半导体分立器件制造	Manufacture of Semiconductor Discreting Appliances	24.4	126.6	369.5	371.4	393.2	456.9
集成电路制造	Manufacture of Integrate Circuit	70.6	797.6	1586.9	1642.7	1850.9	1616.0
电子元件制造	Manufacture of Electronic Components	305.8	2238.1	5977.5	5750.2	5933.9	5479.2
其他电子设备制造	Manufacture of Other Electronic Equipment	16.1	132.0	855.7	1153.5	1352.6	1180.6
计算机及办公设备制造业	**Manufacture of Computers and Office Equipment**	**380.4**	**6895.8**	**16696.5**	**17307.0**	**15870.1**	**11669.7**
#计算机整机制造	Manufacture of Entired Computer	58.9	3154.5	9489.6	10509.6	9306.5	7015.2
计算机零部件制造	Manufacture of Computer Components and Parts	302.4	3330.6	4043.9	3874.9	3494.0	1538.2
计算机外围设备制造	Manufacture of Computer Peripheral Equipment			2013.0	1723.5	1841.9	1922.5
办公设备制造	Manufacture of Office Equipment	19.1	410.7	720.1	726.1	771.2	601.1
医疗仪器设备及仪器仪表制造业	**Manufacture of Medical Equipments and Measuring Instrument**	**49.4**	**372.6**	**895.5**	**1017.5**	**1051.8**	**1062.5**
1.医疗仪器设备及器械制造	Manufacture of Medical Equipment and Appliance	17.4	76.4	309.7	346.5	358.1	345.3
2.仪器仪表制造	Manufacture of Measuring Instrument	32.1	296.2	585.8	671.0	693.7	717.2
信息化学品制造业	**Manufacture of Electronic Chemicals**						**328.3**

1-1-5 国有及国有控股企业分行业高技术产业生产经营情况

Statistics on Production and Management in High-tech Industry of State-owned and State-controlled Enterprises by Industrial Sector

行 业	Industry	企业数（个） Number of Enterprises (unit)					
		2000	2005	2012	2013	2014	2015
合计	**Total**	**3759**	**2179**	**1532**	**1504**	**1488**	**1584**
医药制造业	**Manufacture of Medicines**	**1558**	**676**	**426**	**418**	**417**	**423**
#化学药品制造	Manufacture of Chemical Medicine	724	320	196	186	175	181
中成药生产	Production of Finished Traditional Chinese Herbal Medicine		207	135	134	138	134
生物药品制造	Manufacture of Biological Medicine	104	54	41	42	42	47
航空、航天器及设备制造业	**Manufacture of Aircrafts and Spacecrafts and Related Equipment**	**167**	**125**	**161**	**161**	**161**	**179**
#飞机制造	Manufacture of Airplanes	123	107	85	84	82	83
航天器制造	Manufacture of Spacecrafts	44	18	19	20	20	20
电子及通信设备制造业	**Manufacture of Electronic Equipment and Communication Equipment**	**1214**	**753**	**613**	**598**	**599**	**620**
#通信设备制造	Manufacture of Communication Equipment	310	199	140	134	124	127
#通信系统设备制造	Manufacture of Communication System Equipment	139	93	94	89	84	85
通信终端设备制造	Manufacture of Communication Terminal Equipment	60	34	46	45	40	42
广播电视设备制造	Manufacture of Broadcasting and TV Equipment	39	24	18	21	21	25
雷达及配套设备制造	Manufacture of Radar and Its Fittings	41	37	30	26	28	25
视听设备制造	Manufacture of TV Set and Radio Receiver	133	59	31	31	32	30
电子器件制造	Manufacture of Electronic Appliances	190	161	180	186	179	184
#电子真空器件制造	Manufacture of Electronic Vacuum Appliance	52	29	19	17	14	13
半导体分立器件制造	Manufacture of Semiconductor Discreting Appliances	113	46	29	22	20	21
集成电路制造	Manufacture of Integrate Circuit	25	28	41	44	45	46
电子元件制造	Manufacture of Electronic Components	381	234	142	132	138	137
其他电子设备制造	Manufacture of Other Electronic Equipment	120	39	30	23	27	35
计算机及办公设备制造业	**Manufacture of Computers and Office Equipment**	**130**	**83**	**61**	**57**	**57**	**61**
#计算机整机制造	Manufacture of Entired Computer	65	24	15	15	15	16
计算机零部件制造	Manufacture of Computer Components and Parts	47	53	5	5	3	4
计算机外围设备制造	Manufacture of Computer Peripheral Equipment			21	18	19	19
办公设备制造	Manufacture of Office Equipment	18	6	7	8	10	11
医疗仪器设备及仪器仪表制造业	**Manufacture of Medical Equipments and Measuring Instrument**	**690**	**542**	**271**	**270**	**254**	**263**
1.医疗仪器设备及器械制造	Manufacture of Medical Equipment and Appliance	144	109	28	28	23	21
2.仪器仪表制造	Manufacture of Measuring Instrument	546	433	243	242	231	242
信息化学品制造业	**Manufacture of Electronic Chemicals**						**38**

1-1-5 续表 1 continued

行 业	Industry	从业人员平均人数（人） Annual Average Number of Employed Personnel (person)					
		2000	2005	2012	2013	2014	2015
合计	**Total**	**2079749**	**1369536**	**1418484**	**1413200**	**1449714**	**1520934**
医药制造业	**Manufacture of Medicines**	**619460**	**363415**	**309598**	**311558**	**299944**	**303579**
#化学药品制造	Manufacture of Chemical Medicine	405310	239137	181027	179002	166254	168325
中成药生产	Production of Finished Traditional Chinese Herbal Medicine		92390	89876	92408	91848	90939
生物药品制造	Manufacture of Biological Medicine	27507	16156	20523	22594	23770	25604
航空、航天器及设备制造业	**Manufacture of Aircrafts and Spacecrafts and Related Equipment**	**452968**	**295644**	**319157**	**296604**	**321990**	**337895**
#飞机制造	Manufacture of Airplanes	391328	274519	237502	221866	238822	239934
航天器制造	Manufacture of Spacecrafts	61640	21125	23484	26046	25072	25673
电子及通信设备制造业	**Manufacture of Electronic Equipment and Communication Equipment**	**696170**	**507389**	**597446**	**615718**	**636315**	**657554**
#通信设备制造	Manufacture of Communication Equipment	166023	120006	182074	186828	190462	196648
#通信系统设备制造	Manufacture of Communication System Equipment	96078	67181	148477	147379	149931	157769
通信终端设备制造	Manufacture of Communication Terminal Equipment	29872	16771	33597	39449	40531	38879
广播电视设备制造	Manufacture of Broadcasting and TV Equipment	9353	4981	6742	6943	7684	9514
雷达及配套设备制造	Manufacture of Radar and Its Fittings	49261	36056	32669	42212	40786	36077
视听设备制造	Manufacture of TV Set and Radio Receiver	139927	94773	107053	107383	109682	109375
电子器件制造	Manufacture of Electronic Appliances	146365	119209	137800	154376	166488	180577
#电子真空器件制造	Manufacture of Electronic Vacuum Appliance	87622	50984	11739	10940	8661	7208
半导体分立器件制造	Manufacture of Semiconductor Discreting Appliances	44639	14837	10082	7331	8042	8333
集成电路制造	Manufacture of Integrate Circuit	14104	9264	17908	21806	22522	24613
电子元件制造	Manufacture of Electronic Components	158044	126186	90471	74034	76311	75307
其他电子设备制造	Manufacture of Other Electronic Equipment	27197	6178	9061	9664	13539	14878
计算机及办公设备制造业	**Manufacture of Computers and Office Equipment**	**58721**	**53501**	**64084**	**61735**	**71939**	**81503**
#计算机整机制造	Manufacture of Entired Computer	31408	25754	19460	20262	21737	24723
计算机零部件制造	Manufacture of Computer Components and Parts	21381	26022	1282	1987	1273	1746
计算机外围设备制造	Manufacture of Computer Peripheral Equipment			33045	28435	36716	38386
办公设备制造	Manufacture of Office Equipment	5932	1725	2518	3484	4457	7648
医疗仪器设备及仪器仪表制造业	**Manufacture of Medical Equipments and Measuring Instrument**	**252430**	**149587**	**128199**	**127585**	**119526**	**112621**
1.医疗仪器设备及器械制造	Manufacture of Medical Equipment and Appliance	28866	17542	11727	13640	11846	9872
2.仪器仪表制造	Manufacture of Measuring Instrument	223564	132045	116472	113945	107680	102749
信息化学品制造业	**Manufacture of Electronic Chemicals**						**27782**

1-1-5 续表 2 continued

行 业	Industry	主营业务收入（亿元） Revenue from Principal Business (100 million yuan)					
		2000	2005	2012	2013	2014	2015
合计	**Total**	**4197.4**	**5712.5**	**11161.9**	**12149.4**	**12828.4**	**14449.4**
医药制造业	**Manufacture of Medicines**	**861.9**	**1113.1**	**2226.4**	**2301.5**	**2265.8**	**2339.9**
#化学药品制造	Manufacture of Chemical Medicine	567.1	741.4	1301.3	1278.5	1189.3	1181.2
中成药生产	Production of Finished Traditional Chinese Herbal Medicine		290.4	616.6	660.8	691.8	739.1
生物药品制造	Manufacture of Biological Medicine	42.7	40.1	158.1	195.5	213.9	237.3
航空、航天器及设备制造业	**Manufacture of Aircrafts and Spacecrafts and Related Equipment**	**369.1**	**727.7**	**1787.6**	**2131.4**	**2155.9**	**2400.5**
#飞机制造	Manufacture of Airplanes	326.7	683.4	1383.0	1660.2	1569.5	1650.1
航天器制造	Manufacture of Spacecrafts	42.3	44.3	129.5	171.7	210.1	193.6
电子及通信设备制造业	**Manufacture of Electronic Equipment and Communication Equipment**	**2387.6**	**2735.3**	**5527.4**	**6097.1**	**6663.6**	**7419.6**
#通信设备制造	Manufacture of Communication Equipment	832.1	859.9	1838.3	1863.8	2000.7	2273.8
#通信系统设备制造	Manufacture of Communication System Equipment	468.5	473.4	1542.5	1594.1	1742.0	2026.1
通信终端设备制造	Manufacture of Communication Terminal Equipment	60.9	59.7	295.7	269.7	258.7	247.6
广播电视设备制造	Manufacture of Broadcasting and TV Equipment	6.3	11.6	44.5	45.9	50.5	68.4
雷达及配套设备制造	Manufacture of Radar and Its Fittings	31.5	88.0	262.6	376.3	378.6	373.2
视听设备制造	Manufacture of TV Set and Radio Receiver	823.1	861.1	1490.7	1672.6	1688.1	1844.6
电子器件制造	Manufacture of Electronic Appliances	450.6	447.1	1192.9	1490.1	1751.6	1993.4
#电子真空器件制造	Manufacture of Electronic Vacuum Appliance	357.9	219.1	43.3	45.7	40.7	39.7
半导体分立器件制造	Manufacture of Semiconductor Discreting Appliances	38.6	29.5	56.4	32.9	38.7	43.5
集成电路制造	Manufacture of Integrate Circuit	54.1	38.4	154.5	242.3	274.8	340.7
电子元件制造	Manufacture of Electronic Components	178.4	445.7	432.4	345.5	417.3	427.0
其他电子设备制造	Manufacture of Other Electronic Equipment	65.6	22.0	55.1	58.8	100.8	85.7
计算机及办公设备制造业	**Manufacture of Computers and Office Equipment**	**395.0**	**841.3**	**792.2**	**765.0**	**871.9**	**1021.7**
#计算机整机制造	Manufacture of Entired Computer	263.5	629.4	366.1	416.8	453.3	499.3
计算机零部件制造	Manufacture of Computer Components and Parts	123.7	204.6	13.0	51.7	19.3	23.1
计算机外围设备制造	Manufacture of Computer Peripheral Equipment			347.7	227.5	318.4	393.0
办公设备制造	Manufacture of Office Equipment	7.7	7.3	23.4	27.9	35.1	42.1
医疗仪器设备及仪器仪表制造业	**Manufacture of Medical Equipments and Measuring Instrument**	**183.8**	**295.1**	**828.3**	**854.4**	**871.3**	**923.7**
1.医疗仪器设备及器械制造	Manufacture of Medical Equipment and Appliance	22.6	30.8	68.5	78.9	81.2	90.4
2.仪器仪表制造	Manufacture of Measuring Instrument	161.1	264.3	759.7	775.5	790.1	833.3
信息化学品制造业	**Manufacture of Electronic Chemicals**						**344.0**

1-1-5　续表 3　continued

行　业	Industry	利润总额（亿元） Profits (100 million yuan)					
		2000	2005	2012	2013	2014	2015
合计	**Total**	**248.1**	**182.1**	**677.4**	**778.6**	**759.6**	**776.5**
医药制造业	**Manufacture of Medicines**	**68.0**	**94.6**	**233.4**	**232.5**	**224.0**	**269.5**
#化学药品制造	Manufacture of Chemical Medicine	36.5	51.4	97.9	85.9	77.1	88.2
中成药生产	Production of Finished Traditional Chinese Herbal Medicine		33.8	82.6	89.4	87.6	108.7
生物药品制造	Manufacture of Biological Medicine	5.7	6.1	31.8	37.2	42.3	50.9
航空、航天器及设备制造业	**Manufacture of Aircrafts and Spacecrafts and Related Equipment**	**2.3**	**27.3**	**80.3**	**76.2**	**80.5**	**102.1**
#飞机制造	Manufacture of Airplanes	2.1	22.5	51.7	47.8	47.2	61.5
航天器制造	Manufacture of Spacecrafts	0.2	4.8	10.9	13.3	15.3	15.7
电子及通信设备制造业	**Manufacture of Electronic Equipment and Communication Equipment**	**150.9**	**20.1**	**243.4**	**352.8**	**341.0**	**288.9**
#通信设备制造	Manufacture of Communication Equipment	69.1	10.9	83.2	99.0	79.8	103.9
#通信系统设备制造	Manufacture of Communication System Equipment	46.0	18.7	68.3	89.2	69.7	95.7
通信终端设备制造	Manufacture of Communication Terminal Equipment	1.8	-2.5	14.8	9.8	10.2	8.2
广播电视设备制造	Manufacture of Broadcasting and TV Equipment	-0.2		3.8	3.1	3.2	2.3
雷达及配套设备制造	Manufacture of Radar and Its Fittings	-0.4	5.9	18.2	21.9	24.9	25.9
视听设备制造	Manufacture of TV Set and Radio Receiver	20.2	10.9	57.5	60.6	57.0	39.3
电子器件制造	Manufacture of Electronic Appliances	38.2	-24.1	40.2	135.2	125.5	63.9
#电子真空器件制造	Manufacture of Electronic Vacuum Appliance	32.7	-32.4	2.8	3.9	2.0	2.3
半导体分立器件制造	Manufacture of Semiconductor Discreting Appliances	1.3	1.9	4.0	-0.4	0.7	-7.5
集成电路制造	Manufacture of Integrate Circuit	4.2	2.1	4.9	10.5	9.6	-0.5
电子元件制造	Manufacture of Electronic Components	11.6	16.3	25.0	16.9	27.5	26.9
其他电子设备制造	Manufacture of Other Electronic Equipment	12.5	0.2	3.9	4.5	10.4	6.1
计算机及办公设备制造业	**Manufacture of Computers and Office Equipment**	**22.5**	**18.4**	**50.1**	**48.5**	**46.0**	**56.8**
#计算机整机制造	Manufacture of Entired Computer	18.2	19.4	11.4	17.8	8.1	16.9
计算机零部件制造	Manufacture of Computer Components and Parts	4.2	-1.5	1.0	6.5	1.7	1.4
计算机外围设备制造	Manufacture of Computer Peripheral Equipment			26.7	12.0	22.2	24.8
办公设备制造	Manufacture of Office Equipment	0.1	0.5	6.0	7.5	9.1	8.5
医疗仪器设备及仪器仪表制造业	**Manufacture of Medical Equipments and Measuring Instrument**	**4.4**	**21.8**	**70.1**	**68.6**	**68.0**	**56.1**
1.医疗仪器设备及器械制造	Manufacture of Medical Equipment and Appliance	1.0	2.6	8.7	9.6	6.4	5.6
2.仪器仪表制造	Manufacture of Measuring Instrument	3.4	19.2	61.3	59.0	61.6	50.6
信息化学品制造业	**Manufacture of Electronic Chemicals**						**3.1**

1-1-5 续表 4 continued

行 业	Industry	出口交货值（亿元） Exports (100 million yuan)					
		2000	2005	2012	2013	2014	2015
合计	**Total**	**707.5**	**1566.8**	**2051.6**	**2116.5**	**2435.8**	**2463.4**
医药制造业	**Manufacture of Medicines**	**85.4**	**120.0**	**176.7**	**177.7**	**166.0**	**146.1**
#化学药品制造	Manufacture of Chemical Medicine	75.4	109.5	154.1	155.6	143.0	120.6
中成药生产	Production of Finished Traditional Chinese Herbal Medicine		7.1	9.8	6.9	5.0	5.5
生物药品制造	Manufacture of Biological Medicine	0.5	1.0	5.8	6.8	8.7	10.4
航空、航天器及设备制造业	**Manufacture of Aircrafts and Spacecrafts and Related Equipment**	**25.0**	**48.5**	**182.2**	**172.4**	**186.9**	**176.7**
#飞机制造	Manufacture of Airplanes	21.6	48.3	140.5	139.6	146.2	140.0
航天器制造	Manufacture of Spacecrafts	3.4	0.2		0.8	2.8	1.7
电子及通信设备制造业	**Manufacture of Electronic Equipment and Communication Equipment**	**511.5**	**852.0**	**1383.0**	**1506.3**	**1867.3**	**1871.3**
#通信设备制造	Manufacture of Communication Equipment	124.9	216.1	600.0	597.4	698.1	654.2
#通信系统设备制造	Manufacture of Communication System Equipment	24.4	120.0	563.4	568.7	648.6	610.9
通信终端设备制造	Manufacture of Communication Terminal Equipment	22.7	6.5	36.6	28.8	49.5	43.3
广播电视设备制造	Manufacture of Broadcasting and TV Equipment	0.1	3.2	3.7	2.8	1.9	6.9
雷达及配套设备制造	Manufacture of Radar and Its Fittings	6.0	13.7	50.2	86.0	48.0	29.2
视听设备制造	Manufacture of TV Set and Radio Receiver	203.4	234.3	210.9	251.9	304.5	333.8
电子器件制造	Manufacture of Electronic Appliances	110.2	176.6	330.7	404.4	660.7	696.7
#电子真空器件制造	Manufacture of Electronic Vacuum Appliance	72.1	72.7	2.8	2.0	2.1	1.8
半导体分立器件制造	Manufacture of Semiconductor Discreting Appliances	13.8	5.9	6.7	5.7	5.5	4.5
集成电路制造	Manufacture of Integrate Circuit	24.4	13.6	51.1	73.6	124.6	102.3
电子元件制造	Manufacture of Electronic Components	61.4	206.7	153.8	107.8	129.4	125.5
其他电子设备制造	Manufacture of Other Electronic Equipment	5.4	1.6	1.4	4.1	3.0	2.6
计算机及办公设备制造业	**Manufacture of Computers and Office Equipment**	**67.7**	**519.8**	**269.7**	**233.8**	**189.8**	**202.5**
#计算机整机制造	Manufacture of Entired Computer	13.1	370.0	14.8	15.8	19.6	19.9
计算机零部件制造	Manufacture of Computer Components and Parts	53.9	144.7	0.8	7.1	2.8	8.2
计算机外围设备制造	Manufacture of Computer Peripheral Equipment			250.9	207.2	162.9	167.0
办公设备制造	Manufacture of Office Equipment	0.6	5.0	2.3	3.1	3.7	5.9
医疗仪器设备及仪器仪表制造业	**Manufacture of Medical Equipments and Measuring Instrument**	**17.9**	**26.5**	**40.0**	**26.4**	**25.8**	**21.7**
1.医疗仪器设备及器械制造	Manufacture of Medical Equipment and Appliance	1.6	5.3	3.9	3.5	3.1	2.4
2.仪器仪表制造	Manufacture of Measuring Instrument	16.3	21.2	36.2	23.0	22.7	19.3
信息化学品制造业	**Manufacture of Electronic Chemicals**						**45.0**

1-1-6 内资企业分行业高技术产业生产经营情况

Statistics on Production and Management in High-tech Industry of Domestic Funded Enterprises by Industrial Sector

行　业	Industry	企业数（个） Number of Enterprises (unit)					
		2000	2005	2012	2013	2014	2015
合计	**Total**	**6767**	**11036**	**16641**	**18841**	**20179**	**22070**
医药制造业	**Manufacture of Medicines**	**2941**	**4081**	**5441**	**5886**	**6193**	**6517**
#化学药品制造	Manufacture of Chemical Medicine	1342	1650	1885	1978	1997	2062
中成药生产	Production of Finished Traditional Chinese Herbal Medicine		1096	1326	1392	1440	1484
生物药品制造	Manufacture of Biological Medicine	201	350	659	721	768	812
航空、航天器及设备制造业	**Manufacture of Aircrafts and Spacecrafts and Related Equipment**	**168**	**137**	**239**	**247**	**267**	**306**
#飞机制造	Manufacture of Airplanes	123	114	100	98	106	116
航天器制造	Manufacture of Spacecrafts	45	23	27	29	28	30
电子及通信设备制造业	**Manufacture of Electronic Equipment and Communication Equipment**	**2162**	**3834**	**6974**	**8211**	**8956**	**9832**
#通信设备制造	Manufacture of Communication Equipment	509	734	879	1003	1087	1313
#通信系统设备制造	Manufacture of Communication System Equipment	214	291	548	590	610	660
通信终端设备制造	Manufacture of Communication Terminal Equipment	73	125	331	413	477	653
广播电视设备制造	Manufacture of Broadcasting and TV Equipment	77	240	307	453	472	495
雷达及配套设备制造	Manufacture of Radar and Its Fittings	47	44	56	53	54	48
视听设备制造	Manufacture of TV Set and Radio Receiver	225	369	469	581	613	636
电子器件制造	Manufacture of Electronic Appliances	253	557	1260	1521	1702	1856
#电子真空器件制造	Manufacture of Electronic Vacuum Appliance	63	82	72	76	74	73
半导体分立器件制造	Manufacture of Semiconductor Discreting Appliances	124	122	171	176	188	198
集成电路制造	Manufacture of Integrate Circuit	66	125	212	234	251	268
电子元件制造	Manufacture of Electronic Components	802	1612	2639	2967	3197	3433
其他电子设备制造	Manufacture of Other Electronic Equipment	249	278	591	706	808	878
计算机及办公设备制造业	**Manufacture of Computers and Office Equipment**	**201**	**467**	**655**	**799**	**882**	**984**
#计算机整机制造	Manufacture of Entired Computer	85	90	82	95	93	118
计算机零部件制造	Manufacture of Computer Components and Parts	86	307	172	227	282	306
计算机外围设备制造	Manufacture of Computer Peripheral Equipment			178	213	234	272
办公设备制造	Manufacture of Office Equipment	30	70	105	136	139	148
医疗仪器设备及仪器仪表制造业	**Manufacture of Medical Equipments and Measuring Instrument**	**1295**	**2517**	**3332**	**3698**	**3881**	**4090**
1.医疗仪器设备及器械制造	Manufacture of Medical Equipment and Appliance	272	503	683	802	894	1016
2.仪器仪表制造	Manufacture of Measuring Instrument	1023	2014	2649	2896	2987	3074
信息化学品制造业	**Manufacture of Electronic Chemicals**						**341**

1-1-6 续表 1 continued

行　业	Industry	从业人员平均人数（人） Annual Average Number of Employed Personnel (person)					
		2000	2005	2012	2013	2014	2015
合计	**Total**	**2715464**	**2939172**	**5422678**	**5794568**	**6387453**	**6832903**
医药制造业	**Manufacture of Medicines**	**918351**	**1008153**	**1546117**	**1660902**	**1741850**	**1824742**
#化学药品制造	Manufacture of Chemical Medicine	548219	516618	642563	675142	689351	717992
中成药生产	Production of Finished Traditional Chinese Herbal Medicine		299277	493179	527894	553158	568735
生物药品制造	Manufacture of Biological Medicine	44551	59459	133030	148262	166611	179627
航空、航天器及设备制造业	**Manufacture of Aircrafts and Spacecrafts and Related Equipment**	**448315**	**290621**	**327538**	**304993**	**331733**	**353553**
#飞机制造	Manufacture of Airplanes	386175	269263	246127	229552	247860	250598
航天器制造	Manufacture of Spacecrafts	62140	21358	24899	27682	26382	27969
电子及通信设备制造业	**Manufacture of Electronic Equipment and Communication Equipment**	**905668**	**1098897**	**2555144**	**2750244**	**3171598**	**3362191**
#通信设备制造	Manufacture of Communication Equipment	205064	209232	565350	488239	640963	737543
#通信系统设备制造	Manufacture of Communication System Equipment	115684	114900	384305	283341	441822	479488
通信终端设备制造	Manufacture of Communication Terminal Equipment	31227	33704	181045	204898	199141	258055
广播电视设备制造	Manufacture of Broadcasting and TV Equipment	17389	43040	95249	125244	126063	141157
雷达及配套设备制造	Manufacture of Radar and Its Fittings	54161	37585	40361	49393	46261	42641
视听设备制造	Manufacture of TV Set and Radio Receiver	135625	169834	248923	275308	289575	268693
电子器件制造	Manufacture of Electronic Appliances	136864	176289	480997	588166	648541	683475
#电子真空器件制造	Manufacture of Electronic Vacuum Appliance	73683	54507	27954	26023	22598	21237
半导体分立器件制造	Manufacture of Semiconductor Discreting Appliances	43002	32301	48042	54922	57308	60852
集成电路制造	Manufacture of Integrate Circuit	20179	25232	80617	100532	88959	95790
电子元件制造	Manufacture of Electronic Components	312723	417991	747245	784828	866212	931047
其他电子设备制造	Manufacture of Other Electronic Equipment	43842	44926	131810	155014	238048	207510
计算机及办公设备制造业	**Manufacture of Computers and Office Equipment**	**77777**	**130993**	**252258**	**283354**	**312571**	**348477**
#计算机整机制造	Manufacture of Entired Computer	31758	32153	43569	45032	47356	60030
计算机零部件制造	Manufacture of Computer Components and Parts	29304	80424	63275	76199	87344	99146
计算机外围设备制造	Manufacture of Computer Peripheral Equipment			84254	93261	103986	111600
办公设备制造	Manufacture of Office Equipment	16715	18416	25951	31877	33453	38916
医疗仪器设备及仪器仪表制造业	**Manufacture of Medical Equipments and Measuring Instrument**	**365353**	**410508**	**741621**	**795075**	**829701**	**846500**
1.医疗仪器设备及器械制造	Manufacture of Medical Equipment and Appliance	56250	83737	166778	189566	200745	218459
2.仪器仪表制造	Manufacture of Measuring Instrument	309103	326771	574843	605509	628956	628041
信息化学品制造业	**Manufacture of Electronic Chemicals**						**97440**

1-1-6　续表 2　continued

行　业	Industry	主营业务收入（亿元） Revenue from Principal Business (100 million yuan)					
		2000	2005	2012	2013	2014	2015
合计	**Total**	**4036.6**	**9132.0**	**41355.4**	**50119.7**	**59338.1**	**71327.6**
医药制造业	**Manufacture of Medicines**	**1296.5**	**3052.8**	**13281.6**	**15945.4**	**18298.3**	**20509.8**
#化学药品制造	Manufacture of Chemical Medicine	760.6	1679.5	5702.4	6513.6	7289.8	8134.9
中成药生产	Production of Finished Traditional Chinese Herbal Medicine		834.7	3564.2	4396.3	5059.5	5586.6
生物药品制造	Manufacture of Biological Medicine	82.7	219.1	1522.0	1878.6	2202.6	2480.4
航空、航天器及设备制造业	**Manufacture of Aircrafts and Spacecrafts and Related Equipment**	**352.7**	**704.9**	**1944.3**	**2365.1**	**2442.8**	**2673.5**
#飞机制造	Manufacture of Airplanes	310.3	659.6	1521.1	1822.7	1754.7	1849.0
航天器制造	Manufacture of Spacecrafts	42.4	45.2	140.3	183.5	221.1	211.5
电子及通信设备制造业	**Manufacture of Electronic Equipment and Communication Equipment**	**1755.9**	**3732.2**	**18694.9**	**23154.4**	**28541.9**	**35350.3**
#通信设备制造	Manufacture of Communication Equipment	623.7	1379.4	5760.2	7041.4	9226.6	13105.9
#通信系统设备制造	Manufacture of Communication System Equipment	430.8	940.7	4568.3	5031.7	6149.2	7788.8
通信终端设备制造	Manufacture of Communication Terminal Equipment	40.5	108.3	1192.0	2009.7	3077.4	5317.1
广播电视设备制造	Manufacture of Broadcasting and TV Equipment	16.5	104.2	588.4	906.8	986.6	1099.4
雷达及配套设备制造	Manufacture of Radar and Its Fittings	34.1	91.1	301.0	425.8	423.4	418.5
视听设备制造	Manufacture of TV Set and Radio Receiver	429.8	871.1	2296.6	2841.4	2879.4	3181.4
电子器件制造	Manufacture of Electronic Appliances	298.4	480.7	3055.3	4016.4	4949.3	6080.1
#电子真空器件制造	Manufacture of Electronic Vacuum Appliance	226.1	155.6	122.7	129.7	141.6	175.0
半导体分立器件制造	Manufacture of Semiconductor Discreting Appliances	28.9	71.1	290.0	309.4	355.1	410.2
集成电路制造	Manufacture of Integrate Circuit	43.4	78.8	584.7	804.0	748.9	904.6
电子元件制造	Manufacture of Electronic Components	264.9	697.2	3683.0	4354.0	5205.0	6210.6
其他电子设备制造	Manufacture of Other Electronic Equipment	88.4	108.4	908.8	990.6	1744.8	1535.5
计算机及办公设备制造业	**Manufacture of Computers and Office Equipment**	**299.0**	**718.0**	**1983.6**	**2330.4**	**2790.0**	**3422.5**
#计算机整机制造	Manufacture of Entired Computer	153.1	340.3	707.4	832.9	838.5	1021.9
计算机零部件制造	Manufacture of Computer Components and Parts	126.8	348.3	304.7	438.9	536.8	661.7
计算机外围设备制造	Manufacture of Computer Peripheral Equipment			571.5	550.0	767.5	952.4
办公设备制造	Manufacture of Office Equipment	19.0	29.5	139.1	220.6	268.7	342.5
医疗仪器设备及仪器仪表制造业	**Manufacture of Medical Equipments and Measuring Instrument**	**332.6**	**924.1**	**5451.0**	**6324.4**	**7265.1**	**7872.0**
1.医疗仪器设备及器械制造	Manufacture of Medical Equipment and Appliance	55.2	153.3	1036.8	1258.8	1548.4	1778.9
2.仪器仪表制造	Manufacture of Measuring Instrument	277.4	770.8	4414.2	5065.6	5716.7	6093.0
信息化学品制造业	**Manufacture of Electronic Chemicals**						**1499.5**

1-1-6 续表 3 continued

行 业	Industry	利润总额（亿元） Profits (100 million yuan)					
		2000	2005	2012	2013	2014	2015
合计	**Total**	**266.3**	**495.2**	**3421.8**	**4071.4**	**4636.6**	**5658.4**
医药制造业	**Manufacture of Medicines**	**105.3**	**235.0**	**1394.7**	**1628.4**	**1796.8**	**2065.3**
#化学药品制造	Manufacture of Chemical Medicine	47.4	113.3	552.4	627.4	687.4	791.2
中成药生产	Production of Finished Traditional Chinese Herbal Medicine		77.7	399.5	487.5	539.1	609.9
生物药品制造	Manufacture of Biological Medicine	11.3	22.7	205.1	219.8	251.1	292.5
航空、航天器及设备制造业	**Manufacture of Aircrafts and Spacecrafts and Related Equipment**	**0.3**	**24.5**	**96.7**	**99.0**	**109.7**	**128.6**
#飞机制造	Manufacture of Airplanes	0.1	19.7	61.7	59.1	59.6	75.3
航天器制造	Manufacture of Spacecrafts	0.2	4.8	11.4	14.0	15.8	16.7
电子及通信设备制造业	**Manufacture of Electronic Equipment and Communication Equipment**	**133.5**	**146.2**	**1303.0**	**1608.1**	**1904.5**	**2465.7**
#通信设备制造	Manufacture of Communication Equipment	73.5	78.2	382.7	499.3	620.8	1045.2
#通信系统设备制造	Manufacture of Communication System Equipment	56.3	70.5	282.2	427.6	502.2	905.7
通信终端设备制造	Manufacture of Communication Terminal Equipment	1.7	-0.1	100.5	71.7	118.6	139.5
广播电视设备制造	Manufacture of Broadcasting and TV Equipment	0.6	5.7	63.1	75.7	76.8	90.8
雷达及配套设备制造	Manufacture of Radar and Its Fittings	-0.1	6.5	23.0	27.2	28.6	29.9
视听设备制造	Manufacture of TV Set and Radio Receiver	11.0	15.9	99.7	107.3	100.5	89.2
电子器件制造	Manufacture of Electronic Appliances	17.1	-3.8	183.0	302.4	346.4	350.0
#电子真空器件制造	Manufacture of Electronic Vacuum Appliance	15.0	-23.6	11.0	11.2	13.5	19.6
半导体分立器件制造	Manufacture of Semiconductor Discreting Appliances	0.5	4.5	20.1	19.2	26.2	18.3
集成电路制造	Manufacture of Integrate Circuit	1.6	5.9	27.4	40.3	44.6	43.3
电子元件制造	Manufacture of Electronic Components	16.9	36.3	284.2	331.9	387.9	466.2
其他电子设备制造	Manufacture of Other Electronic Equipment	14.5	7.3	81.7	68.3	120.9	119.2
计算机及办公设备制造业	**Manufacture of Computers and Office Equipment**	**13.5**	**21.5**	**122.0**	**142.1**	**169.6**	**199.2**
#计算机整机制造	Manufacture of Entired Computer	7.3	9.5	31.4	34.3	29.7	46.4
计算机零部件制造	Manufacture of Computer Components and Parts	6.1	10.4	18.8	37.4	43.3	52.2
计算机外围设备制造	Manufacture of Computer Peripheral Equipment			37.3	24.7	47.4	62.6
办公设备制造	Manufacture of Office Equipment		1.7	13.6	22.6	30.0	28.9
医疗仪器设备及仪器仪表制造业	**Manufacture of Medical Equipments and Measuring Instrument**	**13.9**	**68.1**	**505.3**	**593.9**	**656.0**	**706.1**
1.医疗仪器设备及器械制造	Manufacture of Medical Equipment and Appliance	2.9	11.4	123.2	142.2	168.6	175.5
2.仪器仪表制造	Manufacture of Measuring Instrument	10.9	56.6	382.1	451.7	487.4	530.6
信息化学品制造业	**Manufacture of Electronic Chemicals**						**93.6**

1-1-6　续表 4　continued

行　业	Industry	出口交货值（亿元） Exports (100 million yuan)					
		2000	2005	2012	2013	2014	2015
合计	**Total**	**510.8**	**1490.7**	**5361.7**	**6139.0**	**8208.9**	**9804.5**
医药制造业	**Manufacture of Medicines**	**141.1**	**320.7**	**673.6**	**682.6**	**752.4**	**792.1**
#化学药品制造	Manufacture of Chemical Medicine	114.1	242.7	444.9	446.0	455.7	453.0
中成药生产	Production of Finished Traditional Chinese Herbal Medicine		20.3	27.8	25.9	32.6	28.3
生物药品制造	Manufacture of Biological Medicine	5.4	33.9	96.7	104.0	128.3	145.3
航空、航天器及设备制造业	**Manufacture of Aircrafts and Spacecrafts and Related Equipment**	**24.4**	**47.7**	**190.6**	**181.0**	**196.2**	**200.3**
#飞机制造	Manufacture of Airplanes	21.0	47.4	175.5	175.6	182.1	175.7
航天器制造	Manufacture of Spacecrafts	3.4	0.3		0.8	2.8	1.7
电子及通信设备制造业	**Manufacture of Electronic Equipment and Communication Equipment**	**237.1**	**854.4**	**3745.5**	**4400.7**	**6202.4**	**7397.8**
#通信设备制造	Manufacture of Communication Equipment	25.2	336.1	1812.0	2130.6	2957.7	3580.7
#通信系统设备制造	Manufacture of Communication System Equipment	17.2	284.7	1589.1	1832.9	2318.5	2587.8
通信终端设备制造	Manufacture of Communication Terminal Equipment	3.7	4.5	222.9	297.7	639.2	992.9
广播电视设备制造	Manufacture of Broadcasting and TV Equipment	0.5	21.4	139.9	191.4	246.5	243.8
雷达及配套设备制造	Manufacture of Radar and Its Fittings	6.0	13.8	53.7	87.1	49.2	33.2
视听设备制造	Manufacture of TV Set and Radio Receiver	57.1	203.6	539.1	615.2	722.5	722.9
电子器件制造	Manufacture of Electronic Appliances	64.1	126.4	510.2	715.2	1056.6	1454.8
#电子真空器件制造	Manufacture of Electronic Vacuum Appliance	50.5	57.8	9.7	8.1	9.1	8.9
半导体分立器件制造	Manufacture of Semiconductor Discreting Appliances	5.5	20.8	50.8	47.5	58.2	69.5
集成电路制造	Manufacture of Integrate Circuit	8.1	16.9	83.9	147.0	205.3	212.5
电子元件制造	Manufacture of Electronic Components	77.1	138.6	518.8	460.1	668.1	859.6
其他电子设备制造	Manufacture of Other Electronic Equipment	6.9	14.5	63.9	70.6	295.9	185.7
计算机及办公设备制造业	**Manufacture of Computers and Office Equipment**	**70.8**	**172.9**	**390.2**	**464.9**	**573.7**	**714.7**
#计算机整机制造	Manufacture of Entired Computer	21.8	16.8	89.6	123.0	136.5	178.0
计算机零部件制造	Manufacture of Computer Components and Parts	40.2	145.5	38.9	49.5	79.7	114.7
计算机外围设备制造	Manufacture of Computer Peripheral Equipment			211.1	225.5	277.7	334.3
办公设备制造	Manufacture of Office Equipment	8.8	10.6	20.2	30.0	35.3	46.6
医疗仪器设备及仪器仪表制造业	**Manufacture of Medical Equipments and Measuring Instrument**	**37.4**	**95.0**	**361.8**	**409.8**	**484.2**	**546.0**
1.医疗仪器设备及器械制造	Manufacture of Medical Equipment and Appliance	8.0	16.2	132.5	156.1	179.8	193.8
2.仪器仪表制造	Manufacture of Measuring Instrument	29.3	78.8	229.3	253.7	304.4	352.2
信息化学品制造业	**Manufacture of Electronic Chemicals**						**153.6**

1-1-7 港澳台资企业分行业高技术产业生产经营情况

Statistics on Production and Management in High-tech Industry of Hong Kong, Macau and Taiwan Funded Enterprises by Industrial Sector

行 业	Industry	企业数（个） Number of Enterprises (unit)					
		2000	2005	2012	2013	2014	2015
合计	**Total**	**1627**	**2856**	**3311**	**3407**	**3281**	**3252**
医药制造业	**Manufacture of Medicines**	**276**	**356**	**381**	**396**	**376**	**356**
#化学药品制造	Manufacture of Chemical Medicine	125	155	144	150	141	129
中成药生产	Production of Finished Traditional Chinese Herbal Medicine		103	99	95	86	79
生物药品制造	Manufacture of Biological Medicine	28	36	59	64	62	67
航空、航天器及设备制造业	**Manufacture of Aircrafts and Spacecrafts and Related Equipment**	**2**	**4**	**11**	**14**	**14**	**15**
#飞机制造	Manufacture of Airplanes	2	4	1	3	4	5
航天器制造	Manufacture of Spacecrafts						
电子及通信设备制造业	**Manufacture of Electronic Equipment and Communication Equipment**	**1045**	**1830**	**2280**	**2341**	**2249**	**2184**
#通信设备制造	Manufacture of Communication Equipment	138	183	190	206	190	181
#通信系统设备制造	Manufacture of Communication System Equipment	49	56	68	71	67	69
通信终端设备制造	Manufacture of Communication Terminal Equipment	28	59	122	135	123	112
广播电视设备制造	Manufacture of Broadcasting and TV Equipment	13	61	77	88	81	77
雷达及配套设备制造	Manufacture of Radar and Its Fittings		1	1	2	2	3
视听设备制造	Manufacture of TV Set and Radio Receiver	157	280	236	251	235	220
电子器件制造	Manufacture of Electronic Appliances	156	311	398	410	409	400
#电子真空器件制造	Manufacture of Electronic Vacuum Appliance	19	14	7	7	7	10
半导体分立器件制造	Manufacture of Semiconductor Discreting Appliances	67	62	52	52	51	45
集成电路制造	Manufacture of Integrate Circuit	70	97	77	71	73	71
电子元件制造	Manufacture of Electronic Components	457	895	1097	1094	1050	1012
其他电子设备制造	Manufacture of Other Electronic Equipment	124	99	164	170	162	157
计算机及办公设备制造业	**Manufacture of Computers and Office Equipment**	**184**	**390**	**339**	**352**	**337**	**343**
#计算机整机制造	Manufacture of Entired Computer	29	47	30	27	30	31
计算机零部件制造	Manufacture of Computer Components and Parts	121	294	122	128	122	133
计算机外围设备制造	Manufacture of Computer Peripheral Equipment			112	115	104	105
办公设备制造	Manufacture of Office Equipment	34	49	42	48	48	46
医疗仪器设备及仪器仪表制造业	**Manufacture of Medical Equipments and Measuring Instrument**	**120**	**276**	**300**	**304**	**305**	**293**
1.医疗仪器设备及器械制造	Manufacture of Medical Equipment and Appliance	20	61	87	82	95	95
2.仪器仪表制造	Manufacture of Measuring Instrument	100	215	213	222	210	198
信息化学品制造业	**Manufacture of Electronic Chemicals**						**61**

1-1-7 续表 1 continued

行 业	Industry	从业人员平均人数（人）Annual Average Number of Employed Personnel (person)					
		2000	2005	2012	2013	2014	2015
合计	**Total**	**595800**	**1518686**	**3188950**	**3170590**	**3090351**	**3370845**
医药制造业	**Manufacture of Medicines**	**55317**	**77653**	**165039**	**159951**	**160414**	**156458**
#化学药品制造	Manufacture of Chemical Medicine	28233	36231	81615	84584	80458	79569
中成药生产	Production of Finished Traditional Chinese Herbal Medicine		25897	37275	32662	32636	30513
生物药品制造	Manufacture of Biological Medicine	2773	4409	18298	19115	20681	23841
航空、航天器及设备制造业	**Manufacture of Aircrafts and Spacecrafts and Related Equipment**	**1618**	**3475**	**10404**	**10659**	**12443**	**11271**
#飞机制造	Manufacture of Airplanes	1618	3475	140	336	2411	580
航天器制造	Manufacture of Spacecrafts						
电子及通信设备制造业	**Manufacture of Electronic Equipment and Communication Equipment**	**417128**	**1051800**	**2268279**	**2317522**	**2240841**	**2480700**
#通信设备制造	Manufacture of Communication Equipment	41321	110824	447711	522033	548236	747953
#通信系统设备制造	Manufacture of Communication System Equipment	14035	17226	71344	80514	77572	124810
通信终端设备制造	Manufacture of Communication Terminal Equipment	13511	49249	376367	441519	470664	623143
广播电视设备制造	Manufacture of Broadcasting and TV Equipment	1790	16729	37915	44746	44707	47996
雷达及配套设备制造	Manufacture of Radar and Its Fittings		1500	1147	241	320	568
视听设备制造	Manufacture of TV Set and Radio Receiver	111703	240474	240164	262937	247373	260777
电子器件制造	Manufacture of Electronic Appliances	67372	154813	356247	341575	336205	355895
#电子真空器件制造	Manufacture of Electronic Vacuum Appliance	12774	12272	2275	1900	1766	2072
半导体分立器件制造	Manufacture of Semiconductor Discreting Appliances	17873	17952	28569	25727	27149	27009
集成电路制造	Manufacture of Integrate Circuit	36725	48406	60043	50227	58340	54779
电子元件制造	Manufacture of Electronic Components	153496	477794	967944	905565	872181	847374
其他电子设备制造	Manufacture of Other Electronic Equipment	41446	49666	107720	146471	102492	126156
计算机及办公设备制造业	**Manufacture of Computers and Office Equipment**	**96660**	**300184**	**630961**	**571314**	**573564**	**593438**
#计算机整机制造	Manufacture of Entired Computer	19667	45879	302983	262502	257427	252372
计算机零部件制造	Manufacture of Computer Components and Parts	47954	223575	124057	121813	127394	149476
计算机外围设备制造	Manufacture of Computer Peripheral Equipment			137761	116361	114465	112512
办公设备制造	Manufacture of Office Equipment	29039	30730	26269	28709	27536	23344
医疗仪器设备及仪器仪表制造业	**Manufacture of Medical Equipments and Measuring Instrument**	**25077**	**85574**	**114267**	**111144**	**103089**	**97407**
1.医疗仪器设备及器械制造	Manufacture of Medical Equipment and Appliance	4175	13463	30679	28854	30718	31095
2.仪器仪表制造	Manufacture of Measuring Instrument	20902	72111	83588	82290	72371	66312
信息化学品制造业	**Manufacture of Electronic Chemicals**						**31571**

1-1-7 续表 2 continued

行 业	Industry	主营业务收入（亿元） Revenue from Principal Business (100 million yuan)					
		2000	2005	2012	2013	2014	2015
合计	**Total**	**1872.1**	**6539.4**	**21056.7**	**23073.6**	**25622.4**	**29694.5**
医药制造业	**Manufacture of Medicines**	**134.3**	**254.7**	**1377.5**	**1534.9**	**1751.7**	**1896.3**
#化学药品制造	Manufacture of Chemical Medicine	70.1	145.9	764.7	868.5	988.0	1004.8
中成药生产	Production of Finished Traditional Chinese Herbal Medicine		66.6	318.7	355.4	388.9	417.3
生物药品制造	Manufacture of Biological Medicine	8.6	20.2	154.0	170.9	195.2	277.2
航空、航天器及设备制造业	**Manufacture of Aircrafts and Spacecrafts and Related Equipment**	**6.4**	**24.9**	**94.1**	**91.1**	**103.5**	**92.3**
#飞机制造	Manufacture of Airplanes	6.4	24.9	2.5	3.3	28.3	7.3
航天器制造	Manufacture of Spacecrafts						
电子及通信设备制造业	**Manufacture of Electronic Equipment and Communication Equipment**	**1125.0**	**3541.7**	**12441.3**	**13881.7**	**15234.8**	**18448.4**
#通信设备制造	Manufacture of Communication Equipment	99.0	431.4	3033.5	3921.8	4702.3	6933.8
#通信系统设备制造	Manufacture of Communication System Equipment	32.8	60.7	578.5	704.2	679.4	1078.6
通信终端设备制造	Manufacture of Communication Terminal Equipment	28.2	132.9	2455.0	3217.6	4022.9	5855.1
广播电视设备制造	Manufacture of Broadcasting and TV Equipment	2.8	33.0	182.2	238.6	271.5	291.9
雷达及配套设备制造	Manufacture of Radar and Its Fittings		0.3	5.1	12.1	16.7	22.9
视听设备制造	Manufacture of TV Set and Radio Receiver	496.8	1135.2	1766.8	1958.1	2075.7	2229.1
电子器件制造	Manufacture of Electronic Appliances	223.0	659.5	1937.4	2177.7	2327.2	2452.1
#电子真空器件制造	Manufacture of Electronic Vacuum Appliance	112.2	110.7	7.0	5.6	5.0	5.9
半导体分立器件制造	Manufacture of Semiconductor Discreting Appliances	31.8	56.0	129.0	127.8	155.0	194.8
集成电路制造	Manufacture of Integrate Circuit	79.1	274.2	390.8	403.8	544.2	539.6
电子元件制造	Manufacture of Electronic Components	234.0	1180.3	4273.9	4163.6	4539.2	4786.8
其他电子设备制造	Manufacture of Other Electronic Equipment	69.3	102.0	558.6	765.0	692.8	1066.9
计算机及办公设备制造业	**Manufacture of Computers and Office Equipment**	**563.6**	**2461.8**	**6576.8**	**6917.4**	**7876.0**	**8016.0**
#计算机整机制造	Manufacture of Entired Computer	263.6	1137.7	4206.2	4647.8	5365.9	5159.5
计算机零部件制造	Manufacture of Computer Components and Parts	251.1	1223.5	602.9	619.0	640.6	896.2
计算机外围设备制造	Manufacture of Computer Peripheral Equipment			1233.4	1094.9	1195.5	1307.1
办公设备制造	Manufacture of Office Equipment	48.9	100.5	199.6	240.4	257.1	175.1
医疗仪器设备及仪器仪表制造业	**Manufacture of Medical Equipments and Measuring Instrument**	**42.8**	**256.3**	**567.0**	**648.5**	**656.4**	**657.3**
1.医疗仪器设备及器械制造	Manufacture of Medical Equipment and Appliance	5.0	32.7	118.9	128.6	144.6	149.2
2.仪器仪表制造	Manufacture of Measuring Instrument	37.8	223.6	448.1	519.9	511.8	508.1
信息化学品制造业	**Manufacture of Electronic Chemicals**						**584.2**

1-1-7　续表 3　continued

行　业	Industry	利润总额（亿元） Profits (100 million yuan)					
		2000	2005	2012	2013	2014	2015
合计	**Total**	**84.4**	**186.0**	**986.6**	**1093.1**	**1349.3**	**1371.3**
医药制造业	**Manufacture of Medicines**	**11.3**	**22.5**	**174.6**	**191.8**	**246.1**	**280.0**
#化学药品制造	Manufacture of Chemical Medicine	4.9	11.2	93.3	105.9	144.5	150.0
中成药生产	Production of Finished Traditional Chinese Herbal Medicine		7.6	39.5	41.5	45.5	50.5
生物药品制造	Manufacture of Biological Medicine	1.5	2.2	22.8	26.8	37.4	55.6
航空、航天器及设备制造业	**Manufacture of Aircrafts and Spacecrafts and Related Equipment**	**1.7**	**2.6**	**3.4**	**3.5**	**10.4**	**2.8**
#飞机制造	Manufacture of Airplanes	1.7	2.6	0.4	0.4	6.2	0.6
航天器制造	Manufacture of Spacecrafts						
电子及通信设备制造业	**Manufacture of Electronic Equipment and Communication Equipment**	**49.4**	**101.9**	**521.1**	**595.1**	**722.8**	**837.7**
#通信设备制造	Manufacture of Communication Equipment	5.9	-1.6	146.5	176.2	199.1	262.2
#通信系统设备制造	Manufacture of Communication System Equipment	2.7	1.5	16.0	94.3	126.8	134.2
通信终端设备制造	Manufacture of Communication Terminal Equipment	1.2	2.3	130.5	81.9	72.3	128.1
广播电视设备制造	Manufacture of Broadcasting and TV Equipment		0.6	11.4	15.7	18.4	20.5
雷达及配套设备制造	Manufacture of Radar and Its Fittings			0.7	0.8	0.6	0.7
视听设备制造	Manufacture of TV Set and Radio Receiver	7.5	22.2	66.3	75.0	96.3	64.7
电子器件制造	Manufacture of Electronic Appliances	21.5	20.3	81.3	93.4	84.0	93.7
#电子真空器件制造	Manufacture of Electronic Vacuum Appliance	15.8	-4.2	-1.0	0.2	-0.9	-0.8
半导体分立器件制造	Manufacture of Semiconductor Discreting Appliances	1.6	3.0	2.0	3.4	0.8	2.8
集成电路制造	Manufacture of Integrate Circuit	4.1	11.9	27.0	30.2	42.4	45.8
电子元件制造	Manufacture of Electronic Components	13.5	52.9	162.6	169.6	254.1	296.7
其他电子设备制造	Manufacture of Other Electronic Equipment	1.0	7.5	22.3	35.8	43.5	60.7
计算机及办公设备制造业	**Manufacture of Computers and Office Equipment**	**19.2**	**44.4**	**233.3**	**250.6**	**316.0**	**158.3**
#计算机整机制造	Manufacture of Entired Computer	12.6	4.7	73.7	136.9	202.6	3.7
计算机零部件制造	Manufacture of Computer Components and Parts	5.7	36.4	25.3	21.0	21.3	43.4
计算机外围设备制造	Manufacture of Computer Peripheral Equipment			65.7	46.0	49.1	62.0
办公设备制造	Manufacture of Office Equipment	0.9	3.4	7.0	8.7	8.9	6.7
医疗仪器设备及仪器仪表制造业	**Manufacture of Medical Equipments and Measuring Instrument**	**2.8**	**14.4**	**54.2**	**52.0**	**54.0**	**52.9**
1.医疗仪器设备及器械制造	Manufacture of Medical Equipment and Appliance	0.4	2.8	15.8	12.1	14.3	17.3
2.仪器仪表制造	Manufacture of Measuring Instrument	2.4	11.7	38.4	39.9	39.7	35.6
信息化学品制造业	**Manufacture of Electronic Chemicals**						**39.6**

1-1-7 续表 4 continued

行 业	Industry	出口交货值（亿元） Expoats (100 million yuan)					
		2000	2005	2012	2013	2014	2015
合计	**Total**	**867.1**	**4301.8**	**14107.7**	**15048.4**	**14995.8**	**16966.8**
医药制造业	**Manufacture of Medicines**	**18.1**	**34.8**	**171.1**	**171.1**	**201.1**	**186.3**
#化学药品制造	Manufacture of Chemical Medicine	9.6	21.4	110.3	116.6	128.3	114.4
中成药生产	Production of Finished Traditional Chinese Herbal Medicine		2.3	16.8	9.8	26.1	13.8
生物药品制造	Manufacture of Biological Medicine	0.8	5.1	15.7	17.1	18.8	28.3
航空、航天器及设备制造业	**Manufacture of Aircrafts and Spacecrafts and Related Equipment**	**5.6**	**23.4**	**71.7**	**66.7**	**77.6**	**64.7**
#飞机制造	Manufacture of Airplanes	5.6	23.4	2.5	3.0	23.4	4.2
航天器制造	Manufacture of Spacecrafts						
电子及通信设备制造业	**Manufacture of Electronic Equipment and Communication Equipment**	**516.9**	**2347.3**	**8429.2**	**9155.2**	**9636.2**	**11520.5**
#通信设备制造	Manufacture of Communication Equipment	32.0	219.2	2431.9	2907.8	3130.9	5204.3
#通信系统设备制造	Manufacture of Communication System Equipment	7.6	38.0	398.4	321.7	133.6	451.0
通信终端设备制造	Manufacture of Communication Terminal Equipment	15.3	104.0	2033.5	2586.1	2997.4	4753.3
广播电视设备制造	Manufacture of Broadcasting and TV Equipment	1.1	18.5	100.9	105.1	87.4	101.9
雷达及配套设备制造	Manufacture of Radar and Its Fittings		0.2	2.5	2.8	3.0	5.4
视听设备制造	Manufacture of TV Set and Radio Receiver	145.5	732.4	991.3	1096.5	1147.6	1232.2
电子器件制造	Manufacture of Electronic Appliances	122.9	477.4	1381.5	1576.3	1720.7	1934.7
#电子真空器件制造	Manufacture of Electronic Vacuum Appliance	27.4	67.6	3.4	1.8	1.6	3.5
半导体分立器件制造	Manufacture of Semiconductor Discreting Appliances	26.3	37.4	87.0	88.4	104.9	146.5
集成电路制造	Manufacture of Integrate Circuit	69.2	213.6	297.1	304.1	418.4	387.3
电子元件制造	Manufacture of Electronic Components	170.8	819.2	2826.2	2656.3	2848.3	2296.7
其他电子设备制造	Manufacture of Other Electronic Equipment	44.5	80.5	262.4	457.8	406.6	458.4
计算机及办公设备制造业	**Manufacture of Computers and Office Equipment**	**309.0**	**1729.9**	**5221.7**	**5453.8**	**4881.4**	**4926.4**
#计算机整机制造	Manufacture of Entired Computer	93.4	731.0	3298.6	3748.0	3117.5	3022.3
计算机零部件制造	Manufacture of Computer Components and Parts	167.7	912.0	537.1	499.9	453.6	596.9
计算机外围设备制造	Manufacture of Computer Peripheral Equipment			1078.3	923.3	999.3	1017.2
办公设备制造	Manufacture of Office Equipment	48.0	86.9	124.7	121.4	168.3	111.0
医疗仪器设备及仪器仪表制造业	**Manufacture of Medical Equipments and Measuring Instrument**	**17.5**	**166.5**	**214.1**	**201.7**	**199.5**	**193.3**
1.医疗仪器设备及器械制造	Manufacture of Medical Equipment and Appliance	1.7	18.1	44.3	47.8	57.0	60.0
2.仪器仪表制造	Manufacture of Measuring Instrument	15.8	148.4	169.9	154.0	142.6	133.4
信息化学品制造业	**Manufacture of Electronic Chemicals**						**75.6**

1-1-8 外资企业分行业高技术产业生产经营情况

Statistics on Production and Management in High-tech Industry of Foreign Funded Enterprises by Industrial Sector

行 业	Industry	企业数（个） Number of Enterprises (unit)					
		2000	2005	2012	2013	2014	2015
合计	**Total**	**1441**	**3635**	**4684**	**4646**	**4479**	**4309**
医药制造业	**Manufacture of Medicines**	**316**	**534**	**565**	**557**	**539**	**519**
#化学药品制造	Manufacture of Chemical Medicine	152	232	245	238	233	225
中成药生产	Production of Finished Traditional Chinese Herbal Medicine		89	68	68	66	59
生物药品制造	Manufacture of Biological Medicine	42	92	103	104	104	96
航空、航天器及设备制造业	**Manufacture of Aircrafts and Spacecrafts and Related Equipment**	**6**	**26**	**54**	**57**	**57**	**61**
#飞机制造	Manufacture of Airplanes	5	25	22	25	26	28
航天器制造	Manufacture of Spacecrafts	1	1				
电子及通信设备制造业	**Manufacture of Electronic Equipment and Communication Equipment**	**789**	**2117**	**2961**	**2913**	**2768**	**2618**
#通信设备制造	Manufacture of Communication Equipment	162	278	254	240	230	225
#通信系统设备制造	Manufacture of Communication System Equipment	60	79	104	95	93	91
通信终端设备制造	Manufacture of Communication Terminal Equipment	28	39	150	145	137	134
广播电视设备制造	Manufacture of Broadcasting and TV Equipment	8	60	63	83	73	72
雷达及配套设备制造	Manufacture of Radar and Its Fittings		2	4	3	3	1
视听设备制造	Manufacture of TV Set and Radio Receiver	71	206	192	207	188	166
电子器件制造	Manufacture of Electronic Appliances	104	417	698	662	641	611
#电子真空器件制造	Manufacture of Electronic Vacuum Appliance	23	38	17	20	17	16
半导体分立器件制造	Manufacture of Semiconductor Discreting Appliances	45	74	104	100	96	91
集成电路制造	Manufacture of Integrate Circuit	36	140	137	133	128	120
电子元件制造	Manufacture of Electronic Components	339	1051	1355	1306	1243	1159
其他电子设备制造	Manufacture of Other Electronic Equipment	105	103	205	219	206	199
计算机及办公设备制造业	**Manufacture of Computers and Office Equipment**	**121**	**410**	**393**	**414**	**410**	**368**
#计算机整机制造	Manufacture of Entired Computer	25	64	45	45	49	39
计算机零部件制造	Manufacture of Computer Components and Parts	65	285	145	155	156	141
计算机外围设备制造	Manufacture of Computer Peripheral Equipment			114	113	104	94
办公设备制造	Manufacture of Office Equipment	31	61	47	56	54	49
医疗仪器设备及仪器仪表制造业	**Manufacture of Medical Equipments and Measuring Instrument**	**209**	**548**	**711**	**705**	**705**	**679**
1.医疗仪器设备及器械制造	Manufacture of Medical Equipment and Appliance	46	140	204	200	207	199
2.仪器仪表制造	Manufacture of Measuring Instrument	163	408	507	505	498	480
信息化学品制造业	**Manufacture of Electronic Chemicals**						**64**

1-1-8 续表 1 continued

行　业	Industry	从业人员平均人数（人） Annual Average Number of Employed Personnel (person)					
		2000	2005	2012	2013	2014	2015
合计	**Total**	**611611**	**2175564**	**4075094**	**3971712**	**3772463**	**3339477**
医药制造业	**Manufacture of Medicines**	**71625**	**148583**	**255430**	**264645**	**257166**	**248176**
#化学药品制造	Manufacture of Chemical Medicine	35739	89070	161267	162298	158815	151254
中成药生产	Production of Finished Traditional Chinese Herbal Medicine		25059	25721	31450	30505	30417
生物药品制造	Manufacture of Biological Medicine	6127	13254	25983	28009	27549	26750
航空、航天器及设备制造业	**Manufacture of Aircrafts and Spacecrafts and Related Equipment**	**6598**	**10595**	**21373**	**23899**	**21532**	**22182**
#飞机制造	Manufacture of Airplanes	6383	10344	5806	7487	7813	8697
航天器制造	Manufacture of Spacecrafts	215	251				
电子及通信设备制造业	**Manufacture of Electronic Equipment and Communication Equipment**	**416351**	**1315984**	**2484491**	**2414930**	**2321822**	**2299365**
#通信设备制造	Manufacture of Communication Equipment	77733	234972	364361	377072	371372	495633
#通信系统设备制造	Manufacture of Communication System Equipment	22008	29244	80299	77422	79922	79786
通信终端设备制造	Manufacture of Communication Terminal Equipment	12164	32155	284062	299650	291450	415847
广播电视设备制造	Manufacture of Broadcasting and TV Equipment	2314	16080	33867	48870	44609	39906
雷达及配套设备制造	Manufacture of Radar and Its Fittings		222	1189	953	811	421
视听设备制造	Manufacture of TV Set and Radio Receiver	69927	142980	168598	172525	142534	122426
电子器件制造	Manufacture of Electronic Appliances	64375	285129	724523	694811	677608	629808
#电子真空器件制造	Manufacture of Electronic Vacuum Appliance	26143	37231	5858	6076	5270	4100
半导体分立器件制造	Manufacture of Semiconductor Discreting Appliances	21132	23474	50194	47283	48493	45958
集成电路制造	Manufacture of Integrate Circuit	17100	114442	147596	143693	142598	133356
电子元件制造	Manufacture of Electronic Components	178842	599470	997281	913771	833409	779335
其他电子设备制造	Manufacture of Other Electronic Equipment	23160	37131	122432	135011	186045	166961
计算机及办公设备制造业	**Manufacture of Computers and Office Equipment**	**72465**	**580240**	**1098383**	**1050972**	**956305**	**525109**
#计算机整机制造	Manufacture of Entired Computer	10906	244348	391140	409442	365919	192034
计算机零部件制造	Manufacture of Computer Components and Parts	48312	303303	471700	424201	385662	148535
计算机外围设备制造	Manufacture of Computer Peripheral Equipment			126465	97642	79889	73416
办公设备制造	Manufacture of Office Equipment	13247	32589	62698	72805	71515	53360
医疗仪器设备及仪器仪表制造业	**Manufacture of Medical Equipments and Measuring Instrument**	**44572**	**120162**	**215417**	**217266**	**215638**	**203449**
1.医疗仪器设备及器械制造	Manufacture of Medical Equipment and Appliance	7324	32501	63311	65425	65014	59304
2.仪器仪表制造	Manufacture of Measuring Instrument	37248	87661	152106	151841	150624	144145
信息化学品制造业	**Manufacture of Electronic Chemicals**						**41196**

1-1-8　续表 2　continued

行　业	Industry	主营业务收入（亿元） Revenue from Principal Business (100 million yuan)					
		2000	2005	2012	2013	2014	2015
合计	**Total**	**4141.4**	**18244.8**	**39871.9**	**42855.6**	**42407.1**	**38946.5**
医药制造业	**Manufacture of Medicines**	**252.0**	**712.3**	**2678.7**	**3004.0**	**3300.4**	**3323.5**
#化学药品制造	Manufacture of Chemical Medicine	170.0	500.1	1837.2	2051.7	2240.3	2277.2
中成药生产	Production of Finished Traditional Chinese Herbal Medicine		69.6	229.6	271.0	297.5	273.3
生物药品制造	Manufacture of Biological Medicine	21.0	78.9	302.9	354.2	403.6	403.3
航空、航天器及设备制造业	**Manufacture of Aircrafts and Spacecrafts and Related Equipment**	**18.7**	**51.6**	**291.5**	**397.0**	**481.2**	**646.8**
#飞机制造	Manufacture of Airplanes	18.4	50.8	166.3	245.7	317.4	427.2
航天器制造	Manufacture of Spacecrafts	0.3	0.8				
电子及通信设备制造业	**Manufacture of Electronic Equipment and Communication Equipment**	**2993.6**	**9372.3**	**21662.9**	**23597.7**	**23807.4**	**24511.2**
#通信设备制造	Manufacture of Communication Equipment	1439.6	4023.2	4976.2	6055.8	6031.0	7068.7
#通信系统设备制造	Manufacture of Communication System Equipment	449.7	402.2	771.9	768.5	906.1	880.1
通信终端设备制造	Manufacture of Communication Terminal Equipment	214.4	249.2	4204.3	5287.2	5124.9	6188.6
广播电视设备制造	Manufacture of Broadcasting and TV Equipment	13.9	58.7	157.1	408.6	360.9	327.4
雷达及配套设备制造	Manufacture of Radar and Its Fittings		1.1	7.1	6.3	3.4	2.3
视听设备制造	Manufacture of TV Set and Radio Receiver	541.2	1042.7	2108.7	2761.2	2403.8	2329.1
电子器件制造	Manufacture of Electronic Appliances	398.7	1818.3	7732.7	7366.5	7603.0	7276.7
#电子真空器件制造	Manufacture of Electronic Vacuum Appliance	194.8	296.7	64.9	69.7	29.8	27.5
半导体分立器件制造	Manufacture of Semiconductor Discreting Appliances	66.1	121.9	366.3	356.7	356.4	362.3
集成电路制造	Manufacture of Integrate Circuit	137.7	765.8	1515.6	1476.0	1324.6	1257.0
电子元件制造	Manufacture of Electronic Components	494.9	2289.6	5108.8	5096.3	4973.1	5014.8
其他电子设备制造	Manufacture of Other Electronic Equipment	105.4	138.6	972.6	1288.3	1810.6	1887.1
计算机及办公设备制造业	**Manufacture of Computers and Office Equipment**	**744.1**	**7536.8**	**13484.8**	**13966.4**	**12833.0**	**7969.4**
#计算机整机制造	Manufacture of Entired Computer	240.6	4205.4	7730.7	8412.8	7565.0	5076.5
计算机零部件制造	Manufacture of Computer Components and Parts	385.1	2936.9	3839.0	3603.9	3328.5	1158.2
计算机外围设备制造	Manufacture of Computer Peripheral Equipment			919.7	860.7	811.6	642.6
办公设备制造	Manufacture of Office Equipment	118.4	394.5	690.4	731.6	713.5	604.5
医疗仪器设备及仪器仪表制造业	**Manufacture of Medical Equipments and Measuring Instrument**	**133.0**	**571.7**	**1754.1**	**1890.6**	**1985.1**	**1942.5**
1.医疗仪器设备及器械制造	Manufacture of Medical Equipment and Appliance	35.1	155.5	446.3	466.2	489.5	503.1
2.仪器仪表制造	Manufacture of Measuring Instrument	97.8	416.2	1307.8	1424.3	1495.5	1439.4
信息化学品制造业	**Manufacture of Electronic Chemicals**						**553.2**

1-1-8 续表 3 continued

行业	Industry	利润总额（亿元） Profits (100 million yuan)					
		2000	2005	2012	2013	2014	2015
合计	**Total**	**322.4**	**742.0**	**1778.0**	**2069.3**	**2109.3**	**1956.7**
医药制造业	**Manufacture of Medicines**	**22.6**	**80.7**	**296.6**	**312.5**	**339.5**	**372.1**
#化学药品制造	Manufacture of Chemical Medicine	14.9	50.0	192.4	202.6	232.3	256.1
中成药生产	Production of Finished Traditional Chinese Herbal Medicine		12.1	32.7	33.7	34.5	36.6
生物药品制造	Manufacture of Biological Medicine	1.4	13.2	45.5	49.6	44.8	42.3
航空、航天器及设备制造业	**Manufacture of Aircrafts and Spacecrafts and Related Equipment**	**1.7**	**5.3**	**21.7**	**36.8**	**50.2**	**64.6**
#飞机制造	Manufacture of Airplanes	1.9	5.2	18.1	27.0	39.2	48.7
航天器制造	Manufacture of Spacecrafts	-0.2	0.1				
电子及通信设备制造业	**Manufacture of Electronic Equipment and Communication Equipment**	**243.2**	**402.7**	**855.4**	**1123.6**	**1117.1**	**1045.5**
#通信设备制造	Manufacture of Communication Equipment	131.8	201.2	173.6	221.7	226.4	265.2
#通信系统设备制造	Manufacture of Communication System Equipment	41.3	5.1	9.7	13.6	26.0	29.0
通信终端设备制造	Manufacture of Communication Terminal Equipment	8.8	6.0	163.9	208.1	200.3	236.2
广播电视设备制造	Manufacture of Broadcasting and TV Equipment	0.9	2.8	3.3	15.3	12.7	15.6
雷达及配套设备制造	Manufacture of Radar and Its Fittings		0.1	0.3	0.3	0.1	
视听设备制造	Manufacture of TV Set and Radio Receiver	22.4	26.0	76.7	197.3	97.0	63.4
电子器件制造	Manufacture of Electronic Appliances	44.1	48.8	378.0	401.6	416.7	326.9
#电子真空器件制造	Manufacture of Electronic Vacuum Appliance	26.3	14.6	2.6	4.2	0.5	1.3
半导体分立器件制造	Manufacture of Semiconductor Discreting Appliances	5.8	-0.4	15.6	11.1	15.8	23.4
集成电路制造	Manufacture of Integrate Circuit	11.9	14.8	102.8	94.2	130.8	100.2
电子元件制造	Manufacture of Electronic Components	35.1	120.7	168.1	202.5	228.3	236.4
其他电子设备制造	Manufacture of Other Electronic Equipment	8.9	3.2	43.6	62.8	111.1	112.1
计算机及办公设备制造业	**Manufacture of Computers and Office Equipment**	**43.4**	**196.7**	**435.2**	**417.7**	**403.6**	**264.6**
#计算机整机制造	Manufacture of Entired Computer	16.3	89.4	236.6	241.2	189.7	135.9
计算机零部件制造	Manufacture of Computer Components and Parts	21.9	90.5	133.1	106.9	107.7	46.5
计算机外围设备制造	Manufacture of Computer Peripheral Equipment			29.9	29.5	56.5	35.7
办公设备制造	Manufacture of Office Equipment	5.2	16.8	27.9	32.8	37.9	31.9
医疗仪器设备及仪器仪表制造业	**Manufacture of Medical Equipments and Measuring Instrument**	**11.5**	**56.7**	**169.1**	**178.6**	**198.9**	**179.9**
1.医疗仪器设备及器械制造	Manufacture of Medical Equipment and Appliance	2.6	16.3	48.1	46.9	54.3	53.4
2.仪器仪表制造	Manufacture of Measuring Instrument	8.9	40.4	121.0	131.8	144.6	126.5
信息化学品制造业	**Manufacture of Electronic Chemicals**						**30.0**

1-1-8　续表 4　continued

行　业	Industry	出口交货值（亿元） Exports (100 million yuan)					
		2000	2005	2012	2013	2014	2015
合计	**Total**	**2018.1**	**11843.4**	**27231.7**	**28097.7**	**27560.5**	**24151.8**
医药制造业	**Manufacture of Medicines**	**30.3**	**83.7**	**320.3**	**330.5**	**358.8**	**363.6**
#化学药品制造	Manufacture of Chemical Medicine	15.5	48.7	143.7	161.8	167.6	167.8
中成药生产	Production of Finished Traditional Chinese Herbal Medicine		2.6	10.0	12.5	16.8	15.7
生物药品制造	Manufacture of Biological Medicine	3.9	16.3	71.5	73.0	87.4	99.9
航空、航天器及设备制造业	**Manufacture of Aircrafts and Spacecrafts and Related Equipment**	**1.2**	**6.7**	**96.5**	**122.4**	**131.6**	**168.5**
#飞机制造	Manufacture of Airplanes	0.9	6.6	32.4	37.9	46.9	60.3
航天器制造	Manufacture of Spacecrafts	0.3	0.2				
电子及通信设备制造业	**Manufacture of Electronic Equipment and Communication Equipment**	**1404.2**	**6208.3**	**14874.3**	**15182.5**	**15648.2**	**16403.6**
#通信设备制造	Manufacture of Communication Equipment	382.0	2529.4	2811.2	3064.5	3414.6	5024.8
#通信系统设备制造	Manufacture of Communication System Equipment	51.7	94.5	435.9	393.1	382.0	347.3
通信终端设备制造	Manufacture of Communication Terminal Equipment	84.1	185.8	2375.2	2671.4	3032.6	4677.5
广播电视设备制造	Manufacture of Broadcasting and TV Equipment	2.6	26.8	91.6	278.4	219.2	208.0
雷达及配套设备制造	Manufacture of Radar and Its Fittings		0.2	2.0	1.4	0.7	0.9
视听设备制造	Manufacture of TV Set and Radio Receiver	387.7	771.6	1355.0	1583.6	1478.2	1455.1
电子器件制造	Manufacture of Electronic Appliances	180.7	1215.8	6484.9	6120.3	6662.2	5963.0
#电子真空器件制造	Manufacture of Electronic Vacuum Appliance	39.8	113.6	40.6	42.2	11.2	8.8
半导体分立器件制造	Manufacture of Semiconductor Discreting Appliances	58.7	90.9	264.9	271.8	275.3	277.3
集成电路制造	Manufacture of Integrate Circuit	82.3	603.2	1260.4	1255.2	1348.9	1105.7
电子元件制造	Manufacture of Electronic Components	396.5	1590.9	3252.1	3192.6	2944.6	2872.4
其他电子设备制造	Manufacture of Other Electronic Equipment	54.7	73.6	638.2	724.2	758.3	714.6
计算机及办公设备制造业	**Manufacture of Computers and Office Equipment**	**530.8**	**5291.8**	**11314.5**	**11722.1**	**10699.8**	**6353.8**
#计算机整机制造	Manufacture of Entired Computer	124.6	2413.2	6112.7	6653.8	6069.2	3854.3
计算机零部件制造	Manufacture of Computer Components and Parts	330.3	2535.8	3548.2	3441.2	3093.1	983.6
计算机外围设备制造	Manufacture of Computer Peripheral Equipment			829.3	726.6	640.1	638.5
办公设备制造	Manufacture of Office Equipment	75.8	342.9	595.9	611.4	605.3	490.7
医疗仪器设备及仪器仪表制造业	**Manufacture of Medical Equipments and Measuring Instrument**	**51.6**	**252.9**	**626.1**	**740.2**	**722.1**	**709.6**
1.医疗仪器设备及器械制造	Manufacture of Medical Equipment and Appliance	18.5	80.3	217.4	241.3	239.3	224.2
2.仪器仪表制造	Manufacture of Measuring Instrument	33.1	172.7	408.8	498.9	482.7	485.4
信息化学品制造业	**Manufacture of Electronic Chemicals**						**152.8**

1-1-9 各地区高技术产业生产经营情况

Statistics on Production and Management in High-tech Industry by Region

地区	Region	企业数（个）Number of Enterprises (unit)					
		2000	2005	2012	2013	2014	2015
全　国	**Total**	**9835**	**17527**	**24636**	**26894**	**27939**	**29631**
东部地区	Eastern Region	6734	13174	17227	18761	19069	19912
中部地区	Middle Region	1361	1920	3805	4319	4850	5426
西部地区	Western Region	1028	1485	2311	2502	2758	3104
东北地区	Northeastern Region	712	948	1293	1312	1262	1189
北　京	Beijing	582	1101	760	782	805	805
天　津	Tianjin	496	602	587	585	583	591
河　北	Hebei	254	312	433	504	556	633
山　西	Shanxi	127	145	136	138	134	139
内蒙古	Inner Mongolia	55	71	97	100	95	107
辽　宁	Liaoning	350	547	738	735	687	604
吉　林	Jilin	237	246	394	394	393	406
黑龙江	Heilongjiang	125	155	161	183	182	179
上　海	Shanghai	737	1248	1030	1024	1003	1020
江　苏	Jiangsu	1144	2220	4598	4865	4852	4903
浙　江	Zhejiang	861	1991	2143	2391	2437	2603
安　徽	Anhui	177	287	744	841	1036	1198
福　建	Fujian	315	517	692	742	796	844
江　西	Jiangxi	176	272	602	696	792	923
山　东	Shandong	424	1219	1875	2015	2114	2268
河　南	Henan	303	383	848	933	1068	1176
湖　北	Hubei	333	446	687	830	920	1037
湖　南	Hunan	190	316	788	881	900	953
广　东	Guangdong	1711	3693	5059	5802	5874	6194
广　西	Guangxi	160	214	285	301	296	313
海　南	Hainan	50	57	50	51	49	51
重　庆	Chongqing	116	149	315	383	460	561
四　川	Sichuan	277	563	813	841	911	999
贵　州	Guizhou	157	178	135	149	193	226
云　南	Yunnan	92	122	123	136	148	177
西　藏	Tibet	15	12	6	8	9	8
陕　西	Shaanxi	245	307	379	402	435	475
甘　肃	Gansu	69	84	87	107	117	124
青　海	Qinghai	10	24	27	28	36	41
宁　夏	Ningxia	16	20	19	19	24	31
新　疆	Xinjiang	31	26	25	28	34	42

1-1-9　续表 1　continued

地　区	Region	从业人员平均人数（人） Annual Average Number of Employed Personnel (person)					
		2000	2005	2012	2013	2014	2015
全　国	**Total**	**3922875**	**6633422**	**12686722**	**12936870**	**13250267**	**13543225**
东部地区	Eastern Region	2385858	5171091	9377423	9388752	9465854	9511593
中部地区	Middle Region	532438	569739	1675962	1855971	2024387	2197880
西部地区	Western Region	658980	588365	1184464	1238387	1316311	1407355
东北地区	Northeastern Region	345599	304227	448873	453760	443715	426397
北　京	Beijing	158433	208827	282589	287281	282024	270226
天　津	Tianjin	139192	176089	295597	271138	298182	275810
河　北	Hebei	98710	111211	182291	197432	198644	213006
山　西	Shanxi	41713	44027	147733	142061	138667	134288
内蒙古	Inner Mongolia	17205	21598	30896	32651	30947	39127
辽　宁	Liaoning	179272	162618	212992	218388	212474	194983
吉　林	Jilin	78439	59259	155255	151519	151717	152216
黑龙江	Heilongjiang	87888	82350	80626	83853	79524	79198
上　海	Shanghai	215236	389357	596542	609434	580596	571217
江　苏	Jiangsu	399677	1000337	2486148	2461783	2446480	2473976
浙　江	Zhejiang	218291	429489	644264	670358	672586	691881
安　徽	Anhui	54542	64533	187326	205182	252133	266994
福　建	Fujian	125585	230226	355641	377439	372151	376757
江　西	Jiangxi	97208	109870	267263	277522	311199	366782
山　东	Shandong	172261	356621	674943	691324	726301	731784
河　南	Henan	117308	139235	553026	633971	697405	766007
湖　北	Hubei	129716	121394	268785	293598	320261	349825
湖　南	Hunan	74746	69082	251829	303637	304722	313984
广　东	Guangdong	811708	2214553	3842156	3803831	3872690	3890108
广　西	Guangxi	40522	47455	116808	125132	134289	143477
海　南	Hainan	6243	6926	17252	18732	16200	16828
重　庆	Chongqing	58706	51282	179452	219274	246281	274149
四　川	Sichuan	197771	203812	515131	501539	501205	514758
贵　州	Guizhou	92967	67411	49315	47061	72532	91231
云　南	Yunnan	23264	23326	31775	35272	39335	43596
西　藏	Tibet	1191	1085	1130	1452	1676	1200
陕　西	Shaanxi	222716	196330	216232	230560	241918	241497
甘　肃	Gansu	45729	27156	26974	28398	26694	27626
青　海	Qinghai	3699	4528	5747	5945	7084	8333
宁　夏	Ningxia	7815	8565	7161	6726	7417	11270
新　疆	Xinjiang	5122	4870	3843	4377	6933	11091

1-1-9 续表 2 continued

地 区	Region	主营业务收入（亿元） Revenue from Principal Business (100 million yuan)					
		2000	2005	2012	2013	2014	2015
全 国	**Total**	**10050.1**	**33916.2**	**102284.0**	**116048.9**	**127367.7**	**139968.6**
东部地区	Eastern Region	8084.9	30000.4	78350.3	85972.2	92205.9	99929.5
中部地区	Middle Region	641.2	1456.5	11104.0	14123.3	17014.1	20836.1
西部地区	Western Region	723.1	1392.1	8952.7	11548.8	13495.7	14918.6
东北地区	Northeastern Region	600.9	1067.2	3877.0	4404.5	4652.0	4284.5
北 京	Beijing	1020.8	2168.5	3569.9	3826.1	4151.6	3997.1
天 津	Tianjin	656.3	1909.0	3526.9	4243.5	4282.0	4233.8
河 北	Hebei	155.5	300.2	1204.5	1381.0	1508.7	1705.9
山 西	Shanxi	29.1	67.6	621.5	707.8	793.6	864.7
内 蒙 古	Inner Mongolia	19.4	102.8	273.1	344.8	353.4	394.3
辽 宁	Liaoning	354.0	608.5	2214.1	2362.4	2351.7	1813.7
吉 林	Jilin	80.0	145.4	1138.7	1431.3	1667.9	1848.5
黑 龙 江	Heilongjiang	166.9	313.3	524.2	610.8	632.4	622.2
上 海	Shanghai	1057.1	4030.3	7051.6	6823.4	7056.9	7213.0
江 苏	Jiangsu	1235.5	6137.5	22863.6	24854.0	26113.9	28530.2
浙 江	Zhejiang	489.5	1741.8	3976.9	4360.1	4792.4	5288.1
安 徽	Anhui	79.5	156.5	1460.0	1831.4	2533.0	3064.1
福 建	Fujian	415.9	1421.9	3229.4	3545.0	3627.8	3962.3
江 西	Jiangxi	100.0	229.9	1856.7	2289.6	2611.9	3318.1
山 东	Shandong	366.1	1737.9	7729.2	8946.5	10212.1	11535.3
河 南	Henan	120.0	297.6	3257.8	4284.4	5293.1	6653.8
湖 北	Hubei	195.1	396.9	2027.3	2445.3	2948.0	3655.1
湖 南	Hunan	98.2	205.1	1880.7	2564.9	2834.4	3280.2
广 东	Guangdong	2625.3	10428.8	25046.6	27871.1	30328.9	33308.1
广 西	Guangxi	44.7	94.2	806.2	1126.2	1394.3	1791.0
海 南	Hainan	18.1	30.4	151.9	121.4	131.7	155.9
重 庆	Chongqing	60.6	136.0	1883.4	2624.2	3433.7	4028.8
四 川	Sichuan	297.1	578.3	3962.1	5160.5	5486.6	5171.7
贵 州	Guizhou	67.5	127.9	342.9	372.0	566.3	806.9
云 南	Yunnan	32.3	59.8	239.4	291.1	312.1	350.0
西 藏	Tibet	1.9	3.7	7.7	11.8	15.9	9.9
陕 西	Shaanxi	230.6	414.3	1238.0	1374.0	1649.5	1902.9
甘 肃	Gansu	20.0	39.2	112.3	140.9	162.4	179.0
青 海	Qinghai	2.4	6.9	38.7	50.7	57.2	100.5
宁 夏	Ningxia	5.9	15.7	31.9	31.8	37.4	111.8
新 疆	Xinjiang	4.7	10.5	16.9	20.7	26.9	71.7

1-1-9　续表 3　continued

地　区	Region	利润总额（亿元） Profits (100 million yuan)					
		2000	2005	2012	2013	2014	2015
全　国	**Total**	**673.1**	**1423.2**	**6186.3**	**7233.7**	**8095.2**	**8986.3**
东部地区	Eastern Region	558.7	1244.5	4368.3	5157.4	5729.0	6488.5
中部地区	Middle Region	45.3	76.0	867.4	949.5	1061.9	1290.7
西部地区	Western Region	38.3	59.7	650.7	789.7	919.3	794.9
东北地区	Northeastern Region	30.8	43.0	299.9	337.2	385.0	412.3
北　京	Beijing	82.6	96.8	235.6	292.4	277.3	268.3
天　津	Tianjin	78.0	156.0	247.7	297.9	281.8	316.0
河　北	Hebei	8.0	18.0	79.7	107.8	138.2	160.4
山　西	Shanxi	2.0	2.7	109.8	25.1	42.7	54.8
内蒙古	Inner Mongolia	0.5	6.3	20.8	33.9	36.0	28.8
辽　宁	Liaoning	14.1	16.8	160.0	173.1	196.1	155.2
吉　林	Jilin	9.6	11.8	93.4	115.3	137.3	186.5
黑龙江	Heilongjiang	7.1	14.4	46.5	48.8	51.6	70.6
上　海	Shanghai	92.5	93.9	215.5	235.7	302.3	285.0
江　苏	Jiangsu	66.6	252.3	1282.0	1521.5	1671.2	1813.5
浙　江	Zhejiang	41.9	82.0	370.9	419.2	475.0	518.7
安　徽	Anhui	2.5	9.5	143.4	157.8	191.3	221.9
福　建	Fujian	19.7	69.1	181.6	176.9	204.4	196.8
江　西	Jiangxi	3.7	10.8	122.1	156.0	189.9	227.9
山　东	Shandong	21.0	95.7	612.9	700.3	781.3	874.2
河　南	Henan	11.9	15.0	205.9	274.1	340.7	408.3
湖　北	Hubei	19.0	21.3	130.1	148.4	143.1	198.5
湖　南	Hunan	5.6	10.5	156.1	188.1	154.1	179.3
广　东	Guangdong	143.1	367.3	1110.9	1388.6	1578.4	2034.1
广　西	Guangxi	3.8	7.7	108.7	124.2	131.7	169.5
海　南	Hainan	1.5	5.5	31.6	17.0	19.1	21.4
重　庆	Chongqing	0.3	9.1	50.2	73.6	110.5	162.6
四　川	Sichuan	17.2	27.6	304.2	370.0	413.3	173.2
贵　州	Guizhou	2.1	3.0	33.1	27.8	44.7	48.1
云　南	Yunnan	3.6	6.6	28.6	42.2	34.0	27.9
西　藏	Tibet	0.6	1.6	2.6	3.3	3.0	3.7
陕　西	Shaanxi	13.9	6.5	77.2	86.2	116.2	138.4
甘　肃	Gansu	-0.2	2.6	14.5	19.1	23.0	27.2
青　海	Qinghai	0.1	0.8	5.0	7.8	6.2	5.3
宁　夏	Ningxia	0.6	0.9	3.1	-0.1		3.2
新　疆	Xinjiang	0.1	1.1	2.7	1.9	0.7	7.0

1-1-9 续表 4 continued

地区	Region	出口交货值（亿元） Exports (100 million yuan)					
		2000	2005	2012	2013	2014	2015
全 国	**Total**	**3396.0**	**17636.0**	**46701.1**	**49285.1**	**50765.2**	**50923.1**
东部地区	Eastern Region	3115.8	17014.1	40173.1	40541.6	41718.5	41196.4
中部地区	Middle Region	43.5	205.7	2947.2	3745.0	4525.5	5595.3
西部地区	Western Region	58.0	123.1	3086.8	4548.3	4102.8	3789.4
东北地区	Northeastern Region	178.7	293.1	494.0	450.2	418.3	342.0
北 京	Beijing	160.2	832.6	1081.4	1118.8	1031.6	695.4
天 津	Tianjin	259.2	1054.5	1545.8	1537.0	1561.5	1503.8
河 北	Hebei	17.3	41.8	166.9	150.5	145.7	166.6
山 西	Shanxi	1.7	5.7	297.6	388.5	437.9	449.5
内 蒙 古	Inner Mongolia	1.1	31.7	6.9	11.2	14.1	10.5
辽 宁	Liaoning	163.9	271.1	466.6	417.0	370.5	305.7
吉 林	Jilin	2.0	6.6	13.5	19.7	23.9	24.8
黑 龙 江	Heilongjiang	12.8	15.4	14.0	13.5	23.9	11.5
上 海	Shanghai	370.7	2726.0	4691.2	4503.8	4415.9	4484.8
江 苏	Jiangsu	537.0	3876.4	12525.1	12244.5	11911.1	12062.9
浙 江	Zhejiang	120.9	744.7	1317.6	1425.8	1548.2	1491.2
安 徽	Anhui	4.5	15.6	200.8	300.3	647.6	763.0
福 建	Fujian	196.6	827.5	1832.1	1936.5	2001.6	1983.4
江 西	Jiangxi	4.8	27.1	242.7	257.7	306.5	377.4
山 东	Shandong	78.8	423.8	1597.1	1663.5	1948.5	1969.2
河 南	Henan	10.1	33.7	1343.2	1894.0	2387.6	2948.7
湖 北	Hubei	11.7	61.5	546.2	415.9	315.8	598.5
湖 南	Hunan	9.6	30.5	316.8	488.5	430.1	458.1
广 东	Guangdong	1371.7	6475.2	15411.2	15957.1	17149.5	16835.7
广 西	Guangxi	2.4	9.5	157.0	231.8	312.0	347.8
海 南	Hainan	0.9	2.0	4.7	4.1	5.0	3.4
重 庆	Chongqing	6.3	9.5	1216.0	1710.2	2194.1	2094.7
四 川	Sichuan	21.6	66.1	1556.7	2440.6	1353.2	939.2
贵 州	Guizhou	1.8	10.7	13.4	9.2	12.8	17.7
云 南	Yunnan	4.0	5.0	8.2	7.0	9.2	9.0
西 藏	Tibet						
陕 西	Shaanxi	19.7	24.8	109.7	110.6	176.3	325.8
甘 肃	Gansu	2.7	0.5	8.5	17.7	20.4	27.2
青 海	Qinghai	0.2	0.2	0.2	0.2	0.1	0.3
宁 夏	Ningxia	1.1	6.1	9.6	8.8	9.2	16.1
新 疆	Xinjiang	0.4	0.4	0.7	1.0	1.3	1.1

1-1-10 大中型企业各地区高技术产业生产经营情况
Statistics on Production and Management in High-tech Industry of Large and Medium-sized Enterprises by Region

地区	Region	企业数（个） Number of Enterprises (unit)					
		2000	2005	2012	2013	2014	2015
全　国	**Total**	**2030**	**3454**	**7506**	**7809**	**7969**	**8121**
东部地区	Eastern Region	1208	2705	5629	5777	5721	5698
中部地区	Middle Region	318	306	998	1097	1240	1337
西部地区	Western Region	320	310	663	719	790	863
东北地区	Northeastern Region	184	133	216	216	218	223
北　京	Beijing	75	125	193	209	195	191
天　津	Tianjin	106	108	197	184	181	154
河　北	Hebei	52	47	87	87	94	105
山　西	Shanxi	28	28	42	41	37	39
内蒙古	Inner Mongolia	12	15	21	24	21	26
辽　宁	Liaoning	81	67	112	112	113	113
吉　林	Jilin	69	38	62	59	61	67
黑龙江	Heilongjiang	34	28	42	45	44	43
上　海	Shanghai	224	258	329	320	315	309
江　苏	Jiangsu	197	591	1439	1449	1444	1436
浙　江	Zhejiang	85	259	486	515	510	526
安　徽	Anhui	46	50	139	148	172	190
福　建	Fujian	26	102	235	240	229	229
江　西	Jiangxi	47	40	217	226	259	270
山　东	Shandong	118	189	398	400	408	433
河　南	Henan	63	69	289	322	382	420
湖　北	Hubei	83	65	158	176	184	203
湖　南	Hunan	39	39	153	184	206	215
广　东	Guangdong	271	989	2244	2346	2321	2291
广　西	Guangxi	41	29	80	90	98	112
海　南	Hainan	13	8	21	27	24	24
重　庆	Chongqing	35	38	124	135	156	180
四　川	Sichuan	93	100	243	247	263	274
贵　州	Guizhou	60	51	40	32	57	57
云　南	Yunnan	13	17	31	33	33	33
西　藏	Tibet	1		1	1	2	1
陕　西	Shaanxi	80	74	92	125	128	136
甘　肃	Gansu	23	18	19	20	16	18
青　海	Qinghai	4	4	4	5	4	7
宁　夏	Ningxia	5	6	6	5	7	11
新　疆	Xinjiang	6	2	2	2	5	8

注：本表数据口径相同于表1-1-4。

1-1-10 续表 1 continued

地 区	Region	从业人员平均人数（人）Annual Average Number of Employed Personnel (person)					
		2000	2005	2012	2013	2014	2015
全 国	**Total**	**2252216**	**4717460**	**10346625**	**10516563**	**10727828**	**10899742**
东部地区	Eastern Region	1108137	3704130	7829850	7708590	7731929	7721176
中部地区	Middle Region	365378	355992	1327516	1467343	1595579	1720295
西部地区	Western Region	521352	438608	869827	1017822	1080886	1144933
东北地区	Northeastern Region	257349	218730	319432	322808	319434	313338
北 京	Beijing	70587	127846	210544	216590	205627	192785
天 津	Tianjin	87568	119281	249901	226090	250738	224735
河 北	Hebei	67464	74527	137137	146191	146660	157198
山 西	Shanxi	28389	29934	136137	130114	125746	121282
内 蒙 古	Inner Mongolia	9924	13789	20558	23749	22602	29237
辽 宁	Liaoning	130205	119453	141098	147132	146424	139567
吉 林	Jilin	54155	31630	113303	109509	110529	111321
黑 龙 江	Heilongjiang	72989	67647	65031	66167	62481	62450
上 海	Shanghai	145747	286602	506696	517469	492373	483021
江 苏	Jiangsu	190250	791908	2067990	2021484	2002554	2032580
浙 江	Zhejiang	81637	247568	439731	446180	442344	454413
安 徽	Anhui	34154	36976	124149	136619	166805	171941
福 建	Fujian	46940	169598	295994	308004	302337	303765
江 西	Jiangxi	77329	76012	211833	212288	239557	280852
山 东	Shandong	113403	213921	501065	506358	531439	528867
河 南	Henan	76979	88429	478106	554748	609430	671898
湖 北	Hubei	85980	72403	210096	223078	238634	257887
湖 南	Hunan	52623	38449	167195	210496	215407	216435
广 东	Guangdong	276531	1645177	3408618	3305259	3346053	3331360
广 西	Guangxi	25495	24487	88588	97478	108638	116956
海 南	Hainan	2515	3215	12174	14965	11804	12452
重 庆	Chongqing	42490	35326	155305	188207	209447	229292
四 川	Sichuan	157478	147969	443769	425235	419993	427264
贵 州	Guizhou	76097	52389	38930	36314	59085	72093
云 南	Yunnan	10104	10812	21172	23614	26467	28020
西 藏	Tibet	181		395	395	828	384
陕 西	Shaanxi	191102	162001	72703	194556	204969	203373
甘 肃	Gansu	33839	18351	19067	19170	16835	18021
青 海	Qinghai	2745	2470	2788	3148	3064	4046
宁 夏	Ningxia	5391	6369	5531	4926	5503	9078
新 疆	Xinjiang	1925	2921	1021	1030	3455	7169

1-1-10 续表 2 continued

地 区	Region	主营业务收入（亿元） Revenue from Principal Business (100 million yuan)					
		2000	2005	2012	2013	2014	2015
全 国	**Total**	**6085.2**	**28783.2**	**83239.5**	**91634.8**	**103060.2**	**112246.1**
东部地区	Eastern Region	4612.6	25859.0	66523.8	69525.5	76858.1	82439.5
中部地区	Middle Region	429.5	972.5	7971.3	10157.9	12484.2	15236.3
西部地区	Western Region	559.1	1091.1	6562.2	9531.5	11027.1	11835.4
东北地区	Northeastern Region	484.0	860.5	2182.2	2419.8	2690.9	2734.9
北 京	Beijing	320.5	1762.4	2993.7	3205.4	3425.7	3188.2
天 津	Tianjin	585.2	1766.0	3163.3	3589.4	3775.1	3626.8
河 北	Hebei	113.5	220.7	808.0	905.2	997.4	1099.8
山 西	Shanxi	16.4	44.2	561.5	639.3	714.5	785.2
内 蒙 古	Inner Mongolia	12.5	76.2	170.5	256.7	268.3	276.0
辽 宁	Liaoning	275.9	496.6	1159.6	1199.6	1238.0	1148.1
吉 林	Jilin	57.7	94.4	597.8	744.6	983.5	1126.0
黑 龙 江	Heilongjiang	150.4	269.5	424.8	475.7	469.5	460.8
上 海	Shanghai	886.1	3437.4	6439.0	6134.6	6297.6	6362.8
江 苏	Jiangsu	601.5	5454.0	19002.1	20580.3	21656.8	23614.6
浙 江	Zhejiang	210.3	1181.6	2819.3	2983.4	3301.3	3682.3
安 徽	Anhui	36.8	104.5	905.5	1128.9	1670.6	2007.6
福 建	Fujian	217.6	1283.9	2835.8	3076.8	3050.5	3235.0
江 西	Jiangxi	83.6	172.9	1312.7	1454.7	1758.3	2260.8
山 东	Shandong	268.4	1278.5	5602.3	6405.5	7237.6	8200.0
河 南	Henan	81.3	193.8	2670.3	3595.2	4473.9	5645.0
湖 北	Hubei	136.2	260.9	1497.1	1784.8	2105.1	2549.1
湖 南	Hunan	62.5	120.1	1024.1	1555.1	1761.8	1988.7
广 东	Guangdong	1369.7	9412.6	22741.9	22550.0	27014.9	29301.5
广 西	Guangxi	32.1	49.1	521.0	828.4	1060.1	1391.5
海 南	Hainan	7.7	12.7	118.2	94.8	101.3	128.4
重 庆	Chongqing	46.3	101.7	1697.3	2351.5	3027.1	3347.9
四 川	Sichuan	236.0	454.1	3323.3	4486.1	4693.1	4266.4
贵 州	Guizhou	43.3	96.0	178.0	202.7	350.2	513.0
云 南	Yunnan	11.0	32.1	158.8	192.5	211.7	213.0
西 藏	Tibet	1.1		1.1	1.2	8.2	1.2
陕 西	Shaanxi	196.1	354.8	408.2	1078.7	1264.8	1526.4
甘 肃	Gansu	16.4	28.2	61.2	78.4	85.0	100.9
青 海	Qinghai	1.6	4.0	17.4	29.9	23.3	54.3
宁 夏	Ningxia	5.2	13.7	22.6	22.6	24.9	98.1
新 疆	Xinjiang	2.2	6.4	2.7	2.8	10.3	46.7

1-1-10 续表 3 continued

地 区	Region	利润总额（亿元） Profits (100 million yuan)					
		2000	2005	2012	2013	2014	2015
全 国	**Total**	**434.1**	**1153.7**	**4858.7**	**5465.1**	**6508.0**	**7165.5**
东部地区	Eastern Region	356.2	1021.2	3581.5	3979.8	4749.6	5352.0
中部地区	Middle Region	29.9	51.9	617.9	649.3	758.0	921.1
西部地区	Western Region	25.3	46.9	473.4	630.6	743.4	593.0
东北地区	Northeastern Region	22.6	33.7	186.0	205.3	256.9	299.3
北 京	Beijing	20.5	65.7	178.0	230.1	206.3	190.8
天 津	Tianjin	74.2	150.6	226.2	262.4	246.8	277.9
河 北	Hebei	5.9	12.1	43.4	62.6	94.6	111.7
山 西	Shanxi	1.1	2.5	105.7	20.7	37.2	51.6
内蒙古	Inner Mongolia	0.1	5.2	16.5	27.8	29.3	20.3
辽 宁	Liaoning	11.3	11.0	95.6	99.5	125.8	111.8
吉 林	Jilin	6.1	12.1	52.0	67.9	92.5	135.6
黑龙江	Heilongjiang	5.2	10.6	38.4	37.9	38.7	52.0
上 海	Shanghai	82.6	58.1	163.7	178.2	241.8	204.1
江 苏	Jiangsu	35.6	214.9	1035.3	1245.0	1394.7	1479.7
浙 江	Zhejiang	19.2	52.3	285.7	317.1	369.2	405.1
安 徽	Anhui	1.4	7.0	93.0	100.3	128.5	147.1
福 建	Fujian	4.9	61.9	159.5	151.9	165.2	155.3
江 西	Jiangxi	2.0	8.0	86.4	109.0	139.1	165.2
山 东	Shandong	14.1	59.3	462.8	508.0	572.5	646.9
河 南	Henan	8.8	8.2	151.9	210.4	271.0	330.4
湖 北	Hubei	14.6	15.7	89.0	95.4	92.5	127.3
湖 南	Hunan	2.0	5.2	91.9	113.5	89.8	99.5
广 东	Guangdong	95.6	338.3	1000.3	1011.0	1444.7	1863.7
广 西	Guangxi	3.3	6.2	74.3	97.6	106.1	138.7
海 南	Hainan	0.3	1.8	26.7	13.6	13.7	16.8
重 庆	Chongqing	0.1	7.7	37.3	55.1	79.7	121.8
四 川	Sichuan	10.4	21.9	258.6	321.4	364.7	114.3
贵 州	Guizhou	0.6	1.2	17.0	20.2	34.5	41.7
云 南	Yunnan	1.6	5.3	20.9	31.7	24.6	15.8
西 藏	Tibet	0.5		0.3	-0.1	0.1	0.2
陕 西	Shaanxi	11.2	5.7	33.8	60.5	84.6	109.3
甘 肃	Gansu	0.2	2.5	9.2	12.5	15.8	19.8
青 海	Qinghai	0.1	0.7	3.8	4.9	5.3	3.9
宁 夏	Ningxia	0.7	1.1	1.7	-1.1	-1.3	2.0
新 疆	Xinjiang	0.1	0.7		0.1	-0.2	5.1

1-1-10 续表 4 continued

地　区	Region	出口交货值（亿元） Exports (100 million yuan)					
		2000	2005	2012	2013	2014	2015
全　国	**Total**	**1771.5**	**16271.8**	**44345.9**	**45699.0**	**48008.9**	**47851.4**
东部地区	Eastern Region	1548.5	15745.0	38093.8	37208.7	39373.2	38735.0
中部地区	Middle Region	34.5	154.9	2832.3	3594.7	4262.9	5243.8
西部地区	Western Region	46.1	100.7	2959.4	4480.5	3981.2	3560.2
东北地区	Northeastern Region	142.5	271.1	460.4	415.1	391.6	312.3
北　京	Beijing	50.8	806.0	1028.3	1061.9	967.3	635.8
天　津	Tianjin	241.6	1017.5	1498.1	1488.3	1478.3	1449.5
河　北	Hebei	14.8	35.4	153.1	136.6	133.7	153.0
山　西	Shanxi	1.4	5.6	296.1	388.1	437.0	447.8
内蒙古	Inner Mongolia	0.9	25.6	5.5	9.0	11.4	7.3
辽　宁	Liaoning	128.3	256.9	440.3	392.9	352.8	283.4
吉　林	Jilin	1.4	5.3	6.7	9.7	15.1	17.7
黑龙江	Heilongjiang	12.8	8.9	13.4	12.5	23.7	11.3
上　海	Shanghai	317.9	2485.8	4520.5	4316.3	4221.6	4267.4
江　苏	Jiangsu	174.8	3702.9	11833.2	11688.5	11334.9	11496.7
浙　江	Zhejiang	40.4	518.5	1069.5	1186.7	1276.6	1193.8
安　徽	Anhui	1.6	12.2	172.1	269.8	585.4	716.5
福　建	Fujian	98.6	790.3	1773.3	1858.2	1906.7	1881.6
江　西	Jiangxi	4.6	23.3	202.6	192.2	229.0	280.4
山　东	Shandong	55.5	341.9	1451.3	1471.1	1748.2	1747.7
河　南	Henan	8.8	26.6	1337.5	1888.3	2371.9	2922.4
湖　北	Hubei	8.4	33.8	516.2	387.7	268.2	477.1
湖　南	Hunan	8.8	27.8	307.8	468.6	371.4	399.7
广　东	Guangdong	551.8	6038.0	14761.9	13997.1	16300.9	15906.6
广　西	Guangxi	1.6	6.9	147.0	216.0	284.3	300.0
海　南	Hainan	0.5	1.7	4.7	4.1	4.9	2.9
重　庆	Chongqing	3.2	4.1	1207.3	1698.7	2152.6	1991.5
四　川	Sichuan	17.3	56.8	1534.5	2423.7	1334.0	907.3
贵　州	Guizhou	1.7	6.7	2.5	5.8	5.2	13.4
云　南	Yunnan	1.2	3.1	5.1	3.2	6.5	5.5
西　藏	Tibet						
陕　西	Shaanxi	18.6	23.2	41.0	98.5	158.8	295.2
甘　肃	Gansu	2.7	0.4	6.9	17.2	19.3	26.1
青　海	Qinghai	0.2	0.2	0.2	0.1	0.1	0.1
宁　夏	Ningxia	1.1	6.1	9.4	8.2	8.7	13.6
新　疆	Xinjiang	0.1	0.3			0.4	0.3

1-1-11 国有及国有控股企业各地区高技术产业生产经营情况

Statistics on Production and Management in High-tech Industry of State-owned and State-controlled Enterprises by Region

地 区	Region	企业数（个） Number of Enterprises (unit)					
		2000	2005	2012	2013	2014	2015
全 国	**Total**	**3759**	**2179**	**1532**	**1504**	**1488**	**1584**
东部地区	Eastern Region	1992	1331	853	834	806	843
中部地区	Middle Region	793	340	236	241	226	256
西部地区	Western Region	597	347	356	342	369	397
东北地区	Northeastern Region	377	161	87	87	87	88
北 京	Beijing	317	357	189	188	188	181
天 津	Tianjin	185	185	100	97	98	102
河 北	Hebei	129	53	33	36	35	37
山 西	Shanxi	93	44	24	19	17	18
内 蒙 古	Inner Mongolia	32	14	8	8	8	11
辽 宁	Liaoning	167	85	42	42	42	45
吉 林	Jilin	143	45	25	26	26	24
黑 龙 江	Heilongjiang	67	31	20	19	19	19
上 海	Shanghai	272	219	127	119	113	115
江 苏	Jiangsu	242	99	106	106	101	110
浙 江	Zhejiang	133	68	46	48	47	58
安 徽	Anhui	69	42	51	51	54	54
福 建	Fujian	82	43	32	30	28	32
江 西	Jiangxi	135	46	25	27	16	19
山 东	Shandong	141	61	60	58	54	57
河 南	Henan	150	66	38	37	36	43
湖 北	Hubei	198	78	59	69	70	80
湖 南	Hunan	116	50	39	38	33	42
广 东	Guangdong	359	190	153	145	137	146
广 西	Guangxi	109	45	17	18	19	20
海 南	Hainan	23	11	7	7	5	5
重 庆	Chongqing	72	43	45	47	49	52
四 川	Sichuan	113	80	86	83	92	102
贵 州	Guizhou	97	59	44	30	39	39
云 南	Yunnan	58	25	22	24	26	28
西 藏	Tibet	11	9	1	1	1	1
陕 西	Shaanxi	157	89	102	101	106	115
甘 肃	Gansu	48	23	17	18	16	14
青 海	Qinghai	7	3	5	5	4	6
宁 夏	Ningxia	11	6			1	1
新 疆	Xinjiang	23	10	9	7	8	8

1-1-11　续表 1　continued

地　区	Region	从业人员平均人数（人） Annual Average Number of Employed Personnel (person)					
		2000	2005	2012	2013	2014	2015
全　国	**Total**	**2079749**	**1369536**	**1418484**	**1413200**	**1449714**	**1520934**
东部地区	Eastern Region	848724	616352	701013	689728	710669	759513
中部地区	Middle Region	409912	236915	247144	238728	233538	261823
西部地区	Western Region	561115	362194	355219	363930	387417	383434
东北地区	Northeastern Region	259998	154075	115108	120814	118090	116164
北　京	Beijing	117353	85785	91415	92913	94518	90112
天　津	Tianjin	54378	51152	62156	42587	66773	65238
河　北	Hebei	73605	58035	35982	37738	33610	30909
山　西	Shanxi	34661	23173	21168	18591	11847	11706
内蒙古	Inner Mongolia	13481	5741	2734	2732	2625	6588
辽　宁	Liaoning	128616	75880	59142	66470	66995	66198
吉　林	Jilin	57934	21848	11359	11027	10308	9085
黑龙江	Heilongjiang	73448	56347	44607	43317	40787	40881
上　海	Shanghai	106081	82416	61116	59243	59980	68669
江　苏	Jiangsu	151107	65176	89419	88109	77174	83499
浙　江	Zhejiang	43114	32798	28147	29097	28727	35983
安　徽	Anhui	31517	22170	44229	47174	52916	55155
福　建	Fujian	33385	30157	21568	24583	25011	35060
江　西	Jiangxi	84883	54225	31446	15406	12003	14705
山　东	Shandong	87667	44191	67925	71158	76926	84659
河　南	Henan	83652	52618	39000	39713	36852	49621
湖　北	Hubei	97190	53570	82544	86312	93653	103564
湖　南	Hunan	64528	25418	28757	31532	26267	27072
广　东	Guangdong	149702	150517	238881	239193	246205	263630
广　西	Guangxi	29102	14116	5418	6032	6858	8533
海　南	Hainan	3230	2009	4404	5107	1745	1754
重　庆	Chongqing	49465	31159	32797	33896	33114	33971
四　川	Sichuan	149260	102535	122204	126485	124138	114211
贵　州	Guizhou	81752	44315	20777	12756	31739	41628
云　南	Yunnan	15427	6514	9133	9811	13790	15823
西　藏	Tibet	870	828	395	395	408	384
陕　西	Shaanxi	207777	152828	147821	157834	162698	149333
甘　肃	Gansu	43667	14562	10829	11487	9624	9073
青　海	Qinghai	2362	1112	1067	1076	799	2252
宁　夏	Ningxia	6598	4832			189	185
新　疆	Xinjiang	3937	3509	2044	1426	1435	1453

1-1-11 续表 2 continued

地　区	Region	主营业务收入（亿元） Revenue from Principal Business (100 million yuan)					
		2000	2005	2012	2013	2014	2015
全　国	**Total**	**4197.4**	**5712.5**	**11161.9**	**12149.4**	**12828.4**	**14449.4**
东部地区	Eastern Region	2831.8	3812.9	6259.4	6780.9	7302.1	8283.7
中部地区	Middle Region	448.5	506.9	1602.8	1752.4	1726.8	2227.1
西部地区	Western Region	534.1	785.1	2417.2	2675.6	2886.0	3019.6
东北地区	Northeastern Region	382.9	607.6	882.5	940.5	913.4	918.9
北　京	Beijing	682.4	451.7	812.3	893.0	946.1	980.5
天　津	Tianjin	79.3	268.6	432.4	606.0	744.9	893.2
河　北	Hebei	112.5	153.4	298.8	319.4	306.4	279.4
山　西	Shanxi	19.3	22.8	75.9	94.4	59.0	56.9
内蒙古	Inner Mongolia	14.5	12.9	21.8	22.3	20.1	55.5
辽　宁	Liaoning	197.9	313.5	522.8	541.6	525.9	530.7
吉　林	Jilin	55.2	37.2	42.8	53.0	55.1	65.0
黑龙江	Heilongjiang	129.8	256.9	316.8	345.9	332.5	323.2
上　海	Shanghai	354.3	321.6	399.9	398.1	457.1	534.2
江　苏	Jiangsu	408.8	415.6	850.2	943.2	1004.0	1172.8
浙　江	Zhejiang	105.0	209.2	227.3	200.0	341.2	462.9
安　徽	Anhui	33.2	48.4	394.0	363.0	427.2	599.5
福　建	Fujian	125.0	206.6	111.5	136.3	145.5	218.8
江　西	Jiangxi	80.4	107.3	225.4	259.0	95.4	126.7
山　东	Shandong	209.1	451.4	1028.4	1112.3	1124.5	1229.5
河　南	Henan	84.5	102.4	130.9	151.4	165.6	281.4
湖　北	Hubei	139.9	167.1	562.5	641.8	738.2	918.6
湖　南	Hunan	76.7	46.1	214.2	242.7	241.4	243.9
广　东	Guangdong	722.5	1306.8	2044.0	2156.8	2221.6	2499.9
广　西	Guangxi	26.5	22.6	56.4	68.4	78.4	96.0
海　南	Hainan	6.4	5.5	54.6	15.9	10.7	12.6
重　庆	Chongqing	49.5	66.5	218.9	247.3	260.7	275.7
四　川	Sichuan	207.5	313.7	1066.6	1253.8	1274.8	1315.2
贵　州	Guizhou	47.3	66.4	165.9	122.8	204.5	226.9
云　南	Yunnan	15.2	18.9	91.0	109.3	115.7	132.0
西　藏	Tibet	0.7	1.5	1.1	1.2	1.3	1.2
陕　西	Shaanxi	186.2	282.1	751.7	799.5	876.9	837.7
甘　肃	Gansu	18.0	15.3	31.9	39.7	42.9	45.9
青　海	Qinghai	1.4	2.3	4.5	5.2	4.1	27.6
宁　夏	Ningxia	5.0	11.1			0.3	0.3
新　疆	Xinjiang	3.2	7.3	7.4	6.1	6.3	5.7

1-1-11　续表 3　continued

地　区	Region	利润总额（亿元） Profits (100 million yuan)					
		2000	2005	2012	2013	2014	2015
全　国	**Total**	**248.1**	**182.1**	**677.4**	**778.6**	**759.6**	**776.5**
东部地区	Eastern Region	188.6	138.3	408.3	517.9	479.0	482.8
中部地区	Middle Region	27.5	15.7	94.8	109.5	106.0	113.6
西部地区	Western Region	16.8	18.4	129.0	108.0	124.8	114.8
东北地区	Northeastern Region	15.2	9.8	45.3	43.2	49.8	65.3
北　京	Beijing	56.2	20.5	78.2	113.7	91.4	82.2
天　津	Tianjin	8.8	16.5	33.2	32.5	32.2	40.1
河　北	Hebei	5.2	0.8	6.6	8.7	11.1	13.2
山　西	Shanxi	0.3	1.0	4.1	5.9	3.2	3.6
内蒙古	Inner Mongolia	0.1	0.9	1.3	1.4	2.3	
辽　宁	Liaoning	6.5	-0.7	25.4	27.4	34.6	35.4
吉　林	Jilin	4.8	1.2	5.6	6.2	7.5	13.9
黑龙江	Heilongjiang	3.9	9.3	14.3	9.6	7.7	15.9
上　海	Shanghai	40.0	10.1	24.5	25.8	30.2	15.3
江　苏	Jiangsu	16.5	20.0	44.1	75.6	68.2	61.9
浙　江	Zhejiang	9.0	7.1	26.8	19.8	22.1	24.7
安　徽	Anhui	0.8	2.9	30.0	31.9	37.7	35.6
福　建	Fujian	-0.2	-2.0	14.6	15.0	16.0	23.4
江　西	Jiangxi	2.7	4.0	8.2	8.6	4.9	10.5
山　东	Shandong	12.6	9.3	76.7	85.3	81.9	96.9
河　南	Henan	8.7	-0.2	13.1	13.3	15.7	15.7
湖　北	Hubei	12.5	6.0	25.9	33.9	33.9	42.0
湖　南	Hunan	2.3	1.1	13.5	16.0	10.5	6.2
广　东	Guangdong	39.0	54.9	94.1	137.1	123.7	122.6
广　西	Guangxi	1.2	0.7	8.7	7.5	3.9	10.0
海　南	Hainan	0.4	0.4	9.6	4.5	2.3	2.5
重　庆	Chongqing	-0.7	3.3	12.0	4.8	6.6	5.3
四　川	Sichuan	7.4	12.9	57.1	39.3	45.8	32.8
贵　州	Guizhou	0.6	-1.0	7.4	-1.2	7.4	8.4
云　南	Yunnan	1.5	3.6	11.0	20.3	14.6	8.2
西　藏	Tibet	0.1	0.2	0.3	-0.1		0.2
陕　西	Shaanxi	7.5	-3.3	24.5	25.8	32.8	38.2
甘　肃	Gansu	-0.3	0.7	5.8	9.2	10.7	13.2
青　海	Qinghai	0.1	0.6	0.3	0.4	0.3	-1.7
宁　夏	Ningxia	0.5	0.8			0.1	0.1
新　疆	Xinjiang		0.7	0.5	0.6	0.4	0.3

1-1-11 续表 4 continued

地区	Region	出口交货值（亿元） Exports (100 million yuan)					
		2000	2005	2012	2013	2014	2015
全国	**Total**	**707.5**	**1566.8**	**2051.6**	**2116.5**	**2435.8**	**2463.4**
东部地区	Eastern Region	546.5	1301.3	1573.2	1524.4	1847.6	1803.4
中部地区	Middle Region	33.7	51.8	154.7	188.0	217.4	319.5
西部地区	Western Region	48.4	74.8	165.6	255.5	223.7	211.7
东北地区	Northeastern Region	78.9	138.9	158.1	148.6	147.2	128.7
北京	Beijing	108.9	91.0	83.3	111.7	143.2	166.3
天津	Tianjin	9.8	45.4	39.4	35.1	59.8	36.6
河北	Hebei	14.0	29.8	38.9	36.8	26.7	26.7
山西	Shanxi	1.6	0.1	6.6	15.8	12.8	12.5
内蒙古	Inner Mongolia	0.8	1.5		0.1	0.1	0.2
辽宁	Liaoning	74.6	127.8	145.2	140.1	127.2	120.2
吉林	Jilin	1.5	2.3	0.7	0.8	0.4	0.9
黑龙江	Heilongjiang	2.8	8.8	12.2	7.8	19.5	7.6
上海	Shanghai	50.2	72.9	83.5	62.5	76.4	78.5
江苏	Jiangsu	97.1	162.2	159.7	153.8	224.0	164.4
浙江	Zhejiang	14.5	71.5	64.3	52.1	91.6	102.9
安徽	Anhui	0.9	1.0	73.6	77.7	107.0	170.5
福建	Fujian	24.6	63.1	10.4	15.0	15.1	34.7
江西	Jiangxi	4.7	13.4	4.1	5.0	1.5	0.6
山东	Shandong	18.9	60.6	127.7	128.8	148.8	160.4
河南	Henan	8.8	16.3	8.0	10.6	11.9	21.1
湖北	Hubei	8.1	13.3	53.1	67.7	70.0	96.0
湖南	Hunan	8.7	6.1	9.3	11.2	14.3	18.7
广东	Guangdong	207.1	704.2	965.7	928.4	1062.0	1032.8
广西	Guangxi	1.4	0.6	0.2	0.7	1.0	0.5
海南	Hainan	0.1		0.2			
重庆	Chongqing	4.9	3.6	9.7	18.2	11.1	14.7
四川	Sichuan	16.7	37.8	66.9	162.5	129.7	109.8
贵州	Guizhou	1.7	6.7	12.7	8.2	10.5	8.7
云南	Yunnan	1.4	0.6	1.2	1.0	1.0	1.3
西藏	Tibet						
陕西	Shaanxi	19.5	21.6	74.6	64.5	69.8	75.9
甘肃	Gansu	2.7		0.3	0.2	0.3	0.3
青海	Qinghai				0.2	0.1	0.2
宁夏	Ningxia	1.1	4.1				
新疆	Xinjiang	0.3	0.4			0.1	0.1

1-1-12　内资企业各地区高技术产业生产经营情况

Statistics on Production and Management in High-tech Industry of Domesdtic Funded Enterprises by Region

地　区	Region	企业数（个） Number of Enterprises (unit)					
		2000	2005	2012	2013	2014	2015
全　国	**Total**	**6767**	**11036**	**16641**	**18841**	**20179**	**22070**
东部地区	Eastern Region	4072	7354	10158	11653	12265	13320
中部地区	Middle Region	1201	1642	3368	3885	4402	4978
西部地区	Western Region	925	1317	2027	2189	2428	2751
东北地区	Northeastern Region	569	723	1088	1114	1084	1021
北　京	Beijing	376	814	565	597	614	621
天　津	Tianjin	310	300	271	275	302	315
河　北	Hebei	214	256	369	449	504	582
山　西	Shanxi	109	130	125	125	122	129
内蒙古	Inner Mongolia	49	57	88	90	88	100
辽　宁	Liaoning	257	377	595	600	569	488
吉　林	Jilin	203	212	348	349	349	368
黑龙江	Heilongjiang	109	134	145	165	166	165
上　海	Shanghai	378	583	414	412	428	455
江　苏	Jiangsu	800	1178	2513	2807	2877	3010
浙　江	Zhejiang	701	1510	1606	1868	1928	2118
安　徽	Anhui	149	239	673	776	965	1121
福　建	Fujian	137	245	387	441	503	558
江　西	Jiangxi	159	228	486	581	666	800
山　东	Shandong	310	783	1445	1590	1703	1850
河　南	Henan	271	342	781	865	997	1101
湖　北	Hubei	295	372	594	738	827	943
湖　南	Hunan	169	274	709	800	825	884
广　东	Guangdong	673	1455	2555	3179	3374	3774
广　西	Guangxi	143	189	236	243	234	252
海　南	Hainan	30	41	33	35	32	37
重　庆	Chongqing	99	131	254	309	372	458
四　川	Sichuan	240	497	722	747	809	894
贵　州	Guizhou	143	157	124	139	183	214
云　南	Yunnan	80	99	106	118	133	162
西　藏	Tibet	15	12	6	8	9	8
陕　西	Shaanxi	225	278	339	359	395	435
甘　肃	Gansu	67	79	85	105	114	121
青　海	Qinghai	10	21	25	26	35	38
宁　夏	Ningxia	16	20	18	18	23	29
新　疆	Xinjiang	30	23	24	27	33	40

1-1-12 续表 1 continued

地 区	Region	从业人员平均人数（人） Annual Average Number of Employed Personnel (person)					
		2000	2005	2012	2013	2014	2015
全 国	**Total**	**2715464**	**2939172**	**5422678**	**5794568**	**6387453**	**6832903**
东部地区	Eastern Region	1282759	1689891	3232150	3414204	3797388	4071725
中部地区	Middle Region	496948	482699	1059268	1185544	1333314	1450370
西部地区	Western Region	629782	547314	791866	841792	906913	973757
东北地区	Northeastern Region	305975	219268	339394	353028	349838	337051
北 京	Beijing	108682	115587	150075	159012	162654	160872
天 津	Tianjin	68555	57253	95779	75856	105526	108066
河 北	Hebei	92951	95956	101664	110628	115330	120767
山 西	Shanxi	38095	36107	41989	40609	36352	42407
内 蒙 古	Inner Mongolia	16149	14318	25361	25058	24196	31741
辽 宁	Liaoning	149753	109492	143955	156859	153455	139358
吉 林	Jilin	73705	53300	146578	143621	144246	145060
黑 龙 江	Heilongjiang	82517	56476	48861	52548	52137	52633
上 海	Shanghai	96515	104428	107914	112094	114229	130610
江 苏	Jiangsu	272708	244102	676908	750342	803954	829876
浙 江	Zhejiang	175391	286839	379222	418766	431973	468056
安 徽	Anhui	46407	55999	158492	173549	210476	229107
福 建	Fujian	34587	39861	99595	118650	131113	153309
江 西	Jiangxi	93695	95286	191772	212357	242766	277145
山 东	Shandong	131612	202621	394428	411085	435821	483055
河 南	Henan	108661	123564	273101	312422	362545	418585
湖 北	Hubei	122324	101982	196699	221952	250360	282830
湖 南	Hunan	71617	55443	197215	224655	230815	200296
广 东	Guangdong	259821	496496	1214568	1244411	1485819	1604577
广 西	Guangxi	38198	41438	61291	63366	66054	77267
海 南	Hainan	3739	5310	11997	13360	10969	12537
重 庆	Chongqing	54131	48455	86965	99601	117012	137333
四 川	Sichuan	186634	188947	307066	324640	329117	331805
贵 州	Guizhou	90076	62581	45496	43337	68461	84092
云 南	Yunnan	21086	17151	23700	28116	31734	36032
西 藏	Tibet	1191	1085	1130	1452	1676	1200
陕 西	Shaanxi	215644	185610	198752	212455	221587	219136
甘 肃	Gansu	44468	26163	26636	28076	26353	27273
青 海	Qinghai	3699	4092	5276	5493	7033	7047
宁 夏	Ningxia	7815	8565	6460	5937	6858	10814
新 疆	Xinjiang	5038	4665	3733	4261	6832	10017

1-1-12 续表 2 continued

地区	Region	主营业务收入（亿元） Revenue from Principal Business (100 million yuan)					
		2000	2005	2012	2013	2014	2015
全国	**Total**	**4036.6**	**9132.0**	**41355.4**	**50119.7**	**59338.1**	**71327.6**
东部地区	Eastern Region	2455.1	6120.8	25754.0	30989.1	36798.2	44581.6
中部地区	Middle Region	511.2	1052.7	7381.7	9357.5	11352.7	13980.9
西部地区	Western Region	614.8	1240.7	5327.3	6431.6	7603.0	9448.0
东北地区	Northeastern Region	455.5	717.8	2892.4	3341.5	3584.2	3317.0
北京	Beijing	237.5	494.2	1146.1	1323.4	1460.1	1578.2
天津	Tianjin	60.0	201.1	755.6	939.0	1128.7	1340.8
河北	Hebei	147.3	247.4	794.9	941.0	1056.0	1217.4
山西	Shanxi	19.9	47.5	176.0	191.5	167.9	222.3
内蒙古	Inner Mongolia	18.8	36.6	172.0	245.4	263.1	327.3
辽宁	Liaoning	231.2	387.0	1557.3	1699.1	1702.6	1208.6
吉林	Jilin	75.8	121.8	1017.8	1257.0	1459.2	1690.3
黑龙江	Heilongjiang	148.5	209.0	317.4	385.3	422.4	418.2
上海	Shanghai	200.2	332.7	642.8	766.9	887.1	1057.9
江苏	Jiangsu	413.0	796.9	6936.8	8449.1	9767.9	11187.0
浙江	Zhejiang	353.2	907.2	2150.6	2462.7	2866.7	3403.6
安徽	Anhui	54.9	133.1	1248.6	1453.5	1798.0	2307.2
福建	Fujian	75.1	117.5	552.1	673.2	842.4	1371.4
江西	Jiangxi	92.8	193.8	1422.0	1826.8	2073.4	2552.7
山东	Shandong	275.5	1048.9	4440.0	5251.8	6120.2	7115.8
河南	Henan	79.7	229.7	1758.1	2191.8	2783.0	3589.7
湖北	Hubei	155.7	274.7	1320.8	1802.7	2257.7	2969.5
湖南	Hunan	89.4	137.5	1456.2	1891.3	2272.6	2339.6
广东	Guangdong	641.6	1878.0	8219.9	10099.8	12583.9	16184.9
广西	Guangxi	40.4	74.9	487.0	694.2	815.0	1067.8
海南	Hainan	11.3	22.0	115.2	82.1	85.4	124.5
重庆	Chongqing	51.1	123.3	523.2	694.4	1127.3	1867.2
四川	Sichuan	261.5	531.0	2366.3	2727.0	2882.2	3113.7
贵州	Guizhou	60.4	112.8	321.4	351.0	527.1	763.4
云南	Yunnan	25.7	45.2	186.4	233.7	254.5	285.0
西藏	Tibet	1.9	3.7	7.7	11.8	15.9	9.9
陕西	Shaanxi	182.7	354.9	1071.8	1236.3	1439.8	1595.9
甘肃	Gansu	18.6	38.0	111.7	140.3	161.1	176.6
青海	Qinghai	2.4	6.3	37.2	49.5	56.9	72.7
宁夏	Ningxia	5.9	15.7	26.6	28.1	33.9	107.4
新疆	Xinjiang	4.6	10.0	15.8	19.8	26.1	61.3

1-1-12 续表 3 continued

地区	Region	利润总额（亿元） Profits (100 million yuan)					
		2000	2005	2012	2013	2014	2015
全 国	**Total**	**266.3**	**495.2**	**3421.8**	**4071.4**	**4636.6**	**5658.4**
东部地区	Eastern Region	191.6	361.5	2116.6	2553.3	2928.4	3671.1
中部地区	Middle Region	26.0	57.2	630.8	754.3	839.3	995.0
西部地区	Western Region	26.1	54.6	452.4	507.8	589.1	687.1
东北地区	Northeastern Region	22.6	21.9	222.0	256.0	279.8	305.0
北 京	Beijing	26.1	24.9	150.5	177.3	184.6	176.7
天 津	Tianjin	5.5	15.2	94.9	79.2	87.9	99.0
河 北	Hebei	7.4	7.7	58.1	71.1	88.2	109.1
山 西	Shanxi	0.3	1.5	15.7	16.0	15.9	18.0
内蒙古	Inner Mongolia	0.5	2.8	14.9	27.6	31.3	25.5
辽 宁	Liaoning	7.1	6.8	106.1	113.6	116.2	85.4
吉 林	Jilin	9.0	9.1	80.0	101.6	120.3	162.2
黑龙江	Heilongjiang	6.5	6.0	35.9	40.8	43.3	57.5
上 海	Shanghai	11.7	21.5	56.1	65.8	72.5	52.2
江 苏	Jiangsu	16.5	43.1	551.1	676.2	779.4	901.8
浙 江	Zhejiang	29.5	54.4	198.4	230.4	240.5	284.1
安 徽	Anhui	1.6	7.8	119.0	132.7	161.4	189.6
福 建	Fujian	3.7	12.2	55.4	72.2	86.1	119.2
江 西	Jiangxi	2.1	8.3	96.2	128.7	156.5	182.7
山 东	Shandong	16.9	50.6	397.6	454.6	502.8	595.1
河 南	Henan	4.0	14.9	168.8	210.0	248.6	290.1
湖 北	Hubei	14.5	15.5	102.2	114.3	115.8	169.1
湖 南	Hunan	3.2	6.4	128.9	152.7	141.0	145.5
广 东	Guangdong	69.6	119.6	536.9	713.9	874.0	1315.1
广 西	Guangxi	3.8	7.6	70.8	83.4	93.6	116.5
海 南	Hainan	0.8	4.7	17.6	12.5	12.3	18.8
重 庆	Chongqing	0.1	9.0	39.7	59.1	86.9	137.8
四 川	Sichuan	13.7	25.1	182.3	171.6	186.0	183.6
贵 州	Guizhou	1.5	9.1	29.5	25.4	40.8	43.2
云 南	Yunnan	2.3	5.8	22.4	35.5	27.2	21.6
西 藏	Tibet	0.6	1.6	2.6	3.3	3.0	3.7
陕 西	Shaanxi	7.5	-1.3	66.1	73.4	90.6	114.1
甘 肃	Gansu	-0.4	2.5	14.5	19.0	22.8	27.0
青 海	Qinghai	0.1	0.8	4.9	7.6	6.2	5.5
宁 夏	Ningxia	0.6	0.9	2.0	0.1	-0.2	2.9
新 疆	Xinjiang	0.1	1.1	2.6	1.9	0.8	5.8

1-1-12 续表 4 continued

地　区	Region	出口交货值（亿元） Exports (100 million yuan)					
		2000	2005	2012	2013	2014	2015
全　国	**Total**	**510.8**	**1490.7**	**5361.7**	**6139.0**	**8208.9**	**9804.5**
东部地区	Eastern Region	355.6	1196.0	4317.3	4997.8	6584.2	7594.9
中部地区	Middle Region	33.2	68.0	570.5	579.9	960.3	1289.0
西部地区	Western Region	43.6	104.1	289.2	387.0	469.6	762.1
东北地区	Northeastern Region	78.3	122.6	184.7	174.4	194.8	158.5
北　京	Beijing	6.8	16.8	76.6	99.9	137.5	150.5
天　津	Tianjin	9.2	13.5	52.5	53.6	76.0	54.8
河　北	Hebei	15.5	35.2	57.3	56.3	53.2	52.2
山　西	Shanxi	1.7	0.3	2.1	3.1	1.3	14.3
内蒙古	Inner Mongolia	1.1	1.7	5.5	3.4	3.6	-1.6
辽　宁	Liaoning	73.7	105.0	168.8	156.9	164.9	136.6
吉　林	Jilin	1.8	5.4	10.0	15.4	16.2	17.3
黑龙江	Heilongjiang	2.8	12.2	5.9	2.1	13.7	4.5
上　海	Shanghai	13.2	28.5	76.3	76.7	87.5	123.1
江　苏	Jiangsu	86.4	120.3	477.8	551.8	746.1	841.5
浙　江	Zhejiang	70.4	267.6	513.3	518.0	608.5	667.3
安　徽	Anhui	3.7	11.8	174.0	206.9	301.1	399.7
福　建	Fujian	10.3	20.2	75.8	87.2	115.3	394.7
江　西	Jiangxi	4.7	14.1	80.7	98.7	150.1	137.0
山　东	Shandong	23.2	105.6	314.8	357.8	461.5	556.1
河　南	Henan	3.6	17.1	103.5	28.4	145.6	188.4
湖　北	Hubei	9.2	14.9	105.3	129.5	205.4	399.2
湖　南	Hunan	9.3	8.3	104.8	113.3	156.8	150.3
广　东	Guangdong	118.3	584.7	2672.8	3196.5	4298.6	4754.6
广　西	Guangxi	2.1	3.5	8.3	16.4	30.6	114.4
海　南	Hainan	0.1		0.2			
重　庆	Chongqing	4.2	6.2	30.9	43.6	118.6	276.0
四　川	Sichuan	12.3	59.1	123.3	204.7	179.0	164.4
贵　州	Guizhou	1.8	5.1	11.6	8.5	12.1	16.3
云　南	Yunnan	2.2	3.4	7.0	6.5	7.5	7.5
西　藏	Tibet						
陕　西	Shaanxi	18.9	23.3	83.6	76.0	87.1	140.3
甘　肃	Gansu	2.5	0.4	8.5	17.7	20.4	27.2
青　海	Qinghai	0.2	0.2	0.2	0.2	0.1	0.3
宁　夏	Ningxia	1.1	6.1	9.6	8.8	9.2	16.1
新　疆	Xinjiang	0.4	0.3	0.7	1.0	1.3	1.1

1-1-13 港澳台资企业各地区高技术产业生产经营情况

Statistics on Production and Management in High-tech Industry of Hong Kong, Macau and Taiwan Funded Enterprises by Region

地区	Region	企业数（个） Number of Enterprises (unit)					
		2000	2005	2012	2013	2014	2015
全国	**Total**	**1627**	**2856**	**3311**	**3407**	**3281**	**3252**
东部地区	Eastern Region	1449	2595	2891	2977	2855	2820
中部地区	Middle Region	97	145	235	234	241	232
西部地区	Western Region	42	60	128	136	135	146
东北地区	Northeastern Region	39	56	57	60	50	54
北京	Beijing	67	71	53	52	52	52
天津	Tianjin	45	28	31	32	35	38
河北	Hebei	17	17	22	19	17	17
山西	Shanxi	12	8	6	6	6	5
内蒙古	Inner Mongolia	2	7	6	7	5	4
辽宁	Liaoning	23	37	40	41	33	37
吉林	Jilin	12	11	11	12	10	11
黑龙江	Heilongjiang	4	8	6	7	7	6
上海	Shanghai	121	173	156	154	154	155
江苏	Jiangsu	173	432	670	689	665	648
浙江	Zhejiang	91	217	237	235	225	212
安徽	Anhui	18	26	31	27	25	27
福建	Fujian	129	152	167	163	156	157
江西	Jiangxi	9	21	70	71	80	74
山东	Shandong	30	60	63	57	57	63
河南	Henan	19	22	37	39	41	41
湖北	Hubei	23	40	42	42	42	41
湖南	Hunan	14	21	49	49	47	44
广东	Guangdong	752	1418	1485	1569	1486	1472
广西	Guangxi	10	15	35	38	39	39
海南	Hainan	14	12	7	7	8	6
重庆	Chongqing	6	7	27	29	36	44
四川	Sichuan	14	19	29	28	27	30
贵州	Guizhou	8	12	6	5	5	6
云南	Yunnan	8	13	10	12	9	6
西藏	Tibet						
陕西	Shaanxi	5	7	13	15	12	13
甘肃	Gansu	1	1	1	1	1	1
青海	Qinghai						1
宁夏	Ningxia			1	1	1	2
新疆	Xinjiang		1				

1-1-13 续表 1 continued

地 区	Region	从业人员平均人数（人） Annual Average Number of Employed Personnel (person)					
		2000	2005	2012	2013	2014	2015
全 国	**Total**	**595800**	**1518686**	**3188950**	**3170590**	**3090351**	**3370845**
东部地区	Eastern Region	559263	1453041	2408998	2344305	2251236	2471160
中部地区	Middle Region	22441	42932	470499	541844	563906	611019
西部地区	Western Region	7449	13151	293507	267945	260113	273226
东北地区	Northeastern Region	6647	9562	15946	16496	15096	15440
北 京	Beijing	13440	16381	24006	25166	30270	31636
天 津	Tianjin	8039	12211	37909	29337	41077	38077
河 北	Hebei	2752	3657	32298	30429	30655	35461
山 西	Shanxi	3127	3502	61120	67799	73195	69407
内蒙古	Inner Mongolia	341	5602	4495	6984	6155	6759
辽 宁	Liaoning	3356	5032	9101	10423	10154	11334
吉 林	Jilin	2307	2095	3488	2270	1847	2373
黑龙江	Heilongjiang	984	2435	3357	3803	3095	1733
上 海	Shanghai	26528	64122	160008	151881	150424	144524
江 苏	Jiangsu	48728	232492	635826	617116	585132	625478
浙 江	Zhejiang	25102	54184	106982	98070	90038	80606
安 徽	Anhui	5566	5330	17208	20385	27288	23454
福 建	Fujian	63975	96057	117389	124534	117126	126717
江 西	Jiangxi	1829	4491	40216	37735	39182	44711
山 东	Shandong	8447	15543	23945	28504	30107	27625
河 南	Henan	6769	6101	258465	303611	315611	328007
湖 北	Hubei	2788	12080	57537	52870	50740	46390
湖 南	Hunan	2021	5826	35953	59444	57890	99050
广 东	Guangdong	358977	954629	1268515	1237107	1174419	1359735
广 西	Guangxi	1727	2558	47727	53756	59672	57160
海 南	Hainan	1548	1207	2120	2161	1988	1301
重 庆	Chongqing	1764	875	62991	68162	68287	73598
四 川	Sichuan	2724	5541	169224	128143	115101	120953
贵 州	Guizhou	597	1271	551	503	617	3537
云 南	Yunnan	1337	3156	4684	5449	5846	5873
西 藏	Tibet						
陕 西	Shaanxi	982	1665	2829	3876	3608	4402
甘 肃	Gansu	45	543	305	283	268	251
青 海	Qinghai						237
宁 夏	Ningxia			701	789	559	456
新 疆	Xinjiang		100				

1-1-13 续表 2 continued

地 区	Region	主营业务收入（亿元） Revenue from Principal Business (100 million yuan)					
		2000	2005	2012	2013	2014	2015
全 国	**Total**	**1872.1**	**6539.4**	**21056.7**	**23073.6**	**25622.4**	**29694.5**
东部地区	Eastern Region	1757.5	6298.3	15671.6	16243.6	17253.1	20503.5
中部地区	Middle Region	79.6	184.9	2859.0	3719.4	4720.0	5777.6
西部地区	Western Region	21.2	31.9	2419.8	2993.3	3517.2	3277.2
东北地区	Northeastern Region	13.8	24.3	106.3	117.2	132.2	136.2
北 京	Beijing	209.2	287.5	832.8	927.5	1328.0	1418.4
天 津	Tianjin	9.7	45.3	469.3	296.4	404.7	590.1
河 北	Hebei	3.1	10.9	210.2	226.3	252.6	281.3
山 西	Shanxi	8.3	7.9	349.9	418.2	491.1	522.0
内 蒙 古	Inner Mongolia	0.2	64.1	78.6	81.2	88.6	59.4
辽 宁	Liaoning	7.7	16.5	79.8	81.1	92.6	92.0
吉 林	Jilin	1.8	4.6	20.0	25.1	28.7	36.2
黑 龙 江	Heilongjiang	4.3	3.2	6.5	11.1	10.9	8.1
上 海	Shanghai	127.5	1000.0	2368.9	2248.9	2359.9	2296.6
江 苏	Jiangsu	157.3	953.9	4209.2	4418.9	4500.8	5388.9
浙 江	Zhejiang	37.5	173.5	653.6	730.6	682.7	666.0
安 徽	Anhui	19.5	12.2	130.7	293.1	620.6	629.7
福 建	Fujian	224.9	635.4	983.9	1109.0	1079.0	1323.6
江 西	Jiangxi	2.1	6.2	287.9	310.3	366.8	423.9
山 东	Shandong	14.1	55.9	279.7	415.9	485.9	510.4
河 南	Henan	37.5	28.8	1354.2	1930.5	2357.8	2911.4
湖 北	Hubei	8.2	50.3	574.5	511.4	541.3	515.1
湖 南	Hunan	3.9	15.3	161.9	255.8	342.4	775.5
广 东	Guangdong	969.7	3121.0	5654.5	5856.4	6139.9	8013.8
广 西	Guangxi	0.8	9.3	255.5	378.4	521.0	635.0
海 南	Hainan	3.8	5.8	9.5	13.7	19.5	14.4
重 庆	Chongqing	5.4	2.6	925.6	989.2	1110.1	1170.8
四 川	Sichuan	4.6	15.7	1094.2	1451.8	1683.4	1293.8
贵 州	Guizhou	0.9	1.4	5.5	4.4	18.4	18.2
云 南	Yunnan	3.3	9.1	36.0	47.3	48.7	51.4
西 藏	Tibet						
陕 西	Shaanxi	6.8	2.4	18.7	37.1	43.3	34.8
甘 肃	Gansu	0.2	0.5	0.4	0.3	0.2	0.2
青 海	Qinghai						9.0
宁 夏	Ningxia			5.3	3.7	3.5	4.5
新 疆	Xinjiang		0.2				

1-1-13 续表 3 continued

地 区	Region	利润总额（亿元） Profits (100 million yuan)					
		2000	2005	2012	2013	2014	2015
全 国	**Total**	**84.4**	**186.0**	**986.6**	**1093.1**	**1349.3**	**1371.3**
东部地区	Eastern Region	70.3	177.2	684.5	755.6	928.1	1121.6
中部地区	Middle Region	11.2	6.0	184.9	143.5	160.3	219.4
西部地区	Western Region	1.5	0.6	108.8	184.9	246.0	16.3
东北地区	Northeastern Region	1.3	2.1	8.3	9.0	14.8	14.0
北 京	Beijing	14.6	9.3	22.7	28.0	24.4	20.9
天 津	Tianjin	0.3	2.4	10.2	15.7	22.4	57.5
河 北	Hebei	0.1	1.3	5.9	10.4	17.4	22.6
山 西	Shanxi	1.7	0.4	88.8	7.1	17.3	23.0
内蒙古	Inner Mongolia		3.5	5.2	4.1	4.6	2.2
辽 宁	Liaoning	0.8	1.2	5.4	5.1	9.2	9.4
吉 林	Jilin	0.4	0.6	1.4	1.6	3.0	3.6
黑龙江	Heilongjiang	0.1	0.3	1.5	2.3	2.6	1.0
上 海	Shanghai	9.2	3.4	66.7	68.0	83.6	94.3
江 苏	Jiangsu	5.6	42.0	191.5	194.2	256.7	355.9
浙 江	Zhejiang	3.5	13.4	108.0	122.3	140.2	142.8
安 徽	Anhui	0.2	0.1	15.0	16.6	18.5	17.1
福 建	Fujian	6.5	12.9	44.4	44.0	60.4	63.9
江 西	Jiangxi	0.1	0.4	17.2	18.4	20.6	22.0
山 东	Shandong	1.5	4.1	38.0	45.0	59.7	60.7
河 南	Henan	7.8	-1.5	28.7	57.4	80.8	108.6
湖 北	Hubei	0.5	1.3	19.2	22.9	16.0	17.8
湖 南	Hunan	0.8	1.9	16.1	21.1	7.2	31.0
广 东	Guangdong	28.8	87.9	195.7	226.2	260.7	300.2
广 西	Guangxi		0.2	29.6	33.6	34.6	45.6
海 南	Hainan	0.3	0.3	1.5	1.9	2.7	2.7
重 庆	Chongqing	0.1	0.1	1.2	3.0	7.2	5.6
四 川	Sichuan	0.8	0.3	65.9	134.5	187.1	-46.5
贵 州	Guizhou	0.1	-0.1	0.2	0.6	0.5	0.9
云 南	Yunnan	0.2	0.1	3.9	5.5	6.0	4.6
西 藏	Tibet						
陕 西	Shaanxi	0.2	0.1	1.8	3.9	5.9	3.6
甘 肃	Gansu						
青 海	Qinghai						
宁 夏	Ningxia			1.1	-0.2	0.2	0.3
新 疆	Xinjiang						

1-1-13 续表 4 continued

地 区	Region	出口交货值（亿元） Exports (100 million yuan)					
		2000	2005	2012	2013	2014	2015
全 国	**Total**	**867.1**	**4301.8**	**14107.7**	**15048.4**	**14995.8**	**16966.8**
东部地区	Eastern Region	854.5	4218.8	9997.9	9791.0	10065.4	11369.5
中部地区	Middle Region	7.3	76.6	2069.6	2763.4	3345.5	4089.6
西部地区	Western Region	2.8	2.4	2033.0	2486.9	1576.0	1497.4
东北地区	Northeastern Region	2.5	4.1	7.2	7.1	9.0	10.3
北 京	Beijing	13.0	19.3	107.2	94.1	136.1	152.3
天 津	Tianjin	7.4	27.9	343.5	182.0	277.7	285.2
河 北	Hebei	1.0	4.3	50.2	48.0	62.9	73.1
山 西	Shanxi		5.5	271.7	360.4	416.5	423.0
内蒙古	Inner Mongolia		29.9	1.2	7.8	10.2	11.3
辽 宁	Liaoning	2.5	3.9	6.4	6.5	8.5	10.2
吉 林	Jilin		0.1	0.7	0.5	0.5	
黑龙江	Heilongjiang		0.1	0.1	0.1	0.1	0.1
上 海	Shanghai	31.0	758.8	1851.1	1823.7	1911.9	1827.0
江 苏	Jiangsu	90.7	546.3	2819.5	2850.9	2735.2	2551.9
浙 江	Zhejiang	19.7	64.3	267.0	272.5	263.6	222.9
安 徽	Anhui	0.4	1.5	3.4	70.2	317.9	330.5
福 建	Fujian	127.8	427.1	682.9	766.7	745.3	881.1
江 西	Jiangxi	0.1	1.0	103.8	113.7	116.7	142.6
山 东	Shandong	5.1	19.2	66.7	73.8	79.5	46.0
河 南	Henan	6.1	9.4	1222.9	1843.8	2217.9	2729.6
湖 北	Hubei	0.4	28.6	423.1	264.1	87.9	173.4
湖 南	Hunan	0.2	0.8	44.7	111.3	188.6	290.6
广 东	Guangdong	558.0	2349.0	3808.1	3678.4	3852.3	5329.7
广 西	Guangxi	0.3	0.9	137.6	204.7	266.9	216.7
海 南	Hainan	0.6	2.0	1.7	0.9	0.9	0.5
重 庆	Chongqing	1.1	0.6	869.8	907.0	1055.8	1040.3
四 川	Sichuan	0.6	0.3	1021.7	1357.2	231.6	218.6
贵 州	Guizhou	0.1	0.1	1.0			0.3
云 南	Yunnan	1.0	1.4	0.3	0.4	1.5	1.3
西 藏	Tibet						
陕 西	Shaanxi			1.2	9.9	9.9	8.8
甘 肃	Gansu						
青 海	Qinghai						
宁 夏	Ningxia						
新 疆	Xinjiang						

1-1-14 外资企业各地区高技术产业生产经营情况
Statistics on Production and Management in High-tech Industry of Foreign Funded Enterprises by Region

地 区	Region	企业数（个） Number of Enterprises (unit)					
		2000	2005	2012	2013	2014	2015
全 国	**Total**	**1441**	**3635**	**4684**	**4646**	**4479**	**4309**
东部地区	Eastern Region	1213	3225	4178	4131	3949	3772
中部地区	Middle Region	63	133	202	200	207	216
西部地区	Western Region	61	108	156	177	195	207
东北地区	Northeastern Region	104	169	148	138	128	114
北 京	Beijing	139	216	142	133	139	132
天 津	Tianjin	141	274	285	278	246	238
河 北	Hebei	23	39	42	36	35	34
山 西	Shanxi	6	7	5	7	6	5
内 蒙 古	Inner Mongolia	4	7	3	3	2	3
辽 宁	Liaoning	70	133	103	94	85	79
吉 林	Jilin	22	23	35	33	34	27
黑 龙 江	Heilongjiang	12	13	10	11	9	8
上 海	Shanghai	238	492	460	458	421	410
江 苏	Jiangsu	171	610	1415	1369	1310	1245
浙 江	Zhejiang	69	264	300	288	284	273
安 徽	Anhui	10	22	40	38	46	50
福 建	Fujian	49	120	138	138	137	129
江 西	Jiangxi	8	23	46	44	46	49
山 东	Shandong	84	376	367	368	354	355
河 南	Henan	13	19	30	29	30	34
湖 北	Hubei	15	34	51	50	51	53
湖 南	Hunan	7	21	30	32	28	25
广 东	Guangdong	286	820	1019	1054	1014	948
广 西	Guangxi	7	10	14	20	23	22
海 南	Hainan	6	4	10	9	9	8
重 庆	Chongqing	11	11	34	45	52	59
四 川	Sichuan	23	47	62	66	75	75
贵 州	Guizhou	6	9	5	5	5	6
云 南	Yunnan	4	10	7	6	6	9
西 藏	Tibet						
陕 西	Shaanxi	15	22	27	28	28	27
甘 肃	Gansu	1	4	1	1	2	2
青 海	Qinghai		3	2	2	1	2
宁 夏	Ningxia						
新 疆	Xinjiang	1	2	1	1	1	2

1-1-14 续表 1 continued

地 区	Region	从业人员平均人数（人） Annual Average Number of Employed Personnel (person)					
		2000	2005	2012	2013	2014	2015
全 国	**Total**	**611611**	**2175564**	**4075094**	**3971712**	**3772463**	**3339477**
东部地区	Eastern Region	543836	2028159	3736275	3630243	3417230	2968708
中部地区	Middle Region	13049	44108	146195	128583	127167	136491
西部地区	Western Region	21749	27900	99091	128650	149285	160372
东北地区	Northeastern Region	32977	75397	93533	84236	78781	73906
北 京	Beijing	36311	76859	108508	103103	89100	77718
天 津	Tianjin	62598	106625	161909	165945	151579	129667
河 北	Hebei	3007	11598	48329	56375	52659	56778
山 西	Shanxi	491	4418	44624	33653	29120	22474
内 蒙 古	Inner Mongolia	715	1678	1040	609	596	627
辽 宁	Liaoning	26163	48094	59936	51106	48865	44291
吉 林	Jilin	2427	3864	5189	5628	5624	4783
黑 龙 江	Heilongjiang	4387	23439	28408	27502	24292	24832
上 海	Shanghai	92193	220807	328620	345459	315943	296083
江 苏	Jiangsu	78241	523743	1173414	1094325	1057394	1018622
浙 江	Zhejiang	17798	88466	158060	153522	150575	143219
安 徽	Anhui	2569	3204	11626	11248	14369	14433
福 建	Fujian	27023	94308	138657	134255	123912	96731
江 西	Jiangxi	1684	10093	35275	27430	29251	44926
山 东	Shandong	32202	138457	256570	251735	260373	221104
河 南	Henan	1878	9570	21460	17938	19249	19415
湖 北	Hubei	4604	7332	14549	18776	19161	20605
湖 南	Hunan	1108	7813	18661	19538	16017	14638
广 东	Guangdong	192910	763428	1359073	1322313	1212452	925796
广 西	Guangxi	597	3459	7790	8010	8563	9050
海 南	Hainan	956	409	3135	3211	3243	2990
重 庆	Chongqing	2811	1952	29496	51511	60982	63218
四 川	Sichuan	8413	9324	38841	48756	56987	62000
贵 州	Guizhou	2294	3559	3268	3221	3454	3602
云 南	Yunnan	841	3019	3391	1707	1755	1691
西 藏	Tibet						
陕 西	Shaanxi	6090	9055	14651	14229	16723	17959
甘 肃	Gansu	1216	450	33	39	73	102
青 海	Qinghai		436	471	452	51	1049
宁 夏	Ningxia						
新 疆	Xinjiang	84	105	110	116	101	1074

1-1-14　续表 2　continued

地　区	Region	主营业务收入（亿元） Revenue from Principal Business (100 million yuan)					
		2000	2005	2012	2013	2014	2015
全　国	**Total**	**4141.4**	**18244.8**	**39871.9**	**42855.6**	**42407.1**	**38946.5**
东部地区	Eastern Region	3872.3	17581.4	36924.7	38739.5	38154.6	34844.4
中部地区	Middle Region	50.4	218.9	863.2	1046.4	941.4	1077.6
西部地区	Western Region	87.1	119.5	1205.6	2123.9	2375.5	2193.4
东北地区	Northeastern Region	131.6	325.0	878.3	945.8	935.6	831.2
北　京	Beijing	574.2	1386.8	1590.9	1575.2	1363.5	1000.5
天　津	Tianjin	586.6	1662.6	2302.0	3008.1	2748.6	2303.0
河　北	Hebei	5.2	41.9	199.3	213.7	200.1	207.1
山　西	Shanxi	0.9	12.3	95.7	98.0	134.6	120.4
内蒙古	Inner Mongolia	0.5	2.2	22.6	18.2	1.7	7.6
辽　宁	Liaoning	115.1	204.9	577.0	582.2	556.6	513.2
吉　林	Jilin	2.4	18.9	100.9	149.2	179.9	122.1
黑龙江	Heilongjiang	14.1	101.2	200.4	214.4	199.1	196.0
上　海	Shanghai	729.4	2697.6	4039.9	3807.7	3809.8	3858.5
江　苏	Jiangsu	665.2	4386.7	11717.6	11986.0	11845.2	11954.3
浙　江	Zhejiang	98.8	661.1	1172.7	1166.8	1243.1	1218.4
安　徽	Anhui	5.1	11.2	80.7	84.8	114.4	127.2
福　建	Fujian	115.9	669.0	1693.4	1762.8	1706.4	1267.3
江　西	Jiangxi	5.1	29.9	146.8	152.4	171.6	341.6
山　东	Shandong	76.5	633.2	3009.5	3278.8	3605.9	3909.1
河　南	Henan	2.8	39.1	145.5	162.2	152.4	152.7
湖　北	Hubei	31.2	72.0	132.0	131.2	149.1	170.5
湖　南	Hunan	4.9	52.3	262.6	417.8	219.3	165.2
广　东	Guangdong	1014.0	5429.8	11172.3	11914.9	11605.1	9109.3
广　西	Guangxi	3.5	10.0	63.7	53.7	58.3	88.2
海　南	Hainan	3.0	2.7	27.2	25.6	26.9	16.9
重　庆	Chongqing	4.1	10.2	434.6	940.6	1196.3	990.8
四　川	Sichuan	30.9	31.6	501.6	981.6	921.0	764.2
贵　州	Guizhou	6.2	13.6	16.0	16.7	20.8	25.4
云　南	Yunnan	3.3	5.5	17.0	10.0	8.9	13.6
西　藏	Tibet						
陕　西	Shaanxi	41.2	57.0	147.5	100.6	166.4	272.2
甘　肃	Gansu	1.3	0.7	0.2	0.4	1.0	2.1
青　海	Qinghai		0.6	1.5	1.2	0.3	18.9
宁　夏	Ningxia						
新　疆	Xinjiang	0.1	0.3	1.0	0.8	0.8	10.4

1-1-14 续表 3 continued

地 区	Region	利润总额（亿元） Profits (100 million yuan)					
		2000	2005	2012	2013	2014	2015
全 国	**Total**	**322.4**	**742.0**	**1778.0**	**2069.3**	**2109.3**	**1956.7**
东部地区	Eastern Region	296.9	705.6	1567.1	1848.4	1872.5	1695.8
中部地区	Middle Region	8.0	12.8	51.7	51.7	62.3	76.2
西部地区	Western Region	10.6	4.6	89.5	97.0	84.2	91.4
东北地区	Northeastern Region	6.9	19.0	69.6	72.2	90.4	93.2
北 京	Beijing	41.9	62.6	62.4	87.1	68.3	70.7
天 津	Tianjin	72.2	138.4	142.6	203.0	171.5	159.5
河 北	Hebei	0.5	9.1	15.7	26.3	32.6	28.7
山 西	Shanxi		0.9	5.3	2.0	9.5	13.8
内 蒙 古	Inner Mongolia			0.7	2.2		1.1
辽 宁	Liaoning	6.2	8.9	48.6	54.4	70.7	60.4
吉 林	Jilin	0.1	2.0	12.0	12.2	14.0	20.7
黑 龙 江	Heilongjiang	0.6	8.1	9.1	5.6	5.7	12.2
上 海	Shanghai	71.5	68.9	92.8	101.9	146.2	138.5
江 苏	Jiangsu	44.5	167.2	539.5	651.2	635.1	555.8
浙 江	Zhejiang	8.9	14.2	64.4	66.5	94.3	91.8
安 徽	Anhui	0.7	1.6	9.4	8.5	11.5	15.2
福 建	Fujian	9.5	43.9	81.8	60.8	57.8	13.7
江 西	Jiangxi	1.6	2.1	8.7	9.0	12.8	23.2
山 东	Shandong	2.7	41.0	177.2	200.7	218.8	218.3
河 南	Henan	0.2	1.6	8.4	6.7	11.3	9.6
湖 北	Hubei	4.0	4.5	8.7	11.2	11.3	11.6
湖 南	Hunan	1.6	2.2	11.2	14.4	5.9	2.8
广 东	Guangdong	44.7	159.8	378.3	448.5	443.7	418.9
广 西	Guangxi			8.2	7.3	3.5	7.3
海 南	Hainan	0.3	0.5	12.5	2.6	4.2	-0.1
重 庆	Chongqing		-0.1	9.4	11.6	16.4	19.2
四 川	Sichuan	2.7	2.1	56.0	63.9	40.3	36.2
贵 州	Guizhou	0.4	-6.0	3.4	1.9	3.3	4.0
云 南	Yunnan	1.0	0.7	2.3	1.2	0.9	1.6
西 藏	Tibet						
陕 西	Shaanxi	6.2	7.7	9.4	8.8	19.7	20.7
甘 肃	Gansu	0.2	0.1		0.1	0.2	0.2
青 海	Qinghai			0.1	0.1		-0.2
宁 夏	Ningxia						
新 疆	Xinjiang			0.1			1.2

1-1-14 续表 4 continued

地 区	Region	出口交货值（亿元） Exports (100 million yuan) 2000	2005	2012	2013	2014	2015
全 国	**Total**	**2018.1**	**11843.4**	**27231.7**	**28097.7**	**27560.5**	**24151.8**
东部地区	Eastern Region	1905.7	11599.3	25857.9	25752.7	25069.0	22232.0
中部地区	Middle Region	3.0	61.0	307.0	401.7	219.8	216.7
西部地区	Western Region	11.6	16.6	764.7	1674.5	2057.2	1529.9
东北地区	Northeastern Region	97.9	166.5	302.1	268.7	214.5	173.2
北 京	Beijing	140.5	796.5	897.6	924.7	758.0	392.6
天 津	Tianjin	242.6	1013.1	1149.7	1301.4	1207.8	1163.8
河 北	Hebei	0.8	2.4	59.4	46.2	29.6	41.3
山 西	Shanxi			23.7	25.0	20.1	12.2
内蒙古	Inner Mongolia		0.1	0.2		0.3	0.7
辽 宁	Liaoning	87.7	162.2	291.4	253.5	197.2	158.9
吉 林	Jilin	0.2	1.2	2.8	3.9	7.2	7.4
黑龙江	Heilongjiang	10.0	3.1	7.9	11.3	10.2	6.9
上 海	Shanghai	326.5	1938.7	2763.8	2603.4	2416.6	2534.8
江 苏	Jiangsu	359.9	3209.8	9227.9	8841.9	8429.8	8669.6
浙 江	Zhejiang	30.8	412.7	537.3	635.3	676.0	601.0
安 徽	Anhui	0.4	2.3	23.3	23.2	28.6	32.8
福 建	Fujian	58.5	380.3	1073.4	1082.6	1141.0	707.6
江 西	Jiangxi		12.0	58.3	45.3	39.8	97.8
山 东	Shandong	50.4	299.0	1215.7	1231.8	1407.5	1367.1
河 南	Henan	0.4	7.2	16.8	21.9	24.1	30.7
湖 北	Hubei	2.1	18.1	17.7	22.3	22.5	26.0
湖 南	Hunan	0.1	21.4	167.2	263.9	84.7	17.2
广 东	Guangdong	695.4	3541.5	8930.3	9082.2	8998.6	6751.4
广 西	Guangxi		5.2	11.1	10.6	14.4	16.6
海 南	Hainan	0.3		2.8	3.2	4.1	2.9
重 庆	Chongqing	1.0	2.8	315.3	759.6	1019.7	778.3
四 川	Sichuan	8.8	6.7	411.6	878.7	942.6	556.3
贵 州	Guizhou		5.4	0.7	0.7	0.7	1.0
云 南	Yunnan	0.8	0.2	0.9	0.1	0.2	0.3
西 藏	Tibet						
陕 西	Shaanxi	0.8	1.5	24.9	24.7	79.3	176.7
甘 肃	Gansu	0.2					
青 海	Qinghai						
宁 夏	Ningxia						
新 疆	Xinjiang		0.1				

1-2-1 按行业分高技术产业生产经营情况(2015年)
Statistics on Production and Management in High-tech Industry by Industrial Sector(2015)

单位：个，人，亿元 (unit,person,100 million yuan)

行业	Industry	企业数 Number of Enter-prises	从业人员平均人数 Annual Average Number of Employed Personnel	资产总计 Total Assets	主营业务收入 Revenue from Principal Business	利润总额 Profits	出口交货值 Exports
合计	**Total**	**29631**	**13543225**	**116446.6**	**139968.6**	**8986.3**	**50923.1**
医药制造业	**Manufacture of Medicines**	**7392**	**2229376**	**25071.1**	**25729.5**	**2717.3**	**1342.0**
#化学药品制造	Manufacture of Chemical Medicine	2416	948815	12034.4	11417.0	1197.3	735.2
中成药生产	Production of Finished Traditional Chinese Herbal Medicine	1622	629665	6170.5	6277.2	697.0	57.8
生物药品制造	Manufacture of Biological Medicine	975	230218	3610.8	3160.9	390.4	273.5
航空、航天器及设备制造业	**Manufacture of Aircrafts and Spacecrafts and Related Equipment**	**382**	**387006**	**5136.9**	**3412.6**	**196.1**	**433.5**
#飞机制造	Manufacture of Airplanes	149	259875	3550.2	2283.5	124.6	240.2
航天器制造	Manufacture of Spacecrafts	30	27969	427.7	211.5	16.7	1.7
电子及通信设备制造业	**Manufacture of Electronic Equipment and Communication Equipment**	**14634**	**8142256**	**62731.5**	**78309.9**	**4348.9**	**35321.9**
#通信设备制造	Manufacture of Communication Equipment	1719	1981129	19807.5	27108.4	1572.7	13809.8
#通信系统设备制造	Manufacture of Communication System Equipment	820	684084	9980.4	9747.5	1068.9	3386.2
通信终端设备制造	Manufacture of Communication Terminal Equipment	899	1297045	9827.1	17360.8	503.8	10423.6
广播电视设备制造	Manufacture of Broadcasting and TV Equipment	644	229059	1448.0	1718.7	126.9	553.7
雷达及配套设备制造	Manufacture of Radar and Its Fittings	52	43630	651.4	443.6	30.5	39.5
视听设备制造	Manufacture of TV Set and Radio Receiver	1022	651896	4928.6	7739.5	217.3	3410.2
电子器件制造	Manufacture of Electronic Appliances	2867	1669178	16656.4	15808.9	770.6	9352.5
#电子真空器件制造	Manufacture of Electronic Vacuum Appliance	99	27409	588.5	208.5	20.0	21.2
半导体分立器件制造	Manufacture of Semiconductor Discreting Appliances	334	133819	1080.2	967.3	44.5	493.2
集成电路制造	Manufacture of Integrate Circuit	459	283925	4082.4	2701.2	189.4	1705.5
电子元件制造	Manufacture of Electronic Components	5604	2557756	11276.3	16012.2	999.3	6028.7
其他电子设备制造	Manufacture of Other Electronic Equipment	1234	500627	2975.7	4489.5	292.0	1358.7
计算机及办公设备制造业	**Manufacture of Computers and Office Equipment**	**1695**	**1467024**	**10221.6**	**19407.9**	**622.1**	**11994.8**
#计算机整机制造	Manufacture of Entired Computer	188	504436	4622.0	11257.9	186.0	7054.7
计算机零部件制造	Manufacture of Computer Components and Parts	580	397157	1763.9	2716.1	142.1	1695.2
计算机外围设备制造	Manufacture of Computer Peripheral Equipment	471	297528	1716.1	2902.2	160.3	1990.0
办公设备制造	Manufacture of Office Equipment	243	115620	734.2	1122.1	67.6	648.2
医疗仪器设备及仪器仪表制造业	**Manufacture of Medical Equipments and Measuring Instrument**	**5062**	**1147356**	**9764.5**	**10471.8**	**938.8**	**1449.0**
1.医疗仪器设备及器械制造	Manufacture of Medical Equipment and Appliance	1310	308858	2259.7	2431.3	246.1	478.0
2.仪器仪表制造	Manufacture of Measuring Instrument	3752	838498	7504.9	8040.6	692.7	971.0
信息化学品制造业	**Manufacture of Electronic Chemicals**	**466**	**170207**	**3521.0**	**2636.8**	**163.1**	**382.0**

注：本表数据口径为年主营业务收入2000万元及以上的法人工业企业。以下至1-2-9表相同。

1-2-2 各地区高技术产业生产经营情况(2015年)

Statistics on Production and Management in High-tech Industry by Region (2015)

单位：个，人，亿元 (unit,person,100 million yuan)

地 区	Region	企业数 Number of Enterprises	从业人员平均人数 Annual Average Number of Employed Personnel	资产总计 Total Assets	主营业务收入 Revenue from Principal Business	利润总额 Profits	出口交货值 Exports
全 国	**Total**	**29631**	**13543225**	**116446.6**	**139968.6**	**8986.3**	**50923.1**
东部地区	Eastern Region	19912	9511593	79940.9	99929.5	6488.5	41196.4
中部地区	Middle Region	5426	2197880	16970.8	20836.1	1290.7	5595.3
西部地区	Western Region	3104	1407355	14600.3	14918.6	794.9	3789.4
东北地区	Northeastern Region	1189	426397	4934.6	4284.5	412.3	342.0
北 京	Beijing	805	270226	5485.0	3997.1	268.3	695.4
天 津	Tianjin	591	275810	3246.8	4233.8	316.0	1503.8
河 北	Hebei	633	213006	2132.4	1705.9	160.4	166.6
山 西	Shanxi	139	134288	1100.7	864.7	54.8	449.5
内蒙古	Inner Mongolia	107	39127	582.1	394.3	28.8	10.5
辽 宁	Liaoning	604	194983	2489.4	1813.7	155.2	305.7
吉 林	Jilin	406	152216	1442.0	1848.5	186.5	24.8
黑龙江	Heilongjiang	179	79198	1003.2	622.2	70.6	11.5
上 海	Shanghai	1020	571217	5996.5	7213.0	285.0	4484.8
江 苏	Jiangsu	4903	2473976	19194.5	28530.2	1813.5	12062.9
浙 江	Zhejiang	2603	691881	6700.7	5288.1	518.7	1491.2
安 徽	Anhui	1198	266994	3020.5	3064.1	221.9	763.0
福 建	Fujian	844	376757	2820.4	3962.3	196.8	1983.4
江 西	Jiangxi	923	366782	2416.1	3318.1	227.9	377.4
山 东	Shandong	2268	731784	7242.2	11535.3	874.2	1969.2
河 南	Henan	1176	766007	5086.1	6653.8	408.3	2948.7
湖 北	Hubei	1037	349825	3569.7	3655.1	198.5	598.5
湖 南	Hunan	953	313984	1777.8	3280.2	179.3	458.1
广 东	Guangdong	6194	3890108	26882.6	33308.1	2034.1	16835.7
广 西	Guangxi	313	143477	715.8	1791.0	169.5	347.8
海 南	Hainan	51	16828	239.9	155.9	21.4	3.4
重 庆	Chongqing	561	274149	2196.3	4028.8	162.6	2094.7
四 川	Sichuan	999	514758	4763.9	5171.7	173.2	939.2
贵 州	Guizhou	226	91231	1311.1	806.9	48.1	17.7
云 南	Yunnan	177	43596	660.9	350.0	27.9	9.0
西 藏	Tibet	8	1200	33.9	9.9	3.7	
陕 西	Shaanxi	475	241497	3156.1	1902.9	138.4	325.8
甘 肃	Gansu	124	27626	414.2	179.0	27.2	27.2
青 海	Qinghai	41	8333	217.1	100.5	5.3	0.3
宁 夏	Ningxia	31	11270	250.7	111.8	3.2	16.1
新 疆	Xinjiang	42	11091	298.2	71.7	7.0	1.1

1-2-3 按行业和企业规模分高技术产业生产经营情况(2015年)
Statistics on Production and Management in High-tech Industry by Industrial Sector and Scale of Enterprises(2015)

单位：个，人，亿元 (unit,perosn,100 million yuan)

行业	Industry	大型企业 Large-sized Enterprises					
		企业数 Number of Enter-prises	从业人员平均人数 Annual Average Number of Employed Personnel	资产总计 Total Assets	主营业务收入 Revenue from Principal Business	利润总额 Profits	出口交货值 Exports
合计	**Total**	**1823**	**7323201**	**65228.0**	**81718.4**	**4841.8**	**40823.0**
医药制造业	**Manufacture of Medicines**	**288**	**841156**	**9549.3**	**8670.2**	**966.0**	**451.4**
#化学药品制造	Manufacture of Chemical Medicine	149	427968	5756.0	4877.6	498.9	342.5
中成药生产	Production of Finished Traditional Chinese Herbal Medicine	87	296053	2497.0	2446.1	302.4	17.9
生物药品制造	Manufacture of Biological Medicine	25	45947	614.0	501.0	62.0	32.1
航空、航天器及设备制造业	**Manufacture of Aircrafts and Spacecrafts and Related Equipment**	**67**	**295538**	**3758.1**	**2202.3**	**95.3**	**223.0**
#飞机制造	Manufacture of Airplanes	41	221055	2988.2	1727.5	72.8	158.1
航天器制造	Manufacture of Spacecrafts	9	16823	270.3	126.5	9.3	1.3
电子及通信设备制造业	**Manufacture of Electronic Equipment and Communication Equipment**	**1101**	**4794601**	**40022.4**	**51265.5**	**2982.6**	**29001.1**
#通信设备制造	Manufacture of Communication Equipment	186	1611718	15588.1	22417.7	1386.0	12931.7
#通信系统设备制造	Manufacture of Communication System Equipment	70	524827	7809.3	8012.7	957.7	3203.2
通信终端设备制造	Manufacture of Communication Terminal Equipment	116	1086891	7778.8	14405.1	428.3	9728.5
广播电视设备制造	Manufacture of Broadcasting and TV Equipment	32	88444	591.0	610.8	49.9	382.8
雷达及配套设备制造	Manufacture of Radar and Its Fittings	12	29557	500.8	324.7	23.1	31.7
视听设备制造	Manufacture of TV Set and Radio Receiver	96	398166	3322.4	5201.9	145.8	2233.2
电子器件制造	Manufacture of Electronic Appliances	269	1013595	11223.5	10500.5	547.2	7784.3
#电子真空器件制造	Manufacture of Electronic Vacuum Appliance	4	5677	348.6	51.5	21.1	1.9
半导体分立器件制造	Manufacture of Semiconductor Discreting Appliances	33	68251	558.9	480.6	23.6	359.7
集成电路制造	Manufacture of Integrate Circuit	65	183395	3033.0	1772.0	138.0	1388.8
电子元件制造	Manufacture of Electronic Components	372	1188279	5162.9	7499.0	483.4	4169.7
其他电子设备制造	Manufacture of Other Electronic Equipment	60	256781	1460.3	2576.6	169.5	991.4
计算机及办公设备制造业	**Manufacture of Computers and Office Equipment**	**219**	**1059711**	**7302.8**	**15946.7**	**472.8**	**10489.2**
#计算机整机制造	Manufacture of Entired Computer	47	466892	4082.9	10365.9	147.7	6616.7
计算机零部件制造	Manufacture of Computer Components and Parts	66	245268	1055.7	1788.9	103.9	1265.8
计算机外围设备制造	Manufacture of Computer Peripheral Equipment	59	184159	1120.1	2167.0	122.5	1568.5
办公设备制造	Manufacture of Office Equipment	18	56569	378.3	627.1	42.5	509.5
医疗仪器设备及仪器仪表制造业	**Manufacture of Medical Equipments and Measuring Instrument**	**113**	**247864**	**2645.5**	**2352.6**	**226.7**	**447.3**
1 医疗仪器设备及器械制造	Manufacture of Medical Equipment and Appliance	28	58428	557.9	504.2	58.2	135.7
2.仪器仪表制造	Manufacture of Measuring Instrument	85	189436	2087.6	1848.3	168.5	311.6
信息化学品制造业	**Manufacture of Electronic Chemicals**	**35**	**84331**	**1949.9**	**1281.2**	**98.3**	**211.0**

1-2-3 续表 continued

单位：个，人，亿元 (unit,perosn,100 million yuan)

行　业	Industry	中型企业 Medium-sized Enterprises 企业数 Number of Enter-prises	从业人员平均人数 Annual Average Number of Employed Personnel	资产总计 Total Assets	主营业务收入 Revenue from Principal Business	利润总额 Profits	出口交货值 Exports
合计	**Total**	**6298**	**3576541**	**27732.1**	**30527.6**	**2323.7**	**7028.4**
医药制造业	**Manufacture of Medicines**	**1372**	**707775**	**8403.3**	**8338.8**	**1029.4**	**556.9**
#化学药品制造	Manufacture of Chemical Medicine	578	306553	3885.6	3679.9	465.2	275.1
中成药生产	Production of Finished Traditional Chinese Herbal Medicine	345	173858	1790.2	1931.6	228.8	19.8
生物药品制造	Manufacture of Biological Medicine	175	93647	1854.1	1454.9	204.1	138.7
航空、航天器及设备制造业	**Manufacture of Aircrafts and Spacecrafts and Related Equipment**	**92**	**64536**	**925.3**	**877.0**	**72.0**	**131.9**
#飞机制造	Manufacture of Airplanes	41	30669	451.7	482.6	46.4	65.4
航天器制造	Manufacture of Spacecrafts	12	9976	150.8	76.6	6.9	0.4
电子及通信设备制造业	**Manufacture of Electronic Equipment and Communication Equipment**	**3517**	**2059547**	**12568.8**	**14887.5**	**749.5**	**4426.6**
#通信设备制造	Manufacture of Communication Equipment	388	221386	2136.1	2799.7	99.5	597.7
#通信系统设备制造	Manufacture of Communication System Equipment	165	89800	1050.8	992.3	57.5	136.7
通信终端设备制造	Manufacture of Communication Terminal Equipment	223	131586	1085.3	1807.4	42.0	460.9
广播电视设备制造	Manufacture of Broadcasting and TV Equipment	137	80015	469.6	536.9	45.5	92.0
雷达及配套设备制造	Manufacture of Radar and Its Fittings	17	10714	102.5	56.5	4.8	1.5
视听设备制造	Manufacture of TV Set and Radio Receiver	278	170604	875.2	1813.4	54.4	972.3
电子器件制造	Manufacture of Electronic Appliances	708	413287	3389.7	2992.9	113.5	1111.9
#电子真空器件制造	Manufacture of Electronic Vacuum Appliance	20	12319	173.5	93.7	-2.7	10.5
半导体分立器件制造	Manufacture of Semiconductor Discreting Appliances	63	33760	259.6	235.8	9.4	97.2
集成电路制造	Manufacture of Integrate Circuit	118	65980	583.7	481.5	21.8	227.1
电子元件制造	Manufacture of Electronic Components	1445	864923	3415.6	4535.7	304.2	1309.5
其他电子设备制造	Manufacture of Other Electronic Equipment	243	129951	675.1	779.6	51.7	189.2
计算机及办公设备制造业	**Manufacture of Computers and Office Equipment**	**419**	**270147**	**1521.6**	**2152.7**	**99.8**	**1180.5**
#计算机整机制造	Manufacture of Entired Computer	36	24620	393.2	694.4	31.4	398.6
计算机零部件制造	Manufacture of Computer Components and Parts	156	102326	394.5	527.6	24.6	272.4
计算机外围设备制造	Manufacture of Computer Peripheral Equipment	119	73995	313.5	433.4	20.7	354.1
办公设备制造	Manufacture of Office Equipment	64	39591	216.5	316.6	12.4	91.6
医疗仪器设备及仪器仪表制造业	**Manufacture of Medical Equipments and Measuring Instrument**	**805**	**424241**	**3333.0**	**3535.2**	**346.4**	**615.2**
1.医疗仪器设备及器械制造	Manufacture of Medical Equipment and Appliance	237	127061	785.8	886.5	91.3	209.6
2.仪器仪表制造	Manufacture of Measuring Instrument	568	297180	2547.2	2648.7	255.1	405.6
信息化学品制造业	**Manufacture of Electronic Chemicals**	**93**	**50295**	**980.1**	**736.5**	**26.6**	**117.3**

1-2-4 按行业分国有及国有控股企业高技术产业生产经营情况(2015年)

Statistics on Production and Management in High-tech Industry of State-owned and State-controlled Enterprises by Industrial Sector (2015)

单位：个，人，亿元 (unit,person,100 million yuan)

行业	Industry	企业数 Number of Enterprises	从业人员平均人数 Annual Average Number of Employed Personnel	资产总计 Total Assets	主营业务收入 Revenue from Principal Business	利润总额 Profits	出口交货值 Exports
合计	**Total**	**1584**	**1520934**	**22714.5**	**14449.4**	**776.5**	**2463.4**
医药制造业	**Manufacture of Medicines**	**423**	**303579**	**3893.6**	**2339.9**	**269.5**	**146.1**
#化学药品制造	Manufacture of Chemical Medicine	181	168325	2079.5	1181.2	88.2	120.6
中成药生产	Production of Finished Traditional Chinese Herbal Medicine	134	90939	1136.9	739.1	108.7	5.5
生物药品制造	Manufacture of Biological Medicine	47	25604	481.0	237.3	50.9	10.4
航空、航天器及设备制造业	**Manufacture of Aircrafts and Spacecrafts and Related Equipment**	**179**	**337895**	**4452.5**	**2400.5**	**102.1**	**176.7**
#飞机制造	Manufacture of Airplanes	83	239934	3275.3	1650.1	61.5	140.0
航天器制造	Manufacture of Spacecrafts	20	25673	413.9	193.6	15.7	1.7
电子及通信设备制造业	**Manufacture of Electronic Equipment and Communication Equipment**	**620**	**657554**	**11112.6**	**7419.6**	**288.9**	**1871.3**
#通信设备制造	Manufacture of Communication Equipment	127	196648	2901.0	2273.8	103.9	654.2
#通信系统设备制造	Manufacture of Communication System Equipment	85	157769	2583.1	2026.1	95.7	610.9
通信终端设备制造	Manufacture of Communication Terminal Equipment	42	38879	317.9	247.6	8.2	43.3
广播电视设备制造	Manufacture of Broadcasting and TV Equipment	25	9514	120.2	68.4	2.3	6.9
雷达及配套设备制造	Manufacture of Radar and Its Fittings	25	36077	574.2	373.2	25.9	29.2
视听设备制造	Manufacture of TV Set and Radio Receiver	30	109375	1652.8	1844.6	39.3	333.8
电子器件制造	Manufacture of Electronic Appliances	184	180577	4666.3	1993.4	63.9	696.7
#电子真空器件制造	Manufacture of Electronic Vacuum Appliance	13	7208	94.6	39.7	2.3	1.8
半导体分立器件制造	Manufacture of Semiconductor Discreting Appliances	21	8333	234.5	43.5	-7.5	4.5
集成电路制造	Manufacture of Integrate Circuit	46	24613	588.9	340.7	-0.5	102.3
电子元件制造	Manufacture of Electronic Components	137	75307	600.7	427.0	26.9	125.5
其他电子设备制造	Manufacture of Other Electronic Equipment	35	14878	183.8	85.7	6.1	2.6
计算机及办公设备制造业	**Manufacture of Computers and Office Equipment**	**61**	**81503**	**1162.3**	**1021.7**	**56.8**	**202.5**
#计算机整机制造	Manufacture of Entired Computer	16	24723	567.1	499.3	16.9	19.9
计算机零部件制造	Manufacture of Computer Components and Parts	4	1746	25.7	23.1	1.4	8.2
计算机外围设备制造	Manufacture of Computer Peripheral Equipment	19	38386	414.0	393.0	24.8	167.0
办公设备制造	Manufacture of Office Equipment	11	7648	91.2	42.1	8.5	5.9
医疗仪器设备及仪器仪表制造业	**Manufacture of Medical Equipments and Measuring Instrument**	**263**	**112621**	**1495.4**	**923.7**	**56.1**	**21.7**
1.医疗仪器设备及器械制造	Manufacture of Medical Equipment and Appliance	21	9872	136.6	90.4	5.6	2.4
2.仪器仪表制造	Manufacture of Measuring Instrument	242	102749	1358.8	833.3	50.6	19.3
信息化学品制造业	**Manufacture of Electronic Chemicals**	**38**	**27782**	**598.2**	**344.0**	**3.1**	**45.0**

1-2-5 按行业和登记注册类型分高技术产业生产经营情况(2015年)

Statistics on Production and Management in High-tech Industry by Industrial Sector and Registration Status(2015)

单位：个，人，亿元 (unit,person,100 million yuan)

行业	Industry	内资企业 Domestic Funded					
		企业数 Number of Enter-prises	从业人员平均人数 Annual Average Number of Employed Personnel	资产总计 Total Assets	主营业务收入 Revenue from Principal Business	利润总额 Profits	出口交货值 Exports
合计	**Total**	**22070**	**6832903**	**70330.4**	**71327.6**	**5658.4**	**9804.5**
医药制造业	**Manufacture of Medicines**	**6517**	**1824742**	**19612.7**	**20509.8**	**2065.3**	**792.1**
#化学药品制造	Manufacture of Chemical Medicine	2062	717992	8695.7	8134.9	791.2	453.0
中成药生产	Production of Finished Traditional Chinese Herbal Medicine	1484	568735	5478.5	5586.6	609.9	28.3
生物药品制造	Manufacture of Biological Medicine	812	179627	2661.0	2480.4	292.5	145.3
航空、航天器及设备制造业	**Manufacture of Aircrafts and Spacecrafts and Related Equipment**	**306**	**353553**	**4701.0**	**2673.5**	**128.6**	**200.3**
#飞机制造	Manufacture of Airplanes	116	250598	3356.9	1849.0	75.3	175.7
航天器制造	Manufacture of Spacecrafts	30	27969	427.7	211.5	16.7	1.7
电子及通信设备制造业	**Manufacture of Electronic Equipment and Communication Equipment**	**9832**	**3362191**	**33665.2**	**35350.3**	**2465.7**	**7397.8**
#通信设备制造	Manufacture of Communication Equipment	1313	737543	11297.1	13105.9	1045.2	3580.7
#通信系统设备制造	Manufacture of Communication System Equipment	660	479488	8214.7	7788.8	905.7	2587.8
通信终端设备制造	Manufacture of Communication Terminal Equipment	653	258055	3082.5	5317.1	139.5	992.9
广播电视设备制造	Manufacture of Broadcasting and TV Equipment	495	141157	1026.2	1099.4	90.8	243.8
雷达及配套设备制造	Manufacture of Radar and Its Fittings	48	42641	629.2	418.5	29.9	33.2
视听设备制造	Manufacture of TV Set and Radio Receiver	636	268693	2554.6	3181.4	89.2	722.9
电子器件制造	Manufacture of Electronic Appliances	1856	683475	8472.9	6080.1	350.0	1454.8
#电子真空器件制造	Manufacture of Electronic Vacuum Appliance	73	21237	547.1	175.0	19.6	8.9
半导体分立器件制造	Manufacture of Semiconductor Discreting Appliances	198	60852	581.9	410.2	18.3	69.5
集成电路制造	Manufacture of Integrate Circuit	268	95790	1258.9	904.6	43.3	212.5
电子元件制造	Manufacture of Electronic Components	3433	931047	4742.4	6210.6	466.2	859.6
其他电子设备制造	Manufacture of Other Electronic Equipment	878	207510	1395.3	1535.5	119.2	185.7
计算机及办公设备制造业	**Manufacture of Computers and Office Equipment**	**984**	**348477**	**3166.4**	**3422.5**	**199.2**	**714.7**
#计算机整机制造	Manufacture of Entired Computer	118	60030	897.6	1021.9	46.4	178.0
计算机零部件制造	Manufacture of Computer Components and Parts	306	99146	440.8	661.7	52.2	114.7
计算机外围设备制造	Manufacture of Computer Peripheral Equipment	272	111600	773.3	952.4	62.6	334.3
办公设备制造	Manufacture of Office Equipment	148	38916	321.2	342.5	28.9	46.6
医疗仪器设备及仪器仪表制造业	**Manufacture of Medical Equipments and Measuring Instrument**	**4090**	**846500**	**7393.5**	**7872.0**	**706.1**	**546.0**
1.医疗仪器设备及器械制造	Manufacture of Medical Equipment and Appliance	1016	218459	1535.3	1778.9	175.5	193.8
2.仪器仪表制造	Manufacture of Measuring Instrument	3074	628041	5858.2	6093.0	530.6	352.2
信息化学品制造业	**Manufacture of Electronic Chemicals**	**341**	**97440**	**1791.6**	**1499.5**	**93.6**	**153.6**

1-2-5 续表 1 continued

单位：个，人，亿元 (unit,person,100 million yuan)

行业	Industry	#国有企业 State-owned Enterprises 企业数 Number of Enter-prises	从业人员平均人数 Annual Average Number of Employed Personnel	资产总计 Total Assets	主营业务收入 Revenue from Principal Business	利润总额 Profits	出口交货值 Exports
合计	**Total**	**190**	**207620**	**3003.5**	**1680.3**	**92.9**	**78.5**
医药制造业	**Manufacture of Medicines**	**44**	**12531**	**149.7**	**83.7**	**11.4**	**1.4**
#化学药品制造	Manufacture of Chemical Medicine	12	3614	32.5	26.2	2.6	1.4
中成药生产	Production of Finished Traditional Chinese Herbal Medicine	18	4769	59.6	20.9	3.3	
生物药品制造	Manufacture of Biological Medicine	4	2103	39.7	18.0	4.5	
航空、航天器及设备制造业	**Manufacture of Aircrafts and Spacecrafts and Related Equipment**	**48**	**95082**	**1445.7**	**780.0**	**29.9**	**8.5**
#飞机制造	Manufacture of Airplanes	23	52401	913.9	456.1	10.3	6.0
航天器制造	Manufacture of Spacecrafts	11	18931	294.3	115.1	10.0	1.5
电子及通信设备制造业	**Manufacture of Electronic Equipment and Communication Equipment**	**56**	**60997**	**829.6**	**516.5**	**23.3**	**61.5**
#通信设备制造	Manufacture of Communication Equipment	12	26972	411.5	278.8	11.7	40.3
#通信系统设备制造	Manufacture of Communication System Equipment	10	26162	396.2	266.5	10.3	40.3
通信终端设备制造	Manufacture of Communication Terminal Equipment	2	810	15.3	12.4	1.5	
广播电视设备制造	Manufacture of Broadcasting and TV Equipment						
雷达及配套设备制造	Manufacture of Radar and Its Fittings	5	8830	198.2	85.2	9.1	2.3
视听设备制造	Manufacture of TV Set and Radio Receiver	3	1890	34.3	26.4	0.7	9.2
电子器件制造	Manufacture of Electronic Appliances	13	7957	78.2	56.5	-0.4	1.0
#电子真空器件制造	Manufacture of Electronic Vacuum Appliance	4	1992	13.1	6.6	0.1	
半导体分立器件制造	Manufacture of Semiconductor Discreting Appliances	1	800	5.1	3.5	0.3	
集成电路制造	Manufacture of Integrate Circuit	3	2494	22.2	29.9	2.5	1.0
电子元件制造	Manufacture of Electronic Components	18	12929	95.9	54.1	1.6	5.4
其他电子设备制造	Manufacture of Other Electronic Equipment	1	83	0.3	0.3		
计算机及办公设备制造业	**Manufacture of Computers and Office Equipment**	**3**	**5762**	**55.3**	**33.8**	**12.2**	
#计算机整机制造	Manufacture of Entired Computer	1	239	0.4	1.9		
计算机零部件制造	Manufacture of Computer Components and Parts						
计算机外围设备制造	Manufacture of Computer Peripheral Equipment	1	5204	53.2	31.0	12.2	
办公设备制造	Manufacture of Office Equipment	1	319	1.7	0.8		
医疗仪器设备及仪器仪表制造业	**Manufacture of Medical Equipments and Measuring Instrument**	**37**	**32992**	**520.8**	**263.0**	**15.9**	**6.9**
1.医疗仪器设备及器械制造	Manufacture of Medical Equipment and Appliance	4	5639	98.4	73.0	5.3	0.6
2.仪器仪表制造	Manufacture of Measuring Instrument	33	27353	422.4	190.0	10.6	6.4
信息化学品制造业	**Manufacture of Electronic Chemicals**	**2**	**256**	**2.3**	**3.2**	**0.2**	**0.2**

1-2-5 续表 2 continued

单位：个，人，亿元 (unit,person,100 million yuan)

行业	Industry	港澳台投资企业 Enterprises with Funds from Hong Kong, Macau and Tai Wan 企业数 Number of Enter-prises	从业人员平均人数 Annual Average Number of Employed Personnel	资产总计 Total Assets	主营业务收入 Revenue from Principal Business	利润总额 Profits	出口交货值 Exports
合计	**Total**	**3252**	**3370845**	**21292.0**	**29694.5**	**1371.3**	**16966.8**
医药制造业	**Manufacture of Medicines**	**356**	**156458**	**2328.3**	**1896.3**	**280.0**	**186.3**
#化学药品制造	Manufacture of Chemical Medicine	129	79569	1188.1	1004.8	150.0	114.4
中成药生产	Production of Finished Traditional Chinese Herbal Medicine	79	30513	382.4	417.3	50.5	13.8
生物药品制造	Manufacture of Biological Medicine	67	23841	560.9	277.2	55.6	28.3
航空、航天器及设备制造业	**Manufacture of Aircrafts and Spacecrafts and Related Equipment**	**15**	**11271**	**77.5**	**92.3**	**2.8**	**64.7**
#飞机制造	Manufacture of Airplanes	5	580	6.7	7.3	0.6	4.2
航天器制造	Manufacture of Spacecrafts						
电子及通信设备制造业	**Manufacture of Electronic Equipment and Communication Equipment**	**2184**	**2480700**	**13495.9**	**18448.4**	**837.7**	**11520.5**
#通信设备制造	Manufacture of Communication Equipment	181	747953	5184.7	6933.8	262.2	5204.3
#通信系统设备制造	Manufacture of Communication System Equipment	69	124810	1042.0	1078.6	134.2	451.0
通信终端设备制造	Manufacture of Communication Terminal Equipment	112	623143	4142.7	5855.1	128.1	4753.3
广播电视设备制造	Manufacture of Broadcasting and TV Equipment	77	47996	174.2	291.9	20.5	101.9
雷达及配套设备制造	Manufacture of Radar and Its Fittings	3	568	20.1	22.9	0.7	5.4
视听设备制造	Manufacture of TV Set and Radio Receiver	220	260777	1353.1	2229.1	64.7	1232.2
电子器件制造	Manufacture of Electronic Appliances	400	355895	2333.5	2452.1	93.7	1934.7
#电子真空器件制造	Manufacture of Electronic Vacuum Appliance	10	2072	13.2	5.9	-0.8	3.5
半导体分立器件制造	Manufacture of Semiconductor Discreting Appliances	45	27009	213.2	194.8	2.8	146.5
集成电路制造	Manufacture of Integrate Circuit	71	54779	611.9	539.6	45.8	387.3
电子元件制造	Manufacture of Electronic Components	1012	847374	3206.5	4786.8	296.7	2296.7
其他电子设备制造	Manufacture of Other Electronic Equipment	157	126156	487.6	1066.9	60.7	458.4
计算机及办公设备制造业	**Manufacture of Computers and Office Equipment**	**343**	**593438**	**3812.6**	**8016.0**	**158.3**	**4926.4**
#计算机整机制造	Manufacture of Entired Computer	31	252372	2246.2	5159.5	3.7	3022.3
计算机零部件制造	Manufacture of Computer Components and Parts	133	149476	557.3	896.2	43.4	596.9
计算机外围设备制造	Manufacture of Computer Peripheral Equipment	105	112512	586.0	1307.1	62.0	1017.2
办公设备制造	Manufacture of Office Equipment	46	23344	96.5	175.1	6.7	111.0
医疗仪器设备及仪器仪表制造业	**Manufacture of Medical Equipments and Measuring Instrument**	**293**	**97407**	**689.1**	**657.3**	**52.9**	**193.3**
1.医疗仪器设备及器械制造	Manufacture of Medical Equipment and Appliance	95	31095	200.7	149.2	17.3	60.0
2.仪器仪表制造	Manufacture of Measuring Instrument	198	66312	488.4	508.1	35.6	133.4
信息化学品制造业	**Manufacture of Electronic Chemicals**	**61**	**31571**	**888.7**	**584.2**	**39.6**	**75.6**

1-2-5 续表 3 continued

单位：个，人，亿元 (unit,person,100 million yuan)

行业	Industry	外商投资企业 Foreign Funded Enterprises 企业数 Number of Enterprises	从业人员平均人数 Annual Average Number of Employed Personnel	资产总计 Total Assets	主营业务收入 Revenue from Principal Business	利润总额 Profits	出口交货值 Exports
合计	**Total**	**4309**	**3339477**	**24824.2**	**38946.5**	**1956.7**	**24151.8**
医药制造业	**Manufacture of Medicines**	**519**	**248176**	**3130.2**	**3323.5**	**372.1**	**363.6**
#化学药品制造	Manufacture of Chemical Medicine	225	151254	2150.5	2277.2	256.1	167.8
中成药生产	Production of Finished Traditional Chinese Herbal Medicine	59	30417	309.6	273.3	36.6	15.7
生物药品制造	Manufacture of Biological Medicine	96	26750	388.9	403.3	42.3	99.9
航空、航天器及设备制造业	**Manufacture of Aircrafts and Spacecrafts and Related Equipment**	**61**	**22182**	**358.4**	**646.8**	**64.6**	**168.5**
#飞机制造	Manufacture of Airplanes	28	8697	186.6	427.2	48.7	60.3
航天器制造	Manufacture of Spacecrafts						
电子及通信设备制造业	**Manufacture of Electronic Equipment and Communication Equipment**	**2618**	**2299365**	**15570.4**	**24511.2**	**1045.5**	**16403.6**
#通信设备制造	Manufacture of Communication Equipment	225	495633	3325.7	7068.7	265.2	5024.8
#通信系统设备制造	Manufacture of Communication System Equipment	91	79786	723.7	880.1	29.0	347.3
通信终端设备制造	Manufacture of Communication Terminal Equipment	134	415847	2601.9	6188.6	236.2	4677.5
广播电视设备制造	Manufacture of Broadcasting and TV Equipment	72	39906	247.6	327.4	15.6	208.0
雷达及配套设备制造	Manufacture of Radar and Its Fittings	1	421	2.1	2.3		0.9
视听设备制造	Manufacture of TV Set and Radio Receiver	166	122426	1020.9	2329.1	63.4	1455.1
电子器件制造	Manufacture of Electronic Appliances	611	629808	5850.0	7276.7	326.9	5963.0
#电子真空器件制造	Manufacture of Electronic Vacuum Appliance	16	4100	28.2	27.5	1.3	8.8
半导体分立器件制造	Manufacture of Semiconductor Discreting Appliances	91	45958	285.1	362.3	23.4	277.3
集成电路制造	Manufacture of Integrate Circuit	120	133356	2211.5	1257.0	100.2	1105.7
电子元件制造	Manufacture of Electronic Components	1159	779335	3327.3	5014.8	236.4	2872.4
其他电子设备制造	Manufacture of Other Electronic Equipment	199	166961	1092.8	1887.1	112.1	714.6
计算机及办公设备制造业	**Manufacture of Computers and Office Equipment**	**368**	**525109**	**3242.6**	**7969.4**	**264.6**	**6353.8**
#计算机整机制造	Manufacture of Entired Computer	39	192034	1478.2	5076.5	135.9	3854.3
计算机零部件制造	Manufacture of Computer Components and Parts	141	148535	765.8	1158.2	46.5	983.6
计算机外围设备制造	Manufacture of Computer Peripheral Equipment	94	73416	356.8	642.6	35.7	638.5
办公设备制造	Manufacture of Office Equipment	49	53360	316.5	604.5	31.9	490.7
医疗仪器设备及仪器仪表制造业	**Manufacture of Medical Equipments and Measuring Instrument**	**679**	**203449**	**1681.9**	**1942.5**	**179.9**	**709.6**
1.医疗仪器设备及器械制造	Manufacture of Medical Equipment and Appliance	199	59304	523.7	503.1	53.4	224.2
2.仪器仪表制造	Manufacture of Measuring Instrument	480	144145	1158.2	1439.4	126.5	485.4
信息化学品制造业	**Manufacture of Electronic Chemicals**	**64**	**41196**	**840.7**	**553.2**	**30.0**	**152.8**

1-2-6 按地区和企业规模分高技术产业生产经营情况(2015年)

Statistics on Production and Management in High-tech Industry by Region and Scale of Enterprises(2015)

单位：个，人，亿元 (unit,perosn,100 million yuan)

地区	Region	大型企业 Large-sized Enterprises					
		企业数 Number of Enter-prises	从业人员平均人数 Annual Average Number of Employed Personnel	资产总计 Total Assets	主营业务收入 Revenue from Principal Business	利润总额 Profits	出口交货值 Exports
全国	**Total**	**1823**	**7323201**	**65228.0**	**81718.4**	**4841.8**	**40823.0**
东部地区	Eastern Region	1341	5197351	45689.0	61841.4	3837.1	32989.2
中部地区	Middle Region	228	1141557	9598.6	10200.1	555.1	4829.3
西部地区	Western Region	208	765911	7607.5	7931.6	292.7	2791.0
东北地区	Northeastern Region	46	218382	2332.9	1745.3	156.8	213.5
北京	Beijing	45	115200	2506.7	2427.2	113.9	542.8
天津	Tianjin	50	161387	1893.3	2697.1	179.3	1337.3
河北	Hebei	12	109838	1204.0	695.8	69.3	116.2
山西	Shanxi	8	100658	740.3	692.2	40.4	446.8
内蒙古	Inner Mongolia	6	19872	288.3	163.8	13.6	7.3
辽宁	Liaoning	25	90329	1225.8	705.8	56.0	195.7
吉林	Jilin	13	87118	608.9	717.6	81.6	7.4
黑龙江	Heilongjiang	8	40935	498.2	321.9	19.2	10.4
上海	Shanghai	84	352488	3551.9	5316.7	114.1	3875.2
江苏	Jiangsu	373	1433037	10942.4	17164.7	993.6	9815.9
浙江	Zhejiang	90	225193	2494.1	2086.5	265.8	758.3
安徽	Anhui	36	93151	1665.0	1337.2	95.3	610.0
福建	Fujian	55	202000	1522.9	2314.3	87.4	1465.7
江西	Jiangxi	49	166248	1195.2	1203.1	82.4	199.5
山东	Shandong	91	338065	3775.1	5722.0	438.1	1431.0
河南	Henan	62	489275	3202.4	4164.1	206.0	2887.5
湖北	Hubei	48	170011	2052.3	1835.0	83.6	334.9
湖南	Hunan	25	122214	743.5	968.6	47.5	350.6
广东	Guangdong	540	2259088	17792.7	23412.3	1575.2	13646.8
广西	Guangxi	21	65765	258.8	786.8	70.5	172.6
海南	Hainan	1	1055	6.0	4.8	0.6	
重庆	Chongqing	45	150541	1199.6	2337.1	43.0	1779.9
四川	Sichuan	63	312710	2757.5	2952.3	29.6	556.5
贵州	Guizhou	20	44931	501.4	348.3	26.4	11.7
云南	Yunnan	5	10337	201.5	93.8	17.2	1.5
西藏	Tibet						
陕西	Shaanxi	39	144173	2021.3	1107.5	72.7	235.3
甘肃	Gansu	4	10086	159.5	67.5	12.2	21.6
青海	Qinghai	1	994	33.3	18.5	-0.2	
宁夏	Ningxia	3	4516	63.7	30.6	3.5	4.6
新疆	Xinjiang	1	1986	122.7	25.3	4.2	

1-2-6 续表 continued

单位：个，人，亿元 (unit,perosn,100 million yuan)

地区	Region	中型企业 Medium-sized Enterprises					
		企业数 Number of Enter-prises	从业人员平均人数 Annual Average Number of Employed Personnel	资产总计 Total Assets	主营业务收入 Revenue from Principal Business	利润总额 Profits	出口交货值 Exports
全国	**Total**	**6298**	**3576541**	**27732.1**	**30527.6**	**2323.7**	**7028.4**
东部地区	Eastern Region	4357	2523825	18887.2	20598.1	1515.0	5745.8
中部地区	Middle Region	1109	578738	3607.3	5036.2	366.0	414.6
西部地区	Western Region	655	379022	3987.4	3903.7	300.3	769.2
东北地区	Northeastern Region	177	94956	1250.3	989.6	142.5	98.9
北京	Beijing	146	77585	1292.0	761.0	77.0	93.0
天津	Tianjin	104	63348	662.5	929.7	98.7	112.1
河北	Hebei	93	47360	472.8	404.0	42.4	36.7
山西	Shanxi	31	20624	210.1	93.1	11.2	0.9
内蒙古	Inner Mongolia	20	9365	173.1	112.2	6.7	
辽宁	Liaoning	88	49238	575.6	442.3	55.7	87.7
吉林	Jilin	54	24203	352.0	408.4	54.0	10.2
黑龙江	Heilongjiang	35	21515	322.7	139.0	32.8	0.9
上海	Shanghai	225	130533	1400.0	1046.1	90.0	392.3
江苏	Jiangsu	1063	599543	4728.7	6449.9	486.1	1680.8
浙江	Zhejiang	436	229220	2266.5	1595.9	139.3	435.5
安徽	Anhui	154	78790	579.9	670.3	51.8	106.5
福建	Fujian	174	101765	719.9	920.7	67.9	415.9
江西	Jiangxi	221	114604	621.3	1057.7	82.7	80.9
山东	Shandong	342	190802	1772.2	2478.0	208.8	316.7
河南	Henan	358	182623	1050.4	1480.9	124.4	34.9
湖北	Hubei	155	87876	679.0	714.1	43.7	142.2
湖南	Hunan	190	94221	466.5	1020.1	52.1	49.1
广东	Guangdong	1751	1072272	5402.8	5889.1	288.6	2259.9
广西	Guangxi	91	51191	277.8	604.6	68.2	127.3
海南	Hainan	23	11397	169.8	123.7	16.2	2.9
重庆	Chongqing	135	78751	670.2	1010.8	78.8	211.6
四川	Sichuan	211	114554	1180.8	1314.1	84.7	350.8
贵州	Guizhou	37	27162	210.1	164.6	15.3	1.7
云南	Yunnan	28	17683	253.7	119.2	-1.4	4.0
西藏	Tibet	1	384	6.3	1.2	0.2	
陕西	Shaanxi	97	59200	751.3	418.9	36.6	60.0
甘肃	Gansu	14	7935	91.3	33.3	7.6	4.5
青海	Qinghai	6	3052	92.9	35.8	4.1	0.1
宁夏	Ningxia	8	4562	159.6	67.5	-1.5	9.0
新疆	Xinjiang	7	5183	120.3	21.5	0.9	0.3

1-2-7 按地区分国有及国有控股企业高技术产业生产经营情况(2015年)

Statistics on Production and Management in High-tech Industry of State-owned and State-controlled Enterprises by Region (2015)

单位：个，人，亿元 (unit,person,100 million yuan)

地区	Region	企业数 Number of Enterprises	从业人员平均人数 Annual Average Number of Employed Personnel	资产总计 Total Assets	主营业务收入 Revenue from Principal Business	利润总额 Profits	出口交货值 Exports
全　国	**Total**	**1584**	**1520934**	**22714.5**	**14449.4**	**776.5**	**2463.4**
东部地区	Eastern Region	843	759513	12314.9	8283.7	482.8	1803.4
中部地区	Middle Region	256	261823	3418.0	2227.1	113.6	319.5
西部地区	Western Region	397	383434	5451.0	3019.6	114.8	211.7
东北地区	Northeastern Region	88	116164	1530.7	918.9	65.3	128.7
北　京	Beijing	181	90112	1988.8	980.5	82.2	166.3
天　津	Tianjin	102	65238	1314.1	893.2	40.1	36.6
河　北	Hebei	37	30909	408.5	279.4	13.2	26.7
山　西	Shanxi	18	11706	127.3	56.9	3.6	12.5
内蒙古	Inner Mongolia	11	6588	175.7	55.5		0.2
辽　宁	Liaoning	45	66198	949.9	530.7	35.4	120.2
吉　林	Jilin	24	9085	85.4	65.0	13.9	0.9
黑龙江	Heilongjiang	19	40881	495.4	323.2	15.9	7.6
上　海	Shanghai	115	68669	1169.8	534.2	15.3	78.5
江　苏	Jiangsu	110	83499	2007.2	1172.8	61.9	164.4
浙　江	Zhejiang	58	35983	696.7	462.9	24.7	102.9
安　徽	Anhui	54	55155	1012.7	599.5	35.6	170.5
福　建	Fujian	32	35060	382.1	218.8	23.4	34.7
江　西	Jiangxi	19	14705	125.8	126.7	10.5	0.6
山　东	Shandong	57	84659	1055.4	1229.5	96.9	160.4
河　南	Henan	43	49621	400.7	281.4	15.7	21.1
湖　北	Hubei	80	103564	1398.2	918.6	42.0	96.0
湖　南	Hunan	42	27072	353.3	243.9	6.2	18.7
广　东	Guangdong	146	263630	3268.5	2499.9	122.6	1032.8
广　西	Guangxi	20	8533	98.5	96.0	10.0	0.5
海　南	Hainan	5	1754	23.9	12.6	2.5	
重　庆	Chongqing	52	33971	689.9	275.7	5.3	14.7
四　川	Sichuan	102	114211	1719.3	1315.2	32.8	109.8
贵　州	Guizhou	39	41628	468.7	226.9	8.4	8.7
云　南	Yunnan	28	15823	340.4	132.0	8.2	1.3
西　藏	Tibet	1	384	6.3	1.2	0.2	
陕　西	Shaanxi	115	149333	1742.0	837.7	38.2	75.9
甘　肃	Gansu	14	9073	117.9	45.9	13.2	0.3
青　海	Qinghai	6	2252	71.5	27.6	-1.7	0.2
宁　夏	Ningxia	1	185	0.5	0.3	0.1	
新　疆	Xinjiang	8	1453	20.3	5.7	0.3	0.1

1-2-8 按地区和登记注册类型分高技术产业生产经营情况(2015年)

Statistics on Production and Management in High-tech Industry by Region and Registration Status (2015)

单位：个，人，亿元 (unit,person,100 million yuan)

地区	Region	内资企业 Domestic Funded					
		企业数 Number of Enterprises	从业人员平均人数 Annual Average Number of Employed Personnel	资产总计 Total Assets	主营业务收入 Revenue from Principal Business	利润总额 Profits	出口交货值 Exports
全　国	**Total**	**22070**	**6832903**	**70330.4**	**71327.6**	**5658.4**	**9804.5**
东部地区	Eastern Region	13320	4071725	43653.9	44581.6	3671.1	7594.9
中部地区	Middle Region	4978	1450370	11519.0	13980.9	995.0	1289.0
西部地区	Western Region	2751	973757	11261.5	9448.0	687.1	762.1
东北地区	Northeastern Region	1021	337051	3896.0	3317.0	305.0	158.5
北　京	Beijing	621	160872	3498.4	1578.2	176.7	150.5
天　津	Tianjin	315	108066	1967.4	1340.8	99.0	54.8
河　北	Hebei	582	120767	1515.9	1217.4	109.1	52.2
山　西	Shanxi	129	42407	491.5	222.3	18.0	14.3
内蒙古	Inner Mongolia	100	31741	444.5	327.3	25.5	-1.6
辽　宁	Liaoning	488	139358	1809.3	1208.6	85.4	136.6
吉　林	Jilin	368	145060	1322.6	1690.3	162.2	17.3
黑龙江	Heilongjiang	165	52633	764.2	418.2	57.5	4.5
上　海	Shanghai	455	130610	1840.6	1057.9	52.2	123.1
江　苏	Jiangsu	3010	829876	8644.5	11187.0	901.8	841.5
浙　江	Zhejiang	2118	468056	4703.9	3403.6	284.1	667.3
安　徽	Anhui	1121	229107	2480.5	2307.2	189.6	399.7
福　建	Fujian	558	153309	1227.2	1371.4	119.2	394.7
江　西	Jiangxi	800	277145	1619.4	2552.7	182.7	137.0
山　东	Shandong	1850	483055	5240.2	7115.8	595.1	556.1
河　南	Henan	1101	418585	2618.0	3589.7	290.1	188.4
湖　北	Hubei	943	282830	3027.7	2969.5	169.1	399.2
湖　南	Hunan	884	200296	1281.9	2339.6	145.5	150.3
广　东	Guangdong	3774	1604577	14840.8	16184.9	1315.1	4754.6
广　西	Guangxi	252	77267	476.9	1067.8	116.5	114.4
海　南	Hainan	37	12537	175.1	124.5	18.8	
重　庆	Chongqing	458	137333	1465.5	1867.2	137.8	276.0
四　川	Sichuan	894	331805	3502.1	3113.7	183.6	164.4
贵　州	Guizhou	214	84092	1247.1	763.4	43.2	16.3
云　南	Yunnan	162	36032	606.3	285.0	21.6	7.5
西　藏	Tibet	8	1200	33.9	9.9	3.7	
陕　西	Shaanxi	435	219136	2399.3	1595.9	114.1	140.3
甘　肃	Gansu	121	27273	411.7	176.6	27.0	27.2
青　海	Qinghai	38	7047	164.1	72.7	5.5	0.3
宁　夏	Ningxia	29	10814	246.1	107.4	2.9	16.1
新　疆	Xinjiang	40	10017	264.0	61.3	5.8	1.1

1-2-8 续表 1 continued

单位：个，人，亿元 (unit,person,100 million yuan)

地 区	Region	#国有企业 State-owned Enterprises 企业数 Number of Enter-prises	从业人员平均人数 Annual Average Number of Employed Personnel	资产总计 Total Assets	主营业务收入 Revenue from Principal Business	利润总额 Profits	出口交货值 Exports
全 国	**Total**	**190**	**207620**	**3003.5**	**1680.3**	**92.9**	**78.5**
东部地区	Eastern Region	63	62673	1221.2	785.4	42.4	10.5
中部地区	Middle Region	36	52005	657.1	408.3	22.5	44.4
西部地区	Western Region	79	87137	1045.9	439.7	25.2	14.2
东北地区	Northeastern Region	12	5805	79.3	47.0	2.8	9.4
北 京	Beijing	16	10804	180.4	76.4	6.3	
天 津	Tianjin	8	24288	584.6	444.4	11.9	3.4
河 北	Hebei	6	4089	29.5	14.7	1.0	
山 西	Shanxi	4	1221	20.9	5.2	0.9	
内蒙古	Inner Mongolia	1	465	28.2	3.7	-3.4	
辽 宁	Liaoning	7	3751	62.4	38.5	2.1	9.3
吉 林	Jilin	1	419	1.0	0.6		
黑龙江	Heilongjiang	4	1635	15.9	8.0	0.7	
上 海	Shanghai	8	4707	75.4	47.7	7.8	
江 苏	Jiangsu	7	5618	208.9	78.7	7.9	5.8
浙 江	Zhejiang	3	1634	9.8	11.0	0.4	0.5
安 徽	Anhui	8	4643	115.5	57.0	8.1	1.2
福 建	Fujian	2	876	2.7	18.2	1.1	
江 西	Jiangxi	1	52	0.3	0.5		
山 东	Shandong	3	5402	104.0	75.1	4.8	0.6
河 南	Henan	6	4322	33.8	14.3	0.9	
湖 北	Hubei	12	40068	474.7	325.0	12.1	43.2
湖 南	Hunan	5	1699	12.0	6.4	0.5	
广 东	Guangdong	8	4469	11.0	12.2	0.1	0.2
广 西	Guangxi	8	3750	41.7	39.9	1.5	0.5
海 南	Hainan	2	786	14.8	7.0	1.1	
重 庆	Chongqing	5	3053	33.2	17.0	0.4	0.1
四 川	Sichuan	14	15041	164.8	80.3	14.7	5.1
贵 州	Guizhou	13	10584	82.7	42.8	1.7	
云 南	Yunnan	3	1757	35.3	7.9	-0.4	
西 藏	Tibet						
陕 西	Shaanxi	32	51667	648.7	245.8	10.0	8.6
甘 肃	Gansu	2	581	9.0	1.9	0.6	
青 海	Qinghai	1	239	2.3	0.4	0.1	
宁 夏	Ningxia						
新 疆	Xinjiang						

1-2-8 续表 2 continued

单位：个，人，亿元 (unit,person,100 million yuan)

地区	Region	港澳台投资企业 Enterprises with Funds from Hong Kong, Macau and Taiwan					
		企业数 Number of Enter-prises	从业人员平均人数 Annual Average Number of Employed Personnel	资产总计 Total Assets	主营业务收入 Revenue from Principal Business	利润总额 Profits	出口交货值 Exports
全国	**Total**	**3252**	**3370845**	**21292.0**	**29694.5**	**1371.3**	**16966.8**
东部地区	Eastern Region	2820	2471160	15156.9	20503.5	1121.6	11369.5
中部地区	Middle Region	232	611019	4378.6	5777.6	219.4	4089.6
西部地区	Western Region	146	273226	1530.5	3277.2	16.3	1497.4
东北地区	Northeastern Region	54	15440	226.0	136.2	14.0	10.3
北京	Beijing	52	31636	967.9	1418.4	20.9	152.3
天津	Tianjin	38	38077	266.4	590.1	57.5	285.2
河北	Hebei	17	35461	322.0	281.3	22.6	73.1
山西	Shanxi	5	69407	475.9	522.0	23.0	423.0
内蒙古	Inner Mongolia	4	6759	122.7	59.4	2.2	11.3
辽宁	Liaoning	37	11334	189.7	92.0	9.4	10.2
吉林	Jilin	11	2373	28.3	36.2	3.6	
黑龙江	Heilongjiang	6	1733	8.0	8.1	1.0	0.1
上海	Shanghai	155	144524	1529.1	2296.6	94.3	1827.0
江苏	Jiangsu	648	625478	3810.1	5388.9	355.9	2551.9
浙江	Zhejiang	212	80606	866.4	666.0	142.8	222.9
安徽	Anhui	27	23454	441.2	629.7	17.1	330.5
福建	Fujian	157	126717	848.5	1323.6	63.9	881.1
江西	Jiangxi	74	44711	304.9	423.9	22.0	142.6
山东	Shandong	63	27625	419.6	510.4	60.7	46.0
河南	Henan	41	328007	2369.8	2911.4	108.6	2729.6
湖北	Hubei	41	46390	380.0	515.1	17.8	173.4
湖南	Hunan	44	99050	406.8	775.5	31.0	290.6
广东	Guangdong	1472	1359735	6110.0	8013.8	300.2	5329.7
广西	Guangxi	39	57160	195.1	635.0	45.6	216.7
海南	Hainan	6	1301	16.9	14.4	2.7	0.5
重庆	Chongqing	44	73598	328.5	1170.8	5.6	1040.3
四川	Sichuan	30	120953	762.4	1293.8	-46.5	218.6
贵州	Guizhou	6	3537	17.5	18.2	0.9	0.3
云南	Yunnan	6	5873	35.2	51.4	4.6	1.3
西藏	Tibet						
陕西	Shaanxi	13	4402	45.4	34.8	3.6	8.8
甘肃	Gansu	1	251	0.3	0.2		
青海	Qinghai	1	237	18.9	9.0		
宁夏	Ningxia	2	456	4.6	4.5	0.3	
新疆	Xinjiang						

1-2-8 续表 3 continued

单位：个，人，亿元 (unit,person,100 million yuan)

地区	Region	外商投资企业 Foreign Funded Enterprises					
		企业数 Number of Enter-prises	从业人员平均人数 Annual Average Number of Employed Personnel	资产总计 Total Assets	主营业务收入 Revenue from Principal Business	利润总额 Profits	出口交货值 Exports
全国	**Total**	**4309**	**3339477**	**24824.2**	**38946.5**	**1956.7**	**24151.8**
东部地区	Eastern Region	3772	2968708	21130.1	34844.4	1695.8	22232.0
中部地区	Middle Region	216	136491	1073.3	1077.6	76.2	216.7
西部地区	Western Region	207	160372	1808.3	2193.4	91.4	1529.9
东北地区	Northeastern Region	114	73906	812.6	831.2	93.2	173.2
北京	Beijing	132	77718	1018.6	1000.5	70.7	392.6
天津	Tianjin	238	129667	1013.0	2303.0	159.5	1163.8
河北	Hebei	34	56778	294.4	207.1	28.7	41.3
山西	Shanxi	5	22474	133.2	120.4	13.8	12.2
内蒙古	Inner Mongolia	3	627	15.0	7.6	1.1	0.7
辽宁	Liaoning	79	44291	490.4	513.2	60.4	158.9
吉林	Jilin	27	4783	91.1	122.1	20.7	7.4
黑龙江	Heilongjiang	8	24832	231.0	196.0	12.2	6.9
上海	Shanghai	410	296083	2626.9	3858.5	138.5	2534.8
江苏	Jiangsu	1245	1018622	6739.9	11954.3	555.8	8669.6
浙江	Zhejiang	273	143219	1130.5	1218.4	91.8	601.0
安徽	Anhui	50	14433	98.8	127.2	15.2	32.8
福建	Fujian	129	96731	744.7	1267.3	13.7	707.6
江西	Jiangxi	49	44926	491.7	341.6	23.2	97.8
山东	Shandong	355	221104	1582.4	3909.1	218.3	1367.1
河南	Henan	34	19415	98.3	152.7	9.6	30.7
湖北	Hubei	53	20605	162.0	170.5	11.6	26.0
湖南	Hunan	25	14638	89.2	165.2	2.8	17.2
广东	Guangdong	948	925796	5931.8	9109.3	418.9	6751.4
广西	Guangxi	22	9050	43.8	88.2	7.3	16.6
海南	Hainan	8	2990	47.8	16.9	-0.1	2.9
重庆	Chongqing	59	63218	402.2	990.8	19.2	778.3
四川	Sichuan	75	62000	499.5	764.2	36.2	556.3
贵州	Guizhou	6	3602	46.5	25.4	4.0	1.0
云南	Yunnan	9	1691	19.5	13.6	1.6	0.3
西藏	Tibet						
陕西	Shaanxi	27	17959	711.4	272.2	20.7	176.7
甘肃	Gansu	2	102	2.2	2.1	0.2	
青海	Qinghai	2	1049	34.1	18.9	-0.2	
宁夏	Ningxia						
新疆	Xinjiang	2	1074	34.2	10.4	1.2	

1-2-9 按地区和行业分高技术产业生产经营情况(2015年)

Statistics on Production and Management in High-tech Industry by Region and Industrial Sector (2015)

单位：个，人，亿元 (unit,person,100 million yuan)

地区	Region	医药制造业 Medical and Pharmaceutical Products Manufacturing					
		企业数 Number of Enterprises	从业人员平均人数 Annual Average Number of Employed Personnel	资产总计 Total Assets	主营业务收入 Revenue from Principal Business	利润总额 Profits	出口交货值 Exports
全国	**Total**	**7392**	**2229376**	**25071.1**	**25729.5**	**2717.3**	**1342.0**
东部地区	Eastern Region	3328	1031217	14006.6	13459.6	1535.4	996.5
中部地区	Middle Region	2026	577198	4379.6	6005.8	499.0	214.3
西部地区	Western Region	1388	388956	4071.8	3617.3	384.0	96.5
东北地区	Northeastern Region	650	232005	2613.1	2646.8	298.8	34.6
北京	Beijing	201	73224	1151.5	715.7	131.9	11.9
天津	Tianjin	100	46136	845.1	571.3	63.2	42.8
河北	Hebei	265	86119	1019.5	905.3	75.7	64.2
山西	Shanxi	89	31497	335.5	173.8	17.4	12.9
内蒙古	Inner Mongolia	73	29375	321.6	262.5	30.7	9.5
辽宁	Liaoning	216	48080	784.7	618.0	72.9	16.2
吉林	Jilin	324	135924	1286.1	1639.2	170.5	14.2
黑龙江	Heilongjiang	110	48001	542.3	389.7	55.4	4.1
上海	Shanghai	199	60652	1036.2	659.3	108.4	50.6
江苏	Jiangsu	710	209183	2458.5	3479.5	362.9	220.7
浙江	Zhejiang	448	131462	1781.8	1158.1	135.5	255.1
安徽	Anhui	408	67356	557.4	715.6	60.8	37.7
福建	Fujian	134	32202	285.5	263.2	34.3	19.2
江西	Jiangxi	335	94831	630.6	1148.3	91.4	27.6
山东	Shandong	828	249390	3243.3	4161.7	426.5	254.3
河南	Henan	478	200148	1379.1	1976.2	176.5	26.2
湖北	Hubei	409	113986	979.2	1067.4	89.7	90.3
湖南	Hunan	307	69380	497.8	924.5	63.1	19.6
广东	Guangdong	398	128156	1975.9	1407.9	176.0	77.6
广西	Guangxi	149	39970	291.3	354.8	39.2	17.4
海南	Hainan	45	14693	209.3	137.6	21.1	0.2
重庆	Chongqing	126	54435	506.7	518.6	47.7	22.8
四川	Sichuan	415	124300	1098.0	1164.6	108.6	16.3
贵州	Guizhou	117	36147	372.3	334.6	38.4	0.2
云南	Yunnan	131	27041	466.7	255.3	29.7	2.3
西藏	Tibet	8	1200	33.9	9.9	3.7	
陕西	Shaanxi	188	44807	429.8	507.5	60.0	9.8
甘肃	Gansu	104	13891	233.5	109.1	19.5	1.3
青海	Qinghai	29	4615	78.8	35.4	6.1	0.2
宁夏	Ningxia	17	6085	113.2	36.6		15.6
新疆	Xinjiang	31	7090	126.1	28.3	0.4	1.0

1-2-9 续表 1 continued

单位：个，人，亿元 (unit,person,100 million yuan)

地 区	Region	航空、航天器及设备制造业 Manufacture of Aircrafts and Spacecrafts and Related Equipment					
		企业数 Number of Enter-prises	从业人员平均人数 Annual Average Number of Employed Personnel	资产总计 Total Assets	主营业务收入 Revenue from Principal Business	利润总额 Profits	出口交货值 Exports
全 国	**Total**	**382**	**387006**	**5136.9**	**3412.6**	**196.1**	**433.5**
东部地区	Eastern Region	161	116951	1967.6	1778.3	111.9	279.8
中部地区	Middle Region	55	51300	437.5	265.5	20.0	11.3
西部地区	Western Region	135	166867	1993.3	941.3	41.7	115.4
东北地区	Northeastern Region	31	51888	738.5	427.5	22.5	27.0
北 京	Beijing	34	26690	398.5	241.5	13.6	7.8
天 津	Tianjin	24	27642	692.3	766.4	52.6	9.3
河 北	Hebei	3	2714	30.3	15.2	1.0	
山 西	Shanxi	1	702	2.4	1.2	0.1	
内蒙古	Inner Mongolia	1	62	12.5	0.3	0.3	
辽 宁	Liaoning	21	36949	452.8	282.2	14.3	23.5
吉 林	Jilin						
黑龙江	Heilongjiang	10	14939	285.7	145.4	8.2	3.5
上 海	Shanghai	17	23620	397.7	192.9	6.2	29.0
江 苏	Jiangsu	41	17774	268.4	328.3	23.3	95.2
浙 江	Zhejiang	10	1461	11.2	5.9	-0.1	1.3
安 徽	Anhui	7	3082	27.2	14.1	0.9	0.1
福 建	Fujian	8	5726	59.8	110.4	3.7	105.8
江 西	Jiangxi	8	783	21.9	9.3	0.4	
山 东	Shandong	14	4293	29.0	37.4	3.6	1.7
河 南	Henan	9	18554	140.2	86.4	9.2	2.7
湖 北	Hubei	17	16424	129.8	93.6	5.4	2.5
湖 南	Hunan	13	11755	116.1	60.9	4.1	6.0
广 东	Guangdong	10	7031	80.5	80.3	8.1	29.8
广 西	Guangxi	1	820	19.4	19.4	0.3	
海 南	Hainan						
重 庆	Chongqing	1	135	0.9	0.8	0.3	0.2
四 川	Sichuan	33	31062	516.4	246.3	14.9	30.5
贵 州	Guizhou	28	34005	372.7	136.6	3.0	9.3
云 南	Yunnan	1	40	0.4	0.3		
西 藏	Tibet						
陕 西	Shaanxi	68	98212	1049.7	528.8	21.4	75.4
甘 肃	Gansu	2	2531	21.3	8.9	1.4	
青 海	Qinghai						
宁 夏	Ningxia						
新 疆	Xinjiang						

1-2-9 续表 2 continued

单位：个，人，亿元 (unit,person,100 million yuan)

地区	Region	电子及通信设备制造业 Manufacture of Electronic Equipment and Communication Equipment					
		企业数 Number of Enter-prises	从业人员平均人数 Annual Average Number of Employed Personnel	资产总计 Total Assets	主营业务收入 Revenue from Principal Business	利润总额 Profits	出口交货值 Exports
全　国	**Total**	**14634**	**8142256**	**62731.5**	**78309.9**	**4348.9**	**35321.9**
东部地区	Eastern Region	11244	6368325	47656.4	61473.1	3451.8	29625.3
中部地区	Middle Region	2208	1244287	9308.4	11272.4	580.5	4551.7
西部地区	Western Region	945	445138	4745.0	4840.8	266.3	946.4
东北地区	Northeastern Region	237	84506	1021.7	723.7	50.3	198.4
北　京	Beijing	269	102033	2324.3	1866.0	54.3	577.3
天　津	Tianjin	341	162780	1367.5	2363.9	151.0	1229.4
河　北	Hebei	211	95687	859.5	561.0	59.0	88.4
山　西	Shanxi	29	96445	695.6	658.4	35.4	436.2
内蒙古	Inner Mongolia	14	2960	74.0	58.5	-1.5	0.3
辽　宁	Liaoning	178	67247	822.6	586.4	38.8	188.4
吉　林	Jilin	35	9408	96.8	88.3	7.5	6.4
黑龙江	Heilongjiang	24	7851	102.2	49.0	4.0	3.7
上　海	Shanghai	473	329307	3070.3	3677.6	121.9	2608.7
江　苏	Jiangsu	2607	1572034	10757.5	15864.9	790.1	7783.6
浙　江	Zhejiang	1349	393210	3502.2	2980.2	289.0	919.2
安　徽	Anhui	539	145689	1798.4	1439.1	123.2	288.2
福　建	Fujian	506	264473	1763.6	2506.1	115.6	1445.0
江　西	Jiangxi	422	190732	973.8	1485.2	86.8	199.0
山　东	Shandong	859	325117	2719.8	4755.7	278.3	1356.5
河　南	Henan	356	443289	2958.0	3817.6	174.3	2893.3
湖　北	Hubei	404	173810	2049.1	1978.3	75.3	330.0
湖　南	Hunan	458	194322	833.6	1893.8	85.4	405.0
广　东	Guangdong	4624	3121968	21264.3	26881.7	1593.0	13614.1
广　西	Guangxi	102	60424	198.3	589.5	57.5	78.0
海　南	Hainan	5	1716	27.2	16.0	-0.4	3.2
重　庆	Chongqing	207	75920	833.9	1329.9	78.7	320.8
四　川	Sichuan	392	201468	2024.7	1892.1	63.4	320.3
贵　州	Guizhou	58	14052	155.3	232.9	15.6	5.1
云　南	Yunnan	15	7180	51.4	29.4	3.2	1.4
西　藏	Tibet						
陕　西	Shaanxi	134	71384	1211.0	623.6	41.9	197.1
甘　肃	Gansu	11	9612	138.1	55.3	6.1	23.2
青　海	Qinghai	6	1400	48.6	25.6	1.2	
宁　夏	Ningxia	1	53	4.5	0.6	0.2	
新　疆	Xinjiang	5	685	5.2	3.4		0.2

1-2-9 续表 3 continued

单位：个，人，亿元 (unit,person,100 million yuan)

地 区	Region	计算机及办公设备制造业 Manufacture of Computer and Office Equipments 企业数 Number of Enterprises	从业人员平均人数 Annual Average Number of Employed Personnel	资产总计 Total Assets	主营业务收入 Revenue from Principal Business	利润总额 Profits	出口交货值 Exports
全 国	**Total**	**1695**	**1467024**	**10221.6**	**19407.9**	**622.1**	**11994.8**
东部地区	Eastern Region	1306	1085806	7297.8	13676.1	530.1	8747.3
中部地区	Middle Region	170	78461	720.5	1158.3	32.2	653.4
西部地区	Western Region	187	289781	2106.6	4485.7	51.2	2561.5
东北地区	Northeastern Region	32	12976	96.7	87.9	8.5	32.6
北 京	Beijing	50	19009	822.8	729.6	10.2	43.4
天 津	Tianjin	16	21948	161.9	394.2	39.8	191.3
河 北	Hebei	11	3268	23.2	13.2	0.8	3.0
山 西	Shanxi	2	1994	12.2	4.2		
内蒙古	Inner Mongolia	2	322	1.2	2.0	0.1	
辽 宁	Liaoning	22	10158	73.5	63.3	5.2	32.6
吉 林	Jilin	5	1359	14.1	17.9	2.8	
黑龙江	Heilongjiang	5	1459	9.0	6.7	0.6	
上 海	Shanghai	60	103821	939.2	2208.0	2.2	1641.1
江 苏	Jiangsu	276	335770	1822.2	3972.0	211.0	3334.0
浙 江	Zhejiang	93	20051	126.1	176.6	5.8	106.9
安 徽	Anhui	42	23597	429.1	615.3	8.0	421.5
福 建	Fujian	73	51612	574.5	899.2	32.9	360.9
江 西	Jiangxi	33	21423	60.2	155.9	10.0	79.3
山 东	Shandong	55	60267	419.7	1272.3	66.0	255.8
河 南	Henan	36	15111	69.2	101.4	7.9	3.9
湖 北	Hubei	26	6789	53.8	189.2	2.3	142.9
湖 南	Hunan	31	9547	96.1	92.2	3.9	5.8
广 东	Guangdong	672	470060	2408.2	4010.9	161.5	2810.9
广 西	Guangxi	26	31817	149.0	729.8	63.8	248.9
海 南	Hainan						
重 庆	Chongqing	110	116078	630.3	1950.1	19.3	1743.6
四 川	Sichuan	36	134999	908.0	1699.4	-22.9	564.5
贵 州	Guizhou	6	4686	388.5	84.7	-9.6	2.5
云 南	Yunnan	4	1632	26.6	17.5	0.3	2.1
西 藏	Tibet						
陕 西	Shaanxi	3	247	2.9	2.1	0.3	
甘 肃	Gansu						
青 海	Qinghai						
宁 夏	Ningxia						
新 疆	Xinjiang						

1-2-9 续表 4 continued

单位：个，人，亿元 (unit,person,100 million yuan)

地区	Region	医疗仪器设备及仪器仪表制造业 Manufacture of Medical Equipments and Measuring Instrument 企业数 Number of Enter-prises	从业人员平均人数 Annual Average Number of Employed Personnel	资产总计 Total Assets	主营业务收入 Revenue from Principal Business	利润总额 Profits	出口交货值 Exports
全　国	**Total**	**5062**	**1147356**	**9764.5**	**10471.8**	**938.8**	**1449.0**
东部地区	Eastern Region	3570	822109	7349.1	7956.3	733.3	1309.5
中部地区	Middle Region	863	193012	1223.5	1539.4	133.8	72.6
西部地区	Western Region	401	90119	769.4	621.7	41.6	30.4
东北地区	Northeastern Region	228	42116	422.5	354.5	30.1	36.5
北　京	Beijing	245	47560	756.9	427.5	58.4	51.3
天　津	Tianjin	105	16216	141.7	117.0	8.0	16.0
河　北	Hebei	124	21077	151.9	134.6	18.3	9.3
山　西	Shanxi	15	2765	43.3	23.0	1.8	0.4
内蒙古	Inner Mongolia	9	948	8.7	13.5	0.2	0.2
辽　宁	Liaoning	158	29934	316.6	221.0	22.1	32.1
吉　林	Jilin	41	5452	44.2	102.9	5.7	4.2
黑龙江	Heilongjiang	29	6730	61.7	30.6	2.3	0.2
上　海	Shanghai	261	52025	523.5	452.0	45.4	144.2
江　苏	Jiangsu	1153	288371	2813.3	3876.6	339.1	483.9
浙　江	Zhejiang	658	138499	1101.5	818.8	84.6	186.3
安　徽	Anhui	188	25963	189.0	258.8	27.2	15.0
福　建	Fujian	104	20349	85.6	132.8	9.2	41.3
江　西	Jiangxi	91	32256	156.5	229.1	20.7	17.9
山　东	Shandong	474	84927	733.5	1172.9	84.0	86.4
河　南	Henan	269	75855	397.5	541.0	44.9	15.9
湖　北	Hubei	163	28627	225.3	196.7	16.3	6.5
湖　南	Hunan	137	27546	212.0	290.8	22.9	16.8
广　东	Guangdong	445	152666	1037.8	821.8	85.7	290.7
广　西	Guangxi	32	8787	45.2	69.8	5.2	3.6
海　南	Hainan	1	419	3.4	2.2	0.6	
重　庆	Chongqing	114	26104	190.7	183.7	14.0	7.2
四　川	Sichuan	113	19247	143.8	123.8	11.7	5.7
贵　州	Guizhou	17	2341	22.2	18.1	0.7	0.6
云　南	Yunnan	23	6549	65.9	38.3	-2.2	3.1
西　藏	Tibet						
陕　西	Shaanxi	74	23030	249.3	154.8	10.6	7.4
甘　肃	Gansu	7	1592	21.3	5.7	0.2	2.6
青　海	Qinghai	2	456	5.4	3.0		0.1
宁　夏	Ningxia	7	812	8.6	9.1	0.9	
新　疆	Xinjiang	3	253	8.3	1.9	0.2	

1-2-9　续表 5　continued

单位：个，人，亿元　(unit,person,100 million yuan)

地　区	Region	信息化学品制造业 Manufacture of Electronic Chemicals 企业数 Number of Enter-prises	从业人员平均人数 Annual Average Number of Employed Personnel	资产总计 Total Assets	主营业务收　入 Revenue from Principal Business	利润总额 Profits	出　口交货值 Exports
全　国	**Total**	**466**	**170207**	**3521.0**	**2636.8**	**163.1**	**382.0**
东部地区	Eastern Region	303	87185	1663.4	1586.2	125.9	237.9
中部地区	Middle Region	104	53622	901.3	594.9	25.2	92.1
西部地区	Western Region	48	26494	914.2	411.8	9.9	39.1
东北地区	Northeastern Region	11	2906	42.2	43.9	2.0	12.9
北　京	Beijing	6	1710	30.9	16.8	-0.2	3.6
天　津	Tianjin	5	1088	38.2	21.0	1.5	14.9
河　北	Hebei	19	4141	48.0	76.5	5.7	1.8
山　西	Shanxi	3	885	11.7	4.0		
内蒙古	Inner Mongolia	8	5460	164.1	57.5	-1.0	0.5
辽　宁	Liaoning	9	2615	39.2	42.9	2.0	12.9
吉　林	Jilin	1	73	0.8	0.2		
黑龙江	Heilongjiang	1	218	2.2	0.8	0.1	
上　海	Shanghai	10	1792	29.6	23.1	0.9	11.3
江　苏	Jiangsu	116	50844	1074.6	1008.8	87.2	145.5
浙　江	Zhejiang	45	7198	177.9	148.4	4.0	22.4
安　徽	Anhui	14	1307	19.4	21.4	1.9	0.4
福　建	Fujian	19	2395	51.5	50.7	1.3	11.2
江　西	Jiangxi	34	26757	573.2	290.3	18.6	53.7
山　东	Shandong	38	7790	96.8	135.4	15.8	14.6
河　南	Henan	28	13050	142.2	131.2	-4.5	6.7
湖　北	Hubei	18	10189	132.5	130.0	9.5	26.3
湖　南	Hunan	7	1434	22.3	18.0	-0.2	5.0
广　东	Guangdong	45	10227	115.9	105.5	9.8	12.6
广　西	Guangxi	3	1659	12.7	27.7	3.4	
海　南	Hainan						
重　庆	Chongqing	3	1477	33.8	45.8	2.4	
四　川	Sichuan	10	3682	72.9	45.6	-2.4	1.9
贵　州	Guizhou						
云　南	Yunnan	3	1154	49.9	9.1	-3.2	0.2
西　藏	Tibet						
陕　西	Shaanxi	8	3817	213.5	86.0	4.2	36.1
甘　肃	Gansu						
青　海	Qinghai	4	1862	84.4	36.4	-2.0	
宁　夏	Ningxia	6	4320	124.4	65.6	2.1	0.5
新　疆	Xinjiang	3	3063	158.6	38.2	6.3	

R&D 及相关活动情况
Statistics on R&D and Related Activities

2-1-1 大中型高技术产业企业R&D及相关活动情况

Statistics on R&D and Related Activities in High Technology Industry of Large and Medium-sized Enterprises

指 标	Indicator	2000	2005	2012	2013	2014	2015
R&D活动情况	**Statitstics on R&D Activities**						
R&D人员折合全时当量(人年)	Full-time Equivalent of R&D Personnel (man-year)	91573	173161	525614	559229	572537	590016
R&D经费内部支出(万元)	Intramural Expenditure on R&D (10000 yuan)	1110410	3624985	14914940	17343666	19221544	22196591
新产品开发及销售情况	**Statitstics on New Products Development and Production**						
新产品开发经费支出(万元)	Expenditure on New Products Development (10000 yuan)	1177940	4156916	18274769	20694975	23505812	25746024
新产品销售收入(万元)	Sales Revenue of New Products (10000 yuan)	24838202	69146633	237653174	290288371	328451936	381114794
专利情况	**Statistics on Patents**						
专利申请数(件)	Patent Applications (piece)	2245	16823	97200	102532	120077	114562
有效发明专利数(件)	Number of Patents In Force (piece)	1443	6658	97878	115884	147927	199728
技术改造、技术获取情况	**Statistics on Technology Acquisition and Technology Reconstruction**						
技术改造经费支出(万元)	Expenditure for Technical Renovation (10000 yuan)	1047478	1590214	3191778	3671266	3165342	3355721
引进技术经费支出(万元)	Expenditure for Acquisition of Foreign Technology (10000 yuan)	470463	848184	733053	532130	566978	717421
消化吸收经费支出(万元)	Expenditure for Assimilation of Technology (10000 yuan)	33685	274972	93179	130081	149184	129261
购买国内技术经费支出(万元)	Expenditure for Purchase of Domestic Technology (10000 yuan)	72099	95359	238341	312567	467082	633058
企业办研发机构情况	**Statistics on R&D Institutions**						
机构数(个)	Number of R&D Institutions in Enterprises (unit)	1379	1619	4566	4583	4763	5572
机构人员(人)	Personnel in R&D Institutions (person)	90187	156789	536417	510507	531339	637299
机构经费支出(万元)	Expenditure in R&D Institutions (10000 yuan)	961000	2607837	12679661	13594544	14736915	19487514

注：2010年及以前年份数据口径为从业人员年平均人数300人及以上并且年主营业务收入3000万元及以上并且年资产合计4000万元及以上的法人工业企业。2011年及以后年份数据口径为从业人员年平均人数300人及以上且年主营业务收入2000万元及以上的法人工业企业。以下至2-1-12表相同。

2-1-2 大中型制造业企业R&D及相关活动情况
Statistics on R&D and Related Activities in Large and Medium-sized Manufacturing Enterprises

指　标	Indicator	2000	2005	2012	2013	2014	2015
R&D活动情况	**Statitstics on R&D Activities**						
R&D人员折合全时当量(人年)	Full-time Equivalent of R&D Personnel (man-year)	296697	545026	1710449	1861263	1927137	1888103
R&D经费内部支出(万元)	Intramural Expenditure on R&D (10000 yuan)	3230543	11845186	56668627	64073415	69906623	74760429
新产品开发及销售情况	**Statitstics on New Products Development and Production**						
新产品开发经费支出(万元)	Expenditure on New Products Development (10000 yuan)	3791305	14222522	64400128	72725501	77961941	78386388
新产品销售收入(万元)	Sales Revenue of New Products (10000 yuan)	76076657	238042145	969399371	1112218465	1226242599	1280917612
专利情况	**Statistics on Patents**						
专利申请数(件)	Patent Applications (piece)	11139	53843	309250	351087	369889	371326
有效发明专利数(件)	Number of Patents In Force (piece)	6054	21870	199128	238501	303855	391732
技术改造、技术获取情况	**Statistics on Technology Acquisition and Technology Reconstruction**						
技术改造经费支出(万元)	Expenditure for Technical Renovation (10000 yuan)	9950798	25122468	32728378	30773509	27880994	23599933
引进技术经费支出(万元)	Expenditure for Acquisition of Foreign Technology (10000 yuan)	2355387	2884886	3700487	3659155	3565451	3644672
消化吸收经费支出(万元)	Expenditure for Assimilation of Technology (10000 yuan)	176927	653496	1380674	1276875	1220560	936484
购买国内技术经费支出(万元)	Expenditure for Purchase of Domestic Technology (10000 yuan)	245781	784587	1703639	1811323	1785022	1749869
企业办研发机构情况	**Statistics on R&D Institutions**						
机构数(个)	Number of R&D Institutions in Enterprises (unit)	7093	8659	21670	22682	23048	24878
机构人员(人)	Personnel in R&D Institutions (person)	399060	579427	1750805	1789653	1805452	1942375
机构经费支出(万元)	Expenditure in R&D Institutions (10000 yuan)	3075258	9678739	42966665	47968557	49837893	54201567

2-1-3 分行业大中型企业R&D及相关活动情况

Statistics on R&D and Related Activities in Large and Medium-sized Enterprises by Industrial Sector

行业	Industry	R&D人员折合全时当量（人年） Full-time Equivalent of R&D Personnel (man-year)					
		2000	2005	2012	2013	2014	2015
合计	**Total**	**91573**	**173161**	**525614**	**559229**	**572537**	**590016**
医药制造业	**Manufacture of Medicines**	**12238**	**19584**	**81875**	**94133**	**100381**	**92414**
#化学药品制造	Manufacture of Chemical Medicine	7794	12574	48278	53702	57750	53487
中成药生产	Production of Finished Traditional Chinese Herbal Medicine	2797	4976	18930	22236	23041	19801
生物药品制造	Manufacture of Biological Medicine	1406	1534	8743	9701	10723	11088
航空、航天器及设备制造业	**Manufacture of Aircrafts and Spacecrafts and Related Equipment**	**30835**	**29870**	**37901**	**44440**	**36249**	**42113**
#飞机制造	Manufacture of Airplanes	27704	27720	28617	35938	27964	30216
航天器制造	Manufacture of Spacecrafts	3131	2150	4392	3699	4198	4789
电子及通信设备制造业	**Manufacture of Electronic Equipment and Communication Equipment**	**36625**	**95091**	**301396**	**311390**	**327262**	**344997**
#通信设备制造	Manufacture of Communication Equipment	18505	49679	120185	120627	124216	137376
#通信系统设备制造	Manufacture of Communication System Equipment	15728	37954	103432	100535	104189	108548
通信终端设备制造	Manufacture of Communication Terminal Equipment	1023	3983	16753	20092	20028	28828
广播电视设备制造	Manufacture of Broadcasting and TV Equipment	448	1740	7318	9927	9625	9289
雷达及配套设备制造	Manufacture of Radar and Its Fittings	1794	1810	3129	5419	6420	5587
视听设备制造	Manufacture of TV Set and Radio Receiver	4117	11573	24411	31316	25403	28589
电子器件制造	Manufacture of Electronic Appliances	5083	15211	60647	52220	59329	60548
#电子真空器件制造	Manufacture of Electronic Vacuum Appliance	1814	3839	2444	747	1389	1271
半导体分立器件制造	Manufacture of Semiconductor Discreting Appliances	1948	1832	4490	3408	4021	3849
集成电路制造	Manufacture of Integrate Circuit	1321	3908	19243	16725	18716	18070
电子元件制造	Manufacture of Electronic Components	4669	13672	61175	64257	67082	67003
其他电子设备制造	Manufacture of Other Electronic Equipment	2009	1407	9196	11274	17524	16290
计算机及办公设备制造业	**Manufacture of Computers and Office Equipment**	**3941**	**17484**	**58590**	**55047**	**54907**	**51727**
#计算机整机制造	Manufacture of Entired Computer	2950	7452	18542	19427	23351	27164
计算机零部件制造	Manufacture of Computer Components and Parts	806	8943	20519	18119	8285	5482
计算机外围设备制造	Manufacture of Computer Peripheral Equipment			8825	7853	11738	5908
办公设备制造	Manufacture of Office Equipment	185	1089	2906	3794	4121	4301
医疗仪器设备及仪器仪表制造业	**Manufacture of Medical Equipments and Measuring Instrument**	**7934**	**11132**	**45849**	**54219**	**53738**	**51146**
1.医疗仪器设备及器械制造	Manufacture of Medical Equipment and Appliance	796	1262	8814	10028	9075	12219
2.仪器仪表制造	Manufacture of Measuring Instrument	7138	9870	37035	44191	44664	38928
信息化学品制造业	**Manufacture of Electronic Chemicals**						**7618**

2-1-3 续表 1 continued

行业	Industry	R&D经费内部支出（万元） Intramural Expenditure on R&D (10000 yuan)					
		2000	2005	2012	2013	2014	2015
合计	**Total**	**1110410**	**3624985**	**14914940**	**17343666**	**19221544**	**22196591**
医药制造业	**Manufacture of Medicines**	**135888**	**399510**	**2148864**	**2588803**	**2897090**	**3262105**
#化学药品制造	Manufacture of Chemical Medicine	88357	273832	1298451	1532980	1693918	1917865
中成药生产	Production of Finished Traditional Chinese Herbal Medicine	29227	91512	392304	518065	550035	573991
生物药品制造	Manufacture of Biological Medicine	16571	22955	283437	329758	402687	458219
航空、航天器及设备制造业	**Manufacture of Aircrafts and Spacecrafts and Related Equipment**	**137932**	**277969**	**1586828**	**1671450**	**1847872**	**1680023**
#飞机制造	Manufacture of Airplanes	119250	239156	1254488	1371839	1475849	1303782
航天器制造	Manufacture of Spacecrafts	18682	38813	247090	219876	265160	219353
电子及通信设备制造业	**Manufacture of Electronic Equipment and Communication Equipment**	**679441**	**2347164**	**8555044**	**10459083**	**11764875**	**13790569**
#通信设备制造	Manufacture of Communication Equipment	397600	1196585	3854850	4857306	5552234	6561563
#通信系统设备制造	Manufacture of Communication System Equipment	345463	914102	3307497	4068716	4672628	5533998
通信终端设备制造	Manufacture of Communication Terminal Equipment	11693	54847	547352	788589	879606	1027565
广播电视设备制造	Manufacture of Broadcasting and TV Equipment	2036	18105	128159	215389	226547	290846
雷达及配套设备制造	Manufacture of Radar and Its Fittings	7003	24472	79467	157894	151067	118319
视听设备制造	Manufacture of TV Set and Radio Receiver	86682	500884	891774	1206752	1149662	1202894
电子器件制造	Manufacture of Electronic Appliances	85820	328721	1774830	1882363	2221284	2673051
#电子真空器件制造	Manufacture of Electronic Vacuum Appliance	58896	42632	54161	13439	25363	28335
半导体分立器件制造	Manufacture of Semiconductor Discreting Appliances	9102	23160	88182	67728	102277	113127
集成电路制造	Manufacture of Integrate Circuit	17823	145065	564116	636123	794938	908188
电子元件制造	Manufacture of Electronic Components	79182	257997	1193080	1342084	1459287	1682146
其他电子设备制造	Manufacture of Other Electronic Equipment	21118	20401	253264	403986	451296	535969
计算机及办公设备制造业	**Manufacture of Computers and Office Equipment**	**115541**	**434480**	**1580728**	**1378372**	**1421122**	**1588082**
#计算机整机制造	Manufacture of Entired Computer	101235	211999	688980	661926	744271	872340
计算机零部件制造	Manufacture of Computer Components and Parts	12777	207560	338435	264713	218476	178012
计算机外围设备制造	Manufacture of Computer Peripheral Equipment			259232	236763	209855	208639
办公设备制造	Manufacture of Office Equipment	1529	14921	72418	84112	96109	103134
医疗仪器设备及仪器仪表制造业	**Manufacture of Medical Equipments and Measuring Instrument**	**41607**	**165862**	**1043475**	**1245959**	**1290585**	**1503751**
1.医疗仪器设备及器械制造	Manufacture of Medical Equipment and Appliance	6274	34481	257129	324508	285337	439378
2.仪器仪表制造	Manufacture of Measuring Instrument	35334	131381	786346	921451	1005249	1064373
信息化学品制造业	**Manufacture of Electronic Chemicals**						**372061**

2-1-3 续表 2 continued

行 业	Industry	新产品开发经费支出（万元） Expenditure on New Products Development (10000 yuan)					
		2000	2005	2012	2013	2014	2015
合计	**Total**	**1177940**	**4156916**	**18274769**	**20694975**	**23505812**	**25746024**
医药制造业	**Manufacture of Medicines**	**149276**	**447725**	**2334948**	**2669404**	**3033372**	**3149432**
#化学药品制造	Manufacture of Chemical Medicine	91707	300482	1388701	1536796	1737541	1796571
中成药生产	Production of Finished Traditional Chinese Herbal Medicine	38556	97048	413394	523000	571590	573748
生物药品制造	Manufacture of Biological Medicine	15925	28373	319138	363044	466113	467876
航空、航天器及设备制造业	**Manufacture of Aircrafts and Spacecrafts and Related Equipment**	**114280**	**301632**	**1528310**	**1776157**	**1912557**	**1693328**
#飞机制造	Manufacture of Airplanes	95570	270864	1187582	1363744	1497594	1317311
航天器制造	Manufacture of Spacecrafts	18709	30769	245233	317290	297813	232607
电子及通信设备制造业	**Manufacture of Electronic Equipment and Communication Equipment**	**736736**	**2611326**	**10791283**	**12855333**	**15056275**	**17181848**
#通信设备制造	Manufacture of Communication Equipment	363991	1267879	4486099	5775787	7049353	8536406
#通信系统设备制造	Manufacture of Communication System Equipment	303007	859024	3761802	4798164	6013958	7298021
通信终端设备制造	Manufacture of Communication Terminal Equipment	18365	66003	724297	977623	1035395	1238384
广播电视设备制造	Manufacture of Broadcasting and TV Equipment	1117	27438	199951	311659	311664	358938
雷达及配套设备制造	Manufacture of Radar and Its Fittings	11129	27487	164741	184152	230923	141110
视听设备制造	Manufacture of TV Set and Radio Receiver	142278	589840	1131182	1435162	1397303	1312972
电子器件制造	Manufacture of Electronic Appliances	102543	355849	2259496	2412205	2814515	3306846
#电子真空器件制造	Manufacture of Electronic Vacuum Appliance	73629	48067	60039	18495	29017	30671
半导体分立器件制造	Manufacture of Semiconductor Discreting Appliances	9795	30538	108910	98755	115287	127512
集成电路制造	Manufacture of Integrate Circuit	19119	129635	700881	833661	994898	1013022
电子元件制造	Manufacture of Electronic Components	97668	315540	1574072	1593648	1755811	1874910
其他电子设备制造	Manufacture of Other Electronic Equipment	18010	27294	400482	564598	791106	777819
计算机及办公设备制造业	**Manufacture of Computers and Office Equipment**	**133132**	**617788**	**2255064**	**1892254**	**1859230**	**1739336**
#计算机整机制造	Manufacture of Entired Computer	100730	271034	1011171	932923	969035	890613
计算机零部件制造	Manufacture of Computer Components and Parts	28414	307709	571029	391651	344350	216357
计算机外围设备制造	Manufacture of Computer Peripheral Equipment			318660	285730	230727	260858
办公设备制造	Manufacture of Office Equipment	3989	39045	93650	107107	115585	118022
医疗仪器设备及仪器仪表制造业	**Manufacture of Medical Equipments and Measuring Instrument**	**44516**	**178445**	**1365164**	**1501827**	**1644378**	**1675423**
1.医疗仪器设备及器械制造	Manufacture of Medical Equipment and Appliance	7174	33142	335862	415948	416442	525419
2.仪器仪表制造	Manufacture of Measuring Instrument	37342	145303	1029301	1085880	1227936	1150003
信息化学品制造业	**Manufacture of Electronic Chemicals**						**306657**

2-1-3 续表 3 continued

行　业	Industry	新产品销售收入（万元） Sales Revenue of New Products (10000 yuan)					
		2000	2005	2012	2013	2014	2015
合计	**Total**	**24838202**	**69146633**	**237653174**	**290288371**	**328451936**	**381114794**
医药制造业	**Manufacture of Medicines**	**1720272**	**4693608**	**24493419**	**29908269**	**36253991**	**39407601**
#化学药品制造	Manufacture of Chemical Medicine	1348607	3327695	14732281	17841904	20841163	22296183
中成药生产	Production of Finished Traditional Chinese Herbal Medicine	251856	1045794	5128065	6469151	8540698	9196399
生物药品制造	Manufacture of Biological Medicine	95979	171308	1791701	2324121	3085270	3672188
航空、航天器及设备制造业	**Manufacture of Aircrafts and Spacecrafts and Related Equipment**	**813277**	**3373540**	**6018300**	**7161535**	**10809047**	**12649593**
#飞机制造	Manufacture of Airplanes	696006	3335683	5411575	6522618	9653610	10878098
航天器制造	Manufacture of Spacecrafts	117272	37857	334240	434640	453585	579453
电子及通信设备制造业	**Manufacture of Electronic Equipment and Communication Equipment**	**16308150**	**38520369**	**129043438**	**184246208**	**210593441**	**252079537**
#通信设备制造	Manufacture of Communication Equipment	6717290	16431725	49104988	89291716	100226932	132540473
#通信系统设备制造	Manufacture of Communication System Equipment	2171794	5727443	21965299	29338496	35181646	47311492
通信终端设备制造	Manufacture of Communication Terminal Equipment	1288981	994193	27139689	59953219	65045286	85228981
广播电视设备制造	Manufacture of Broadcasting and TV Equipment	6198	161757	2365379	3247486	2462737	2858581
雷达及配套设备制造	Manufacture of Radar and Its Fittings	102849	258585	1378993	1081781	1498916	1337974
视听设备制造	Manufacture of TV Set and Radio Receiver	6376889	13313107	22945964	32703041	27308512	28919975
电子器件制造	Manufacture of Electronic Appliances	1910948	5127979	24596177	26182984	37892695	38844026
#电子真空器件制造	Manufacture of Electronic Vacuum Appliance	1512257	1205662	646911	547929	133387	225396
半导体分立器件制造	Manufacture of Semiconductor Discreting Appliances	62650	161634	891207	775002	848099	970254
集成电路制造	Manufacture of Integrate Circuit	336040	2150651	4456503	5326118	7535770	6623905
电子元件制造	Manufacture of Electronic Components	973788	3023700	19412060	20132929	22995979	27501756
其他电子设备制造	Manufacture of Other Electronic Equipment	220190	203515	1855681	4451996	8769519	8774752
计算机及办公设备制造业	**Manufacture of Computers and Office Equipment**	**5369985**	**20700912**	**66129950**	**56534632**	**56113670**	**53452720**
#计算机整机制造	Manufacture of Entired Computer	2707176	12278252	34629249	25927238	29095160	41659660
计算机零部件制造	Manufacture of Computer Components and Parts	2560950	7750678	22404561	22013363	18204774	2476187
计算机外围设备制造	Manufacture of Computer Peripheral Equipment			5620351	5710976	5521373	5517905
办公设备制造	Manufacture of Office Equipment	101858	671983	1042823	1284539	1477955	1604205
医疗仪器设备及仪器仪表制造业	**Manufacture of Medical Equipments and Measuring Instrument**	**626518**	**1858204**	**11968064**	**12437727**	**14681788**	**15192887**
1.医疗仪器设备及器械制造	Manufacture of Medical Equipment and Appliance	101634	319050	1813170	2139910	2279340	2505385
2.仪器仪表制造	Manufacture of Measuring Instrument	524884	1539155	10154893	10297817	12402449	12687502
信息化学品制造业	**Manufacture of Electronic Chemicals**						**8332456**

2-1-3 续表 4 continued

行 业	Industry	专利申请数（件） Patent Applications (piece)					
		2000	2005	2012	2013	2014	2015
合计	**Total**	**2245**	**16823**	**97200**	**102532**	**120077**	**114562**
医药制造业	**Manufacture of Medicines**	**579**	**2708**	**9580**	**10043**	**11514**	**9260**
#化学药品制造	Manufacture of Chemical Medicine	215	1133	4814	4501	4689	4707
中成药生产	Production of Finished Traditional Chinese Herbal Medicine	286	1288	2718	3114	3655	1892
生物药品制造	Manufacture of Biological Medicine	43	242	976	1062	1546	1338
航空、航天器及设备制造业	**Manufacture of Aircrafts and Spacecrafts and Related Equipment**	**79**	**328**	**3415**	**3828**	**4772**	**5276**
#飞机制造	Manufacture of Airplanes	74	314	2600	2845	3842	3952
航天器制造	Manufacture of Spacecrafts	5	14	418	584	526	607
电子及通信设备制造业	**Manufacture of Electronic Equipment and Communication Equipment**	**1099**	**11022**	**64602**	**64478**	**75590**	**76612**
#通信设备制造	Manufacture of Communication Equipment	570	6602	24416	24086	30069	29217
#通信系统设备制造	Manufacture of Communication System Equipment	529	5718	18937	17240	22499	20563
通信终端设备制造	Manufacture of Communication Terminal Equipment	29	177	5479	6846	7570	8654
广播电视设备制造	Manufacture of Broadcasting and TV Equipment	4	101	2703	2729	2284	2648
雷达及配套设备制造	Manufacture of Radar and Its Fittings	22	9	395	622	800	691
视听设备制造	Manufacture of TV Set and Radio Receiver	331	2434	5791	6088	5188	6037
电子器件制造	Manufacture of Electronic Appliances	65	812	16530	15599	19937	20650
#电子真空器件制造	Manufacture of Electronic Vacuum Appliance	47	110	2751	184	143	119
半导体分立器件制造	Manufacture of Semiconductor Discreting Appliances	6	10	725	391	662	771
集成电路制造	Manufacture of Integrate Circuit	12	457	3756	4115	5184	4203
电子元件制造	Manufacture of Electronic Components	85	947	7935	9320	9609	8142
其他电子设备制造	Manufacture of Other Electronic Equipment	22	117	2095	2243	2711	4036
计算机及办公设备制造业	**Manufacture of Computers and Office Equipment**	**263**	**1863**	**9475**	**11348**	**12088**	**10147**
#计算机整机制造	Manufacture of Entired Computer	166	1020	5389	6806	6817	6686
计算机零部件制造	Manufacture of Computer Components and Parts	93	796	893	1277	1582	632
计算机外围设备制造	Manufacture of Computer Peripheral Equipment			1314	1364	1681	1387
办公设备制造	Manufacture of Office Equipment	4	47	608	924	921	737
医疗仪器设备及仪器仪表制造业	**Manufacture of Medical Equipments and Measuring Instrument**	**225**	**902**	**10128**	**12835**	**16113**	**12068**
1.医疗仪器设备及器械制造	Manufacture of Medical Equipment and Appliance	68	401	2514	3295	4126	3670
2.仪器仪表制造	Manufacture of Measuring Instrument	157	501	7614	9540	11987	8398
信息化学品制造业	**Manufacture of Electronic Chemicals**						**1199**

2-1-3 续表 5 continued

行业	Industry	有效发明专利数（件） Number of Patents In Force (piece) 2000	2005	2012	2013	2014	2015
合计	**Total**	**1443**	**6658**	**97878**	**115884**	**147927**	**199728**
医药制造业	**Manufacture of Medicines**	**460**	**1134**	**10073**	**12795**	**16161**	**21563**
#化学药品制造	Manufacture of Chemical Medicine	165	495	5141	6302	7973	11448
中成药生产	Production of Finished Traditional Chinese Herbal Medicine	211	497	3442	4661	5513	6114
生物药品制造	Manufacture of Biological Medicine	37	49	835	1197	1746	2342
航空、航天器及设备制造业	**Manufacture of Aircrafts and Spacecrafts and Related Equipment**	**139**	**192**	**1770**	**2778**	**3485**	**5535**
#飞机制造	Manufacture of Airplanes	102	185	1463	2111	2645	3558
航天器制造	Manufacture of Spacecrafts	37	7	160	483	502	1111
电子及通信设备制造业	**Manufacture of Electronic Equipment and Communication Equipment**	**589**	**4268**	**64603**	**79689**	**105307**	**150004**
#通信设备制造	Manufacture of Communication Equipment	372	2959	42207	52769	67469	101991
#通信系统设备制造	Manufacture of Communication System Equipment	346	2660	39695	50551	64817	95406
通信终端设备制造	Manufacture of Communication Terminal Equipment	9	110	2512	2218	2652	6585
广播电视设备制造	Manufacture of Broadcasting and TV Equipment	2	13	935	1699	2091	1878
雷达及配套设备制造	Manufacture of Radar and Its Fittings	15	5	162	900	968	907
视听设备制造	Manufacture of TV Set and Radio Receiver	118	371	3973	4614	4079	5664
电子器件制造	Manufacture of Electronic Appliances	29	540	8381	9007	16546	23477
#电子真空器件制造	Manufacture of Electronic Vacuum Appliance	19	346	326	158	134	202
半导体分立器件制造	Manufacture of Semiconductor Discreting Appliances	6	14	557	550	465	674
集成电路制造	Manufacture of Integrate Circuit	4	115	2800	2797	4800	7241
电子元件制造	Manufacture of Electronic Components	44	369	4433	5148	7220	8500
其他电子设备制造	Manufacture of Other Electronic Equipment	9	11	1474	2059	2859	3615
计算机及办公设备制造业	**Manufacture of Computers and Office Equipment**	**131**	**473**	**14922**	**13302**	**12288**	**7721**
#计算机整机制造	Manufacture of Entired Computer	69	146	9938	9992	7709	3048
计算机零部件制造	Manufacture of Computer Components and Parts	57	323	886	910	960	566
计算机外围设备制造	Manufacture of Computer Peripheral Equipment			889	1018	1761	2141
办公设备制造	Manufacture of Office Equipment	5	4	245	323	509	644
医疗仪器设备及仪器仪表制造业	**Manufacture of Medical Equipments and Measuring Instrument**	**124**	**591**	**6510**	**7320**	**10686**	**13470**
1.医疗仪器设备及器械制造	Manufacture of Medical Equipment and Appliance	52	90	2297	2346	3080	4973
2.仪器仪表制造	Manufacture of Measuring Instrument	72	501	4213	4974	7606	8497
信息化学品制造业	**Manufacture of Electronic Chemicals**						**1435**

2-1-3 续表 6 continued

行 业	Industry	技术改造经费支出（万元） Expenditure for Technical Renovation (10000 yuan)					
		2000	2005	2012	2013	2014	2015
合计	**Total**	**1047478**	**1590214**	**3191778**	**3671266**	**3165342**	**3355721**
医药制造业	**Manufacture of Medicines**	**288150**	**441007**	**873929**	**1007416**	**1013484**	**943098**
#化学药品制造	Manufacture of Chemical Medicine	240426	299639	537613	632456	616380	561554
中成药生产	Production of Finished Traditional Chinese Herbal Medicine	41244	115426	179601	202612	250418	255940
生物药品制造	Manufacture of Biological Medicine	4751	14754	92523	66729	57327	58877
航空、航天器及设备制造业	**Manufacture of Aircrafts and Spacecrafts and Related Equipment**	**154666**	**368919**	**505999**	**488046**	**702318**	**555231**
#飞机制造	Manufacture of Airplanes	128203	353441	471001	440456	680518	472918
航天器制造	Manufacture of Spacecrafts	26464	15478	22030	33914	9573	34505
电子及通信设备制造业	**Manufacture of Electronic Equipment and Communication Equipment**	**520752**	**611919**	**1164027**	**1724147**	**1086323**	**1357630**
#通信设备制造	Manufacture of Communication Equipment	79122	80990	111674	187618	68499	117303
#通信系统设备制造	Manufacture of Communication System Equipment	44764	32707	76525	158589	44152	40022
通信终端设备制造	Manufacture of Communication Terminal Equipment	31322	12728	35149	29029	24347	77282
广播电视设备制造	Manufacture of Broadcasting and TV Equipment	3394	12355	18286	14117	19456	30488
雷达及配套设备制造	Manufacture of Radar and Its Fittings	8482	17859	25899	40340	45603	34503
视听设备制造	Manufacture of TV Set and Radio Receiver	72331	102632	193681	245918	104604	109928
电子器件制造	Manufacture of Electronic Appliances	142873	160201	332004	826130	315120	391842
#电子真空器件制造	Manufacture of Electronic Vacuum Appliance	86502	42193	10312	4248	15875	13556
半导体分立器件制造	Manufacture of Semiconductor Discreting Appliances	21303	12241	25711	23826	11335	17381
集成电路制造	Manufacture of Integrate Circuit	35068	76839	65700	58244	111195	112898
电子元件制造	Manufacture of Electronic Components	192458	233566	237267	217781	316952	344431
其他电子设备制造	Manufacture of Other Electronic Equipment	22092	4316	23270	21399	33224	39637
计算机及办公设备制造业	**Manufacture of Computers and Office Equipment**	**28852**	**53753**	**164577**	**83123**	**88666**	**151604**
#计算机整机制造	Manufacture of Entired Computer	10885	15313	53442	41787	39697	122940
计算机零部件制造	Manufacture of Computer Components and Parts	17915	35001	11166	23646	10032	5282
计算机外围设备制造	Manufacture of Computer Peripheral Equipment			95193	9546	10782	10737
办公设备制造	Manufacture of Office Equipment	52	3439	3279	1190	21758	9100
医疗仪器设备及仪器仪表制造业	**Manufacture of Medical Equipments and Measuring Instrument**	**55058**	**114617**	**483244**	**368535**	**274550**	**234668**
1.医疗仪器设备及器械制造	Manufacture of Medical Equipment and Appliance	7423	12635	66933	75642	72112	74234
2.仪器仪表制造	Manufacture of Measuring Instrument	47635	101982	416311	292893	202438	160434
信息化学品制造业	**Manufacture of Electronic Chemicals**						**113490**

2-1-3 续表 7 continued

行 业	Industry	引进技术经费支出（万元） Expenditure for Acquisition of Foreign Technology (10000 yuan)					
		2000	2005	2012	2013	2014	2015
合计	**Total**	**470463**	**848184**	**733053**	**532130**	**566978**	**717421**
医药制造业	**Manufacture of Medicines**	**45441**	**35815**	**51730**	**50838**	**40210**	**55800**
#化学药品制造	Manufacture of Chemical Medicine	28040	28159	40087	29884	26022	47092
中成药生产	Production of Finished Traditional Chinese Herbal Medicine	9602	4874	1675	5240	1354	181
生物药品制造	Manufacture of Biological Medicine	7353	151	2871	3312	3422	1252
航空、航天器及设备制造业	**Manufacture of Aircrafts and Spacecrafts and Related Equipment**	**29793**	**30369**	**9693**	**16257**	**13914**	**9557**
#飞机制造	Manufacture of Airplanes	19970	28933	7868	6741	13569	8979
航天器制造	Manufacture of Spacecrafts	9823	1436			345	380
电子及通信设备制造业	**Manufacture of Electronic Equipment and Communication Equipment**	**305560**	**665035**	**563563**	**362574**	**417867**	**589100**
#通信设备制造	Manufacture of Communication Equipment	75927	198733	47367	36920	78820	343553
#通信系统设备制造	Manufacture of Communication System Equipment	24209	9472	7247	4663	3813	13533
通信终端设备制造	Manufacture of Communication Terminal Equipment	47938	2550	40119	32257	75008	330021
广播电视设备制造	Manufacture of Broadcasting and TV Equipment	152	833	3822	3546	2890	4662
雷达及配套设备制造	Manufacture of Radar and Its Fittings	769	14	1232	2887	907	522
视听设备制造	Manufacture of TV Set and Radio Receiver	42840	155500	198257	67013	107281	71015
电子器件制造	Manufacture of Electronic Appliances	81345	200662	196318	125948	135123	92304
#电子真空器件制造	Manufacture of Electronic Vacuum Appliance	40312	79691	14843			
半导体分立器件制造	Manufacture of Semiconductor Discreting Appliances	7838	236	4926	716	1466	794
集成电路制造	Manufacture of Integrate Circuit	33195	56049	15161	28593	30240	14326
电子元件制造	Manufacture of Electronic Components	102500	106226	82386	85737	64406	33523
其他电子设备制造	Manufacture of Other Electronic Equipment	2028	3067	3967	2490	2501	2655
计算机及办公设备制造业	**Manufacture of Computers and Office Equipment**	**77839**	**114665**	**24123**	**19682**	**4878**	**3550**
#计算机整机制造	Manufacture of Entired Computer	34399	41904		6753	588	
计算机零部件制造	Manufacture of Computer Components and Parts	43048	52436	2506	2994	3177	2693
计算机外围设备制造	Manufacture of Computer Peripheral Equipment			16705	9156	1061	858
办公设备制造	Manufacture of Office Equipment	392	20325	4095	779	52	
医疗仪器设备及仪器仪表制造业	**Manufacture of Medical Equipments and Measuring Instrument**	**11829**	**2300**	**83943**	**82779**	**90110**	**54205**
1.医疗仪器设备及器械制造	Manufacture of Medical Equipment and Appliance	1890	30	60983	49385	42963	34879
2.仪器仪表制造	Manufacture of Measuring Instrument	9940	2270	22959	33394	47146	19325
信息化学品制造业	**Manufacture of Electronic Chemicals**						**5210**

2-1-3 续表 8 continued

行业	Industry	消化吸收经费支出（万元） Expenditure for Assimilation of Technology (10000 yuan)					
		2000	2005	2012	2013	2014	2015
合计	**Total**	**33685**	**274972**	**93179**	**130081**	**149184**	**129261**
医药制造业	**Manufacture of Medicines**	**12121**	**34971**	**51356**	**58841**	**67368**	**32034**
#化学药品制造	Manufacture of Chemical Medicine	11034	31449	37696	40469	49824	20800
中成药生产	Production of Finished Traditional Chinese Herbal Medicine	226	3417	4889	5721	5007	5544
生物药品制造	Manufacture of Biological Medicine	771	55	1339	2851	4386	3842
航空、航天器及设备制造业	**Manufacture of Aircrafts and Spacecrafts and Related Equipment**	**1943**	**1438**	**4346**	**1521**	**188**	**5**
#飞机制造	Manufacture of Airplanes	1943	1438	4346	1521	70	5
航天器制造	Manufacture of Spacecrafts						
电子及通信设备制造业	**Manufacture of Electronic Equipment and Communication Equipment**	**12716**	**226463**	**30174**	**58834**	**73957**	**64845**
#通信设备制造	Manufacture of Communication Equipment	2508	166912	1175	971	2400	1404
#通信系统设备制造	Manufacture of Communication System Equipment	1611	473	499	198	1061	1025
通信终端设备制造	Manufacture of Communication Terminal Equipment	656	85	676	774	1339	378
广播电视设备制造	Manufacture of Broadcasting and TV Equipment		326	867	1289	1147	2236
雷达及配套设备制造	Manufacture of Radar and Its Fittings	1		510		907	
视听设备制造	Manufacture of TV Set and Radio Receiver	5442	34519	6969	5754	35499	37327
电子器件制造	Manufacture of Electronic Appliances	2746	15915	10058	30655	19395	9395
#电子真空器件制造	Manufacture of Electronic Vacuum Appliance	2541	176	140	1540	1356	1320
半导体分立器件制造	Manufacture of Semiconductor Discreting Appliances	87	43	1017	848		
集成电路制造	Manufacture of Integrate Circuit	118	4375	975	9020	15041	1816
电子元件制造	Manufacture of Electronic Components	1978	8779	5271	4550	5080	1934
其他电子设备制造	Manufacture of Other Electronic Equipment	41	11	1799	5283	1700	1639
计算机及办公设备制造业	**Manufacture of Computers and Office Equipment**	**6136**	**8795**	**823**	**3212**	**906**	**4576**
#计算机整机制造	Manufacture of Entired Computer	1413	5447	326	430	569	3707
计算机零部件制造	Manufacture of Computer Components and Parts	4708	1533			319	869
计算机外围设备制造	Manufacture of Computer Peripheral Equipment			164		16	
办公设备制造	Manufacture of Office Equipment	15	1815	17	2761		
医疗仪器设备及仪器仪表制造业	**Manufacture of Medical Equipments and Measuring Instrument**	**768**	**3306**	**6479**	**7674**	**6764**	**2043**
1.医疗仪器设备及器械制造	Manufacture of Medical Equipment and Appliance	180	49	464	384	1260	756
2.仪器仪表制造	Manufacture of Measuring Instrument	588	3257	6015	7290	5504	1288
信息化学品制造业	**Manufacture of Electronic Chemicals**						**25759**

2-1-3 续表 9 continued

行业	Industry	购买国内技术经费支出 Expenditure on Purchase of Domestic Technology (10000 yuan)					
		2000	2005	2012	2013	2014	2015
合计	**Total**	**72099**	**95359**	**238341**	**312567**	**467082**	**633058**
医药制造业	**Manufacture of Medicines**	**61208**	**56041**	**116787**	**184830**	**162309**	**156549**
#化学药品制造	Manufacture of Chemical Medicine	19286	46206	93239	142386	115038	113443
中成药生产	Production of Finished Traditional Chinese Herbal Medicine	37713	8399	13069	27832	28733	25166
生物药品制造	Manufacture of Biological Medicine	3691	897	4017	3834	6884	8441
航空、航天器及设备制造业	**Manufacture of Aircrafts and Spacecrafts and Related Equipment**	**4437**	**10751**	**8930**	**8448**	**102695**	**14368**
#飞机制造	Manufacture of Airplanes	2421	10751	8776	7895	102232	14368
航天器制造	Manufacture of Spacecrafts	2016				463	
电子及通信设备制造业	**Manufacture of Electronic Equipment and Communication Equipment**	**3013**	**23056**	**81901**	**102482**	**183889**	**443552**
#通信设备制造	Manufacture of Communication Equipment	1019	6046	10253	11115	53975	376351
#通信系统设备制造	Manufacture of Communication System Equipment	745	1100	1217	2720	5620	17535
通信终端设备制造	Manufacture of Communication Terminal Equipment	154	199	9035	8395	48355	358816
广播电视设备制造	Manufacture of Broadcasting and TV Equipment	10	4300	12	4945	2411	67
雷达及配套设备制造	Manufacture of Radar and Its Fittings	2	488	2412	5314	12420	2
视听设备制造	Manufacture of TV Set and Radio Receiver	470	2287	29012	30732	30590	18808
电子器件制造	Manufacture of Electronic Appliances	584	4064	15011	12594	25398	14990
#电子真空器件制造	Manufacture of Electronic Vacuum Appliance	224	1163			1327	
半导体分立器件制造	Manufacture of Semiconductor Discreting Appliances	357	2159	580	743	180	429
集成电路制造	Manufacture of Integrate Circuit	3	70	86	992	6907	6035
电子元件制造	Manufacture of Electronic Components	897	5429	11750	31927	32473	21787
其他电子设备制造	Manufacture of Other Electronic Equipment	31	442	1404	1593	551	1116
计算机及办公设备制造业	**Manufacture of Computers and Office Equipment**	**251**	**2191**	**11604**	**5847**	**5442**	**5067**
#计算机整机制造	Manufacture of Entired Computer	243	1933	52	118		2372
计算机零部件制造	Manufacture of Computer Components and Parts	9	152	115	160	572	1141
计算机外围设备制造	Manufacture of Computer Peripheral Equipment			10179	20	2258	710
办公设备制造	Manufacture of Office Equipment		106				133
医疗仪器设备及仪器仪表制造业	**Manufacture of Medical Equipments and Measuring Instrument**	**3190**	**3320**	**19117**	**10961**	**12747**	**12845**
1.医疗仪器设备及器械制造	Manufacture of Medical Equipment and Appliance	2806	15	1288	1225	1604	1339
2.仪器仪表制造	Manufacture of Measuring Instrument	384	3305	17828	9736	11144	11506
信息化学品制造业	**Manufacture of Electronic Chemicals**						**678**

2-1-3 续表 10 continued

行 业	Industry	研发机构数（个） Number of R&D Institutions in Enterprises (unit)					
		2000	2005	2012	2013	2014	2015
合计	**Total**	**1379**	**1619**	**4566**	**4583**	**4763**	**5572**
医药制造业	**Manufacture of Medicines**	**512**	**581**	**1134**	**1217**	**1217**	**1326**
#化学药品制造	Manufacture of Chemical Medicine	308	339	605	639	630	665
中成药生产	Production of Finished Traditional Chinese Herbal Medicine	145	176	279	327	318	339
生物药品制造	Manufacture of Biological Medicine	43	31	130	134	154	171
航空、航天器及设备制造业	**Manufacture of Aircrafts and Spacecrafts and Related Equipment**	**161**	**103**	**117**	**105**	**113**	**128**
#飞机制造	Manufacture of Airplanes	128	98	81	71	78	92
航天器制造	Manufacture of Spacecrafts	33	5	10	9	10	11
电子及通信设备制造业	**Manufacture of Electronic Equipment and Communication Equipment**	**482**	**643**	**2357**	**2332**	**2446**	**2892**
#通信设备制造	Manufacture of Communication Equipment	168	141	286	278	295	420
#通信系统设备制造	Manufacture of Communication System Equipment	103	65	180	163	181	249
通信终端设备制造	Manufacture of Communication Terminal Equipment	22	28	106	115	114	171
广播电视设备制造	Manufacture of Broadcasting and TV Equipment	8	17	83	96	104	136
雷达及配套设备制造	Manufacture of Radar and Its Fittings	30	25	36	23	34	30
视听设备制造	Manufacture of TV Set and Radio Receiver	80	104	176	187	178	198
电子器件制造	Manufacture of Electronic Appliances	49	118	550	495	559	647
#电子真空器件制造	Manufacture of Electronic Vacuum Appliance	23	36	15	9	8	12
半导体分立器件制造	Manufacture of Semiconductor Discreting Appliances	17	19	72	59	70	59
集成电路制造	Manufacture of Integrate Circuit	9	29	118	103	114	123
电子元件制造	Manufacture of Electronic Components	132	220	909	870	869	965
其他电子设备制造	Manufacture of Other Electronic Equipment	15	18	128	152	145	186
计算机及办公设备制造业	**Manufacture of Computers and Office Equipment**	**63**	**101**	**294**	**256**	**277**	**323**
#计算机整机制造	Manufacture of Entired Computer	44	32	41	44	42	53
计算机零部件制造	Manufacture of Computer Components and Parts	16	61	89	76	89	82
计算机外围设备制造	Manufacture of Computer Peripheral Equipment			90	64	60	103
办公设备制造	Manufacture of Office Equipment	3	8	28	33	34	34
医疗仪器设备及仪器仪表制造业	**Manufacture of Medical Equipments and Measuring Instrument**	**161**	**191**	**664**	**673**	**710**	**786**
1.医疗仪器设备及器械制造	Manufacture of Medical Equipment and Appliance	22	25	134	138	154	203
2.仪器仪表制造	Manufacture of Measuring Instrument	139	166	530	535	556	583
信息化学品制造业	**Manufacture of Electronic Chemicals**						**117**

2-1-3 续表 11 continued

行　业	Industry	机构人员（人） Personnel in the R&D Institutions (person)					
		2000	2005	2012	2013	2014	2015
合计	**Total**	**90187**	**156789**	**536417**	**510507**	**531339**	**637299**
医药制造业	**Manufacture of Medicines**	**16366**	**22081**	**78845**	**86986**	**89156**	**92964**
#化学药品制造	Manufacture of Chemical Medicine	10749	13181	44654	48302	49881	50167
中成药生产	Production of Finished Traditional Chinese Herbal Medicine	3593	6340	19164	21378	23023	24257
生物药品制造	Manufacture of Biological Medicine	1507	1577	8349	9204	9337	10872
航空、航天器及设备制造业	**Manufacture of Aircrafts and Spacecrafts and Related Equipment**	**15017**	**14518**	**29445**	**30000**	**30371**	**28116**
#飞机制造	Manufacture of Airplanes	12281	14414	24439	24896	25664	20171
航天器制造	Manufacture of Spacecrafts	2736	104	1992	2028	1471	1602
电子及通信设备制造业	**Manufacture of Electronic Equipment and Communication Equipment**	**44988**	**87031**	**329553**	**297756**	**311914**	**398688**
#通信设备制造	Manufacture of Communication Equipment	23216	46175	137696	110659	118468	173574
#通信系统设备制造	Manufacture of Communication System Equipment	18937	37026	120540	93579	101655	139529
通信终端设备制造	Manufacture of Communication Terminal Equipment	1280	3367	17156	17080	16813	34045
广播电视设备制造	Manufacture of Broadcasting and TV Equipment	455	1390	10929	8428	8217	9298
雷达及配套设备制造	Manufacture of Radar and Its Fittings	2811	1983	5595	5407	9007	6306
视听设备制造	Manufacture of TV Set and Radio Receiver	4802	14930	28612	20154	20597	22365
电子器件制造	Manufacture of Electronic Appliances	3531	8028	53600	53329	55798	65799
#电子真空器件制造	Manufacture of Electronic Vacuum Appliance	1857	1998	1401	475	1081	1250
半导体分立器件制造	Manufacture of Semiconductor Discreting Appliances	764	1600	4158	4002	4943	3960
集成电路制造	Manufacture of Integrate Circuit	910	1747	13661	13071	14086	14410
电子元件制造	Manufacture of Electronic Components	8173	12689	66998	65816	64875	75382
其他电子设备制造	Manufacture of Other Electronic Equipment	2000	1836	10257	15594	17082	25851
计算机及办公设备制造业	**Manufacture of Computers and Office Equipment**	**6715**	**21628**	**49091**	**46063**	**47309**	**50678**
#计算机整机制造	Manufacture of Entired Computer	4850	5524	20237	21776	23824	25077
计算机零部件制造	Manufacture of Computer Components and Parts	1678	14911	9360	7512	5659	5138
计算机外围设备制造	Manufacture of Computer Peripheral Equipment			8719	7294	6590	8785
办公设备制造	Manufacture of Office Equipment	187	1193	2655	3471	3934	3906
医疗仪器设备及仪器仪表制造业	**Manufacture of Medical Equipments and Measuring Instrument**	**7101**	**11531**	**49483**	**49702**	**52589**	**59133**
1.医疗仪器设备及器械制造	Manufacture of Medical Equipment and Appliance	957	1789	8046	8637	8720	12581
2.仪器仪表制造	Manufacture of Measuring Instrument	6144	9742	41437	41065	43869	46552
信息化学品制造业	**Manufacture of Electronic Chemicals**						**7720**

2-1-3 续表 12 continued

行 业	Industry	机构经费支出（万元） Expenditure in the R&D Institutions (10000 yuan)					
		2000	2005	2012	2013	2014	2015
合计	**Total**	**961000**	**2607837**	**12679661**	**13594544**	**14736915**	**19487514**
医药制造业	**Manufacture of Medicines**	**121593**	**337652**	**1743456**	**2034537**	**2120424**	**2326326**
#化学药品制造	Manufacture of Chemical Medicine	76463	219877	1045456	1230922	1311379	1416064
中成药生产	Production of Finished Traditional Chinese Herbal Medicine	30744	90525	360035	414568	428814	466991
生物药品制造	Manufacture of Biological Medicine	10305	16358	211969	243229	265217	308588
航空、航天器及设备制造业	**Manufacture of Aircrafts and Spacecrafts and Related Equipment**	**83791**	**130860**	**456911**	**521512**	**517100**	**593859**
#飞机制造	Manufacture of Airplanes	77214	130334	354133	422511	410991	430273
航天器制造	Manufacture of Spacecrafts	6577	527	49651	42257	34903	52977
电子及通信设备制造业	**Manufacture of Electronic Equipment and Communication Equipment**	**596823**	**1749116**	**8261637**	**8928142**	**10125306**	**13853771**
#通信设备制造	Manufacture of Communication Equipment	359866	971936	4054770	4426222	5545498	8423184
#通信系统设备制造	Manufacture of Communication System Equipment	299900	764386	3642267	3925443	5114367	7629084
通信终端设备制造	Manufacture of Communication Terminal Equipment	13079	50443	412503	500779	431131	794100
广播电视设备制造	Manufacture of Broadcasting and TV Equipment	1374	15044	147535	178163	161584	235987
雷达及配套设备制造	Manufacture of Radar and Its Fittings	8941	16808	132027	147690	193402	100125
视听设备制造	Manufacture of TV Set and Radio Receiver	93887	461781	788187	736742	741443	791292
电子器件制造	Manufacture of Electronic Appliances	62900	100552	1459626	1566790	1454439	1889313
#电子真空器件制造	Manufacture of Electronic Vacuum Appliance	43653	27702	47353	6949	12192	12208
半导体分立器件制造	Manufacture of Semiconductor Discreting Appliances	4259	12893	70415	54585	70846	70979
集成电路制造	Manufacture of Integrate Circuit	14988	24668	434061	421016	492468	542420
电子元件制造	Manufacture of Electronic Components	51177	171325	1082506	1169265	1196383	1378044
其他电子设备制造	Manufacture of Other Electronic Equipment	18680	11668	246221	330877	434553	582513
计算机及办公设备制造业	**Manufacture of Computers and Office Equipment**	**125045**	**288173**	**1373423**	**1160869**	**984552**	**1207087**
#计算机整机制造	Manufacture of Entired Computer	95462	121762	691155	576155	543771	705560
计算机零部件制造	Manufacture of Computer Components and Parts	29057	159259	202017	213522	88662	99130
计算机外围设备制造	Manufacture of Computer Peripheral Equipment			246299	200020	161764	176122
办公设备制造	Manufacture of Office Equipment	526	7153	38963	64585	74023	85664
医疗仪器设备及仪器仪表制造业	**Manufacture of Medical Equipments and Measuring Instrument**	**33748**	**102036**	**844233**	**949484**	**989534**	**1266157**
1.医疗仪器设备及器械制造	Manufacture of Medical Equipment and Appliance	5519	12949	177950	201421	222171	347399
2.仪器仪表制造	Manufacture of Measuring Instrument	28229	89087	666283	748063	767363	918759
信息化学品制造业	**Manufacture of Electronic Chemicals**						**240314**

2-1-4 大中型国有及国有控股企业分行业R&D及相关活动情况

Statistics on R&D and Related Activities of State-owned and State-controlled Enterprises in Large and Medium-sized Enterprises by Industrial Sector

行业	Industry	R&D人员折合全时当量（人年） Full-time Equivalent of R&D Personnel (man-year)					
		2000	2005	2012	2013	2014	2015
合计	**Total**	**58427**	**91740**	**145058**	**162636**	**159782**	**171170**
医药制造业	**Manufacture of Medicines**	**5875**	**8813**	**21041**	**23745**	**23117**	**19922**
#化学药品制造	Manufacture of Chemical Medicine	4347	6234	13689	15130	15086	12760
中成药生产	Production of Finished Traditional Chinese Herbal Medicine	790	1712	3881	4477	5174	4119
生物药品制造	Manufacture of Biological Medicine	722	668	2089	2892	1894	1981
航空、航天器及设备制造业	**Manufacture of Aircrafts and Spacecrafts and Related Equipment**	**29634**	**29869**	**36538**	**42660**	**35139**	**40385**
#飞机制造	Manufacture of Airplanes	26503	27719	27915	35219	27196	29582
航天器制造	Manufacture of Spacecrafts	3131	2150	4392	3699	4198	4789
电子及通信设备制造业	**Manufacture of Electronic Equipment and Communication Equipment**	**15673**	**42179**	**66491**	**71242**	**72568**	**80663**
#通信设备制造	Manufacture of Communication Equipment	6286	21703	35555	34297	35137	37243
#通信系统设备制造	Manufacture of Communication System Equipment	5025	16931	31098	29395	31818	33593
通信终端设备制造	Manufacture of Communication Terminal Equipment	541	2363	4456	4902	3320	3650
广播电视设备制造	Manufacture of Broadcasting and TV Equipment	358	227	749	917	1408	1390
雷达及配套设备制造	Manufacture of Radar and Its Fittings	1428	1782	2535	5017	5696	5156
视听设备制造	Manufacture of TV Set and Radio Receiver	1894	7790	8714	12304	8217	12109
电子器件制造	Manufacture of Electronic Appliances	3463	7051	10644	11011	13544	13866
#电子真空器件制造	Manufacture of Electronic Vacuum Appliance	1330	2876	710	242	221	330
半导体分立器件制造	Manufacture of Semiconductor Discreting Appliances	1670	1095	415	607	488	587
集成电路制造	Manufacture of Integrate Circuit	463	721	1888	2225	2549	2631
电子元件制造	Manufacture of Electronic Components	2019	3288	5701	4839	5570	6558
其他电子设备制造	Manufacture of Other Electronic Equipment	225	339	924	933	1143	2091
计算机及办公设备制造业	**Manufacture of Computers and Office Equipment**	**984**	**4721**	**10079**	**10960**	**16358**	**16145**
#计算机整机制造	Manufacture of Entired Computer	898	2380	5262	5611	7875	9955
计算机零部件制造	Manufacture of Computer Components and Parts	81	2202	261	295	306	253
计算机外围设备制造	Manufacture of Computer Peripheral Equipment			1163	1112	3894	1386
办公设备制造	Manufacture of Office Equipment	6	140	886	1212	1344	1136
医疗仪器设备及仪器仪表制造业	**Manufacture of Medical Equipments and Measuring Instrument**	**6261**	**6158**	**10907**	**14030**	**12600**	**10882**
1.医疗仪器设备及器械制造	Manufacture of Medical Equipment and Appliance	401	321	834	1067	1039	1069
2.仪器仪表制造	Manufacture of Measuring Instrument	5860	5836	10072	12963	11561	9813
信息化学品制造业	**Manufacture of Electronic Chemicals**						**3173**

2-1-4 续表 1 continued

行 业	Industry	R&D经费内部支出（万元） Intramural Expenditure on R&D (10000 yuan)					
		2000	2005	2012	2013	2014	2015
合计	**Total**	**384700**	**1475400**	**4982793**	**5425509**	**5660870**	**6133060**
医药制造业	**Manufacture of Medicines**	**42131**	**145225**	**463965**	**512722**	**535036**	**542405**
#化学药品制造	Manufacture of Chemical Medicine	30935	103304	275638	299149	302081	314813
中成药生产	Production of Finished Traditional Chinese Herbal Medicine	6627	32040	88484	113054	128806	115097
生物药品制造	Manufacture of Biological Medicine	4320	6280	72543	71425	81584	88475
航空、航天器及设备制造业	**Manufacture of Aircrafts and Spacecrafts and Related Equipment**	**130627**	**277954**	**1563513**	**1628898**	**1794731**	**1626186**
#飞机制造	Manufacture of Airplanes	111945	239141	1235648	1342703	1436931	1269933
航天器制造	Manufacture of Spacecrafts	18682	38813	247090	219876	265160	219353
电子及通信设备制造业	**Manufacture of Electronic Equipment and Communication Equipment**	**185141**	**872394**	**2399731**	**2682122**	**2742469**	**3181919**
#通信设备制造	Manufacture of Communication Equipment	103769	411782	1160964	1096132	1103374	1239014
#通信系统设备制造	Manufacture of Communication System Equipment	92380	330041	1064178	1007063	1033244	1166975
通信终端设备制造	Manufacture of Communication Terminal Equipment	5849	31199	96786	89069	70130	72040
广播电视设备制造	Manufacture of Broadcasting and TV Equipment	1878	1598	9721	18209	28696	46732
雷达及配套设备制造	Manufacture of Radar and Its Fittings	3859	23932	72551	151543	142322	108804
视听设备制造	Manufacture of TV Set and Radio Receiver	36242	303240	453719	568158	560312	622133
电子器件制造	Manufacture of Electronic Appliances	24247	85600	484384	611108	660184	827346
#电子真空器件制造	Manufacture of Electronic Vacuum Appliance	13568	25333	28005	2776	3045	5475
半导体分立器件制造	Manufacture of Semiconductor Discreting Appliances	7753	7541	10207	9824	12150	13252
集成电路制造	Manufacture of Integrate Circuit	2926	10232	75929	128700	187546	174052
电子元件制造	Manufacture of Electronic Components	12962	44262	118860	134244	125509	135286
其他电子设备制造	Manufacture of Other Electronic Equipment	2186	1980	44609	41739	36961	108372
计算机及办公设备制造业	**Manufacture of Computers and Office Equipment**	**9180**	**114519**	**286282**	**319272**	**321640**	**420523**
#计算机整机制造	Manufacture of Entired Computer	7236	91644	189260	198669	203298	277747
计算机零部件制造	Manufacture of Computer Components and Parts	1655	20412	5188	7056	8000	3890
计算机外围设备制造	Manufacture of Computer Peripheral Equipment			30799	42711	34554	41557
办公设备制造	Manufacture of Office Equipment	289	2462	20066	24496	26339	30605
医疗仪器设备及仪器仪表制造业	**Manufacture of Medical Equipments and Measuring Instrument**	**17619**	**65308**	**269300**	**282496**	**266995**	**276145**
1.医疗仪器设备及器械制造	Manufacture of Medical Equipment and Appliance	1790	6070	25227	31107	25338	22586
2.仪器仪表制造	Manufacture of Measuring Instrument	15830	59237	244073	251388	241657	253559
信息化学品制造业	**Manufacture of Electronic Chemicals**						**85883**

2-1-4 续表 2 continued

行 业	Industry	新产品开发经费支出（万元） Expenditure on New Products Development (10000 yuan)					
		2000	2005	2012	2013	2014	2015
合计	**Total**	**436906**	**1583476**	**5524884**	**5971617**	**6358044**	**6460818**
医药制造业	**Manufacture of Medicines**	**48657**	**149858**	**482155**	**476746**	**514206**	**500992**
#化学药品制造	Manufacture of Chemical Medicine	36158	106835	281101	257925	287350	290836
中成药生产	Production of Finished Traditional Chinese Herbal Medicine	6390	32650	104338	117215	127519	99345
生物药品制造	Manufacture of Biological Medicine	5744	5844	73901	77218	80907	91411
航空、航天器及设备制造业	**Manufacture of Aircrafts and Spacecrafts and Related Equipment**	**108459**	**300918**	**1495345**	**1719959**	**1828983**	**1623761**
#飞机制造	Manufacture of Airplanes	89750	270149	1164905	1333160	1433980	1275303
航天器制造	Manufacture of Spacecrafts	18709	30769	245233	317290	297813	232607
电子及通信设备制造业	**Manufacture of Electronic Equipment and Communication Equipment**	**249388**	**948548**	**2884089**	**3126174**	**3428955**	**3610598**
#通信设备制造	Manufacture of Communication Equipment	111117	429979	1250239	1265391	1335160	1334265
#通信系统设备制造	Manufacture of Communication System Equipment	95725	284084	1120142	1168143	1232872	1258298
通信终端设备制造	Manufacture of Communication Terminal Equipment	6996	39851	130097	97248	102288	75968
广播电视设备制造	Manufacture of Broadcasting and TV Equipment	991	3662	19444	20802	29797	45281
雷达及配套设备制造	Manufacture of Radar and Its Fittings	6426	26180	156376	177802	221425	127395
视听设备制造	Manufacture of TV Set and Radio Receiver	83449	329126	535745	633549	645017	645076
电子器件制造	Manufacture of Electronic Appliances	24885	93897	605152	749162	849400	1088156
#电子真空器件制造	Manufacture of Electronic Vacuum Appliance	13790	28755	28627	2998	2420	4866
半导体分立器件制造	Manufacture of Semiconductor Discreting Appliances	6876	10776	20935	16191	18592	12129
集成电路制造	Manufacture of Integrate Circuit	4219	10977	102836	196159	219497	191397
电子元件制造	Manufacture of Electronic Components	20389	56681	192636	147259	149753	147722
其他电子设备制造	Manufacture of Other Electronic Equipment	2132	9022	53565	59955	102901	122875
计算机及办公设备制造业	**Manufacture of Computers and Office Equipment**	**11245**	**115916**	**296915**	**344463**	**278192**	**424108**
#计算机整机制造	Manufacture of Entired Computer	9359	87774	187536	209818	139869	245699
计算机零部件制造	Manufacture of Computer Components and Parts	1593	25251	5188	7056	8315	4779
计算机外围设备制造	Manufacture of Computer Peripheral Equipment			43978	53908	51150	75320
办公设备制造	Manufacture of Office Equipment	293	2891	21600	27557	29409	33252
医疗仪器设备及仪器仪表制造业	**Manufacture of Medical Equipments and Measuring Instrument**	**19157**	**68236**	**366380**	**304275**	**307708**	**251736**
1.医疗仪器设备及器械制造	Manufacture of Medical Equipment and Appliance	1973	5869	28125	34147	30114	25091
2.仪器仪表制造	Manufacture of Measuring Instrument	17183	62367	338254	270128	277595	226645
信息化学品制造业	**Manufacture of Electronic Chemicals**						**49624**

2-1-4 续表 3 continued

行 业	Industry	新产品销售收入（万元） Sales Revenue of New Products (10000 yuan)					
		2000	2005	2012	2013	2014	2015
合计	**Total**	**5884034**	**20608590**	**45558591**	**49393828**	**57913831**	**65147112**
医药制造业	**Manufacture of Medicines**	**660791**	**1495400**	**4932986**	**5069973**	**5655185**	**6099730**
#化学药品制造	Manufacture of Chemical Medicine	598623	1016304	2698089	2881728	3040150	3258134
中成药生产	Production of Finished Traditional Chinese Herbal Medicine	49137	378861	1337351	1315105	1572865	1788373
生物药品制造	Manufacture of Biological Medicine	12316	48681	422939	325980	508217	467925
航空、航天器及设备制造业	**Manufacture of Aircrafts and Spacecrafts and Related Equipment**	**799533**	**3371379**	**5034055**	**6001133**	**6692221**	**7774263**
#飞机制造	Manufacture of Airplanes	682261	3333522	4520250	5437547	5949038	6567245
航天器制造	Manufacture of Spacecrafts	117272	37857	334240	434640	453585	579453
电子及通信设备制造业	**Manufacture of Electronic Equipment and Communication Equipment**	**4063063**	**13374188**	**29256447**	**32237543**	**38261284**	**42982066**
#通信设备制造	Manufacture of Communication Equipment	1252911	4897255	11291446	10830338	12057712	13911954
#通信系统设备制造	Manufacture of Communication System Equipment	861797	3324418	9960026	9733986	11238354	12712946
通信终端设备制造	Manufacture of Communication Terminal Equipment	279880	292399	1331419	1096352	819358	1199007
广播电视设备制造	Manufacture of Broadcasting and TV Equipment	3789	16144	188406	219924	224496	247511
雷达及配套设备制造	Manufacture of Radar and Its Fittings	39160	245404	1299466	1059598	1437272	1192151
视听设备制造	Manufacture of TV Set and Radio Receiver	2179853	6231810	9643661	11501981	12444285	13284014
电子器件制造	Manufacture of Electronic Appliances	292590	1397602	4461018	6425147	9597730	11526547
#电子真空器件制造	Manufacture of Electronic Vacuum Appliance	213187	591650	23876	11760	3748	12271
半导体分立器件制造	Manufacture of Semiconductor Discreting Appliances	21285	80094	165246	102587	114695	118375
集成电路制造	Manufacture of Integrate Circuit	58118	64397	631317	757167	762065	814007
电子元件制造	Manufacture of Electronic Components	288863	515825	1354618	966407	1317784	1120434
其他电子设备制造	Manufacture of Other Electronic Equipment	5897	70148	215927	238298	315881	339777
计算机及办公设备制造业	**Manufacture of Computers and Office Equipment**	**176921**	**1729158**	**3759396**	**4077140**	**5012525**	**5623558**
#计算机整机制造	Manufacture of Entired Computer	158285	1405272	2995645	3191113	3612702	4140447
计算机零部件制造	Manufacture of Computer Components and Parts	5807	268740	37112	121637	81468	97926
计算机外围设备制造	Manufacture of Computer Peripheral Equipment			265192	316630	771449	707299
办公设备制造	Manufacture of Office Equipment	12829	55147	168445	191761	258907	323650
医疗仪器设备及仪器仪表制造业	**Manufacture of Medical Equipments and Measuring Instrument**	**183726**	**638465**	**2575706**	**2008039**	**2292615**	**1582709**
1.医疗仪器设备及器械制造	Manufacture of Medical Equipment and Appliance	42674	77978	151793	77349	211565	155873
2.仪器仪表制造	Manufacture of Measuring Instrument	141052	560487	2423913	1930690	2081050	1426837
信息化学品制造业	**Manufacture of Electronic Chemicals**						**1084786**

2-1-4 续表 4 continued

行 业	Industry	专利申请数（件） Patent Applications (piece)					
		2000	2005	2012	2013	2014	2015
合计	**Total**	**734**	**5474**	**27459**	**24997**	**33952**	**38028**
医药制造业	**Manufacture of Medicines**	**128**	**859**	**1467**	**1479**	**1567**	**1179**
#化学药品制造	Manufacture of Chemical Medicine	68	467	696	686	683	597
中成药生产	Production of Finished Traditional Chinese Herbal Medicine	52	336	501	568	641	397
生物药品制造	Manufacture of Biological Medicine	8	45	189	166	192	135
航空、航天器及设备制造业	**Manufacture of Aircrafts and Spacecrafts and Related Equipment**	**79**	**305**	**3205**	**3636**	**4237**	**5116**
#飞机制造	Manufacture of Airplanes	74	291	2460	2727	3367	3891
航天器制造	Manufacture of Spacecrafts	5	14	418	584	526	607
电子及通信设备制造业	**Manufacture of Electronic Equipment and Communication Equipment**	**462**	**3794**	**19048**	**15489**	**22664**	**24972**
#通信设备制造	Manufacture of Communication Equipment	251	2143	6636	4329	8816	8253
#通信系统设备制造	Manufacture of Communication System Equipment	242	1681	5747	3614	8249	7806
通信终端设备制造	Manufacture of Communication Terminal Equipment	2	43	889	715	567	447
广播电视设备制造	Manufacture of Broadcasting and TV Equipment	4	1	100	215	221	136
雷达及配套设备制造	Manufacture of Radar and Its Fittings	8	2	328	611	716	628
视听设备制造	Manufacture of TV Set and Radio Receiver	141	1200	2808	2727	2583	3507
电子器件制造	Manufacture of Electronic Appliances	23	227	7184	5993	8250	10431
#电子真空器件制造	Manufacture of Electronic Vacuum Appliance	14	102	2561	65	48	28
半导体分立器件制造	Manufacture of Semiconductor Discreting Appliances	2	3	134	37	58	99
集成电路制造	Manufacture of Integrate Circuit	7	38	372	1146	1247	952
电子元件制造	Manufacture of Electronic Components	33	212	1078	753	943	809
其他电子设备制造	Manufacture of Other Electronic Equipment	2	9	321	444	756	651
计算机及办公设备制造业	**Manufacture of Computers and Office Equipment**	**2**	**233**	**1950**	**2123**	**3173**	**4275**
#计算机整机制造	Manufacture of Entired Computer	2	168	1012	1093	2075	3169
计算机零部件制造	Manufacture of Computer Components and Parts		58	23	28	51	19
计算机外围设备制造	Manufacture of Computer Peripheral Equipment			392	372	500	427
办公设备制造	Manufacture of Office Equipment		7	185	383	296	444
医疗仪器设备及仪器仪表制造业	**Manufacture of Medical Equipments and Measuring Instrument**	**63**	**283**	**1789**	**2270**	**2311**	**2034**
1.医疗仪器设备及器械制造	Manufacture of Medical Equipment and Appliance	23	30	252	264	377	395
2.仪器仪表制造	Manufacture of Measuring Instrument	40	253	1537	2006	1934	1639
信息化学品制造业	**Manufacture of Electronic Chemicals**						**452**

2-1-4 续表 5 continued

行 业	Industry	有效发明专利数（件） Number of Patents In Force (piece)					
		2000	2005	2012	2013	2014	2015
合计	**Total**	**616**	**1650**	**24748**	**30781**	**48575**	**69634**
医药制造业	**Manufacture of Medicines**	**129**	**370**	**2189**	**2923**	**3230**	**3955**
#化学药品制造	Manufacture of Chemical Medicine	101	206	1067	1311	1712	1946
中成药生产	Production of Finished Traditional Chinese Herbal Medicine	16	148	827	1235	1007	1428
生物药品制造	Manufacture of Biological Medicine	12	16	199	319	412	462
航空、航天器及设备制造业	**Manufacture of Aircrafts and Spacecrafts and Related Equipment**	**139**	**188**	**1707**	**2676**	**3230**	**5339**
#飞机制造	Manufacture of Airplanes	102	181	1419	2046	2432	3450
航天器制造	Manufacture of Spacecrafts	37	7	160	483	502	1111
电子及通信设备制造业	**Manufacture of Electronic Equipment and Communication Equipment**	**318**	**844**	**18236**	**22122**	**37881**	**55525**
#通信设备制造	Manufacture of Communication Equipment	249	527	11907	14455	24031	37039
#通信系统设备制造	Manufacture of Communication System Equipment	242	388	11119	13948	23524	36674
通信终端设备制造	Manufacture of Communication Terminal Equipment	2	20	788	507	507	365
广播电视设备制造	Manufacture of Broadcasting and TV Equipment	2		19	189	237	61
雷达及配套设备制造	Manufacture of Radar and Its Fittings	4	5	147	900	856	667
视听设备制造	Manufacture of TV Set and Radio Receiver	40	75	1410	2077	2341	3359
电子器件制造	Manufacture of Electronic Appliances	3	142	2914	3111	7959	11143
#电子真空器件制造	Manufacture of Electronic Vacuum Appliance		89	133	39	54	98
半导体分立器件制造	Manufacture of Semiconductor Discreting Appliances	3	2	34	27	24	93
集成电路制造	Manufacture of Integrate Circuit		15	474	819	1086	1218
电子元件制造	Manufacture of Electronic Components	17	95	774	668	978	1163
其他电子设备制造	Manufacture of Other Electronic Equipment	3		607	529	1155	1545
计算机及办公设备制造业	**Manufacture of Computers and Office Equipment**	**4**	**146**	**994**	**1192**	**1677**	**1976**
#计算机整机制造	Manufacture of Entired Computer		127	243	286	348	473
计算机零部件制造	Manufacture of Computer Components and Parts	4	19	3	5	19	8
计算机外围设备制造	Manufacture of Computer Peripheral Equipment			144	257	464	500
办公设备制造	Manufacture of Office Equipment			175	103	210	363
医疗仪器设备及仪器仪表制造业	**Manufacture of Medical Equipments and Measuring Instrument**	**26**	**102**	**1622**	**1868**	**2557**	**2232**
1.医疗仪器设备及器械制造	Manufacture of Medical Equipment and Appliance	1	5	346	252	279	275
2.仪器仪表制造	Manufacture of Measuring Instrument	25	97	1276	1616	2278	1957
信息化学品制造业	**Manufacture of Electronic Chemicals**						**607**

2-1-4 续表 6 continued

行　业	Industry	技术改造经费支出（万元） Expenditure for Technical Renovation (10000 yuan)					
		2000	2005	2012	2013	2014	2015
合计	**Total**	**511340**	**892924**	**1110469**	**1539532**	**1271550**	**1055269**
医药制造业	**Manufacture of Medicines**	**110643**	**151727**	**292439**	**217482**	**237937**	**150752**
#化学药品制造	Manufacture of Chemical Medicine	104095	121544	209390	167126	149496	108915
中成药生产	Production of Finished Traditional Chinese Herbal Medicine	4988	28015	19560	34509	70774	23988
生物药品制造	Manufacture of Biological Medicine	1483	1850	51405	3276	4140	3776
航空、航天器及设备制造业	**Manufacture of Aircrafts and Spacecrafts and Related Equipment**	**153555**	**368895**	**453207**	**435613**	**686818**	**533319**
#飞机制造	Manufacture of Airplanes	127092	353417	419609	389456	667376	454494
航天器制造	Manufacture of Spacecrafts	26464	15478	22030	33914	9573	34505
电子及通信设备制造业	**Manufacture of Electronic Equipment and Communication Equipment**	**214112**	**298441**	**271100**	**805020**	**248107**	**179305**
#通信设备制造	Manufacture of Communication Equipment	30530	55435	64129	27478	30047	21556
#通信系统设备制造	Manufacture of Communication System Equipment	27856	32306	52378	9632	14932	17780
通信终端设备制造	Manufacture of Communication Terminal Equipment	770	11527	11751	17846	15115	3776
广播电视设备制造	Manufacture of Broadcasting and TV Equipment	3372	384	11580			4166
雷达及配套设备制造	Manufacture of Radar and Its Fittings	4772	17400	22028	40127	45603	34325
视听设备制造	Manufacture of TV Set and Radio Receiver	44731	61929	14904	40572	43186	23035
电子器件制造	Manufacture of Electronic Appliances	56573	68123	108260	671363	52600	54158
#电子真空器件制造	Manufacture of Electronic Vacuum Appliance	27870	34838	6693	172	106	1119
半导体分立器件制造	Manufacture of Semiconductor Discreting Appliances	7504	6923	9107	1527	5459	15098
集成电路制造	Manufacture of Integrate Circuit	21198	13478	2201	6058	7250	7689
电子元件制造	Manufacture of Electronic Components	73930	94233	30066	20352	67463	36348
其他电子设备制造	Manufacture of Other Electronic Equipment	204	938	4461	3289	6701	4375
计算机及办公设备制造业	**Manufacture of Computers and Office Equipment**	**6596**	**12233**	**48915**	**43531**	**60981**	**123114**
#计算机整机制造	Manufacture of Entired Computer	6489	6904	40034	36941	39344	112328
计算机零部件制造	Manufacture of Computer Components and Parts	55	3755	55	430	498	
计算机外围设备制造	Manufacture of Computer Peripheral Equipment			8825	3060	1356	4636
办公设备制造	Manufacture of Office Equipment	52	1573			19782	6150
医疗仪器设备及仪器仪表制造业	**Manufacture of Medical Equipments and Measuring Instrument**	**26433**	**61629**	**44806**	**37886**	**37707**	**22440**
1.医疗仪器设备及器械制造	Manufacture of Medical Equipment and Appliance	2480	5104	6141	7053	8129	7464
2.仪器仪表制造	Manufacture of Measuring Instrument	23953	56525	38665	30833	29577	14976
信息化学品制造业	**Manufacture of Electronic Chemicals**						**46340**

2-1-4 续表 7 continued

行 业	Industry	引进技术经费支出（万元） Expenditure for Acquisition of Foreign Technology (10000 yuan)					
		2000	2005	2012	2013	2014	2015
合计	**Total**	**125120**	**150492**	**214172**	**64909**	**94793**	**75971**
医药制造业	**Manufacture of Medicines**	**16437**	**12056**	**16998**	**14161**	**13356**	**9621**
#化学药品制造	Manufacture of Chemical Medicine	14811	11320	9809	8166	4571	2425
中成药生产	Production of Finished Traditional Chinese Herbal Medicine	1220	584	123	206	178	181
生物药品制造	Manufacture of Biological Medicine	406	151	2327	199	2176	68
航空、航天器及设备制造业	**Manufacture of Aircrafts and Spacecrafts and Related Equipment**	**29743**	**30369**	**6368**	**12585**	**11364**	**6465**
#飞机制造	Manufacture of Airplanes	19920	28933	6368	5241	11019	5919
航天器制造	Manufacture of Spacecrafts	9823	1436			345	380
电子及通信设备制造业	**Manufacture of Electronic Equipment and Communication Equipment**	**69882**	**96517**	**179934**	**36700**	**69215**	**59235**
#通信设备制造	Manufacture of Communication Equipment	4075	27368	528	1136	589	
#通信系统设备制造	Manufacture of Communication System Equipment	2128	3528		216	589	
通信终端设备制造	Manufacture of Communication Terminal Equipment	147	2510	528	920		
广播电视设备制造	Manufacture of Broadcasting and TV Equipment	152			1467		2319
雷达及配套设备制造	Manufacture of Radar and Its Fittings	304		689	2887	907	
视听设备制造	Manufacture of TV Set and Radio Receiver	8113	10194	142490	8136	11840	7884
电子器件制造	Manufacture of Electronic Appliances	26465	18799	30580	16439	47268	26843
#电子真空器件制造	Manufacture of Electronic Vacuum Appliance	10084	5051	7825			
半导体分立器件制造	Manufacture of Semiconductor Discreting Appliances	4996	39				
集成电路制造	Manufacture of Integrate Circuit	11385	162	811	15589	6861	1300
电子元件制造	Manufacture of Electronic Components	30508	40152	3022	2639	6892	3503
其他电子设备制造	Manufacture of Other Electronic Equipment	265	5	2302	1792	1719	2103
计算机及办公设备制造业	**Manufacture of Computers and Office Equipment**	**1821**	**9867**	**409**	**1228**		
#计算机整机制造	Manufacture of Entired Computer	1821	9297		1198		
计算机零部件制造	Manufacture of Computer Components and Parts		570				
计算机外围设备制造	Manufacture of Computer Peripheral Equipment			409	30		
办公设备制造	Manufacture of Office Equipment						
医疗仪器设备及仪器仪表制造业	**Manufacture of Medical Equipments and Measuring Instrument**	**7237**	**1683**	**10461**	**235**	**859**	**552**
1.医疗仪器设备及器械制造	Manufacture of Medical Equipment and Appliance	234		180	61	503	31
2.仪器仪表制造	Manufacture of Measuring Instrument	7003	1683	10281	174	356	521
信息化学品制造业	**Manufacture of Electronic Chemicals**						**98**

2-1-4 续表 8 continued

行 业	Industry	消化吸收经费支出（万元） Expenditure for Assimilation of Technology (10000 yuan)					
		2000	2005	2012	2013	2014	2015
合计	**Total**	**15787**	**31659**	**22693**	**36189**	**37839**	**39530**
医药制造业	**Manufacture of Medicines**	**8848**	**10721**	**12422**	**12655**	**18636**	**8354**
#化学药品制造	Manufacture of Chemical Medicine	8609	10292	10299	10538	16283	7022
中成药生产	Production of Finished Traditional Chinese Herbal Medicine	45	377	490	629	872	48
生物药品制造	Manufacture of Biological Medicine	194	52	538	229	200	
航空、航天器及设备制造业	**Manufacture of Aircrafts and Spacecrafts and Related Equipment**	**1943**	**1438**	**3146**	**321**	**70**	**5**
#飞机制造	Manufacture of Airplanes	1943	1438	3146	321	70	5
航天器制造	Manufacture of Spacecrafts						
电子及通信设备制造业	**Manufacture of Electronic Equipment and Communication Equipment**	**4150**	**17916**	**4855**	**21258**	**18430**	**6542**
#通信设备制造	Manufacture of Communication Equipment	577	1323	525	447	416	300
#通信系统设备制造	Manufacture of Communication System Equipment	488	466	200	149	156	
通信终端设备制造	Manufacture of Communication Terminal Equipment	1		325	298	260	300
广播电视设备制造	Manufacture of Broadcasting and TV Equipment		226		272		1065
雷达及配套设备制造	Manufacture of Radar and Its Fittings			210		907	
视听设备制造	Manufacture of TV Set and Radio Receiver	36	2280	3684	3260	3640	5056
电子器件制造	Manufacture of Electronic Appliances	2265	11553	277	16910	10151	
#电子真空器件制造	Manufacture of Electronic Vacuum Appliance	2215	176				
半导体分立器件制造	Manufacture of Semiconductor Discreting Appliances	20					
集成电路制造	Manufacture of Integrate Circuit	30	83		1051	10151	
电子元件制造	Manufacture of Electronic Components	1231	2523	26	228	15	121
其他电子设备制造	Manufacture of Other Electronic Equipment	41	11				
计算机及办公设备制造业	**Manufacture of Computers and Office Equipment**	**513**	**943**	**488**	**430**	**582**	**450**
#计算机整机制造	Manufacture of Entired Computer	513	405	326	430	566	450
计算机零部件制造	Manufacture of Computer Components and Parts		539				
计算机外围设备制造	Manufacture of Computer Peripheral Equipment			162		16	
办公设备制造	Manufacture of Office Equipment						
医疗仪器设备及仪器仪表制造业	**Manufacture of Medical Equipments and Measuring Instrument**	**334**	**641**	**1780**	**1525**	**122**	**297**
1.医疗仪器设备及器械制造	Manufacture of Medical Equipment and Appliance	20		21			195
2.仪器仪表制造	Manufacture of Measuring Instrument	314	641	1759	1525	122	102
信息化学品制造业	**Manufacture of Electronic Chemicals**						**23883**

2-1-4 续表 9 continued

行　业	Industry	购买国内技术经费支出（万元） Expenditure on Purchase of Domestic Technology (10000 yuan)					
		2000	2005	2012	2013	2014	2015
合计	**Total**	**14799**	**41679**	**63406**	**56998**	**187895**	**63871**
医药制造业	**Manufacture of Medicines**	**9273**	**20216**	**24366**	**23689**	**27213**	**15799**
#化学药品制造	Manufacture of Chemical Medicine	7374	17437	20178	19857	21894	13516
中成药生产	Production of Finished Traditional Chinese Herbal Medicine	1390	2154	2191	2590	3864	523
生物药品制造	Manufacture of Biological Medicine	510	423	1413	954	374	1442
航空、航天器及设备制造业	**Manufacture of Aircrafts and Spacecrafts and Related Equipment**	**4437**	**10751**	**8930**	**8448**	**102395**	**14018**
#飞机制造	Manufacture of Airplanes	2421	10751	8776	7895	101932	14018
航天器制造	Manufacture of Spacecrafts	2016				463	
电子及通信设备制造业	**Manufacture of Electronic Equipment and Communication Equipment**	**683**	**8166**	**21251**	**19540**	**49275**	**27206**
#通信设备制造	Manufacture of Communication Equipment	238	5537	1210	1666	3045	3636
#通信系统设备制造	Manufacture of Communication System Equipment	120	1020	865	893	686	1145
通信终端设备制造	Manufacture of Communication Terminal Equipment	53	192	345	774	2359	2492
广播电视设备制造	Manufacture of Broadcasting and TV Equipment	10			383		
雷达及配套设备制造	Manufacture of Radar and Its Fittings	2	333	2391	5314	12420	2
视听设备制造	Manufacture of TV Set and Radio Receiver	5	374	5213	46	110	284
电子器件制造	Manufacture of Electronic Appliances	98	943	7454	5284	14985	12134
#电子真空器件制造	Manufacture of Electronic Vacuum Appliance	40	160			1327	
半导体分立器件制造	Manufacture of Semiconductor Discreting Appliances	55	88	418	309	180	429
集成电路制造	Manufacture of Integrate Circuit	3	44			1520	3717
电子元件制造	Manufacture of Electronic Components	299	957	4845	6478	18716	11149
其他电子设备制造	Manufacture of Other Electronic Equipment	31	21		260		
计算机及办公设备制造业	**Manufacture of Computers and Office Equipment**	**106**	**156**	**8101**	**20**	**3700**	
#计算机整机制造	Manufacture of Entired Computer	106					
计算机零部件制造	Manufacture of Computer Components and Parts		50				
计算机外围设备制造	Manufacture of Computer Peripheral Equipment			8101	20	1788	
办公设备制造	Manufacture of Office Equipment		106				
医疗仪器设备及仪器仪表制造业	**Manufacture of Medical Equipments and Measuring Instrument**	**300**	**2390**	**756**	**5301**	**5311**	**6520**
1.医疗仪器设备及器械制造	Manufacture of Medical Equipment and Appliance	89		530	585	506	502
2.仪器仪表制造	Manufacture of Measuring Instrument	212	2390	226	4716	4805	6018
信息化学品制造业	**Manufacture of Electronic Chemicals**						**328**

2-1-4 续表 10 continued

行 业	Industry	研发机构数（个） Number of R&D Institutions in Enterprises (unit)					
		2000	2005	2012	2013	2014	2015
合计	**Total**	**744**	**712**	**786**	**746**	**707**	**846**
医药制造业	**Manufacture of Medicines**	**209**	**216**	**221**	**225**	**202**	**233**
#化学药品制造	Manufacture of Chemical Medicine	140	130	113	110	103	123
中成药生产	Production of Finished Traditional Chinese Herbal Medicine	48	63	71	84	75	82
生物药品制造	Manufacture of Biological Medicine	17	15	27	22	16	19
航空、航天器及设备制造业	**Manufacture of Aircrafts and Spacecrafts and Related Equipment**	**160**	**101**	**103**	**93**	**91**	**107**
#飞机制造	Manufacture of Airplanes	127	96	70	63	67	76
航天器制造	Manufacture of Spacecrafts	33	5	10	9	10	11
电子及通信设备制造业	**Manufacture of Electronic Equipment and Communication Equipment**	**253**	**279**	**301**	**289**	**284**	**339**
#通信设备制造	Manufacture of Communication Equipment	91	75	73	69	54	91
#通信系统设备制造	Manufacture of Communication System Equipment	53	43	50	44	34	64
通信终端设备制造	Manufacture of Communication Terminal Equipment	11	14	23	25	20	27
广播电视设备制造	Manufacture of Broadcasting and TV Equipment	6	7	6	6	8	8
雷达及配套设备制造	Manufacture of Radar and Its Fittings	17	20	22	17	24	23
视听设备制造	Manufacture of TV Set and Radio Receiver	42	41	26	32	27	36
电子器件制造	Manufacture of Electronic Appliances	25	65	71	75	66	64
#电子真空器件制造	Manufacture of Electronic Vacuum Appliance	10	30	4	1	2	3
半导体分立器件制造	Manufacture of Semiconductor Discreting Appliances	10	11	10	8	9	3
集成电路制造	Manufacture of Integrate Circuit	5	5	11	17	9	5
电子元件制造	Manufacture of Electronic Components	66	65	72	59	70	75
其他电子设备制造	Manufacture of Other Electronic Equipment	6	6	11	15	15	18
计算机及办公设备制造业	**Manufacture of Computers and Office Equipment**	**28**	**29**	**47**	**40**	**48**	**55**
#计算机整机制造	Manufacture of Entired Computer	23	19	12	15	17	14
计算机零部件制造	Manufacture of Computer Components and Parts	3	9	2	2	3	3
计算机外围设备制造	Manufacture of Computer Peripheral Equipment			19	11	11	18
办公设备制造	Manufacture of Office Equipment	2	1	4	6	9	11
医疗仪器设备及仪器仪表制造业	**Manufacture of Medical Equipments and Measuring Instrument**	**94**	**87**	**114**	**99**	**82**	**92**
1.医疗仪器设备及器械制造	Manufacture of Medical Equipment and Appliance	10	3	8	5	5	4
2.仪器仪表制造	Manufacture of Measuring Instrument	84	84	106	94	77	88
信息化学品制造业	**Manufacture of Electronic Chemicals**						**20**

2-1-4 续表 11 continued

行 业	Industry	机构人员（人） Personnel in the R&D Institutions (person)					
		2000	2005	2012	2013	2014	2015
合计	**Total**	**48076**	**77435**	**139355**	**110728**	**114609**	**146921**
医药制造业	**Manufacture of Medicines**	**6359**	**8261**	**15835**	**15574**	**15097**	**17477**
#化学药品制造	Manufacture of Chemical Medicine	4779	5476	9096	8708	8090	9445
中成药生产	Production of Finished Traditional Chinese Herbal Medicine	996	1989	3949	4011	4703	5212
生物药品制造	Manufacture of Biological Medicine	544	522	1682	1780	1147	1533
航空、航天器及设备制造业	**Manufacture of Aircrafts and Spacecrafts and Related Equipment**	**14838**	**14463**	**28446**	**28501**	**28776**	**26406**
#飞机制造	Manufacture of Airplanes	12102	14359	23628	23813	24709	19068
航天器制造	Manufacture of Spacecrafts	2736	104	1992	2028	1471	1602
电子及通信设备制造业	**Manufacture of Electronic Equipment and Communication Equipment**	**20272**	**43682**	**71416**	**43602**	**44440**	**71297**
#通信设备制造	Manufacture of Communication Equipment	9305	23434	32036	13081	11126	36926
#通信系统设备制造	Manufacture of Communication System Equipment	6952	18069	29520	10005	8928	33032
通信终端设备制造	Manufacture of Communication Terminal Equipment	700	2270	2516	3076	2198	3894
广播电视设备制造	Manufacture of Broadcasting and TV Equipment	371	365	1198	1248	1194	1537
雷达及配套设备制造	Manufacture of Radar and Its Fittings	1187	1836	4981	5112	8612	5892
视听设备制造	Manufacture of TV Set and Radio Receiver	2611	8202	12799	4105	4395	6616
电子器件制造	Manufacture of Electronic Appliances	2386	4423	9206	11241	10082	11470
#电子真空器件制造	Manufacture of Electronic Vacuum Appliance	1172	1797	668	86	186	481
半导体分立器件制造	Manufacture of Semiconductor Discreting Appliances	566	941	942	805	1116	534
集成电路制造	Manufacture of Integrate Circuit	648	247	1407	1475	1523	366
电子元件制造	Manufacture of Electronic Components	4255	4398	7321	4625	4648	5139
其他电子设备制造	Manufacture of Other Electronic Equipment	157	1024	1603	1720	2322	2203
计算机及办公设备制造业	**Manufacture of Computers and Office Equipment**	**1776**	**5408**	**10551**	**11788**	**15811**	**19799**
#计算机整机制造	Manufacture of Entired Computer	1616	2629	4702	5154	8444	11265
计算机零部件制造	Manufacture of Computer Components and Parts	109	2675	270	275	272	331
计算机外围设备制造	Manufacture of Computer Peripheral Equipment			1779	1850	2038	2675
办公设备制造	Manufacture of Office Equipment	51	104	972	1404	1703	1603
医疗仪器设备及仪器仪表制造业	**Manufacture of Medical Equipments and Measuring Instrument**	**4831**	**5621**	**13107**	**11263**	**10485**	**9903**
1.医疗仪器设备及器械制造	Manufacture of Medical Equipment and Appliance	652	555	1019	1127	1027	855
2.仪器仪表制造	Manufacture of Measuring Instrument	4179	5066	12088	10136	9458	9048
信息化学品制造业	**Manufacture of Electronic Chemicals**						**2039**

2-1-4 续表 12 continued

行　业	Industry	机构经费支出（万元） Expenditure in the R&D Institutions (10000 yuan)					
		2000	2005	2012	2013	2014	2015
合计	**Total**	**325230**	**1241169**	**3308633**	**2695986**	**2459296**	**3769597**
医药制造业	**Manufacture of Medicines**	**41990**	**125836**	**365298**	**373424**	**366802**	**442410**
#化学药品制造	Manufacture of Chemical Medicine	29328	85074	190726	193413	184063	249155
中成药生产	Production of Finished Traditional Chinese Herbal Medicine	7428	31355	102246	111524	115477	122032
生物药品制造	Manufacture of Biological Medicine	3627	4935	50385	45182	47431	48527
航空、航天器及设备制造业	**Manufacture of Aircrafts and Spacecrafts and Related Equipment**	**83240**	**130150**	**428187**	**487409**	**481035**	**548766**
#飞机制造	Manufacture of Airplanes	76663	129623	326273	392747	383837	396036
航天器制造	Manufacture of Spacecrafts	6577	527	49651	42257	34903	52977
电子及通信设备制造业	**Manufacture of Electronic Equipment and Communication Equipment**	**172235**	**822647**	**2062722**	**1361186**	**1131787**	**2180234**
#通信设备制造	Manufacture of Communication Equipment	79568	405311	955171	264965	250236	1186803
#通信系统设备制造	Manufacture of Communication System Equipment	65211	287001	911715	214524	216594	1130599
通信终端设备制造	Manufacture of Communication Terminal Equipment	6567	37704	43455	50441	33642	56204
广播电视设备制造	Manufacture of Broadcasting and TV Equipment	1196	4193	20780	20053	22280	35943
雷达及配套设备制造	Manufacture of Radar and Its Fittings	4671	16147	124520	142890	187535	94417
视听设备制造	Manufacture of TV Set and Radio Receiver	52182	299670	410141	304910	273016	317230
电子器件制造	Manufacture of Electronic Appliances	12075	51263	345527	452083	229022	396059
#电子真空器件制造	Manufacture of Electronic Vacuum Appliance	3076	23579	24152	1265	1730	2182
半导体分立器件制造	Manufacture of Semiconductor Discreting Appliances	2955	6643	8262	6391	11554	11134
集成电路制造	Manufacture of Integrate Circuit	6043	6001	30917	46802	34413	20713
电子元件制造	Manufacture of Electronic Components	21368	38662	112320	84626	56057	64440
其他电子设备制造	Manufacture of Other Electronic Equipment	1176	7401	42959	32298	58491	55398
计算机及办公设备制造业	**Manufacture of Computers and Office Equipment**	**10528**	**124130**	**237306**	**285692**	**294077**	**377850**
#计算机整机制造	Manufacture of Entired Computer	8891	103799	150394	182956	184601	229851
计算机零部件制造	Manufacture of Computer Components and Parts	1348	18807	3401	3320	4546	5796
计算机外围设备制造	Manufacture of Computer Peripheral Equipment			22074	29874	33288	44685
办公设备制造	Manufacture of Office Equipment	289	1525	21199	23694	25500	32103
医疗仪器设备及仪器仪表制造业	**Manufacture of Medical Equipments and Measuring Instrument**	**17238**	**38407**	**215118**	**188275**	**185595**	**177644**
1.医疗仪器设备及器械制造	Manufacture of Medical Equipment and Appliance	2726	4250	15297	17888	19163	19628
2.仪器仪表制造	Manufacture of Measuring Instrument	14512	34157	199821	170387	166432	158016
信息化学品制造业	**Manufacture of Electronic Chemicals**						**42694**

2-1-5 大中型内资企业分行业R&D及相关活动情况

Statistics on R&D and Related Activities of Domestic Funded Enterprises in Large and Medium-sized Enterprises by Industrial Sector

行 业	Industry	R&D人员折合全时当量（人年） Full-time Equivalent of R&D Personnel (man-year)					
		2000	2005	2012	2013	2014	2015
合计	**Total**	**78771**	**121421**	**331204**	**361065**	**375108**	**398576**
医药制造业	**Manufacture of Medicines**	**10677**	**16539**	**60519**	**69892**	**74851**	**70388**
#化学药品制造	Manufacture of Chemical Medicine	6855	10352	34869	38000	41109	39372
中成药生产	Production of Finished Traditional Chinese Herbal Medicine	2376	4354	15314	18756	19152	16257
生物药品制造	Manufacture of Biological Medicine	1222	1413	5275	6727	7387	7777
航空、航天器及设备制造业	**Manufacture of Aircrafts and Spacecrafts and Related Equipment**	**29951**	**29837**	**36696**	**42836**	**34967**	**40867**
#飞机制造	Manufacture of Airplanes	26820	27688	28604	35867	27686	30130
航天器制造	Manufacture of Spacecrafts	3131	2150	4392	3699	4198	4789
电子及通信设备制造业	**Manufacture of Electronic Equipment and Communication Equipment**	**28317**	**60818**	**185895**	**192031**	**202869**	**220367**
#通信设备制造	Manufacture of Communication Equipment	14889	37702	101384	95523	97040	101895
#通信系统设备制造	Manufacture of Communication System Equipment	13291	33246	93619	85744	86635	90180
通信终端设备制造	Manufacture of Communication Terminal Equipment	690	2922	7764	9779	10405	11716
广播电视设备制造	Manufacture of Broadcasting and TV Equipment	448	1463	6096	7251	7524	6985
雷达及配套设备制造	Manufacture of Radar and Its Fittings	1794	1810	3129	5419	6416	5587
视听设备制造	Manufacture of TV Set and Radio Receiver	2540	6955	12719	17993	13773	17925
电子器件制造	Manufacture of Electronic Appliances	4270	7331	26542	25693	31052	33354
#电子真空器件制造	Manufacture of Electronic Vacuum Appliance	1676	1388	2299	520	1370	1221
半导体分立器件制造	Manufacture of Semiconductor Discreting Appliances	1778	1448	2434	2053	2627	2606
集成电路制造	Manufacture of Integrate Circuit	816	1054	5953	6725	7431	7559
电子元件制造	Manufacture of Electronic Components	3576	4726	19918	23698	25863	29901
其他电子设备制造	Manufacture of Other Electronic Equipment	798	833	6283	5071	9657	8747
计算机及办公设备制造业	**Manufacture of Computers and Office Equipment**	**2509**	**5288**	**15086**	**15678**	**23393**	**22931**
#计算机整机制造	Manufacture of Entired Computer	2111	2684	6034	6537	9128	11746
计算机零部件制造	Manufacture of Computer Components and Parts	392	2394	2400	2462	2713	1737
计算机外围设备制造	Manufacture of Computer Peripheral Equipment			2804	2474	5705	3818
办公设备制造	Manufacture of Office Equipment	6	211	1853	2266	2871	2898
医疗仪器设备及仪器仪表制造业	**Manufacture of Medical Equipments and Measuring Instrument**	**7317**	**8939**	**33007**	**40628**	**39028**	**38639**
1.医疗仪器设备及器械制造	Manufacture of Medical Equipment and Appliance	655	796	5759	7088	5719	8913
2.仪器仪表制造	Manufacture of Measuring Instrument	6662	8143	27247	33540	33309	29726
信息化学品制造业	**Manufacture of Electronic Chemicals**						**5384**

2-1-5 续表 1 continued

行　业	Industry	R&D经费内部支出（万元） Intramural Expenditure on R&D (10000 yuan)					
		2000	2005	2012	2013	2014	2015
合计	**Total**	**790317**	**2099137**	**9667304**	**11548301**	**13114379**	**15381634**
医药制造业	**Manufacture of Medicines**	**105252**	**306401**	**1510316**	**1865599**	**2095151**	**2406149**
#化学药品制造	Manufacture of Chemical Medicine	64927	203950	878023	1029722	1139337	1334066
中成药生产	Production of Finished Traditional Chinese Herbal Medicine	24645	76775	310699	425519	447477	475659
生物药品制造	Manufacture of Biological Medicine	14090	19148	171317	233892	288512	316983
航空、航天器及设备制造业	**Manufacture of Aircrafts and Spacecrafts and Related Equipment**	**132595**	**275677**	**1572723**	**1631902**	**1791448**	**1627408**
#飞机制造	Manufacture of Airplanes	113913	236864	1254093	1357121	1442405	1275347
航天器制造	Manufacture of Spacecrafts	18682	38813	247090	219876	265160	219353
电子及通信设备制造业	**Manufacture of Electronic Equipment and Communication Equipment**	**470519**	**1274838**	**5457777**	**6740840**	**7840723**	**9444245**
#通信设备制造	Manufacture of Communication Equipment	291761	793048	3293780	3940224	4503034	5366809
#通信系统设备制造	Manufacture of Communication System Equipment	277127	733409	3086355	3601371	4155704	4903874
通信终端设备制造	Manufacture of Communication Terminal Equipment	7175	34042	207425	338853	347330	462935
广播电视设备制造	Manufacture of Broadcasting and TV Equipment	2036	12572	87954	127876	168013	204468
雷达及配套设备制造	Manufacture of Radar and Its Fittings	7003	24472	79467	157894	150874	118319
视听设备制造	Manufacture of TV Set and Radio Receiver	41554	272004	563019	720148	726620	785960
电子器件制造	Manufacture of Electronic Appliances	57716	95675	705246	919887	1102136	1415792
#电子真空器件制造	Manufacture of Electronic Vacuum Appliance	42000	16478	50850	9217	24242	26212
半导体分立器件制造	Manufacture of Semiconductor Discreting Appliances	8669	11355	37362	35881	55814	63736
集成电路制造	Manufacture of Integrate Circuit	7047	17355	181121	280185	343147	401124
电子元件制造	Manufacture of Electronic Components	54914	69216	377355	504038	565972	737942
其他电子设备制造	Manufacture of Other Electronic Equipment	15536	7851	136740	122968	224326	279119
计算机及办公设备制造业	**Manufacture of Computers and Office Equipment**	**47653**	**124477**	**402246**	**446083**	**510751**	**624341**
#计算机整机制造	Manufacture of Entired Computer	40350	94082	215605	239533	244059	329233
计算机零部件制造	Manufacture of Computer Components and Parts	7013	27048	48788	43247	62096	61431
计算机外围设备制造	Manufacture of Computer Peripheral Equipment			50714	56794	75298	97234
办公设备制造	Manufacture of Office Equipment	289	3347	39210	45931	56434	61684
医疗仪器设备及仪器仪表制造业	**Manufacture of Medical Equipments and Measuring Instrument**	**34299**	**117744**	**724240**	**863877**	**876307**	**1067900**
1.医疗仪器设备及器械制造	Manufacture of Medical Equipment and Appliance	3686	12954	156948	182450	147572	284850
2.仪器仪表制造	Manufacture of Measuring Instrument	30613	104791	567291	681427	728735	783050
信息化学品制造业	**Manufacture of Electronic Chemicals**						**211591**

2-1-5 续表 2 continued

行 业	Industry	新产品开发经费支出（万元） Expenditure on New Products Development (10000 yuan)					
		2000	2005	2012	2013	2014	2015
合计	**Total**	**808228**	**2237723**	**11070439**	**13422766**	**15719432**	**17942362**
医药制造业	**Manufacture of Medicines**	**118340**	**335802**	**1671572**	**1951942**	**2222787**	**2357781**
#化学药品制造	Manufacture of Chemical Medicine	71081	217035	954670	1050724	1196405	1273062
中成药生产	Production of Finished Traditional Chinese Herbal Medicine	31824	77861	343020	440609	475858	486258
生物药品制造	Manufacture of Biological Medicine	12492	24091	193235	257535	324434	322971
航空、航天器及设备制造业	**Manufacture of Aircrafts and Spacecrafts and Related Equipment**	**108942**	**296293**	**1498945**	**1721988**	**1831131**	**1631006**
#飞机制造	Manufacture of Airplanes	90233	265524	1183183	1350108	1452258	1291277
航天器制造	Manufacture of Spacecrafts	18709	30769	245233	317290	297813	232607
电子及通信设备制造业	**Manufacture of Electronic Equipment and Communication Equipment**	**504817**	**1347212**	**6541523**	**8199919**	**10043193**	**11971939**
#通信设备制造	Manufacture of Communication Equipment	261902	781128	3635310	4647467	5789365	7236046
#通信系统设备制造	Manufacture of Communication System Equipment	242007	684949	3401943	4200482	5351444	6599917
通信终端设备制造	Manufacture of Communication Terminal Equipment	9094	41760	233366	446986	437921	636129
广播电视设备制造	Manufacture of Broadcasting and TV Equipment	1117	20566	124553	190939	206476	236770
雷达及配套设备制造	Manufacture of Radar and Its Fittings	11129	27487	164113	184152	230731	140896
视听设备制造	Manufacture of TV Set and Radio Receiver	87768	311046	676617	818400	834654	819038
电子器件制造	Manufacture of Electronic Appliances	58356	111855	900443	1183319	1394431	1727655
#电子真空器件制造	Manufacture of Electronic Vacuum Appliance	42174	19476	55675	14667	26402	27599
半导体分立器件制造	Manufacture of Semiconductor Discreting Appliances	7670	15058	57057	57688	71648	76579
集成电路制造	Manufacture of Integrate Circuit	8512	23109	229479	380590	397033	429285
电子元件制造	Manufacture of Electronic Components	67393	81050	499842	607736	654569	809189
其他电子设备制造	Manufacture of Other Electronic Equipment	17152	14081	168203	183516	394042	351334
计算机及办公设备制造业	**Manufacture of Computers and Office Equipment**	**40953**	**136348**	**458497**	**540762**	**526411**	**692910**
#计算机整机制造	Manufacture of Entired Computer	30484	92085	230741	259828	195295	302317
计算机零部件制造	Manufacture of Computer Components and Parts	10176	38698	51523	52645	68755	82338
计算机外围设备制造	Manufacture of Computer Peripheral Equipment			68249	84459	93941	149120
办公设备制造	Manufacture of Office Equipment	293	5565	44490	55196	64586	70627
医疗仪器设备及仪器仪表制造业	**Manufacture of Medical Equipments and Measuring Instrument**	**35176**	**122068**	**899900**	**1008155**	**1095912**	**1126643**
1.医疗仪器设备及器械制造	Manufacture of Medical Equipment and Appliance	4205	13166	171657	228992	210757	307672
2.仪器仪表制造	Manufacture of Measuring Instrument	30971	108902	728243	779163	885155	818971
信息化学品制造业	**Manufacture of Electronic Chemicals**						**162083**

2-1-5 续表 3 continued

行 业	Industry	新产品销售收入（万元） Sales Revenue of New Products (10000 yuan)					
		2000	2005	2012	2013	2014	2015
合计	**Total**	**9880026**	**22804873**	**91001519**	**110671980**	**145726741**	**176578076**
医药制造业	**Manufacture of Medicines**	**1382686**	**3827635**	**17893504**	**23092736**	**27103052**	**29213886**
#化学药品制造	Manufacture of Chemical Medicine	1082852	2592266	10002777	12684404	13878247	14933248
中成药生产	Production of Finished Traditional Chinese Herbal Medicine	213073	926895	4110166	5676796	7136273	7873226
生物药品制造	Manufacture of Biological Medicine	70466	164505	1360242	1884620	2571625	2754715
航空、航天器及设备制造业	**Manufacture of Aircrafts and Spacecrafts and Related Equipment**	**813277**	**3366753**	**5952943**	**7063489**	**7848115**	**8601276**
#飞机制造	Manufacture of Airplanes	696006	3328896	5376866	6436680	7084942	7301353
航天器制造	Manufacture of Spacecrafts	117272	37857	334240	434640	453585	579453
电子及通信设备制造业	**Manufacture of Electronic Equipment and Communication Equipment**	**6212548**	**12261940**	**53053957**	**65755004**	**92577744**	**115303423**
#通信设备制造	Manufacture of Communication Equipment	2508581	4815723	21629922	27518235	39771079	56868266
#通信系统设备制造	Manufacture of Communication System Equipment	2028201	3483039	19873547	24110882	30482692	40212012
通信终端设备制造	Manufacture of Communication Terminal Equipment	356827	322889	1756374	3407353	9288387	16656254
广播电视设备制造	Manufacture of Broadcasting and TV Equipment	6198	143250	1763039	1654436	1634770	1693066
雷达及配套设备制造	Manufacture of Radar and Its Fittings	102849	258585	1378993	1081781	1498916	1337974
视听设备制造	Manufacture of TV Set and Radio Receiver	2519020	5213165	10929105	14235843	15308490	15580626
电子器件制造	Manufacture of Electronic Appliances	443258	917332	7292576	10187348	16307405	19539018
#电子真空器件制造	Manufacture of Electronic Vacuum Appliance	308024	303425	192620	77630	83116	146574
半导体分立器件制造	Manufacture of Semiconductor Discreting Appliances	37007	106341	586289	525046	618682	623561
集成电路制造	Manufacture of Integrate Circuit	98227	145452	1090213	1722480	2108300	2412039
电子元件制造	Manufacture of Electronic Components	442934	796187	4602253	5816707	6803662	9587703
其他电子设备制造	Manufacture of Other Electronic Equipment	189708	117698	1227102	1165241	4475682	2347882
计算机及办公设备制造业	**Manufacture of Computers and Office Equipment**	**1012211**	**2009549**	**5468659**	**5653412**	**7052733**	**8711027**
#计算机整机制造	Manufacture of Entired Computer	838867	1571203	3675541	3825786	4367860	5499050
计算机零部件制造	Manufacture of Computer Components and Parts	160317	353399	299304	352354	521384	672331
计算机外围设备制造	Manufacture of Computer Peripheral Equipment			569185	665862	1249323	1309376
办公设备制造	Manufacture of Office Equipment	13027	84947	340397	334638	373287	547199
医疗仪器设备及仪器仪表制造业	**Manufacture of Medical Equipments and Measuring Instrument**	**459304**	**1338995**	**8632455**	**9107339**	**11145096**	**11342615**
1.医疗仪器设备及器械制造	Manufacture of Medical Equipment and Appliance	80040	173972	1452612	1837545	1931031	1732144
2.仪器仪表制造	Manufacture of Measuring Instrument	379264	1165023	7179843	7269795	9214064	9610471
信息化学品制造业	**Manufacture of Electronic Chemicals**						**3405848**

2-1-5 续表 4 continued

行 业	Industry	专利申请数（件）Patent Applications (piece) 2000	2005	2012	2013	2014	2015
合计	**Total**	**1663**	**10787**	**63774**	**65045**	**79769**	**79197**
医药制造业	**Manufacture of Medicines**	**492**	**2114**	**7545**	**7939**	**9181**	**6985**
#化学药品制造	Manufacture of Chemical Medicine	200	870	3496	3152	3531	3315
中成药生产	Production of Finished Traditional Chinese Herbal Medicine	242	1033	2474	2898	3401	1639
生物药品制造	Manufacture of Biological Medicine	15	171	634	778	950	825
航空、航天器及设备制造业	**Manufacture of Aircrafts and Spacecrafts and Related Equipment**	**79**	**305**	**3323**	**3730**	**4275**	**5173**
#飞机制造	Manufacture of Airplanes	74	291	2562	2822	3394	3923
航天器制造	Manufacture of Spacecrafts	5	14	418	584	526	607
电子及通信设备制造业	**Manufacture of Electronic Equipment and Communication Equipment**	**795**	**7387**	**42281**	**40217**	**49581**	**51013**
#通信设备制造	Manufacture of Communication Equipment	504	5595	18978	16962	22730	20568
#通信系统设备制造	Manufacture of Communication System Equipment	490	5440	17703	15077	19778	16582
通信终端设备制造	Manufacture of Communication Terminal Equipment	4	65	1275	1885	2952	3986
广播电视设备制造	Manufacture of Broadcasting and TV Equipment	4	61	2137	1650	1662	2056
雷达及配套设备制造	Manufacture of Radar and Its Fittings	22	9	389	622	800	691
视听设备制造	Manufacture of TV Set and Radio Receiver	145	1005	3841	3960	3756	4743
电子器件制造	Manufacture of Electronic Appliances	38	285	9487	8751	9614	10411
#电子真空器件制造	Manufacture of Electronic Vacuum Appliance	22	55	2696	128	135	109
半导体分立器件制造	Manufacture of Semiconductor Discreting Appliances	6	10	544	303	574	613
集成电路制造	Manufacture of Integrate Circuit	10	50	1195	1717	2013	1565
电子元件制造	Manufacture of Electronic Components	60	354	3653	4086	5034	4849
其他电子设备制造	Manufacture of Other Electronic Equipment	22	78	1494	1298	1966	3276
计算机及办公设备制造业	**Manufacture of Computers and Office Equipment**	**85**	**378**	**2744**	**3461**	**4950**	**5772**
#计算机整机制造	Manufacture of Entired Computer	22	177	1084	1193	2245	3456
计算机零部件制造	Manufacture of Computer Components and Parts	62	154	304	208	263	336
计算机外围设备制造	Manufacture of Computer Peripheral Equipment			555	622	944	949
办公设备制造	Manufacture of Office Equipment	1	47	425	757	734	584
医疗仪器设备及仪器仪表制造业	**Manufacture of Medical Equipments and Measuring Instrument**	**212**	**603**	**7881**	**9698**	**11782**	**9279**
1.医疗仪器设备及器械制造	Manufacture of Medical Equipment and Appliance	66	247	1716	2569	3416	2792
2.仪器仪表制造	Manufacture of Measuring Instrument	146	356	6165	7129	8366	6487
信息化学品制造业	**Manufacture of Electronic Chemicals**						**975**

2-1-5 续表 5 continued

行业	Industry	有效发明专利数（件） Number of Patents In Force (piece)					
		2000	2005	2012	2013	2014	2015
合计	**Total**	**1008**	**4745**	**66893**	**82650**	**108559**	**149629**
医药制造业	**Manufacture of Medicines**	**292**	**861**	**7747**	**10037**	**12294**	**17012**
#化学药品制造	Manufacture of Chemical Medicine	154	427	3586	4458	5652	8490
中成药生产	Production of Finished Traditional Chinese Herbal Medicine	77	366	3046	4194	4658	5391
生物药品制造	Manufacture of Biological Medicine	14	40	611	872	1200	1618
航空、航天器及设备制造业	**Manufacture of Aircrafts and Spacecrafts and Related Equipment**	**139**	**188**	**1747**	**2743**	**3253**	**5387**
#飞机制造	Manufacture of Airplanes	102	181	1463	2088	2436	3456
航天器制造	Manufacture of Spacecrafts	37	7	160	483	502	1111
电子及通信设备制造业	**Manufacture of Electronic Equipment and Communication Equipment**	**401**	**3068**	**50472**	**62730**	**82731**	**113179**
#通信设备制造	Manufacture of Communication Equipment	277	2604	39580	48211	61551	85697
#通信系统设备制造	Manufacture of Communication System Equipment	262	2523	38850	47345	60497	84491
通信终端设备制造	Manufacture of Communication Terminal Equipment	2	36	730	866	1054	1206
广播电视设备制造	Manufacture of Broadcasting and TV Equipment	2	10	651	874	930	606
雷达及配套设备制造	Manufacture of Radar and Its Fittings	15	5	162	900	968	907
视听设备制造	Manufacture of TV Set and Radio Receiver	44	87	1685	2440	2881	3793
电子器件制造	Manufacture of Electronic Appliances	13	157	3775	4377	8321	12303
#电子真空器件制造	Manufacture of Electronic Vacuum Appliance	5	85	215	79	130	187
半导体分立器件制造	Manufacture of Semiconductor Discreting Appliances	6	9	475	462	387	473
集成电路制造	Manufacture of Integrate Circuit	2	16	721	1196	1628	3207
电子元件制造	Manufacture of Electronic Components	41	197	1819	2304	3435	4368
其他电子设备制造	Manufacture of Other Electronic Equipment	9	8	1065	1174	2011	2684
计算机及办公设备制造业	**Manufacture of Computers and Office Equipment**	**66**	**197**	**1466**	**1623**	**2617**	**3308**
#计算机整机制造	Manufacture of Entired Computer	11	134	285	397	497	644
计算机零部件制造	Manufacture of Computer Components and Parts	55	59	130	81	110	139
计算机外围设备制造	Manufacture of Computer Peripheral Equipment			261	492	1035	1392
办公设备制造	Manufacture of Office Equipment		4	227	160	299	518
医疗仪器设备及仪器仪表制造业	**Manufacture of Medical Equipments and Measuring Instrument**	**110**	**431**	**5461**	**5517**	**7664**	**9629**
1.医疗仪器设备及器械制造	Manufacture of Medical Equipment and Appliance	46	60	1857	1738	2172	3715
2.仪器仪表制造	Manufacture of Measuring Instrument	64	371	3604	3779	5492	5914
信息化学品制造业	**Manufacture of Electronic Chemicals**						**1114**

2-1-5 续表 6 continued

行 业	Industry	技术改造经费支出（万元）Expenditure for Technical Renovation (10000 yuan)					
		2000	2005	2012	2013	2014	2015
合计	**Total**	**924581**	**1183084**	**2352550**	**2870736**	**2677315**	**2577437**
医药制造业	**Manufacture of Medicines**	**263464**	**363380**	**724350**	**873390**	**862731**	**779219**
#化学药品制造	Manufacture of Chemical Medicine	223744	257301	429881	522857	506005	451177
中成药生产	Production of Finished Traditional Chinese Herbal Medicine	34240	81966	151048	189416	229248	243210
生物药品制造	Manufacture of Biological Medicine	3751	13554	81833	58944	40388	28960
航空、航天器及设备制造业	**Manufacture of Aircrafts and Spacecrafts and Related Equipment**	**154666**	**364356**	**505999**	**483533**	**697584**	**546755**
#飞机制造	Manufacture of Airplanes	128203	348878	471001	435943	675783	466010
航天器制造	Manufacture of Spacecrafts	26464	15478	22030	33914	9573	34505
电子及通信设备制造业	**Manufacture of Electronic Equipment and Communication Equipment**	**435972**	**337168**	**699131**	**1174366**	**821217**	**856625**
#通信设备制造	Manufacture of Communication Equipment	46178	56507	88387	43280	51877	66291
#通信系统设备制造	Manufacture of Communication System Equipment	40793	27960	62791	23237	31661	33561
通信终端设备制造	Manufacture of Communication Terminal Equipment	2900	11727	25595	20044	20215	32730
广播电视设备制造	Manufacture of Broadcasting and TV Equipment	3394	7981	15036	9725	8835	18794
雷达及配套设备制造	Manufacture of Radar and Its Fittings	8482	17859	25899	40340	45603	34503
视听设备制造	Manufacture of TV Set and Radio Receiver	48867	47562	35452	62387	84014	54622
电子器件制造	Manufacture of Electronic Appliances	120232	89982	200959	731221	177133	158303
#电子真空器件制造	Manufacture of Electronic Vacuum Appliance	75414	24045	9803	4248	15875	13556
半导体分立器件制造	Manufacture of Semiconductor Discreting Appliances	10473	10359	18521	22098	9260	15946
集成电路制造	Manufacture of Integrate Circuit	34345	44123	37284	12952	30693	14484
电子元件制造	Manufacture of Electronic Components	186727	115214	127235	110902	249585	230304
其他电子设备制造	Manufacture of Other Electronic Equipment	22092	2063	21231	18103	30637	20607
计算机及办公设备制造业	**Manufacture of Computers and Office Equipment**	**19277**	**14873**	**57559**	**49856**	**71939**	**135882**
#计算机整机制造	Manufacture of Entired Computer	10369	6904	43244	36941	39697	112336
计算机零部件制造	Manufacture of Computer Components and Parts	8856	6396	224	605	2802	4270
计算机外围设备制造	Manufacture of Computer Peripheral Equipment			11926	7520	6734	10018
办公设备制造	Manufacture of Office Equipment	52	1573	668	936	20641	6647
医疗仪器设备及仪器仪表制造业	**Manufacture of Medical Equipments and Measuring Instrument**	**51202**	**103307**	**365510**	**289591**	**223845**	**189058**
1.医疗仪器设备及器械制造	Manufacture of Medical Equipment and Appliance	6210	11972	54126	72571	59375	69956
2.仪器仪表制造	Manufacture of Measuring Instrument	44992	91335	311383	217020	164469	119102
信息化学品制造业	**Manufacture of Electronic Chemicals**						**69898**

2-1-5 续表 7 continued

行业	Industry	引进技术经费支出（万元） Expenditure for Acquisition of Foreign Technology (10000 yuan)					
		2000	2005	2012	2013	2014	2015
合计	**Total**	**235804**	**96198**	**270747**	**132821**	**174745**	**470530**
医药制造业	**Manufacture of Medicines**	**36257**	**22772**	**39819**	**36042**	**24908**	**48821**
#化学药品制造	Manufacture of Chemical Medicine	25613	15551	28364	18573	11636	40391
中成药生产	Production of Finished Traditional Chinese Herbal Medicine	9202	4440	1612	3436	1354	181
生物药品制造	Manufacture of Biological Medicine	1120	151	2871	2261	2856	974
航空、航天器及设备制造业	**Manufacture of Aircrafts and Spacecrafts and Related Equipment**	**29793**	**27419**	**7868**	**14085**	**13914**	**9525**
#飞机制造	Manufacture of Airplanes	19970	25982	7868	6741	13569	8979
航天器制造	Manufacture of Spacecrafts	9823	1436			345	380
电子及通信设备制造业	**Manufacture of Electronic Equipment and Communication Equipment**	**155175**	**33696**	**214008**	**67359**	**124741**	**407483**
#通信设备制造	Manufacture of Communication Equipment	7653	8556	6447	1649	22437	337742
#通信系统设备制造	Manufacture of Communication System Equipment	3256	2613	6447	1049	2043	11527
通信终端设备制造	Manufacture of Communication Terminal Equipment	2292	2510		600	20394	326215
广播电视设备制造	Manufacture of Broadcasting and TV Equipment	152	300	1376	1467	687	2351
雷达及配套设备制造	Manufacture of Radar and Its Fittings	769	14	1232	2887	907	522
视听设备制造	Manufacture of TV Set and Radio Receiver	8501	5719	148326	13676	16293	11713
电子器件制造	Manufacture of Electronic Appliances	45516	6795	45156	24104	65539	41721
#电子真空器件制造	Manufacture of Electronic Vacuum Appliance	14892	4109	7825			
半导体分立器件制造	Manufacture of Semiconductor Discreting Appliances	6978	126	30	42	100	
集成电路制造	Manufacture of Integrate Circuit	23646		1645	16186	22438	10950
电子元件制造	Manufacture of Electronic Components	90808	10715	6783	7060	14490	7206
其他电子设备制造	Manufacture of Other Electronic Equipment	1778	1597	3340	2490	2108	1971
计算机及办公设备制造业	**Manufacture of Computers and Office Equipment**	**5492**	**10348**	**1444**	**7081**	**842**	**253**
#计算机整机制造	Manufacture of Entired Computer	2994	9297		6753	588	
计算机零部件制造	Manufacture of Computer Components and Parts	2498	570			202	203
计算机外围设备制造	Manufacture of Computer Peripheral Equipment			409	30		50
办公设备制造	Manufacture of Office Equipment		481	218	297	52	
医疗仪器设备及仪器仪表制造业	**Manufacture of Medical Equipments and Measuring Instrument**	**9087**	**1963**	**7606**	**8254**	**10341**	**4351**
1.医疗仪器设备及器械制造	Manufacture of Medical Equipment and Appliance	1709	30	726	239	3922	263
2.仪器仪表制造	Manufacture of Measuring Instrument	7377	1933	6880	8015	6419	4087
信息化学品制造业	**Manufacture of Electronic Chemicals**						**98**

2-1-5 续表 8 continued

行 业	Industry	消化吸收经费支出（万元） Expenditure for Assimilation of Technology (10000 yuan)					
		2000	2005	2012	2013	2014	2015
合计	**Total**	**21260**	**31699**	**68067**	**84939**	**86063**	**72743**
医药制造业	**Manufacture of Medicines**	**11140**	**21741**	**41810**	**45769**	**51977**	**27476**
#化学药品制造	Manufacture of Chemical Medicine	10054	18575	29640	28314	35345	16308
中成药生产	Production of Finished Traditional Chinese Herbal Medicine	225	3061	3570	5073	4186	5544
生物药品制造	Manufacture of Biological Medicine	771	55	1339	2851	4386	3821
航空、航天器及设备制造业	**Manufacture of Aircrafts and Spacecrafts and Related Equipment**	**1943**	**1438**	**4346**	**1521**	**70**	**5**
#飞机制造	Manufacture of Airplanes	1943	1438	4346	1521	70	5
航天器制造	Manufacture of Spacecrafts						
电子及通信设备制造业	**Manufacture of Electronic Equipment and Communication Equipment**	**4926**	**7337**	**16377**	**34056**	**29678**	**18765**
#通信设备制造	Manufacture of Communication Equipment	666	561	669	472	1666	1325
#通信系统设备制造	Manufacture of Communication System Equipment	523	466	309	192	1061	1025
通信终端设备制造	Manufacture of Communication Terminal Equipment	1	85	360	280	605	300
广播电视设备制造	Manufacture of Broadcasting and TV Equipment		100	26	337	52	1134
雷达及配套设备制造	Manufacture of Radar and Its Fittings	1		510		907	
视听设备制造	Manufacture of TV Set and Radio Receiver	50	1226	4500	5096	7348	6731
电子器件制造	Manufacture of Electronic Appliances	2342	361	2852	18853	11377	1579
#电子真空器件制造	Manufacture of Electronic Vacuum Appliance	2215	10				
半导体分立器件制造	Manufacture of Semiconductor Discreting Appliances	87	43	80	692		
集成电路制造	Manufacture of Integrate Circuit	40			1056	10649	316
电子元件制造	Manufacture of Electronic Components	1826	5078	2630	1259	1486	765
其他电子设备制造	Manufacture of Other Electronic Equipment	41	11	1799	4075	1700	1639
计算机及办公设备制造业	**Manufacture of Computers and Office Equipment**	**2825**	**577**	**821**	**570**	**903**	**770**
#计算机整机制造	Manufacture of Entired Computer	1413	405	326	430	566	450
计算机零部件制造	Manufacture of Computer Components and Parts	1412	157			319	320
计算机外围设备制造	Manufacture of Computer Peripheral Equipment			162		16	
办公设备制造	Manufacture of Office Equipment		15	17	119		
医疗仪器设备及仪器仪表制造业	**Manufacture of Medical Equipments and Measuring Instrument**	**426**	**606**	**4710**	**3023**	**3435**	**1219**
1.医疗仪器设备及器械制造	Manufacture of Medical Equipment and Appliance	20	49	443	380	67	240
2.仪器仪表制造	Manufacture of Measuring Instrument	406	557	4267	2642	3367	980
信息化学品制造业	**Manufacture of Electronic Chemicals**						**24508**

2-1-5 续表 9 continued

行　业	Industry	购买国内技术经费支出（万元） Expenditure on Purchase of Domestic Technology (10000 yuan)					
		2000	2005	2012	2013	2014	2015
合计	**Total**	**63674**	**69133**	**146982**	**192927**	**339868**	**564958**
医药制造业	**Manufacture of Medicines**	**56493**	**45482**	**83331**	**128658**	**124797**	**119897**
#化学药品制造	Manufacture of Chemical Medicine	15849	37349	65224	94721	86992	79984
中成药生产	Production of Finished Traditional Chinese Herbal Medicine	36570	7138	7774	20633	21993	22507
生物药品制造	Manufacture of Biological Medicine	3556	605	3958	2921	5878	8057
航空、航天器及设备制造业	**Manufacture of Aircrafts and Spacecrafts and Related Equipment**	**4437**	**10751**	**8930**	**8448**	**102695**	**14368**
#飞机制造	Manufacture of Airplanes	2421	10751	8776	7895	102232	14368
航天器制造	Manufacture of Spacecrafts	2016				463	
电子及通信设备制造业	**Manufacture of Electronic Equipment and Communication Equipment**	**2030**	**9553**	**41559**	**39914**	**97302**	**416359**
#通信设备制造	Manufacture of Communication Equipment	918	1535	3187	4945	10299	375374
#通信系统设备制造	Manufacture of Communication System Equipment	745	1097	917	2464	5620	17535
通信终端设备制造	Manufacture of Communication Terminal Equipment	53	102	2269	2481	4679	357839
广播电视设备制造	Manufacture of Broadcasting and TV Equipment	10	4300	12	3838	2129	67
雷达及配套设备制造	Manufacture of Radar and Its Fittings	2	488	2412	5314	12420	2
视听设备制造	Manufacture of TV Set and Radio Receiver	150	139	5554	4434	915	452
电子器件制造	Manufacture of Electronic Appliances	444	1136	9870	8479	25382	14612
#电子真空器件制造	Manufacture of Electronic Vacuum Appliance	84	150			1327	
半导体分立器件制造	Manufacture of Semiconductor Discreting Appliances	357	337	580	709	180	429
集成电路制造	Manufacture of Integrate Circuit	3				6907	6035
电子元件制造	Manufacture of Electronic Components	475	1714	9918	10389	26631	20489
其他电子设备制造	Manufacture of Other Electronic Equipment	31	241	1404	1593	551	1116
计算机及办公设备制造业	**Manufacture of Computers and Office Equipment**	**243**	**252**	**9524**	**5827**	**3060**	**1558**
#计算机整机制造	Manufacture of Entired Computer	243			118		10
计算机零部件制造	Manufacture of Computer Components and Parts		146	115	160	572	591
计算机外围设备制造	Manufacture of Computer Peripheral Equipment			8151		1788	112
办公设备制造	Manufacture of Office Equipment		106				133
医疗仪器设备及仪器仪表制造业	**Manufacture of Medical Equipments and Measuring Instrument**	**471**	**3095**	**3636**	**10081**	**12014**	**12448**
1.医疗仪器设备及器械制造	Manufacture of Medical Equipment and Appliance	99		1130	1223	1422	1339
2.仪器仪表制造	Manufacture of Measuring Instrument	372	3095	2506	8858	10592	11109
信息化学品制造业	**Manufacture of Electronic Chemicals**						**328**

2-1-5　续表 10　continued

行　业	Industry	研发机构数（个） Number of R&D Institutions in Enterprises (unit)					
		2000	2005	2012	2013	2014	2015
合计	**Total**	**1190**	**1168**	**2757**	**2960**	**3116**	**3801**
医药制造业	**Manufacture of Medicines**	**452**	**483**	**881**	**959**	**973**	**1056**
#化学药品制造	Manufacture of Chemical Medicine	278	268	471	494	491	520
中成药生产	Production of Finished Traditional Chinese Herbal Medicine	124	153	232	279	275	279
生物药品制造	Manufacture of Biological Medicine	35	29	92	98	113	126
航空、航天器及设备制造业	**Manufacture of Aircrafts and Spacecrafts and Related Equipment**	**161**	**100**	**108**	**96**	**101**	**111**
#飞机制造	Manufacture of Airplanes	128	95	77	68	73	81
航天器制造	Manufacture of Spacecrafts	33	5	10	9	10	11
电子及通信设备制造业	**Manufacture of Electronic Equipment and Communication Equipment**	**380**	**385**	**1165**	**1287**	**1397**	**1770**
#通信设备制造	Manufacture of Communication Equipment	131	85	185	187	185	289
#通信系统设备制造	Manufacture of Communication System Equipment	84	51	138	129	128	188
通信终端设备制造	Manufacture of Communication Terminal Equipment	15	16	47	58	57	101
广播电视设备制造	Manufacture of Broadcasting and TV Equipment	8	14	54	53	61	78
雷达及配套设备制造	Manufacture of Radar and Its Fittings	30	25	35	23	34	30
视听设备制造	Manufacture of TV Set and Radio Receiver	55	38	76	97	105	109
电子器件制造	Manufacture of Electronic Appliances	39	76	235	254	298	388
#电子真空器件制造	Manufacture of Electronic Vacuum Appliance	16	26	13	7	7	8
半导体分立器件制造	Manufacture of Semiconductor Discreting Appliances	15	14	36	34	39	33
集成电路制造	Manufacture of Integrate Circuit	8	16	43	49	46	57
电子元件制造	Manufacture of Electronic Components	109	135	368	398	406	491
其他电子设备制造	Manufacture of Other Electronic Equipment	8	12	81	97	101	133
计算机及办公设备制造业	**Manufacture of Computers and Office Equipment**	**50**	**46**	**107**	**110**	**114**	**172**
#计算机整机制造	Manufacture of Entired Computer	40	20	22	26	26	32
计算机零部件制造	Manufacture of Computer Components and Parts	8	23	15	23	26	31
计算机外围设备制造	Manufacture of Computer Peripheral Equipment			39	24	24	58
办公设备制造	Manufacture of Office Equipment	2	3	15	22	21	25
医疗仪器设备及仪器仪表制造业	**Manufacture of Medical Equipments and Measuring Instrument**	**147**	**154**	**496**	**508**	**531**	**623**
1.医疗仪器设备及器械制造	Manufacture of Medical Equipment and Appliance	18	21	80	96	104	140
2.仪器仪表制造	Manufacture of Measuring Instrument	129	133	416	412	427	483
信息化学品制造业	**Manufacture of Electronic Chemicals**						**69**

2-1-5 续表 11 continued

行业	Industry	机构人员（人） Personnel in the R&D Institutions (person)					
		2000	2005	2012	2013	2014	2015
合计	**Total**	**76168**	**109651**	**345486**	**324035**	**347623**	**423308**
医药制造业	**Manufacture of Medicines**	**14513**	**18434**	**58719**	**64217**	**67605**	**71571**
#化学药品制造	Manufacture of Chemical Medicine	9796	10562	32411	34365	36053	36398
中成药生产	Production of Finished Traditional Chinese Herbal Medicine	3005	5623	16001	17979	19761	20793
生物药品制造	Manufacture of Biological Medicine	1209	1358	5228	5753	6127	7804
航空、航天器及设备制造业	**Manufacture of Aircrafts and Spacecrafts and Related Equipment**	**15017**	**14176**	**28967**	**29076**	**29381**	**26521**
#飞机制造	Manufacture of Airplanes	12281	14072	24299	24574	25271	19730
航天器制造	Manufacture of Spacecrafts	2736	104	1992	2028	1471	1602
电子及通信设备制造业	**Manufacture of Electronic Equipment and Communication Equipment**	**36493**	**63054**	**208475**	**179460**	**194480**	**250078**
#通信设备制造	Manufacture of Communication Equipment	19033	37640	116534	87285	91914	131272
#通信系统设备制造	Manufacture of Communication System Equipment	16312	33371	111158	80603	84562	117072
通信终端设备制造	Manufacture of Communication Terminal Equipment	842	2327	5376	6682	7352	14200
广播电视设备制造	Manufacture of Broadcasting and TV Equipment	455	1080	9026	5523	5064	6275
雷达及配套设备制造	Manufacture of Radar and Its Fittings	2811	1983	5575	5407	9007	6306
视听设备制造	Manufacture of TV Set and Radio Receiver	3113	8252	17381	9867	10408	11820
电子器件制造	Manufacture of Electronic Appliances	3172	5080	19501	25476	27236	33526
#电子真空器件制造	Manufacture of Electronic Vacuum Appliance	1601	1600	1308	311	990	1162
半导体分立器件制造	Manufacture of Semiconductor Discreting Appliances	722	1195	2588	2723	3699	2651
集成电路制造	Manufacture of Integrate Circuit	849	762	3399	4747	4495	5748
电子元件制造	Manufacture of Electronic Components	6366	7409	21996	24436	27178	32558
其他电子设备制造	Manufacture of Other Electronic Equipment	1543	1610	6376	7384	9317	12181
计算机及办公设备制造业	**Manufacture of Computers and Office Equipment**	**3343**	**5310**	**12589**	**14086**	**18187**	**24803**
#计算机整机制造	Manufacture of Entired Computer	2463	2565	5744	5703	9452	12965
计算机零部件制造	Manufacture of Computer Components and Parts	829	2570	950	1249	1171	1433
计算机外围设备制造	Manufacture of Computer Peripheral Equipment			3156	3342	3151	5572
办公设备制造	Manufacture of Office Equipment	51	175	1573	2092	2487	2622
医疗仪器设备及仪器仪表制造业	**Manufacture of Medical Equipments and Measuring Instrument**	**6802**	**8677**	**36736**	**37196**	**37970**	**44682**
1.医疗仪器设备及器械制造	Manufacture of Medical Equipment and Appliance	912	1358	4423	5465	5699	8656
2.仪器仪表制造	Manufacture of Measuring Instrument	5890	7319	32313	31731	32271	36026
信息化学品制造业	**Manufacture of Electronic Chemicals**						**5653**

2-1-5 续表 12 continued

行 业	Industry	机构经费支出（万元） Expenditure in the R&D Institutions (10000 yuan)					
		2000	2005	2012	2013	2014	2015
合计	**Total**	**669580**	**1817148**	**7802691**	**8599141**	**9893613**	**13631883**
医药制造业	**Manufacture of Medicines**	**98836**	**275045**	**1226500**	**1415999**	**1520382**	**1655452**
#化学药品制造	Manufacture of Chemical Medicine	60200	171180	710281	793763	889149	934056
中成药生产	Production of Finished Traditional Chinese Herbal Medicine	26239	81481	293914	340405	360199	401957
生物药品制造	Manufacture of Biological Medicine	8803	14143	122715	168852	180176	207109
航空、航天器及设备制造业	**Manufacture of Aircrafts and Spacecrafts and Related Equipment**	**83791**	**125611**	**434535**	**495017**	**488879**	**561969**
#飞机制造	Manufacture of Airplanes	77214	125084	349018	414220	403386	414827
航天器制造	Manufacture of Spacecrafts	6577	527	49651	42257	34903	52977
电子及通信设备制造业	**Manufacture of Electronic Equipment and Communication Equipment**	**426296**	**1217536**	**5313132**	**5733429**	**6902696**	**9969196**
#通信设备制造	Manufacture of Communication Equipment	263185	769444	3464901	3617968	4712934	7311912
#通信系统设备制造	Manufacture of Communication System Equipment	244223	690664	3384057	3484343	4585327	6968538
通信终端设备制造	Manufacture of Communication Terminal Equipment	8205	37090	80844	133625	127607	343375
广播电视设备制造	Manufacture of Broadcasting and TV Equipment	1374	11304	95527	96110	93585	128489
雷达及配套设备制造	Manufacture of Radar and Its Fittings	8941	16808	131923	147690	193402	100125
视听设备制造	Manufacture of TV Set and Radio Receiver	55069	304221	515791	436376	409344	437287
电子器件制造	Manufacture of Electronic Appliances	45422	44889	413952	603113	529140	841347
#电子真空器件制造	Manufacture of Electronic Vacuum Appliance	30876	10506	45077	5251	11412	10627
半导体分立器件制造	Manufacture of Semiconductor Discreting Appliances	3478	8433	31898	29239	38174	35873
集成电路制造	Manufacture of Integrate Circuit	11068	10055	68618	107111	97543	134297
电子元件制造	Manufacture of Electronic Components	36142	60191	310722	429027	430086	565147
其他电子设备制造	Manufacture of Other Electronic Equipment	16163	10680	117424	127474	224800	230954
计算机及办公设备制造业	**Manufacture of Computers and Office Equipment**	**29880**	**124338**	**265801**	**321607**	**323977**	**477430**
#计算机整机制造	Manufacture of Entired Computer	20735	102219	170125	203937	201660	278220
计算机零部件制造	Manufacture of Computer Components and Parts	8856	19515	10103	12350	15948	28636
计算机外围设备制造	Manufacture of Computer Peripheral Equipment			36626	43487	42440	79097
办公设备制造	Manufacture of Office Equipment	289	2604	27971	31897	34713	48591
医疗仪器设备及仪器仪表制造业	**Manufacture of Medical Equipments and Measuring Instrument**	**30777**	**74619**	**562722**	**633089**	**657680**	**851397**
1.医疗仪器设备及器械制造	Manufacture of Medical Equipment and Appliance	4649	11433	55995	82660	90461	185653
2.仪器仪表制造	Manufacture of Measuring Instrument	26128	63186	506727	550429	567219	665744
信息化学品制造业	**Manufacture of Electronic Chemicals**						**116439**

2-1-6 大中型港澳台资企业分行业R&D及相关活动情况
Statistics on R&D and Related Activities of Hong Kong, Macau and Taiwan Funded Enterprises in Large and Medium-sized Enterprises by Industry Sector

行 业	Industry	R&D人员折合全时当量（人年） Full-time Equivalent of R&D Personnel (man-year)					
		2000	2005	2012	2013	2014	2015
合计	**Total**	**3428**	**17880**	**81932**	**81905**	**89290**	**99023**
医药制造业	**Manufacture of Medicines**	**438**	**622**	**11220**	**11009**	**11429**	**10437**
#化学药品制造	Manufacture of Chemical Medicine	274	328	5883	5702	6417	5947
中成药生产	Production of Finished Traditional Chinese Herbal Medicine	89	289	2676	1905	2259	1928
生物药品制造	Manufacture of Biological Medicine	75		2329	1735	1866	2136
航空、航天器及设备制造业	**Manufacture of Aircrafts and Spacecrafts and Related Equipment**			**583**	**457**	**519**	**603**
#飞机制造	Manufacture of Airplanes					100	
航天器制造	Manufacture of Spacecrafts						
电子及通信设备制造业	**Manufacture of Electronic Equipment and Communication Equipment**	**2050**	**11216**	**55769**	**58665**	**62416**	**72276**
#通信设备制造	Manufacture of Communication Equipment	329	3012	8348	11925	15358	25203
#通信系统设备制造	Manufacture of Communication System Equipment	43	355	5351	9318	11305	13823
通信终端设备制造	Manufacture of Communication Terminal Equipment	251	503	2996	2607	4054	11380
广播电视设备制造	Manufacture of Broadcasting and TV Equipment		77	560	743	923	1254
雷达及配套设备制造	Manufacture of Radar and Its Fittings						
视听设备制造	Manufacture of TV Set and Radio Receiver	959	2892	9281	9787	7713	7246
电子器件制造	Manufacture of Electronic Appliances	111	2421	8738	9242	9342	11146
#电子真空器件制造	Manufacture of Electronic Vacuum Appliance	18	1854	86	84	10	11
半导体分立器件制造	Manufacture of Semiconductor Discreting Appliances	14	108	612	275	181	258
集成电路制造	Manufacture of Integrate Circuit	80	197	2659	2916	2891	3593
电子元件制造	Manufacture of Electronic Components	515	2636	24074	22166	23652	18931
其他电子设备制造	Manufacture of Other Electronic Equipment	135	179	1292	1612	1924	5990
计算机及办公设备制造业	**Manufacture of Computers and Office Equipment**	**884**	**4942**	**9600**	**6639**	**9812**	**10021**
#计算机整机制造	Manufacture of Entired Computer	702	1998	1431	1410	3443	4764
计算机零部件制造	Manufacture of Computer Components and Parts	82	2879	990	892	1058	1754
计算机外围设备制造	Manufacture of Computer Peripheral Equipment			4202	3971	5038	1704
办公设备制造	Manufacture of Office Equipment	100	65	187	293	156	227
医疗仪器设备及仪器仪表制造业	**Manufacture of Medical Equipments and Measuring Instrument**	**56**	**1100**	**4758**	**5136**	**5115**	**4520**
1.医疗仪器设备及器械制造	Manufacture of Medical Equipment and Appliance			774	680	789	731
2.仪器仪表制造	Manufacture of Measuring Instrument	56	1100	3983	4456	4327	3790
信息化学品制造业	**Manufacture of Electronic Chemicals**						**1166**

2-1-6　续表 1　continued

行　　业	Industry	R&D经费内部支出（万元） Intramural Expenditure on R&D (10000 yuan)					
		2000	2005	2012	2013	2014	2015
合计	**Total**	**117433**	**506685**	**2005351**	**2277974**	**2578846**	**3281046**
医药制造业	**Manufacture of Medicines**	**6145**	**18666**	**304389**	**320022**	**368839**	**419093**
#化学药品制造	Manufacture of Chemical Medicine	4546	10180	164151	205941	235485	246953
中成药生产	Production of Finished Traditional Chinese Herbal Medicine	1033	8394	44877	42455	50513	49609
生物药品制造	Manufacture of Biological Medicine	566		85429	51866	69103	107654
航空、航天器及设备制造业	**Manufacture of Aircrafts and Spacecrafts and Related Equipment**			**9889**	**9636**	**23096**	**10137**
#飞机制造	Manufacture of Airplanes					15158	
航天器制造	Manufacture of Spacecrafts						
电子及通信设备制造业	**Manufacture of Electronic Equipment and Communication Equipment**	**48793**	**299025**	**1184687**	**1580928**	**1754152**	**2153992**
#通信设备制造	Manufacture of Communication Equipment	4884	63417	158321	409522	444713	673628
#通信系统设备制造	Manufacture of Communication System Equipment	759	9773	69161	281303	288110	402028
通信终端设备制造	Manufacture of Communication Terminal Equipment	2245	14261	89159	128219	156602	271600
广播电视设备制造	Manufacture of Broadcasting and TV Equipment		1407	12054	23434	31573	38995
雷达及配套设备制造	Manufacture of Radar and Its Fittings						
视听设备制造	Manufacture of TV Set and Radio Receiver	22108	151939	212951	289884	296432	308881
电子器件制造	Manufacture of Electronic Appliances	9315	29280	280860	299737	383343	377687
#电子真空器件制造	Manufacture of Electronic Vacuum Appliance	7089	11657	1704	622	535	693
半导体分立器件制造	Manufacture of Semiconductor Discreting Appliances	240	2700	13077	7510	7562	9853
集成电路制造	Manufacture of Integrate Circuit	1987	9771	80102	91310	128835	119540
电子元件制造	Manufacture of Electronic Components	11629	46720	415287	443747	483981	482113
其他电子设备制造	Manufacture of Other Electronic Equipment	858	6262	31536	47012	38916	169132
计算机及办公设备制造业	**Manufacture of Computers and Office Equipment**	**61029**	**174549**	**439922**	**284137**	**339511**	**496082**
#计算机整机制造	Manufacture of Entired Computer	59794	94137	113545	93692	178504	265829
计算机零部件制造	Manufacture of Computer Components and Parts	1055	80222	33711	25252	42004	72736
计算机外围设备制造	Manufacture of Computer Peripheral Equipment			169433	159010	113636	90657
办公设备制造	Manufacture of Office Equipment	180	190	3647	4947	3799	5780
医疗仪器设备及仪器仪表制造业	**Manufacture of Medical Equipments and Measuring Instrument**	**1466**	**14446**	**66463**	**83252**	**93248**	**100802**
1.医疗仪器设备及器械制造	Manufacture of Medical Equipment and Appliance			14438	27851	25083	14789
2.仪器仪表制造	Manufacture of Measuring Instrument	1466	14446	52024	55400	68165	86013
信息化学品制造业	**Manufacture of Electronic Chemicals**						**100940**

2-1-6 续表 2 continued

行业	Industry	新产品开发经费支出（万元） Expenditure on New Products Development (10000 yuan)					
		2000	2005	2012	2013	2014	2015
合计	**Total**	**147684**	**702806**	**2531344**	**2784040**	**3121618**	**3531764**
医药制造业	**Manufacture of Medicines**	**6992**	**21745**	**328548**	**330550**	**404897**	**419987**
#化学药品制造	Manufacture of Chemical Medicine	4842	13129	183685	213095	270639	250821
中成药生产	Production of Finished Traditional Chinese Herbal Medicine	1031	8189	35974	40248	47974	44836
生物药品制造	Manufacture of Biological Medicine	1118		90488	54002	73444	107398
航空、航天器及设备制造业	**Manufacture of Aircrafts and Spacecrafts and Related Equipment**		**540**	**14313**	**14860**	**23651**	**10774**
#飞机制造	Manufacture of Airplanes		540			16248	
航天器制造	Manufacture of Spacecrafts						
电子及通信设备制造业	**Manufacture of Electronic Equipment and Communication Equipment**	**69510**	**386800**	**1553539**	**1947167**	**2190837**	**2439155**
#通信设备制造	Manufacture of Communication Equipment	3488	80721	212318	460390	522989	691811
#通信系统设备制造	Manufacture of Communication System Equipment	765	13444	75796	319819	342751	376998
通信终端设备制造	Manufacture of Communication Terminal Equipment	843	15084	136522	140571	180238	314813
广播电视设备制造	Manufacture of Broadcasting and TV Equipment		1911	28640	41496	53227	43473
雷达及配套设备制造	Manufacture of Radar and Its Fittings			628			
视听设备制造	Manufacture of TV Set and Radio Receiver	29094	176521	292845	364048	402456	362298
电子器件制造	Manufacture of Electronic Appliances	20146	49280	369601	402426	483842	491351
#电子真空器件制造	Manufacture of Electronic Vacuum Appliance	18214	9728	2510	863	742	931
半导体分立器件制造	Manufacture of Semiconductor Discreting Appliances	1932	3520	13832	9487	7632	9709
集成电路制造	Manufacture of Integrate Circuit		18220	76119	105800	164986	132436
电子元件制造	Manufacture of Electronic Components	15923	71955	515754	520656	580554	547044
其他电子设备制造	Manufacture of Other Electronic Equipment	858	6414	42957	72833	67743	189828
计算机及办公设备制造业	**Manufacture of Computers and Office Equipment**	**70522**	**276098**	**506600**	**367384**	**366968**	**445043**
#计算机整机制造	Manufacture of Entired Computer	69730	135150	142188	153822	199812	213399
计算机零部件制造	Manufacture of Computer Components and Parts	612	134239	41651	32329	44408	70987
计算机外围设备制造	Manufacture of Computer Peripheral Equipment			191649	169317	103928	88218
办公设备制造	Manufacture of Office Equipment	180	6709	8798	6703	8374	6827
医疗仪器设备及仪器仪表制造业	**Manufacture of Medical Equipments and Measuring Instrument**	**661**	**17623**	**128343**	**124080**	**135265**	**130524**
1.医疗仪器设备及器械制造	Manufacture of Medical Equipment and Appliance			40485	41134	43132	36828
2.仪器仪表制造	Manufacture of Measuring Instrument	661	17623	87857	82946	92133	93696
信息化学品制造业	**Manufacture of Electronic Chemicals**						**86281**

2-1-6 续表 3 continued

行 业	Industry	新产品销售收入（万元） Sales Revenue of New Products (10000 yuan)					
		2000	2005	2012	2013	2014	2015
合计	**Total**	**4687313**	**18624925**	**38754675**	**58237693**	**68386538**	**105044296**
医药制造业	**Manufacture of Medicines**	**64247**	**124649**	**2996961**	**2813873**	**4448436**	**5316766**
#化学药品制造	Manufacture of Chemical Medicine	51719	77245	1827944	1930933	3024196	3206780
中成药生产	Production of Finished Traditional Chinese Herbal Medicine	10373	45363	628416	328366	895736	1058382
生物药品制造	Manufacture of Biological Medicine	2155		314401	338064	356480	662210
航空、航天器及设备制造业	**Manufacture of Aircrafts and Spacecrafts and Related Equipment**		**1854**			**118748**	
#飞机制造	Manufacture of Airplanes		1854			118748	
航天器制造	Manufacture of Spacecrafts						
电子及通信设备制造业	**Manufacture of Electronic Equipment and Communication Equipment**	**2807445**	**7652261**	**24873414**	**46430032**	**54811157**	**80164960**
#通信设备制造	Manufacture of Communication Equipment	142288	1094951	1881734	22713779	30717086	50090072
#通信系统设备制造	Manufacture of Communication System Equipment	2200	87501	453738	2418027	3053204	5440258
通信终端设备制造	Manufacture of Communication Terminal Equipment	110607	150594	1427996	20295751	27663882	44649814
广播电视设备制造	Manufacture of Broadcasting and TV Equipment		7566	208200	485045	524158	626509
雷达及配套设备制造	Manufacture of Radar and Its Fittings						
视听设备制造	Manufacture of TV Set and Radio Receiver	1811294	4753213	7823740	7778364	6774171	8493744
电子器件制造	Manufacture of Electronic Appliances	600997	1320316	5764855	5964565	7153268	7448545
#电子真空器件制造	Manufacture of Electronic Vacuum Appliance	586654	421945	25191	19091		16960
半导体分立器件制造	Manufacture of Semiconductor Discreting Appliances	14342	22183	145204	92833	69295	110118
集成电路制造	Manufacture of Integrate Circuit		248761	808228	1038567	1736498	1400906
电子元件制造	Manufacture of Electronic Components	222384	460137	6954283	7167478	7666323	8699697
其他电子设备制造	Manufacture of Other Electronic Equipment	30482	16077	358705	650141	598192	3456071
计算机及办公设备制造业	**Manufacture of Computers and Office Equipment**	**1801450**	**10751823**	**9669817**	**7809707**	**7938102**	**15346976**
#计算机整机制造	Manufacture of Entired Computer	1750498	5966348	3102403	3132585	3573715	9934576
计算机零部件制造	Manufacture of Computer Components and Parts	30158	4502705	1104758	492099	203152	1318343
计算机外围设备制造	Manufacture of Computer Peripheral Equipment			4189710	4071194	3944271	3936795
办公设备制造	Manufacture of Office Equipment	20794	282770	17685	23129	200662	154011
医疗仪器设备及仪器仪表制造业	**Manufacture of Medical Equipments and Measuring Instrument**	**14171**	**94338**	**1214482**	**1184081**	**1070096**	**1205661**
1.医疗仪器设备及器械制造	Manufacture of Medical Equipment and Appliance			129633	150187	110245	194327
2.仪器仪表制造	Manufacture of Measuring Instrument	14171	94338	1084848	1033894	959851	1011334
信息化学品制造业	**Manufacture of Electronic Chemicals**						**3009933**

2-1-6 续表 4 continued

行业	Industry	专利申请数（件） Patent Applications (piece)					
		2000	2005	2012	2013	2014	2015
合计	**Total**	**451**	**3203**	**14255**	**13648**	**16214**	**16062**
医药制造业	**Manufacture of Medicines**	**39**	**135**	**985**	**968**	**889**	**1269**
#化学药品制造	Manufacture of Chemical Medicine	2	75	730	665	551	819
中成药生产	Production of Finished Traditional Chinese Herbal Medicine	15	60	144	132	145	106
生物药品制造	Manufacture of Biological Medicine	22		97	148	151	318
航空、航天器及设备制造业	**Manufacture of Aircrafts and Spacecrafts and Related Equipment**		**23**	**16**	**26**	**433**	**22**
#飞机制造	Manufacture of Airplanes		23			424	
航天器制造	Manufacture of Spacecrafts						
电子及通信设备制造业	**Manufacture of Electronic Equipment and Communication Equipment**	**257**	**1637**	**9068**	**8538**	**9355**	**10255**
#通信设备制造	Manufacture of Communication Equipment	26	488	1303	2079	2700	4746
#通信系统设备制造	Manufacture of Communication System Equipment	2	172	775	1752	2297	3489
通信终端设备制造	Manufacture of Communication Terminal Equipment	24	59	528	327	403	1257
广播电视设备制造	Manufacture of Broadcasting and TV Equipment		1	200	304	270	333
雷达及配套设备制造	Manufacture of Radar and Its Fittings			6			
视听设备制造	Manufacture of TV Set and Radio Receiver	181	579	971	1411	1083	1100
电子器件制造	Manufacture of Electronic Appliances	25	221	2175	1644	1679	1468
#电子真空器件制造	Manufacture of Electronic Vacuum Appliance	25	54	14	7		9
半导体分立器件制造	Manufacture of Semiconductor Discreting Appliances			97	32	10	23
集成电路制造	Manufacture of Integrate Circuit		158	979	603	536	379
电子元件制造	Manufacture of Electronic Components	25	312	2035	2225	2863	1952
其他电子设备制造	Manufacture of Other Electronic Equipment		36	235	317	246	300
计算机及办公设备制造业	**Manufacture of Computers and Office Equipment**	**148**	**1339**	**3232**	**2994**	**3806**	**3379**
#计算机整机制造	Manufacture of Entired Computer	144	837	2099	2363	3095	2854
计算机零部件制造	Manufacture of Computer Components and Parts	3	502	100	146	174	142
计算机外围设备制造	Manufacture of Computer Peripheral Equipment			497	458	473	367
办公设备制造	Manufacture of Office Equipment	1		14	1	41	3
医疗仪器设备及仪器仪表制造业	**Manufacture of Medical Equipments and Measuring Instrument**	**7**	**69**	**954**	**1122**	**1731**	**1033**
1.医疗仪器设备及器械制造	Manufacture of Medical Equipment and Appliance			296	190	154	196
2.仪器仪表制造	Manufacture of Measuring Instrument	7	69	658	932	1577	837
信息化学品制造业	**Manufacture of Electronic Chemicals**						**104**

2-1-6 续表 5 continued

行 业	Industry	有效发明专利数（件） Number of Patents In Force (piece)					
		2000	2005	2012	2013	2014	2015
合计	**Total**	**265**	**719**	**11990**	**12150**	**16309**	**25685**
医药制造业	**Manufacture of Medicines**	**101**	**21**	**1147**	**1413**	**1657**	**2474**
#化学药品制造	Manufacture of Chemical Medicine	6	12	697	915	1067	1629
中成药生产	Production of Finished Traditional Chinese Herbal Medicine	73	9	264	277	364	338
生物药品制造	Manufacture of Biological Medicine	22		145	165	172	458
航空、航天器及设备制造业	**Manufacture of Aircrafts and Spacecrafts and Related Equipment**		**4**	**1**	**4**	**174**	**14**
#飞机制造	Manufacture of Airplanes		4			166	
航天器制造	Manufacture of Spacecrafts						
电子及通信设备制造业	**Manufacture of Electronic Equipment and Communication Equipment**	**99**	**467**	**5635**	**8028**	**10621**	**18228**
#通信设备制造	Manufacture of Communication Equipment	8	182	877	2827	3695	9951
#通信系统设备制造	Manufacture of Communication System Equipment	2	65	366	2551	3430	9427
通信终端设备制造	Manufacture of Communication Terminal Equipment	6	63	511	276	265	524
广播电视设备制造	Manufacture of Broadcasting and TV Equipment			40	39	276	205
雷达及配套设备制造	Manufacture of Radar and Its Fittings						
视听设备制造	Manufacture of TV Set and Radio Receiver	74	155	1365	1776	962	1438
电子器件制造	Manufacture of Electronic Appliances	14	16	1256	1050	2788	3693
#电子真空器件制造	Manufacture of Electronic Vacuum Appliance	14	10	1	1	4	
半导体分立器件制造	Manufacture of Semiconductor Discreting Appliances		3	30	37	18	12
集成电路制造	Manufacture of Integrate Circuit		1	808	311	1264	1875
电子元件制造	Manufacture of Electronic Components	3	112	1119	1594	1919	2222
其他电子设备制造	Manufacture of Other Electronic Equipment		2	78	75	94	241
计算机及办公设备制造业	**Manufacture of Computers and Office Equipment**	**61**	**113**	**4843**	**2028**	**2610**	**2963**
#计算机整机制造	Manufacture of Entired Computer	58	11	2320	1567	1843	2190
计算机零部件制造	Manufacture of Computer Components and Parts		102	111	64	146	202
计算机外围设备制造	Manufacture of Computer Peripheral Equipment			457	394	555	547
办公设备制造	Manufacture of Office Equipment	3				50	12
医疗仪器设备及仪器仪表制造业	**Manufacture of Medical Equipments and Measuring Instrument**	**4**	**114**	**364**	**677**	**1247**	**1864**
1.医疗仪器设备及器械制造	Manufacture of Medical Equipment and Appliance			169	163	65	145
2.仪器仪表制造	Manufacture of Measuring Instrument	4	114	195	514	1182	1719
信息化学品制造业	**Manufacture of Electronic Chemicals**						**142**

2-1-6 续表 6 continued

行　业	Industry	技术改造经费支出（万元） Expenditure for Technical Renovation (10000 yuan)					
		2000	2005	2012	2013	2014	2015
合计	**Total**	**42477**	**128312**	**454181**	**476872**	**199632**	**374340**
医药制造业	**Manufacture of Medicines**	**8708**	**25435**	**48733**	**56712**	**82505**	**68688**
#化学药品制造	Manufacture of Chemical Medicine	8202	12367	20784	41529	49597	42343
中成药生产	Production of Finished Traditional Chinese Herbal Medicine	506	12899	19595	5510	16375	9404
生物药品制造	Manufacture of Biological Medicine			8035	7573	16412	12348
航空、航天器及设备制造业	**Manufacture of Aircrafts and Spacecrafts and Related Equipment**						
#飞机制造	Manufacture of Airplanes						
航天器制造	Manufacture of Spacecrafts						
电子及通信设备制造业	**Manufacture of Electronic Equipment and Communication Equipment**	**31860**	**85330**	**261747**	**376478**	**86205**	**242825**
#通信设备制造	Manufacture of Communication Equipment	793	3667	15574	120993	3916	34179
#通信系统设备制造	Manufacture of Communication System Equipment	198	10	11957	116891	3855	1399
通信终端设备制造	Manufacture of Communication Terminal Equipment	137	500	3617	4102	61	32781
广播电视设备制造	Manufacture of Broadcasting and TV Equipment		4344	3250	4391	8522	11352
雷达及配套设备制造	Manufacture of Radar and Its Fittings						
视听设备制造	Manufacture of TV Set and Radio Receiver	18570	26584	124933	181145	16011	45405
电子器件制造	Manufacture of Electronic Appliances	7733	20758	38523	10138	14464	89134
#电子真空器件制造	Manufacture of Electronic Vacuum Appliance	4903	11415				
半导体分立器件制造	Manufacture of Semiconductor Discreting Appliances	2830	60	1750	1473	448	259
集成电路制造	Manufacture of Integrate Circuit		619	1342	6482	950	16414
电子元件制造	Manufacture of Electronic Components	4764	27844	61320	57090	37689	38091
其他电子设备制造	Manufacture of Other Electronic Equipment		2132	696	1864	2587	19030
计算机及办公设备制造业	**Manufacture of Computers and Office Equipment**	**157**	**12470**	**92381**	**19792**	**5686**	**3490**
#计算机整机制造	Manufacture of Entired Computer		7834	10197			1949
计算机零部件制造	Manufacture of Computer Components and Parts	157	3702	697	19732		1012
计算机外围设备制造	Manufacture of Computer Peripheral Equipment			81453	60	1402	530
办公设备制造	Manufacture of Office Equipment		935	32			
医疗仪器设备及仪器仪表制造业	**Manufacture of Medical Equipments and Measuring Instrument**	**1752**	**5077**	**51318**	**23890**	**25237**	**22920**
1.医疗仪器设备及器械制造	Manufacture of Medical Equipment and Appliance			9424	1240	5222	370
2.仪器仪表制造	Manufacture of Measuring Instrument	1752	5077	41894	22650	20015	22551
信息化学品制造业	**Manufacture of Electronic Chemicals**						**36417**

2-1-6 续表 7 continued

行 业	Industry	引进技术经费支出（万元） Expenditure for Acquisition of Foreign Technology (10000 yuan)					
		2000	2005	2012	2013	2014	2015
合计	**Total**	**20698**	**129886**	**117755**	**127709**	**134621**	**86627**
医药制造业	**Manufacture of Medicines**	**287**	**3660**	**1309**	**4572**	**8043**	**3252**
#化学药品制造	Manufacture of Chemical Medicine	287	3426	1201	2145	7477	3208
中成药生产	Production of Finished Traditional Chinese Herbal Medicine		234	62	1804		
生物药品制造	Manufacture of Biological Medicine				623	566	44
航空、航天器及设备制造业	**Manufacture of Aircrafts and Spacecrafts and Related Equipment**			**1824**	**2072**		
#飞机制造	Manufacture of Airplanes						
航天器制造	Manufacture of Spacecrafts						
电子及通信设备制造业	**Manufacture of Electronic Equipment and Communication Equipment**	**20136**	**124567**	**108940**	**114647**	**115570**	**72926**
#通信设备制造	Manufacture of Communication Equipment	538	8922	3951	2347	534	
#通信系统设备制造	Manufacture of Communication System Equipment		7	800	700		
通信终端设备制造	Manufacture of Communication Terminal Equipment	77	40	3151	1647	534	
广播电视设备制造	Manufacture of Broadcasting and TV Equipment						
雷达及配套设备制造	Manufacture of Radar and Its Fittings						
视听设备制造	Manufacture of TV Set and Radio Receiver	8160	42020	789	652	37980	7598
电子器件制造	Manufacture of Electronic Appliances	6979	70892	62319	77027	42655	40220
#电子真空器件制造	Manufacture of Electronic Vacuum Appliance	6119	57859				
半导体分立器件制造	Manufacture of Semiconductor Discreting Appliances	860	110				
集成电路制造	Manufacture of Integrate Circuit		11854	6716	4700	1657	149
电子元件制造	Manufacture of Electronic Components	4459	2384	12384	12517	11984	4902
其他电子设备制造	Manufacture of Other Electronic Equipment		350	626			468
计算机及办公设备制造业	**Manufacture of Computers and Office Equipment**	**91**	**1323**	**180**	**791**	**1061**	**809**
#计算机整机制造	Manufacture of Entired Computer						
计算机零部件制造	Manufacture of Computer Components and Parts	9	1273				2
计算机外围设备制造	Manufacture of Computer Peripheral Equipment			180	791	1061	807
办公设备制造	Manufacture of Office Equipment	82	50				
医疗仪器设备及仪器仪表制造业	**Manufacture of Medical Equipments and Measuring Instrument**	**184**	**336**	**5501**	**5628**	**9948**	**4529**
1.医疗仪器设备及器械制造	Manufacture of Medical Equipment and Appliance			436	363	1139	
2.仪器仪表制造	Manufacture of Measuring Instrument	184	336	5065	5265	8809	4529
信息化学品制造业	**Manufacture of Electronic Chemicals**						**5112**

2-1-6 续表 8 continued

行业	Industry	消化吸收经费支出（万元） Expenditure for Assimilation of Technology (10000 yuan)					
		2000	2005	2012	2013	2014	2015
合计	**Total**	**689**	**51254**	**15388**	**24473**	**14816**	**19579**
医药制造业	**Manufacture of Medicines**	**20**	**9825**	**7650**	**7085**	**8664**	**3770**
#化学药品制造	Manufacture of Chemical Medicine	20	9825	7163	7063	8525	3770
中成药生产	Production of Finished Traditional Chinese Herbal Medicine			476	22	94	
生物药品制造	Manufacture of Biological Medicine						
航空、航天器及设备制造业	**Manufacture of Aircrafts and Spacecrafts and Related Equipment**					**118**	
#飞机制造	Manufacture of Airplanes						
航天器制造	Manufacture of Spacecrafts						
电子及通信设备制造业	**Manufacture of Electronic Equipment and Communication Equipment**	**554**	**36335**	**7072**	**15802**	**5014**	**10752**
#通信设备制造	Manufacture of Communication Equipment	3	863	159	38		
#通信系统设备制造	Manufacture of Communication System Equipment		6				
通信终端设备制造	Manufacture of Communication Terminal Equipment	3		159	38		
广播电视设备制造	Manufacture of Broadcasting and TV Equipment		226				
雷达及配套设备制造	Manufacture of Radar and Its Fittings						
视听设备制造	Manufacture of TV Set and Radio Receiver	173	31405	426	266	110	
电子器件制造	Manufacture of Electronic Appliances	326	3838	5144	6929	3742	4967
#电子真空器件制造	Manufacture of Electronic Vacuum Appliance	326	166	140			
半导体分立器件制造	Manufacture of Semiconductor Discreting Appliances						
集成电路制造	Manufacture of Integrate Circuit		3645	50	6929	3742	
电子元件制造	Manufacture of Electronic Components	52	3	1208	995	1081	467
其他电子设备制造	Manufacture of Other Electronic Equipment				1208		
计算机及办公设备制造业	**Manufacture of Computers and Office Equipment**	**115**	**5047**	**1**		**3**	**3806**
#计算机整机制造	Manufacture of Entired Computer		5042			3	3257
计算机零部件制造	Manufacture of Computer Components and Parts	100	5				549
计算机外围设备制造	Manufacture of Computer Peripheral Equipment			1			
办公设备制造	Manufacture of Office Equipment	15					
医疗仪器设备及仪器仪表制造业	**Manufacture of Medical Equipments and Measuring Instrument**		**47**	**663**	**1587**	**1016**	
1.医疗仪器设备及器械制造	Manufacture of Medical Equipment and Appliance				4	558	
2.仪器仪表制造	Manufacture of Measuring Instrument		47	663	1583	458	
信息化学品制造业	**Manufacture of Electronic Chemicals**						**1251**

2-1-6　续表 9　continued

行　业	Industry	购买国内技术经费支出（万元） Expenditure on Purchase of Domestic Technology (10000 yuan)					
		2000	2005	2012	2013	2014	2015
合计	**Total**	**4047**	**13067**	**67286**	**89113**	**56672**	**41052**
医药制造业	**Manufacture of Medicines**	**3158**	**3751**	**17142**	**35371**	**18079**	**12592**
#化学药品制造	Manufacture of Chemical Medicine	2875	3258	15108	29519	12626	11393
中成药生产	Production of Finished Traditional Chinese Herbal Medicine	163	343	1950	5354	3156	1122
生物药品制造	Manufacture of Biological Medicine	120		58	443	634	
航空、航天器及设备制造业	**Manufacture of Aircrafts and Spacecrafts and Related Equipment**						
#飞机制造	Manufacture of Airplanes						
航天器制造	Manufacture of Spacecrafts						
电子及通信设备制造业	**Manufacture of Electronic Equipment and Communication Equipment**	**880**	**9069**	**33252**	**52892**	**38131**	**24600**
#通信设备制造	Manufacture of Communication Equipment		4426	1243	502	2100	889
#通信系统设备制造	Manufacture of Communication System Equipment		4	300	250		
通信终端设备制造	Manufacture of Communication Terminal Equipment		97	943	252	2100	889
广播电视设备制造	Manufacture of Broadcasting and TV Equipment				282	282	
雷达及配套设备制造	Manufacture of Radar and Its Fittings						
视听设备制造	Manufacture of TV Set and Radio Receiver	320	1464	23458	24350	23363	16172
电子器件制造	Manufacture of Electronic Appliances	140	22	4206	3504	4	378
#电子真空器件制造	Manufacture of Electronic Vacuum Appliance	140					
半导体分立器件制造	Manufacture of Semiconductor Discreting Appliances						
集成电路制造	Manufacture of Integrate Circuit				992		
电子元件制造	Manufacture of Electronic Components	420	3157	1636	21020	5318	1097
其他电子设备制造	Manufacture of Other Electronic Equipment						
计算机及办公设备制造业	**Manufacture of Computers and Office Equipment**	**9**	**95**	**2027**	**20**		**3510**
#计算机整机制造	Manufacture of Entired Computer		89				2362
计算机零部件制造	Manufacture of Computer Components and Parts	9	6				550
计算机外围设备制造	Manufacture of Computer Peripheral Equipment			2027	20		598
办公设备制造	Manufacture of Office Equipment						
医疗仪器设备及仪器仪表制造业	**Manufacture of Medical Equipments and Measuring Instrument**		**152**	**14864**	**830**	**462**	
1.医疗仪器设备及器械制造	Manufacture of Medical Equipment and Appliance			93	2	5	
2.仪器仪表制造	Manufacture of Measuring Instrument		152	14770	828	457	
信息化学品制造业	**Manufacture of Electronic Chemicals**						**350**

2-1-6 续表 10 continued

行 业	Industry	研发机构数（个）Number of R&D Institutions in Enterprises (unit)					
		2000	2005	2012	2013	2014	2015
合计	**Total**	**74**	**177**	**740**	**696**	**694**	**857**
医药制造业	**Manufacture of Medicines**	**24**	**36**	**118**	**119**	**117**	**147**
#化学药品制造	Manufacture of Chemical Medicine	14	25	65	67	66	72
中成药生产	Production of Finished Traditional Chinese Herbal Medicine	7	11	29	28	26	44
生物药品制造	Manufacture of Biological Medicine	3		18	15	18	25
航空、航天器及设备制造业	**Manufacture of Aircrafts and Spacecrafts and Related Equipment**		**1**	**1**	**1**	**1**	**1**
#飞机制造	Manufacture of Airplanes		1				
航天器制造	Manufacture of Spacecrafts						
电子及通信设备制造业	**Manufacture of Electronic Equipment and Communication Equipment**	**39**	**91**	**497**	**460**	**459**	**542**
#通信设备制造	Manufacture of Communication Equipment	5	15	36	31	38	54
#通信系统设备制造	Manufacture of Communication System Equipment	1	1	15	12	13	21
通信终端设备制造	Manufacture of Communication Terminal Equipment	3	7	21	19	25	33
广播电视设备制造	Manufacture of Broadcasting and TV Equipment		2	11	24	24	42
雷达及配套设备制造	Manufacture of Radar and Its Fittings						
视听设备制造	Manufacture of TV Set and Radio Receiver	17	26	49	45	37	51
电子器件制造	Manufacture of Electronic Appliances	5	16	93	71	86	101
#电子真空器件制造	Manufacture of Electronic Vacuum Appliance	4	5	1	1		1
半导体分立器件制造	Manufacture of Semiconductor Discreting Appliances	1	2	5	4	5	8
集成电路制造	Manufacture of Integrate Circuit		1	20	9	16	22
电子元件制造	Manufacture of Electronic Components	12	28	259	237	233	242
其他电子设备制造	Manufacture of Other Electronic Equipment		4	22	30	21	23
计算机及办公设备制造业	**Manufacture of Computers and Office Equipment**	**6**	**32**	**72**	**59**	**54**	**77**
#计算机整机制造	Manufacture of Entired Computer	2	2	6	7	7	10
计算机零部件制造	Manufacture of Computer Components and Parts	3	26	26	21	24	28
计算机外围设备制造	Manufacture of Computer Peripheral Equipment			26	25	17	34
办公设备制造	Manufacture of Office Equipment	1	4	5	1	3	1
医疗仪器设备及仪器仪表制造业	**Manufacture of Medical Equipments and Measuring Instrument**	**5**	**17**	**52**	**57**	**63**	**59**
1.医疗仪器设备及器械制造	Manufacture of Medical Equipment and Appliance			18	16	17	18
2.仪器仪表制造	Manufacture of Measuring Instrument	5	17	34	41	46	41
信息化学品制造业	**Manufacture of Electronic Chemicals**						**31**

2-1-6　续表 11　continued

行　　业	Industry	机构人员（人） Personnel in the R&D Institutions (person)					
		2000	2005	2012	2013	2014	2015
合计	**Total**	**6846**	**21584**	**74591**	**74388**	**78980**	**108528**
医药制造业	**Manufacture of Medicines**	**772**	**952**	**10267**	**11014**	**10213**	**11328**
#化学药品制造	Manufacture of Chemical Medicine	466	660	5915	6459	6530	6995
中成药生产	Production of Finished Traditional Chinese Herbal Medicine	129	292	1806	1881	1720	1990
生物药品制造	Manufacture of Biological Medicine	177		1809	1609	1289	1796
航空、航天器及设备制造业	**Manufacture of Aircrafts and Spacecrafts and Related Equipment**		**34**	**115**	**115**	**7**	**732**
#飞机制造	Manufacture of Airplanes		34				
航天器制造	Manufacture of Spacecrafts						
电子及通信设备制造业	**Manufacture of Electronic Equipment and Communication Equipment**	**2971**	**8952**	**48084**	**50957**	**54678**	**80362**
#通信设备制造	Manufacture of Communication Equipment	383	2392	5137	8891	13409	26294
#通信系统设备制造	Manufacture of Communication System Equipment	3	59	2847	6930	9590	15499
通信终端设备制造	Manufacture of Communication Terminal Equipment	345	388	2290	1961	3819	10795
广播电视设备制造	Manufacture of Broadcasting and TV Equipment		60	789	1126	1234	1507
雷达及配套设备制造	Manufacture of Radar and Its Fittings						
视听设备制造	Manufacture of TV Set and Radio Receiver	1369	3759	7812	6497	7486	7610
电子器件制造	Manufacture of Electronic Appliances	219	1230	8552	9043	9936	17545
#电子真空器件制造	Manufacture of Electronic Vacuum Appliance	185	184	72	63		25
半导体分立器件制造	Manufacture of Semiconductor Discreting Appliances	34	254	134	142	160	256
集成电路制造	Manufacture of Integrate Circuit		12	2367	1726	1954	3523
电子元件制造	Manufacture of Electronic Components	1000	1328	22436	20815	18830	20873
其他电子设备制造	Manufacture of Other Electronic Equipment		183	1395	2717	2322	3993
计算机及办公设备制造业	**Manufacture of Computers and Office Equipment**	**2955**	**10044**	**11838**	**8213**	**8679**	**9766**
#计算机整机制造	Manufacture of Entired Computer	2247	302	2335	3869	4480	5079
计算机零部件制造	Manufacture of Computer Components and Parts	572	9525	2440	1362	1359	1703
计算机外围设备制造	Manufacture of Computer Peripheral Equipment			3881	2748	2381	2525
办公设备制造	Manufacture of Office Equipment	136	217	228	86	118	58
医疗仪器设备及仪器仪表制造业	**Manufacture of Medical Equipments and Measuring Instrument**	**148**	**1602**	**4287**	**4089**	**5403**	**5056**
1.医疗仪器设备及器械制造	Manufacture of Medical Equipment and Appliance			694	534	666	932
2.仪器仪表制造	Manufacture of Measuring Instrument	148	1602	3593	3555	4737	4124
信息化学品制造业	**Manufacture of Electronic Chemicals**						**1284**

2-1-6 续表 12 continued

行 业	Industry	机构经费支出（万元） Expenditure in the R&D Institutions (10000 yuan)					
		2000	2005	2012	2013	2014	2015
合计	**Total**	**142452**	**314620**	**1813957**	**1888652**	**2165082**	**2819047**
医药制造业	**Manufacture of Medicines**	**5239**	**20590**	**253531**	**259870**	**282684**	**325152**
#化学药品制造	Manufacture of Chemical Medicine	3772	15708	144211	166499	204311	217789
中成药生产	Production of Finished Traditional Chinese Herbal Medicine	650	4882	32496	34321	34463	26192
生物药品制造	Manufacture of Biological Medicine	817		63232	39583	33424	68964
航空、航天器及设备制造业	**Manufacture of Aircrafts and Spacecrafts and Related Equipment**		**536**	**9856**	**5628**	**5556**	**10281**
#飞机制造	Manufacture of Airplanes		536				
航天器制造	Manufacture of Spacecrafts						
电子及通信设备制造业	**Manufacture of Electronic Equipment and Communication Equipment**	**56750**	**201132**	**1030447**	**1273724**	**1452515**	**1903057**
#通信设备制造	Manufacture of Communication Equipment	2546	45460	86907	290088	367090	563326
#通信系统设备制造	Manufacture of Communication System Equipment	5	335	30501	245711	293032	363638
通信终端设备制造	Manufacture of Communication Terminal Equipment	690	4553	56406	44378	74058	199688
广播电视设备制造	Manufacture of Broadcasting and TV Equipment		2055	22008	30268	33226	41475
雷达及配套设备制造	Manufacture of Radar and Its Fittings						
视听设备制造	Manufacture of TV Set and Radio Receiver	30480	112339	159262	178322	267974	279318
电子器件制造	Manufacture of Electronic Appliances	12532	22249	306238	288468	327463	388647
#电子真空器件制造	Manufacture of Electronic Vacuum Appliance	11764	11107	1461	856		670
半导体分立器件制造	Manufacture of Semiconductor Discreting Appliances	768	828	6806	3934	6806	9100
集成电路制造	Manufacture of Integrate Circuit		326	78042	42990	98065	114513
电子元件制造	Manufacture of Electronic Components	11192	18319	401771	405661	401423	394824
其他电子设备制造	Manufacture of Other Electronic Equipment		710	16050	47942	25410	170643
计算机及办公设备制造业	**Manufacture of Computers and Office Equipment**	**79157**	**74073**	**454214**	**286683**	**336542**	**412430**
#计算机整机制造	Manufacture of Entired Computer	73937	6347	128365	119414	203640	292100
计算机零部件制造	Manufacture of Computer Components and Parts	4983	64976	32194	21960	25835	33885
计算机外围设备制造	Manufacture of Computer Peripheral Equipment			185666	140384	98448	80409
办公设备制造	Manufacture of Office Equipment	237	2749	1681	1129	3003	762
医疗仪器设备及仪器仪表制造业	**Manufacture of Medical Equipments and Measuring Instrument**	**1307**	**18289**	**65907**	**62748**	**87786**	**94404**
1.医疗仪器设备及器械制造	Manufacture of Medical Equipment and Appliance			13432	10672	12959	14184
2.仪器仪表制造	Manufacture of Measuring Instrument	1307	18289	52475	52076	74827	80221
信息化学品制造业	**Manufacture of Electronic Chemicals**						**73724**

2-1-7 大中型外资企业分行业R&D及相关活动情况

Statistics on R&D and Related Activities of Foreign Funded Enterprises in Large and Medium-sized Enterprises by Region

行业	Industry	R&D人员折合全时当量（人年） Full-time Equivalent of R&D Personnel (man-year)					
		2000	2005	2012	2013	2014	2015
合计	**Total**	**9375**	**33860**	**112477**	**116260**	**108139**	**92417**
医药制造业	**Manufacture of Medicines**	**1123**	**2424**	**10136**	**13232**	**14102**	**11589**
#化学药品制造	Manufacture of Chemical Medicine	665	1894	7525	10000	10223	8168
中成药生产	Production of Finished Traditional Chinese Herbal Medicine	332	333	939	1575	1629	1616
生物药品制造	Manufacture of Biological Medicine	109	121	1138	1239	1471	1176
航空、航天器及设备制造业	**Manufacture of Aircrafts and Spacecrafts and Related Equipment**	**884**	**33**	**621**	**1147**	**764**	**644**
#飞机制造	Manufacture of Airplanes	884	33	13	71	178	86
航天器制造	Manufacture of Spacecrafts						
电子及通信设备制造业	**Manufacture of Electronic Equipment and Communication Equipment**	**6258**	**23056**	**59732**	**60694**	**61978**	**52355**
#通信设备制造	Manufacture of Communication Equipment	3287	8964	10452	13179	11818	10278
#通信系统设备制造	Manufacture of Communication System Equipment	2394	4353	4461	5473	6249	4546
通信终端设备制造	Manufacture of Communication Terminal Equipment	83	557	5991	7707	5570	5732
广播电视设备制造	Manufacture of Broadcasting and TV Equipment		200	662	1933	1179	1051
雷达及配套设备制造	Manufacture of Radar and Its Fittings					4	
视听设备制造	Manufacture of TV Set and Radio Receiver	617	1726	2410	3536	3916	3417
电子器件制造	Manufacture of Electronic Appliances	702	5460	25366	17284	18936	16049
#电子真空器件制造	Manufacture of Electronic Vacuum Appliance	120	597	57	143	10	39
半导体分立器件制造	Manufacture of Semiconductor Discreting Appliances	157	277	1443	1080	1212	985
集成电路制造	Manufacture of Integrate Circuit	425	2657	10630	7084	8393	6918
电子元件制造	Manufacture of Electronic Components	578	6311	17182	18393	17568	18171
其他电子设备制造	Manufacture of Other Electronic Equipment	1075	395	1620	4591	5944	1553
计算机及办公设备制造业	**Manufacture of Computers and Office Equipment**	**549**	**7254**	**33903**	**32730**	**21701**	**18775**
#计算机整机制造	Manufacture of Entired Computer	138	2771	11076	11480	10780	10654
计算机零部件制造	Manufacture of Computer Components and Parts	332	3670	17128	14765	4514	1992
计算机外围设备制造	Manufacture of Computer Peripheral Equipment			1818	1408	996	386
办公设备制造	Manufacture of Office Equipment	79	814	865	1236	1094	1176
医疗仪器设备及仪器仪表制造业	**Manufacture of Medical Equipments and Measuring Instrument**	**562**	**1093**	**8084**	**8455**	**9595**	**7987**
1.医疗仪器设备及器械制造	Manufacture of Medical Equipment and Appliance	141	466	2280	2259	2567	2575
2.仪器仪表制造	Manufacture of Measuring Instrument	420	627	5804	6196	7028	5412
信息化学品制造业	**Manufacture of Electronic Chemicals**						**1069**

2-1-7 续表 1 continued

行 业	Industry	R&D经费内部支出（万元） Intramural Expenditure on R&D (10000 yuan)					
		2000	2005	2012	2013	2014	2015
合计	**Total**	**202661**	**1019163**	**3242284**	**3517391**	**3528319**	**3533911**
医药制造业	**Manufacture of Medicines**	**24491**	**74443**	**334158**	**403182**	**433100**	**436863**
#化学药品制造	Manufacture of Chemical Medicine	18884	59703	256276	297316	319096	336846
中成药生产	Production of Finished Traditional Chinese Herbal Medicine	3549	6344	36727	50091	52045	48723
生物药品制造	Manufacture of Biological Medicine	1915	3807	26690	44000	45072	33583
航空、航天器及设备制造业	**Manufacture of Aircrafts and Spacecrafts and Related Equipment**	**5337**	**2292**	**4215**	**29912**	**33328**	**42478**
#飞机制造	Manufacture of Airplanes	5337	2292	395	14718	18285	28435
航天器制造	Manufacture of Spacecrafts						
电子及通信设备制造业	**Manufacture of Electronic Equipment and Communication Equipment**	**160130**	**773302**	**1912579**	**2137315**	**2170001**	**2192331**
#通信设备制造	Manufacture of Communication Equipment	100956	340120	402748	507560	604488	521127
#通信系统设备制造	Manufacture of Communication System Equipment	67578	170920	151980	186043	228814	228096
通信终端设备制造	Manufacture of Communication Terminal Equipment	2273	6544	250767	321518	375674	293031
广播电视设备制造	Manufacture of Broadcasting and TV Equipment		4126	28150	64078	26961	47383
雷达及配套设备制造	Manufacture of Radar and Its Fittings					193	
视听设备制造	Manufacture of TV Set and Radio Receiver	23021	76941	115804	196721	126609	108054
电子器件制造	Manufacture of Electronic Appliances	18790	203766	788723	662739	735805	879573
#电子真空器件制造	Manufacture of Electronic Vacuum Appliance	9807	14497	1606	3601	586	1430
半导体分立器件制造	Manufacture of Semiconductor Discreting Appliances	193	9105	37743	24337	38901	39538
集成电路制造	Manufacture of Integrate Circuit	8789	117939	302893	264628	322956	387525
电子元件制造	Manufacture of Electronic Components	12639	142061	400437	394300	409333	462092
其他电子设备制造	Manufacture of Other Electronic Equipment	4725	6288	84987	234006	188054	87718
计算机及办公设备制造业	**Manufacture of Computers and Office Equipment**	**6859**	**135454**	**738559**	**648152**	**570860**	**467660**
#计算机整机制造	Manufacture of Entired Computer	1091	23780	359829	328701	321708	277279
计算机零部件制造	Manufacture of Computer Components and Parts	4708	100290	255935	196215	114376	43844
计算机外围设备制造	Manufacture of Computer Peripheral Equipment			39085	20959	20921	20748
办公设备制造	Manufacture of Office Equipment	1060	11384	29560	33233	35876	35669
医疗仪器设备及仪器仪表制造业	**Manufacture of Medical Equipments and Measuring Instrument**	**5843**	**33672**	**252772**	**298830**	**321031**	**335049**
1.医疗仪器设备及器械制造	Manufacture of Medical Equipment and Appliance	2588	21527	85741	114207	112682	139739
2.仪器仪表制造	Manufacture of Measuring Instrument	3255	12145	167030	184624	208349	195310
信息化学品制造业	**Manufacture of Electronic Chemicals**						**59531**

2-1-7 续表 2 continued

行 业	Industry	新产品开发经费支出（万元）Expenditure on New Products Development (10000 yuan)					
		2000	2005	2012	2013	2014	2015
合计	**Total**	**222028**	**1216386**	**4672985**	**4488169**	**4664762**	**4271899**
医药制造业	**Manufacture of Medicines**	**23945**	**90178**	**334826**	**386912**	**405689**	**371664**
#化学药品制造	Manufacture of Chemical Medicine	15784	70318	250345	272977	270497	272687
中成药生产	Production of Finished Traditional Chinese Herbal Medicine	5701	10997	34400	42142	47758	42655
生物药品制造	Manufacture of Biological Medicine	2315	4282	35415	51507	68235	37506
航空、航天器及设备制造业	**Manufacture of Aircrafts and Spacecrafts and Related Equipment**	**5337**	**4800**	**15051**	**39310**	**57776**	**51549**
#飞机制造	Manufacture of Airplanes	5337	4800	4399	13636	29088	26035
航天器制造	Manufacture of Spacecrafts						
电子及通信设备制造业	**Manufacture of Electronic Equipment and Communication Equipment**	**162410**	**877314**	**2696219**	**2708247**	**2822246**	**2770754**
#通信设备制造	Manufacture of Communication Equipment	98600	406031	638470	667931	736999	608548
#通信系统设备制造	Manufacture of Communication System Equipment	60236	160631	284063	277864	319764	321106
通信终端设备制造	Manufacture of Communication Terminal Equipment	8428	9159	354407	390067	417235	287442
广播电视设备制造	Manufacture of Broadcasting and TV Equipment		4961	46758	79224	51961	78695
雷达及配套设备制造	Manufacture of Radar and Its Fittings					193	214
视听设备制造	Manufacture of TV Set and Radio Receiver	25416	102273	161719	252714	160193	131636
电子器件制造	Manufacture of Electronic Appliances	24041	194714	989451	826460	936242	1087840
#电子真空器件制造	Manufacture of Electronic Vacuum Appliance	13241	18863	1853	2965	1874	2141
半导体分立器件制造	Manufacture of Semiconductor Discreting Appliances	193	11959	38020	31580	36007	41224
集成电路制造	Manufacture of Integrate Circuit	10608	88306	395282	347271	432879	451300
电子元件制造	Manufacture of Electronic Components	14352	162535	558475	465256	520688	518677
其他电子设备制造	Manufacture of Other Electronic Equipment		6800	189320	308250	329321	236658
计算机及办公设备制造业	**Manufacture of Computers and Office Equipment**	**21658**	**205341**	**1289967**	**984108**	**965851**	**601383**
#计算机整机制造	Manufacture of Entired Computer	516	43798	638240	519272	573928	374898
计算机零部件制造	Manufacture of Computer Components and Parts	17626	134773	477854	306677	231188	63032
计算机外围设备制造	Manufacture of Computer Peripheral Equipment			58761	31954	32859	23520
办公设备制造	Manufacture of Office Equipment	3516	26770	40361	45208	42625	40569
医疗仪器设备及仪器仪表制造业	**Manufacture of Medical Equipments and Measuring Instrument**	**8679**	**38754**	**336920**	**369592**	**413201**	**418256**
1.医疗仪器设备及器械制造	Manufacture of Medical Equipment and Appliance	2969	19976	123719	145822	162553	180919
2.仪器仪表制造	Manufacture of Measuring Instrument	5710	18778	213201	223770	250648	237337
信息化学品制造业	**Manufacture of Electronic Chemicals**						**58293**

2-1-7 续表 3 continued

行　业	Industry	新产品销售收入（万元） Sales Revenue of New Products (10000 yuan)					
		2000	2005	2012	2013	2014	2015
合计	**Total**	**10270862**	**27716836**	**107896980**	**121378698**	**114338658**	**99492422**
医药制造业	**Manufacture of Medicines**	**273340**	**741324**	**3602953**	**4001660**	**4702503**	**4876949**
#化学药品制造	Manufacture of Chemical Medicine	214036	658184	2901559	3226567	3938720	4156155
中成药生产	Production of Finished Traditional Chinese Herbal Medicine	28409	73537	389482	463989	508689	264792
生物药品制造	Manufacture of Biological Medicine	23358	6803	117057	101438	157165	255264
航空、航天器及设备制造业	**Manufacture of Aircrafts and Spacecrafts and Related Equipment**		**4933**	**65357**	**98046**	**2842184**	**4048317**
#飞机制造	Manufacture of Airplanes		4933	34709	85938	2449920	3576745
航天器制造	Manufacture of Spacecrafts						
电子及通信设备制造业	**Manufacture of Electronic Equipment and Communication Equipment**	**7288157**	**18606168**	**51116067**	**72061172**	**63204540**	**56611154**
#通信设备制造	Manufacture of Communication Equipment	4066420	10521050	25593331	39059702	29738767	25582134
#通信系统设备制造	Manufacture of Communication System Equipment	141393	2156903	1638013	2809587	1645750	1659222
通信终端设备制造	Manufacture of Communication Terminal Equipment	821547	520710	23955318	36250115	28093017	23922913
广播电视设备制造	Manufacture of Broadcasting and TV Equipment		10942	394139	1108005	303809	539006
雷达及配套设备制造	Manufacture of Radar and Its Fittings						
视听设备制造	Manufacture of TV Set and Radio Receiver	2046575	3346729	4193118	10688835	5225851	4845606
电子器件制造	Manufacture of Electronic Appliances	866693	2890331	11538746	10031072	14432022	11856463
#电子真空器件制造	Manufacture of Electronic Vacuum Appliance	617579	480293	429100	451208	50271	61863
半导体分立器件制造	Manufacture of Semiconductor Discreting Appliances	11301	33110	159713	157124	160122	236575
集成电路制造	Manufacture of Integrate Circuit	237813	1756438	2558060	2565071	3690972	2810961
电子元件制造	Manufacture of Electronic Components	308469	1767376	7855523	7148744	8525994	9214357
其他电子设备制造	Manufacture of Other Electronic Equipment		69740	269873	2636614	3695645	2970800
计算机及办公设备制造业	**Manufacture of Computers and Office Equipment**	**2556323**	**7939540**	**50991474**	**43071513**	**41122835**	**29394717**
#计算机整机制造	Manufacture of Entired Computer	117812	4740700	27851304	18968867	21153585	26226034
计算机零部件制造	Manufacture of Computer Components and Parts	2370475	2894574	21000498	21168911	17480237	485513
计算机外围设备制造	Manufacture of Computer Peripheral Equipment			861455	973920	327779	271734
办公设备制造	Manufacture of Office Equipment	68037	304266	684741	926772	904006	902995
医疗仪器设备及仪器仪表制造业	**Manufacture of Medical Equipments and Measuring Instrument**	**153043**	**424870**	**2121127**	**2146307**	**2466597**	**2644611**
1.医疗仪器设备及器械制造	Manufacture of Medical Equipment and Appliance	21594	145078	230924	152179	238064	578914
2.仪器仪表制造	Manufacture of Measuring Instrument	131449	279793	1890202	1994129	2228533	2065698
信息化学品制造业	**Manufacture of Electronic Chemicals**						**1916675**

2-1-7　续表 4　continued

行　业	Industry	专利申请数（件） Patent Applications (piece)					
		2000	2005	2012	2013	2014	2015
合计	**Total**	**131**	**2833**	**19171**	**23839**	**24094**	**19303**
医药制造业	**Manufacture of Medicines**	**48**	**459**	**1050**	**1136**	**1444**	**1006**
#化学药品制造	Manufacture of Chemical Medicine	13	188	588	684	607	573
中成药生产	Production of Finished Traditional Chinese Herbal Medicine	29	195	100	84	109	147
生物药品制造	Manufacture of Biological Medicine	6	71	245	136	445	195
航空、航天器及设备制造业	**Manufacture of Aircrafts and Spacecrafts and Related Equipment**			**76**	**72**	**64**	**81**
#飞机制造	Manufacture of Airplanes			38	23	24	29
航天器制造	Manufacture of Spacecrafts						
电子及通信设备制造业	**Manufacture of Electronic Equipment and Communication Equipment**	**47**	**1998**	**13253**	**15723**	**16654**	**15344**
#通信设备制造	Manufacture of Communication Equipment	40	519	4135	5045	4639	3903
#通信系统设备制造	Manufacture of Communication System Equipment	37	106	459	411	424	492
通信终端设备制造	Manufacture of Communication Terminal Equipment	1	53	3676	4634	4215	3411
广播电视设备制造	Manufacture of Broadcasting and TV Equipment		39	366	775	352	259
雷达及配套设备制造	Manufacture of Radar and Its Fittings						
视听设备制造	Manufacture of TV Set and Radio Receiver	5	850	979	717	349	194
电子器件制造	Manufacture of Electronic Appliances	2	306	4868	5204	8644	8771
#电子真空器件制造	Manufacture of Electronic Vacuum Appliance		1	41	49	8	1
半导体分立器件制造	Manufacture of Semiconductor Discreting Appliances			84	56	78	135
集成电路制造	Manufacture of Integrate Circuit	2	249	1582	1795	2635	2259
电子元件制造	Manufacture of Electronic Components		281	2247	3009	1712	1341
其他电子设备制造	Manufacture of Other Electronic Equipment		3	366	628	499	460
计算机及办公设备制造业	**Manufacture of Computers and Office Equipment**	**30**	**146**	**3499**	**4893**	**3332**	**996**
#计算机整机制造	Manufacture of Entired Computer		6	2206	3250	1477	376
计算机零部件制造	Manufacture of Computer Components and Parts	28	140	489	923	1145	154
计算机外围设备制造	Manufacture of Computer Peripheral Equipment			262	284	264	71
办公设备制造	Manufacture of Office Equipment	2		169	166	146	150
医疗仪器设备及仪器仪表制造业	**Manufacture of Medical Equipments and Measuring Instrument**	**6**	**230**	**1293**	**2015**	**2600**	**1756**
1.医疗仪器设备及器械制造	Manufacture of Medical Equipment and Appliance	2	154	502	536	556	682
2.仪器仪表制造	Manufacture of Measuring Instrument	4	76	791	1479	2044	1074
信息化学品制造业	**Manufacture of Electronic Chemicals**						**120**

2-1-7 续表 5 continued

行 业	Industry	有效发明专利数（件） Number of Patents In Force (piece)					
		2000	2005	2012	2013	2014	2015
合计	**Total**	**170**	**1194**	**18995**	**21084**	**23059**	**24414**
医药制造业	**Manufacture of Medicines**	**67**	**252**	**1179**	**1345**	**2210**	**2077**
#化学药品制造	Manufacture of Chemical Medicine	5	56	858	929	1254	1329
中成药生产	Production of Finished Traditional Chinese Herbal Medicine	61	122	132	190	491	385
生物药品制造	Manufacture of Biological Medicine	1	9	79	160	374	266
航空、航天器及设备制造业	**Manufacture of Aircrafts and Spacecrafts and Related Equipment**			**22**	**31**	**58**	**134**
#飞机制造	Manufacture of Airplanes				23	43	102
航天器制造	Manufacture of Spacecrafts						
电子及通信设备制造业	**Manufacture of Electronic Equipment and Communication Equipment**	**89**	**733**	**8496**	**8931**	**11955**	**18597**
#通信设备制造	Manufacture of Communication Equipment	87	173	1750	1731	2223	6343
#通信系统设备制造	Manufacture of Communication System Equipment	82	72	479	655	890	1488
通信终端设备制造	Manufacture of Communication Terminal Equipment	1	11	1271	1076	1333	4855
广播电视设备制造	Manufacture of Broadcasting and TV Equipment		3	244	786	885	1067
雷达及配套设备制造	Manufacture of Radar and Its Fittings						
视听设备制造	Manufacture of TV Set and Radio Receiver		129	923	398	236	433
电子器件制造	Manufacture of Electronic Appliances	2	367	3350	3580	5437	7481
#电子真空器件制造	Manufacture of Electronic Vacuum Appliance		251	110	78		15
半导体分立器件制造	Manufacture of Semiconductor Discreting Appliances		2	52	51	60	189
集成电路制造	Manufacture of Integrate Circuit	2	98	1271	1290	1908	2159
电子元件制造	Manufacture of Electronic Components		60	1495	1250	1866	1910
其他电子设备制造	Manufacture of Other Electronic Equipment		1	331	810	754	690
计算机及办公设备制造业	**Manufacture of Computers and Office Equipment**	**4**	**163**	**8613**	**9651**	**7061**	**1450**
#计算机整机制造	Manufacture of Entired Computer		1	7333	8028	5369	214
计算机零部件制造	Manufacture of Computer Components and Parts	2	162	645	765	704	225
计算机外围设备制造	Manufacture of Computer Peripheral Equipment			171	132	171	202
办公设备制造	Manufacture of Office Equipment	2		18	163	160	114
医疗仪器设备及仪器仪表制造业	**Manufacture of Medical Equipments and Measuring Instrument**	**10**	**46**	**685**	**1126**	**1775**	**1977**
1.医疗仪器设备及器械制造	Manufacture of Medical Equipment and Appliance	6	30	271	445	843	1113
2.仪器仪表制造	Manufacture of Measuring Instrument	4	16	414	681	932	864
信息化学品制造业	**Manufacture of Electronic Chemicals**						**179**

2-1-7 续表 6 continued

行 业	Industry	技术改造经费支出（万元） Expenditure for Technical Renovation (10000 yuan)					
		2000	2005	2012	2013	2014	2015
合计	**Total**	**80420**	**278819**	**385046**	**323658**	**288395**	**403944**
医药制造业	**Manufacture of Medicines**	**15978**	**52192**	**100845**	**77313**	**68248**	**95191**
#化学药品制造	Manufacture of Chemical Medicine	8480	29971	86947	68070	60778	68035
中成药生产	Production of Finished Traditional Chinese Herbal Medicine	6498	20560	8956	7686	4795	3326
生物药品制造	Manufacture of Biological Medicine	1000	1200	2654	211	527	17569
航空、航天器及设备制造业	**Manufacture of Aircrafts and Spacecrafts and Related Equipment**		**4564**		**4513**	**4735**	**8476**
#飞机制造	Manufacture of Airplanes		4564		4513	4735	6908
航天器制造	Manufacture of Spacecrafts						
电子及通信设备制造业	**Manufacture of Electronic Equipment and Communication Equipment**	**52920**	**189421**	**203148**	**173303**	**178901**	**258179**
#通信设备制造	Manufacture of Communication Equipment	32151	20815	7712	23344	12707	16833
#通信系统设备制造	Manufacture of Communication System Equipment	3772	4737	1776	18461	8636	5062
通信终端设备制造	Manufacture of Communication Terminal Equipment	28286	501	5935	4883	4071	11771
广播电视设备制造	Manufacture of Broadcasting and TV Equipment		30			2100	342
雷达及配套设备制造	Manufacture of Radar and Its Fittings						
视听设备制造	Manufacture of TV Set and Radio Receiver	4894	28486	33295	2386	4579	9901
电子器件制造	Manufacture of Electronic Appliances	14908	49460	92521	84772	123523	144404
#电子真空器件制造	Manufacture of Electronic Vacuum Appliance	6185	6733	508			
半导体分立器件制造	Manufacture of Semiconductor Discreting Appliances	8000	1822	5439	255	1627	1177
集成电路制造	Manufacture of Integrate Circuit	723	32097	27073	38810	79552	82000
电子元件制造	Manufacture of Electronic Components	967	90508	48711	49789	29677	76036
其他电子设备制造	Manufacture of Other Electronic Equipment		121	1342	1432		
计算机及办公设备制造业	**Manufacture of Computers and Office Equipment**	**9417**	**26410**	**14636**	**13475**	**11042**	**12233**
#计算机整机制造	Manufacture of Entired Computer	516	575		4846		8655
计算机零部件制造	Manufacture of Computer Components and Parts	8902	24903	10244	3310	7230	
计算机外围设备制造	Manufacture of Computer Peripheral Equipment			1813	1966	2646	189
办公设备制造	Manufacture of Office Equipment		932	2578	254	1118	2453
医疗仪器设备及仪器仪表制造业	**Manufacture of Medical Equipments and Measuring Instrument**	**2105**	**6233**	**66415**	**55054**	**25469**	**22690**
1.医疗仪器设备及器械制造	Manufacture of Medical Equipment and Appliance	1213	663	3382	1831	7515	3908
2.仪器仪表制造	Manufacture of Measuring Instrument	892	5570	63033	53223	17954	18781
信息化学品制造业	**Manufacture of Electronic Chemicals**						**7175**

2-1-7 续表 7 continued

行业	Industry	引进技术经费支出（万元） Expenditure for Acquisition of Foreign Technology (10000 yuan)					
		2000	2005	2012	2013	2014	2015
合计	**Total**	**213961**	**622099**	**344551**	**271601**	**257612**	**160264**
医药制造业	**Manufacture of Medicines**	**8898**	**9383**	**10602**	**10224**	**7259**	**3727**
#化学药品制造	Manufacture of Chemical Medicine	2140	9183	10522	9166	6909	3492
中成药生产	Production of Finished Traditional Chinese Herbal Medicine	400	200				
生物药品制造	Manufacture of Biological Medicine	6233			428		235
航空、航天器及设备制造业	**Manufacture of Aircrafts and Spacecrafts and Related Equipment**		**2950**		**100**		**32**
#飞机制造	Manufacture of Airplanes		2950				
航天器制造	Manufacture of Spacecrafts						
电子及通信设备制造业	**Manufacture of Electronic Equipment and Communication Equipment**	**130248**	**506772**	**240615**	**180568**	**177556**	**108691**
#通信设备制造	Manufacture of Communication Equipment	67737	181256	36967	32924	55850	5811
#通信系统设备制造	Manufacture of Communication System Equipment	20953	6852		2914	1770	2005
通信终端设备制造	Manufacture of Communication Terminal Equipment	45569		36967	30010	54080	3806
广播电视设备制造	Manufacture of Broadcasting and TV Equipment		533	2446	2079	2203	2311
雷达及配套设备制造	Manufacture of Radar and Its Fittings						
视听设备制造	Manufacture of TV Set and Radio Receiver	26179	107761	49140	52685	53008	51704
电子器件制造	Manufacture of Electronic Appliances	28850	122975	88841	24817	26930	10364
#电子真空器件制造	Manufacture of Electronic Vacuum Appliance	19300	17723	7018			
半导体分立器件制造	Manufacture of Semiconductor Discreting Appliances			4896	674	1366	794
集成电路制造	Manufacture of Integrate Circuit	9549	44195	6798	7707	6145	3228
电子元件制造	Manufacture of Electronic Components	7233	93128	63218	66159	37932	21415
其他电子设备制造	Manufacture of Other Electronic Equipment	250	1120			393	216
计算机及办公设备制造业	**Manufacture of Computers and Office Equipment**	**72256**	**102994**	**22498**	**11811**	**2976**	**2488**
#计算机整机制造	Manufacture of Entired Computer	31405	32607				
计算机零部件制造	Manufacture of Computer Components and Parts	40540	50593	2506	2994	2976	2488
计算机外围设备制造	Manufacture of Computer Peripheral Equipment			16116	8336		
办公设备制造	Manufacture of Office Equipment	310	19794	3876	482		
医疗仪器设备及仪器仪表制造业	**Manufacture of Medical Equipments and Measuring Instrument**	**2559**		**70834**	**68898**	**69821**	**45326**
1.医疗仪器设备及器械制造	Manufacture of Medical Equipment and Appliance	180		59820	48784	37903	34616
2.仪器仪表制造	Manufacture of Measuring Instrument	2379		11014	20114	31919	10709
信息化学品制造业	**Manufacture of Electronic Chemicals**						

2-1-7 续表 8 continued

行 业	Industry	消化吸收经费支出（万元） Expenditure for Assimilation of Technology (10000 yuan)					
		2000	2005	2012	2013	2014	2015
合计	**Total**	**11736**	**192020**	**9723**	**20669**	**48305**	**36940**
医药制造业	**Manufacture of Medicines**	**961**	**3405**	**1894**	**5986**	**6727**	**788**
#化学药品制造	Manufacture of Chemical Medicine	960	3049	892	5093	5954	721
中成药生产	Production of Finished Traditional Chinese Herbal Medicine	1	356	842	627	727	
生物药品制造	Manufacture of Biological Medicine						22
航空、航天器及设备制造业	**Manufacture of Aircrafts and Spacecrafts and Related Equipment**						
#飞机制造	Manufacture of Airplanes						
航天器制造	Manufacture of Spacecrafts						
电子及通信设备制造业	**Manufacture of Electronic Equipment and Communication Equipment**	**7236**	**182791**	**6724**	**8976**	**39265**	**35328**
#通信设备制造	Manufacture of Communication Equipment	1839	165488	347	462	734	78
#通信系统设备制造	Manufacture of Communication System Equipment	1088		190	6		
通信终端设备制造	Manufacture of Communication Terminal Equipment	652		157	456	734	78
广播电视设备制造	Manufacture of Broadcasting and TV Equipment			841	952	1095	1102
雷达及配套设备制造	Manufacture of Radar and Its Fittings						
视听设备制造	Manufacture of TV Set and Radio Receiver	5219	1889	2041	392	28041	30596
电子器件制造	Manufacture of Electronic Appliances	78	11716	2061	4873	4276	2849
#电子真空器件制造	Manufacture of Electronic Vacuum Appliance				1540	1356	1320
半导体分立器件制造	Manufacture of Semiconductor Discreting Appliances			936	156		
集成电路制造	Manufacture of Integrate Circuit	78	730	925	1035	650	1500
电子元件制造	Manufacture of Electronic Components	100	3698	1431	2296	2513	702
其他电子设备制造	Manufacture of Other Electronic Equipment						
计算机及办公设备制造业	**Manufacture of Computers and Office Equipment**	**3197**	**3171**		**2642**		
#计算机整机制造	Manufacture of Entired Computer						
计算机零部件制造	Manufacture of Computer Components and Parts	3197	1371				
计算机外围设备制造	Manufacture of Computer Peripheral Equipment						
办公设备制造	Manufacture of Office Equipment		1800		2642		
医疗仪器设备及仪器仪表制造业	**Manufacture of Medical Equipments and Measuring Instrument**	**342**	**2653**	**1104**	**3065**	**2313**	**824**
1.医疗仪器设备及器械制造	Manufacture of Medical Equipment and Appliance	160		21		635	516
2.仪器仪表制造	Manufacture of Measuring Instrument	182	2653	1083	3065	1678	308
信息化学品制造业	**Manufacture of Electronic Chemicals**						

2-1-7 续表 9 continued

行业	Industry	购买国内技术经费支出（万元） Expenditure on Purchase of Domestic Technology (10000 yuan)					
		2000	2005	2012	2013	2014	2015
合计	**Total**	**4379**	**13159**	**24072**	**30527**	**70542**	**27049**
医药制造业	**Manufacture of Medicines**	**1557**	**6808**	**16314**	**20801**	**19433**	**24059**
#化学药品制造	Manufacture of Chemical Medicine	562	5598	12906	18146	15420	22067
中成药生产	Production of Finished Traditional Chinese Herbal Medicine	980	918	3344	1844	3584	1537
生物药品制造	Manufacture of Biological Medicine	15	292		470	373	384
航空、航天器及设备制造业	**Manufacture of Aircrafts and Spacecrafts and Related Equipment**						
#飞机制造	Manufacture of Airplanes						
航天器制造	Manufacture of Spacecrafts						
电子及通信设备制造业	**Manufacture of Electronic Equipment and Communication Equipment**	**102**	**4434**	**7089**	**9676**	**48455**	**2593**
#通信设备制造	Manufacture of Communication Equipment	101	85	5822	5668	41576	88
#通信系统设备制造	Manufacture of Communication System Equipment				6		
通信终端设备制造	Manufacture of Communication Terminal Equipment	101		5822	5662	41576	88
广播电视设备制造	Manufacture of Broadcasting and TV Equipment				825		
雷达及配套设备制造	Manufacture of Radar and Its Fittings						
视听设备制造	Manufacture of TV Set and Radio Receiver		684		1947	6313	2185
电子器件制造	Manufacture of Electronic Appliances		2906	934	611	13	
#电子真空器件制造	Manufacture of Electronic Vacuum Appliance		1013				
半导体分立器件制造	Manufacture of Semiconductor Discreting Appliances		1822		34		
集成电路制造	Manufacture of Integrate Circuit		70	86			
电子元件制造	Manufacture of Electronic Components	2	558	195	518	524	201
其他电子设备制造	Manufacture of Other Electronic Equipment		200				
计算机及办公设备制造业	**Manufacture of Computers and Office Equipment**		**1844**	**52**		**2382**	
#计算机整机制造	Manufacture of Entired Computer		1844	52			
计算机零部件制造	Manufacture of Computer Components and Parts						
计算机外围设备制造	Manufacture of Computer Peripheral Equipment					470	
办公设备制造	Manufacture of Office Equipment						
医疗仪器设备及仪器仪表制造业	**Manufacture of Medical Equipments and Measuring Instrument**	**2720**	**74**	**616**	**50**	**272**	**397**
1.医疗仪器设备及器械制造	Manufacture of Medical Equipment and Appliance	2707	15	65		177	
2.仪器仪表制造	Manufacture of Measuring Instrument	12	59	551	50	95	397
信息化学品制造业	**Manufacture of Electronic Chemicals**						

2-1-7 续表 10 continued

行 业	Industry	研发机构数（个）Number of R&D Institutions in Enterprises (unit)					
		2000	2005	2012	2013	2014	2015
合计	**Total**	**115**	**274**	**1069**	**927**	**953**	**914**
医药制造业	**Manufacture of Medicines**	**36**	**62**	**135**	**139**	**127**	**123**
#化学药品制造	Manufacture of Chemical Medicine	16	46	69	78	73	73
中成药生产	Production of Finished Traditional Chinese Herbal Medicine	14	12	18	20	17	16
生物药品制造	Manufacture of Biological Medicine	5	2	20	21	23	20
航空、航天器及设备制造业	**Manufacture of Aircrafts and Spacecrafts and Related Equipment**		**2**	**8**	**8**	**11**	**16**
#飞机制造	Manufacture of Airplanes		2	4	3	5	11
航天器制造	Manufacture of Spacecrafts						
电子及通信设备制造业	**Manufacture of Electronic Equipment and Communication Equipment**	**63**	**167**	**695**	**585**	**590**	**580**
#通信设备制造	Manufacture of Communication Equipment	32	41	65	60	72	77
#通信系统设备制造	Manufacture of Communication System Equipment	18	13	27	22	40	40
通信终端设备制造	Manufacture of Communication Terminal Equipment	4	5	38	38	32	37
广播电视设备制造	Manufacture of Broadcasting and TV Equipment		1	18	19	19	16
雷达及配套设备制造	Manufacture of Radar and Its Fittings			1			
视听设备制造	Manufacture of TV Set and Radio Receiver	8	40	51	45	36	38
电子器件制造	Manufacture of Electronic Appliances	5	26	222	170	175	158
#电子真空器件制造	Manufacture of Electronic Vacuum Appliance	3	5	1	1	1	3
半导体分立器件制造	Manufacture of Semiconductor Discreting Appliances	1	3	31	21	26	18
集成电路制造	Manufacture of Integrate Circuit	1	12	55	45	52	44
电子元件制造	Manufacture of Electronic Components	11	57	282	235	230	232
其他电子设备制造	Manufacture of Other Electronic Equipment	7	2	25	25	23	30
计算机及办公设备制造业	**Manufacture of Computers and Office Equipment**	**7**	**23**	**115**	**87**	**109**	**74**
#计算机整机制造	Manufacture of Entired Computer	2	10	13	11	9	11
计算机零部件制造	Manufacture of Computer Components and Parts	5	12	48	32	39	23
计算机外围设备制造	Manufacture of Computer Peripheral Equipment			25	15	19	11
办公设备制造	Manufacture of Office Equipment		1	8	10	10	8
医疗仪器设备及仪器仪表制造业	**Manufacture of Medical Equipments and Measuring Instrument**	**9**	**20**	**116**	**108**	**116**	**104**
1.医疗仪器设备及器械制造	Manufacture of Medical Equipment and Appliance	4	4	36	26	33	45
2.仪器仪表制造	Manufacture of Measuring Instrument	5	16	80	82	83	59
信息化学品制造业	**Manufacture of Electronic Chemicals**						**17**

2-1-7 续表 11 continued

行 业	Industry	机构人员（人） Personnel in the R&D Institutions (person)					
		2000	2005	2012	2013	2014	2015
合计	**Total**	**7173**	**25554**	**116340**	**112084**	**104736**	**105463**
医药制造业	**Manufacture of Medicines**	**1081**	**2695**	**9859**	**11755**	**11338**	**10065**
#化学药品制造	Manufacture of Chemical Medicine	487	1959	6328	7478	7298	6774
中成药生产	Production of Finished Traditional Chinese Herbal Medicine	459	425	1357	1518	1542	1474
生物药品制造	Manufacture of Biological Medicine	121	219	1312	1842	1921	1272
航空、航天器及设备制造业	**Manufacture of Aircrafts and Spacecrafts and Related Equipment**		**308**	**363**	**809**	**983**	**863**
#飞机制造	Manufacture of Airplanes		308	140	322	393	441
航天器制造	Manufacture of Spacecrafts						
电子及通信设备制造业	**Manufacture of Electronic Equipment and Communication Equipment**	**5524**	**15025**	**72994**	**67339**	**62756**	**68248**
#通信设备制造	Manufacture of Communication Equipment	3800	6143	16025	14483	13145	16008
#通信系统设备制造	Manufacture of Communication System Equipment	2622	3596	6535	6046	7503	6958
通信终端设备制造	Manufacture of Communication Terminal Equipment	93	652	9490	8437	5642	9050
广播电视设备制造	Manufacture of Broadcasting and TV Equipment		250	1114	1779	1919	1516
雷达及配套设备制造	Manufacture of Radar and Its Fittings			20			
视听设备制造	Manufacture of TV Set and Radio Receiver	320	2919	3419	3790	2703	2935
电子器件制造	Manufacture of Electronic Appliances	140	1718	25547	18810	18626	14728
#电子真空器件制造	Manufacture of Electronic Vacuum Appliance	71	214	21	101	91	63
半导体分立器件制造	Manufacture of Semiconductor Discreting Appliances	8	151	1436	1137	1084	1053
集成电路制造	Manufacture of Integrate Circuit	61	973	7895	6598	7637	5139
电子元件制造	Manufacture of Electronic Components	807	3952	22566	20565	18867	21951
其他电子设备制造	Manufacture of Other Electronic Equipment	457	43	2486	5493	5443	9677
计算机及办公设备制造业	**Manufacture of Computers and Office Equipment**	**417**	**6274**	**24664**	**23764**	**20443**	**16109**
#计算机整机制造	Manufacture of Entired Computer	140	2657	12158	12204	9892	7033
计算机零部件制造	Manufacture of Computer Components and Parts	277	2816	5970	4901	3129	2002
计算机外围设备制造	Manufacture of Computer Peripheral Equipment			1682	1204	1058	688
办公设备制造	Manufacture of Office Equipment		801	854	1293	1329	1226
医疗仪器设备及仪器仪表制造业	**Manufacture of Medical Equipments and Measuring Instrument**	**151**	**1252**	**8460**	**8417**	**9216**	**9395**
1.医疗仪器设备及器械制造	Manufacture of Medical Equipment and Appliance	45	431	2929	2638	2355	2993
2.仪器仪表制造	Manufacture of Measuring Instrument	106	821	5531	5779	6861	6402
信息化学品制造业	**Manufacture of Electronic Chemicals**						**783**

2-1-7 续表 12 continued

行 业	Industry	机构经费支出（万元） Expenditure in the R&D Institutions (10000 yuan)					
		2000	2005	2012	2013	2014	2015
合计	**Total**	**148968**	**476070**	**3063012**	**3106750**	**2678219**	**3036584**
医药制造业	**Manufacture of Medicines**	**17518**	**42017**	**263423**	**358668**	**317358**	**345722**
#化学药品制造	Manufacture of Chemical Medicine	12491	32989	190963	270660	217920	264219
中成药生产	Production of Finished Traditional Chinese Herbal Medicine	3856	4162	33624	39842	34152	38842
生物药品制造	Manufacture of Biological Medicine	685	2216	26021	34794	51616	32516
航空、航天器及设备制造业	**Manufacture of Aircrafts and Spacecrafts and Related Equipment**		**4713**	**12519**	**20867**	**22665**	**21609**
#飞机制造	Manufacture of Airplanes		4713	5115	8291	7605	15447
航天器制造	Manufacture of Spacecrafts						
电子及通信设备制造业	**Manufacture of Electronic Equipment and Communication Equipment**	**113778**	**330448**	**1918058**	**1920989**	**1770095**	**1981518**
#通信设备制造	Manufacture of Communication Equipment	94135	157033	502960	518166	465475	547946
#通信系统设备制造	Manufacture of Communication System Equipment	55672	73388	227709	195390	236008	296909
通信终端设备制造	Manufacture of Communication Terminal Equipment	4185	8799	275251	322776	229467	251038
广播电视设备制造	Manufacture of Broadcasting and TV Equipment		1686	29998	51786	34774	66023
雷达及配套设备制造	Manufacture of Radar and Its Fittings			103			
视听设备制造	Manufacture of TV Set and Radio Receiver	8339	45221	113133	122045	64126	74687
电子器件制造	Manufacture of Electronic Appliances	4946	33415	739436	675209	597836	659319
#电子真空器件制造	Manufacture of Electronic Vacuum Appliance	1013	6088	814	843	780	911
半导体分立器件制造	Manufacture of Semiconductor Discreting Appliances	13	3632	31709	21412	25866	26007
集成电路制造	Manufacture of Integrate Circuit	3920	14287	287400	270915	296859	293609
电子元件制造	Manufacture of Electronic Components	3843	92816	370012	334577	364873	418073
其他电子设备制造	Manufacture of Other Electronic Equipment	2516	278	112745	155460	184344	180917
计算机及办公设备制造业	**Manufacture of Computers and Office Equipment**	**16008**	**89763**	**653407**	**552579**	**324034**	**317227**
#计算机整机制造	Manufacture of Entired Computer	791	13195	392664	252804	138471	135240
计算机零部件制造	Manufacture of Computer Components and Parts	15218	74768	159720	179212	46880	36608
计算机外围设备制造	Manufacture of Computer Peripheral Equipment			24007	16148	20876	16615
办公设备制造	Manufacture of Office Equipment		1800	9310	31559	36308	36311
医疗仪器设备及仪器仪表制造业	**Manufacture of Medical Equipments and Measuring Instrument**	**1664**	**9128**	**215603**	**253647**	**244068**	**320357**
1.医疗仪器设备及器械制造	Manufacture of Medical Equipment and Appliance	870	1516	108522	108090	118751	147562
2.仪器仪表制造	Manufacture of Measuring Instrument	794	7612	107080	145558	125317	172794
信息化学品制造业	**Manufacture of Electronic Chemicals**						**50151**

2-1-8 各地区大中型企业R&D及相关活动情况

Statistics on R&D and Related Activities of Enterprises in Large and Medium-sized Enterprises by Region

地区	Region	R&D人员折合全时当量（人年） Full-time Equivalent of R&D Personnel (man-year)					
		2000	2005	2012	2013	2014	2015
全国	**Total**	**91573**	**173161**	**525614**	**559229**	**572537**	**590016**
东部地区	Eastern Region	45397	112545	418575	431848	437833	447861
中部地区	Middle Region	13932	23154	50983	59078	65711	72855
西部地区	Western Region	25138	25244	38858	51675	51878	53195
东北地区	Northeastern Region	7106	12219	17196	16629	17115	16104
北京	Beijing	4374	8591	14930	17562	16132	15671
天津	Tianjin	1895	3464	8793	10042	12051	20169
河北	Hebei	1768	3469	6488	7146	8513	11454
山西	Shanxi	286	302	2734	2593	1502	1670
内蒙古	Inner Mongolia	20	108	224	274	275	726
辽宁	Liaoning	3725	6089	8595	7844	8456	7648
吉林	Jilin	1136	630	3637	2762	2628	2480
黑龙江	Heilongjiang	2245	5500	4963	6022	6030	5976
上海	Shanghai	7128	7045	18876	22873	20108	22756
江苏	Jiangsu	6272	18901	70473	78316	81963	82845
浙江	Zhejiang	1724	11571	34315	37902	43809	49555
安徽	Anhui	1136	1404	7085	7215	8819	10476
福建	Fujian	1595	5277	22529	24392	27388	20536
江西	Jiangxi	6493	5441	7512	8665	7497	6415
山东	Shandong	3195	5836	31274	39141	40741	40719
河南	Henan	1217	3826	8853	13219	15143	17108
湖北	Hubei	2704	8461	18994	21146	22229	19848
湖南	Hunan	2077	3611	5802	6241	10521	17340
广东	Guangdong	16915	47488	210298	193281	186133	183027
广西	Guangxi	491	870	1313	1146	1532	1253
海南	Hainan	39	33	595	1193	995	1131
重庆	Chongqing	1379	2094	4132	4054	4177	7739
四川	Sichuan	2425	9401	12176	18038	15555	15599
贵州	Guizhou	2393	2451	2364	6398	5168	6017
云南	Yunnan	118	246	1826	1295	1174	1215
西藏	Tibet				5	2	3
陕西	Shaanxi	17561	9686	15624	19221	22371	18957
甘肃	Gansu	1116	848	825	708	939	799
青海	Qinghai	61	12	48	170	108	54
宁夏	Ningxia	85	480	303	347	542	694
新疆	Xinjiang		25	19	19	36	140

2-1-8 续表 1 continued

地区	Region	R&D经费内部支出（万元） Intramural Expenditure on R&D (10000 yuan)					
		2000	2005	2012	2013	2014	2015
全 国	**Total**	**1110410**	**3624985**	**14914940**	**17343666**	**19221544**	**22196591**
东部地区	Eastern Region	815839	3008915	11971280	13584120	15098129	17360421
中部地区	Middle Region	86856	179047	1192353	1593392	1808203	2230327
西部地区	Western Region	161628	288813	1102368	1459007	1592100	2057436
东北地区	Northeastern Region	46087	148210	648939	707148	723113	548407
北 京	Beijing	107059	207216	775203	877623	877398	960033
天 津	Tianjin	60429	90124	289196	330655	373686	667565
河 北	Hebei	15687	34702	129320	178067	244539	333367
山 西	Shanxi	1577	2949	45447	45194	28051	32701
内 蒙 古	Inner Mongolia	73	1174	4832	7315	11817	52442
辽 宁	Liaoning	19875	78649	432952	469878	449082	319552
吉 林	Jilin	7870	13897	48353	46340	65039	61242
黑 龙 江	Heilongjiang	18342	55664	167633	190929	208992	167613
上 海	Shanghai	119707	341939	802296	936529	1128705	1129356
江 苏	Jiangsu	68974	381402	2060527	2199586	2429476	2681658
浙 江	Zhejiang	43078	328463	845079	953002	1129758	1413372
安 徽	Anhui	8765	18711	171111	210635	258069	372402
福 建	Fujian	28198	139019	482354	596365	664780	779116
江 西	Jiangxi	17724	43024	150116	185063	235593	188888
山 东	Shandong	49329	267923	1143258	1251546	1429067	1675038
河 南	Henan	11431	29571	123753	200216	267973	366205
湖 北	Hubei	40537	63366	552623	637199	701624	804045
湖 南	Hunan	6749	20253	149301	315085	316895	466087
广 东	Guangdong	319979	1206178	5423062	6228787	6789803	7691587
广 西	Guangxi	2827	11391	36824	41843	53703	51668
海 南	Hainan	573	560	20980	31961	30919	29330
重 庆	Chongqing	7960	24712	83812	130567	135309	253742
四 川	Sichuan	24759	109765	348968	564865	562162	718102
贵 州	Guizhou	7274	22100	42326	102611	110978	151521
云 南	Yunnan	1701	2846	41925	45509	55415	47654
西 藏	Tibet				97	585	137
陕 西	Shaanxi	116030	119312	506251	527461	617530	725448
甘 肃	Gansu	3464	4496	26487	22697	30714	24296
青 海	Qinghai	284	38	778	4919	1263	3335
宁 夏	Ningxia	157	5165	8418	10341	11774	21986
新 疆	Xinjiang		380	1741	782	851	7104

2-1-8 续表 2 continued

地 区	Region	新产品开发经费支出（万元） Expenditure on New Products Development (10000 yuan)					
		2000	2005	2012	2013	2014	2015
全 国	**Total**	**1177940**	**4156916**	**18274769**	**20694975**	**23505812**	**25746024**
东部地区	Eastern Region	875860	3472865	14839631	16439492	18778829	20617511
中部地区	Middle Region	87719	196713	1405131	1745130	2046030	2424890
西部地区	Western Region	170484	305893	1453930	1777411	1970181	2086124
东北地区	Northeastern Region	43877	181445	576075	732942	710772	617500
北 京	Beijing	96740	222839	999613	1193114	1195552	1138142
天 津	Tianjin	65426	73238	307348	314430	326229	551127
河 北	Hebei	17761	29647	136997	158885	246375	289893
山 西	Shanxi	1983	4845	52147	53290	33169	38796
内 蒙 古	Inner Mongolia	181	1314	4174	32210	9526	18290
辽 宁	Liaoning	20382	88205	326271	465670	387079	356270
吉 林	Jilin	10559	25342	64568	72064	104953	88088
黑 龙 江	Heilongjiang	12936	67898	185235	195208	218740	173142
上 海	Shanghai	142679	340142	1154728	1245459	1551824	1460630
江 苏	Jiangsu	97846	534778	3498145	3327767	3444359	3346580
浙 江	Zhejiang	38881	384648	869679	1089171	1245484	1470600
安 徽	Anhui	6208	25874	291846	289836	376956	555214
福 建	Fujian	28892	190738	525643	612343	630331	770263
江 西	Jiangxi	13422	45405	137577	178872	239851	203133
山 东	Shandong	104224	323607	1218569	1339139	1408281	1586154
河 南	Henan	16914	29634	153533	193891	250373	336498
湖 北	Hubei	41304	56204	593543	685579	726683	817301
湖 南	Hunan	7708	33438	176483	343663	418998	473947
广 东	Guangdong	278654	1360287	6093940	7119026	8697841	9976229
广 西	Guangxi	3683	12147	43286	40634	57332	42398
海 南	Hainan	1073	794	34964	40158	32553	27895
重 庆	Chongqing	8571	28943	91791	133097	156079	258772
四 川	Sichuan	41501	112205	632592	734959	780924	783297
贵 州	Guizhou	10049	30087	88135	130715	136477	167779
云 南	Yunnan	4217	4330	37165	48713	56238	37589
西 藏	Tibet			82	240	687	137
陕 西	Shaanxi	99505	117805	514357	608083	713276	725612
甘 肃	Gansu	5582	6771	31143	37584	44319	26295
青 海	Qinghai	3	58	922	681	372	4278
宁 夏	Ningxia	951	4288	8447	9431	10746	16981
新 疆	Xinjiang	105	1407	1833	1067	4206	4695

2-1-8 续表 3 continued

地 区	Region	新产品销售收入（万元） Sales Revenue of New Products (10000 yuan)					
		2000	2005	2012	2013	2014	2015
全 国	**Total**	**24838202**	**69146633**	**237653174**	**290288371**	**328451936**	**381114794**
东部地区	Eastern Region	21149400	60959695	209126662	236262483	260850631	292105745
中部地区	Middle Region	726582	1604267	13477314	36563110	43755866	55418648
西部地区	Western Region	1991396	4199611	10554887	12435948	18773383	28414578
东北地区	Northeastern Region	970824	2383061	4494310	5026831	5072057	5175824
北 京	Beijing	3830492	3777312	11263682	14056165	16418367	13400051
天 津	Tianjin	2561451	8959529	10731674	17131319	17484215	16309935
河 北	Hebei	223976	233586	1419564	1828836	2418797	3073880
山 西	Shanxi	22065	74075	412272	424625	489230	547273
内 蒙 古	Inner Mongolia	777	17420	83049	167885	129088	391715
辽 宁	Liaoning	476716	1344617	3236318	3497457	3259061	3383298
吉 林	Jilin	55312	97961	766622	964346	1126608	1165910
黑 龙 江	Heilongjiang	438796	940483	491369	565028	686388	626616
上 海	Shanghai	3174322	12571834	7829314	7203905	8444879	9402618
江 苏	Jiangsu	2824340	5294970	55482350	57469853	64456269	71949991
浙 江	Zhejiang	1003813	2779731	10706727	14119542	16211286	21683228
安 徽	Anhui	43246	348387	3232533	3231999	4166301	7296841
福 建	Fujian	1529296	6120112	11633960	11606813	11111937	11645365
江 西	Jiangxi	130176	356989	1931650	2606500	2998757	3091488
山 东	Shandong	1229598	3971258	16877161	16925532	18195422	25569389
河 南	Henan	313657	460775	1123518	19521946	23325830	28556126
湖 北	Hubei	125908	142090	4213685	4804486	5691077	6882257
湖 南	Hunan	90753	204531	2563654	5973554	7084671	9044662
广 东	Guangdong	4726973	17159425	83121251	95786435	106037036	118951839
广 西	Guangxi	43301	91789	450882	776694	663495	626346
海 南	Hainan	1838	150	60976	134082	72424	119448
重 庆	Chongqing	84774	513508	1431173	1270422	4101706	12616627
四 川	Sichuan	1289807	2235391	5489428	6797871	9312255	9270832
贵 州	Guizhou	82183	229843	347984	618334	925395	807488
云 南	Yunnan	43546	60538	287242	444579	356297	256140
西 藏	Tibet						
陕 西	Shaanxi	377599	1038495	2071035	1975150	2748567	3282118
甘 肃	Gansu	91462	38676	284347	261351	378691	459900
青 海	Qinghai	5	1300				44396
宁 夏	Ningxia	22019	44660	107656	121989	156216	434161
新 疆	Xinjiang		37200	2087	1673	1673	224856

2-1-8 续表 4 continued

地 区	Region	专利申请数（件） Patent Applications (piece)					
		2000	2005	2012	2013	2014	2015
全 国	**Total**	**2245**	**16823**	**97200**	**102532**	**120077**	**114562**
东部地区	Eastern Region	1550	14150	80537	83489	98541	91426
中部地区	Middle Region	181	903	7138	9005	10242	11303
西部地区	Western Region	410	1085	7361	7414	8412	9200
东北地区	Northeastern Region	104	685	2164	2624	2882	2633
北 京	Beijing	7	777	8544	6693	6803	5940
天 津	Tianjin	73	393	2478	2395	2359	2005
河 北	Hebei	27	118	392	534	788	817
山 西	Shanxi	4	18	208	258	118	89
内蒙古	Inner Mongolia	1	13	16	22	26	91
辽 宁	Liaoning	30	445	1151	1404	1483	1614
吉 林	Jilin	27	126	401	554	466	277
黑龙江	Heilongjiang	47	114	612	666	933	742
上 海	Shanghai	118	1445	4772	5223	6206	5691
江 苏	Jiangsu	129	1000	10502	11194	15941	13672
浙 江	Zhejiang	54	838	5261	5676	5948	7109
安 徽	Anhui	3	43	1803	2255	2591	3190
福 建	Fujian	50	233	2507	2692	3174	3091
江 西	Jiangxi	17	202	678	1155	1585	1265
山 东	Shandong	155	991	5291	5709	7443	9599
河 南	Henan	26	141	1195	1363	1301	1474
湖 北	Hubei	81	409	1882	2480	2380	2985
湖 南	Hunan	49	77	1372	1494	2267	2300
广 东	Guangdong	922	8268	40711	43176	49603	43384
广 西	Guangxi	11	87	127	188	189	121
海 南	Hainan	4		79	197	276	118
重 庆	Chongqing	54	80	812	641	802	1278
四 川	Sichuan	146	261	4218	3599	4320	4643
贵 州	Guizhou	38	98	479	645	1207	968
云 南	Yunnan	40	167	186	166	148	145
西 藏	Tibet			2	2	1	2
陕 西	Shaanxi	53	395	1252	1867	1576	1673
甘 肃	Gansu	4	48	219	167	100	111
青 海	Qinghai	13	1		1	2	14
宁 夏	Ningxia	62	20	48	114	37	51
新 疆	Xinjiang		15	2	2	4	103

2-1-8 续表 5 continued

地 区	Region	有效发明专利数（件） Number of Patents In Force (piece)					
		2000	2005	2012	2013	2014	2015
全 国	**Total**	**1443**	**6658**	**97878**	**115884**	**147927**	**199728**
东部地区	Eastern Region	941	5648	87182	100969	128176	173799
中部地区	Middle Region	125	375	4686	6414	8909	11393
西部地区	Western Region	232	462	4360	6554	8684	11283
东北地区	Northeastern Region	145	173	1650	1947	2158	3253
北 京	Beijing	18	500	6693	6877	8085	9995
天 津	Tianjin	6	113	1420	1850	2039	2873
河 北	Hebei	12	42	679	784	1018	1497
山 西	Shanxi	1	8	154	146	226	335
内 蒙 古	Inner Mongolia		13	15	21	16	58
辽 宁	Liaoning	62	92	829	1178	1324	2062
吉 林	Jilin	15	30	384	410	399	578
黑 龙 江	Heilongjiang	68	51	437	359	435	613
上 海	Shanghai	110	264	3904	3861	6133	8618
江 苏	Jiangsu	84	489	7498	9979	12792	14844
浙 江	Zhejiang	50	333	4265	4559	5900	7548
安 徽	Anhui	1	34	903	1568	1981	2414
福 建	Fujian	1	434	1522	2206	2907	3325
江 西	Jiangxi	12	42	496	845	942	1065
山 东	Shandong	97	247	2943	3591	5050	7424
河 南	Henan	32	47	489	687	870	1133
湖 北	Hubei	28	160	2067	2476	3136	4490
湖 南	Hunan	51	71	577	692	1754	1956
广 东	Guangdong	552	3197	58182	67038	83902	117296
广 西	Guangxi	9	29	219	241	227	267
海 南	Hainan	2		76	224	350	379
重 庆	Chongqing	15	38	435	684	682	873
四 川	Sichuan	81	91	1838	2848	4475	5195
贵 州	Guizhou	33	84	374	672	927	1381
云 南	Yunnan	17	73	311	499	323	708
西 藏	Tibet				1		19
陕 西	Shaanxi	68	154	1089	1503	1847	2393
甘 肃	Gansu	5	3	64	58	70	225
青 海	Qinghai	4	1			4	10
宁 夏	Ningxia	9	15	7	25	91	102
新 疆	Xinjiang		3	8	2	22	52

2-1-8 续表 6 continued

地区	Region	技术改造经费支出（万元） Expenditure for Technical Renovation (10000 yuan)					
		2000	2005	2012	2013	2014	2015
全　国	**Total**	**1047478**	**1590214**	**3191778**	**3671266**	**3165342**	**3355721**
东部地区	Eastern Region	569560	919104	2171436	2680806	1809778	2122649
中部地区	Middle Region	95484	158537	388999	402335	397443	489269
西部地区	Western Region	231467	295319	398059	382434	590420	574459
东北地区	Northeastern Region	150967	217254	233283	205692	367701	169344
北　京	Beijing	7625	18144	17257	11830	9548	30256
天　津	Tianjin	51416	47343	28078	4550	27012	11772
河　北	Hebei	33335	17614	35263	44677	49194	45833
山　西	Shanxi	4632	3975	8414	12176	22943	11130
内蒙古	Inner Mongolia	3961	210	1415			17959
辽　宁	Liaoning	76013	51994	101630	65411	291621	97827
吉　林	Jilin	14919	21988	43764	53854	10634	41288
黑龙江	Heilongjiang	60035	143272	87887	86426	65446	30230
上　海	Shanghai	58546	53656	110582	48673	29233	43453
江　苏	Jiangsu	107929	216469	1080619	1002907	734517	828695
浙　江	Zhejiang	86613	212220	275779	256292	302120	307257
安　徽	Anhui	10450	32871	51664	57383	65085	53729
福　建	Fujian	16177	33522	118044	154140	99458	116573
江　西	Jiangxi	15333	34012	132110	93355	21800	21609
山　东	Shandong	92982	132152	269657	349669	342176	405462
河　南	Henan	21323	44723	31140	50961	41871	72741
湖　北	Hubei	32884	15126	65668	63737	115235	155269
湖　南	Hunan	6903	27620	100001	124722	130509	174791
广　东	Guangdong	110504	173141	217599	793371	212422	325993
广　西	Guangxi	3867	14845	36892	18434	16845	5969
海　南	Hainan	566		18555	14699	4098	7355
重　庆	Chongqing	5901	32133	35501	34663	42120	46327
四　川	Sichuan	38775	63437	142893	145690	175901	178045
贵　州	Guizhou	27235	35210	31216	25910	39907	56987
云　南	Yunnan	3973	9228	3564	13317	10136	29985
西　藏	Tibet						
陕　西	Shaanxi	133595	129342	128228	123583	265960	220421
甘　肃	Gansu	5495	18726	2823	88	19489	900
青　海	Qinghai	1002					21
宁　夏	Ningxia	15407	963	6224	15540	16946	15400
新　疆	Xinjiang	85	6281	9300	5210	3117	2446

2-1-8　续表 7　continued

地　区	Region	引进技术经费支出 (万元) Expenditure for Acquisition of Foreign Technology (10000 yuan)					
		2000	2005	2012	2013	2014	2015
全　国	**Total**	**470463**	**848184**	**733053**	**532130**	**566978**	**717421**
东部地区	Eastern Region	320932	797643	576357	489658	537142	683531
中部地区	Middle Region	27460	11339	6074	24961	11456	22808
西部地区	Western Region	102037	24803	145946	14975	13276	10890
东北地区	Northeastern Region	20034	14399	4675	2537	5104	192
北　京	Beijing	2904	31155	83618	76812	54241	42859
天　津	Tianjin	6088	248797	50041	42877	38229	44105
河　北	Hebei	8208	1882	779	949	3357	4142
山　西	Shanxi	315			387		600
内蒙古	Inner Mongolia	2263					
辽　宁	Liaoning	12396	5813	226	2537	4739	70
吉　林	Jilin	3071	706	4449		100	
黑龙江	Heilongjiang	4567	7880			265	122
上　海	Shanghai	153586	141906	67756	38339	36519	17676
江　苏	Jiangsu	54830	168260	142437	139866	174171	113200
浙　江	Zhejiang	8306	9197	23523	19743	11353	12326
安　徽	Anhui	1906	3374	874	2236	3211	298
福　建	Fujian	11572	27311	88814	66064	81529	44798
江　西	Jiangxi	3365	4442	1655	450	509	541
山　东	Shandong	5957	7565	36438	41613	24497	47187
河　南	Henan	3786	498	1775	470	1434	225
湖　北	Hubei	13060	1672	1727	20595	5809	19204
湖　南	Hunan	2765	1354	42	823	493	1940
广　东	Guangdong	68671	161527	82947	62095	112966	356940
广　西	Guangxi	239	42				
海　南	Hainan	573			1300	281	300
重　庆	Chongqing	609	2490	907	424	978	777
四　川	Sichuan	21569	4069	142758	13011	11127	7119
贵　州	Guizhou	11654	7223			40	3
云　南	Yunnan	427	217	883	55		
西　藏	Tibet						
陕　西	Shaanxi	64595	10804	1124	1485	1095	2923
甘　肃	Gansu	3058		273			68
青　海	Qinghai	2					
宁　夏	Ningxia	64					
新　疆	Xinjiang	60				37	

2-1-8 续表 8 continued

地区	Region	消化吸收经费支出（万元） Expenditure for Assimilation of Technology (10000 yuan)					
		2000	2005	2012	2013	2014	2015
全国	**Total**	**33685**	**274972**	**93179**	**130081**	**149184**	**129261**
东部地区	Eastern Region	20561	265981	74894	109378	115900	89006
中部地区	Middle Region	1960	3603	9343	13748	25762	7778
西部地区	Western Region	2345	2471	7686	3730	6552	27779
东北地区	Northeastern Region	8819	2917	1254	3226	970	4698
北京	Beijing	4538	196	599	851	671	450
天津	Tianjin	816	158030	321	1360	1260	756
河北	Hebei	1806	785	4849	5729	6031	4677
山西	Shanxi	13	30	122	2932	891	474
内蒙古	Inner Mongolia						
辽宁	Liaoning	2240	43	34	33	56	
吉林	Jilin		252	1220	3062	900	4687
黑龙江	Heilongjiang	6579	2622		130	14	11
上海	Shanghai	1637	9373	3308	14185	32344	30742
江苏	Jiangsu	2373	11721	25796	37600	27000	20728
浙江	Zhejiang	1129	7904	13706	13248	14190	7570
安徽	Anhui	749	280	388	394	494	3529
福建	Fujian	858	3328	1850	11715	4721	7776
江西	Jiangxi	22	1309	1250	138	82	164
山东	Shandong	1315	2581	19064	14188	18203	7405
河南	Henan	53	820	862	1082	3376	1179
湖北	Hubei	794	280	6033	6582	17592	1880
湖南	Hunan	330	884	688	2621	3327	552
广东	Guangdong	5972	71581	5221	9576	9432	8753
广西	Guangxi	15	423	146	30	123	
海南	Hainan	102	60	176	926	2048	150
重庆	Chongqing	400	1025	536	49	680	133
四川	Sichuan	532	899	5962	2593	4508	3119
贵州	Guizhou	35	44		3	50	4
云南	Yunnan	654		409	426	432	23883
西藏	Tibet						
陕西	Shaanxi	702	504	585	149	244	166
甘肃	Gansu			47			
青海	Qinghai						
宁夏	Ningxia	12			480	465	
新疆	Xinjiang	10				50	475

2-1-8　续表 9　continued

地　区	Region	购买国内技术经费支出（万元） Expenditure on Purchase of Domestic Technology (10000 yuan)					
		2000	2005	2012	2013	2014	2015
全　国	**Total**	**72099**	**95359**	**238341**	**312567**	**467082**	**633058**
东部地区	Eastern Region	27678	70402	202096	262407	311660	583696
中部地区	Middle Region	7373	11196	15185	19090	113345	24151
西部地区	Western Region	3143	12246	18431	27770	32118	22005
东北地区	Northeastern Region	33905	1515	2628	3299	9960	3207
北　京	Beijing	86	3274	934	1837	2808	3012
天　津	Tianjin	2231	1254	242	113	228	110
河　北	Hebei	2066	1637	6147	7051	10885	9436
山　西	Shanxi	145	181	4255	964	917	314
内蒙古	Inner Mongolia	2018			800		
辽　宁	Liaoning	327	592	1404	986	8143	782
吉　林	Jilin	32722	323	1169	1874	462	2100
黑龙江	Heilongjiang	856	600	55	439	1355	325
上　海	Shanghai	4683	5669	5999	16499	32578	23822
江　苏	Jiangsu	8472	16724	30162	40089	48602	53781
浙　江	Zhejiang	3303	11229	24032	31820	31569	33687
安　徽	Anhui	1511	348	1974	1647	2258	3310
福　建	Fujian	540	9702	47399	62322	76352	46094
江　西	Jiangxi	173	5129	220	60	98797	3308
山　东	Shandong	4205	3812	49095	60052	51529	34379
河　南	Henan	82	4653	1395	4560	4207	2157
湖　北	Hubei	2952	774	2975	7179	1920	4830
湖　南	Hunan	493	110	4363	4681	5246	10232
广　东	Guangdong	1329	16220	32839	18868	53232	376515
广　西	Guangxi	388	602	1993	3438	2947	
海　南	Hainan	375	280	5242	23757	3877	2862
重　庆	Chongqing	1024	2488	1001	6426	3412	6690
四　川	Sichuan	887	1705	13735	15504	15241	10435
贵　州	Guizhou	100	6102	87		260	702
云　南	Yunnan	40	297	718	572	269	1038
西　藏	Tibet						
陕　西	Shaanxi	1001	1484	870	1010	9889	2767
甘　肃	Gansu	41	100	26			323
青　海	Qinghai						
宁　夏	Ningxia	10	56		20		
新　疆	Xinjiang	40	15			100	50

2-1-8 续表 10 continued

地 区	Region	研发机构数（个） Number of R&D Institutions in Enterprises (unit)					
		2000	2005	2012	2013	2014	2015
全 国	**Total**	**1379**	**1619**	**4566**	**4583**	**4763**	**5572**
东部地区	Eastern Region	762	1042	3558	3507	3650	4249
中部地区	Middle Region	212	214	513	571	590	741
西部地区	Western Region	277	268	400	380	419	473
东北地区	Northeastern Region	128	95	95	125	104	109
北 京	Beijing	49	32	128	130	131	136
天 津	Tianjin	38	41	67	74	57	63
河 北	Hebei	35	27	56	60	57	71
山 西	Shanxi	18	23	12	19	15	16
内 蒙 古	Inner Mongolia	3	3	8	3	5	11
辽 宁	Liaoning	56	34	35	52	37	44
吉 林	Jilin	41	29	22	36	28	31
黑 龙 江	Heilongjiang	31	32	38	37	39	34
上 海	Shanghai	82	74	115	102	97	98
江 苏	Jiangsu	193	225	1588	1506	1608	1615
浙 江	Zhejiang	68	193	447	460	461	499
安 徽	Anhui	27	33	152	135	126	176
福 建	Fujian	25	43	134	149	149	158
江 西	Jiangxi	27	39	53	84	102	129
山 东	Shandong	81	123	273	280	270	283
河 南	Henan	43	49	133	146	161	213
湖 北	Hubei	62	37	103	99	92	107
湖 南	Hunan	32	30	60	88	94	100
广 东	Guangdong	168	264	731	727	804	1305
广 西	Guangxi	17	17	31	36	37	37
海 南	Hainan	6	3	19	19	16	21
重 庆	Chongqing	25	43	53	61	81	95
四 川	Sichuan	75	54	115	102	110	120
贵 州	Guizhou	45	41	27	34	38	46
云 南	Yunnan	6	9	19	24	17	20
西 藏	Tibet				1	1	
陕 西	Shaanxi	106	89	121	103	109	108
甘 肃	Gansu	11	23	20	8	9	7
青 海	Qinghai	3	2		1	1	7
宁 夏	Ningxia	5	6	5	5	5	11
新 疆	Xinjiang	1	1	1	2	6	11

2-1-8 续表 11 continued

地 区	Region	机构人员（人） Personnel in the R&D Institutions (person)					
		2000	2005	2012	2013	2014	2015
全 国	**Total**	**90187**	**156789**	**536417**	**510507**	**531339**	**637299**
东部地区	Eastern Region	54377	112007	433998	403699	421937	516862
中部地区	Middle Region	11253	13989	45358	55590	55816	61063
西部地区	Western Region	16145	21814	43985	37761	39646	40071
东北地区	Northeastern Region	8412	8979	13076	13457	13940	19303
北 京	Beijing	4556	1983	15316	16060	16641	15185
天 津	Tianjin	1865	2401	8472	10697	10333	11778
河 北	Hebei	1805	3058	6128	6668	8436	10247
山 西	Shanxi	643	756	1632	2078	1158	1588
内蒙古	Inner Mongolia	59	124	372	154	161	495
辽 宁	Liaoning	3803	4252	7083	7333	7259	12490
吉 林	Jilin	1956	2087	2128	2535	2602	2938
黑龙江	Heilongjiang	2653	2640	3865	3589	4079	3875
上 海	Shanghai	4789	8518	20110	20182	16302	19734
江 苏	Jiangsu	9033	14095	111594	111110	114261	111663
浙 江	Zhejiang	2790	11397	39250	41782	43754	50416
安 徽	Anhui	1191	1417	9448	8102	8560	11743
福 建	Fujian	1414	4896	16879	17889	18813	18611
江 西	Jiangxi	2614	3257	7050	8404	9988	6366
山 东	Shandong	6824	8134	38824	36016	39711	42736
河 南	Henan	2851	2241	9669	12753	14351	18291
湖 北	Hubei	2352	4651	13270	18089	14684	13802
湖 南	Hunan	1543	1543	4289	6164	7075	9273
广 东	Guangdong	20702	56472	176506	141854	152574	235247
广 西	Guangxi	503	989	1362	1579	1501	1675
海 南	Hainan	96	64	919	1441	1112	1245
重 庆	Chongqing	1427	2041	3122	3361	4502	6594
四 川	Sichuan	4800	8446	21340	12384	12705	11465
贵 州	Guizhou	2568	2447	1893	3821	4383	5010
云 南	Yunnan	277	365	1580	1380	1539	1331
西 藏	Tibet				8	12	
陕 西	Shaanxi	6060	7305	12065	13139	12840	10422
甘 肃	Gansu	764	770	1189	877	917	1061
青 海	Qinghai	68	26		12	15	119
宁 夏	Ningxia	181	391	1059	1011	967	1487
新 疆	Xinjiang		23	3	35	104	412

2-1-8 续表 12 continued

地　区	Region	机构经费支出（万元） Expenditure in the R&D Institutions (10000 yuan)					
		2000	2005	2012	2013	2014	2015
全　国	**Total**	**961000**	**2607837**	**12679661**	**13594544**	**14736915**	**19487514**
东部地区	Eastern Region	763576	2147524	11035979	11608944	12763623	17105516
中部地区	Middle Region	68174	147760	672482	1053765	1035867	1358212
西部地区	Western Region	94504	242990	734352	662130	703928	733480
东北地区	Northeastern Region	34747	69564	236846	269705	233497	290307
北　京	Beijing	93430	34981	573268	529756	572166	722854
天　津	Tianjin	51922	51146	156317	179277	196315	259860
河　北	Hebei	10559	21291	93357	121910	161373	181696
山　西	Shanxi	2250	3822	19006	31535	26416	38872
内蒙古	Inner Mongolia	331	1251	5437	6067	16498	14033
辽　宁	Liaoning	12920	21392	166062	187344	161910	213891
吉　林	Jilin	5227	23316	22436	31709	29282	27105
黑龙江	Heilongjiang	16600	24856	48347	50653	42305	49311
上　海	Shanghai	87868	170503	594850	748833	626561	813602
江　苏	Jiangsu	79704	245943	2804953	2692739	2728518	2885253
浙　江	Zhejiang	35530	180522	774237	925526	1036811	1270711
安　徽	Anhui	4467	22432	160060	193691	156258	317732
福　建	Fujian	22457	115969	390141	500424	469814	540759
江　西	Jiangxi	20987	50582	94078	134360	153391	94218
山　东	Shandong	69872	242094	990005	1004674	981191	1136623
河　南	Henan	14745	23778	100248	175639	210838	264465
湖　北	Hubei	17648	34510	256928	433629	325510	327466
湖　南	Hunan	7746	11387	42159	84912	163454	315460
广　东	Guangdong	307542	1073765	4640604	4873330	5966484	9268737
广　西	Guangxi	3076	10784	31685	30810	32319	24079
海　南	Hainan	1615	526	18241	32475	24389	25422
重　庆	Chongqing	8234	14299	54588	59487	79294	137901
四　川	Sichuan	25813	134953	400889	247327	233379	202696
贵　州	Guizhou	7037	22470	22788	77311	68678	119543
云　南	Yunnan	3681	2697	46934	49872	49111	33648
西　藏	Tibet				98	185	
陕　西	Shaanxi	45287	58724	140014	166386	192810	163077
甘　肃	Gansu	3150	5742	23938	14561	20009	13646
青　海	Qinghai	284	54		232	334	4009
宁　夏	Ningxia	1019	3672	8059	9322	9142	17603
新　疆	Xinjiang		380	15	658	2170	3245

2-1-9 各地区大中型国有及国有控股企业R&D及相关活动情况

Statistics on R&D and Related Activities of State-owned and State-controlled Enterprises in Large and Medium-sized Enterprises by Region

地区	Region	R&D人员折合全时当量（人年） Full-time Equivalent of R&D Personnel (man-year)					
		2000	2005	2012	2013	2014	2015
全国	**Total**	**58427**	**91740**	**145058**	**162636**	**159782**	**171170**
东部地区	Eastern Region	19305	40860	80767	84220	86201	101102
中部地区	Middle Region	12404	19913	25157	26612	24093	24041
西部地区	Western Region	21734	21995	27623	40297	38831	35986
东北地区	Northeastern Region	4985	8972	11509	11507	10658	10041
北京	Beijing	2750	4139	8199	9473	9543	8065
天津	Tianjin	616	1598	3590	4034	4342	11966
河北	Hebei	1501	3105	2911	3076	3632	4201
山西	Shanxi	96	213	1849	1238	217	377
内蒙古	Inner Mongolia	14	48		58	54	310
辽宁	Liaoning	2337	3526	7008	6652	6065	5401
吉林	Jilin	624	320	755	400	250	204
黑龙江	Heilongjiang	2024	5126	3745	4455	4343	4437
上海	Shanghai	3218	1902	4903	7529	5572	7137
江苏	Jiangsu	3885	3421	7189	8799	6942	8195
浙江	Zhejiang	246	2761	3708	4078	3395	4152
安徽	Anhui	993	806	2376	2410	2858	3585
福建	Fujian	213	3301	4945	5876	6220	5188
江西	Jiangxi	6443	4941	4622	4263	2269	387
山东	Shandong	1939	3523	9899	11448	13573	16064
河南	Henan	923	3125	2536	3743	3024	4501
湖北	Hubei	2149	7333	11169	12468	13355	12895
湖南	Hunan	1785	3448	2603	2490	2370	2297
广东	Guangdong	4581	16641	35316	29484	32717	35834
广西	Guangxi	351	461	235	62	127	213
海南	Hainan	6	7	103	424	265	301
重庆	Chongqing	731	1674	2859	2218	1999	3118
四川	Sichuan	1617	8206	7854	13950	11365	9582
贵州	Guizhou	2301	2252	1640	5440	4409	5537
云南	Yunnan	37	180	460	267	296	637
西藏	Tibet				5	1	3
陕西	Shaanxi	16053	8574	14157	17859	20133	16145
甘肃	Gansu	971	644	397	436	447	442
青海	Qinghai	24	12				1
宁夏	Ningxia		453				
新疆	Xinjiang			19	3		

2-1-9 续表 1 continued

地 区	Region	R&D经费内部支出（万元） Intramural Expenditure on R&D (10000 yuan)					
		2000	2005	2012	2013	2014	2015
全 国	**Total**	**384700**	**1475400**	**4982793**	**5425509**	**5660870**	**6133060**
东部地区	Eastern Region	188894	978804	2878211	2917760	3061808	3501796
中部地区	Middle Region	67043	142244	681118	800847	850161	902841
西部地区	Western Region	96156	248303	871997	1132853	1183880	1323486
东北地区	Northeastern Region	32607	106049	551465	574049	565021	404938
北 京	Beijing	18721	77902	461961	522168	505194	399905
天 津	Tianjin	3402	19501	86045	99194	124762	378129
河 北	Hebei	13477	30614	48358	61521	97005	121183
山 西	Shanxi	466	2234	29189	18650	7226	9814
内蒙古	Inner Mongolia	70	340		1685	1980	36485
辽 宁	Liaoning	13236	43072	391456	401811	377245	259469
吉 林	Jilin	2903	10435	10439	8310	6530	5036
黑龙江	Heilongjiang	16468	52542	149568	163929	181246	140432
上 海	Shanghai	13517	43938	290005	272652	420001	359105
江 苏	Jiangsu	33122	59117	191038	220522	210417	202336
浙 江	Zhejiang	3100	59118	77832	80650	76583	90893
安 徽	Anhui	7844	13335	68506	71306	90637	149769
福 建	Fujian	1613	61989	67486	86031	92878	152295
江 西	Jiangxi	17363	37738	94716	95955	127851	7032
山 东	Shandong	27191	190681	441208	498304	530870	619447
河 南	Henan	5898	22667	40200	54436	60217	95158
湖 北	Hubei	31081	50205	387865	453074	463413	560053
湖 南	Hunan	4321	15725	60640	107426	100817	81014
广 东	Guangdong	73325	429998	1213643	1072559	996947	1171942
广 西	Guangxi	1332	5553	5103	6487	8337	8437
海 南	Hainan	94	392	631	4160	7153	6563
重 庆	Chongqing	3697	15656	50503	52133	45867	72758
四 川	Sichuan	16294	101893	274710	453126	414233	483046
贵 州	Guizhou	6386	20428	25750	83513	89666	135997
云 南	Yunnan	379	2039	18406	21497	26391	30856
西 藏	Tibet				97	227	137
陕 西	Shaanxi	66870	101395	479394	501364	579018	544929
甘 肃	Gansu	2487	2005	16386	12805	18160	10237
青 海	Qinghai	43	38				603
宁 夏	Ningxia		4850				
新 疆	Xinjiang			1741	147		

2-1-9　续表 2　continued

地　区	Region	新产品开发经费支出（万元） Expenditure on New Products Development (10000 yuan)					
		2000	2005	2012	2013	2014	2015
全　国	**Total**	**436906**	**1583476**	**5524884**	**5971617**	**6358044**	**6460818**
东部地区	Eastern Region	254847	1052655	3168013	3298269	3553792	3680256
中部地区	Middle Region	54411	138483	809473	852413	936516	1094022
西部地区	Western Region	93387	265044	1131085	1301495	1389668	1282185
东北地区	Northeastern Region	34261	127294	416311	519441	478068	404355
北　京	Beijing	15608	85880	529206	664477	632472	478573
天　津	Tianjin	3348	23235	85130	90769	117945	353072
河　北	Hebei	15190	22403	53678	49604	95614	82778
山　西	Shanxi	1209	3922	27755	22309	1276	10219
内蒙古	Inner Mongolia	149	80		1822	518	5295
辽　宁	Liaoning	19065	50126	239502	341900	282550	252483
吉　林	Jilin	3479	14896	14706	12054	10724	8709
黑龙江	Heilongjiang	11717	62272	162103	165488	184794	143163
上　海	Shanghai	10156	56606	384813	326177	560583	397633
江　苏	Jiangsu	49369	72772	276784	284882	271487	241747
浙　江	Zhejiang	3510	88534	71711	75221	76283	91755
安　徽	Anhui	5642	9604	149646	103400	136570	290217
福　建	Fujian	2270	73515	62151	75907	86848	151372
江　西	Jiangxi	12925	37148	80109	83884	90765	6818
山　东	Shandong	76047	224405	432362	502578	450175	563127
河　南	Henan	6670	22120	64696	60900	71848	87017
湖　北	Hubei	23727	43682	408524	461005	495965	594832
湖　南	Hunan	4089	21927	78743	120915	140093	104919
广　东	Guangdong	77120	398347	1267022	1222204	1253845	1313607
广　西	Guangxi	1915	6959	8888	6640	8381	4923
海　南	Hainan	313		5151	6449	8540	6593
重　庆	Chongqing	3623	19859	57422	46667	58872	64661
四　川	Sichuan	24699	102835	501161	553511	551431	486478
贵　州	Guizhou	7461	27610	59943	107827	110404	147192
云　南	Yunnan	619	2909	16118	19021	18556	15130
西　藏	Tibet			82	240	330	137
陕　西	Shaanxi	53380	103884	468745	553159	620959	547436
甘　肃	Gansu	3585	4153	16740	12482	17242	9227
青　海	Qinghai	3	53	150			603
宁　夏	Ningxia	18	3743				
新　疆	Xinjiang			1833	127	2977	1101

2-1-9 续表 3 continued

地区	Region	新产品销售收入（万元） Sales Revenue of New Products (10000 yuan)					
		2000	2005	2012	2013	2014	2015
全国	**Total**	**5884034**	**20608590**	**45558591**	**49393828**	**57913831**	**65147112**
东部地区	Eastern Region	3120003	13943711	29503500	31437028	36273690	41372015
中部地区	Middle Region	284722	998485	5857103	6630047	7555574	8373841
西部地区	Western Region	1605769	3508823	7128381	7952732	10567793	11905477
东北地区	Northeastern Region	873540	2157570	3069606	3374020	3516775	3495778
北京	Beijing	201276	1107350	2724759	3005983	3531074	3138967
天津	Tianjin	56644	171574	1057091	1080889	1156204	1947144
河北	Hebei	202721	170976	325650	445833	842278	931340
山西	Shanxi	16053	55780	332635	253950	246067	235797
内蒙古	Inner Mongolia	732	3001		20807	28652	250630
辽宁	Liaoning	425003	1229677	2703103	2962295	2966907	3068526
吉林	Jilin	10145	31468	35675	35883	49497	30857
黑龙江	Heilongjiang	438392	896425	330826	375843	500371	396395
上海	Shanghai	128874	554157	868628	818692	968484	1080607
江苏	Jiangsu	855881	1788730	2784228	3158978	4554418	4751528
浙江	Zhejiang	53273	1054020	1000542	912116	1686782	3198410
安徽	Anhui	21125	105266	1421929	1571850	2219823	3138807
福建	Fujian	9397	1536275	480704	469492	626175	1208520
江西	Jiangxi	129799	273934	1119391	1038226	794398	198451
山东	Shandong	859098	3338496	7563826	8321847	8755496	9502590
河南	Henan	46509	346317	360679	371499	491729	802418
湖北	Hubei	47327	97695	1849579	2441204	2812973	3364770
湖南	Hunan	23177	116493	772888	953319	990584	633598
广东	Guangdong	734653	4208028	12698070	13203717	14152779	15612280
广西	Guangxi	16346	14108	13084	27289	29694	114924
海南	Hainan	1838			19482		631
重庆	Chongqing	28148	199673	867476	627655	656105	1290752
四川	Sichuan	1212226	2049251	4116172	5336827	7596326	7532705
贵州	Guizhou	63662	214228	178533	230740	439445	580494
云南	Yunnan	1859	41476	95442	42888	41366	51815
西藏	Tibet						
陕西	Shaanxi	278677	925690	1742934	1626711	1744655	2040444
甘肃	Gansu	9730	33834	112651	39817	31550	43713
青海	Qinghai	5					
宁夏	Ningxia	11462	44617				
新疆	Xinjiang		54	2087			

2-1-9 续表 4 continued

地 区	Region	专利申请数（件） Patent Applications (piece)					
		2000	2005	2012	2013	2014	2015
全 国	**Total**	**734**	**5474**	**27459**	**24997**	**33952**	**38028**
东部地区	Eastern Region	407	3966	19385	15036	23316	26303
中部地区	Middle Region	98	481	3346	3986	4116	4631
西部地区	Western Region	177	582	3503	4539	4962	5311
东北地区	Northeastern Region	52	445	1225	1436	1558	1783
北 京	Beijing	7	509	4836	2637	2204	1615
天 津	Tianjin	10	60	817	738	668	1293
河 北	Hebei	15	72	98	184	179	315
山 西	Shanxi	4	15	104	126	11	33
内蒙古	Inner Mongolia	1					54
辽 宁	Liaoning	15	328	703	864	995	1176
吉 林	Jilin	8	41	107	97	48	46
黑龙江	Heilongjiang	29	76	415	475	515	561
上 海	Shanghai	14	299	1083	1599	1770	1910
江 苏	Jiangsu	46	152	1133	1302	1784	1535
浙 江	Zhejiang	1	118	191	163	164	207
安 徽	Anhui	3	30	843	985	910	1584
福 建	Fujian	4	113	494	442	588	806
江 西	Jiangxi	17	107	240	278	536	4
山 东	Shandong	65	548	2881	2725	3788	5467
河 南	Henan	21	114	513	464	455	668
湖 北	Hubei	42	160	1184	1610	1586	1725
湖 南	Hunan	10	55	462	523	618	617
广 东	Guangdong	241	2076	7852	5240	12162	13138
广 西	Guangxi	4	19	18	40	24	52
海 南	Hainan				6	9	17
重 庆	Chongqing	6	44	310	195	266	333
四 川	Sichuan	114	206	1795	2345	2601	2611
贵 州	Guizhou	10	72	270	436	717	856
云 南	Yunnan		63	78	57	57	65
西 藏	Tibet			2	2	1	2
陕 西	Shaanxi	44	181	992	1458	1292	1324
甘 肃	Gansu	3	9	36	6	4	2
青 海	Qinghai		1				12
宁 夏	Ningxia		6				
新 疆	Xinjiang			2			

2-1-9 续表 5 continued

地 区	Region	有效发明专利数（件） Number of Patents In Force (piece)					
		2000	2005	2012	2013	2014	2015
全 国	**Total**	**616**	**1650**	**24748**	**30781**	**48575**	**69634**
东部地区	Eastern Region	358	1033	18979	22621	38767	56698
中部地区	Middle Region	41	256	2735	3317	4110	5190
西部地区	Western Region	138	232	2345	4019	4796	5908
东北地区	Northeastern Region	79	129	689	824	902	1838
北 京	Beijing	13	293	2760	3245	3865	4609
天 津	Tianjin	1	21	454	534	618	1100
河 北	Hebei	11	21	161	191	240	555
山 西	Shanxi	1	6	45	64	7	36
内 蒙 古	Inner Mongolia						6
辽 宁	Liaoning	49	77	264	540	588	1249
吉 林	Jilin	11	10	74	40	31	141
黑 龙 江	Heilongjiang	19	42	351	244	283	448
上 海	Shanghai	3	85	993	1146	1404	2614
江 苏	Jiangsu	32	82	1271	1318	2448	2403
浙 江	Zhejiang	5	36	314	391	692	641
安 徽	Anhui	1	24	460	506	687	930
福 建	Fujian		23	505	721	858	909
江 西	Jiangxi	12	30	241	332	226	72
山 东	Shandong	55	103	931	1222	1760	2389
河 南	Henan	12	25	213	247	381	539
湖 北	Hubei	10	129	1533	1844	2238	3289
湖 南	Hunan	5	42	243	324	571	324
广 东	Guangdong	235	360	11588	13851	26882	41451
广 西	Guangxi	3	9	11	23	21	40
海 南	Hainan			2	2		27
重 庆	Chongqing	6	21	194	170	210	336
四 川	Sichuan	60	42	995	2024	2446	2282
贵 州	Guizhou	10	30	124	218	481	904
云 南	Yunnan		53	143	281	164	481
西 藏	Tibet				1		19
陕 西	Shaanxi	56	77	830	1275	1452	1811
甘 肃	Gansu	5	1	40	26	22	21
青 海	Qinghai	1	1				8
宁 夏	Ningxia		7				
新 疆	Xinjiang			8	1		

2-1-9 续表 6 continued

地 区	Region	技术改造经费支出（万元） Expenditure for Technical Renovation (10000 yuan)					
		2000	2005	2012	2013	2014	2015
全 国	**Total**	**511340**	**892924**	**1110469**	**1539532**	**1271550**	**1055269**
东部地区	Eastern Region	223929	329980	409254	928917	313577	337162
中部地区	Middle Region	56908	115505	229970	204453	184687	154689
西部地区	Western Region	95077	251719	298332	278915	429601	448661
东北地区	Northeastern Region	135426	195720	172912	127247	343686	114757
北 京	Beijing	6935	17515	14619	7301	9149	30178
天 津	Tianjin	2269	9983	26805	3189	25890	11175
河 北	Hebei	31532	13209	13045	17285	16493	15799
山 西	Shanxi	3321	3734	8229	5280		187
内蒙古	Inner Mongolia	3569	210				
辽 宁	Liaoning	71355	48217	99837	62202	285674	90495
吉 林	Jilin	7683	7851		46	78	
黑龙江	Heilongjiang	56388	139652	73075	64999	57935	24262
上 海	Shanghai	4835	24259	68920	12354	2413	10932
江 苏	Jiangsu	45602	87015	32803	29703	19952	5742
浙 江	Zhejiang	10970	44219	89465	71785	61765	50352
安 徽	Anhui	9601	26550	21785	28762	22457	16017
福 建	Fujian	1646	22251	10666	15825	5218	1427
江 西	Jiangxi	15321	27979	110806	67817	3467	5433
山 东	Shandong	49770	40325	92321	103868	120517	176529
河 南	Henan	14540	22809	16111	31448	26050	56927
湖 北	Hubei	6766	11594	43328	33974	83635	50808
湖 南	Hunan	3792	22629	29710	37172	49079	25317
广 东	Guangdong	69533	67420	58070	665086	51146	33773
广 西	Guangxi	588	3783	733	2881	287	365
海 南	Hainan	250		2537	2522	1034	1256
重 庆	Chongqing	2085	27037	15426	13925	9120	6855
四 川	Sichuan	17290	56224	117872	118910	130024	145916
贵 州	Guizhou	14838	31569	29715	24516	36880	50565
云 南	Yunnan	49	9228	3120	3067	3455	29075
西 藏	Tibet						
陕 西	Shaanxi	58062	122538	120656	111982	245075	215865
甘 肃	Gansu	2710	4371	1506		2204	
青 海	Qinghai	2					21
宁 夏	Ningxia	18	753				
新 疆	Xinjiang	24		9300	3635	2557	

2-1-9 续表 7 continued

地　区	Region	引进技术经费支出（万元） Expenditure for Acquisition of Foreign Technology (10000 yuan)					
		2000	2005	2012	2013	2014	2015
全　国	**Total**	**125120**	**150492**	**214172**	**64909**	**94793**	**75971**
东部地区	Eastern Region	50750	107980	70783	30909	76391	48851
中部地区	Middle Region	12031	10313	2465	17553	3431	17202
西部地区	Western Region	44885	18488	140777	13981	10018	9796
东北地区	Northeastern Region	17454	13711	146	2467	4954	122
北　京	Beijing	654	19754	10966	3482	4830	2745
天　津	Tianjin	1903	3309	180	1259	43	31
河　北	Hebei	7727	1822	526	655	1019	1169
山　西	Shanxi	260					
内蒙古	Inner Mongolia	2151					
辽　宁	Liaoning	12284	5780	146	2467	4689	
吉　林	Jilin	803	151				
黑龙江	Heilongjiang	4367	7780			265	122
上　海	Shanghai	282	1962	24866	2380	8364	2577
江　苏	Jiangsu	21110	29905	784			
浙　江	Zhejiang	12	5006	8911	6221	3389	1479
安　徽	Anhui	1906	3360	594	250	52	177
福　建	Fujian	180	21727	10175	666	40310	25543
江　西	Jiangxi	3355	4229	5		3	
山　东	Shandong	3108	3100	12579	13950	18437	14830
河　南	Henan	1196	448	1503			
湖　北	Hubei	2073	1672	320	17303	3376	17025
湖　南	Hunan	1090	604	42			
广　东	Guangdong	15704	21355	1793	2295		477
广　西	Guangxi	39	42				
海　南	Hainan	33					
重　庆	Chongqing	434	73	123	230	451	181
四　川	Sichuan	19416	2492	138785	12267	8432	6624
贵　州	Guizhou	11025	4902			40	
云　南	Yunnan	369	217	823			
西　藏	Tibet						
陕　西	Shaanxi	10987	10804	773	1485	1095	2923
甘　肃	Gansu	2653		273			68
青　海	Qinghai	2					
宁　夏	Ningxia						
新　疆	Xinjiang						

2-1-9 续表 8 continued

地 区	Region	消化吸收经费支出（万元） Expenditure for Assimilation of Technology (10000 yuan)					
		2000	2005	2012	2013	2014	2015
全 国	**Total**	**15787**	**31659**	**22693**	**36189**	**37839**	**39530**
东部地区	Eastern Region	5561	25737	18630	33681	21838	14308
中部地区	Middle Region	1206	2090	545	2307	14939	107
西部地区	Western Region	803	1314	3483	39	1002	25105
东北地区	Northeastern Region	8218	2517	34	163	60	11
北 京	Beijing	37	110	326	702	566	450
天 津	Tianjin	13	90	321	1360	1260	495
河 北	Hebei	1745	642	830	1038	1240	1200
山 西	Shanxi	13					
内 蒙 古	Inner Mongolia						
辽 宁	Liaoning	2225		34	33	46	
吉 林	Jilin		52				
黑 龙 江	Heilongjiang	5993	2465		130	14	11
上 海	Shanghai		686	2068	772		
江 苏	Jiangsu	1221	1380	40	16905	112	
浙 江	Zhejiang		5619	8185	7761	9404	5822
安 徽	Anhui	749	215	50	136		
福 建	Fujian	463	2327	78	10		
江 西	Jiangxi	20	1306		108	70	
山 东	Shandong	667	1220	6382	5069	9189	6340
河 南	Henan	53	370		149	1156	
湖 北	Hubei	365	65	455	1914	12452	107
湖 南	Hunan	6	134	39		1262	
广 东	Guangdong	1357	13485	397	64	68	1
广 西	Guangxi	15	179				
海 南	Hainan	42					
重 庆	Chongqing	380	875	84	39	45	37
四 川	Sichuan	11	249	3198		907	1065
贵 州	Guizhou		3			50	
云 南	Yunnan	10					23883
西 藏	Tibet						
陕 西	Shaanxi	402	188	200			120
甘 肃	Gansu						
青 海	Qinghai						
宁 夏	Ningxia						
新 疆	Xinjiang						

2-1-9 续表 9 continued

地 区	Region	购买国内技术经费支出（万元） Expenditure on Purchase of Domestic Technology (10000 yuan)					
		2000	2005	2012	2013	2014	2015
全 国	**Total**	**14799**	**41679**	**63406**	**56998**	**187895**	**63871**
东部地区	Eastern Region	8678	25190	43308	36070	58174	43075
中部地区	Middle Region	4435	6193	5270	5227	99378	9703
西部地区	Western Region	1100	9080	13372	14276	21197	10245
东北地区	Northeastern Region	586	1215	1455	1425	9146	849
北 京	Beijing	25	2867	238	351		
天 津	Tianjin	1375	434	188	13	112	
河 北	Hebei	2016	829	1226	2055	1870	1490
山 西	Shanxi	10		1651			
内 蒙 古	Inner Mongolia	2018					
辽 宁	Liaoning	285	592	1400	986	7791	524
吉 林	Jilin		123				
黑 龙 江	Heilongjiang	301	500	55	439	1355	325
上 海	Shanghai	81	5492	5018	11788	25250	20088
江 苏	Jiangsu	2263	819	2192	2429	1224	556
浙 江	Zhejiang	1687	3941	12770	13570	12669	6072
安 徽	Anhui	1511	206	595	387	1010	
福 建	Fujian	75	4952	4127	2335	14184	7989
江 西	Jiangxi	168	4597			93979	
山 东	Shandong	538	78	8376	3034	2732	4124
河 南	Henan	81	1044	619	272	1560	111
湖 北	Hubei	563	236	490	3212	290	2347
湖 南	Hunan	85	110	1914	1357	2539	7245
广 东	Guangdong	336	5426	9171	497	133	2758
广 西	Guangxi	8	352				
海 南	Hainan	275					
重 庆	Chongqing	104	908	295	348	1118	1077
四 川	Sichuan	257	503	12264	13597	11296	6566
贵 州	Guizhou	17	6029	87			
云 南	Yunnan	40	43	80			328
西 藏	Tibet						
陕 西	Shaanxi	642	1484	645	331	8784	1951
甘 肃	Gansu	41	100				323
青 海	Qinghai						
宁 夏	Ningxia						
新 疆	Xinjiang		15				

2-1-9 续表 10 continued

地 区	Region	研发机构数（个） Number of R&D Institutions in Enterprises (unit)					
		2000	2005	2012	2013	2014	2015
全 国	**Total**	**744**	**712**	**786**	**746**	**707**	**846**
东部地区	Eastern Region	328	340	416	413	375	455
中部地区	Middle Region	149	121	138	124	120	141
西部地区	Western Region	189	200	197	163	170	209
东北地区	Northeastern Region	78	51	35	46	42	41
北 京	Beijing	38	21	57	54	48	46
天 津	Tianjin	17	27	32	35	30	24
河 北	Hebei	17	17	16	17	12	15
山 西	Shanxi	13	15	4	5	1	3
内蒙古	Inner Mongolia	3	1				3
辽 宁	Liaoning	34	20	18	28	24	26
吉 林	Jilin	20	10	3	3	3	
黑龙江	Heilongjiang	24	21	14	15	15	15
上 海	Shanghai	25	35	22	26	22	26
江 苏	Jiangsu	114	96	100	90	82	93
浙 江	Zhejiang	9	31	27	37	34	42
安 徽	Anhui	20	17	27	22	27	36
福 建	Fujian	8	10	19	24	24	25
江 西	Jiangxi	24	29	16	15	13	9
山 东	Shandong	35	25	53	46	34	38
河 南	Henan	26	19	29	23	27	29
湖 北	Hubei	38	23	40	39	29	42
湖 南	Hunan	25	17	22	20	23	22
广 东	Guangdong	56	72	82	78	81	141
广 西	Guangxi	8	6	4	2	4	7
海 南	Hainan	1		8	6	8	5
重 庆	Chongqing	17	33	24	21	17	26
四 川	Sichuan	37	35	38	33	31	37
贵 州	Guizhou	36	31	16	21	25	35
云 南	Yunnan	1	5	6	3	3	8
西 藏	Tibet				1		
陕 西	Shaanxi	87	74	95	79	87	86
甘 肃	Gansu	7	16	13	2	2	2
青 海	Qinghai	2	1				4
宁 夏	Ningxia	1	5				
新 疆	Xinjiang	1		1	1	1	1

2-1-9 续表 11 continued

地区	Region	机构人员（人） Personnel in the R&D Institutions (person)					
		2000	2005	2012	2013	2014	2015
全　国	**Total**	**48076**	**77435**	**139355**	**110728**	**114609**	**146921**
东部地区	Eastern Region	22333	40814	77808	54817	57012	91508
中部地区	Middle Region	7994	10284	21556	24079	23555	21441
西部地区	Western Region	11676	19035	31241	23877	25363	24456
东北地区	Northeastern Region	6073	7302	8750	7955	8679	9516
北　京	Beijing	1935	1477	6749	6609	7035	5790
天　津	Tianjin	797	1239	3417	3278	3076	3767
河　北	Hebei	1177	2215	1757	2049	2255	2758
山　西	Shanxi	271	659	720	635	142	508
内蒙古	Inner Mongolia	59	33				178
辽　宁	Liaoning	2778	3810	6264	5504	6250	7120
吉　林	Jilin	829	1068	232	237	161	
黑龙江	Heilongjiang	2466	2424	2254	2214	2268	2396
上　海	Shanghai	963	1467	3355	4445	3833	4304
江　苏	Jiangsu	5826	4256	13237	10349	9767	9755
浙　江	Zhejiang	304	3500	2946	3199	1918	3921
安　徽	Anhui	1077	781	3349	2148	3044	3897
福　建	Fujian	318	2810	3608	3834	4005	5167
江　西	Jiangxi	2411	2956	4178	4180	4706	648
山　东	Shandong	3729	5314	12552	12467	15469	18984
河　南	Henan	1448	1150	2829	2362	3134	3703
湖　北	Hubei	1530	3725	8295	12111	9790	10099
湖　南	Hunan	1198	980	2185	2643	2739	2586
广　东	Guangdong	7015	18257	29945	8392	9423	36839
广　西	Guangxi	251	279	220	35	118	428
海　南	Hainan	18		242	195	231	223
重　庆	Chongqing	658	1813	1861	1589	1426	2525
四　川	Sichuan	2828	7544	16124	6852	7615	6405
贵　州	Guizhou	2274	2232	1023	2729	3586	4341
云　南	Yunnan	21	292	500	259	426	728
西　藏	Tibet				8		
陕　西	Shaanxi	5171	6339	11011	12058	11842	9443
甘　肃	Gansu	678	459	499	344	346	348
青　海	Qinghai	31	15				56
宁　夏	Ningxia	15	341				
新　疆	Xinjiang			3	3	4	4

2-1-9 续表 12 continued

地区	Region	机构经费支出（万元） Expenditure in the R&D Institutions (10000 yuan)					
		2000	2005	2012	2013	2014	2015
全国	**Total**	**325230**	**1241169**	**3308633**	**2695986**	**2459296**	**3769597**
东部地区	Eastern Region	197183	864078	2229564	1552889	1420273	2556771
中部地区	Middle Region	42659	103943	367802	544449	451437	565997
西部地区	Western Region	60162	220669	524459	417294	424599	450193
东北地区	Northeastern Region	25227	52479	186807	181354	162987	196636
北京	Beijing	12922	25829	241201	188455	202983	195747
天津	Tianjin	3864	18241	61997	64813	66829	75212
河北	Hebei	8435	16350	17325	26882	46201	51859
山西	Shanxi	821	3442	6809	8382	7173	15015
内蒙古	Inner Mongolia	331	403				1948
辽宁	Liaoning	8322	17114	153226	149444	142507	164126
吉林	Jilin	1715	13266	1772	1807	1648	
黑龙江	Heilongjiang	15190	22099	31808	30104	18833	32510
上海	Shanghai	7971	41605	84135	151143	96112	139171
江苏	Jiangsu	47321	54701	260972	224362	219434	205586
浙江	Zhejiang	2181	82767	65619	74501	57360	95073
安徽	Anhui	4070	6197	56165	69163	37346	132165
福建	Fujian	2306	62757	50612	60324	59026	114848
江西	Jiangxi	20387	46217	51906	78359	80251	6694
山东	Shandong	43008	208074	416467	448808	457454	561522
河南	Henan	4981	15823	35009	36924	47587	72357
湖北	Hubei	8372	27731	204016	329747	234389	262342
湖南	Hunan	3699	4132	13894	21875	44691	77424
广东	Guangdong	67699	350209	1027092	308356	207994	1112640
广西	Guangxi	1163	3546	1870	201	762	2374
海南	Hainan	313		4141	5245	6880	5114
重庆	Chongqing	4088	11347	36010	24904	25881	44696
四川	Sichuan	12564	128729	314721	150003	148525	127542
贵州	Guizhou	5528	21050	8196	59864	50797	98069
云南	Yunnan	38	1862	22243	18950	19892	23386
西藏	Tibet				98		
陕西	Shaanxi	35884	49571	127085	152827	163882	142372
甘肃	Gansu	1981	4930	14315	10446	14829	9062
青海	Qinghai	43	53				300
宁夏	Ningxia	36	3127				
新疆	Xinjiang			15	3	31	444

2-1-10 各地区大中型内资企业R&D及相关活动情况

Statistics on R&D and Related Activities of Domestic Funded Enterprises in Large and Medium-sized Enterprises by Region

地 区	Region	R&D人员折合全时当量（人年） Full-time Equivalent of R&D Personnel (man-year)					
		2000	2005	2012	2013	2014	2015
全 国	**Total**	**78771**	**121421**	**331204**	**361065**	**375108**	**398576**
东部地区	Eastern Region	35160	65010	233065	246109	256423	284539
中部地区	Middle Region	13732	21194	45189	50893	54683	53820
西部地区	Western Region	24005	24665	37518	49648	49658	46844
东北地区	Northeastern Region	5874	10553	15430	14415	14344	13374
北 京	Beijing	3787	4678	11018	12736	12107	11211
天 津	Tianjin	1010	1875	5865	6362	7113	14628
河 北	Hebei	1666	3388	4389	5322	6716	9111
山 西	Shanxi	286	283	2545	2427	1352	1581
内蒙古	Inner Mongolia	20	108	224	264	275	538
辽 宁	Liaoning	2533	4964	7972	7610	7806	6964
吉 林	Jilin	1110	621	3500	2708	2573	2231
黑龙江	Heilongjiang	2231	4968	3958	4097	3965	4178
上 海	Shanghai	3911	1337	6092	9054	7450	10259
江 苏	Jiangsu	5501	5627	28186	33533	36878	38857
浙 江	Zhejiang	1658	6962	21573	24460	28045	32246
安 徽	Anhui	1088	1342	5986	6318	7122	9412
福 建	Fujian	977	729	5026	6144	7545	8328
江 西	Jiangxi	6489	5435	6837	7629	6547	4969
山 东	Shandong	2950	5129	22119	28725	30269	31983
河 南	Henan	1210	2012	7354	10245	10503	12102
湖 北	Hubei	2562	8434	17414	18952	20516	18764
湖 南	Hunan	2077	3579	5050	5322	8643	6993
广 东	Guangdong	13180	34408	128295	118957	119617	127091
广 西	Guangxi	488	870	1059	919	1115	1128
海 南	Hainan	33	7	497	816	684	825
重 庆	Chongqing	964	2070	3833	3599	3604	5240
四 川	Sichuan	2255	9212	12003	17405	15056	13923
贵 州	Guizhou	2380	2437	2292	6276	5067	5982
云 南	Yunnan	101	205	1661	1105	991	974
西 藏	Tibet				5	2	3
陕 西	Shaanxi	17068	9375	15312	18913	22028	17538
甘 肃	Gansu	1091	848	825	708	939	799
青 海	Qinghai	61	12	48	170	108	54
宁 夏	Ningxia	85	480	238	265	437	591
新 疆	Xinjiang		25	19	19	36	74

2-1-10 续表 1 continued

地 区	Region	R&D经费内部支出（万元） Intramural Expenditure on R&D (10000 yuan)					
		2000	2005	2012	2013	2014	2015
全 国	**Total**	**790317**	**2099137**	**9667304**	**11548301**	**13114379**	**15381634**
东部地区	Eastern Region	523864	1538978	6965110	8179966	9387621	11396768
中部地区	Middle Region	77389	164548	1038050	1337264	1543980	1742785
西部地区	Western Region	148102	279373	1057082	1377348	1519466	1754688
东北地区	Northeastern Region	40962	116239	607061	653723	663313	487393
北 京	Beijing	47504	87864	475405	598570	565854	513249
天 津	Tianjin	24203	40977	143778	154095	178012	445923
河 北	Hebei	14469	33103	74888	100749	159689	210776
山 西	Shanxi	1577	2888	40745	41289	21882	29677
内 蒙 古	Inner Mongolia	73	1174	4832	4840	11817	49208
辽 宁	Liaoning	14810	53654	416615	447647	420255	280465
吉 林	Jilin	7838	13399	46843	45737	62413	58476
黑 龙 江	Heilongjiang	18314	49186	143601	160340	180645	148453
上 海	Shanghai	21368	31845	327987	332732	476437	465611
江 苏	Jiangsu	52975	122828	819013	969220	1107527	1297268
浙 江	Zhejiang	42272	146358	457633	524852	662165	855305
安 徽	Anhui	8134	18472	144050	167145	209203	315771
福 建	Fujian	14634	19391	103817	119337	178383	254180
江 西	Jiangxi	17702	42928	132304	161469	213348	140576
山 东	Shandong	43570	215452	823749	951798	1086789	1347225
河 南	Henan	7315	17520	101657	151961	208519	286243
湖 北	Hubei	35839	62963	487973	568875	628162	729714
湖 南	Hunan	6749	18603	131319	246527	262867	240804
广 东	Guangdong	259559	829378	3725868	4409136	4949357	5986975
广 西	Guangxi	2810	11391	30777	35202	44054	43974
海 南	Hainan	501	392	12970	19477	23409	20256
重 庆	Chongqing	6491	23842	72325	90009	111039	188204
四 川	Sichuan	24048	108754	343288	548211	542698	632713
贵 州	Guizhou	7250	21950	39204	100052	109692	150764
云 南	Yunnan	1628	2314	33459	40283	47426	40244
西 藏	Tibet				97	585	137
陕 西	Shaanxi	104894	112435	498275	522387	609137	599197
甘 肃	Gansu	3352	4496	26487	22697	30714	24296
青 海	Qinghai	284	38	778	4919	1263	3335
宁 夏	Ningxia	157	5165	5911	7870	10190	20408
新 疆	Xinjiang		380	1741	782	851	2208

2-1-10 续表 2 continued

地 区	Region	新产品开发经费支出（万元） Expenditure on New Products Development (10000 yuan)					
		2000	2005	2012	2013	2014	2015
全 国	**Total**	**808228**	**2237723**	**11070439**	**13422766**	**15719432**	**17942362**
东部地区	Eastern Region	532331	1616896	7977030	9676056	11482962	13692400
中部地区	Middle Region	73270	175275	1227243	1480727	1782130	1949394
西部地区	Western Region	159145	298194	1377786	1631435	1840684	1773297
东北地区	Northeastern Region	43482	147358	488378	634548	613656	527271
北 京	Beijing	23308	64983	585725	804243	758927	631579
天 津	Tianjin	24517	25532	129664	136371	150070	404007
河 北	Hebei	16571	25923	90540	93227	159079	172522
山 西	Shanxi	1909	4635	47322	49177	27588	34432
内蒙古	Inner Mongolia	181	1314	4174	4622	9526	18290
辽 宁	Liaoning	20156	60689	268352	399244	324994	279604
吉 林	Jilin	10407	24800	64197	70942	103228	86987
黑龙江	Heilongjiang	12919	61869	155827	164362	185434	160680
上 海	Shanghai	19477	41794	412328	405638	626610	508615
江 苏	Jiangsu	71677	152407	1226112	1340205	1470430	1553272
浙 江	Zhejiang	35780	195521	450923	611401	714572	871655
安 徽	Anhui	5834	25320	254657	232441	316689	489212
福 建	Fujian	15135	24643	110469	126940	187463	253269
江 西	Jiangxi	13400	45150	117224	155030	210742	153179
山 东	Shandong	97741	262757	880918	1026506	1053507	1279050
河 南	Henan	8414	20142	128319	161885	220483	260961
湖 北	Hubei	35825	54359	529953	615504	662563	760166
湖 南	Hunan	7708	24355	149766	266691	344065	251444
广 东	Guangdong	223644	810564	4063500	5103073	6336526	7995865
广 西	Guangxi	3628	12147	37358	33959	43493	32706
海 南	Hainan	854	626	26847	28453	25780	22566
重 庆	Chongqing	7522	28084	77064	82736	120100	190949
四 川	Sichuan	39881	110981	617876	718487	762608	691254
贵 州	Guizhou	10021	29937	85624	128742	134872	165205
云 南	Yunnan	4144	3184	26912	40023	44742	28795
西 藏	Tibet			82	240	687	137
陕 西	Shaanxi	90947	113490	489482	576428	666647	596321
甘 肃	Gansu	5571	6771	31143	37584	44319	26295
青 海	Qinghai	3	53	772	681	372	4278
宁 夏	Ningxia	951	4288	5463	6867	9111	15403
新 疆	Xinjiang	105	1407	1833	1067	4206	3665

2-1-10 续表 3 continued

地 区	Region	新产品销售收入（万元） Sales Revenue of New Products (10000 yuan)					
		2000	2005	2012	2013	2014	2015
全 国	**Total**	**9880026**	**22804873**	**91001519**	**110671980**	**145726741**	**176578076**
东部地区	Eastern Region	6601650	15137702	67404804	80718236	108078571	136216392
中部地区	Middle Region	426147	1331792	9810775	13752459	18135738	18767725
西部地区	Western Region	1898184	4118064	9522809	11541266	14699281	16777658
东北地区	Northeastern Region	954045	2217314	4263130	4660020	4813151	4816302
北 京	Beijing	507966	1161045	3094771	3564951	4471693	4300243
天 津	Tianjin	67238	215575	1693900	1878125	1871461	2713255
河 北	Hebei	223424	196163	493236	804562	1321871	1691971
山 西	Shanxi	22065	68953	283709	287833	271482	495890
内蒙古	Inner Mongolia	777	17420	83049	167885	129088	273715
辽 宁	Liaoning	461266	1312466	3089963	3330949	3202593	3269109
吉 林	Jilin	53986	94760	764254	936703	1125972	1101176
黑龙江	Heilongjiang	438793	810088	408913	392368	484586	446017
上 海	Shanghai	336024	361061	1232536	1357020	1601173	2034611
江 苏	Jiangsu	1426725	1915941	13187041	14450817	20648321	24576654
浙 江	Zhejiang	979752	2183048	6011173	7785716	9655222	13322167
安 徽	Anhui	21851	348366	2238082	2440667	3358729	4938501
福 建	Fujian	309753	267586	906129	1002469	1509395	2092072
江 西	Jiangxi	130139	356647	1809001	2387780	2672025	2341470
山 东	Shandong	1126820	3722466	12246077	13362924	14931443	16609852
河 南	Henan	75657	236226	985025	1747433	2050692	2246347
湖 北	Hubei	84905	138356	2847607	3638555	4480945	5225604
湖 南	Hunan	90753	165825	1647349	3250192	5301866	3519912
广 东	Guangdong	1580373	5022878	28501335	36483329	52062190	68823613
广 西	Guangxi	41739	91789	358247	620301	615672	552700
海 南	Hainan	1838	150	38604	28323	5803	51954
重 庆	Chongqing	68225	512141	915043	1047539	1185818	2549329
四 川	Sichuan	1288848	2203986	5368552	6675467	9106470	8906288
贵 州	Guizhou	81254	229843	270534	527468	829895	807488
云 南	Yunnan	43546	58564	258516	362787	288109	148839
西 藏	Tibet						
陕 西	Shaanxi	302977	993022	1909452	1782302	2041287	2413299
甘 肃	Gansu	91310	38648	284347	261351	378691	459900
青 海	Qinghai	5					44396
宁 夏	Ningxia	22019	44660	72976	94494	122578	396851
新 疆	Xinjiang		37200	2087	1673	1673	224856

2-1-10 续表 4 continued

地区	Region	专利申请数（件） Patent Applications (piece)					
		2000	2005	2012	2013	2014	2015
全国	**Total**	**1663**	**10787**	**63774**	**65045**	**79769**	**79197**
东部地区	Eastern Region	1005	8510	48733	47786	59888	58574
中部地区	Middle Region	177	848	6168	8067	9415	9588
西部地区	Western Region	381	1025	6959	6962	7902	8778
东北地区	Northeastern Region	100	404	1914	2230	2564	2257
北京	Beijing	7	279	4905	2785	2872	2872
天津	Tianjin	67	305	2087	2021	1938	1698
河北	Hebei	27	99	295	467	549	702
山西	Shanxi	4	18	168	240	106	89
内蒙古	Inner Mongolia	1	13	16	16	20	85
辽宁	Liaoning	26	182	1006	1115	1310	1314
吉林	Jilin	27	126	401	540	445	261
黑龙江	Heilongjiang	47	96	507	575	809	682
上海	Shanghai	49	217	1376	1860	2253	2432
江苏	Jiangsu	125	472	5646	6357	7835	7985
浙江	Zhejiang	49	393	3324	3072	3042	3918
安徽	Anhui	3	43	1715	2043	2373	2943
福建	Fujian	8	21	710	1142	1631	1716
江西	Jiangxi	17	202	596	1084	1456	1120
山东	Shandong	149	711	4856	5144	6872	9036
河南	Henan	24	97	1110	1269	1205	1407
湖北	Hubei	79	406	1597	2160	2230	2468
湖南	Hunan	49	69	982	1271	2045	1561
广东	Guangdong	510	5926	25471	24751	32623	28101
广西	Guangxi	10	87	104	166	154	113
海南	Hainan	4		63	187	273	114
重庆	Chongqing	54	80	706	529	654	1207
四川	Sichuan	144	257	4060	3410	4098	4438
贵州	Guizhou	13	93	460	643	1203	951
云南	Yunnan	39	160	146	145	124	127
西藏	Tibet			2	2	1	2
陕西	Shaanxi	52	351	1218	1829	1513	1615
甘肃	Gansu	4	48	219	167	100	111
青海	Qinghai	13	1		1	2	3
宁夏	Ningxia	62	20	26	52	29	44
新疆	Xinjiang		15	2	2	4	82

2-1-10 续表 5 continued

地 区	Region	有效发明专利数（件） Number of Patents In Force (piece)					
		2000	2005	2012	2013	2014	2015
全 国	**Total**	**1008**	**4745**	**66893**	**82650**	**108559**	**149629**
东部地区	Eastern Region	549	3814	57255	69121	91493	126268
中部地区	Middle Region	121	366	4178	5802	7705	10035
西部地区	Western Region	197	400	3946	6126	7517	10633
东北地区	Northeastern Region	141	165	1514	1601	1844	2693
北 京	Beijing	14	317	2750	3634	4598	5449
天 津	Tianjin	6	76	1222	1731	1667	2544
河 北	Hebei	12	40	422	413	603	1089
山 西	Shanxi	1	8	150	143	219	329
内 蒙 古	Inner Mongolia		13	15	18	13	44
辽 宁	Liaoning	59	88	751	941	1134	1691
吉 林	Jilin	14	30	384	401	387	564
黑 龙 江	Heilongjiang	68	47	379	259	323	438
上 海	Shanghai	10	74	1143	1288	1722	2886
江 苏	Jiangsu	84	232	4035	5506	6810	7075
浙 江	Zhejiang	14	304	1499	1793	2388	3431
安 徽	Anhui	1	34	847	1404	1830	2367
福 建	Fujian		28	443	642	979	1439
江 西	Jiangxi	12	42	427	750	817	957
山 东	Shandong	93	177	2365	2804	3820	6247
河 南	Henan	30	42	443	647	799	1065
湖 北	Hubei	26	160	1812	2272	2903	4170
湖 南	Hunan	51	67	499	586	1137	1147
广 东	Guangdong	306	2537	43306	51102	68582	95755
广 西	Guangxi	8	29	186	195	212	234
海 南	Hainan	2		70	208	324	353
重 庆	Chongqing	15	38	355	566	535	808
四 川	Sichuan	72	87	1666	2686	3722	4917
贵 州	Guizhou	13	53	373	644	843	1303
云 南	Yunnan	15	68	256	487	293	687
西 藏	Tibet				1		19
陕 西	Shaanxi	64	132	1016	1446	1751	2280
甘 肃	Gansu	5	3	64	58	70	225
青 海	Qinghai	4	1			4	8
宁 夏	Ningxia	9	15	7	23	52	61
新 疆	Xinjiang		3	8	2	22	47

2-1-10 续表 6 continued

地区	Region	技术改造经费支出（万元） Expenditure for Technical Renovation (10000 yuan)					
		2000	2005	2012	2013	2014	2015
全　国	**Total**	**924581**	**1183084**	**2352550**	**2870736**	**2677315**	**2577437**
东部地区	Eastern Region	465138	560319	1417048	1956291	1395689	1479672
中部地区	Middle Region	92480	145573	348971	362788	366343	417216
西部地区	Western Region	217146	291226	365538	365866	561828	516715
东北地区	Northeastern Region	149817	185966	220992	185792	353456	163834
北　京	Beijing	7295	17769	15132	8122	9214	30256
天　津	Tianjin	50463	21211	27251	4434	26664	11703
河　北	Hebei	33285	17433	17108	25407	36023	34705
山　西	Shanxi	4632	3050	4241	11754	22943	11130
内蒙古	Inner Mongolia	3961	210	1415			
辽　宁	Liaoning	75062	50193	101525	64223	289421	96057
吉　林	Jilin	14917	11896	43764	53854	10634	41288
黑龙江	Heilongjiang	59838	123877	75701	67715	53401	26490
上　海	Shanghai	17439	7729	75294	15329	8492	6184
江　苏	Jiangsu	98094	116979	652542	575976	562862	547130
浙　江	Zhejiang	82185	180377	217668	223067	281959	246364
安　徽	Anhui	10045	32612	48377	44089	57776	49771
福　建	Fujian	3372	9319	37005	53958	43186	55337
江　西	Jiangxi	15333	33832	129812	93355	20220	18171
山　东	Shandong	85169	100021	252522	324999	304590	361553
河　南	Henan	18823	35659	27052	46079	37312	68752
湖　北	Hubei	32784	14023	48885	61076	114245	155004
湖　南	Hunan	6903	26188	90602	106436	113847	114388
广　东	Guangdong	83703	74637	111196	712686	120253	181500
广　西	Guangxi	3867	14845	19768	16033	9364	1209
海　南	Hainan	266		11327	12313	2446	4941
重　庆	Chongqing	5901	29370	25856	29860	38402	35564
四　川	Sichuan	28270	63298	142456	141177	160768	158795
贵　州	Guizhou	27235	35210	31216	25910	39907	56987
云　南	Yunnan	3973	9226	3203	9917	9310	29391
西　藏	Tibet						
陕　西	Shaanxi	129836	128152	124297	122680	264576	217398
甘　肃	Gansu	5484	18726	2823	88	19489	900
青　海	Qinghai	1002					21
宁　夏	Ningxia	15407	963	5200	14992	16894	15400
新　疆	Xinjiang	39	6281	9300	5210	3117	1051

2-1-10 续表 7 continued

地 区	Region	引进技术经费支出（万元） Expenditure for Acquisition of Foreign Technology (10000 yuan)					
		2000	2005	2012	2013	2014	2015
全 国	**Total**	**235804**	**96198**	**270747**	**132821**	**174745**	**470530**
东部地区	Eastern Region	95979	46023	116418	92894	147520	453486
中部地区	Middle Region	18287	11340	6074	22583	11396	6223
西部地区	Western Region	101587	24803	143659	14877	10775	10698
东北地区	Northeastern Region	19952	14033	4595	2467	5054	122
北 京	Beijing	2202	6139	10966	9042	4830	2277
天 津	Tianjin	4690	3309	1	1200	2	77
河 北	Hebei	7858	1882	526	655	1019	1169
山 西	Shanxi	315			387		600
内 蒙 古	Inner Mongolia	2263					
辽 宁	Liaoning	12314	5813	146	2467	4689	
吉 林	Jilin	3071	706	4449		100	
黑 龙 江	Heilongjiang	4567	7514			265	122
上 海	Shanghai	1766	485	21195	2977	8364	2577
江 苏	Jiangsu	39073	5076	20884	13939	14810	8093
浙 江	Zhejiang	7903	6123	21254	17857	7290	11474
安 徽	Anhui	1906	3374	874	2236	3211	298
福 建	Fujian	1901	9472	15216	4466	48543	34408
江 西	Jiangxi	3365	4442	1655	450	509	539
山 东	Shandong	4757	6359	19054	31395	21067	45596
河 南	Henan	1336	498	1775	42	1374	225
湖 北	Hubei	6337	1672	1727	18691	5809	2622
湖 南	Hunan	2765	1354	42	777	493	1940
广 东	Guangdong	25018	7136	7320	10065	41574	347516
广 西	Guangxi	239	42				
海 南	Hainan	573			1300	22	300
重 庆	Chongqing	559	2490	861	381	785	709
四 川	Sichuan	21169	4069	140517	13011	8819	6995
贵 州	Guizhou	11654	7223			40	3
云 南	Yunnan	427	217	883			
西 藏	Tibet						
陕 西	Shaanxi	64595	10804	1124	1485	1095	2923
甘 肃	Gansu	3058		273			68
青 海	Qinghai	2					
宁 夏	Ningxia	64					
新 疆	Xinjiang	60				37	

2-1-10 续表 8 continued

地 区	Region	消化吸收经费支出（万元） Expenditure for Assimilation of Technology (10000 yuan)					
		2000	2005	2012	2013	2014	2015
全 国	**Total**	**21260**	**31699**	**68067**	**84939**	**86063**	**72743**
东部地区	Eastern Region	8488	25714	50183	64493	55691	35886
中部地区	Middle Region	1624	3437	9043	13517	23198	4521
西部地区	Western Region	2344	2131	7585	3704	6215	27638
东北地区	Northeastern Region	8804	417	1254	3226	960	4698
北 京	Beijing	37	109	326	702	566	450
天 津	Tianjin	67	390	300	1360	1260	300
河 北	Hebei	1759	785	911	1038	1240	1390
山 西	Shanxi	13	30	122	2932	891	474
内蒙古	Inner Mongolia						
辽 宁	Liaoning	2225	43	34	33	46	
吉 林	Jilin		252	1220	3062	900	4687
黑龙江	Heilongjiang	6579	122		130	14	11
上 海	Shanghai	53	71	2068	832	60	94
江 苏	Jiangsu	1514	9159	13195	30190	19306	15295
浙 江	Zhejiang	1109	7152	13227	12687	13785	7518
安 徽	Anhui	749	280	388	394	490	271
福 建	Fujian	508	1466	733	2260	550	1429
江 西	Jiangxi	22	1309	1250	138	82	164
山 东	Shandong	715	2106	16945	14064	16539	6856
河 南	Henan	53	654	562	882	3116	1179
湖 北	Hubei	457	280	6033	6581	15291	1880
湖 南	Hunan	330	884	688	2591	3327	552
广 东	Guangdong	2610	3992	2475	1360	2035	2403
广 西	Guangxi	15	423	146	30	123	
海 南	Hainan	102	60			350	150
重 庆	Chongqing	400	1010	536	49	670	133
四 川	Sichuan	531	890	5962	2593	4424	3024
贵 州	Guizhou	35	44		3	50	4
云 南	Yunnan	654		308	400	432	23883
西 藏	Tibet						
陕 西	Shaanxi	702	188	585	149		120
甘 肃	Gansu			47			
青 海	Qinghai						
宁 夏	Ningxia	12			480	465	
新 疆	Xinjiang	10				50	475

2-1-10 续表 9 continued

地 区	Region	购买国内技术经费支出（万元） Expenditure on Purchase of Domestic Technology (10000 yuan)					
		2000	2005	2012	2013	2014	2015
全 国	**Total**	**63674**	**69133**	**146982**	**192927**	**339868**	**564958**
东部地区	Eastern Region	19987	44954	113247	143421	185600	519432
中部地区	Middle Region	7138	11018	13219	18787	113115	21787
西部地区	Western Region	2763	12246	17942	27749	32058	20852
东北地区	Northeastern Region	33785	915	2573	2970	9095	2887
北 京	Beijing	86	3167	934	1394	2365	3012
天 津	Tianjin	2204	434	242	113	228	100
河 北	Hebei	2066	1117	1449	2530	2425	3211
山 西	Shanxi	10	181	2712	964	917	314
内蒙古	Inner Mongolia	2018			800		
辽 宁	Liaoning	327	592	1404	986	8143	782
吉 林	Jilin	32602	323	1169	1874	462	2100
黑龙江	Heilongjiang	856			110	490	5
上 海	Shanghai	1846	5568	5350	11875	27300	23548
江 苏	Jiangsu	7821	12581	18456	25696	21579	25205
浙 江	Zhejiang	2848	7176	21240	30666	30357	33108
安 徽	Anhui	1511	348	1974	1627	2258	948
福 建	Fujian	200	4783	10096	6809	45101	22624
江 西	Jiangxi	173	5129	64	60	98797	3306
山 东	Shandong	1275	2470	39681	30103	44128	31517
河 南	Henan	82	4653	1395	4560	4177	2157
湖 北	Hubei	2852	596	2838	7072	1920	4830
湖 南	Hunan	493	110	4233	4505	5046	10232
广 东	Guangdong	879	6776	13868	13611	8650	374246
广 西	Guangxi	388	602	1993	3438	2930	
海 南	Hainan	375	280	1927	20625	3469	2862
重 庆	Chongqing	1024	2488	1001	6426	3382	6142
四 川	Sichuan	507	1705	13735	15504	15229	10420
贵 州	Guizhou	100	6102	87		260	702
云 南	Yunnan	40	297	230	551	269	685
西 藏	Tibet						
陕 西	Shaanxi	1001	1484	870	1010	9889	2531
甘 肃	Gansu	41	100	26			323
青 海	Qinghai						
宁 夏	Ningxia	10	56		20		
新 疆	Xinjiang	40	15			100	50

2-1-10 续表 10 continued

地 区	Region	研发机构数（个） Number of R&D Institutions in Enterprises (unit)					
		2000	2005	2012	2013	2014	2015
全 国	**Total**	**1190**	**1168**	**2757**	**2960**	**3116**	**3801**
东部地区	Eastern Region	608	645	1863	2025	2129	2615
中部地区	Middle Region	203	192	452	491	518	668
西部地区	Western Region	266	255	364	340	382	428
东北地区	Northeastern Region	113	76	78	104	87	90
北 京	Beijing	44	24	88	85	82	90
天 津	Tianjin	29	32	47	55	45	39
河 北	Hebei	33	24	46	50	47	57
山 西	Shanxi	16	19	10	17	13	15
内蒙古	Inner Mongolia	3	3	8	2	4	9
辽 宁	Liaoning	44	28	28	43	33	37
吉 林	Jilin	39	27	21	35	26	29
黑龙江	Heilongjiang	30	21	29	26	28	24
上 海	Shanghai	43	30	42	34	27	33
江 苏	Jiangsu	174	158	648	725	801	859
浙 江	Zhejiang	61	147	295	341	351	393
安 徽	Anhui	24	30	136	121	116	164
福 建	Fujian	17	17	55	82	81	93
江 西	Jiangxi	27	38	47	69	85	106
山 东	Shandong	72	92	239	240	230	227
河 南	Henan	41	43	118	120	134	191
湖 北	Hubei	60	34	89	87	85	101
湖 南	Hunan	32	25	52	77	85	91
广 东	Guangdong	114	102	387	397	452	807
广 西	Guangxi	17	17	27	30	33	35
海 南	Hainan	4	2	16	16	13	17
重 庆	Chongqing	24	41	42	48	64	82
四 川	Sichuan	71	50	105	97	103	108
贵 州	Guizhou	44	40	26	33	38	46
云 南	Yunnan	6	6	14	15	13	16
西 藏	Tibet				1	1	
陕 西	Shaanxi	102	87	117	99	106	103
甘 肃	Gansu	10	23	20	8	9	7
青 海	Qinghai	3	1		1	1	3
宁 夏	Ningxia	5	6	4	4	4	11
新 疆	Xinjiang	1	1	1	2	6	8

2-1-10　续表 11　continued

地　区	Region	机构人员（人） Personnel in the R&D Institutions (person)					
		2000	2005	2012	2013	2014	2015
全　国	**Total**	**76168**	**109651**	**345486**	**324035**	**347623**	**423308**
东部地区	Eastern Region	42181	66824	252315	229673	250805	322872
中部地区	Middle Region	10995	13281	39224	47042	46493	49282
西部地区	Western Region	15243	21140	41959	35628	37707	37350
东北地区	Northeastern Region	7749	8406	11988	11692	12618	13804
北　京	Beijing	2772	1441	9783	9515	9990	9524
天　津	Tianjin	1078	1513	6137	6577	6644	6864
河　北	Hebei	1469	2865	4136	4631	6127	7774
山　西	Shanxi	620	718	1103	1665	754	1463
内蒙古	Inner Mongolia	59	124	372	135	141	437
辽　宁	Liaoning	3194	4095	6643	6312	6753	7609
吉　林	Jilin	1914	2029	2078	2485	2542	2823
黑龙江	Heilongjiang	2641	2282	3267	2895	3323	3372
上　海	Shanghai	2307	1159	4206	5098	4465	6124
江　苏	Jiangsu	8060	7335	40272	43185	47666	50562
浙　江	Zhejiang	2609	8924	22925	27611	27783	32307
安　徽	Anhui	1140	1310	8505	7384	8143	10704
福　建	Fujian	791	731	3607	5191	4909	6471
江　西	Jiangxi	2614	3251	6487	7498	9077	5100
山　东	Shandong	6279	7261	28397	25342	29144	33363
河　南	Henan	2752	2102	8210	8709	8777	12699
湖　北	Hubei	2267	4566	11694	16562	13878	13309
湖　南	Hunan	1543	1210	3225	5224	5864	6007
广　东	Guangdong	16239	34568	132120	101495	113271	168972
广　西	Guangxi	503	989	1151	1177	1138	1420
海　南	Hainan	74	38	732	1028	806	911
重　庆	Chongqing	835	2018	2612	2947	3949	5392
四　川	Sichuan	4661	8185	20952	12032	12369	11185
贵　州	Guizhou	2555	2419	1713	3641	4383	5010
云　南	Yunnan	277	306	1337	1091	1280	975
西　藏	Tibet				8	12	
陕　西	Shaanxi	5918	7013	11761	12767	12555	10108
甘　肃	Gansu	748	770	1189	877	917	1061
青　海	Qinghai	68	15		12	15	63
宁　夏	Ningxia	181	391	869	906	844	1487
新　疆	Xinjiang		23	3	35	104	212

2-1-10 续表 12 continued

地 区	Region	机构经费支出（万元） Expenditure in the R&D Institutions (10000 yuan)					
		2000	2005	2012	2013	2014	2015
全 国	**Total**	**669580**	**1817148**	**7802691**	**8599141**	**9893613**	**13631883**
东部地区	Eastern Region	487593	1385094	6315975	6847832	8123285	11654093
中部地区	Middle Region	59928	132383	573902	894691	886599	1047286
西部地区	Western Region	90256	238459	697439	624452	661472	700608
东北地区	Northeastern Region	31803	61212	215374	232167	222258	229896
北 京	Beijing	21511	25519	273364	243594	266606	281075
天 津	Tianjin	22919	33237	93562	104147	108048	110579
河 北	Hebei	9423	19876	48667	66264	96165	110835
山 西	Shanxi	2162	3682	16992	23909	17844	37928
内蒙古	Inner Mongolia	331	1251	5437	3667	5548	10999
辽 宁	Liaoning	10146	19685	159270	162874	154886	171325
吉 林	Jilin	5075	22810	22210	31525	28837	26489
黑龙江	Heilongjiang	16582	18717	33892	37768	38536	32082
上 海	Shanghai	14194	35527	97758	178233	115230	194380
江 苏	Jiangsu	66936	107408	959798	995508	1108066	1263863
浙 江	Zhejiang	33749	155967	392367	512441	570660	732834
安 徽	Anhui	4262	21656	134125	161078	138808	264850
福 建	Fujian	8103	17920	56456	91924	82620	134715
江 西	Jiangxi	20987	50414	84506	122274	138509	72243
山 东	Shandong	60396	231089	747565	781105	768684	904865
河 南	Henan	7025	14611	80934	126676	152043	193450
湖 北	Hubei	17417	32497	222641	393075	292220	317076
湖 南	Hunan	7746	8272	34702	67680	147175	161739
广 东	Guangdong	245812	747409	3634441	3855419	4991093	7903767
广 西	Guangxi	3076	10784	28404	24367	25706	21278
海 南	Hainan	1473	358	11992	19197	16113	17182
重 庆	Chongqing	6400	14142	43287	50412	71186	121475
四 川	Sichuan	24972	132132	396837	242547	230673	201008
贵 州	Guizhou	6968	22415	21968	75591	68678	119543
云 南	Yunnan	3681	2162	34016	40344	39164	28415
西 藏	Tibet				98	185	
陕 西	Shaanxi	43965	57762	137772	164252	189886	159692
甘 肃	Gansu	2968	5742	23938	14561	20009	13646
青 海	Qinghai	284	53		232	334	3709
宁 夏	Ningxia	1019	3672	5759	7722	7934	17603
新 疆	Xinjiang		380	15	658	2170	3240

2-1-11 各地区大中型港澳台资企业R&D及相关活动情况

Statistics on R&D and Related Activities of Hong Kong,Macau and Taiwan Funded Enterprises in Large and Medium-sized Enterprises by Region

地 区	Region	R&D人员折合全时当量（人年） Full-time Equivalent of R&D Personnel (man-year)					
		2000	2005	2012	2013	2014	2015
全 国	**Total**	**3428**	**17880**	**81932**	**81905**	**89290**	**99023**
东部地区	Eastern Region	3300	15879	77622	75038	79043	77918
中部地区	Middle Region	17	1842	3384	6004	8523	16883
西部地区	Western Region	10	72	546	585	1009	3652
东北地区	Northeastern Region	101	87	377	278	715	571
北 京	Beijing	532	1867	820	1398	1638	2266
天 津	Tianjin	13	43	612	591	2343	3075
河 北	Hebei	96		1512	1172	1089	871
山 西	Shanxi		19	30	90	45	55
内 蒙 古	Inner Mongolia				10		189
辽 宁	Liaoning	101	49	248	175	545	341
吉 林	Jilin		9	56	6	24	176
黑 龙 江	Heilongjiang		29	72	96	146	54
上 海	Shanghai	212	717	4405	4330	3770	4359
江 苏	Jiangsu	126	3300	14748	16600	14059	15575
浙 江	Zhejiang	66	1707	7424	6984	9074	11686
安 徽	Anhui			725	537	1267	803
福 建	Fujian	447	2734	8040	8110	9368	5127
江 西	Jiangxi	4	6	173	649	566	704
山 东	Shandong	95	69	867	737	882	445
河 南	Henan	6	1758	568	2310	3642	4405
湖 北	Hubei	7	27	1236	1748	1298	776
湖 南	Hunan		32	649	670	1705	10141
广 东	Guangdong	1708	5416	39168	34975	36712	34384
广 西	Guangxi			229	202	415	98
海 南	Hainan	6	26	22	142	108	131
重 庆	Chongqing		19	156	179	332	1627
四 川	Sichuan	10	45	17	1	10	1208
贵 州	Guizhou						
云 南	Yunnan		8	78	90	122	182
西 藏	Tibet						
陕 西	Shaanxi				21	26	246
甘 肃	Gansu						
青 海	Qinghai						
宁 夏	Ningxia			64	82	105	103
新 疆	Xinjiang						

2-1-11 续表 1 continued

地 区	Region	R&D经费内部支出（万元） Intramural Expenditure on R&D (10000 yuan)					
		2000	2005	2012	2013	2014	2015
全 国	**Total**	**117433**	**506685**	**2005351**	**2277974**	**2578846**	**3281046**
东部地区	Eastern Region	112939	490670	1891440	2074782	2329170	2744728
中部地区	Middle Region	4242	12980	83898	162136	199802	403204
西部地区	Western Region	53	1485	22967	24304	24178	111906
东北地区	Northeastern Region	199	1551	7045	16752	25697	21209
北 京	Beijing	55730	68996	118717	106155	195435	222227
天 津	Tianjin	322	970	8138	8389	78418	110074
河 北	Hebei	1190		34439	54260	62754	70993
山 西	Shanxi		61	897	2059	621	875
内 蒙 古	Inner Mongolia				2475		3234
辽 宁	Liaoning	199	753	5102	15150	23121	17491
吉 林	Jilin		498	995	159	560	2126
黑 龙 江	Heilongjiang		300	947	1443	2015	1593
上 海	Shanghai	3805	54103	160898	147662	168282	199825
江 苏	Jiangsu	5125	63352	327747	403805	381401	504395
浙 江	Zhejiang	807	61150	265611	282583	301886	359315
安 徽	Anhui			14866	32315	42140	51632
福 建	Fujian	9839	73592	178118	209532	216314	277253
江 西	Jiangxi	22	96	5766	15934	11648	18760
山 东	Shandong	1750	2349	35310	30201	50897	49488
河 南	Henan	4116	10770	11118	36405	49700	70908
湖 北	Hubei	104	402	37058	42963	44804	45235
湖 南	Hunan		1651	14190	32459	50889	215793
广 东	Guangdong	34300	165991	761610	829598	871653	947684
广 西	Guangxi			5802	6291	7826	5051
海 南	Hainan	72	168	848	2599	2132	3472
重 庆	Chongqing		805	8223	8883	7381	36381
四 川	Sichuan	53	502	373	152	337	57149
贵 州	Guizhou						
云 南	Yunnan		178	6061	3384	5976	5294
西 藏	Tibet						
陕 西	Shaanxi				649	1074	3219
甘 肃	Gansu						
青 海	Qinghai						
宁 夏	Ningxia			2507	2471	1585	1578
新 疆	Xinjiang						

2-1-11 续表 2 continued

地区	Region	新产品开发经费支出（万元） Expenditure on New Products Development (10000 yuan)					
		2000	2005	2012	2013	2014	2015
全国	**Total**	**147684**	**702806**	**2531344**	**2784040**	**3121618**	**3531764**
东部地区	Eastern Region	138315	687944	2397199	2540325	2879415	3002999
中部地区	Middle Region	8925	10567	97081	162831	186858	387131
西部地区	Western Region	125	2084	26220	58707	36915	117145
东北地区	Northeastern Region	319	2211	10843	22176	18430	24489
北京	Beijing	69369	104785	163190	165890	252099	244008
天津	Tianjin	371	1050	12783	14301	62084	49050
河北	Hebei	1190		33532	52199	70533	72025
山西	Shanxi	74	100	3322	4049	3242	1684
内蒙古	Inner Mongolia				27588		
辽宁	Liaoning	199	1558	9307	20723	16300	23323
吉林	Jilin	120	503	370	228	343	461
黑龙江	Heilongjiang		150	1165	1225	1787	704
上海	Shanghai	11653	58931	195063	196764	232458	235307
江苏	Jiangsu	7263	86795	549587	598997	561266	570666
浙江	Zhejiang	1799	64905	283413	312873	362315	384624
安徽	Anhui	79	90	17846	40836	48751	58252
福建	Fujian	10031	102513	194859	212836	185521	277605
江西	Jiangxi	22	255	6342	16452	14701	19016
山东	Shandong	1754	5950	46927	37022	47092	37898
河南	Henan	8500	8200	11171	21583	20609	68388
湖北	Hubei	250	1751	34610	37682	32647	28011
湖南	Hunan		172	23787	42229	66908	211780
广东	Guangdong	34665	262848	917842	949445	1106048	1131816
广西	Guangxi			5765	6311	11251	6716
海南	Hainan	220	168				
重庆	Chongqing		794	10036	10616	9568	38039
四川	Sichuan	125	498	1018	1068	1720	58292
贵州	Guizhou						1500
云南	Yunnan		792	6416	7145	9483	6678
西藏	Tibet						
陕西	Shaanxi				3417	3259	4342
甘肃	Gansu						
青海	Qinghai						
宁夏	Ningxia			2983	2564	1635	1578
新疆	Xinjiang						

2-1-11 续表 3 continued

地 区	Region	新产品销售收入（万元） Sales Revenue of New Products (10000 yuan)					
		2000	2005	2012	2013	2014	2015
全 国	**Total**	**4687313**	**18624925**	**38754675**	**58237693**	**68386538**	**105044296**
东部地区	Eastern Region	4435932	18353382	36009862	38062656	43427002	63595311
中部地区	Middle Region	238037	245677	2236752	19665580	24551642	35083820
西部地区	Western Region	929	3056	473846	408361	324725	6221473
东北地区	Northeastern Region	12415	22811	34213	101096	83170	143692
北 京	Beijing	1410749	1841038	3212167	5253538	8369512	8222131
天 津	Tianjin	4672	167283	250538	133493	2310611	1683690
河 北	Hebei	552		504836	563016	625715	717041
山 西	Shanxi		20				51383
内蒙古	Inner Mongolia						118000
辽 宁	Liaoning	12415	19610	31845	78319	49047	103812
吉 林	Jilin		3201	2368	2160	636	39880
黑龙江	Heilongjiang				20617	33487	
上 海	Shanghai	378021	4613506	2088081	1696037	1586186	2306183
江 苏	Jiangsu	50799	860875	8300684	8872172	10053217	13096756
浙 江	Zhejiang	14058	106152	2921779	3193194	3245065	3398340
安 徽	Anhui		21	591738	735697	738048	2294104
福 建	Fujian	543311	4668466	4348820	4401237	4316189	6089634
江 西	Jiangxi	37	342	54089	65137	149438	138951
山 东	Shandong	44682	64898	553016	313050	349114	536542
河 南	Henan	238000	207809	37491	17704843	21180793	26227922
湖 北	Hubei			961265	758820	790239	1231125
湖 南	Hunan		37485	592167	401083	1693123	5140336
广 东	Guangdong	1989087	6031162	13808630	13565011	12507117	27480999
广 西	Guangxi			92334	138209	30296	61574
海 南	Hainan			21308	71911	64278	63995
重 庆	Chongqing		1053	237956	123110	131898	5829310
四 川	Sichuan	929		84129	17557	37674	29663
贵 州	Guizhou						
云 南	Yunnan		1974	24746	81792	67816	106435
西 藏	Tibet						
陕 西	Shaanxi				20198	23404	39182
甘 肃	Gansu		28				
青 海	Qinghai						
宁 夏	Ningxia			34679	27495	33638	37311
新 疆	Xinjiang						

2-1-11 续表 4 continued

地 区	Region	专利申请数（件） Patent Applications (piece)					
		2000	2005	2012	2013	2014	2015
全 国	**Total**	**451**	**3203**	**14255**	**13648**	**16214**	**16062**
东部地区	Eastern Region	448	3145	13319	12663	15300	14468
中部地区	Middle Region	2	47	709	705	611	1437
西部地区	Western Region		4	172	169	167	121
东北地区	Northeastern Region	1	7	55	111	136	36
北 京	Beijing		195	2141	2366	3282	2708
天 津	Tianjin			113	131	188	159
河 北	Hebei			75	46	193	52
山 西	Shanxi			35	16	10	
内 蒙 古	Inner Mongolia				6	6	6
辽 宁	Liaoning	1	7	48	97	89	28
吉 林	Jilin				9	12	4
黑 龙 江	Heilongjiang			7	5	35	4
上 海	Shanghai	27	318	1287	784	878	950
江 苏	Jiangsu	1	404	1934	1885	2991	2503
浙 江	Zhejiang	2	274	1252	1860	2033	2218
安 徽	Anhui			65	192	193	207
福 建	Fujian	42	116	649	482	429	462
江 西	Jiangxi			9	30	57	67
山 东	Shandong	2	2	117	143	179	124
河 南	Henan	2	38	15	48	52	58
湖 北	Hubei		3	218	212	96	370
湖 南	Hunan		6	367	207	203	735
广 东	Guangdong	374	1836	5741	4964	5127	5290
广 西	Guangxi			19	14	13	7
海 南	Hainan			10	2		2
重 庆	Chongqing			63	48	76	31
四 川	Sichuan		3	51	8	13	25
贵 州	Guizhou						
云 南	Yunnan		1	17	18	23	16
西 藏	Tibet						
陕 西	Shaanxi				13	28	29
甘 肃	Gansu						
青 海	Qinghai						
宁 夏	Ningxia			22	62	8	7
新 疆	Xinjiang						

2-1-11 续表 5 continued

地 区	Region	有效发明专利数（件） Number of Patents In Force (piece)					
		2000	2005	2012	2013	2014	2015
全 国	**Total**	**265**	**719**	**11990**	**12150**	**16309**	**25685**
东部地区	Eastern Region	258	705	11614	11597	15152	24317
中部地区	Middle Region	2	5	195	351	898	1065
西部地区	Western Region	2	5	129	105	137	166
东北地区	Northeastern Region	3	4	52	97	122	137
北 京	Beijing	4	61	2337	1639	2523	3263
天 津	Tianjin			43	15	116	110
河 北	Hebei			222	303	339	328
山 西	Shanxi			1	1	2	4
内 蒙 古	Inner Mongolia				3	3	14
辽 宁	Liaoning	3	4	49	79	92	94
吉 林	Jilin				9	12	14
黑 龙 江	Heilongjiang			3	9	18	29
上 海	Shanghai	13	11	1042	693	1905	2454
江 苏	Jiangsu		113	1201	1923	2113	3167
浙 江	Zhejiang	8	17	2348	2357	2940	3432
安 徽	Anhui			36	140	119	14
福 建	Fujian	1	104	261	313	384	503
江 西	Jiangxi			3	13	20	11
山 东	Shandong	2	2	69	90	126	241
河 南	Henan	2	4	24	23	31	55
湖 北	Hubei			67	80	120	183
湖 南	Hunan		1	64	94	606	798
广 东	Guangdong	230	397	4085	4251	4690	10803
广 西	Guangxi			23	27	14	14
海 南	Hainan			6	13	16	16
重 庆	Chongqing			33	25	33	24
四 川	Sichuan	2	4	59	39	34	35
贵 州	Guizhou						
云 南	Yunnan		1	14	3	10	11
西 藏	Tibet						
陕 西	Shaanxi				6	4	27
甘 肃	Gansu						
青 海	Qinghai						
宁 夏	Ningxia				2	39	41
新 疆	Xinjiang						

2-1-11 续表 6 continued

地 区	Region	技术改造经费支出（万元） Expenditure for Technical Renovation (10000 yuan)					
		2000	2005	2012	2013	2014	2015
全 国	**Total**	**42477**	**128312**	**454181**	**476872**	**199632**	**374340**
东部地区	Eastern Region	39184	106927	410093	429296	148835	275859
中部地区	Middle Region	2600	9432	16249	34615	26599	66963
西部地区	Western Region	475	463	27732	10890	20798	29749
东北地区	Northeastern Region	218	11490	105	2072	3400	1770
北 京	Beijing	328	44	230			
天 津	Tianjin	105		626			52
河 北	Hebei	50		1536	2124	1827	1974
山 西	Shanxi		125				
内蒙古	Inner Mongolia						17959
辽 宁	Liaoning	21	1162	105	1189	2200	1770
吉 林	Jilin		10093				
黑龙江	Heilongjiang	197	235		883	1200	
上 海	Shanghai	3722	9213	12242	7146	4968	1155
江 苏	Jiangsu	3333	13393	282577	308930	71238	153823
浙 江	Zhejiang	4338	13751	20442	15325	5802	18754
安 徽	Anhui		259	3000	13072	6993	3603
福 建	Fujian	11447	21203	15545	26368	13367	23028
江 西	Jiangxi		160	2258			1
山 东	Shandong	2000	9730	4184	6523	1487	4083
河 南	Henan	2500	6353	713	3500	3600	3900
湖 北	Hubei	100	1103	1625	1473		
湖 南	Hunan		1432	8653	16570	16006	59459
广 东	Guangdong	13562	39593	72707	60895	49917	70634
广 西	Guangxi			17124	2251	7316	4683
海 南	Hainan	300			1985	231	2356
重 庆	Chongqing		263	9224	4803	3642	255
四 川	Sichuan	475				9788	6853
贵 州	Guizhou						
云 南	Yunnan			360	3288		
西 藏	Tibet						
陕 西	Shaanxi		200				
甘 肃	Gansu						
青 海	Qinghai						
宁 夏	Ningxia			1024	548	52	
新 疆	Xinjiang						

2-1-11 续表 7 continued

地 区	Region	引进技术经费支出（万元） Expenditure for Acquisition of Foreign Technology (10000 yuan)					
		2000	2005	2012	2013	2014	2015
全 国	**Total**	**20698**	**129886**	**117755**	**127709**	**134621**	**86627**
东部地区	Eastern Region	17966	129886	117675	127593	134275	86431
中部地区	Middle Region	2650			46		2
西部地区	Western Region					296	124
东北地区	Northeastern Region	82		80	70	50	70
北 京	Beijing		239		9	538	483
天 津	Tianjin		28534	26036	18971	15260	16074
河 北	Hebei	350		253	294	2339	2973
山 西	Shanxi						
内 蒙 古	Inner Mongolia						
辽 宁	Liaoning	82		80	70	50	70
吉 林	Jilin						
黑 龙 江	Heilongjiang						
上 海	Shanghai	4343	15737	18702	11635	5806	4597
江 苏	Jiangsu	1892	2845	52458	42592	71796	45243
浙 江	Zhejiang	381	51	406	1485	2873	
安 徽	Anhui						
福 建	Fujian	7761	9479	10562	42598	16494	8184
江 西	Jiangxi						2
山 东	Shandong		300		300	966	165
河 南	Henan	2450					
湖 北	Hubei	200					
湖 南	Hunan				46		
广 东	Guangdong	3239	72702	9254	9710	18203	8711
广 西	Guangxi						
海 南	Hainan						
重 庆	Chongqing					98	
四 川	Sichuan					198	124
贵 州	Guizhou						
云 南	Yunnan						
西 藏	Tibet						
陕 西	Shaanxi						
甘 肃	Gansu						
青 海	Qinghai						
宁 夏	Ningxia						
新 疆	Xinjiang						

2-1-11 续表 8 continued

地 区	Region	消化吸收经费支出（万元） Expenditure for Assimilation of Technology (10000 yuan) 2000	2005	2012	2013	2014	2015
全 国	**Total**	**689**	**51254**	**15388**	**24473**	**14816**	**19579**
东部地区	Eastern Region	664	50988	15287	24243	14519	16227
中部地区	Middle Region	10	166		230	203	3257
西部地区	Western Region			101		84	95
东北地区	Northeastern Region	15	100			10	
北 京	Beijing						
天 津	Tianjin						
河 北	Hebei	18		3432	4118	4118	3287
山 西	Shanxi						
内蒙古	Inner Mongolia						
辽 宁	Liaoning	15				10	
吉 林	Jilin						
黑龙江	Heilongjiang		100				
上 海	Shanghai	124	3645	710	7240	4170	
江 苏	Jiangsu	326	82	5475	1227	266	1800
浙 江	Zhejiang	20		112	124	110	
安 徽	Anhui					3	3257
福 建	Fujian	173	1857	1028	7012	1108	5626
江 西	Jiangxi						
山 东	Shandong		300	1782	70	976	483
河 南	Henan		166		200	200	
湖 北	Hubei	10					
湖 南	Hunan				30		
广 东	Guangdong	3	45104	2746	4453	3771	5031
广 西	Guangxi						
海 南	Hainan						
重 庆	Chongqing						
四 川	Sichuan					84	95
贵 州	Guizhou						
云 南	Yunnan			101			
西 藏	Tibet						
陕 西	Shaanxi						
甘 肃	Gansu						
青 海	Qinghai						
宁 夏	Ningxia						
新 疆	Xinjiang						

2-1-11 续表 9 continued

地 区	Region	购买国内技术经费支出（万元） Expenditure on Purchase of Domestic Technology (10000 yuan)					
		2000	2005	2012	2013	2014	2015
全 国	**Total**	**4047**	**13067**	**67286**	**89113**	**56672**	**41052**
东部地区	Eastern Region	3692	12789	66925	88937	56460	37862
中部地区	Middle Region	235	178	130	176	200	2364
西部地区	Western Region			231		12	826
东北地区	Northeastern Region	120	100				
北 京	Beijing				443	443	
天 津	Tianjin						10
河 北	Hebei			3323	3921	5860	3329
山 西	Shanxi	135					
内 蒙 古	Inner Mongolia						
辽 宁	Liaoning						
吉 林	Jilin	120					
黑 龙 江	Heilongjiang		100				
上 海	Shanghai	39		45		5268	270
江 苏	Jiangsu	180	84	5531	1957	7214	6673
浙 江	Zhejiang	453	100	1897	871	1212	378
安 徽	Anhui						2362
福 建	Fujian	340	4917	31636	48953	28841	23386
江 西	Jiangxi						2
山 东	Shandong	2330	200	5909	27720	5088	1932
河 南	Henan						
湖 北	Hubei	100	178				
湖 南	Hunan			130	176	200	
广 东	Guangdong	350	7487	18583	4673	2534	1885
广 西	Guangxi						
海 南	Hainan				400		
重 庆	Chongqing						548
四 川	Sichuan					12	15
贵 州	Guizhou						
云 南	Yunnan			231			263
西 藏	Tibet						
陕 西	Shaanxi						
甘 肃	Gansu						
青 海	Qinghai						
宁 夏	Ningxia						
新 疆	Xinjiang						

2-1-11 续表 10 continued

地 区	Region	研发机构数（个） Number of R&D Institutions in Enterprises (unit)					
		2000	2005	2012	2013	2014	2015
全 国	**Total**	**74**	**177**	**740**	**696**	**694**	**857**
东部地区	Eastern Region	64	156	685	624	630	775
中部地区	Middle Region	6	13	29	38	38	44
西部地区	Western Region	2	4	18	24	20	30
东北地区	Northeastern Region	2	4	8	10	6	8
北 京	Beijing	4	2	7	10	14	14
天 津	Tianjin	2	1	6	5	4	11
河 北	Hebei	1		5	5	5	5
山 西	Shanxi	2	2	1	1	1	
内 蒙 古	Inner Mongolia				1	1	2
辽 宁	Liaoning	1	2	5	6	2	4
吉 林	Jilin	1	2	1	1	1	2
黑 龙 江	Heilongjiang			2	3	3	2
上 海	Shanghai	6	9	17	19	28	27
江 苏	Jiangsu	4	19	309	284	272	303
浙 江	Zhejiang	5	12	67	49	52	49
安 徽	Anhui	1	1	7	6	4	7
福 建	Fujian	6	16	43	36	35	30
江 西	Jiangxi		1	3	7	9	11
山 东	Shandong	4	4	9	8	10	9
河 南	Henan	2	4	7	13	16	15
湖 北	Hubei	1	2	8	4	2	4
湖 南	Hunan		3	3	7	6	7
广 东	Guangdong	30	92	221	207	209	326
广 西	Guangxi			2	4	3	2
海 南	Hainan	2	1	1	1	1	1
重 庆	Chongqing		1	9	12	9	10
四 川	Sichuan	2	1	3	1	3	11
贵 州	Guizhou						
云 南	Yunnan		2	2	3	3	4
西 藏	Tibet						
陕 西	Shaanxi			1	2		1
甘 肃	Gansu						
青 海	Qinghai						
宁 夏	Ningxia			1	1	1	
新 疆	Xinjiang						

2-1-11 续表 11 continued

地 区	Region	机构人员（人） Personnel in the R&D Institutions (person)					
		2000	2005	2012	2013	2014	2015
全 国	**Total**	**6846**	**21584**	**74591**	**74388**	**78980**	**108528**
东部地区	Eastern Region	6479	20907	69863	66557	70179	95500
中部地区	Middle Region	205	458	3467	5980	7151	10569
西部地区	Western Region	16	86	802	1168	1209	1962
东北地区	Northeastern Region	146	133	459	683	441	497
北 京	Beijing	1628	16	1511	2176	3312	3007
天 津	Tianjin	23	25	712	1934	2485	3137
河 北	Hebei	326		1425	1394	1613	1845
山 西	Shanxi	23	18	268	271	262	
内 蒙 古	Inner Mongolia				19	20	58
辽 宁	Liaoning	136	75	209	400	120	277
吉 林	Jilin	10	58	50	50	50	115
黑 龙 江	Heilongjiang			200	233	271	105
上 海	Shanghai	266	523	2995	3766	2516	3200
江 苏	Jiangsu	190	2051	22788	22050	19234	21686
浙 江	Zhejiang	141	400	9027	7463	10115	12227
安 徽	Anhui	28	5	512	276	262	898
福 建	Fujian	544	2646	5374	4892	5743	4305
江 西	Jiangxi		6	142	370	447	632
山 东	Shandong	306	303	507	530	542	288
河 南	Henan	99	78	609	3384	4690	5406
湖 北	Hubei	55	76	1080	905	328	411
湖 南	Hunan		275	856	774	1162	3222
广 东	Guangdong	3033	14917	25393	22191	24544	45706
广 西	Guangxi			102	348	327	255
海 南	Hainan	22	26	131	161	75	99
重 庆	Chongqing		13	318	374	389	1080
四 川	Sichuan	16	41	105	90	138	205
贵 州	Guizhou						
云 南	Yunnan		32	82	151	212	356
西 藏	Tibet						
陕 西	Shaanxi			5	81		8
甘 肃	Gansu						
青 海	Qinghai						
宁 夏	Ningxia			190	105	123	
新 疆	Xinjiang						

2-1-11 续表 12 continued

地区	Region	机构经费支出（万元） Expenditure in the R&D Institutions (10000 yuan) 2000	2005	2012	2013	2014	2015
全国	**Total**	**142452**	**314620**	**1813957**	**1888652**	**2165082**	**2819047**
东部地区	Eastern Region	133988	298301	1743883	1751336	2035901	2491518
中部地区	Middle Region	8047	13154	43481	93240	90889	287643
西部地区	Western Region	60	1298	20967	26863	34252	27093
东北地区	Northeastern Region	357	1868	5624	17213	4040	12793
北京	Beijing	71514	52	138485	131077	186719	226668
天津	Tianjin	70	311	3065	2701	53482	102432
河北	Hebei	1109		31882	35359	46836	47930
山西	Shanxi	88	55	1398	1540	1400	
内蒙古	Inner Mongolia				2400	10950	3034
辽宁	Liaoning	237	1362	3953	15172	1950	10584
吉林	Jilin	120	506	226	184	245	616
黑龙江	Heilongjiang			1444	1858	1845	1593
上海	Shanghai	5353	9404	110254	105153	122871	119483
江苏	Jiangsu	4416	30307	514446	529791	508841	549335
浙江	Zhejiang	1531	6047	272486	285924	328180	349367
安徽	Anhui	79	72	10120	17943	12284	50775
福建	Fujian	12226	70337	153073	172765	162212	190602
江西	Jiangxi		168	2484	5336	6928	8367
山东	Shandong	6182	6042	21379	30137	30220	29997
河南	Henan	7720	8175	11023	40898	50159	67532
湖北	Hubei	160	1828	12563	12659	6513	8902
湖南	Hunan		2857	5892	14865	13605	152068
广东	Guangdong	31446	175632	497556	455579	593040	872278
广西	Guangxi			2428	6143	6513	2801
海南	Hainan	142	168	1252	2849	3499	3426
重庆	Chongqing		92	8872	8282	6006	15261
四川	Sichuan	60	1000	947	303	697	763
贵州	Guizhou						
云南	Yunnan		206	6416	7707	8878	5233
西藏	Tibet						
陕西	Shaanxi			3	429		2
甘肃	Gansu						
青海	Qinghai						
宁夏	Ningxia			2300	1600	1208	
新疆	Xinjiang						

2-1-12 各地区大中型外资企业R&D及相关活动情况

Statistics on R&D and Related Activities of Foreign Funded Enterprises in Large and Medium-sized Enterprises by Region

地区	Region	R&D人员折合全时当量（人年） Full-time Equivalent of R&D Personnel (man-year)					
		2000	2005	2012	2013	2014	2015
全国	**Total**	**9375**	**33860**	**112477**	**116260**	**108139**	**92417**
东部地区	Eastern Region	6938	31656	107887	110700	102366	85405
中部地区	Middle Region	183	118	2408	2181	2506	2152
西部地区	Western Region	1123	506	793	1442	1211	2700
东北地区	Northeastern Region	1131	1579	1387	1936	2056	2160
北京	Beijing	55	2046	3091	3428	2387	2194
天津	Tianjin	873	1546	2315	3089	2595	2466
河北	Hebei	6	81	586	652	708	1473
山西	Shanxi			158	76	105	34
内蒙古	Inner Mongolia						
辽宁	Liaoning	1091	1076	374	60	105	343
吉林	Jilin	27		80	48	31	73
黑龙江	Heilongjiang	13	503	932	1829	1920	1744
上海	Shanghai	3006	4991	8378	9489	8889	8137
江苏	Jiangsu	645	9975	27538	28183	31026	28413
浙江	Zhejiang		2902	5317	6457	6691	5623
安徽	Anhui	48	62	373	360	430	261
福建	Fujian	171	1814	9462	10138	10475	7082
江西	Jiangxi			500	387	384	743
山东	Shandong	151	638	8287	9680	9589	8291
河南	Henan		56	930	663	998	601
湖北	Hubei	135		344	446	416	309
湖南	Hunan			101	250	173	206
广东	Guangdong	2028	7664	42834	39349	29804	21552
广西	Guangxi	4		24	24	2	28
海南	Hainan			76	235	203	175
重庆	Chongqing	414	5	142	277	241	872
四川	Sichuan	160	144	155	632	489	467
贵州	Guizhou	13	14	72	122	101	35
云南	Yunnan	17	32	87	100	61	59
西藏	Tibet						
陕西	Shaanxi	493	311	311	288	317	1173
甘肃	Gansu	25					
青海	Qinghai						
宁夏	Ningxia						
新疆	Xinjiang						66

2-1-12 续表 1 continued

地 区	Region	R&D经费内部支出（万元） Intramural Expenditure on R&D (10000 yuan)					
		2000	2005	2012	2013	2014	2015
全 国	**Total**	**202661**	**1019163**	**3242284**	**3517391**	**3528319**	**3533911**
东部地区	Eastern Region	179037	979268	3114728	3329372	3381339	3218925
中部地区	Middle Region	5225	1520	70404	93992	64422	84339
西部地区	Western Region	13473	7955	22318	57355	48457	190843
东北地区	Northeastern Region	4926	30420	34833	36672	34102	39804
北 京	Beijing	3826	50356	181079	172897	116109	224557
天 津	Tianjin	35904	48177	137279	168171	117256	111568
河 北	Hebei	27	1599	19992	23059	22097	51597
山 西	Shanxi			3804	1846	5548	2149
内 蒙 古	Inner Mongolia						
辽 宁	Liaoning	4866	24242	11234	7081	5705	21597
吉 林	Jilin	32		514	445	2066	640
黑 龙 江	Heilongjiang	28	6178	23084	29146	26332	17568
上 海	Shanghai	94533	255992	313411	456134	483985	463921
江 苏	Jiangsu	10874	195222	913766	826560	940548	879995
浙 江	Zhejiang		120955	121835	145567	165707	198752
安 徽	Anhui	631	239	12193	11175	6726	4998
福 建	Fujian	3726	46036	200418	267497	270083	247682
江 西	Jiangxi			12045	7660	10597	29552
山 东	Shandong	4009	50122	284199	269547	291382	278325
河 南	Henan		1281	10976	11851	9754	9055
湖 北	Hubei	4594		27592	25360	28658	29096
湖 南	Hunan			3791	36099	3139	9489
广 东	Guangdong	26121	210810	935583	990053	968794	756927
广 西	Guangxi	17		245	350	1823	2644
海 南	Hainan			7162	9886	5378	5602
重 庆	Chongqing	1469	65	3263	31675	16889	29158
四 川	Sichuan	658	509	5305	16502	19128	28241
贵 州	Guizhou	24	150	3122	2559	1285	757
云 南	Yunnan	74	354	2405	1843	2013	2116
西 藏	Tibet						
陕 西	Shaanxi	11136	6878	7975	4426	7318	123032
甘 肃	Gansu	112					
青 海	Qinghai						
宁 夏	Ningxia						
新 疆	Xinjiang						4896

2-1-12 续表 2 continued

地 区	Region	新产品开发经费支出（万元） Expenditure on New Products Development (10000 yuan)					
		2000	2005	2012	2013	2014	2015
全 国	**Total**	**222028**	**1216386**	**4672985**	**4488169**	**4664762**	**4271899**
东部地区	Eastern Region	205214	1168024	4465400	4223110	4416452	3922113
中部地区	Middle Region	5524	10870	80807	101572	77042	88365
西部地区	Western Region	11214	5615	49923	87269	92582	195681
东北地区	Northeastern Region	76	31877	76853	76218	78686	65740
北 京	Beijing	4064	53072	250697	222982	184526	262555
天 津	Tianjin	40538	46656	164901	163759	114075	98069
河 北	Hebei		3724	12924	13459	16763	45345
山 西	Shanxi		110	1502	64	2339	2680
内 蒙 古	Inner Mongolia						
辽 宁	Liaoning	27	25958	48611	45703	45785	53343
吉 林	Jilin	32	40		894	1382	640
黑 龙 江	Heilongjiang	17	5879	28242	29621	31519	11757
上 海	Shanghai	111550	239418	547336	643056	692756	716708
江 苏	Jiangsu	18905	295576	1722446	1388565	1412663	1222642
浙 江	Zhejiang	1303	124222	135341	164897	168598	214321
安 徽	Anhui	296	464	19342	16559	11516	7751
福 建	Fujian	3726	63583	220315	272568	257347	239389
江 西	Jiangxi			14010	7389	14408	30938
山 东	Shandong	4730	54899	290724	275612	307683	269206
河 南	Henan		1292	14043	10423	9281	7149
湖 北	Hubei	5228	93	28980	32393	31474	29124
湖 南	Hunan		8911	2929	34743	8024	10723
广 东	Guangdong	20345	286875	1112597	1066508	1255267	848549
广 西	Guangxi	55		162	365	2588	2976
海 南	Hainan			8117	11705	6773	5329
重 庆	Chongqing	1049	65	4690	39745	26411	29785
四 川	Sichuan	1496	726	13697	15404	16596	33752
贵 州	Guizhou	28	150	2510	1973	1604	1074
云 南	Yunnan	74	354	3837	1545	2013	2116
西 藏	Tibet						
陕 西	Shaanxi	8558	4316	24875	28238	43370	124950
甘 肃	Gansu	11					
青 海	Qinghai		5	150			
宁 夏	Ningxia						
新 疆	Xinjiang						1030

2-1-12 续表 3 continued

地 区	Region	新产品销售收入（万元） Sales Revenue of New Products (10000 yuan)					
		2000	2005	2012	2013	2014	2015
全 国	**Total**	**10270862**	**27716836**	**107896980**	**121378698**	**114338658**	**99492422**
东部地区	Eastern Region	10111817	27468611	105711995	117481591	109345059	92294043
中部地区	Middle Region	62398	26796	1429786	3145071	1068486	1567103
西部地区	Western Region	92282	78491	558232	486321	3749377	5415446
东北地区	Northeastern Region	4365	142937	196966	265715	175736	215830
北 京	Beijing	1911777	775229	4956744	5237676	3577162	877676
天 津	Tianjin	2489541	8576670	8787235	15119701	13302143	11912989
河 北	Hebei		37423	421492	461258	471211	664869
山 西	Shanxi		5102	128563	136792	217748	
内蒙古	Inner Mongolia						
辽 宁	Liaoning	3035	12541	114510	88189	7421	10377
吉 林	Jilin	1327			25483		24854
黑龙江	Heilongjiang	3	130396	82456	152043	168315	180599
上 海	Shanghai	2460277	7597266	4508696	4150848	5257520	5061824
江 苏	Jiangsu	1346817	2518154	33994625	34146864	33754731	34276582
浙 江	Zhejiang	10003	490531	1773775	3140632	3311000	4962721
安 徽	Anhui	21396		402712	55635	69525	64236
福 建	Fujian	676232	1184060	6379010	6203108	5286354	3463659
江 西	Jiangxi			68560	153583	177293	611067
山 东	Shandong	58096	183894	4078067	3249559	2914866	8422995
河 南	Henan		16740	101000	69670	94345	81857
湖 北	Hubei	41003	3734	404813	407111	419894	425528
湖 南	Hunan		1221	324137	2322280	89682	384415
广 东	Guangdong	1157513	6105385	40811285	45738096	41467729	22647228
广 西	Guangxi	1562		300	18185	17527	12073
海 南	Hainan			1062	33848	2343	3499
重 庆	Chongqing	16549	313	278173	99774	2783990	4237988
四 川	Sichuan	30	31406	36746	104846	168111	334882
贵 州	Guizhou	929		77450	90866	95501	
云 南	Yunnan			3980		372	866
西 藏	Tibet						
陕 西	Shaanxi	74622	45473	161582	172651	683877	829637
甘 肃	Gansu	152					
青 海	Qinghai		1300				
宁 夏	Ningxia						
新 疆	Xinjiang						

2-1-12 续表 4 continued

地 区	Region	专利申请数（件） Patent Applications (piece)					
		2000	2005	2012	2013	2014	2015
全 国	**Total**	**131**	**2833**	**19171**	**23839**	**24094**	**19303**
东部地区	Eastern Region	97	2495	18485	23040	23353	18384
中部地区	Middle Region	2	8	261	233	216	278
西部地区	Western Region	29	56	230	283	343	301
东北地区	Northeastern Region	3	274	195	283	182	340
北 京	Beijing		303	1498	1542	649	360
天 津	Tianjin	6	88	278	243	233	148
河 北	Hebei		19	22	21	46	63
山 西	Shanxi			5	2	2	
内 蒙 古	Inner Mongolia						
辽 宁	Liaoning	3	256	97	192	84	272
吉 林	Jilin				5	9	12
黑 龙 江	Heilongjiang		18	98	86	89	56
上 海	Shanghai	42	910	2109	2579	3075	2309
江 苏	Jiangsu	3	124	2922	2952	5115	3184
浙 江	Zhejiang	3	171	685	744	873	973
安 徽	Anhui			23	20	25	40
福 建	Fujian		96	1148	1068	1114	913
江 西	Jiangxi			73	41	72	78
山 东	Shandong	4	278	318	422	392	439
河 南	Henan		6	70	46	44	9
湖 北	Hubei	2		67	108	54	147
湖 南	Hunan		2	23	16	19	4
广 东	Guangdong	38	506	9499	13461	11853	9993
广 西	Guangxi	1		4	8	22	1
海 南	Hainan			6	8	3	2
重 庆	Chongqing			43	64	72	40
四 川	Sichuan	2	1	107	181	209	180
贵 州	Guizhou	25	5	19	2	4	17
云 南	Yunnan	1	6	23	3	1	2
西 藏	Tibet						
陕 西	Shaanxi	1	44	34	25	35	29
甘 肃	Gansu						
青 海	Qinghai						11
宁 夏	Ningxia						
新 疆	Xinjiang						21

2-1-12 续表 5 continued

地 区	Region	有效发明专利数（件） Number of Patents In Force (piece)					
		2000	2005	2012	2013	2014	2015
全 国	**Total**	**170**	**1194**	**18995**	**21084**	**23059**	**24414**
东部地区	Eastern Region	134	1129	18313	20251	21531	23214
中部地区	Middle Region	2	4	313	261	306	293
西部地区	Western Region	33	57	285	323	1030	484
东北地区	Northeastern Region	1	4	84	249	192	423
北 京	Beijing		122	1606	1604	964	1283
天 津	Tianjin		37	155	104	256	219
河 北	Hebei		2	35	68	76	80
山 西	Shanxi			3	2	5	2
内 蒙 古	Inner Mongolia						
辽 宁	Liaoning			29	158	98	277
吉 林	Jilin	1					
黑 龙 江	Heilongjiang		4	55	91	94	146
上 海	Shanghai	87	179	1719	1880	2506	3278
江 苏	Jiangsu		144	2262	2550	3869	4602
浙 江	Zhejiang	28	12	418	409	572	685
安 徽	Anhui			20	24	32	33
福 建	Fujian		302	818	1251	1544	1383
江 西	Jiangxi			66	82	105	97
山 东	Shandong	2	68	509	697	1104	936
河 南	Henan		1	22	17	40	13
湖 北	Hubei	2		188	124	113	137
湖 南	Hunan		3	14	12	11	11
广 东	Guangdong	16	263	10791	11685	10630	10738
广 西	Guangxi	1		10	19	1	19
海 南	Hainan				3	10	10
重 庆	Chongqing			47	93	114	41
四 川	Sichuan	7		113	123	719	243
贵 州	Guizhou	20	31	1	28	84	78
云 南	Yunnan	2	4	41	9	20	10
西 藏	Tibet						
陕 西	Shaanxi	4	22	73	51	92	86
甘 肃	Gansu						
青 海	Qinghai						2
宁 夏	Ningxia						
新 疆	Xinjiang						5

2-1-12 续表 6 continued

地 区	Region	技术改造经费支出（万元） Expenditure for Technical Renovation (10000 yuan)					
		2000	2005	2012	2013	2014	2015
全 国	**Total**	**80420**	**278819**	**385046**	**323658**	**288395**	**403944**
东部地区	Eastern Region	65237	251858	344294	295220	265254	367118
中部地区	Middle Region	405	3530	23777	4932	4501	5091
西部地区	Western Region	13846	3631	4788	5678	7795	27996
东北地区	Northeastern Region	932	19801	12185	17828	10845	3740
北 京	Beijing	2	331	1894	3708	333	
天 津	Tianjin	848	26132	201	116	348	17
河 北	Hebei		181	16619	17146	11344	9154
山 西	Shanxi		800	4173	422		
内蒙古	Inner Mongolia						
辽 宁	Liaoning	930	640				
吉 林	Jilin	2					
黑龙江	Heilongjiang		19161	12185	17828	10845	3740
上 海	Shanghai	37385	36715	23045	26197	15773	36114
江 苏	Jiangsu	6502	86097	145499	118001	100418	127742
浙 江	Zhejiang	90	18092	37668	17899	14359	42139
安 徽	Anhui	405		286	222	316	355
福 建	Fujian	1358	2999	65492	73814	42906	38208
江 西	Jiangxi		20	39		1580	3437
山 东	Shandong	5813	22400	12950	18148	36100	39825
河 南	Henan		2710	3375	1383	959	89
湖 北	Hubei			15158	1189	989	266
湖 南	Hunan			745	1716	657	944
广 东	Guangdong	13240	58911	33695	19790	42253	73859
广 西	Guangxi				150	165	78
海 南	Hainan			7227	402	1421	58
重 庆	Chongqing		2500	420		75	10509
四 川	Sichuan	10030	139	437	4513	5345	12398
贵 州	Guizhou						
云 南	Yunnan		2		112	826	594
西 藏	Tibet						
陕 西	Shaanxi	3759	990	3931	903	1384	3023
甘 肃	Gansu	11					
青 海	Qinghai						
宁 夏	Ningxia						
新 疆	Xinjiang	47					1394

2-1-12 续表 7 continued

地 区	Region	引进技术经费支出（万元） Expenditure for Acquisition of Foreign Technology (10000 yuan)					
		2000	2005	2012	2013	2014	2015
全 国	**Total**	**213961**	**622099**	**344551**	**271601**	**257612**	**160264**
东部地区	Eastern Region	206988	621734	342264	269171	255347	143614
中部地区	Middle Region	6523			2332	60	16583
西部地区	Western Region	450		2286	98	2205	67
东北地区	Northeastern Region		366				
北 京	Beijing	702	24778	72652	67761	48873	40099
天 津	Tianjin	1398	216953	24003	22706	22967	27954
河 北	Hebei						
山 西	Shanxi						
内 蒙 古	Inner Mongolia						
辽 宁	Liaoning						
吉 林	Jilin						
黑 龙 江	Heilongjiang		366				
上 海	Shanghai	147477	125685	27858	23727	22349	10502
江 苏	Jiangsu	13865	160340	69094	83336	87565	59863
浙 江	Zhejiang	22	3022	1863	402	1191	852
安 徽	Anhui						
福 建	Fujian	1910	8360	63035	19000	16491	2205
江 西	Jiangxi						
山 东	Shandong	1200	906	17384	9918	2464	1426
河 南	Henan				428	60	
湖 北	Hubei	6523			1904		16583
湖 南	Hunan						
广 东	Guangdong	40414	81690	66372	42321	53189	713
广 西	Guangxi						
海 南	Hainan					258	
重 庆	Chongqing	50		46	43	96	67
四 川	Sichuan	400		2240		2109	
贵 州	Guizhou						
云 南	Yunnan				55		
西 藏	Tibet						
陕 西	Shaanxi						
甘 肃	Gansu						
青 海	Qinghai						
宁 夏	Ningxia						
新 疆	Xinjiang						

2-1-12 续表 8 continued

地 区	Region	消化吸收经费支出（万元） Expenditure for Assimilation of Technology (10000 yuan)					
		2000	2005	2012	2013	2014	2015
全 国	**Total**	**11736**	**192020**	**9723**	**20669**	**48305**	**36940**
东部地区	Eastern Region	11408	189280	9423	20642	45690	36894
中部地区	Middle Region	327		300	1	2361	
西部地区	Western Region	1	340		26	254	46
东北地区	Northeastern Region		2400				
北 京	Beijing	4501	86	273	150	105	
天 津	Tianjin	749	157640	21			455
河 北	Hebei	29		506	573	673	
山 西	Shanxi						
内 蒙 古	Inner Mongolia						
辽 宁	Liaoning						
吉 林	Jilin						
黑 龙 江	Heilongjiang		2400				
上 海	Shanghai	1460	5657	528	6113	28114	30648
江 苏	Jiangsu	534	2479	7126	6183	7428	3633
浙 江	Zhejiang		752	366	437	295	52
安 徽	Anhui						
福 建	Fujian	177	5	89	2444	3064	721
江 西	Jiangxi						
山 东	Shandong	600	175	336	54	689	65
河 南	Henan			300		60	
湖 北	Hubei	327			1	2301	
湖 南	Hunan						
广 东	Guangdong	3360	22485		3763	3626	1320
广 西	Guangxi						
海 南	Hainan			176	926	1698	
重 庆	Chongqing		15			10	
四 川	Sichuan	1	9				
贵 州	Guizhou						
云 南	Yunnan				26		
西 藏	Tibet						
陕 西	Shaanxi		316			244	46
甘 肃	Gansu						
青 海	Qinghai						
宁 夏	Ningxia						
新 疆	Xinjiang						

2-1-12 续表 9 continued

地 区	Region	购买国内技术经费支出（万元） Expenditure on Purchase of Domestic Technology (10000 yuan)					
		2000	2005	2012	2013	2014	2015
全 国	**Total**	**4379**	**13159**	**24072**	**30527**	**70542**	**27049**
东部地区	Eastern Region	3999	12659	21922	30049	69600	26402
中部地区	Middle Region			1836	128	30	
西部地区	Western Region	380		257	21	48	327
东北地区	Northeastern Region		500	55	329	864	320
北 京	Beijing		107				
天 津	Tianjin	27	820			1	
河 北	Hebei		520	1375	600	2600	2897
山 西	Shanxi			1543			
内 蒙 古	Inner Mongolia						
辽 宁	Liaoning						
吉 林	Jilin						
黑 龙 江	Heilongjiang		500	55	329	864	320
上 海	Shanghai	2798	101	603	4624	10	4
江 苏	Jiangsu	472	4059	6174	12436	19809	21904
浙 江	Zhejiang	2	3953	894	284		200
安 徽	Anhui				20		
福 建	Fujian		2	5667	6561	2410	84
江 西	Jiangxi			156			
山 东	Shandong	600	1142	3505	2230	2313	930
河 南	Henan					30	
湖 北	Hubei			137	108		
湖 南	Hunan						
广 东	Guangdong	100	1956	387	584	42049	384
广 西	Guangxi					18	
海 南	Hainan			3315	2732	408	
重 庆	Chongqing					30	
四 川	Sichuan	380					
贵 州	Guizhou						
云 南	Yunnan			257	21		90
西 藏	Tibet						
陕 西	Shaanxi						237
甘 肃	Gansu						
青 海	Qinghai						
宁 夏	Ningxia						
新 疆	Xinjiang						

2-1-12 续表 10 continued

地 区	Region	研发机构数（个） Number of R&D Institutions in Enterprises (unit)					
		2000	2005	2012	2013	2014	2015
全 国	**Total**	**115**	**274**	**1069**	**927**	**953**	**914**
东部地区	Eastern Region	90	241	1010	858	891	859
中部地区	Middle Region	3	9	32	42	34	29
西部地区	Western Region	9	9	18	16	17	15
东北地区	Northeastern Region	13	15	9	11	11	11
北 京	Beijing	1	6	33	35	35	32
天 津	Tianjin	7	8	14	14	8	13
河 北	Hebei	1	3	5	5	5	9
山 西	Shanxi		2	1	1	1	1
内蒙古	Inner Mongolia						
辽 宁	Liaoning	11	4	2	3	2	3
吉 林	Jilin	1				1	
黑龙江	Heilongjiang	1	11	7	8	8	8
上 海	Shanghai	33	35	56	49	42	38
江 苏	Jiangsu	15	48	631	497	535	453
浙 江	Zhejiang	2	34	85	70	58	57
安 徽	Anhui	2	2	9	8	6	5
福 建	Fujian	2	10	36	31	33	35
江 西	Jiangxi			3	8	8	12
山 东	Shandong	5	27	25	32	30	47
河 南	Henan		2	8	13	11	7
湖 北	Hubei	1	1	6	8	5	2
湖 南	Hunan		2	5	4	3	2
广 东	Guangdong	24	70	123	123	143	172
广 西	Guangxi			2	2	1	
海 南	Hainan			2	2	2	3
重 庆	Chongqing	1	1	2	1	8	3
四 川	Sichuan	2	3	7	4	4	1
贵 州	Guizhou	1	1	1	1		
云 南	Yunnan		1	3	6	1	
西 藏	Tibet						
陕 西	Shaanxi	4	2	3	2	3	4
甘 肃	Gansu	1					
青 海	Qinghai		1				4
宁 夏	Ningxia						
新 疆	Xinjiang						3

2-1-12 续表 11 continued

地 区	Region	机构人员（人） Personnel in the R&D Institutions (person)					
		2000	2005	2012	2013	2014	2015
全 国	**Total**	**7173**	**25554**	**116340**	**112084**	**104736**	**105463**
东部地区	Eastern Region	5717	24276	111820	107469	100953	98490
中部地区	Middle Region	53	250	2667	2568	2172	1212
西部地区	Western Region	886	588	1224	965	730	759
东北地区	Northeastern Region	517	440	629	1082	881	5002
北 京	Beijing	156	526	4022	4369	3339	2654
天 津	Tianjin	764	863	1623	2186	1204	1777
河 北	Hebei	10	193	567	643	696	628
山 西	Shanxi		20	261	142	142	125
内 蒙 古	Inner Mongolia						
辽 宁	Liaoning	473	82	231	621	386	4604
吉 林	Jilin	32				10	
黑 龙 江	Heilongjiang	12	358	398	461	485	398
上 海	Shanghai	2216	6836	12909	11318	9321	10410
江 苏	Jiangsu	783	4709	48534	45875	47361	39415
浙 江	Zhejiang	40	2073	7298	6708	5856	5882
安 徽	Anhui	23	102	431	442	155	141
福 建	Fujian	79	1519	7898	7806	8161	7835
江 西	Jiangxi			421	536	464	634
山 东	Shandong	239	570	9920	10144	10025	9085
河 南	Henan		61	850	660	884	186
湖 北	Hubei	30	9	496	622	478	82
湖 南	Hunan		58	208	166	49	44
广 东	Guangdong	1430	6987	18993	18168	14759	20569
广 西	Guangxi			109	54	36	
海 南	Hainan			56	252	231	235
重 庆	Chongqing	592	10	192	40	164	122
四 川	Sichuan	123	220	283	262	198	75
贵 州	Guizhou	13	28	180	180		
云 南	Yunnan		27	161	138	47	
西 藏	Tibet						
陕 西	Shaanxi	142	292	299	291	285	306
甘 肃	Gansu	16					
青 海	Qinghai		11				56
宁 夏	Ningxia						
新 疆	Xinjiang						200

2-1-12 续表 12 continued

地 区	Region	机构经费支出（万元） Expenditure in the R&D Institutions (10000 yuan)					
		2000	2005	2012	2013	2014	2015
全 国	**Total**	**148968**	**476070**	**3063012**	**3106750**	**2678219**	**3036584**
东部地区	Eastern Region	141995	464129	2976120	3009776	2604437	2959905
中部地区	Middle Region	198	2225	55098	65833	58379	23282
西部地区	Western Region	4188	3233	15945	10816	8204	5778
东北地区	Northeastern Region	2588	6483	15848	20325	7198	47618
北 京	Beijing	406	9410	161418	155085	118841	215112
天 津	Tianjin	28933	17597	59689	72429	34784	46849
河 北	Hebei	27	1415	12808	20287	18373	22931
山 西	Shanxi		85	615	6085	7173	944
内 蒙 古	Inner Mongolia						
辽 宁	Liaoning	2537	345	2837	9298	5074	31982
吉 林	Jilin	32				200	
黑 龙 江	Heilongjiang	19	6138	13010	11027	1924	15636
上 海	Shanghai	68321	125571	386838	465447	388460	499740
江 苏	Jiangsu	8352	108229	1330709	1167440	1111611	1072054
浙 江	Zhejiang	250	18508	109383	127161	137971	188510
安 徽	Anhui	126	704	15814	14670	5165	2106
福 建	Fujian	2128	27711	180611	235735	224982	215442
江 西	Jiangxi			7088	6751	7954	13609
山 东	Shandong	3295	4962	221060	193432	182287	201762
河 南	Henan		992	8291	8065	8636	3482
湖 北	Hubei	72	185	21724	27895	26777	1488
湖 南	Hunan		259	1564	2367	2675	1653
广 东	Guangdong	30284	150725	508605	562332	382352	492691
广 西	Guangxi			852	300	100	
海 南	Hainan			4995	10428	4777	4815
重 庆	Chongqing	1834	65	2428	793	2103	1165
四 川	Sichuan	781	1822	3105	4477	2009	926
贵 州	Guizhou	69	55	819	1720		
云 南	Yunnan		329	6500	1821	1070	
西 藏	Tibet						
陕 西	Shaanxi	1322	962	2239	1705	2923	3383
甘 肃	Gansu	182					
青 海	Qinghai		1				300
宁 夏	Ningxia						
新 疆	Xinjiang						5

2-2-1 按行业分高技术产业R&D人员情况(2015年)
R&D Personnel in High-tech Industry by Industrial Sector(2015)

行业	Industry	有R&D活动的企业数(个) Number of Enterprises Having R&D Activities (unit)	R&D人员(人) R&D Personnel (person)	#全时人员 Full-time Personnel	#研究人员 Researchers	R&D人员折合全时当量(人年) Full-time Equivalent (man-year)
合计	**Total**	**12373**	**923455**	**713216**	**340606**	**726983**
医药制造业	**Manufacture of Medicines**	**3173**	**177028**	**123329**	**67085**	**128589**
#化学药品制造	Manufacture of Chemical Medicine	1257	91101	63752	34973	66855
中成药生产	Production of Finished Traditional Chinese Herbal Medicine	725	38499	25240	14038	27018
生物药品制造	Manufacture of Biological Medicine	541	25845	18905	10284	19613
航空、航天器及设备制造业	**Manufacture of Aircrafts and Spacecrafts and Related Equipment**	**201**	**56124**	**40465**	**21855**	**45832**
#飞机制造	Manufacture of Airplanes	89	40092	29390	15480	32523
航天器制造	Manufacture of Spacecrafts	16	5387	3527	2094	4827
电子及通信设备制造业	**Manufacture of Electronic Equipment and Communication Equipment**	**5706**	**496393**	**397632**	**180430**	**402513**
#通信设备制造	Manufacture of Communication Equipment	705	160036	136926	71179	146213
#通信系统设备制造	Manufacture of Communication System Equipment	411	120062	103767	56142	114242
通信终端设备制造	Manufacture of Communication Terminal Equipment	294	39974	33159	15037	31971
广播电视设备制造	Manufacture of Broadcasting and TV Equipment	270	16787	12942	6340	12433
雷达及配套设备制造	Manufacture of Radar and Its Fittings	37	8243	6163	3567	6005
视听设备制造	Manufacture of TV Set and Radio Receiver	339	38066	30991	13507	31441
电子器件制造	Manufacture of Electronic Appliances	1274	95463	76430	33597	73248
#电子真空器件制造	Manufacture of Electronic Vacuum Appliance	39	2078	1344	835	1641
半导体分立器件制造	Manufacture of Semiconductor Discreting Appliances	159	7944	5648	2416	5535
集成电路制造	Manufacture of Integrate Circuit	244	27210	22503	10287	22170
电子元件制造	Manufacture of Electronic Components	1957	106937	79936	29634	83097
其他电子设备制造	Manufacture of Other Electronic Equipment	473	31098	24888	10032	22423
计算机及办公设备制造业	**Manufacture of Computers and Office Equipment**	**577**	**68609**	**57318**	**25514**	**57035**
#计算机整机制造	Manufacture of Entired Computer	70	31843	27985	12311	27812
计算机零部件制造	Manufacture of Computer Components and Parts	155	9256	7206	2569	6682
计算机外围设备制造	Manufacture of Computer Peripheral Equipment	155	9544	7775	3399	7297
办公设备制造	Manufacture of Office Equipment	101	6564	5163	2387	5312
医疗仪器设备及仪器仪表制造业	**Manufacture of Medical Equipments and Measuring Instrument**	**2506**	**111708**	**85512**	**41382**	**83521**
1.医疗仪器设备及器械制造	Manufacture of Medical Equipment and Appliance	597	25329	19457	9191	19172
2.仪器仪表制造	Manufacture of Measuring Instrument	1909	86379	66055	32191	64349
信息化学品制造业	**Manufacture of Electronic Chemicals**	**210**	**13593**	**8960**	**4340**	**9493**

注：本表数据口径范围为年主营业务收入2000万元及以上的法人工业企业。以下至2-7-9表相同。

2-2-2 各地区高技术产业R&D人员情况(2015年)

R&D Personnel in High-tech Industry by Region(2015)

地 区	Region	有R&D活动的企业数(个) Number of Enterprises Having R&D Activities (unit)	R&D人员(人) R&D Personnel (person)	#全时人员 Full-time Personnel	#研究人员 Researchers	R&D人员折合全时当量(人年) Full-time Equivalent (man-year)
全 国	**Total**	**12373**	**923455**	**713216**	**340606**	**726983**
东部地区	Eastern Region	8853	674746	530601	246164	548436
中部地区	Middle Region	2031	130988	97849	47804	94775
西部地区	Western Region	1127	88874	63450	34673	63171
东北地区	Northeaastern Region	362	28847	21316	11965	20601
北 京	Beijing	450	29698	24286	12602	22344
天 津	Tianjin	275	29364	23124	11547	24660
河 北	Hebei	200	18461	12535	6896	13694
山 西	Shanxi	55	2909	2055	1043	2237
内蒙古	Inner Mongolia	29	1820	1058	794	1110
辽 宁	Liaoning	181	14554	11698	6322	10095
吉 林	Jilin	91	4742	3245	1814	3037
黑龙江	Heilongjiang	90	9551	6373	3829	7469
上 海	Shanghai	410	35868	27952	14013	27371
江 苏	Jiangsu	2501	134748	99917	43428	108805
浙 江	Zhejiang	1598	82859	62746	28776	69707
安 徽	Anhui	489	22601	15575	8313	15926
福 建	Fujian	441	33004	26172	12509	26466
江 西	Jiangxi	272	16551	12058	6048	10094
山 东	Shandong	779	67864	54199	28335	50774
河 南	Henan	366	27551	20701	10020	20525
湖 北	Hubei	404	33128	25162	13685	23673
湖 南	Hunan	445	28248	22298	8695	22321
广 东	Guangdong	2164	240302	197778	87214	203117
广 西	Guangxi	83	3586	2436	1365	2242
海 南	Hainan	35	2578	1892	844	1499
重 庆	Chongqing	235	13116	10037	4922	9706
四 川	Sichuan	331	28593	21343	11851	18759
贵 州	Guizhou	79	7646	5630	3001	6372
云 南	Yunnan	91	3360	2260	1183	2321
西 藏	Tibet	3	45	33	23	12
陕 西	Shaanxi	196	26386	17665	9782	20250
甘 肃	Gansu	31	1730	1279	783	1118
青 海	Qinghai	8	155	104	63	82
宁 夏	Ningxia	19	1691	1228	657	805
新 疆	Xinjiang	22	746	377	249	395

2-2-3　按行业和企业规模分高技术产业R&D人员情况(2015年)

R&D Personnel in High-tech Industry by Industrial Sector and Scale of Enterprises (2015)

行　业	Industry	大型企业 Large-size Enterprises				
		有R&D活动的企业数(个) Number of Enterprises Having R&D Activities (unit)	R&D人员(人) R&D Personnel (person)	#全时人员 Full-time Personnel	#研究人员 Researchers	R&D人员折合全时当量(人年) Full-time Equivalent (man-year)
合计	**Total**	**1237**	**494881**	**395097**	**193762**	**415126**
医药制造业	**Manufacture of Medicines**	**237**	**62839**	**44224**	**26290**	**48005**
#化学药品制造	Manufacture of Chemical Medicine	126	40120	28059	17086	30912
中成药生产	Production of Finished Traditional Chinese Herbal Medicine	71	14859	10046	5915	11282
生物药品制造	Manufacture of Biological Medicine	24	4140	3181	1688	2861
航空、航天器及设备制造业	**Manufacture of Aircrafts and Spacecrafts and Related Equipment**	**60**	**43711**	**31070**	**16715**	**36489**
#飞机制造	Manufacture of Airplanes	39	34346	24747	12956	28216
航天器制造	Manufacture of Spacecrafts	10	4204	2853	1635	3940
电子及通信设备制造业	**Manufacture of Electronic Equipment and Communication Equipment**	**708**	**304204**	**251136**	**118139**	**260477**
#通信设备制造	Manufacture of Communication Equipment	113	129664	112066	59343	123121
#通信系统设备制造	Manufacture of Communication System Equipment	50	102299	89329	49166	100369
通信终端设备制造	Manufacture of Communication Terminal Equipment	63	27365	22737	10177	22752
广播电视设备制造	Manufacture of Broadcasting and TV Equipment	24	6890	5473	3044	5049
雷达及配套设备制造	Manufacture of Radar and Its Fittings	10	6505	4882	2789	4535
视听设备制造	Manufacture of TV Set and Radio Receiver	56	26100	21716	9949	22759
电子器件制造	Manufacture of Electronic Appliances	175	53946	44227	19544	42756
#电子真空器件制造	Manufacture of Electronic Vacuum Appliance	2	825	492	408	666
半导体分立器件制造	Manufacture of Semiconductor Discreting Appliances	18	3212	2158	832	1878
集成电路制造	Manufacture of Integrate Circuit	43	16331	13418	6140	13632
电子元件制造	Manufacture of Electronic Components	235	49269	37383	13634	39879
其他电子设备制造	Manufacture of Other Electronic Equipment	33	14794	12013	4313	10163
计算机及办公设备制造业	**Manufacture of Computers and Office Equipment**	**100**	**48624**	**41816**	**18887**	**42826**
#计算机整机制造	Manufacture of Entired Computer	26	29173	25721	11349	25952
计算机零部件制造	Manufacture of Computer Components and Parts	25	4446	3678	1291	3482
计算机外围设备制造	Manufacture of Computer Peripheral Equipment	24	4093	3442	1629	3323
办公设备制造	Manufacture of Office Equipment	9	3071	2536	1272	2770
医疗仪器设备及仪器仪表制造业	**Manufacture of Medical Equipments and Measuring Instrument**	**99**	**27901**	**22129**	**11326**	**22137**
1.医疗仪器设备及器械制造	Manufacture of Medical Equipment and Appliance	21	6669	5481	2735	5272
2.仪器仪表制造	Manufacture of Measuring Instrument	78	21232	16648	8591	16865
信息化学品制造业	**Manufacture of Electronic Chemicals**	**33**	**7602**	**4722**	**2405**	**5191**

2-2-3 续表 continued

行业	Industry	中型企业 Medium-sized Enterprises 有R&D活动的企业数(个) Number of Enterprises Having R&D Activities (unit)	R&D人员(人) R&D Personnel (person)	#全时人员 Full-time Personnel	#研究人员 Researchers	R&D人员折合全时当量(人年) Full-time Equivalent (man-year)
合计	**Total**	**3482**	**236338**	**175236**	**80555**	**174890**
医药制造业	**Manufacture of Medicines**	**922**	**62601**	**43231**	**22667**	**44409**
#化学药品制造	Manufacture of Chemical Medicine	428	31689	21793	11289	22575
中成药生产	Production of Finished Traditional Chinese Herbal Medicine	223	12253	7964	4294	8519
生物药品制造	Manufacture of Biological Medicine	132	10918	7978	4411	8227
航空、航天器及设备制造业	**Manufacture of Aircrafts and Spacecrafts and Related Equipment**	**52**	**6822**	**4777**	**2599**	**5624**
#飞机制造	Manufacture of Airplanes	25	2320	1734	866	2001
航天器制造	Manufacture of Spacecrafts	5	1145	641	440	849
电子及通信设备制造业	**Manufacture of Electronic Equipment and Communication Equipment**	**1728**	**112667**	**86032**	**36239**	**84520**
#通信设备制造	Manufacture of Communication Equipment	189	18199	15029	7153	14255
#通信系统设备制造	Manufacture of Communication System Equipment	101	9907	8024	3944	8179
通信终端设备制造	Manufacture of Communication Terminal Equipment	88	8292	7005	3209	6076
广播电视设备制造	Manufacture of Broadcasting and TV Equipment	79	5526	4250	1806	4240
雷达及配套设备制造	Manufacture of Radar and Its Fittings	12	1223	841	589	1052
视听设备制造	Manufacture of TV Set and Radio Receiver	116	7883	6114	2421	5829
电子器件制造	Manufacture of Electronic Appliances	382	23995	18653	8022	17792
#电子真空器件制造	Manufacture of Electronic Vacuum Appliance	11	725	436	252	605
半导体分立器件制造	Manufacture of Semiconductor Discreting Appliances	35	2519	1879	849	1971
集成电路制造	Manufacture of Integrate Circuit	62	5501	4635	1960	4438
电子元件制造	Manufacture of Electronic Components	669	36042	26533	9724	27123
其他电子设备制造	Manufacture of Other Electronic Equipment	111	7955	6436	2849	6127
计算机及办公设备制造业	**Manufacture of Computers and Office Equipment**	**174**	**12095**	**9297**	**3915**	**8900**
#计算机整机制造	Manufacture of Entired Computer	19	1690	1404	594	1212
计算机零部件制造	Manufacture of Computer Components and Parts	50	3003	2170	743	2000
计算机外围设备制造	Manufacture of Computer Peripheral Equipment	50	3406	2763	1081	2584
办公设备制造	Manufacture of Office Equipment	28	2041	1485	646	1531
医疗仪器设备及仪器仪表制造业	**Manufacture of Medical Equipments and Measuring Instrument**	**548**	**38856**	**29509**	**14023**	**29009**
1.医疗仪器设备及器械制造	Manufacture of Medical Equipment and Appliance	146	9029	6775	3152	6947
2.仪器仪表制造	Manufacture of Measuring Instrument	402	29827	22734	10871	22063
信息化学品制造业	**Manufacture of Electronic Chemicals**	**58**	**3297**	**2390**	**1112**	**2427**

2-2-4 按行业分国有及国有控股企业高技术产业R&D人员情况(2015年)
R&D Personnel in High-tech Industry of State-owned and State-controlled Enterprises by Industrial Sector (2015)

行业	Industry	有R&D活动的企业数(个) Number of Enterprises Having R&D Activities (unit)	R&D人员(人) R&D Personnel (person)	#全时人员 Full-time Personnel	#研究人员 Researchers	R&D人员折合全时当量(人年) Full-time Equivalent (man-year)
合计	**Total**	**1105**	**222237**	**174426**	**96219**	**185263**
医药制造业	**Manufacture of Medicines**	**280**	**29290**	**19184**	**11926**	**22159**
#化学药品制造	Manufacture of Chemical Medicine	134	18327	11958	7478	13765
中成药生产	Production of Finished Traditional Chinese Herbal Medicine	85	6022	3823	2399	4691
生物药品制造	Manufacture of Biological Medicine	39	3166	2100	1379	2323
航空、航天器及设备制造业	**Manufacture of Aircrafts and Spacecrafts and Related Equipment**	**122**	**51813**	**37785**	**20482**	**42878**
#飞机制造	Manufacture of Airplanes	65	38531	28499	15093	31571
航天器制造	Manufacture of Spacecrafts	15	5349	3494	2075	4789
电子及通信设备制造业	**Manufacture of Electronic Equipment and Communication Equipment**	**446**	**100146**	**84208**	**44901**	**85912**
#通信设备制造	Manufacture of Communication Equipment	89	40517	35752	19765	38402
#通信系统设备制造	Manufacture of Communication System Equipment	62	35991	31796	17760	34584
通信终端设备制造	Manufacture of Communication Terminal Equipment	27	4526	3956	2005	3818
广播电视设备制造	Manufacture of Broadcasting and TV Equipment	18	2154	1900	858	1723
雷达及配套设备制造	Manufacture of Radar and Its Fittings	20	7296	5444	3209	5258
视听设备制造	Manufacture of TV Set and Radio Receiver	22	13788	12060	6017	12271
电子器件制造	Manufacture of Electronic Appliances	139	20236	16439	8893	15581
#电子真空器件制造	Manufacture of Electronic Vacuum Appliance	6	535	332	206	351
半导体分立器件制造	Manufacture of Semiconductor Discreting Appliances	13	774	600	327	687
集成电路制造	Manufacture of Integrate Circuit	41	4206	3151	1808	3617
电子元件制造	Manufacture of Electronic Components	90	9378	7171	3262	7383
其他电子设备制造	Manufacture of Other Electronic Equipment	26	2922	2497	1344	2619
计算机及办公设备制造业	**Manufacture of Computers and Office Equipment**	**44**	**19509**	**17099**	**9613**	**16993**
#计算机整机制造	Manufacture of Entired Computer	11	12149	10783	6019	10224
计算机零部件制造	Manufacture of Computer Components and Parts	3	339	305	163	326
计算机外围设备制造	Manufacture of Computer Peripheral Equipment	15	1853	1424	895	1606
办公设备制造	Manufacture of Office Equipment	8	1405	1260	678	1249
医疗仪器设备及仪器仪表制造业	**Manufacture of Medical Equipments and Measuring Instrument**	**189**	**17676**	**13689**	**8132**	**14005**
1.医疗仪器设备及器械制造	Manufacture of Medical Equipment and Appliance	14	1293	726	571	1180
2.仪器仪表制造	Manufacture of Measuring Instrument	175	16383	12963	7561	12825
信息化学品制造业	**Manufacture of Electronic Chemicals**	**24**	**3803**	**2461**	**1165**	**3317**

2-2-5 按行业和登记注册类型分高技术产业R&D人员情况(2015年)
R&D Personnel in High-tech Industry by Industrial Sector and Registration Status(2015)

行业	Industry	内资企业 Domestic Funded				
		有R&D活动的企业数(个) Number of Enterprises Having R&D Activities (unit)	R&D人员(人) R&D Personnel (person)	#全时人员 Full-time Personnel	#研究人员 Researchers	R&D人员折合全时当量(人年) Full-time Equivalent (man-year)
合计	**Total**	**9617**	**655097**	**502177**	**251153**	**512226**
医药制造业	**Manufacture of Medicines**	**2702**	**141600**	**97278**	**52758**	**101067**
#化学药品制造	Manufacture of Chemical Medicine	1038	70057	48381	26204	50469
中成药生产	Production of Finished Traditional Chinese Herbal Medicine	641	32685	21226	11783	22539
生物药品制造	Manufacture of Biological Medicine	437	19365	13725	7708	14601
航空、航天器及设备制造业	**Manufacture of Aircrafts and Spacecrafts and Related Equipment**	**179**	**53737**	**39126**	**21007**	**44378**
#飞机制造	Manufacture of Airplanes	77	39458	28991	15255	32280
航天器制造	Manufacture of Spacecrafts	16	5387	3527	2094	4827
电子及通信设备制造业	**Manufacture of Electronic Equipment and Communication Equipment**	**4115**	**327122**	**263478**	**126824**	**267049**
#通信设备制造	Manufacture of Communication Equipment	563	117872	102673	53963	109738
#通信系统设备制造	Manufacture of Communication Equipment	350	99450	87747	46658	95281
通信终端设备制造	Manufacture of Communication Terminal Equipment	213	18422	14926	7305	14457
广播电视设备制造	Manufacture of Broadcasting and TV Equipment	206	13352	10423	5324	9661
雷达及配套设备制造	Manufacture of Radar and Its Fittings	35	8147	6077	3526	5920
视听设备制造	Manufacture of TV Set and Radio Receiver	214	24049	20140	9393	20282
电子器件制造	Manufacture of Electronic Appliances	897	57523	45732	21306	42934
#电子真空器件制造	Manufacture of Electronic Vacuum Appliance	33	1938	1221	787	1549
半导体分立器件制造	Manufacture of Semiconductor Discreting Appliances	110	5769	4064	1705	3825
集成电路制造	Manufacture of Integrate Circuit	159	12816	10727	5292	10488
电子元件制造	Manufacture of Electronic Components	1318	56249	40944	16433	42600
其他电子设备制造	Manufacture of Other Electronic Equipment	362	18098	14514	6948	14023
计算机及办公设备制造业	**Manufacture of Computers and Office Equipment**	**383**	**34443**	**28352**	**14205**	**27320**
#计算机整机制造	Manufacture of Entired Computer	42	14776	13053	6905	12292
计算机零部件制造	Manufacture of Computer Components and Parts	78	4062	3030	1372	2645
计算机外围设备制造	Manufacture of Computer Peripheral Equipment	106	6196	5045	2254	4901
办公设备制造	Manufacture of Office Equipment	81	4707	3765	1795	3764
医疗仪器设备及仪器仪表制造业	**Manufacture of Medical Equipments and Measuring Instrument**	**2084**	**88323**	**67709**	**33168**	**65633**
1.医疗仪器设备及器械制造	Manufacture of Medical Equipment and Appliance	473	18791	14184	6730	14247
2.仪器仪表制造	Manufacture of Measuring Instrument	1611	69532	53525	26438	51386
信息化学品制造业	**Manufacture of Electronic Chemicals**	**154**	**9872**	**6234**	**3191**	**6779**

2-2-5　续表 1　continued

行　业	Industry	#国有企业 State-owned Enterprises 有R&D活动的企业数(个) Number of Enterprises Having R&D Activities (unit)	R&D人员(人) R&D Personnel (person)	#全时人员 Full-time Personnel	#研究人员 Researchers	R&D人员折合全时当量(人年) Full-time Equivalent (man-year)
合计	**Total**	**121**	**28950**	**22029**	**12268**	**25233**
医药制造业	**Manufacture of Medicines**	**21**	**1154**	**832**	**453**	**893**
#化学药品制造	Manufacture of Chemical Medicine	5	239	171	99	227
中成药生产	Production of Finished Traditional Chinese Herbal Medicine	8	190	119	70	163
生物药品制造	Manufacture of Biological Medicine	4	485	364	210	305
航空、航天器及设备制造业	**Manufacture of Aircrafts and Spacecrafts and Related Equipment**	**33**	**11668**	**8151**	**4405**	**10606**
#飞机制造	Manufacture of Airplanes	15	4097	3475	1531	3731
航天器制造	Manufacture of Spacecrafts	9	3481	1884	1175	2935
电子及通信设备制造业	**Manufacture of Electronic Equipment and Communication Equipment**	**35**	**9878**	**8369**	**4462**	**8600**
#通信设备制造	Manufacture of Communication Equipment	11	4664	4125	2249	4103
#通信系统设备制造	Manufacture of Communication Equipment	10	4456	3938	2158	3895
通信终端设备制造	Manufacture of Communication Terminal Equipment	1	208	187	91	208
广播电视设备制造	Manufacture of Broadcasting and TV Equipment					
雷达及配套设备制造	Manufacture of Radar and Its Fittings	4	3409	2870	1576	3184
视听设备制造	Manufacture of TV Set and Radio Receiver	1	87	36	16	40
电子器件制造	Manufacture of Electronic Appliances	6	385	266	127	271
#电子真空器件制造	Manufacture of Electronic Vacuum Appliance	1	126	73	52	97
半导体分立器件制造	Manufacture of Semiconductor Discreting Appliances					
集成电路制造	Manufacture of Integrate Circuit	1	35	32	18	21
电子元件制造	Manufacture of Electronic Components	12	1197	950	427	904
其他电子设备制造	Manufacture of Other Electronic Equipment					
计算机及办公设备制造业	**Manufacture of Computers and Office Equipment**	**2**	**388**	**245**	**184**	**388**
#计算机整机制造	Manufacture of Entired Computer					
计算机零部件制造	Manufacture of Computer Components and Parts					
计算机外围设备制造	Manufacture of Computer Peripheral Equipment	1	358	218	179	358
办公设备制造	Manufacture of Office Equipment	1	30	27	5	30
医疗仪器设备及仪器仪表制造业	**Manufacture of Medical Equipments and Measuring Instrument**	**29**	**5841**	**4418**	**2759**	**4725**
1.医疗仪器设备及器械制造	Manufacture of Medical Equipment and Appliance	1	796	417	371	777
2.仪器仪表制造	Manufacture of Measuring Instrument	28	5045	4001	2388	3948
信息化学品制造业	**Manufacture of Electronic Chemicals**	**1**	**21**	**14**	**5**	**21**

2-2-5 续表 2 continued

行 业	Industry	港澳台投资企业 Enterprises with Funds from Hong Kong, Macau and Taiwan				
		有R&D活动的企业数(个) Number of Enterprises Having R&D Activities (unit)	R&D人员(人) R&D Personnel (person)	#全时人员 Full-time Personnel	#研究人员 Researchers	R&D人员折合全时当量(人年) Full-time Equivalent (man-year)
合计	**Total**	**1223**	**133943**	**108178**	**44271**	**109442**
医药制造业	**Manufacture of Medicines**	**218**	**16690**	**12772**	**6588**	**13068**
#化学药品制造	Manufacture of Chemical Medicine	92	8668	6594	3539	6861
中成药生产	Production of Finished Traditional Chinese Herbal Medicine	53	3097	2261	1183	2575
生物药品制造	Manufacture of Biological Medicine	47	4018	3250	1559	2973
航空、航天器及设备制造业	**Manufacture of Aircrafts and Spacecrafts and Related Equipment**	**5**	**824**	**728**	**307**	**684**
#飞机制造	Manufacture of Airplanes	3	81	59	39	81
航天器制造	Manufacture of Spacecrafts					
电子及通信设备制造业	**Manufacture of Electronic Equipment and Communication Equipment**	**748**	**94325**	**76905**	**29826**	**77283**
#通信设备制造	Manufacture of Communication Equipment	57	27413	23093	11035	25458
#通信系统设备制造	Manufacture of Communication Equipment	24	14583	11702	6674	13966
通信终端设备制造	Manufacture of Communication Terminal Equipment	33	12830	11391	4361	11492
广播电视设备制造	Manufacture of Broadcasting and TV Equipment	33	1860	1280	509	1368
雷达及配套设备制造	Manufacture of Radar and Its Fittings	2	96	86	41	86
视听设备制造	Manufacture of TV Set and Radio Receiver	70	9444	7221	2410	7515
电子器件制造	Manufacture of Electronic Appliances	164	15982	13297	5377	12714
#电子真空器件制造	Manufacture of Electronic Vacuum Appliance	2	65	58	14	25
半导体分立器件制造	Manufacture of Semiconductor Discreting Appliances	15	441	341	104	349
集成电路制造	Manufacture of Integrate Circuit	31	4831	3914	1607	4207
电子元件制造	Manufacture of Electronic Components	312	25370	19891	7237	20564
其他电子设备制造	Manufacture of Other Electronic Equipment	52	9702	8267	1828	6409
计算机及办公设备制造业	**Manufacture of Computers and Office Equipment**	**92**	**12264**	**10436**	**4241**	**10451**
#计算机整机制造	Manufacture of Entired Computer	12	5090	4545	1877	4830
计算机零部件制造	Manufacture of Computer Components and Parts	39	2576	1924	670	1863
计算机外围设备制造	Manufacture of Computer Peripheral Equipment	29	2423	2036	871	1883
办公设备制造	Manufacture of Office Equipment	7	478	405	68	301
医疗仪器设备及仪器仪表制造业	**Manufacture of Medical Equipments and Measuring Instrument**	**133**	**7775**	**5847**	**2595**	**6532**
1.医疗仪器设备及器械制造	Manufacture of Medical Equipment and Appliance	33	1494	1153	506	1299
2.仪器仪表制造	Manufacture of Measuring Instrument	100	6281	4694	2089	5233
信息化学品制造业	**Manufacture of Electronic Chemicals**	**27**	**2065**	**1490**	**714**	**1424**

2-2-5 续表 3 continued

行 业	Industry	外商投资企业 Foreign Funded Enterprises 有R&D活动的企业数(个) Number of Enterprises Having R&D Activities (unit)	R&D人员(人) R&D Personnel (person)	#全时人员 Full-time Personnel	#研究人员 Researchers	R&D人员折合全时当量(人年) Full-time Equivalent (man-year)
合计	**Total**	**1533**	**134415**	**102861**	**45182**	**105316**
医药制造业	**Manufacture of Medicines**	**253**	**18738**	**13279**	**7739**	**14455**
#化学药品制造	Manufacture of Chemical Medicine	127	12376	8777	5230	9526
中成药生产	Production of Finished Traditional Chinese Herbal Medicine	31	2717	1753	1072	1904
生物药品制造	Manufacture of Biological Medicine	57	2462	1930	1017	2039
航空、航天器及设备制造业	**Manufacture of Aircrafts and Spacecrafts and Related Equipment**	**17**	**1563**	**611**	**541**	**771**
#飞机制造	Manufacture of Airplanes	9	553	340	186	162
航天器制造	Manufacture of Spacecrafts					
电子及通信设备制造业	**Manufacture of Electronic Equipment and Communication Equipment**	**843**	**74946**	**57249**	**23780**	**58181**
#通信设备制造	Manufacture of Communication Equipment	85	14751	11160	6181	11017
#通信系统设备制造	Manufacture of Communication Equipment	37	6029	4318	2810	4995
通信终端设备制造	Manufacture of Communication Terminal Equipment	48	8722	6842	3371	6023
广播电视设备制造	Manufacture of Broadcasting and TV Equipment	31	1575	1239	507	1404
雷达及配套设备制造	Manufacture of Radar and Its Fittings					
视听设备制造	Manufacture of TV Set and Radio Receiver	55	4573	3630	1704	3644
电子器件制造	Manufacture of Electronic Appliances	213	21958	17401	6914	17601
#电子真空器件制造	Manufacture of Electronic Vacuum Appliance	4	75	65	34	67
半导体分立器件制造	Manufacture of Semiconductor Discreting Appliances	34	1734	1243	607	1361
集成电路制造	Manufacture of Integrate Circuit	54	9563	7862	3388	7474
电子元件制造	Manufacture of Electronic Components	327	25318	19101	5964	19932
其他电子设备制造	Manufacture of Other Electronic Equipment	59	3298	2107	1256	1992
计算机及办公设备制造业	**Manufacture of Computers and Office Equipment**	**102**	**21902**	**18530**	**7068**	**19264**
#计算机整机制造	Manufacture of Entired Computer	16	11977	10387	3529	10689
计算机零部件制造	Manufacture of Computer Components and Parts	38	2618	2252	527	2174
计算机外围设备制造	Manufacture of Computer Peripheral Equipment	20	925	694	274	513
办公设备制造	Manufacture of Office Equipment	13	1379	993	524	1246
医疗仪器设备及仪器仪表制造业	**Manufacture of Medical Equipments and Measuring Instrument**	**289**	**15610**	**11956**	**5619**	**11356**
1.医疗仪器设备及器械制造	Manufacture of Medical Equipment and Appliance	91	5044	4120	1955	3625
2.仪器仪表制造	Manufacture of Measuring Instrument	198	10566	7836	3664	7731
信息化学品制造业	**Manufacture of Electronic Chemicals**	**29**	**1656**	**1236**	**435**	**1290**

2-2-6 按地区和企业规模分高技术产业R&D人员情况(2015年)

R&D Personnel in High-tech Industry by Region and Industrial Sector(2015)

地区	Region	大型企业 Large-sized Enterprises				
		有R&D活动的企业数(个) Number of Enterprises Having R&D Activities (unit)	R&D人员(人) R&D Personnel (person)	#全时人员 Full-time Personnel	#研究人员 Researchers	R&D人员折合全时当量(人年) Full-time Equivalent (man-year)
全　国	**Total**	**1237**	**494881**	**395097**	**193762**	**415126**
东部地区	Eastern Region	906	366053	297333	143801	315441
中部地区	Middle Region	172	64347	50471	23415	49884
西部地区	Western Region	125	48374	35089	19644	38301
东北地区	Norheastern Region	34	16107	12204	6902	11500
北　京	Beijing	34	10607	8518	4822	8500
天　津	Tianjin	24	17193	14373	6678	16153
河　北	Hebei	14	8889	6190	3915	6840
山　西	Shanxi	4	979	783	323	880
内蒙古	Inner Mongolia	3	646	265	313	490
辽　宁	Liaoning	14	8766	7281	3914	5931
吉　林	Jilin	12	1906	1475	784	1303
黑龙江	Heilongjiang	8	5435	3448	2204	4266
上　海	Shanghai	51	18816	15130	7706	14100
江　苏	Jiangsu	261	60524	45361	19370	50644
浙　江	Zhejiang	75	32069	24777	13842	28451
安　徽	Anhui	26	8570	5910	3511	6435
福　建	Fujian	44	15330	12590	6208	12604
江　西	Jiangxi	33	5519	3930	1922	3250
山　东	Shandong	65	39314	33130	17388	30688
河　南	Henan	50	14146	11288	5277	10983
湖　北	Hubei	39	19919	15432	8820	15825
湖　南	Hunan	20	15214	13128	3562	12512
广　东	Guangdong	337	163272	137232	63852	147447
广　西	Guangxi	6	484	329	238	368
海　南	Hainan	1	39	32	20	15
重　庆	Chongqing	25	5823	4692	2321	4783
四　川	Sichuan	30	14967	11791	6647	11266
贵　州	Guizhou	17	4522	3593	1902	3996
云　南	Yunnan	3	518	467	229	518
西　藏	Tibet					
陕　西	Shaanxi	35	19599	12598	7201	15818
甘　肃	Gansu	2	977	748	489	630
青　海	Qinghai					
宁　夏	Ningxia	3	671	580	270	402
新　疆	Xinjiang	1	167	26	34	30

2-2-6 续表 continued

地区	Region	中型企业 Medium-sized Enterprises				
		有R&D活动的企业数（个）Number of Enterprises Having R&D Activities (unit)	R&D人员（人）R&D Personnel (person)	#全时人员 Full-time Personnel	#研究人员 Researchers	R&D人员折合全时当量（人年）Full-time Equivalent (man-year)
全　国	**Total**	**3482**	**236338**	**175236**	**80555**	**174890**
东部地区	Eastern Region	2494	173393	131233	57491	132420
中部地区	Middle Region	549	33160	23061	12029	22971
西部地区	Western Region	339	23589	16522	8680	14895
东北地区	Norheastern Region	100	6196	4420	2355	4604
北　京	Beijing	105	10159	8108	4126	7171
天　津	Tianjin	62	5864	4092	2344	4016
河　北	Hebei	55	6371	3940	1878	4614
山　西	Shanxi	14	1063	636	419	789
内蒙古	Inner Mongolia	9	592	419	240	236
辽　宁	Liaoning	46	2393	1885	971	1717
吉　林	Jilin	28	1609	964	564	1177
黑龙江	Heilongjiang	26	2194	1571	820	1710
上　海	Shanghai	121	10723	8146	4062	8655
江　苏	Jiangsu	726	40093	29981	12952	32201
浙　江	Zhejiang	349	25133	19156	7742	21103
安　徽	Anhui	98	6018	3939	2069	4040
福　建	Fujian	118	9972	7581	3548	7933
江　西	Jiangxi	94	4915	3226	1490	3166
山　东	Shandong	178	14099	10584	5405	10032
河　南	Henan	142	8444	6002	3048	6125
湖　北	Hubei	89	6443	4833	2549	4023
湖　南	Hunan	112	6277	4425	2454	4828
广　东	Guangdong	762	49090	38306	14863	35580
广　西	Guangxi	28	1627	1132	632	886
海　南	Hainan	18	1889	1339	571	1116
重　庆	Chongqing	74	4505	3306	1572	2956
四　川	Sichuan	103	7518	5063	2789	4333
贵　州	Guizhou	28	2443	1596	875	2021
云　南	Yunnan	21	1215	685	408	697
西　藏	Tibet	1	17	9	9	3
陕　西	Shaanxi	56	4311	3434	1637	3139
甘　肃	Gansu	6	260	210	120	169
青　海	Qinghai	4	117	71	46	54
宁　夏	Ningxia	5	793	491	301	292
新　疆	Xinjiang	4	191	106	51	110

2-2-7 各地区国有及国有控股企业高技术产业R&D人员情况(2015年)

R&D Personnel in High-tech Industry of State-owned and State-controlled Enterprises by Region (2015)

地　区	Region	有R&D活动的企业数(个) Number of Enterprises Having R&D Activities (unit)	R&D人员(人) R&D Personnel (person)	#全时人员 Full-time Personnel	#研究人员 Researchers	R&D人员折合全时当量(人年) Full-time Equivalent (man-year)
全　国	**Total**	**1105**	**222237**	**174426**	**96219**	**185263**
东部地区	Eastern Region	619	124785	102772	55342	109065
中部地区	Middle Region	187	35290	26793	15222	27807
西部地区	Western Region	253	47509	33820	19277	37591
东北地区	Northeastern Region	46	14653	11041	6378	10800
北　京	Beijing	120	12736	9801	5620	10033
天　津	Tianjin	86	15393	12131	6064	13404
河　北	Hebei	31	5382	3805	2201	4569
山　西	Shanxi	9	585	473	254	440
内蒙古	Inner Mongolia	6	597	198	246	369
辽　宁	Liaoning	22	8112	6657	3669	5555
吉　林	Jilin	9	401	337	188	270
黑龙江	Heilongjiang	15	6140	4047	2521	4975
上　海	Shanghai	75	9237	7567	4119	7991
江　苏	Jiangsu	89	11160	8850	4821	9077
浙　江	Zhejiang	42	5174	3980	2317	4756
安　徽	Anhui	40	6631	3876	2493	4022
福　建	Fujian	23	5714	5022	2625	5435
江　西	Jiangxi	20	4276	3544	2038	2641
山　东	Shandong	42	19641	17041	9321	16579
河　南	Henan	29	5382	4126	2122	4794
湖　北	Hubei	54	15403	12639	7069	13289
湖　南	Hunan	35	3013	2135	1246	2622
广　东	Guangdong	108	40041	34353	18119	36919
广　西	Guangxi	8	610	416	284	271
海　南	Hainan	3	307	222	135	301
重　庆	Chongqing	43	4252	3215	1792	3427
四　川	Sichuan	59	13314	10351	6046	9982
贵　州	Guizhou	33	6235	4798	2459	5539
云　南	Yunnan	17	1076	811	455	867
西　藏	Tibet	1	17	9	9	3
陕　西	Shaanxi	73	20707	13460	7643	16530
甘　肃	Gansu	5	464	404	230	459
青　海	Qinghai	2	44	39	23	14
宁　夏	Ningxia	1	22	4	7	13
新　疆	Xinjiang	5	171	115	83	118

2-2-8 按地区和登记注册类型分高技术产业R&D人员情况(2015年)

R&D Personnel in High-tech Industry by Region and Registration Status(2015)

地 区	Region	内资企业 Domestic Funded				
		有R&D活动的企业数(个) Number of Enterprises Having R&D Activities (unit)	R&D人员(人) R&D Personnel (person)	#全时人员 Full-time Personnel	#研究人员 Researchers	R&D人员折合全时当量(人年) Full-time Equivalent (man-year)
全 国	**Total**	**9617**	**655097**	**502177**	**251153**	**512226**
东部地区	Eastern Region	6437	448464	354004	170536	364649
中部地区	Middle Region	1853	102959	74402	39739	74077
西部地区	Western Region	1016	79740	56049	31054	56173
东北地区	Northeastern Region	311	23934	17722	9824	17328
北 京	Beijing	358	22189	18112	9549	16870
天 津	Tianjin	216	22626	17950	8954	18801
河 北	Hebei	182	14508	9671	5149	11221
山 西	Shanxi	52	2794	1982	993	2127
内 蒙 古	Inner Mongolia	26	1576	929	687	913
辽 宁	Liaoning	152	12782	10136	5623	9097
吉 林	Jilin	80	4231	2884	1628	2670
黑 龙 江	Heilongjiang	79	6921	4702	2573	5561
上 海	Shanghai	234	16546	13171	6649	13544
江 苏	Jiangsu	1654	75353	54596	25828	58353
浙 江	Zhejiang	1328	58714	44210	19693	48466
安 徽	Anhui	458	20750	14102	7615	14538
福 建	Fujian	310	16217	12464	5794	12961
江 西	Jiangxi	234	13947	10194	5348	8552
山 东	Shandong	674	54862	44022	23340	40869
河 南	Henan	331	20265	14476	7161	14870
湖 北	Hubei	367	30168	23128	12558	22182
湖 南	Hunan	411	15035	10520	6064	11808
广 东	Guangdong	1455	165560	138340	64997	142478
广 西	Guangxi	70	3176	2166	1227	2092
海 南	Hainan	26	1889	1468	583	1086
重 庆	Chongqing	208	10053	7393	3834	7157
四 川	Sichuan	295	25853	19062	10651	16769
贵 州	Guizhou	75	7491	5563	2930	6281
云 南	Yunnan	81	2812	1846	952	1932
西 藏	Tibet	3	45	33	23	12
陕 西	Shaanxi	181	24638	16225	9058	18788
甘 肃	Gansu	31	1730	1279	783	1118
青 海	Qinghai	8	155	104	63	82
宁 夏	Ningxia	18	1588	1150	613	702
新 疆	Xinjiang	20	623	299	233	329

2-2-8 续表 1 continued

地 区	Region	#国有企业 State-owned Enterprises				
		有R&D活动的企业数(个) Number of Enterprises Having R&D Activities (unit)	R&D人员(人) R&D Personnel (person)	#全时人员 Full-time Personnel	#研究人员 Researchers	R&D人员折合全时当量(人年) Full-time Equivalent (man-year)
全 国	**Total**	**121**	**28950**	**22029**	**12268**	**25233**
东部地区	Eastern Region	39	7944	5378	3407	7105
中部地区	Middle Region	25	9064	7537	4261	8453
西部地区	Western Region	53	11224	8630	4329	8976
东北地区	Northeastern Region	4	718	484	271	699
北 京	Beijing	9	1206	522	521	1073
天 津	Tianjin	5	1389	910	584	1069
河 北	Hebei	5	866	425	238	803
山 西	Shanxi	2	59	37	30	57
内 蒙 古	Inner Mongolia	1	53	8	11	32
辽 宁	Liaoning					
吉 林	Jilin					
黑 龙 江	Heilongjiang	4	718	484	271	699
上 海	Shanghai	6	718	534	295	641
江 苏	Jiangsu	5	2278	2007	1107	2196
浙 江	Zhejiang	3	150	98	53	147
安 徽	Anhui	5	2060	1710	884	2002
福 建	Fujian	1	35	32	18	21
江 西	Jiangxi	2	41	36	21	19
山 东	Shandong	3	1068	654	492	929
河 南	Henan	4	756	586	330	647
湖 北	Hubei	8	5975	5054	2938	5622
湖 南	Hunan	4	173	114	58	107
广 东	Guangdong	1	26	9	8	18
广 西	Guangxi	4	363	296	178	60
海 南	Hainan	1	208	187	91	208
重 庆	Chongqing	5	417	232	146	354
四 川	Sichuan	11	1583	1201	644	1188
贵 州	Guizhou	8	1165	868	397	1091
云 南	Yunnan	3	191	162	82	130
西 藏	Tibet					
陕 西	Shaanxi	21	7452	5863	2871	6121
甘 肃	Gansu					
青 海	Qinghai					
宁 夏	Ningxia					
新 疆	Xinjiang					

2-2-8　续表 2　continued

地　区	Region	港澳台投资企业 Enterprises with Funds from Hong Kong, Macau and Taiwan				
		有R&D活动的企业数 (个) Number of Enterprises Having R&D Activities (unit)	R&D人员 (人) R&D Personnel (person)	#全时人员 Full-time Personnel	#研究人员 Researchers	R&D人员折合全时当量 (人年) Full-time Equivalent (man-year)
全　国	**Total**	**1223**	**133943**	**108178**	**44271**	**109442**
东部地区	Eastern Region	1064	105383	83524	35559	87057
中部地区	Middle Region	91	22859	19979	6466	17666
西部地区	Western Region	44	4635	3764	1807	3972
东北地区	Northeastern Region	24	1066	911	439	747
北　京	Beijing	31	3454	3097	1582	2632
天　津	Tianjin	13	3340	3005	1393	3109
河　北	Hebei	5	1641	1411	664	898
山　西	Shanxi	2	81	55	33	76
内蒙古	Inner Mongolia	2	199	110	84	189
辽　宁	Liaoning	14	602	536	246	437
吉　林	Jilin	6	342	289	137	234
黑龙江	Heilongjiang	4	122	86	56	77
上　海	Shanghai	59	6456	4973	2136	4935
江　苏	Jiangsu	314	21077	16002	6383	18011
浙　江	Zhejiang	128	14914	11172	6066	13678
安　徽	Anhui	14	1265	998	492	1023
福　建	Fujian	71	7635	5900	2786	5728
江　西	Jiangxi	21	1032	771	286	741
山　东	Shandong	18	1605	1272	506	680
河　南	Henan	18	6101	5385	2461	4623
湖　北	Hubei	17	1629	1335	709	1012
湖　南	Hunan	19	12751	11435	2485	10191
广　东	Guangdong	421	44979	36531	13957	37214
广　西	Guangxi	8	262	146	68	104
海　南	Hainan	4	282	161	86	172
重　庆	Chongqing	13	1756	1550	583	1666
四　川	Sichuan	8	1541	1333	761	1345
贵　州	Guizhou	2	42	15	19	32
云　南	Yunnan	5	311	249	141	249
西　藏	Tibet					
陕　西	Shaanxi	5	421	283	107	285
甘　肃	Gansu					
青　海	Qinghai					
宁　夏	Ningxia	1	103	78	44	103
新　疆	Xinjiang					

2-2-8 续表 3 continued

地 区	Region	外商投资企业 Foreign Funded Enterprises				
		有R&D活动的企业数(个) Number of Enterprises Having R&D Activities (unit)	R&D人员(人) R&D Personnel (person)	#全时人员 Full-time Personnel	#研究人员 Researchers	R&D人员折合全时当量(人年) Full-time Equivalent (man-year)
全 国	**Total**	**1533**	**134415**	**102861**	**45182**	**105316**
东部地区	Eastern Region	1352	120899	93073	40069	96731
中部地区	Middle Region	87	5170	3468	1599	3032
西部地区	Western Region	67	4499	3637	1812	3027
东北地区	Northeastern Region	27	3847	2683	1702	2525
北 京	Beijing	61	4055	3077	1471	2842
天 津	Tianjin	46	3398	2169	1200	2751
河 北	Hebei	13	2312	1453	1083	1575
山 西	Shanxi	1	34	18	17	34
内蒙古	Inner Mongolia	1	45	19	23	8
辽 宁	Liaoning	15	1170	1026	453	561
吉 林	Jilin	5	169	72	49	133
黑龙江	Heilongjiang	7	2508	1585	1200	1831
上 海	Shanghai	117	12866	9808	5228	8892
江 苏	Jiangsu	533	38318	29319	11217	32440
浙 江	Zhejiang	142	9231	7364	3017	7563
安 徽	Anhui	17	586	475	206	366
福 建	Fujian	60	9152	7808	3929	7776
江 西	Jiangxi	17	1572	1093	414	801
山 东	Shandong	87	11397	8905	4489	9225
河 南	Henan	17	1185	840	398	1032
湖 北	Hubei	20	1331	699	418	479
湖 南	Hunan	15	462	343	146	321
广 东	Guangdong	288	29763	22907	8260	23425
广 西	Guangxi	5	148	124	70	47
海 南	Hainan	5	407	263	175	242
重 庆	Chongqing	14	1307	1094	505	883
四 川	Sichuan	28	1199	948	439	645
贵 州	Guizhou	2	113	52	52	59
云 南	Yunnan	5	237	165	90	141
西 藏	Tibet					
陕 西	Shaanxi	10	1327	1157	617	1178
甘 肃	Gansu					
青 海	Qinghai					
宁 夏	Ningxia					
新 疆	Xinjiang	2	123	78	16	66

2-2-9 按地区和行业分高技术产业R&D人员情况(2015年)

R&D Personnel in High-tech Industry by Region and Industrial Sector(2015)

地区	Region	医药制造业 Medical and Pharmaceutical Products Manufacturing				
		有R&D活动的企业数(个) Number of Enterprises Having R&D Activities (unit)	R&D人员(人) R&D Personnel (person)	#全时人员 Full-time Personnel	#研究人员 Researchers	R&D人员折合全时当量(人年) Full-time Equivalent (man-year)
全国	**Total**	**3173**	**177028**	**123329**	**67085**	**128589**
东部地区	Eastern Region	1735	107825	78242	41494	82846
中部地区	Middle Region	772	35364	22521	12417	24429
西部地区	Western Region	491	22720	15224	8627	13658
东北地区	Northeastern Region	175	11119	7342	4547	7656
北京	Beijing	111	6024	4648	2308	4220
天津	Tianjin	68	6746	4830	2741	5128
河北	Hebei	83	7759	5048	3267	5608
山西	Shanxi	38	2224	1547	757	1693
内蒙古	Inner Mongolia	18	1113	822	484	662
辽宁	Liaoning	48	2730	1742	1062	1774
吉林	Jilin	74	3931	2643	1550	2800
黑龙江	Heilongjiang	53	4458	2957	1935	3082
上海	Shanghai	108	5737	3892	2269	4250
江苏	Jiangsu	412	21950	16117	8252	18431
浙江	Zhejiang	309	17423	12845	6334	14906
安徽	Anhui	143	5320	3197	1754	3497
福建	Fujian	78	3270	2092	1167	2220
江西	Jiangxi	107	3840	2456	1297	2499
山东	Shandong	307	23197	17915	9416	16165
河南	Henan	155	8310	5432	2861	6074
湖北	Hubei	162	10110	6339	3640	6258
湖南	Hunan	167	5560	3550	2108	4408
广东	Guangdong	226	13448	9239	5037	10630
广西	Guangxi	45	1811	996	724	1306
海南	Hainan	33	2271	1616	703	1287
重庆	Chongqing	73	4083	3053	1582	2604
四川	Sichuan	123	6567	4320	2521	3144
贵州	Guizhou	36	1221	695	478	738
云南	Yunnan	70	2667	1782	895	1871
西藏	Tibet	3	45	33	23	12
陕西	Shaanxi	67	2723	1839	958	1776
甘肃	Gansu	29	1017	768	426	783
青海	Qinghai	3	56	31	19	32
宁夏	Ningxia	10	1023	650	345	484
新疆	Xinjiang	14	394	235	172	246

2-2-9 续表 1 continued

地 区	Region	航空、航天器及设备制造业 Manufacture of Aircrafts and Spacecrafts and Related Equipment				
		有R&D活动的企业数（个）Number of Enterprises Having R&D Activities (unit)	R&D人员（人）R&D Personnel (person)	#全时人员 Full-time Personnel	#研究人员 Researchers	R&D人员折合全时当量（人年）Full-time Equivalent (man-year)
全 国	**Total**	**201**	**56124**	**40465**	**21855**	**45832**
东部地区	Eastern Region	86	19108	14444	7388	16660
中部地区	Middle Region	30	9378	7667	4226	7728
西部地区	Western Region	70	20590	12808	7212	16676
东北地区	Northeastern Region	15	7048	5546	3029	4769
北 京	Beijing	21	3832	2586	1632	3258
天 津	Tianjin	13	7839	6488	2905	7451
河 北	Hebei	4	1211	735	381	1049
山 西	Shanxi					
内 蒙 古	Inner Mongolia					
辽 宁	Liaoning	6	3913	3521	1920	2126
吉 林	Jilin					
黑 龙 江	Heilongjiang	9	3135	2025	1109	2643
上 海	Shanghai	5	2746	2426	1333	2349
江 苏	Jiangsu	25	1707	1082	474	1202
浙 江	Zhejiang	8	154	88	56	130
安 徽	Anhui	3	121	109	48	48
福 建	Fujian	1	60	54	30	60
江 西	Jiangxi	5	2911	2604	1456	1858
山 东	Shandong	5	666	262	262	486
河 南	Henan	4	2341	2067	971	2248
湖 北	Hubei	11	2749	2171	1327	2347
湖 南	Hunan	7	1256	716	424	1226
广 东	Guangdong	4	893	723	315	676
广 西	Guangxi					
海 南	Hainan					
重 庆	Chongqing					
四 川	Sichuan	17	2735	1827	1201	1315
贵 州	Guizhou	21	4334	3443	1629	4009
云 南	Yunnan	1	10	9	3	3
西 藏	Tibet					
陕 西	Shaanxi	31	13511	7529	4379	11349
甘 肃	Gansu					
青 海	Qinghai					
宁 夏	Ningxia					
新 疆	Xinjiang					

2-2-9 续表 2 continued

地区	Region	电子及通信设备制造业 Manufacture of Electronic Equipment and Communication Equipment				
		有R&D活动的企业数（个）Number of Enterprises Having R&D Activities (unit)	R&D人员（人）R&D Personnel (person)	#全时人员 Full-time Personnel	#研究人员 Researchers	R&D人员折合全时当量（人年）Full-time Equivalent (man-year)
全　国	**Total**	**5706**	**496393**	**397632**	**180430**	**402513**
东部地区	Eastern Region	4474	394712	316558	141886	327629
中部地区	Middle Region	823	65999	52828	23837	48574
西部地区	Western Region	326	30450	24050	12663	22326
东北地区	Northeastern Region	83	5232	4196	2044	3984
北　京	Beijing	144	11664	10119	5180	8591
天　津	Tianjin	120	9239	7170	3575	7752
河　北	Hebei	64	6420	4294	2065	4536
山　西	Shanxi	9	503	374	209	415
内蒙古	Inner Mongolia	4	108	33	33	87
辽　宁	Liaoning	63	4197	3412	1715	3387
吉　林	Jilin	10	506	454	124	109
黑龙江	Heilongjiang	10	529	330	205	488
上　海	Shanghai	179	20550	16108	7498	15673
江　苏	Jiangsu	1233	68488	50970	20877	55380
浙　江	Zhejiang	761	46261	35284	16652	39326
安　徽	Anhui	254	14105	9886	5366	10212
福　建	Fujian	256	19371	15337	6930	15278
江　西	Jiangxi	111	7741	5637	2654	4703
山　东	Shandong	235	17772	14491	7692	12789
河　南	Henan	101	9732	8113	3674	6910
湖　北	Hubei	159	16520	14071	7495	12901
湖　南	Hunan	189	17398	14747	4439	13433
广　东	Guangdong	1480	194640	162509	71276	168093
广　西	Guangxi	21	972	788	396	473
海　南	Hainan	2	307	276	141	212
重　庆	Chongqing	81	3480	2711	1310	2423
四　川	Sichuan	134	15709	12343	6565	11663
贵　州	Guizhou	18	1893	1338	799	1568
云　南	Yunnan	6	115	96	45	70
西　藏	Tibet					
陕　西	Shaanxi	56	7425	6216	3144	5662
甘　肃	Gansu	1	669	471	335	322
青　海	Qinghai	2	30	22	15	26
宁　夏	Ningxia	1	14	13	3	4
新　疆	Xinjiang	2	35	19	18	29

2-2-9 续表 3 continued

地区	Region	计算机及办公设备制造业 Manufacture of Computer and Office Equipments 有R&D活动的企业数（个）Number of Enterprises Having R&D Activities (unit)	R&D人员（人）R&D Personnel (person)	#全时人员 Full-time Personnel	#研究人员 Researchers	R&D人员折合全时当量（人年）Full-time Equivalent (man-year)
全　国	**Total**	**577**	**68609**	**57318**	**25514**	**57035**
东部地区	Eastern Region	478	59343	49754	21696	49439
中部地区	Middle Region	46	3072	2439	1189	2217
西部地区	Western Region	42	5352	4383	2219	4624
东北地区	Northeastern Region	11	842	742	410	756
北　京	Beijing	26	2118	1886	984	1687
天　津	Tianjin	8	2139	1907	817	2024
河　北	Hebei	3	358	245	136	261
山　西	Shanxi					
内蒙古	Inner Mongolia	2	76	35	39	33
辽　宁	Liaoning	7	583	520	290	553
吉　林	Jilin	1	16	3	8	1
黑龙江	Heilongjiang	3	243	219	112	201
上　海	Shanghai	16	1127	780	421	933
江　苏	Jiangsu	116	11174	9103	2836	9674
浙　江	Zhejiang	56	1568	1173	442	1150
安　徽	Anhui	13	1296	1053	483	926
福　建	Fujian	41	8074	6969	3619	7024
江　西	Jiangxi	5	150	89	61	83
山　东	Shandong	24	17219	14952	7575	14715
河　南	Henan	8	434	304	169	343
湖　北	Hubei	9	292	261	97	61
湖　南	Hunan	11	900	732	379	803
广　东	Guangdong	188	15566	12739	4866	11970
广　西	Guangxi	3	225	161	69	124
海　南	Hainan					
重　庆	Chongqing	19	2871	2408	1055	2635
四　川	Sichuan	14	2022	1650	987	1679
贵　州	Guizhou					
云　南	Yunnan	4	158	129	69	153
西　藏	Tibet					
陕　西	Shaanxi					
甘　肃	Gansu					
青　海	Qinghai					
宁　夏	Ningxia					
新　疆	Xinjiang					

2-2-9　续表 4　continued

地　区	Region	医疗仪器设备及仪器仪表制造业 Manufacture of Medical Equipments and Measuring Instrument				
		有R&D活动的企业数 (个) Number of Enterprises Having R&D Activities (unit)	R&D人员 (人) R&D Personnel (person)	#全时人员 Full-time Personnel	#研究人员 Researchers	R&D人员折合全时当量 (人年) Full-time Equivalent (man-year)
全　国	**Total**	**2506**	**111708**	**85512**	**41382**	**83521**
东部地区	Eastern Region	1930	85319	65777	30990	65804
中部地区	Middle Region	327	13932	10381	5291	9273
西部地区	Western Region	174	7896	5891	3180	5030
东北地区	Northeastern Region	75	4561	3463	1921	3415
北　京	Beijing	143	5808	4920	2418	4383
天　津	Tianjin	62	3193	2542	1418	2158
河　北	Hebei	40	1819	1464	719	1495
山　西	Shanxi	8	182	134	77	129
内蒙古	Inner Mongolia	2	66	32	9	46
辽　宁	Liaoning	55	3112	2488	1326	2242
吉　林	Jilin	6	289	145	132	127
黑龙江	Heilongjiang	14	1160	830	463	1047
上　海	Shanghai	98	5488	4555	2403	3954
江　苏	Jiangsu	657	27267	20029	9677	21430
浙　江	Zhejiang	434	16483	12670	5103	13549
安　徽	Anhui	73	1680	1259	635	1182
福　建	Fujian	59	2087	1599	708	1761
江　西	Jiangxi	37	1573	1022	446	719
山　东	Shandong	190	8106	5857	3033	5964
河　南	Henan	90	5586	4065	2085	3826
湖　北	Hubei	52	1859	1417	741	1014
湖　南	Hunan	67	3052	2484	1307	2403
广　东	Guangdong	247	15068	12141	5511	11109
广　西	Guangxi	13	572	487	173	334
海　南	Hainan					
重　庆	Chongqing	61	2586	1810	953	1988
四　川	Sichuan	39	1411	1125	520	923
贵　州	Guizhou	4	198	154	95	58
云　南	Yunnan	9	335	237	133	193
西　藏	Tibet					
陕　西	Shaanxi	37	2481	1859	1190	1321
甘　肃	Gansu	1	44	40	22	13
青　海	Qinghai	2	38	23	13	22
宁　夏	Ningxia	3	144	108	64	111
新　疆	Xinjiang	3	21	16	8	21

2-2-9 续表 5 continued

地 区	Region	信息化学品制造业 Manufacture of Electronic Chemicals				
		有R&D活动的企业数（个）Number of Enterprises Having R&D Activities (unit)	R&D人员（人）R&D Personnel (person)	#全时人员 Full-time Personnel	#研究人员 Researchers	R&D人员折合全时当量（人年）Full-time Equivalent (man-year)
全 国	**Total**	**210**	**13593**	**8960**	**4340**	**9493**
东部地区	Eastern Region	150	8439	5826	2710	6058
中部地区	Middle Region	33	3243	2013	844	2555
西部地区	Western Region	24	1866	1094	772	858
东北地区	Northeastern Region	3	45	27	14	22
北 京	Beijing	5	252	127	80	205
天 津	Tianjin	4	208	187	91	148
河 北	Hebei	6	894	749	328	744
山 西	Shanxi					
内 蒙 古	Inner Mongolia	3	457	136	229	281
辽 宁	Liaoning	2	19	15	9	13
吉 林	Jilin					
黑 龙 江	Heilongjiang	1	26	12	5	9
上 海	Shanghai	4	220	191	89	212
江 苏	Jiangsu	58	4162	2616	1312	2687
浙 江	Zhejiang	30	970	686	189	646
安 徽	Anhui	3	79	71	27	61
福 建	Fujian	6	142	121	55	122
江 西	Jiangxi	7	336	250	134	231
山 东	Shandong	18	904	722	357	656
河 南	Henan	8	1148	720	260	1124
湖 北	Hubei	11	1598	903	385	1091
湖 南	Hunan	4	82	69	38	48
广 东	Guangdong	19	687	427	209	639
广 西	Guangxi	1	6	4	3	6
海 南	Hainan					
重 庆	Chongqing	1	96	55	22	57
四 川	Sichuan	4	149	78	57	35
贵 州	Guizhou					
云 南	Yunnan	1	75	7	38	31
西 藏	Tibet					
陕 西	Shaanxi	5	246	222	111	143
甘 肃	Gansu					
青 海	Qinghai	1	31	28	16	1
宁 夏	Ningxia	5	510	457	245	206
新 疆	Xinjiang	3	296	107	51	99

2-3-1　按行业分高技术产业R&D经费情况(2015年)

R&D Expenditure in High-tech Industry by Industrial Sector(2015)

单位：万元　　(10000 yuan)

行　业	Industry	R&D经费内部支出 Intramural Expenditure on R&D	#人员劳务费 Labor Cost	#仪器和设备 Equip-ment	#政府资金 Govern-ment Funds	#企业资金 Self-raised Funds by Enterprises	R&D经费外部支出 External Expenditure on R&D
合计	**Total**	**26266585**	**9983365**	**2370022**	**2101827**	**23693767**	**2136114**
医药制造业	**Manufacture of Medicines**	**4414576**	**1256612**	**537240**	**208934**	**4162681**	**528596**
#化学药品制造	Manufacture of Chemical Medicine	2328590	671257	278989	92028	2215267	333205
中成药生产	Production of Finished Traditional Chinese Herbal Medicine	810857	240754	89956	48346	756543	117152
生物药品制造	Manufacture of Biological Medicine	748810	201805	97250	46997	690363	50348
航空、航天器及设备制造业	**Manufacture of Aircrafts and Spacecrafts and Related Equipment**	**1805926**	**477390**	**118006**	**996413**	**746930**	**514880**
#飞机制造	Manufacture of Airplanes	1379483	340751	86279	899378	466932	383388
航天器制造	Manufacture of Spacecrafts	220204	73378	10265	72855	103285	120146
电子及通信设备制造业	**Manufacture of Electronic Equipment and Communication Equipment**	**15454606**	**6385966**	**1367375**	**693063**	**14549515**	**939013**
#通信设备制造	Manufacture of Communication Equipment	6820076	3510852	322053	176593	6608878	696514
#通信系统设备制造	Manufacture of Communication Equipment	5681853	3020599	260777	158568	5509584	387488
通信终端设备制造	Manufacture of Communication Terminal Equipment	1138223	490253	61276	18026	1099294	309026
广播电视设备制造	Manufacture of Broadcasting and TV Equipment	392997	136891	19827	5470	385496	15876
雷达及配套设备制造	Manufacture of Radar and Its Fittings	127093	39516	7646	23150	103276	25061
视听设备制造	Manufacture of TV Set and Radio Receiver	1273166	437933	51808	23818	1220131	52395
电子器件制造	Manufacture of Electronic Appliances	3044801	960475	516251	280435	2699951	66971
#电子真空器件制造	Manufacture of Electronic Vacuum Appliance	37176	8799	5069	2101	34774	421
半导体分立器件制造	Manufacture of Semiconductor Discreting Appliances	156066	52222	27765	12054	138244	7675
集成电路制造	Manufacture of Integrate Circuit	1043132	368495	166865	106365	906089	25520
电子元件制造	Manufacture of Electronic Components	2147041	740665	245403	52728	2047234	33890
其他电子设备制造	Manufacture of Other Electronic Equipment	701490	289286	88167	92470	584299	12708
计算机及办公设备制造业	**Manufacture of Computers and Office Equipment**	**1738188**	**794652**	**76688**	**43472**	**1590434**	**31528**
#计算机整机制造	Manufacture of Entired Computer	893331	397310	26587	11368	790694	18497
计算机零部件制造	Manufacture of Computer Components and Parts	213481	93143	18699	4369	207703	2807
计算机外围设备制造	Manufacture of Computer Peripheral Equipment	250178	88458	11908	14612	228096	6681
办公设备制造	Manufacture of Office Equipment	128094	63538	9177	2341	125408	2008
医疗仪器设备及仪器仪表制造业	**Manufacture of Medical Equipments and Measuring Instrument**	**2399987**	**977448**	**218712**	**150966**	**2201768**	**116842**
1.医疗仪器设备及器械制造	Manufacture of Medical Equipment and Appliance	663731	288232	63694	31132	612547	21135
2.仪器仪表制造	Manufacture of Measuring Instrument	1736256	689216	155018	119834	1589220	95707
信息化学品制造业	**Manufacture of Electronic Chemicals**	**453302**	**91299**	**52001**	**8978**	**442440**	**5255**

2-3-2 各地区高技术产业R&D经费情况(2015年)

R&D Expenditure in High-tech Industry by Region(2015)

单位：万元 (10000 yuan)

地区	Region	R&D经费内部支出 Intramural Expenditure on R&D	#人员劳务费 Labor Cost	#仪器和设备 Equipment	#政府资金 Government Funds	#企业资金 Self-raised Funds by Enterprises	R&D经费外部支出 External Expenditure on R&D
全 国	**Total**	**26266585**	**9983365**	**2370022**	**2101827**	**23693767**	**2136114**
东部地区	Eastern Region	20311193	8167578	1720354	1125040	18779686	1800839
中部地区	Middle Region	2888117	953282	415409	188649	2663318	153786
西部地区	Western Region	2380332	677045	171477	561980	1797002	105388
东北地区	Northeaastern Region	686943	185461	62782	226158	453762	76101
北 京	Beijing	1202250	473215	165813	205027	910599	170394
天 津	Tianjin	824042	295009	54585	188386	548780	115637
河 北	Hebei	387330	101570	63139	31026	352751	41226
山 西	Shanxi	42822	11450	3029	1918	40711	6356
内蒙古	Inner Mongolia	60445	10185	3331	1033	58692	1279
辽 宁	Liaoning	391401	111551	20120	141919	248238	20237
吉 林	Jilin	93606	19156	9996	6917	86657	15894
黑龙江	Heilongjiang	201936	54755	32666	77322	118867	39970
上 海	Shanghai	1282252	548788	112309	211828	1057027	300634
江 苏	Jiangsu	3431437	1084786	365280	84261	3261735	208643
浙 江	Zhejiang	1853268	799748	138715	60222	1776718	99787
安 徽	Anhui	512012	154880	119231	30493	478407	64556
福 建	Fujian	936256	326120	79950	28045	897920	14711
江 西	Jiangxi	312507	109909	29449	19175	281541	13810
山 东	Shandong	2076753	638767	207851	77398	1953784	101218
河 南	Henan	439103	148319	50307	21793	409237	16426
湖 北	Hubei	941196	315325	139218	58330	875606	29316
湖 南	Hunan	640477	213399	74174	56940	577816	23322
广 东	Guangdong	8271917	3883129	530255	235891	7977738	724780
广 西	Guangxi	77969	20214	8871	5223	72637	3545
海 南	Hainan	45689	16443	2457	2957	42634	23810
重 庆	Chongqing	324767	108642	41171	13977	308601	15542
四 川	Sichuan	819832	289474	43469	151689	655406	41143
贵 州	Guizhou	168616	46961	9318	44823	122102	9811
云 南	Yunnan	80008	18407	8469	7023	71740	7757
西 藏	Tibet	1464	419	41	20	1444	204
陕 西	Shaanxi	768874	161595	46941	332730	433623	19049
甘 肃	Gansu	33191	12146	1766	2925	30244	5718
青 海	Qinghai	4143	1243	494	300	3839	40
宁 夏	Ningxia	28610	4626	5399	1092	27492	642
新 疆	Xinjiang	12416	3133	2207	1146	11183	660

2-3-3 按行业和企业规模分高技术产业R&D经费情况(2015年)

R&D Expenditure in High-tech Industry by Industrial Sector and Scale of Enterprises(2015)

单位：万元 (10000 yuan)

行业	Industry	大型企业 Large-sized Enterprises					
		R&D经费内部支出 Intramural Expenditure on R&D	#人员劳务费 Labor Cost	#仪器和设备 Equip-ment	#政府资金 Govern-ment Funds	#企业资金 Self-raised Funds by Enterprises	R&D经费外部支出 External Expenditure on R&D
合计	**Total**	**16951597**	**6813494**	**1350790**	**1572108**	**15087614**	**1450059**
医药制造业	**Manufacture of Medicines**	**1786963**	**535947**	**199880**	**86387**	**1691949**	**222490**
#化学药品制造	Manufacture of Chemical Medicine	1190950	351095	136750	51799	1134526	159129
中成药生产	Production of Finished Traditional Chinese Herbal Medicine	318052	107176	25843	19846	297280	45063
生物药品制造	Manufacture of Biological Medicine	115513	34306	16233	6877	107087	10213
航空、航天器及设备制造业	**Manufacture of Aircrafts and Spacecrafts and Related Equipment**	**1537933**	**391981**	**94662**	**945020**	**541233**	**308121**
#飞机制造	Manufacture of Airplanes	1243294	296904	72240	873886	362615	299451
航天器制造	Manufacture of Spacecrafts	195236	63656	9870	52008	99363	2944
电子及通信设备制造业	**Manufacture of Electronic Equipment and Communication Equipment**	**11347431**	**4899639**	**933544**	**448148**	**10776479**	**819087**
#通信设备制造	Manufacture of Communication Equipment	6139174	3199396	280234	156695	5975339	659526
#通信系统设备制造	Manufacture of Communication Equipment	5303534	2838868	237925	144983	5158531	369640
通信终端设备制造	Manufacture of Communication Terminal Equipment	835640	360528	42309	11711	816807	289886
广播电视设备制造	Manufacture of Broadcasting and TV Equipment	177525	60152	4771	1040	176222	9898
雷达及配套设备制造	Manufacture of Radar and Its Fittings	101424	29267	6974	21781	79348	22282
视听设备制造	Manufacture of TV Set and Radio Receiver	1014325	337224	29981	16234	972039	36016
电子器件制造	Manufacture of Electronic Appliances	2082626	613847	402160	213831	1824508	41021
#电子真空器件制造	Manufacture of Electronic Vacuum Appliance	13709	2761	2750	100	13609	385
半导体分立器件制造	Manufacture of Semiconductor Discreting Appliances	58072	21142	12736	6465	51423	5254
集成电路制造	Manufacture of Integrate Circuit	736021	235436	137859	78567	629331	12121
电子元件制造	Manufacture of Electronic Components	1039879	368259	108538	14582	1003403	21183
其他电子设备制造	Manufacture of Other Electronic Equipment	332749	154156	46743	7397	306375	3130
计算机及办公设备制造业	**Manufacture of Computers and Office Equipment**	**1335237**	**632018**	**42485**	**27076**	**1208645**	**25762**
#计算机整机制造	Manufacture of Entired Computer	815541	374016	21721	9339	714934	17853
计算机零部件制造	Manufacture of Computer Components and Parts	113926	56363	6136	1929	111122	1451
计算机外围设备制造	Manufacture of Computer Peripheral Equipment	146059	46267	3196	7883	132345	4727
办公设备制造	Manufacture of Office Equipment	73351	40498	3625	1204	72143	1078
医疗仪器设备及仪器仪表制造业	**Manufacture of Medical Equipments and Measuring Instrument**	**671764**	**302388**	**44293**	**61288**	**601314**	**70883**
1.医疗仪器设备及器械制造	Manufacture of Medical Equipment and Appliance	197067	106803	12766	7452	189350	11598
2.仪器仪表制造	Manufacture of Measuring Instrument	474697	195584	31528	53836	411964	59285
信息化学品制造业	**Manufacture of Electronic Chemicals**	**272270**	**51523**	**35926**	**4189**	**267994**	**3716**

2-3-3 续表 continued

单位：万元 (10000 yuan)

行 业	Industry	中型企业 Medium-sized Enterprises					
		R&D经费内部支出 Intramural Expenditure on R&D	#人员劳务费 Labor Cost	#仪器和设备 Equipment	#政府资金 Government Funds	#企业资金 Self-raised Funds by Enterprises	R&D经费外部支出 External Expenditure on R&D
合计	**Total**	**5244994**	**1833238**	**559901**	**332258**	**4792297**	**530277**
医药制造业	**Manufacture of Medicines**	**1475142**	**415592**	**179338**	**69035**	**1388490**	**216349**
#化学药品制造	Manufacture of Chemical Medicine	726916	206098	91753	22990	694164	139267
中成药生产	Production of Finished Traditional Chinese Herbal Medicine	255940	71735	30890	16517	237136	39018
生物药品制造	Manufacture of Biological Medicine	342706	95196	39583	24403	312875	28379
航空、航天器及设备制造业	**Manufacture of Aircrafts and Spacecrafts and Related Equipment**	**142090**	**41330**	**6736**	**34570**	**97365**	**201158**
#飞机制造	Manufacture of Airplanes	60488	14535	3816	12538	42013	81425
航天器制造	Manufacture of Spacecrafts	24117	9496	395	20677	3241	117190
电子及通信设备制造业	**Manufacture of Electronic Equipment and Communication Equipment**	**2443138**	**907520**	**260616**	**178672**	**2198085**	**84011**
#通信设备制造	Manufacture of Communication Equipment	422389	200018	24304	12339	385325	31539
#通信系统设备制造	Manufacture of Communication Equipment	230464	112539	11878	8798	210351	14178
通信终端设备制造	Manufacture of Communication Terminal Equipment	191925	87479	12426	3541	174974	17361
广播电视设备制造	Manufacture of Broadcasting and TV Equipment	113322	46042	8474	1626	110587	4241
雷达及配套设备制造	Manufacture of Radar and Its Fittings	16896	6598	189	706	16190	2306
视听设备制造	Manufacture of TV Set and Radio Receiver	188570	72711	16797	6452	179376	16068
电子器件制造	Manufacture of Electronic Appliances	590426	210572	71644	46572	529093	12221
#电子真空器件制造	Manufacture of Electronic Vacuum Appliance	14626	3609	946	1668	12959	
半导体分立器件制造	Manufacture of Semiconductor Discreting Appliances	55055	15814	8826	2470	47574	1011
集成电路制造	Manufacture of Integrate Circuit	172168	74550	16215	19774	150832	3254
电子元件制造	Manufacture of Electronic Components	642267	233858	75970	26428	598351	8441
其他电子设备制造	Manufacture of Other Electronic Equipment	203220	69187	27484	75579	124821	3876
计算机及办公设备制造业	**Manufacture of Computers and Office Equipment**	**252846**	**101920**	**20599**	**6820**	**243218**	**1115**
#计算机整机制造	Manufacture of Entired Computer	56799	12652	3759	1749	55050	151
计算机零部件制造	Manufacture of Computer Components and Parts	64086	24124	9164	1266	62498	29
计算机外围设备制造	Manufacture of Computer Peripheral Equipment	62580	27202	3526	2076	60329	330
办公设备制造	Manufacture of Office Equipment	29783	14020	2698	143	29386	163
医疗仪器设备及仪器仪表制造业	**Manufacture of Medical Equipments and Measuring Instrument**	**831987**	**345836**	**84400**	**40550**	**768769**	**27310**
1.医疗仪器设备及器械制造	Manufacture of Medical Equipment and Appliance	242311	102199	28983	10413	217148	5526
2.仪器仪表制造	Manufacture of Measuring Instrument	589676	243637	55417	30137	551622	21784
信息化学品制造业	**Manufacture of Electronic Chemicals**	**99792**	**21040**	**8212**	**2612**	**96370**	**334**

2-3-4 按行业分国有及国有控股企业高技术产业R&D经费情况(2015年)

R&D Expenditure in High-tech Industry of State-owned and State-controlled Enterprises by Industrial Sector (2015)

单位：万元 (10000 yuan)

行业	Industry	R&D经费内部支出 Intramural Expenditure on R&D	#人员劳务费 Labor Cost	#仪器和设备 Equip-ment	#政府资金 Govern-ment Funds	#企业资金 Self-raised Funds by Enterprises	R&D经费外部支出 External Expenditure on R&D
合计	**Total**	**6548255**	**2347673**	**545845**	**1437404**	**5001352**	**626276**
医药制造业	**Manufacture of Medicines**	**601810**	**210122**	**77630**	**38383**	**559666**	**74613**
#化学药品制造	Manufacture of Chemical Medicine	347113	122347	54338	18889	327133	48659
中成药生产	Production of Finished Traditional Chinese Herbal Medicine	126648	51284	10273	6059	120571	17277
生物药品制造	Manufacture of Biological Medicine	96739	26869	11886	12507	81843	7830
航空、航天器及设备制造业	**Manufacture of Aircrafts and Spacecrafts and Related Equipment**	**1702672**	**445876**	**105209**	**993503**	**646877**	**434933**
#飞机制造	Manufacture of Airplanes	1325386	325537	80046	898269	414068	303603
航天器制造	Manufacture of Spacecrafts	219353	73152	10265	72686	102603	120134
电子及通信设备制造业	**Manufacture of Electronic Equipment and Communication Equipment**	**3349709**	**1307115**	**313875**	**307801**	**3022776**	**71245**
#通信设备制造	Manufacture of Communication Equipment	1271901	686670	48281	98723	1167639	9531
#通信系统设备制造	Manufacture of Communication System Equipment	1195389	641270	44332	95565	1096945	5984
通信终端设备制造	Manufacture of Communication Terminal Equipment	76512	45400	3950	3158	70693	3547
广播电视设备制造	Manufacture of Broadcasting and TV Equipment	56615	21098	1236	782	55833	985
雷达及配套设备制造	Manufacture of Radar and Its Fittings	111885	33847	7051	22487	88731	24638
视听设备制造	Manufacture of TV Set and Radio Receiver	626299	194429	13859	7713	617902	13260
电子器件制造	Manufacture of Electronic Appliances	879873	235069	201419	71847	802435	13805
#电子真空器件制造	Manufacture of Electronic Vacuum Appliance	5827	2241	473	196	5584	71
半导体分立器件制造	Manufacture of Semiconductor Discreting Appliances	15557	4857	1347	836	13842	43
集成电路制造	Manufacture of Integrate Circuit	213436	54878	75948	37331	176094	8863
电子元件制造	Manufacture of Electronic Components	167066	72230	18286	21577	139584	1812
其他电子设备制造	Manufacture of Other Electronic Equipment	123589	35299	17086	72880	50269	3236
计算机及办公设备制造业	**Manufacture of Computers and Office Equipment**	**441466**	**222379**	**20968**	**24927**	**397263**	**5833**
#计算机整机制造	Manufacture of Entired Computer	283858	135107	16573	9900	259056	1385
计算机零部件制造	Manufacture of Computer Components and Parts	5247	3053	65	229	5019	128
计算机外围设备制造	Manufacture of Computer Peripheral Equipment	50241	22594	1386	8931	36936	3766
办公设备制造	Manufacture of Office Equipment	31975	16549	336	1332	30644	353
医疗仪器设备及仪器仪表制造业	**Manufacture of Medical Equipments and Measuring Instrument**	**364316**	**142435**	**22362**	**70741**	**288832**	**39239**
1.医疗仪器设备及器械制造	Manufacture of Medical Equipment and Appliance	27003	13411	3518	3900	23103	1310
2.仪器仪表制造	Manufacture of Measuring Instrument	337312	129024	18844	66840	265729	37929
信息化学品制造业	**Manufacture of Electronic Chemicals**	**88282**	**19746**	**5801**	**2049**	**85939**	**414**

2-3-5 按行业和登记注册类型分高技术产业R&D经费情况(2015年)

R&D Expenditure in High-tech Industry by Industrial Sector and Registration Status(2015)

单位：万元 (10000 yuan)

行业	Industry	内资企业 Domestic Funded					
		R&D经费内部支出 Intramural Expenditure on R&D	#人员劳务费 Labor Cost	#仪器和设备 Equip-ment	#政府资金 Govern-ment Funds	#企业资金 Self-raised Funds by Enterprises	R&D经费外部支出 External Expenditure on R&D
合计	**Total**	**18723824**	**7126569**	**1684307**	**1830827**	**16670241**	**1698592**
医药制造业	**Manufacture of Medicines**	**3378597**	**931928**	**431428**	**158070**	**3184147**	**375331**
#化学药品制造	Manufacture of Chemical Medicine	1672462	463509	218845	67385	1588481	215103
中成药生产	Production of Finished Traditional Chinese Herbal Medicine	686636	203274	79665	36430	644808	99467
生物药品制造	Manufacture of Biological Medicine	540564	137563	66130	33818	496489	34775
航空、航天器及设备制造业	**Manufacture of Aircrafts and Spacecrafts and Related Equipment**	**1743590**	**453792**	**111828**	**996222**	**689331**	**436211**
#飞机制造	Manufacture of Airplanes	1343472	331573	83195	899209	435637	304733
航天器制造	Manufacture of Spacecrafts	220204	73378	10265	72855	103285	120146
电子及通信设备制造业	**Manufacture of Electronic Equipment and Communication Equipment**	**10788565**	**4635091**	**897441**	**496233**	**10214835**	**792020**
#通信设备制造	Manufacture of Communication Equipment	5600046	2940880	261071	150445	5435284	643262
#通信系统设备制造	Manufacture of Communication System Equipment	5036807	2696257	224690	140904	4883042	366871
通信终端设备制造	Manufacture of Communication Terminal Equipment	563239	244623	36381	9542	552242	276392
广播电视设备制造	Manufacture of Broadcasting and TV Equipment	293924	98763	13133	4803	287912	12572
雷达及配套设备制造	Manufacture of Radar and Its Fittings	126393	39313	7646	23150	102576	25061
视听设备制造	Manufacture of TV Set and Radio Receiver	843402	285699	28469	12856	828115	17322
电子器件制造	Manufacture of Electronic Appliances	1698577	542001	287186	139669	1534969	33047
#电子真空器件制造	Manufacture of Electronic Vacuum Appliance	33767	7316	4793	2101	31365	421
半导体分立器件制造	Manufacture of Semiconductor Discreting Appliances	94799	33258	14761	11222	82052	1436
集成电路制造	Manufacture of Integrate Circuit	499834	178808	118927	71457	427722	20409
电子元件制造	Manufacture of Electronic Components	1104601	363296	158551	44072	1039750	15639
其他电子设备制造	Manufacture of Other Electronic Equipment	408442	166662	49653	89831	312175	11830
计算机及办公设备制造业	**Manufacture of Computers and Office Equipment**	**742704**	**348105**	**42981**	**34323**	**684361**	**10962**
#计算机整机制造	Manufacture of Entired Computer	345099	154242	18181	11172	319025	1545
计算机零部件制造	Manufacture of Computer Components and Parts	86463	48021	5397	3115	83198	1345
计算机外围设备制造	Manufacture of Computer Peripheral Equipment	128911	57139	9187	11435	112406	4857
办公设备制造	Manufacture of Office Equipment	83962	37661	6268	2301	81553	1882
医疗仪器设备及仪器仪表制造业	**Manufacture of Medical Equipments and Measuring Instrument**	**1797240**	**698038**	**173377**	**139257**	**1632350**	**81936**
1.医疗仪器设备及器械制造	Manufacture of Medical Equipment and Appliance	456198	187143	47614	25661	425240	20155
2.仪器仪表制造	Manufacture of Measuring Instrument	1341042	510895	125763	113596	1207111	61781
信息化学品制造业	**Manufacture of Electronic Chemicals**	**273128**	**59615**	**27252**	**6722**	**265217**	**2132**

2-3-5 续表 1 continued

单位：万元 (10000 yuan)

行业	Industry	#国有企业 State-owned Enterprises R&D经费内部支出 Intramural Expenditure on R&D	#人员劳务费 Labor Cost	#仪器和设备 Equip-ment	#政府资金 Govern-ment Funds	#企业资金 Self-raised Funds by Enterprises	R&D经费外部支出 External Expenditure on R&D
合计	**Total**	**706904**	**254133**	**44969**	**175967**	**526456**	**62314**
医药制造业	**Manufacture of Medicines**	**26887**	**8628**	**2572**	**4085**	**21740**	**1957**
#化学药品制造	Manufacture of Chemical Medicine	4791	1887	518		4427	914
中成药生产	Production of Finished Traditional Chinese Herbal Medicine	3091	989	295	503	2588	317
生物药品制造	Manufacture of Biological Medicine	14491	4633	1494	3225	10831	717
航空、航天器及设备制造业	**Manufacture of Aircrafts and Spacecrafts and Related Equipment**	**246456**	**66259**	**21591**	**83634**	**160696**	**16007**
#飞机制造	Manufacture of Airplanes	49133	16217	2361	11340	37616	3821
航天器制造	Manufacture of Spacecrafts	111860	30999	9172	54850	56069	2944
电子及通信设备制造业	**Manufacture of Electronic Equipment and Communication Equipment**	**290760**	**132991**	**16231**	**37877**	**252388**	**17356**
#通信设备制造	Manufacture of Communication Equipment	218598	112504	9208	17843	200519	425
#通信系统设备制造	Manufacture of Communication System Equipment	212896	108251	9208	17843	194818	217
通信终端设备制造	Manufacture of Communication Terminal Equipment	5702	4253			5702	209
广播电视设备制造	Manufacture of Broadcasting and TV Equipment						
雷达及配套设备制造	Manufacture of Radar and Its Fittings	48101	10636	5539	17300	30801	16867
视听设备制造	Manufacture of TV Set and Radio Receiver	3382	1509	35		3382	
电子器件制造	Manufacture of Electronic Appliances	5790	1653		338	5452	
#电子真空器件制造	Manufacture of Electronic Vacuum Appliance	672	294		176	496	
半导体分立器件制造	Manufacture of Semiconductor Discreting Appliances						
集成电路制造	Manufacture of Integrate Circuit	2950	362			2950	
电子元件制造	Manufacture of Electronic Components	13338	6175	1449	2397	10683	64
其他电子设备制造	Manufacture of Other Electronic Equipment						
计算机及办公设备制造业	**Manufacture of Computers and Office Equipment**	**14873**	**5440**	**1**	**5180**	**9694**	**2324**
#计算机整机制造	Manufacture of Entired Computer						
计算机零部件制造	Manufacture of Computer Components and Parts						
计算机外围设备制造	Manufacture of Computer Peripheral Equipment	14729	5327		5180	9550	2324
办公设备制造	Manufacture of Office Equipment	144	113	1		144	
医疗仪器设备及仪器仪表制造业	**Manufacture of Medical Equipments and Measuring Instrument**	**127400**	**40563**	**4575**	**45192**	**81410**	**24670**
1.医疗仪器设备及器械制造	Manufacture of Medical Equipment and Appliance	11362	5793	2155	1049	10313	431
2.仪器仪表制造	Manufacture of Measuring Instrument	116039	34769	2420	44143	71097	24239
信息化学品制造业	**Manufacture of Electronic Chemicals**	**528**	**253**			**528**	

2-3-5 续表 2 continued

单位：万元 (10000 yuan)

行业	Industry	港澳台投资企业 Enterprises with Funds from Hong Kong, Macau and Taiwan					
		R&D经费内部支出 Intramural Expenditure on R&D	#人员劳务费 Labor Cost	#仪器和设备 Equip-ment	#政府资金 Govern-ment Funds	#企业资金 Self-raised Funds by Enterprises	R&D经费外部支出 External Expenditure on R&D
合计	**Total**	**3609374**	**1419022**	**267674**	**70325**	**3401145**	**137403**
医药制造业	**Manufacture of Medicines**	**506444**	**140002**	**48661**	**23653**	**480487**	**73261**
#化学药品制造	Manufacture of Chemical Medicine	288606	73735	26105	12882	275028	52737
中成药生产	Production of Finished Traditional Chinese Herbal Medicine	65288	19907	3723	2448	62362	6468
生物药品制造	Manufacture of Biological Medicine	132816	40744	17342	8101	123586	13896
航空、航天器及设备制造业	**Manufacture of Aircrafts and Spacecrafts and Related Equipment**	**15358**	**9664**	**3035**	**149**	**15209**	**30**
#飞机制造	Manufacture of Airplanes	5221	725	2360	149	5072	30
航天器制造	Manufacture of Spacecrafts						
电子及通信设备制造业	**Manufacture of Electronic Equipment and Communication Equipment**	**2308548**	**970619**	**162921**	**36558**	**2217042**	**40428**
#通信设备制造	Manufacture of Communication Equipment	679114	345729	25575	11419	661726	13057
#通信系统设备制造	Manufacture of Communication System Equipment	404542	216594	16561	11411	393131	12733
通信终端设备制造	Manufacture of Communication Terminal Equipment	274572	129135	9014	8	268595	324
广播电视设备制造	Manufacture of Broadcasting and TV Equipment	43726	14993	3989	278	42907	230
雷达及配套设备制造	Manufacture of Radar and Its Fittings	700	203			700	
视听设备制造	Manufacture of TV Set and Radio Receiver	316600	100275	15925	7772	306394	910
电子器件制造	Manufacture of Electronic Appliances	418319	185641	24858	9709	378552	19390
#电子真空器件制造	Manufacture of Electronic Vacuum Appliance	874	335	12		874	
半导体分立器件制造	Manufacture of Semiconductor Discreting Appliances	12809	3099	1915	164	12603	1
集成电路制造	Manufacture of Integrate Circuit	134067	84237	4855	5382	100338	74
电子元件制造	Manufacture of Electronic Components	534425	190083	46545	5933	514509	4392
其他电子设备制造	Manufacture of Other Electronic Equipment	190668	87652	34152	413	189650	668
计算机及办公设备制造业	**Manufacture of Computers and Office Equipment**	**509133**	**208178**	**16417**	**3990**	**429459**	**18807**
#计算机整机制造	Manufacture of Entired Computer	268070	115964	4983	197	195485	16953
计算机零部件制造	Manufacture of Computer Components and Parts	76835	27590	8437	1107	74701	57
计算机外围设备制造	Manufacture of Computer Peripheral Equipment	96209	20883	1393	2682	91258	1713
办公设备制造	Manufacture of Office Equipment	6939	2265	1385	3	6936	86
医疗仪器设备及仪器仪表制造业	**Manufacture of Medical Equipments and Measuring Instrument**	**161502**	**71596**	**15716**	**4415**	**152814**	**1819**
1.医疗仪器设备及器械制造	Manufacture of Medical Equipment and Appliance	35407	14985	3177	2294	32091	289
2.仪器仪表制造	Manufacture of Measuring Instrument	126094	56611	12539	2121	120723	1530
信息化学品制造业	**Manufacture of Electronic Chemicals**	**108390**	**18963**	**20924**	**1561**	**106134**	**3058**

2-3-5 续表 3 continued

单位：万元 (10000 yuan)

行　业	Industry	外商投资企业 Foreign Funded Enterprises					
		R&D经费内部支出 Intramural Expenditure on R&D	#人员劳务费 Labor Cost	#仪器和设备 Equip-ment	#政府资金 Govern-ment Funds	#企业资金 Self-raised Funds by Enterprises	R&D经费外部支出 External Expenditure on R&D
合计	**Total**	**3933388**	**1437774**	**418042**	**200675**	**3622380**	**300118**
医药制造业	**Manufacture of Medicines**	**529535**	**184682**	**57151**	**27211**	**498046**	**80004**
#化学药品制造	Manufacture of Chemical Medicine	367522	134013	34038	11761	351758	65365
中成药生产	Production of Finished Traditional Chinese Herbal Medicine	58933	17572	6568	9468	49374	11217
生物药品制造	Manufacture of Biological Medicine	75430	23498	13777	5078	70288	1678
航空、航天器及设备制造业	**Manufacture of Aircrafts and Spacecrafts and Related Equipment**	**46979**	**13934**	**3142**	**42**	**42390**	**78639**
#飞机制造	Manufacture of Airplanes	30790	8453	724	20	26224	78625
航天器制造	Manufacture of Spacecrafts						
电子及通信设备制造业	**Manufacture of Electronic Equipment and Communication Equipment**	**2357493**	**780256**	**307014**	**160272**	**2117639**	**106565**
#通信设备制造	Manufacture of Communication Equipment	540916	224244	35406	14730	511869	40195
#通信系统设备制造	Manufacture of Communication System Equipment	240504	107748	19526	6253	233411	7885
通信终端设备制造	Manufacture of Communication Terminal Equipment	300412	116496	15880	8477	278458	32310
广播电视设备制造	Manufacture of Broadcasting and TV Equipment	55347	23135	2706	389	54676	3074
雷达及配套设备制造	Manufacture of Radar and Its Fittings						
视听设备制造	Manufacture of TV Set and Radio Receiver	113164	51958	7414	3190	85622	34163
电子器件制造	Manufacture of Electronic Appliances	927905	232832	204207	131058	786430	14534
#电子真空器件制造	Manufacture of Electronic Vacuum Appliance	2534	1148	264		2534	
半导体分立器件制造	Manufacture of Semiconductor Discreting Appliances	48458	15866	11089	667	43589	6238
集成电路制造	Manufacture of Integrate Circuit	409232	105450	43082	29526	378029	5037
电子元件制造	Manufacture of Electronic Components	508015	187286	40307	2722	492975	13859
其他电子设备制造	Manufacture of Other Electronic Equipment	102381	34971	4363	2227	82474	211
计算机及办公设备制造业	**Manufacture of Computers and Office Equipment**	**486352**	**238368**	**17290**	**5160**	**476613**	**1759**
#计算机整机制造	Manufacture of Entired Computer	280162	127104	3423		276184	
计算机零部件制造	Manufacture of Computer Components and Parts	50184	17532	4865	147	49804	1406
计算机外围设备制造	Manufacture of Computer Peripheral Equipment	25059	10436	1328	495	24432	112
办公设备制造	Manufacture of Office Equipment	37194	23612	1524	37	36919	41
医疗仪器设备及仪器仪表制造业	**Manufacture of Medical Equipments and Measuring Instrument**	**441245**	**207813**	**29619**	**7295**	**416603**	**33087**
1.医疗仪器设备及器械制造	Manufacture of Medical Equipment and Appliance	172126	86104	12903	3177	155217	691
2.仪器仪表制造	Manufacture of Measuring Instrument	269120	121709	16716	4118	261387	32396
信息化学品制造业	**Manufacture of Electronic Chemicals**	**71784**	**12721**	**3825**	**695**	**71089**	**65**

2-3-6 按地区和企业规模分高技术产业R&D经费情况(2015年)

R&D Expenditure in High-tech Industry by Region and Industrial Sector(2015)

单位：万元 (10000 yuan)

地区	Region	大型企业 Large-sized Enterprises					
		R&D经费内部支出 Intramural Expenditure on R&D	#人员劳务费 Labor Cost	#仪器和设备 Equipment	#政府资金 Government Funds	#企业资金 Self-raised Funds by Enterprises	R&D经费外部支出 External Expenditure on R&D
全国	**Total**	**16951597**	**6813494**	**1350790**	**1572108**	**15087614**	**1450059**
东部地区	Eastern Region	13328325	5691242	975031	754447	12314008	1252485
中部地区	Middle Region	1586596	562504	254406	119403	1447559	91838
西部地区	Western Region	1580888	438282	80560	497576	1076309	59414
东北地区	Northeaastern Region	455789	121467	40794	200682	249739	46322
北京	Beijing	637522	223831	118587	110003	449998	14850
天津	Tianjin	527925	193320	25375	172514	269737	11316
河北	Hebei	244585	65994	42906	23879	220448	35746
山西	Shanxi	16058	3968	1062	149	15908	2687
内蒙古	Inner Mongolia	38389	4275	813		38389	
辽宁	Liaoning	273299	76558	7429	125558	147175	10958
吉林	Jilin	41303	9704	5359	2995	38308	8604
黑龙江	Heilongjiang	141187	35204	28006	72128	64256	26760
上海	Shanghai	790258	350905	73042	146228	641903	266307
江苏	Jiangsu	1724940	543807	156346	47385	1640485	123233
浙江	Zhejiang	921232	437199	65438	29157	890246	59383
安徽	Anhui	269456	87675	71167	16657	252504	49267
福建	Fujian	589843	186495	40396	11108	576713	2119
江西	Jiangxi	104752	36393	8777	1534	92472	2600
山东	Shandong	1253558	430061	75937	39162	1192326	52446
河南	Henan	221799	81272	24189	11233	206088	9112
湖北	Hubei	681414	235923	112832	48032	630328	17616
湖南	Hunan	293117	117274	36380	41798	250260	10556
广东	Guangdong	6638184	3259547	376979	174828	6432061	687015
广西	Guangxi	15218	3222	2262	964	14179	2225
海南	Hainan	278	83	25	185	93	72
重庆	Chongqing	124248	45143	13353	5109	119051	6417
四川	Sichuan	584246	206169	25159	136590	443675	23773
贵州	Guizhou	115695	35196	3615	30373	83783	7227
云南	Yunnan	22594	4876	832	304	22223	1756
西藏	Tibet						
陕西	Shaanxi	647355	129137	33449	322088	324019	14055
甘肃	Gansu	20283	8415	384	1788	18495	3942
青海	Qinghai						
宁夏	Ningxia	12135	1822	415	331	11798	
新疆	Xinjiang	725	27	278	28	697	19

2-3-6　续表　continued

单位：万元　(10000 yuan)

地　区	Region	中型企业 Medium-sized Enterprises R&D经费内部支出 Intramural Expenditure on R&D	#人员劳务费 Labor Cost	#仪器和设备 Equipment	#政府资金 Government Funds	#企业资金 Self-raised Funds by Enterprises	R&D经费外部支出 External Expenditure on R&D
全　国	**Total**	**5244994**	**1833238**	**559901**	**332258**	**4792297**	**530277**
东部地区	Eastern Region	4032097	1475357	418359	250102	3679235	449189
中部地区	Middle Region	643732	189353	84019	30436	606864	33984
西部地区	Western Region	476548	139421	46621	41801	423845	25879
东北地区	Northeaastern Region	92617	29107	10902	9920	82352	21225
北　京	Beijing	322511	143615	27663	77499	240229	145731
天　津	Tianjin	139640	49820	11826	7254	131749	83975
河　北	Hebei	88782	20501	13655	3922	82685	2019
山　西	Shanxi	16643	4310	1414	933	15708	2535
内蒙古	Inner Mongolia	14054	2717	1103	3	13416	1104
辽　宁	Liaoning	46254	14894	7055	7264	38876	7120
吉　林	Jilin	19938	5203	1707	1356	18550	4894
黑龙江	Heilongjiang	26425	9010	2140	1301	24926	9211
上　海	Shanghai	339098	132564	31439	57104	271992	32151
江　苏	Jiangsu	956718	309015	112839	19038	902377	63918
浙　江	Zhejiang	492141	194981	36700	18472	467374	25997
安　徽	Anhui	102946	27483	25009	6260	96287	5658
福　建	Fujian	189272	83780	17948	7552	176299	7523
江　西	Jiangxi	84136	28647	8263	3815	79989	6203
山　东	Shandong	421480	119330	61572	19051	384250	39823
河　南	Henan	144406	43180	15883	7792	134286	4666
湖　北	Hubei	122631	41182	13607	4864	115965	8051
湖　南	Hunan	172970	44550	19844	6771	164630	6872
广　东	Guangdong	1053403	410479	103042	37849	995685	25188
广　西	Guangxi	36450	9988	2874	2080	34371	171
海　南	Hainan	29052	11273	1676	2361	26594	22864
重　庆	Chongqing	129494	41060	17917	5497	123387	6954
四　川	Sichuan	133857	45770	8610	7883	118477	10403
贵　州	Guizhou	35826	7722	1867	11896	23852	639
云　南	Yunnan	25060	5778	2026	3844	20248	2390
西　藏	Tibet	137	13	40	20	117	204
陕　西	Shaanxi	78094	20070	8412	8395	68629	2451
甘　肃	Gansu	4013	1639	58	887	3103	634
青　海	Qinghai	3335	979	434	260	3071	40
宁　夏	Ningxia	9851	1816	3028	530	9301	477
新　疆	Xinjiang	6379	1869	251	506	5873	412

2-3-7 各地区国有及国有控股企业高技术产业R&D经费情况(2015年)

R&D Expenditure in High-tech Industry of State-owned and State-controlled Enterprises by Region (2015)

单位：万元 (10000 yuan)

地区	Region	R&D经费内部支出 Intramural Expenditure on R&D	#人员劳务费 Labor Cost	#仪器和设备 Equipment	#政府资金 Government Funds	#企业资金 Self-raised Funds by Enterprises	R&D经费外部支出 External Expenditure on R&D
全国	**Total**	**6548255**	**2347673**	**545845**	**1437404**	**5001352**	**626276**
东部地区	Eastern Region	3743498	1525959	250840	598877	3059457	496615
中部地区	Middle Region	1004388	339072	180125	118642	882495	46388
西部地区	Western Region	1374865	373501	77368	512721	846627	49995
东北地区	Northeaastern Region	425505	109140	37511	207164	212773	33278
北京	Beijing	470458	190846	23050	91697	331215	130731
天津	Tianjin	415838	126905	16952	178890	236501	18242
河北	Hebei	130515	37275	24744	13671	114575	2208
山西	Shanxi	11428	1370	903	166	11100	180
内蒙古	Inner Mongolia	39453	4798	1036	153	39300	
辽宁	Liaoning	260775	66505	8436	129704	130506	6932
吉林	Jilin	8358	3416	251	786	7572	1545
黑龙江	Heilongjiang	156372	39220	28824	76675	74696	24801
上海	Shanghai	383524	146161	27969	176930	202417	254033
江苏	Jiangsu	235508	83101	20111	11596	223747	34037
浙江	Zhejiang	110629	43526	13983	10076	97418	22870
安徽	Anhui	160598	32454	63230	12093	148163	22737
福建	Fujian	156597	65698	18503	6351	149583	2541
江西	Jiangxi	71006	33550	6376	12742	58264	4044
山东	Shandong	629448	231618	29134	21361	592852	11198
河南	Henan	99885	40010	6203	6726	92377	3748
湖北	Hubei	566651	205910	101249	43929	521512	6827
湖南	Hunan	94819	25779	2165	42986	51079	8852
广东	Guangdong	1204418	596166	76279	88305	1104585	19091
广西	Guangxi	9024	5803	538	1628	7396	1490
海南	Hainan	6563	4663	115		6563	1665
重庆	Chongqing	82446	34332	8763	4152	77767	1800
四川	Sichuan	503973	154776	20659	133164	360736	21008
贵州	Guizhou	138001	38239	5845	41514	94871	6467
云南	Yunnan	35362	7671	1811	3458	30938	857
西藏	Tibet	137	13	40	20	117	204
陕西	Shaanxi	551326	122625	36945	326266	222743	14539
甘肃	Gansu	11297	4295	427	1927	9370	3453
青海	Qinghai	1066	160	330	150	916	40
宁夏	Ningxia	146	72		30	116	95
新疆	Xinjiang	2635	718	974	261	2356	43

2-3-8 按地区和登记注册类型分高技术产业R&D经费情况(2015年)

R&D Expenditure in High-tech Industry by Region and Registration Status(2015)

单位：万元 (10000 yuan)

地 区	Region	内资企业 Domestic Funded					
		R&D经费内部支出 Intramural Expenditure on R&D	#人员劳务费 Labor Cost	#仪器和设备 Equipment	#政府资金 Government Funds	#企业资金 Self-raised Funds by Enterprises	R&D经费外部支出 External Expenditure on R&D
全 国	**Total**	**18723824**	**7126569**	**1684307**	**1830827**	**16670241**	**1698592**
东部地区	Eastern Region	13719233	5657554	1110528	869490	12683490	1410102
中部地区	Middle Region	2350857	746976	358264	180495	2137055	120190
西部地区	Western Region	2055299	567308	158828	557847	1481132	102433
东北地区	Northeaastern Region	598435	154732	56686	222995	368564	65868
北 京	Beijing	695093	304827	36125	100680	542627	157674
天 津	Tianjin	590595	187570	38249	187633	402170	33410
河 北	Hebei	260386	70478	43840	18655	238178	12016
山 西	Shanxi	39663	10407	2771	1253	38217	5421
内蒙古	Inner Mongolia	57071	9600	3240	1033	55456	1279
辽 宁	Liaoning	343595	92628	16874	139411	202970	13450
吉 林	Jilin	73679	17346	9641	6538	67109	13839
黑龙江	Heilongjiang	181161	44758	30171	77046	98485	38579
上 海	Shanghai	564613	218718	38939	186073	374046	257840
江 苏	Jiangsu	1871789	542738	231917	53937	1792964	102379
浙 江	Zhejiang	1205570	512554	103578	38640	1155219	70771
安 徽	Anhui	440994	122534	117277	29737	409158	35376
福 建	Fujian	378533	130443	55546	17539	354603	11126
江 西	Jiangxi	261230	92508	22035	17448	233429	13134
山 东	Shandong	1701818	509795	179298	63335	1607583	79474
河 南	Henan	348426	111179	45945	21303	319304	15110
湖 北	Hubei	853715	298340	133356	54744	791851	28219
湖 南	Hunan	406829	112008	36879	56012	345097	22931
广 东	Guangdong	6417099	3167163	381043	200783	6184579	675546
广 西	Guangxi	67925	17703	8329	4818	63073	3545
海 南	Hainan	33735	13270	1994	2216	31520	9866
重 庆	Chongqing	256115	83002	32646	12108	241817	15215
四 川	Sichuan	726830	232767	43096	151307	567605	40916
贵 州	Guizhou	166137	46198	9314	44778	119667	9574
云 南	Yunnan	67789	14289	7574	6513	60031	5793
西 藏	Tibet	1464	419	41	20	1444	204
陕 西	Shaanxi	640283	144203	44944	332060	305704	18863
甘 肃	Gansu	33191	12146	1766	2925	30244	5718
青 海	Qinghai	4143	1243	494	300	3839	40
宁 夏	Ningxia	27032	4038	5377	1082	25924	627
新 疆	Xinjiang	7319	1701	2007	904	6329	660

2-3-8 续表 1 continued

单位：万元 (10000 yuan)

地 区	Region	#国有企业 State-owned Enterprises R&D经费内部支出 Intramural Expenditure on R&D	#人员劳务费 Labor Cost	#仪器和设备 Equipment	#政府资金 Government Funds	#企业资金 Self-raised Funds by Enterprises	R&D经费外部支出 External Expenditure on R&D
全 国	**Total**	**706904**	**254133**	**44969**	**175967**	**526456**	**62314**
东部地区	Eastern Region	194170	59483	12562	65864	126672	26529
中部地区	Middle Region	268076	121271	20804	27732	239949	23460
西部地区	Western Region	226813	69052	10185	78700	145659	12326
东北地区	Northeaastern Region	17846	4327	1418	3671	14175	
北 京	Beijing	33936	10292	563	8321	24647	2097
天 津	Tianjin	44612	10982		40220	4216	
河 北	Hebei	25668	5791	2084	8124	17544	70
山 西	Shanxi	213	169		5	207	
内 蒙 古	Inner Mongolia	1050	360			1050	
辽 宁	Liaoning						
吉 林	Jilin						
黑 龙 江	Heilongjiang	17846	4327	1418	3671	14175	
上 海	Shanghai	28975	6890	6487	6404	22479	342
江 苏	Jiangsu	33350	11872	504	530	32686	23184
浙 江	Zhejiang	2627	1036	185		2627	
安 徽	Anhui	23285	6323	5095	3872	19413	16768
福 建	Fujian	2950	362			2950	
江 西	Jiangxi	211	129	22		211	4
山 东	Shandong	15345	7979	2679	2202	13142	619
河 南	Henan	10930	3695	558	692	10105	1016
湖 北	Hubei	230799	109856	14563	23104	207696	5153
湖 南	Hunan	2637	1099	567	60	2318	519
广 东	Guangdong	1006	25	60	62	681	9
广 西	Guangxi	6579	4504	40	1095	5484	17
海 南	Hainan	5702	4253			5702	209
重 庆	Chongqing	6519	2376	140	169	5987	
四 川	Sichuan	31472	10119	199	6431	24926	6068
贵 州	Guizhou	9858	3463	687	2395	6497	64
云 南	Yunnan	10967	2103	979	2384	7617	498
西 藏	Tibet						
陕 西	Shaanxi	160369	46126	8140	66227	94099	5680
甘 肃	Gansu						
青 海	Qinghai						
宁 夏	Ningxia						
新 疆	Xinjiang						

2-3-8 续表 2 continued

单位：万元 (10000 yuan)

地区	Region	港澳台投资企业 Enterprises with Funds from Hong Kong, Macau and Taiwan R&D经费内部支出 Intramural Expenditure on R&D	#人员劳务费 Labor Cost	#仪器和设备 Equipment	#政府资金 Government Funds	#企业资金 Self-raised Funds by Enterprises	R&D经费外部支出 External Expenditure on R&D
全国	**Total**	**3609374**	**1419022**	**267674**	**70325**	**3401145**	**137403**
东部地区	Eastern Region	3016423	1171565	212402	63282	2817892	119624
中部地区	Middle Region	428963	176132	48250	3107	423479	9060
西部地区	Western Region	122530	62834	5827	2683	119568	1617
东北地区	Northeaastern Region	41459	8492	1194	1253	40206	7102
北京	Beijing	245601	98169	7340	2681	209964	12274
天津	Tianjin	110762	67536	2089	210	40671	232
河北	Hebei	71464	15963	6751	6515	64950	22630
山西	Shanxi	1010	255	140	193	818	935
内蒙古	Inner Mongolia	3234	554	71		3096	
辽宁	Liaoning	21661	6738	908	987	20674	6787
吉林	Jilin	17819	1212	213	266	17553	120
黑龙江	Heilongjiang	1979	542	73		1979	195
上海	Shanghai	223192	112721	19479	7825	213078	2998
江苏	Jiangsu	569178	175148	58100	5677	552504	38521
浙江	Zhejiang	400338	192040	23607	13612	384515	15390
安徽	Anhui	62846	29103	956	462	61494	6303
福建	Fujian	295658	77136	14729	3534	290187	885
江西	Jiangxi	20472	6024	5795	100	18933	588
山东	Shandong	58460	12662	3505	3513	54668	10030
河南	Henan	75988	31363	3282	398	75590	464
湖北	Hubei	50873	11345	2199	1116	49709	413
湖南	Hunan	217774	98043	35879	839	216935	358
广东	Guangdong	1036113	418594	76737	19715	1001700	16664
广西	Guangxi	5430	731	82	326	5029	
海南	Hainan	5657	1596	66		5657	
重庆	Chongqing	38227	15505	4189	1171	37056	326
四川	Sichuan	60321	41258	10	185	60070	202
贵州	Guizhou	494	210	3		494	
云南	Yunnan	8251	2864	712	320	7931	1049
西藏	Tibet						
陕西	Shaanxi	4996	1124	738	671	4325	25
甘肃	Gansu						
青海	Qinghai						
宁夏	Ningxia	1578	588	22	10	1568	15
新疆	Xinjiang						

2-3-8 续表 3 continued

单位：万元 (10000 yuan)

地区	Region	外商投资企业 Foreign Funded Enterprises R&D经费内部支出 Intramural Expenditure on R&D	#人员劳务费 Labor Cost	#仪器和设备 Equipment	#政府资金 Government Funds	#企业资金 Self-raised Funds by Enterprises	R&D经费外部支出 External Expenditure on R&D
全　国	**Total**	**3933388**	**1437774**	**418042**	**200675**	**3622380**	**300118**
东部地区	Eastern Region	3575537	1338459	397424	192268	3278304	271113
中部地区	Middle Region	108297	30174	8894	5046	102783	24537
西部地区	Western Region	202504	46903	6822	1450	196301	1338
东北地区	Northeaastern Region	47050	22238	4902	1910	44992	3130
北　京	Beijing	261556	70220	122348	101665	158008	446
天　津	Tianjin	122685	39904	14248	543	105940	81995
河　北	Hebei	55479	15129	12548	5856	49623	6580
山　西	Shanxi	2149	788	118	473	1676	
内蒙古	Inner Mongolia	140	30	20		140	
辽　宁	Liaoning	26145	12185	2338	1521	24594	
吉　林	Jilin	2108	598	142	113	1995	1935
黑龙江	Heilongjiang	18797	9455	2422	276	18403	1195
上　海	Shanghai	494447	217350	53891	17930	469903	39796
江　苏	Jiangsu	990470	366900	75263	24647	916267	67743
浙　江	Zhejiang	247360	95154	11530	7970	236984	13626
安　徽	Anhui	8173	3243	998	294	7755	22878
福　建	Fujian	262065	118542	9676	6972	253130	2700
江　西	Jiangxi	30805	11376	1619	1627	29179	88
山　东	Shandong	316475	116310	25048	10551	291533	11714
河　南	Henan	14689	5777	1080	92	14343	853
湖　北	Hubei	36608	5640	3663	2471	34046	684
湖　南	Hunan	15874	3349	1415	89	15784	34
广　东	Guangdong	818705	297373	72474	15394	791459	32570
广　西	Guangxi	4614	1780	460	79	4535	
海　南	Hainan	6296	1578	398	742	5458	13944
重　庆	Chongqing	30425	10135	4336	698	29727	1
四　川	Sichuan	32680	15450	364	196	27732	24
贵　州	Guizhou	1985	553		45	1940	237
云　南	Yunnan	3969	1254	183	190	3779	916
西　藏	Tibet						
陕　西	Shaanxi	123594	16268	1259		123594	161
甘　肃	Gansu						
青　海	Qinghai						
宁　夏	Ningxia						
新　疆	Xinjiang	5096	1432	200	242	4854	

2-3-9 按地区和行业分高技术产业R&D经费情况(2015年)

R&D Expenditure in High-tech Industry by Region and Industrial Sector(2015)

单位：万元 (10000 yuan)

地区	Region	医药制造业 Medical and Pharmaceutical Products Manufacturing					
		R&D经费内部支出 Intramural Expenditure on R&D	#人员劳务费 Labor Cost	#仪器和设备 Equipment	#政府资金 Government Funds	#企业资金 Self-raised Funds by Enterprises	R&D经费外部支出 External Expenditure on R&D
全国	**Total**	**4414576**	**1256612**	**537240**	**208934**	**4162681**	**528596**
东部地区	Eastern Region	3021408	889120	368885	138788	2855717	362192
中部地区	Middle Region	700809	184250	86080	29411	660482	70851
西部地区	Western Region	515779	134127	62330	29307	481959	53251
东北地区	Northeaastern Region	176581	49116	19945	11429	164523	42302
北京	Beijing	183821	58122	30079	11434	169574	13671
天津	Tianjin	151358	62178	11692	7054	144259	17929
河北	Hebei	192763	47389	32069	17124	174642	39026
山西	Shanxi	33139	8427	2800	1059	32049	6218
内蒙古	Inner Mongolia	22204	5337	2925	831	20826	1279
辽宁	Liaoning	45763	14498	5518	4452	41311	11076
吉林	Jilin	82969	16523	9524	5752	77217	15665
黑龙江	Heilongjiang	47849	18095	4903	1225	45996	15561
上海	Shanghai	199822	77631	20944	6751	192465	17081
江苏	Jiangsu	629467	173564	62169	13490	605723	75232
浙江	Zhejiang	339253	115861	46076	19961	316941	58889
安徽	Anhui	104758	25279	20034	5928	97220	10500
福建	Fujian	65501	21585	8845	5041	58367	7089
江西	Jiangxi	71032	22019	4504	2788	67459	8868
山东	Shandong	839211	209703	96107	35881	798256	75018
河南	Henan	145339	38462	22227	6437	135409	11146
湖北	Hubei	189298	49050	20645	7844	179120	20741
湖南	Hunan	157242	41014	15870	5355	149224	13378
广东	Guangdong	386681	113880	58449	19246	364865	34654
广西	Guangxi	41049	7292	5177	2636	38379	2893
海南	Hainan	33530	9208	2457	2807	30626	23601
重庆	Chongqing	113628	31746	16799	5156	108020	11328
四川	Sichuan	132487	33848	16017	6460	123525	16564
贵州	Guizhou	24089	6797	3057	2688	21325	3017
云南	Yunnan	66324	14144	6720	5079	60532	7343
西藏	Tibet	1464	419	41	20	1444	204
陕西	Shaanxi	74984	23555	4911	2412	72523	4207
甘肃	Gansu	19998	6415	1756	2290	17686	5154
青海	Qinghai	784	254	76	60	720	
宁夏	Ningxia	13081	2945	3237	822	12234	627
新疆	Xinjiang	5687	1375	1614	853	4747	635

2-3-9 续表 1 continued

单位：万元 (10000 yuan)

地区	Region	航空、航天器及设备制造业 Manufacture of Aircrafts and Spacecrafts and Related Equipment					
		R&D经费内部支出 Intramural Expenditure on R&D	#人员劳务费 Labor Cost	#仪器和设备 Equipment	#政府资金 Government Funds	#企业资金 Self-raised Funds by Enterprises	R&D经费外部支出 External Expenditure on R&D
全 国	**Total**	**1805926**	**477390**	**118006**	**996413**	**746930**	**514880**
东部地区	Eastern Region	620802	214356	34901	271988	299282	452417
中部地区	Middle Region	198510	67744	14584	61376	136470	13656
西部地区	Western Region	693572	128431	40777	469072	217117	21122
东北地区	Northeaastern Region	293042	66859	27744	193978	94062	27686
北 京	Beijing	149774	56794	3768	26340	79028	119318
天 津	Tianjin	210135	56552	9423	132587	77372	84181
河 北	Hebei	34826	9630	2070	8279	25333	386
山 西	Shanxi						
内蒙古	Inner Mongolia						
辽 宁	Liaoning	170494	40580	2286	121957	48536	3671
吉 林	Jilin						
黑龙江	Heilongjiang	122548	26280	25458	72021	45525	24016
上 海	Shanghai	145050	59721	9584	103248	38079	244632
江 苏	Jiangsu	50310	15791	7598	1422	48875	3896
浙 江	Zhejiang	2381	1014	204	12	2369	
安 徽	Anhui	1030	521	127	76	883	
福 建	Fujian	185	176			185	
江 西	Jiangxi	59741	25908	6430	12591	47150	2572
山 东	Shandong	10779	4141	360	100	10679	4
河 南	Henan	45837	19155	2237	4866	40834	616
湖 北	Hubei	43772	12132	5791	6079	37475	4901
湖 南	Hunan	48130	10027		37765	10128	5567
广 东	Guangdong	17362	10536	1894		17362	
广 西	Guangxi						
海 南	Hainan						
重 庆	Chongqing						
四 川	Sichuan	160921	23824	8692	124877	31512	7611
贵 州	Guizhou	109573	24250	3733	37822	70134	5163
云 南	Yunnan	770	67	425	120	650	
西 藏	Tibet						
陕 西	Shaanxi	422309	80291	27927	306252	114821	8348
甘 肃	Gansu						
青 海	Qinghai						
宁 夏	Ningxia						
新 疆	Xinjiang						

2-3-9 续表 2 continued

单位：万元 (10000 yuan)

地区	Region	电子及通信设备制造业 Manufacture of Electronic Equipment and Communication Equipment					
		R&D经费内部支出 Intramural Expenditure on R&D	#人员劳务费 Labor Cost	#仪器和设备 Equipment	#政府资金 Government Funds	#企业资金 Self-raised Funds by Enterprises	R&D经费外部支出 External Expenditure on R&D
全国	**Total**	**15454606**	**6385966**	**1367375**	**693063**	**14549515**	**939013**
东部地区	Eastern Region	12938419	5519630	1038513	560731	12194364	882554
中部地区	Middle Region	1598813	557075	279077	82102	1496333	33435
西部地区	Western Region	792087	272854	41737	44324	740526	19581
东北地区	Northeaastern Region	125287	36407	8048	5907	118293	3444
北京	Beijing	509198	196936	120931	150070	356186	21817
天津	Tianjin	275318	116043	23627	6741	223476	12603
河北	Hebei	120067	30394	27344	3042	115684	703
山西	Shanxi	5898	1501	111	185	5552	35
内蒙古	Inner Mongolia	1727	606	1	42	1548	
辽宁	Liaoning	112121	32800	7255	5070	106113	3029
吉林	Jilin	7957	1608	268	678	7246	138
黑龙江	Heilongjiang	5209	1999	525	158	4934	277
上海	Shanghai	725164	303662	69363	94792	624395	29043
江苏	Jiangsu	1720815	553436	179810	53988	1620486	85267
浙江	Zhejiang	1159780	538835	68999	28537	1121684	33262
安徽	Anhui	328161	93095	94093	21746	305237	23608
福建	Fujian	610491	182380	61273	14001	588293	5513
江西	Jiangxi	148685	51024	16137	3131	134555	1776
山东	Shandong	657047	169012	59623	20007	612540	21647
河南	Henan	144704	52057	16005	5628	137242	2215
湖北	Hubei	626312	228123	104810	42008	580322	2273
湖南	Hunan	345051	131276	47921	9405	333426	3527
广东	Guangdong	7148380	3421696	427543	189402	6919613	672490
广西	Guangxi	16446	8339	1195	2115	14257	646
海南	Hainan	12159	7235		150	12009	209
重庆	Chongqing	95984	32272	11145	2637	92020	661
四川	Sichuan	427681	173568	16477	13710	408511	14101
贵州	Guizhou	32071	14965	2248	4187	27885	1566
云南	Yunnan	2735	617	510	485	2250	
西藏	Tibet						
陕西	Shaanxi	200119	36212	9954	20501	179380	2041
甘肃	Gansu	11986	5224		498	11487	564
青海	Qinghai	2504	857	59	50	2454	
宁夏	Ningxia	634	151	139		634	
新疆	Xinjiang	199	44	11	100	99	

2-3-9 续表 3 continued

单位：万元 (10000 yuan)

地 区	Region	计算机及办公设备制造业 Manufacture of Computer and Office Equipments					
		R&D经费内部支出 Intramural Expenditure on R&D	#人员劳务费 Labor Cost	#仪器和设备 Equipment	#政府资金 Government Funds	#企业资金 Self-raised Funds by Enterprises	R&D经费外部支出 External Expenditure on R&D
全 国	**Total**	**1738188**	**794652**	**76688**	**43472**	**1590434**	**31528**
东部地区	Eastern Region	1480771	672961	62018	32584	1344089	19502
中部地区	Middle Region	93284	41124	3648	3292	89993	7373
西部地区	Western Region	150269	74536	9454	6857	143228	3112
东北地区	Northeaastern Region	13864	6031	1568	740	13124	1542
北 京	Beijing	183465	72399	5005	3511	148197	12017
天 津	Tianjin	85115	32141	2237	1005	42965	217
河 北	Hebei	1804	720	14		1804	163
山 西	Shanxi						
内蒙古	Inner Mongolia	144	64	25	10	100	
辽 宁	Liaoning	9707	4486	1512	740	8967	1507
吉 林	Jilin	619	95	50		619	35
黑龙江	Heilongjiang	3538	1450	7		3538	
上 海	Shanghai	37862	17316	1275	348	37299	
江 苏	Jiangsu	239573	95805	11644	655	237298	2332
浙 江	Zhejiang	24382	8724	1921	2119	21195	700
安 徽	Anhui	49622	26712	1104	949	48673	7247
福 建	Fujian	216651	104053	6101	6568	210083	1110
江 西	Jiangxi	1881	814	554	16	1865	39
山 东	Shandong	331790	182759	17483	10375	306188	1037
河 南	Henan	7164	3013	274	604	6561	
湖 北	Hubei	13014	1723	1086	27	12987	73
湖 南	Hunan	21604	8862	630	1696	19907	14
广 东	Guangdong	360128	159045	16339	8003	339061	1927
广 西	Guangxi	7445	1895	450		7445	
海 南	Hainan						
重 庆	Chongqing	63807	23605	8892	1003	62654	514
四 川	Sichuan	75853	47493	87	5411	70441	2598
贵 州	Guizhou						
云 南	Yunnan	3021	1478		432	2589	
西 藏	Tibet						
陕 西	Shaanxi						
甘 肃	Gansu						
青 海	Qinghai						
宁 夏	Ningxia						
新 疆	Xinjiang						

2-3-9 续表 4 continued

单位：万元 (10000 yuan)

地 区	Region	医疗仪器设备及仪器仪表制造业 Manufacture of Medical Equipments and Measuring Instrument					
		R&D经费内部支出 Intramural Expenditure on R&D	#人员劳务费 Labor Cost	#仪器和设备 Equipment	#政府资金 Government Funds	#企业资金 Self-raised Funds by Enterprises	R&D经费外部支出 External Expenditure on R&D
全 国	**Total**	**2399987**	**977448**	**218712**	**150966**	**2201768**	**116842**
东部地区	Eastern Region	1940425	807346	174406	114792	1783859	79122
中部地区	Middle Region	233859	84837	25665	10926	219624	28358
西部地区	Western Region	148828	58500	13166	11186	135777	8235
东北地区	Northeaastern Region	76876	26764	5475	14062	62508	1126
北 京	Beijing	173832	88025	5901	13627	155497	3572
天 津	Tianjin	95457	27385	6802	40695	54355	707
河 北	Hebei	25140	8551	846	2060	23080	788
山 西	Shanxi	3785	1522	118	674	3110	103
内 蒙 古	Inner Mongolia	2890	1564	360	150	2740	
辽 宁	Liaoning	53053	19074	3548	9699	43047	955
吉 林	Jilin	2061	930	154	486	1575	56
黑 龙 江	Heilongjiang	21762	6760	1773	3877	17885	115
上 海	Shanghai	167706	87793	11040	6653	158178	9878
江 苏	Jiangsu	616855	215506	77265	13103	576541	37618
浙 江	Zhejiang	288952	130263	20520	9132	276472	6933
安 徽	Anhui	26610	8835	3817	1689	24908	23181
福 建	Fujian	39830	16729	2959	2378	37453	985
江 西	Jiangxi	18535	7215	1001	390	18139	492
山 东	Shandong	193709	60606	23770	8212	184815	2988
河 南	Henan	81074	30068	8084	3859	74957	2430
湖 北	Hubei	38501	15476	2910	1819	36252	1316
湖 南	Hunan	65354	21720	9735	2495	62259	836
广 东	Guangdong	338944	172487	25302	18933	317470	15655
广 西	Guangxi	12810	2621	2050	473	12337	6
海 南	Hainan						
重 庆	Chongqing	48379	20314	4323	5180	42938	3039
四 川	Sichuan	19356	9756	2008	1126	18153	269
贵 州	Guizhou	2883	950	280	126	2757	64
云 南	Yunnan	6727	1999	661	733	5464	390
西 藏	Tibet						
陕 西	Shaanxi	49609	19701	2016	3169	45444	4447
甘 肃	Gansu	1208	507	11	137	1070	
青 海	Qinghai	252	132	29	40	212	
宁 夏	Ningxia	4392	772	1386	30	4362	15
新 疆	Xinjiang	322	186	42	23	299	5

2-3-9 续表 5 continued

单位：万元 (10000 yuan)

地 区	Region	信息化学品制造业 Manufacture of Electronic Chemicals R&D经费内部支出 Intramural Expenditure on R&D	#人员劳务费 Labor Cost	#仪器和设备 Equipment	#政府资金 Government Funds	#企业资金 Self-raised Funds by Enterprises	R&D经费外部支出 External Expenditure on R&D
全 国	**Total**	**453302**	**91299**	**52001**	**8978**	**442440**	**5255**
东部地区	Eastern Region	309368	64166	41630	6158	302376	5053
中部地区	Middle Region	62842	18252	6354	1542	60417	114
西部地区	Western Region	79797	8598	4014	1236	78395	89
东北地区	Northeaastern Region	1295	284	2	42	1253	
北 京	Beijing	2159	940	129	44	2115	
天 津	Tianjin	6658	711	805	304	6354	
河 北	Hebei	12730	4886	797	520	12210	160
山 西	Shanxi						
内 蒙 古	Inner Mongolia	33479	2614	20		33479	
辽 宁	Liaoning	265	113	2		265	
吉 林	Jilin						
黑 龙 江	Heilongjiang	1030	171		42	988	
上 海	Shanghai	6649	2666	103	36	6613	
江 苏	Jiangsu	174417	30684	26793	1604	172813	4298
浙 江	Zhejiang	38520	5050	996	462	38058	4
安 徽	Anhui	1831	438	56	105	1487	20
福 建	Fujian	3597	1198	771	57	3540	14
江 西	Jiangxi	12632	2929	824	260	12373	62
山 东	Shandong	44216	12545	10508	2824	41306	523
河 南	Henan	14984	5563	1480	400	14234	20
湖 北	Hubei	30298	8822	3977	554	29451	12
湖 南	Hunan	3096	501	18	224	2872	
广 东	Guangdong	20422	5485	728	307	19367	53
广 西	Guangxi	219	68			219	
海 南	Hainan						
重 庆	Chongqing	2969	705	12		2969	
四 川	Sichuan	3534	986	188	105	3264	
贵 州	Guizhou						
云 南	Yunnan	430	102	154	174	256	24
西 藏	Tibet						
陕 西	Shaanxi	21853	1836	2133	397	21456	5
甘 肃	Gansu						
青 海	Qinghai	603		330	150	453	40
宁 夏	Ningxia	10502	758	637	240	10262	
新 疆	Xinjiang	6207	1529	541	170	6037	19

2-4-1 按行业分高技术产业新产品开发和销售情况(2015年)

New Products Development and Sale in High-tech Industry by Industrial Sector (2015)

单位：万元 (10000 yuan)

行业	Industry	新产品开发项目数(项) New Products (item)	新产品开发经费支出 Expenditure on New Products Development	新产品销售收入 Sales Revenue of New Products	#出口 Exports
合计	**Total**	**77167**	**30305841**	**414134905**	**167575462**
医药制造业	**Manufacture of Medicines**	**22106**	**4279485**	**47362675**	**3725503**
#化学药品制造	Manufacture of Chemical Medicine	11243	2162846	25336072	2477844
中成药生产	Production of Finished Traditional Chinese Herbal Medicine	4695	805148	11442585	146356
生物药品制造	Manufacture of Biological Medicine	3364	761544	4925665	642500
航空、航天器及设备制造业	**Manufacture of Aircrafts and Spacecrafts and Related Equipment**	**1980**	**1772021**	**13801343**	**722034**
#飞机制造	Manufacture of Airplanes	1157	1347070	11731541	447722
航天器制造	Manufacture of Spacecrafts	184	233458	584639	1850
电子及通信设备制造业	**Manufacture of Electronic Equipment and Communication Equipment**	**33649**	**19138167**	**267002580**	**123270151**
#通信设备制造	Manufacture of Communication Equipment	5076	8873008	134605575	75459402
#通信系统设备制造	Manufacture of Communication System Equipment	2930	7483808	48447217	23037280
通信终端设备制造	Manufacture of Communication Terminal Equipment	2146	1389199	86158358	52422122
广播电视设备制造	Manufacture of Broadcasting and TV Equipment	1655	479788	3777385	740630
雷达及配套设备制造	Manufacture of Radar and Its Fittings	273	154165	1433380	43453
视听设备制造	Manufacture of TV Set and Radio Receiver	2899	1405385	29872301	9642054
电子器件制造	Manufacture of Electronic Appliances	8224	3748213	42130095	18325892
#电子真空器件制造	Manufacture of Electronic Vacuum Appliance	215	43672	287639	46863
半导体分立器件制造	Manufacture of Semiconductor Discreting Appliances	790	177363	1327602	224442
集成电路制造	Manufacture of Integrate Circuit	1889	1173217	7386773	3669659
电子元件制造	Manufacture of Electronic Components	9114	2388936	31254616	13378023
其他电子设备制造	Manufacture of Other Electronic Equipment	2744	980953	10467376	3629675
计算机及办公设备制造业	**Manufacture of Computers and Office Equipment**	**4057**	**1944643**	**54940528**	**35815657**
#计算机整机制造	Manufacture of Entired Computer	888	919957	41954184	28634047
计算机零部件制造	Manufacture of Computer Components and Parts	781	256422	2765797	1553887
计算机外围设备制造	Manufacture of Computer Peripheral Equipment	990	322277	5896192	3729766
办公设备制造	Manufacture of Office Equipment	632	152407	1903978	899958
医疗仪器设备及仪器仪表制造业	**Manufacture of Medical Equipments and Measuring Instrument**	**14430**	**2767238**	**21792583**	**2557796**
1.医疗仪器设备及器械制造	Manufacture of Medical Equipment and Appliance	3437	816196	3799666	615557
2.仪器仪表制造	Manufacture of Measuring Instrument	10993	1951042	17992917	1942239
信息化学品制造业	**Manufacture of Electronic Chemicals**	**945**	**404288**	**9235197**	**1484320**

2-4-2 各地区高技术产业新产品开发和销售情况(2015年)

New Products Development and Sale in High-tech Industry by Region(2015)

单位：万元 (10000 yuan)

地 区	Region	新产品开发项目数(项) New Products (item)	新产品开发经费支出 Expenditure on New Products Development	新产品销售收入 Sales Revenue of New Products	#出口 Exports
全 国	**Total**	**77167**	**30305841**	**414134905**	**167575462**
东部地区	Eastern Region	57684	23944676	315543985	124028075
中部地区	Middle Region	9380	3098399	62238334	32377807
西部地区	Western Region	7518	2508700	30596042	10884871
东北地区	Northeaastern Region	2585	754067	5756544	284709
北 京	Beijing	4490	1498012	15978092	1400824
天 津	Tianjin	1946	690950	17467974	8587208
河 北	Hebei	1401	343124	3410594	429461
山 西	Shanxi	325	53317	669986	19843
内蒙古	Inner Mongolia	116	28593	424529	220839
辽 宁	Liaoning	972	436090	3712202	180383
吉 林	Jilin	687	109691	1283218	73161
黑龙江	Heilongjiang	926	208285	761124	31165
上 海	Shanghai	3528	1655056	10354216	4880085
江 苏	Jiangsu	13020	4204112	78437606	35793375
浙 江	Zhejiang	9391	1939232	27125363	5908125
安 徽	Anhui	2487	725672	8707151	1671325
福 建	Fujian	2147	912795	12453956	7298121
江 西	Jiangxi	1377	293163	4240226	627607
山 东	Shandong	6282	1951473	26901847	4703819
河 南	Henan	1540	405451	28945135	26387233
湖 北	Hubei	2167	971175	8158763	494394
湖 南	Hunan	1484	649620	11517073	3177405
广 东	Guangdong	15127	10707322	123288580	55026909
广 西	Guangxi	437	70588	817294	123707
海 南	Hainan	352	42601	125759	150
重 庆	Chongqing	1589	345419	13105042	9025577
四 川	Sichuan	2270	915223	9945653	504857
贵 州	Guizhou	880	191035	999612	3718
云 南	Yunnan	500	72952	487188	20570
西 藏	Tibet	9	1631	335	
陕 西	Shaanxi	1198	795000	3556246	759283
甘 肃	Gansu	179	37185	496232	177655
青 海	Qinghai	24	19946	55221	
宁 夏	Ningxia	235	22277	454659	47076
新 疆	Xinjiang	81	8853	254031	1587

2-4-3　按行业和企业规模分高技术产业新产品开发和销售情况(2015年)

New Products Development and Sale in High-tech Industry by Industrial Sector and Scale of Enterprises(2015)

单位：万元　(10000 yuan)

行　业	Industry	大型企业 Large-sized Enterprises			
		新产品开发项目数(项) New Products (item)	新产品开发经费支出 Expenditure on New Products Development	新产品销售收入 Sales Revenue of New Products	#出口 Exports
合计	**Total**	**19053**	**19808271**	**317544541**	**152684650**
医药制造业	**Manufacture of Medicines**	**5594**	**1658765**	**23672599**	**1635508**
#化学药品制造	Manufacture of Chemical Medicine	3648	1084677	14491090	1306624
中成药生产	Production of Finished Traditional Chinese Herbal Medicine	1365	304478	5283477	98225
生物药品制造	Manufacture of Biological Medicine	268	108953	998245	79158
航空、航天器及设备制造业	**Manufacture of Aircrafts and Spacecrafts and Related Equipment**	**1212**	**1534201**	**8345907**	**318793**
#飞机制造	Manufacture of Airplanes	888	1242459	7473212	306186
航天器制造	Manufacture of Spacecrafts	145	212558	409290	1850
电子及通信设备制造业	**Manufacture of Electronic Equipment and Communication Equipment**	**9245**	**14286685**	**222507667**	**114293821**
#通信设备制造	Manufacture of Communication Equipment	1476	8054391	126264060	74445956
#通信系统设备制造	Manufacture of Communication System Equipment	756	7043232	44053077	22510970
通信终端设备制造	Manufacture of Communication Terminal Equipment	720	1011159	82210983	51934986
广播电视设备制造	Manufacture of Broadcasting and TV Equipment	360	222771	1225169	357781
雷达及配套设备制造	Manufacture of Radar and Its Fittings	132	115241	1172796	29765
视听设备制造	Manufacture of TV Set and Radio Receiver	1437	1092253	25937198	8022775
电子器件制造	Manufacture of Electronic Appliances	2464	2597829	32400570	16144753
#电子真空器件制造	Manufacture of Electronic Vacuum Appliance	44	15440	68461	5331
半导体分立器件制造	Manufacture of Semiconductor Discreting Appliances	138	64901	493264	130922
集成电路制造	Manufacture of Integrate Circuit	480	807355	5447426	3099531
电子元件制造	Manufacture of Electronic Components	2135	1125947	19740890	10820774
其他电子设备制造	Manufacture of Other Electronic Equipment	456	500496	7232282	3044181
计算机及办公设备制造业	**Manufacture of Computers and Office Equipment**	**1347**	**1414254**	**50383152**	**34436851**
#计算机整机制造	Manufacture of Entired Computer	606	829992	40869850	28439391
计算机零部件制造	Manufacture of Computer Components and Parts	167	133738	1666755	1117482
计算机外围设备制造	Manufacture of Computer Peripheral Equipment	250	175079	4999639	3529265
办公设备制造	Manufacture of Office Equipment	62	73135	1155624	667481
医疗仪器设备及仪器仪表制造业	**Manufacture of Medical Equipments and Measuring Instrument**	**1350**	**688890**	**6474589**	**926626**
1.医疗仪器设备及器械制造	Manufacture of Medical Equipment and Appliance	223	195761	576792	51826
2.仪器仪表制造	Manufacture of Measuring Instrument	1127	493129	5897797	874800
信息化学品制造业	**Manufacture of Electronic Chemicals**	**305**	**225475**	**6160627**	**1073051**

2-4-3 续表 continued

单位：万元 (10000 yuan)

行业	Industry	中型企业 Medium-sized Enterprises 新产品开发项目数(项) New Products (item)	新产品开发经费支出 Expenditure on New Products Development	新产品销售收入 Sales Revenue of New Products	#出口 Exports
合计	**Total**	**25378**	**5937753**	**63570253**	**11190616**
医药制造业	**Manufacture of Medicines**	**8200**	**1490667**	**15735002**	**1536564**
#化学药品制造	Manufacture of Chemical Medicine	4358	711894	7805093	900400
中成药生产	Production of Finished Traditional Chinese Herbal Medicine	1666	269270	3912922	29182
生物药品制造	Manufacture of Biological Medicine	1301	358922	2673944	400217
航空、航天器及设备制造业	**Manufacture of Aircrafts and Spacecrafts and Related Equipment**	**398**	**159127**	**4303686**	**379289**
#飞机制造	Manufacture of Airplanes	140	74853	3404886	122724
航天器制造	Manufacture of Spacecrafts	31	20049	170163	
电子及通信设备制造业	**Manufacture of Electronic Equipment and Communication Equipment**	**11040**	**2895163**	**29571870**	**6762867**
#通信设备制造	Manufacture of Communication Equipment	1452	482014	6276413	840025
#通信系统设备制造	Manufacture of Communication System Equipment	836	254789	3258415	483350
通信终端设备制造	Manufacture of Communication Terminal Equipment	616	227225	3017998	356675
广播电视设备制造	Manufacture of Broadcasting and TV Equipment	588	136167	1633412	208733
雷达及配套设备制造	Manufacture of Radar and Its Fittings	73	25869	165178	560
视听设备制造	Manufacture of TV Set and Radio Receiver	690	220719	2982778	1370445
电子器件制造	Manufacture of Electronic Appliances	2717	709016	6443457	1651480
#电子真空器件制造	Manufacture of Electronic Vacuum Appliance	54	15231	156936	33317
半导体分立器件制造	Manufacture of Semiconductor Discreting Appliances	284	62612	476990	55807
集成电路制造	Manufacture of Integrate Circuit	574	205666	1176479	377761
电子元件制造	Manufacture of Electronic Components	3451	748963	7760867	1950683
其他电子设备制造	Manufacture of Other Electronic Equipment	829	277323	1542470	424155
计算机及办公设备制造业	**Manufacture of Computers and Office Equipment**	**1115**	**325082**	**3069569**	**1152412**
#计算机整机制造	Manufacture of Entired Computer	128	60622	789810	147962
计算机零部件制造	Manufacture of Computer Components and Parts	255	82619	809432	383038
计算机外围设备制造	Manufacture of Computer Peripheral Equipment	306	85779	518266	157792
办公设备制造	Manufacture of Office Equipment	235	44888	448581	168826
医疗仪器设备及仪器仪表制造业	**Manufacture of Medical Equipments and Measuring Instrument**	**4389**	**986532**	**8718299**	**1067431**
1.医疗仪器设备及器械制造	Manufacture of Medical Equipment and Appliance	1068	329658	1928593	406716
2.仪器仪表制造	Manufacture of Measuring Instrument	3321	656874	6789706	660715
信息化学品制造业	**Manufacture of Electronic Chemicals**	**236**	**81182**	**2171829**	**292052**

2-4-4 按行业分国有及国有控股企业高技术产业新产品开发和销售情况(2015年)

New Products Development and Sale in High-tech Industry of State-owned and State-controlled Enterprises by Industrial Sector (2015)

单位：万元 (10000 yuan)

行业	Industry	新产品开发项目数(项) New Products (item)	新产品开发经费支出 Expenditure on New Products Development	新产品销售收入 Sales Revenue of New Products	#出口 Exports
合计	**Total**	**12934**	**6903523**	**68759376**	**12879402**
医药制造业	**Manufacture of Medicines**	**3321**	**553724**	**6518264**	**673729**
#化学药品制造	Manufacture of Chemical Medicine	1926	317363	3475360	572687
中成药生产	Production of Finished Traditional Chinese Herbal Medicine	818	111108	1897932	5361
生物药品制造	Manufacture of Biological Medicine	420	100944	503163	22178
航空、航天器及设备制造业	**Manufacture of Aircrafts and Spacecrafts and Related Equipment**	**1570**	**1651482**	**8623280**	**183709**
#飞机制造	Manufacture of Airplanes	1020	1283797	7362787	170522
航天器制造	Manufacture of Spacecrafts	176	232607	579453	1850
电子及通信设备制造业	**Manufacture of Electronic Equipment and Communication Equipment**	**5315**	**3824181**	**44408379**	**11388901**
#通信设备制造	Manufacture of Communication Equipment	1004	1376272	14282421	5219303
#通信系统设备制造	Manufacture of Communication System Equipment	713	1295060	12990467	5064214
通信终端设备制造	Manufacture of Communication Terminal Equipment	291	81212	1291954	155089
广播电视设备制造	Manufacture of Broadcasting and TV Equipment	307	56666	328711	10842
雷达及配套设备制造	Manufacture of Radar and Its Fittings	174	133630	1206659	6250
视听设备制造	Manufacture of TV Set and Radio Receiver	722	647549	13439201	2123130
电子器件制造	Manufacture of Electronic Appliances	1509	1165540	11971234	3603924
#电子真空器件制造	Manufacture of Electronic Vacuum Appliance	57	6125	22827	1604
半导体分立器件制造	Manufacture of Semiconductor Discreting Appliances	118	14053	143513	5585
集成电路制造	Manufacture of Integrate Circuit	422	247670	1026922	547480
电子元件制造	Manufacture of Electronic Components	1035	184785	1271007	291046
其他电子设备制造	Manufacture of Other Electronic Equipment	245	141584	393711	22504
计算机及办公设备制造业	**Manufacture of Computers and Office Equipment**	**719**	**450649**	**5810362**	**167176**
#计算机整机制造	Manufacture of Entired Computer	361	253721	4207542	23651
计算机零部件制造	Manufacture of Computer Components and Parts	22	6136	100602	48
计算机外围设备制造	Manufacture of Computer Peripheral Equipment	198	86942	772498	100553
办公设备制造	Manufacture of Office Equipment	54	34788	341743	31125
医疗仪器设备及仪器仪表制造业	**Manufacture of Medical Equipments and Measuring Instrument**	**1851**	**366569**	**2281967**	**120423**
1.医疗仪器设备及器械制造	Manufacture of Medical Equipment and Appliance	147	32973	173291	17223
2.仪器仪表制造	Manufacture of Measuring Instrument	1704	333596	2108676	103200
信息化学品制造业	**Manufacture of Electronic Chemicals**	**158**	**56918**	**1117126**	**345464**

2-4-5 按行业和登记注册类型分高技术产业新产品开发和销售情况(2015年)

New Products Development and Sale in High-tech Industry by Industrial Sector and Registration Status(2015)

单位：万元 (10000 yuan)

行业	Industry	内资企业 Domestic Funded			
		新产品开发项目数(项) New Products (item)	新产品开发经费支出 Expenditure on New Products Development	新产品销售收入 Sales Revenue of New Products	#出口 Exports
合计	**Total**	**58435**	**21641229**	**203480856**	**40881748**
医药制造业	**Manufacture of Medicines**	**17643**	**3307386**	**36222274**	**2749613**
#化学药品制造	Manufacture of Chemical Medicine	8774	1579757	17666568	1877573
中成药生产	Production of Finished Traditional Chinese Herbal Medicine	3944	688565	9852858	126794
生物药品制造	Manufacture of Biological Medicine	2499	544985	3845273	433415
航空、航天器及设备制造业	**Manufacture of Aircrafts and Spacecrafts and Related Equipment**	**1797**	**1698843**	**9695475**	**235871**
#飞机制造	Manufacture of Airplanes	1101	1312880	8114985	217653
航天器制造	Manufacture of Spacecrafts	184	233458	584639	1850
电子及通信设备制造业	**Manufacture of Electronic Equipment and Communication Equipment**	**23894**	**13531855**	**126751881**	**34823807**
#通信设备制造	Manufacture of Communication Equipment	3766	7532882	58670387	22903990
#通信系统设备制造	Manufacture of Communication System Equipment	2273	6764145	41223620	19052354
通信终端设备制造	Manufacture of Communication Terminal Equipment	1493	768738	17446766	3851636
广播电视设备制造	Manufacture of Broadcasting and TV Equipment	1278	337866	2410527	322469
雷达及配套设备制造	Manufacture of Radar and Its Fittings	264	153298	1398604	30864
视听设备制造	Manufacture of TV Set and Radio Receiver	1927	893915	16407119	3294885
电子器件制造	Manufacture of Electronic Appliances	5562	2053667	21742990	4444774
#电子真空器件制造	Manufacture of Electronic Vacuum Appliance	172	39166	199867	13581
半导体分立器件制造	Manufacture of Semiconductor Discreting Appliances	553	111039	875237	110107
集成电路制造	Manufacture of Integrate Circuit	1199	539642	2896181	682465
电子元件制造	Manufacture of Electronic Components	5970	1212782	12584730	2144095
其他电子设备制造	Manufacture of Other Electronic Equipment	2181	511490	3454091	560188
计算机及办公设备制造业	**Manufacture of Computers and Office Equipment**	**2863**	**858594**	**9867159**	**853271**
#计算机整机制造	Manufacture of Entired Computer	576	325214	5749991	238962
计算机零部件制造	Manufacture of Computer Components and Parts	479	111358	849131	90349
计算机外围设备制造	Manufacture of Computer Peripheral Equipment	710	197480	1584724	269108
办公设备制造	Manufacture of Office Equipment	484	101204	796960	98010
医疗仪器设备及仪器仪表制造业	**Manufacture of Medical Equipments and Measuring Instrument**	**11529**	**2015901**	**16911929**	**1231601**
1.医疗仪器设备及器械制造	Manufacture of Medical Equipment and Appliance	2443	529705	2714275	271435
2.仪器仪表制造	Manufacture of Measuring Instrument	9086	1486196	14197655	960166
信息化学品制造业	**Manufacture of Electronic Chemicals**	**709**	**228651**	**4032138**	**987586**

2-4-5 续表 1 continued

单位：万元 (10000 yuan)

行业	Industry	#国有企业 State-owned Enterprises 新产品开发项目数(项) New Products (item)	新产品开发经费支出 Expenditure on New Products Development	新产品销售收入 Sales Revenue of New Products	#出口 Exports
合计	**Total**	**1153**	**663763**	**2285848**	**48245**
医药制造业	**Manufacture of Medicines**	**205**	**25678**	**168605**	**169**
#化学药品制造	Manufacture of Chemical Medicine	47	4452	67808	169
中成药生产	Production of Finished Traditional Chinese Herbal Medicine	47	3809	17146	
生物药品制造	Manufacture of Biological Medicine	65	13115	9129	
航空、航天器及设备制造业	**Manufacture of Aircrafts and Spacecrafts and Related Equipment**	**300**	**243937**	**839303**	**10626**
#飞机制造	Manufacture of Airplanes	75	67600	189183	335
航天器制造	Manufacture of Spacecrafts	133	118308	416266	1850
电子及通信设备制造业	**Manufacture of Electronic Equipment and Communication Equipment**	**398**	**278062**	**865860**	**14192**
#通信设备制造	Manufacture of Communication Equipment	133	212119	544456	10394
#通信系统设备制造	Manufacture of Communication System Equipment	103	206549	544456	10394
通信终端设备制造	Manufacture of Communication Terminal Equipment	30	5570		
广播电视设备制造	Manufacture of Broadcasting and TV Equipment				
雷达及配套设备制造	Manufacture of Radar and Its Fittings	19	38391	173264	121
视听设备制造	Manufacture of TV Set and Radio Receiver	6	4155	25630	
电子器件制造	Manufacture of Electronic Appliances	24	5694	64773	33
#电子真空器件制造	Manufacture of Electronic Vacuum Appliance	10	954	3521	
半导体分立器件制造	Manufacture of Semiconductor Discreting Appliances				
集成电路制造	Manufacture of Integrate Circuit	1	2950		
电子元件制造	Manufacture of Electronic Components	209	16064	39907	1427
其他电子设备制造	Manufacture of Other Electronic Equipment				
计算机及办公设备制造业	**Manufacture of Computers and Office Equipment**	**5**	**26511**		
#计算机整机制造	Manufacture of Entired Computer				
计算机零部件制造	Manufacture of Computer Components and Parts				
计算机外围设备制造	Manufacture of Computer Peripheral Equipment	2	26367		
办公设备制造	Manufacture of Office Equipment	3	144		
医疗仪器设备及仪器仪表制造业	**Manufacture of Medical Equipments and Measuring Instrument**	**241**	**87671**	**405072**	**22958**
1.医疗仪器设备及器械制造	Manufacture of Medical Equipment and Appliance	39	12129	134500	6329
2.仪器仪表制造	Manufacture of Measuring Instrument	202	75542	270572	16629
信息化学品制造业	**Manufacture of Electronic Chemicals**	**4**	**1905**	**7008**	**300**

2-4-5 续表 2 continued

单位：万元 (10000 yuan)

行业	Industry	港澳台投资企业 Enterprises with Funds from Hong Kong, Macau and Taiwan			
		新产品开发项目数(项) New Products (item)	新产品开发经费支出 Expenditure on New Products Development	新产品销售收入 Sales Revenue of New Products	#出口 Exports
合计	**Total**	**8620**	**3911063**	**107792559**	**70145419**
医药制造业	**Manufacture of Medicines**	**2418**	**493858**	**5759997**	**315755**
#化学药品制造	Manufacture of Chemical Medicine	1307	276653	3321911	174785
中成药生产	Production of Finished Traditional Chinese Herbal Medicine	474	60849	1248691	5025
生物药品制造	Manufacture of Biological Medicine	476	133006	721973	105893
航空、航天器及设备制造业	**Manufacture of Aircrafts and Spacecrafts and Related Equipment**	**76**	**16709**	**35065**	**4319**
#飞机制造	Manufacture of Airplanes	18	5935	35065	4319
航天器制造	Manufacture of Spacecrafts				
电子及通信设备制造业	**Manufacture of Electronic Equipment and Communication Equipment**	**4530**	**2628577**	**81775563**	**57262141**
#通信设备制造	Manufacture of Communication Equipment	490	700840	50162625	40944675
#通信系统设备制造	Manufacture of Communication System Equipment	167	380356	5479054	3090410
通信终端设备制造	Manufacture of Communication Terminal Equipment	323	320484	44683571	37854265
广播电视设备制造	Manufacture of Broadcasting and TV Equipment	187	53262	729234	166015
雷达及配套设备制造	Manufacture of Radar and Its Fittings	8	653	34775	12589
视听设备制造	Manufacture of TV Set and Radio Receiver	523	373391	8559750	3895789
电子器件制造	Manufacture of Electronic Appliances	1162	543027	7852311	5331584
#电子真空器件制造	Manufacture of Electronic Vacuum Appliance	17	1157	19636	10074
半导体分立器件制造	Manufacture of Semiconductor Discreting Appliances	68	13332	136269	64888
集成电路制造	Manufacture of Integrate Circuit	265	153463	1561062	726594
电子元件制造	Manufacture of Electronic Components	1500	601719	9052822	5316753
其他电子设备制造	Manufacture of Other Electronic Equipment	287	215108	3809648	1025234
计算机及办公设备制造业	**Manufacture of Computers and Office Equipment**	**475**	**461952**	**15486553**	**12019134**
#计算机整机制造	Manufacture of Entired Computer	76	216652	9970924	7448694
计算机零部件制造	Manufacture of Computer Components and Parts	148	75396	1338560	1020850
计算机外围设备制造	Manufacture of Computer Peripheral Equipment	186	95272	3997011	3417363
办公设备制造	Manufacture of Office Equipment	37	8703	169861	127552
医疗仪器设备及仪器仪表制造业	**Manufacture of Medical Equipments and Measuring Instrument**	**1014**	**203560**	**1625142**	**306106**
1.医疗仪器设备及器械制造	Manufacture of Medical Equipment and Appliance	345	64228	365314	86139
2.仪器仪表制造	Manufacture of Measuring Instrument	669	139332	1259828	219968
信息化学品制造业	**Manufacture of Electronic Chemicals**	**107**	**106407**	**3110239**	**237964**

2-4-5 续表 3 continued

单位：万元 (10000 yuan)

行业	Industry	外商投资企业 Foreign Funded Enterprises			
		新产品开发项目数(项) New Products (item)	新产品开发经费支出 Expenditure on New Products Development	新产品销售收入 Sales Revenue of New Products	#出口 Exports
合计	**Total**	**10112**	**4753550**	**102861490**	**56548295**
医药制造业	**Manufacture of Medicines**	**2045**	**478241**	**5380403**	**660135**
#化学药品制造	Manufacture of Chemical Medicine	1162	306436	4347594	425486
中成药生产	Production of Finished Traditional Chinese Herbal Medicine	277	55735	341037	14537
生物药品制造	Manufacture of Biological Medicine	389	83553	358419	103191
航空、航天器及设备制造业	**Manufacture of Aircrafts and Spacecrafts and Related Equipment**	**107**	**56470**	**4070804**	**481844**
#飞机制造	Manufacture of Airplanes	38	28255	3581492	225750
航天器制造	Manufacture of Spacecrafts				
电子及通信设备制造业	**Manufacture of Electronic Equipment and Communication Equipment**	**5225**	**2977735**	**58475135**	**31184204**
#通信设备制造	Manufacture of Communication Equipment	820	639285	25772564	11610737
#通信系统设备制造	Manufacture of Communication System Equipment	490	339308	1744543	894515
通信终端设备制造	Manufacture of Communication Terminal Equipment	330	299978	24028021	10716222
广播电视设备制造	Manufacture of Broadcasting and TV Equipment	190	88660	637624	252146
雷达及配套设备制造	Manufacture of Radar and Its Fittings	1	214		
视听设备制造	Manufacture of TV Set and Radio Receiver	449	138079	4905432	2451380
电子器件制造	Manufacture of Electronic Appliances	1500	1151519	12534794	8549534
#电子真空器件制造	Manufacture of Electronic Vacuum Appliance	26	3349	68136	23208
半导体分立器件制造	Manufacture of Semiconductor Discreting Appliances	169	52992	316097	49447
集成电路制造	Manufacture of Integrate Circuit	425	480112	2929529	2260601
电子元件制造	Manufacture of Electronic Components	1644	574436	9617064	5917175
其他电子设备制造	Manufacture of Other Electronic Equipment	276	254354	3203637	2044253
计算机及办公设备制造业	**Manufacture of Computers and Office Equipment**	**719**	**624097**	**29586816**	**22943252**
#计算机整机制造	Manufacture of Entired Computer	236	378092	26233268	20946391
计算机零部件制造	Manufacture of Computer Components and Parts	154	69668	578106	442688
计算机外围设备制造	Manufacture of Computer Peripheral Equipment	94	29525	314458	43295
办公设备制造	Manufacture of Office Equipment	111	42501	937157	674396
医疗仪器设备及仪器仪表制造业	**Manufacture of Medical Equipments and Measuring Instrument**	**1887**	**547778**	**3255512**	**1020089**
1.医疗仪器设备及器械制造	Manufacture of Medical Equipment and Appliance	649	222263	720078	257984
2.仪器仪表制造	Manufacture of Measuring Instrument	1238	325515	2535434	762105
信息化学品制造业	**Manufacture of Electronic Chemicals**	**129**	**69230**	**2092820**	**258770**

2-4-6 按地区和企业规模分高技术产业新产品开发和销售情况(2015年)

New Products Development and Sale in High-tech Industry by Region and Industrial Sector(2015)

单位：万元 (10000 yuan)

地区	Region	大型企业 Large-sized Enterprises			
		新产品开发项目数(项) New Products (item)	新产品开发经费支出 Expenditure on New Products Development	新产品销售收入 Sales Revenue of New Products	#出口 Exports
全国	**Total**	**19053**	**19808271**	**317544541**	**152684650**
东部地区	Eastern Region	13915	16005459	242991729	111047849
中部地区	Middle Region	2091	1768643	47366887	31268682
西部地区	Western Region	2119	1539716	23058281	10190592
东北地区	Northeaastern Region	928	494453	4127644	177527
北京	Beijing	735	702728	10243001	735836
天津	Tianjin	472	428901	11838880	8315388
河北	Hebei	549	207556	2370680	343655
山西	Shanxi	56	18341	375941	6486
内蒙古	Inner Mongolia	17	12249	250630	220837
辽宁	Liaoning	256	298778	3040309	119850
吉林	Jilin	186	55036	550896	28948
黑龙江	Heilongjiang	486	140639	536439	28729
上海	Shanghai	966	1033021	6846822	3979472
江苏	Jiangsu	2879	2233713	59088643	32818550
浙江	Zhejiang	1231	978485	13030168	2990002
安徽	Anhui	360	428676	5657612	1402580
福建	Fujian	439	579996	9998586	6871783
江西	Jiangxi	469	117665	2267814	502911
山东	Shandong	2718	1196003	22851057	4264266
河南	Henan	385	206555	27668128	26307249
湖北	Hubei	591	682857	5021064	348452
湖南	Hunan	230	314549	6376328	2701005
广东	Guangdong	3923	8644779	106723891	50728897
广西	Guangxi	67	15933	255139	34458
海南	Hainan	3	278		
重庆	Chongqing	397	105931	10388476	8776915
四川	Sichuan	480	612067	7830788	263350
贵州	Guizhou	473	121001	592060	2917
云南	Yunnan	92	9509	27367	
西藏	Tibet				
陕西	Shaanxi	493	633815	2857091	733468
甘肃	Gansu	71	20094	357290	151273
青海	Qinghai				
宁夏	Ningxia	27	8740	284914	7374
新疆	Xinjiang	2	376	214527	

2-4-6 续表 continued

单位：万元 (10000 yuan)

地区	Region	中型企业 Medium-sized Enterprises			
		新产品开发项目数（项） New Products (item)	新产品开发经费支出 Expenditure on New Products Development	新产品销售收入 Sales Revenue of New Products	#出口 Exports
全国	**Total**	**25378**	**5937753**	**63570253**	**11190616**
东部地区	Eastern Region	19072	4612052	49114016	9777221
中部地区	Middle Region	2949	656247	8051761	743214
西部地区	Western Region	2599	546407	5356297	606025
东北地区	Northeaastern Region	758	123047	1048180	64155
北京	Beijing	1560	435414	3157050	470676
天津	Tianjin	538	122226	4471055	205946
河北	Hebei	395	82337	703200	65277
山西	Shanxi	125	20455	171332	101
内蒙古	Inner Mongolia	41	6041	141084	
辽宁	Liaoning	261	57492	342989	23513
吉林	Jilin	272	33053	615014	39230
黑龙江	Heilongjiang	225	32503	90177	1413
上海	Shanghai	1248	427609	2555796	694300
江苏	Jiangsu	4349	1112867	12861348	2319248
浙江	Zhejiang	2865	492115	8653060	1884958
安徽	Anhui	723	126538	1639228	209299
福建	Fujian	792	190266	1646779	320423
江西	Jiangxi	434	85469	823674	96128
山东	Shandong	1579	390152	2718332	367139
河南	Henan	553	129944	887998	50126
湖北	Hubei	612	134443	1861193	77383
湖南	Hunan	502	159398	2668335	310177
广东	Guangdong	5472	1331450	12227948	3449106
广西	Guangxi	162	26465	371208	81696
海南	Hainan	274	27617	119448	150
重庆	Chongqing	572	152841	2228151	226660
四川	Sichuan	835	171230	1440044	215523
贵州	Guizhou	295	46778	215429	72
云南	Yunnan	176	28080	228773	12570
西藏	Tibet	1	137		
陕西	Shaanxi	331	91798	425027	3420
甘肃	Gansu	32	6201	102610	26382
青海	Qinghai	16	4278	44396	
宁夏	Ningxia	104	8241	149247	39702
新疆	Xinjiang	34	4319	10329	

2-4-7 各地区国有及国有控股企业高技术产业新产品开发和销售情况(2015年)

New Products Development and Sale in High-tech Industry of State-owned and State-controlled Enterprises by Region (2015)

单位：万元 (10000 yuan)

地区	Region	新产品开发项目数(项) New Products (item)	新产品开发经费支出 Expenditure on New Products Development	新产品销售收入 Sales Revenue of New Products	#出口 Exports
全国	**Total**	**12934**	**6903523**	**68759376**	**12879402**
东部地区	Eastern Region	7741	3974685	43520862	11253674
中部地区	Middle Region	1682	1154172	9550975	836717
西部地区	Western Region	2697	1344991	12150402	671942
东北地区	Northeaastern Region	814	429675	3537137	117070
北京	Beijing	1541	589678	4045763	417655
天津	Tianjin	875	384428	2149319	114432
河北	Hebei	276	95148	980885	162739
山西	Shanxi	42	12183	238893	6486
内蒙古	Inner Mongolia	24	11985	262605	220837
辽宁	Liaoning	266	256871	3073907	114073
吉林	Jilin	75	12586	47430	617
黑龙江	Heilongjiang	473	160219	415800	2380
上海	Shanghai	760	432283	1255012	99744
江苏	Jiangsu	1036	278811	5005995	1280175
浙江	Zhejiang	483	112624	3479403	784036
安徽	Anhui	424	303044	3258642	453598
福建	Fujian	197	155821	1236145	91490
江西	Jiangxi	121	24013	1092081	13618
山东	Shandong	1235	570702	9535052	1575578
河南	Henan	262	91286	823814	148278
湖北	Hubei	572	606429	3410531	213235
湖南	Hunan	261	117217	727015	1502
广东	Guangdong	1286	1348598	15832656	6727825
广西	Guangxi	41	6048	121663	
海南	Hainan	52	6593	631	
重庆	Chongqing	435	71827	1348270	89422
四川	Sichuan	775	514057	7580224	308357
贵州	Guizhou	642	149275	580494	2989
云南	Yunnan	117	19382	82359	6559
西藏	Tibet	1	137		
陕西	Shaanxi	593	558113	2084734	43778
甘肃	Gansu	52	10739	67229	
青海	Qinghai	1	603	10825	
宁夏	Ningxia	4	146		
新疆	Xinjiang	12	2678	11998	

2-4-8 按地区和登记注册类型分高技术产业新产品开发和销售情况(2015年)

New Products Development and Sale in High-tech Industry by Region and Registration Status (2015)

单位：万元 (10000 yuan)

地 区	Region	内资企业 Domestic Funded			
		新产品开发项目数(项) New Products (item)	新产品开发经费支出 Expenditure on New Products Development	新产品销售收入 Sales Revenue of New Products	#出口 Exports
全 国	**Total**	**58435**	**21641229**	**203480856**	**40881748**
东部地区	Eastern Region	41095	16275127	154405554	37576417
中部地区	Middle Region	8353	2566051	24944337	1931391
西部地区	Western Region	6789	2148332	18793511	1156245
东北地区	Northeaastern Region	2198	651719	5337454	217696
北 京	Beijing	3444	903720	6153514	201184
天 津	Tianjin	1638	531665	3799106	139395
河 北	Hebei	1034	220987	2013197	287336
山 西	Shanxi	310	48448	614212	19363
内蒙古	Inner Mongolia	116	28593	306529	220839
辽 宁	Liaoning	791	351398	3542253	150106
吉 林	Jilin	599	105910	1218484	65154
黑龙江	Heilongjiang	808	194411	576717	2436
上 海	Shanghai	1769	634171	2667764	468633
江 苏	Jiangsu	8401	2198340	29466813	3162500
浙 江	Zhejiang	7492	1246547	17760535	3566473
安 徽	Anhui	2294	643681	6225499	460862
福 建	Fujian	1413	362979	2696811	441366
江 西	Jiangxi	1192	237540	3485373	511886
山 东	Shandong	5414	1600096	17716124	2356292
河 南	Henan	1286	319938	2540603	223012
湖 北	Hubei	1954	897781	6422826	367946
湖 南	Hunan	1317	418663	5655824	348322
广 东	Guangdong	10206	8541438	72073426	26953088
广 西	Guangxi	382	58546	740786	113180
海 南	Hainan	284	35184	58265	150
重 庆	Chongqing	1415	273265	3020018	180237
四 川	Sichuan	2069	810917	9559271	344354
贵 州	Guizhou	859	186766	990002	3718
云 南	Yunnan	386	60108	292713	12272
西 藏	Tibet	9	1631	335	
陕 西	Shaanxi	1095	658189	2661026	55355
甘 肃	Gansu	179	37185	496232	177655
青 海	Qinghai	19	4612	55221	
宁 夏	Ningxia	186	20699	417348	47048
新 疆	Xinjiang	74	7823	254031	1587

2-4-8 续表 1 continued

单位：万元 (10000 yuan)

地 区	Region	#国有企业 State-owned Enterprises 新产品开发项目数(项) New Products (item)	新产品开发经费支出 Expenditure on New Products Development	新产品销售收入 Sales Revenue of New Products	#出口 Exports
全 国	**Total**	**1153**	**663763**	**2285848**	**48245**
东部地区	Eastern Region	416	154971	939552	19861
中部地区	Middle Region	199	271903	806170	22213
西部地区	Western Region	511	219043	519991	6170
东北地区	Northeaastern Region	27	17847	20135	
北 京	Beijing	125	36059	250341	169
天 津	Tianjin	10	32646	58793	
河 北	Hebei	16	1564	52376	148
山 西	Shanxi	10	364	387	
内 蒙 古	Inner Mongolia				
辽 宁	Liaoning				
吉 林	Jilin				
黑 龙 江	Heilongjiang	27	17847	20135	
上 海	Shanghai	71	27569	149027	2163
江 苏	Jiangsu	73	29518	183859	10752
浙 江	Zhejiang	20	2511	39979	300
安 徽	Anhui	56	24820	45800	2217
福 建	Fujian	1	2950		
江 西	Jiangxi	2	89	124	
山 东	Shandong	69	16458	138194	6329
河 南	Henan	9	10766	84930	
湖 北	Hubei	96	233133	667470	19996
湖 南	Hunan	26	2730	7459	
广 东	Guangdong	1	126	66984	
广 西	Guangxi	16	2909	3946	
海 南	Hainan	30	5570		
重 庆	Chongqing	50	6937	37029	953
四 川	Sichuan	159	43325	103318	259
贵 州	Guizhou	106	13314	61674	20
云 南	Yunnan	52	8456	19170	
西 藏	Tibet				
陕 西	Shaanxi	127	143650	294855	4939
甘 肃	Gansu	1	452		
青 海	Qinghai				
宁 夏	Ningxia				
新 疆	Xinjiang				

2-4-8 续表 2 continued

单位：万元 (10000 yuan)

地 区	Region	港澳台投资企业 Enterprises with Funds from Hong Kong, Macau and Taiwan 新产品开发项目数(项) New Products (item)	新产品开发经费支出 Expenditure on New Products Development	新产品销售收入 Sales Revenue of New Products	#出口 Exports
全 国	**Total**	**8620**	**3911063**	**107792559**	**70145419**
东部地区	Eastern Region	7476	3324852	66004839	34555420
中部地区	Middle Region	671	413745	35281358	29946290
西部地区	Western Region	308	143740	6334555	5631051
东北地区	Northeaastern Region	165	28726	171807	12658
北 京	Beijing	510	284388	8616215	785231
天 津	Tianjin	115	50340	1692511	1538591
河 北	Hebei	199	72708	717297	41666
山 西	Shanxi	10	1831	55294	
内蒙古	Inner Mongolia			118000	
辽 宁	Liaoning	118	26698	131927	12306
吉 林	Jilin	36	917	39880	353
黑龙江	Heilongjiang	11	1111		
上 海	Shanghai	581	260114	2425630	1573144
江 苏	Jiangsu	1762	651531	13714330	5808668
浙 江	Zhejiang	787	424313	3978417	1114104
安 徽	Anhui	113	69532	2374229	1171103
福 建	Fujian	423	296992	6171872	4464703
江 西	Jiangxi	110	21635	142041	39657
山 东	Shandong	172	45726	591684	12427
河 南	Henan	195	73481	26286208	26141354
湖 北	Hubei	114	34237	1273631	56031
湖 南	Hunan	129	213029	5149954	2538146
广 东	Guangdong	2903	1237348	28032889	19216886
广 西	Guangxi	34	7095	63351	10524
海 南	Hainan	24	1394	63995	
重 庆	Chongqing	65	40939	5843364	5602643
四 川	Sichuan	30	61820	37866	7538
贵 州	Guizhou	9	1966	9610	
云 南	Yunnan	87	7860	180103	8186
西 藏	Tibet				
陕 西	Shaanxi	29	7148	44950	2132
甘 肃	Gansu				
青 海	Qinghai	5	15334		
宁 夏	Ningxia	49	1578	37311	28
新 疆	Xinjiang				

2-4-8 续表 3 continued

单位：万元 (10000 yuan)

地区	Region	外商投资企业 Foreign Funded Enterprises			
		新产品开发项目数(项) New Products (item)	新产品开发经费支出 Expenditure on New Products Development	新产品销售收入 Sales Revenue of New Products	#出口 Exports
全　国	**Total**	**10112**	**4753550**	**102861490**	**56548295**
东部地区	Eastern Region	9113	4344696	95133592	51896239
中部地区	Middle Region	356	118603	2012639	500127
西部地区	Western Region	421	216629	5467976	4097575
东北地区	Northeaastern Region	222	73623	247283	54355
北　京	Beijing	536	309904	1208363	414410
天　津	Tianjin	193	108945	11976357	6909222
河　北	Hebei	168	49429	680100	100459
山　西	Shanxi	5	3038	480	480
内蒙古	Inner Mongolia				
辽　宁	Liaoning	63	57994	38022	17972
吉　林	Jilin	52	2865	24854	7655
黑龙江	Heilongjiang	107	12763	184407	28729
上　海	Shanghai	1178	760771	5260822	2838308
江　苏	Jiangsu	2857	1354241	35256462	26822206
浙　江	Zhejiang	1112	268372	5386411	1227548
安　徽	Anhui	80	12459	107423	39360
福　建	Fujian	311	252825	3585273	2392052
江　西	Jiangxi	75	33988	612813	76065
山　东	Shandong	696	305652	8594039	2335100
河　南	Henan	59	12031	118324	22868
湖　北	Hubei	99	39157	462305	70418
湖　南	Hunan	38	17928	711294	290937
广　东	Guangdong	2018	928536	23182265	8856935
广　西	Guangxi	21	4946	13158	3
海　南	Hainan	44	6023	3499	
重　庆	Chongqing	109	31216	4241660	3242698
四　川	Sichuan	171	42486	348516	152965
贵　州	Guizhou	12	2302		
云　南	Yunnan	27	4984	14372	113
西　藏	Tibet				
陕　西	Shaanxi	74	129664	850271	701796
甘　肃	Gansu				
青　海	Qinghai				
宁　夏	Ningxia				
新　疆	Xinjiang	7	1030		

2-4-9 按地区和行业分高技术产业新产品开发和销售情况(2015年)

New Products Development and Sale in High-tech Industry by Region and Industrial Sector (2015)

单位：万元 (10000 yuan)

地 区	Region	医药制造业 Medical and Pharmaceutical Products Manufacturing			
		新产品开发项目数(项) New Products (item)	新产品开发经费支出 Expenditure on New Products Development	新产品销售收入 Sales Revenue of New Products	#出口 Exports
全 国	**Total**	**22106**	**4279485**	**47362675**	**3725503**
东部地区	Eastern Region	14396	2917373	32613370	2939431
中部地区	Middle Region	3451	666757	8699195	525216
西部地区	Western Region	2988	508587	4361826	181552
东北地区	Northeaastern Region	1271	186769	1688284	79304
北 京	Beijing	1222	224228	1535064	16685
天 津	Tianjin	569	93001	1726554	130158
河 北	Hebei	755	174630	1940803	213784
山 西	Shanxi	198	30753	546044	9695
内蒙古	Inner Mongolia	92	17186	46984	
辽 宁	Liaoning	302	48964	337824	34653
吉 林	Jilin	536	92625	1115892	43055
黑龙江	Heilongjiang	433	45180	234569	1597
上 海	Shanghai	978	212466	1877409	87853
江 苏	Jiangsu	2694	657772	7807447	515495
浙 江	Zhejiang	2456	298004	4495062	1200572
安 徽	Anhui	756	117261	1172979	96189
福 建	Fujian	444	60778	674058	31368
江 西	Jiangxi	520	78930	922962	85017
山 东	Shandong	2722	756621	8514897	659870
河 南	Henan	548	127531	955823	78886
湖 北	Hubei	886	173693	2959834	174656
湖 南	Hunan	543	138589	2141552	80774
广 东	Guangdong	2246	410812	3919143	83497
广 西	Guangxi	224	35776	508554	41696
海 南	Hainan	310	29061	122934	150
重 庆	Chongqing	690	97703	1600237	80657
四 川	Sichuan	697	157760	756690	9561
贵 州	Guizhou	209	34460	355657	1
云 南	Yunnan	397	55669	347362	780
西 藏	Tibet	9	1631	335	
陕 西	Shaanxi	311	69291	374437	1789
甘 肃	Gansu	108	21021	122036	21
青 海	Qinghai	14	310	48325	
宁 夏	Ningxia	175	11267	176260	47048
新 疆	Xinjiang	62	6512	24948	

2-4-9 续表 1 continued

单位：万元 (10000 yuan)

地　区	Region	航空、航天器及设备制造业 Manufacture of Aircrafts and Spacecrafts and Related Equipment			
		新产品开发项目数(项) New Products (item)	新产品开发经费支出 Expenditure on New Products Development	新产品销售收入 Sales Revenue of New Products	#出口 Exports
全　国	**Total**	**1980**	**1772021**	**13801343**	**722034**
东部地区	Eastern Region	621	610301	6334341	542584
中部地区	Middle Region	222	163073	1295408	11044
西部地区	Western Region	694	700377	3636313	159730
东北地区	Northeaastern Region	443	298270	2535281	8677
北　京	Beijing	175	158182	378786	3955
天　津	Tianjin	41	206015	3498045	698
河　北	Hebei	14	8445	76111	115
山　西	Shanxi				
内蒙古	Inner Mongolia				
辽　宁	Liaoning	104	168637	2174314	8677
吉　林	Jilin				
黑龙江	Heilongjiang	339	129633	360967	
上　海	Shanghai	87	140549	420434	
江　苏	Jiangsu	170	59801	1462839	274791
浙　江	Zhejiang	22	1905	19976	7040
安　徽	Anhui	7	563	4738	6
福　建	Fujian	1	185		
江　西	Jiangxi	28	12599	780907	4249
山　东	Shandong	35	9979	35016	1785
河　南	Henan	49	45904	216492	
湖　北	Hubei	105	45310	129444	6789
湖　南	Hunan	33	58698	163827	
广　东	Guangdong	76	25241	443135	254200
广　西	Guangxi				
海　南	Hainan				
重　庆	Chongqing				
四　川	Sichuan	188	104054	1534671	135701
贵　州	Guizhou	242	118779	403194	581
云　南	Yunnan	1	770		
西　藏	Tibet				
陕　西	Shaanxi	263	476774	1698448	23448
甘　肃	Gansu				
青　海	Qinghai				
宁　夏	Ningxia				
新　疆	Xinjiang				

2-4-9 续表 2 continued

单位：万元 (10000 yuan)

地 区	Region	电子及通信设备制造业 Manufacture of Electronic Equipment and Communication Equipment 新产品开发项目数(项) New Products (item)	新产品开发经费支出 Expenditure on New Products Development	新产品销售收入 Sales Revenue of New Products	#出口 Exports
全 国	**Total**	**33649**	**19138167**	**267002580**	**123270151**
东部地区	Eastern Region	26861	16187623	209164922	91230055
中部地区	Middle Region	3825	1848290	46038256	30513554
西部地区	Western Region	2501	931893	10780617	1363741
东北地区	Northeaastern Region	462	170360	1018784	162802
北 京	Beijing	1497	633220	9258598	669089
天 津	Tianjin	860	264936	10451792	7327637
河 北	Hebei	329	119270	984195	183170
山 西	Shanxi	71	8908	81328	10148
内蒙古	Inner Mongolia	1	60	121185	
辽 宁	Liaoning	305	149576	762038	104934
吉 林	Jilin	112	14170	138172	30106
黑龙江	Heilongjiang	45	6614	118574	27761
上 海	Shanghai	1495	988858	6879185	4330645
江 苏	Jiangsu	5884	2228050	37172162	14802694
浙 江	Zhejiang	3970	1247016	17025107	4034580
安 徽	Anhui	1313	510303	5502686	576528
福 建	Fujian	1131	590248	9169582	5630514
江 西	Jiangxi	623	162936	1898331	497790
山 东	Shandong	1712	661011	7307782	2910269
河 南	Henan	420	139841	26785386	26154120
湖 北	Hubei	799	670915	3981793	237699
湖 南	Hunan	599	355387	7788733	3037269
广 东	Guangdong	9952	9442989	110916519	51341458
广 西	Guangxi	102	16259	84443	882
海 南	Hainan	31	12027		
重 庆	Chongqing	396	123529	1377583	137123
四 川	Sichuan	1083	535940	7263619	340870
贵 州	Guizhou	414	35537	197989	3119
云 南	Yunnan	25	4248	48956	8186
西 藏	Tibet				
陕 西	Shaanxi	418	198081	1338414	720701
甘 肃	Gansu	56	14311	333588	151273
青 海	Qinghai	3	3617	6896	
宁 夏	Ningxia				
新 疆	Xinjiang	3	311	7944	1587

2-4-9 续表 3 continued

单位：万元 (10000 yuan)

地 区	Region	计算机及办公设备制造业 Manufacture of Computer and Office Equipments			
		新产品开发项目数（项）New Products (item)	新产品开发经费支出 Expenditure on New Products Development	新产品销售收入 Sales Revenue of New Products	#出口 Exports
全 国	**Total**	**4057**	**1944643**	**54940528**	**35815657**
东部地区	Eastern Region	3543	1663543	43358912	25962739
中部地区	Middle Region	259	103379	2056612	976403
西部地区	Western Region	201	163743	9460844	8870219
东北地区	Northeaastern Region	54	13978	64160	6296
北 京	Beijing	249	227290	3030101	416365
天 津	Tianjin	69	26880	1375575	1086734
河 北	Hebei	21	1346	2131	29
山 西	Shanxi	2	126		
内蒙古	Inner Mongolia	10	221	3000	
辽 宁	Liaoning	23	9707	47553	6296
吉 林	Jilin	1	619	16607	
黑龙江	Heilongjiang	30	3653		
上 海	Shanghai	154	90928	390954	293361
江 苏	Jiangsu	533	342944	20353690	18876893
浙 江	Zhejiang	334	29847	563925	78257
安 徽	Anhui	96	56978	1634226	968697
福 建	Fujian	274	219632	2430159	1564537
江 西	Jiangxi	25	1935	30340	3086
山 东	Shandong	607	295258	9581502	912730
河 南	Henan	33	7262	91367	296
湖 北	Hubei	22	6359	23468	
湖 南	Hunan	81	30720	277211	4325
广 东	Guangdong	1302	429419	5630875	2733834
广 西	Guangxi	15	3610	155392	74457
海 南	Hainan				
重 庆	Chongqing	106	67212	9209420	8791378
四 川	Sichuan	46	86512	47292	
贵 州	Guizhou				
云 南	Yunnan	19	4638	41557	4384
西 藏	Tibet				
陕 西	Shaanxi	5	1550	4184	
甘 肃	Gansu				
青 海	Qinghai				
宁 夏	Ningxia				
新 疆	Xinjiang				

2-4-9 续表 4 continued

单位：万元 (10000 yuan)

地 区	Region	医疗仪器设备及仪器仪表制造业 Manufacture of Medical Equipments and Measuring Instrument			
		新产品开发项目数（项） New Products (item)	新产品开发经费支出 Expenditure on New Products Development	新产品销售收入 Sales Revenue of New Products	#出口 Exports
全 国	**Total**	**14430**	**2767238**	**21792583**	**2557796**
东部地区	Eastern Region	11531	2270121	17780726	2331900
中部地区	Middle Region	1474	259671	2629024	142679
西部地区	Western Region	1076	156229	1017008	67379
东北地区	Northeaastern Region	349	81217	365824	15839
北 京	Beijing	1327	252848	1713336	259949
天 津	Tianjin	389	93205	299164	26626
河 北	Hebei	251	29121	187528	14103
山 西	Shanxi	53	13407	42615	
内 蒙 古	Inner Mongolia	5	6426	2730	2
辽 宁	Liaoning	232	55736	306263	14032
吉 林	Jilin	38	2277	12547	
黑 龙 江	Heilongjiang	79	23204	47014	1807
上 海	Shanghai	798	217558	681589	96745
江 苏	Jiangsu	3434	745455	7477361	585172
浙 江	Zhejiang	2520	322194	3994250	576403
安 徽	Anhui	297	38320	361849	29371
福 建	Fujian	285	39939	165025	69899
江 西	Jiangxi	153	21670	190918	11083
山 东	Shandong	1075	190869	1202709	101106
河 南	Henan	464	72089	553780	83652
湖 北	Hubei	293	51165	418284	13982
湖 南	Hunan	214	63018	1061579	4591
广 东	Guangdong	1441	377420	2056938	601898
广 西	Guangxi	95	14723	60205	6672
海 南	Hainan				
		11	1514	2825	
重 庆	Chongqing	395	55898	471071	16419
四 川	Sichuan	245	28478	182731	2848
贵 州	Guizhou	15	2259	42772	18
云 南	Yunnan	53	6994	44261	7220
西 藏	Tibet				
陕 西	Shaanxi	192	34666	125103	7809
甘 肃	Gansu	15	1853	40608	26361
青 海	Qinghai	1	81		
宁 夏	Ningxia	53	4227	41327	28
新 疆	Xinjiang	7	624	6200	

2-4-9 续表 5 continued

单位：万元 (10000 yuan)

地区	Region	信息化学品制造业 Manufacture of Electronic Chemicals			
		新产品开发项目数(项) New Products (item)	新产品开发经费支出 Expenditure on New Products Development	新产品销售收入 Sales Revenue of New Products	#出口 Exports
全国	**Total**	**945**	**404288**	**9235197**	**1484320**
东部地区	Eastern Region	732	295715	6291714	1021366
中部地区	Middle Region	149	57230	1519839	208912
西部地区	Western Region	58	47871	1339434	242250
东北地区	Northeaastern Region	6	3472	84210	11792
北京	Beijing	20	2244	62207	34782
天津	Tianjin	18	6914	116844	15356
河北	Hebei	31	10313	219827	18260
山西	Shanxi	1	123		
内蒙古	Inner Mongolia	8	4700	250630	220837
辽宁	Liaoning	6	3472	84210	11792
吉林	Jilin				
黑龙江	Heilongjiang				
上海	Shanghai	16	4697	104644	71481
江苏	Jiangsu	305	170090	4164107	738330
浙江	Zhejiang	89	40266	1027042	11272
安徽	Anhui	18	2248	30674	534
福建	Fujian	12	2014	15132	1804
江西	Jiangxi	28	15094	416768	26383
山东	Shandong	131	37737	259941	118060
河南	Henan	26	12824	342287	70280
湖北	Hubei	62	23733	645939	61268
湖南	Hunan	14	3208	84170	50447
广东	Guangdong	110	21441	321969	12022
广西	Guangxi	1	219	8700	
海南	Hainan				
重庆	Chongqing	2	1077	446730	
四川	Sichuan	11	2478	160650	15877
贵州	Guizhou				
云南	Yunnan	5	633	5053	
西藏	Tibet				
陕西	Shaanxi	9	14638	15660	5536
甘肃	Gansu				
青海	Qinghai	6	15937		
宁夏	Ningxia	7	6782	237072	
新疆	Xinjiang	9	1406	214939	

2-5-1 按行业分高技术产业专利情况(2015年)
Statistics on Patents in High-tech Industry by Industrial Sector(2015)

单位：件 (piece)

行　业	Industry	专利申请数 Patent Applications	#发明专利 Invention Patents	有效发明专利数 Number of Patents In Force
合计	**Total**	**158463**	**88294**	**241404**
医药制造业	**Manufacture of Medicines**	**16020**	**10019**	**31259**
#化学药品制造	Manufacture of Chemical Medicine	6731	4500	14389
中成药生产	Production of Finished Traditional Chinese Herbal Medicine	3011	1869	9055
生物药品制造	Manufacture of Biological Medicine	2638	1770	4224
航空、航天器及设备制造业	**Manufacture of Aircrafts and Spacecrafts and Related Equipment**	**6279**	**3572**	**6234**
#飞机制造	Manufacture of Airplanes	4551	2673	3820
航天器制造	Manufacture of Spacecrafts	716	448	1125
电子及通信设备制造业	**Manufacture of Electronic Equipment and Communication Equipment**	**97956**	**56951**	**167800**
#通信设备制造	Manufacture of Communication Equipment	31503	25051	104204
#通信系统设备制造	Manufacture of Communication System Equipment	21884	18268	96681
通信终端设备制造	Manufacture of Communication Terminal Equipment	9619	6783	7523
广播电视设备制造	Manufacture of Broadcasting and TV Equipment	3948	1595	2791
雷达及配套设备制造	Manufacture of Radar and Its Fittings	868	431	1021
视听设备制造	Manufacture of TV Set and Radio Receiver	6932	3156	6223
电子器件制造	Manufacture of Electronic Appliances	26239	15229	29089
#电子真空器件制造	Manufacture of Electronic Vacuum Appliance	232	71	338
半导体分立器件制造	Manufacture of Semiconductor Discreting Appliances	1794	678	1696
集成电路制造	Manufacture of Integrate Circuit	5768	4384	9103
电子元件制造	Manufacture of Electronic Components	13830	5353	12594
其他电子设备制造	Manufacture of Other Electronic Equipment	6458	2614	5532
计算机及办公设备制造业	**Manufacture of Computers and Office Equipment**	**12159**	**7663**	**9832**
#计算机整机制造	Manufacture of Entired Computer	6872	5405	3228
计算机零部件制造	Manufacture of Computer Components and Parts	1201	377	1340
计算机外围设备制造	Manufacture of Computer Peripheral Equipment	1987	760	2788
办公设备制造	Manufacture of Office Equipment	1152	559	899
医疗仪器设备及仪器仪表制造业	**Manufacture of Medical Equipments and Measuring Instrument**	**24260**	**9135**	**24140**
1.医疗仪器设备及器械制造	Manufacture of Medical Equipment and Appliance	7270	2811	8013
2.仪器仪表制造	Manufacture of Measuring Instrument	16990	6324	16127
信息化学品制造业	**Manufacture of Electronic Chemicals**	**1789**	**954**	**2139**

2-5-2 各地区高技术产业专利情况(2015年)
Statistics on Patents in High-tech Industry by Region(2015)

单位：件 (piece)

地　区	Region	专利申请数 Patent Applications	#发明专利 Invention Patents	有效发明专利数 Number of Patents In Force
全　国	**Total**	**158463**	**88294**	**241404**
东部地区	Eastern Region	122557	70140	203837
中部地区	Middle Region	18393	9535	17515
西部地区	Western Region	13722	6436	15343
东北地区	Northeaastern Region	3791	2183	4709
北　京	Beijing	7837	5305	13044
天　津	Tianjin	3131	1705	5023
河　北	Hebei	1172	652	1899
山　西	Shanxi	233	134	585
内蒙古	Inner Mongolia	125	60	121
辽　宁	Liaoning	2383	1407	3018
吉　林	Jilin	360	212	769
黑龙江	Heilongjiang	1048	564	922
上　海	Shanghai	7229	5464	10987
江　苏	Jiangsu	23157	10403	22462
浙　江	Zhejiang	12938	4775	10383
安　徽	Anhui	5722	3173	4807
福　建	Fujian	4673	2266	4363
江　西	Jiangxi	2418	1030	1601
山　东	Shandong	11527	6998	9569
河　南	Henan	2174	883	1663
湖　北	Hubei	4232	2550	5992
湖　南	Hunan	3614	1765	2867
广　东	Guangdong	50629	32366	125471
广　西	Guangxi	435	214	528
海　南	Hainan	264	206	636
重　庆	Chongqing	2467	942	1305
四　川	Sichuan	6739	3097	7010
贵　州	Guizhou	1122	628	1645
云　南	Yunnan	337	207	1027
西　藏	Tibet	2	2	63
陕　西	Shaanxi	2056	1047	2978
甘　肃	Gansu	202	86	384
青　海	Qinghai	16	9	13
宁　夏	Ningxia	64	49	155
新　疆	Xinjiang	157	95	114

2-5-3 按行业和企业规模分高技术产业专利情况(2015年)

Statistics on Patents in High-tech Industry by Industrial Sector and Scale of Enterprises(2015)

单位：件 (piece)

行业	Industry	大型企业 Large-sized Enterprises		
		专利申请数 Patent Applications	#发明专利 Invention Patents	有效发明专利数 Number of Patents In Force
合计	**Total**	**78706**	**54928**	**160468**
医药制造业	**Manufacture of Medicines**	**3696**	**2603**	**11473**
#化学药品制造	Manufacture of Chemical Medicine	2261	1610	6645
中成药生产	Production of Finished Traditional Chinese Herbal Medicine	985	678	3672
生物药品制造	Manufacture of Biological Medicine	213	137	312
航空、航天器及设备制造业	**Manufacture of Aircrafts and Spacecrafts and Related Equipment**	**4458**	**2693**	**4469**
#飞机制造	Manufacture of Airplanes	3603	2182	3167
航天器制造	Manufacture of Spacecrafts	434	318	780
电子及通信设备制造业	**Manufacture of Electronic Equipment and Communication Equipment**	**56557**	**40330**	**131553**
#通信设备制造	Manufacture of Communication Equipment	26697	22839	99720
#通信系统设备制造	Manufacture of Communication System Equipment	19021	16927	93756
通信终端设备制造	Manufacture of Communication Terminal Equipment	7676	5912	5964
广播电视设备制造	Manufacture of Broadcasting and TV Equipment	1649	705	446
雷达及配套设备制造	Manufacture of Radar and Its Fittings	578	286	742
视听设备制造	Manufacture of TV Set and Radio Receiver	4725	2517	4845
电子器件制造	Manufacture of Electronic Appliances	14933	10182	18416
#电子真空器件制造	Manufacture of Electronic Vacuum Appliance	23	1	51
半导体分立器件制造	Manufacture of Semiconductor Discreting Appliances	288	66	188
集成电路制造	Manufacture of Integrate Circuit	3222	2752	6105
电子元件制造	Manufacture of Electronic Components	3429	1765	4330
其他电子设备制造	Manufacture of Other Electronic Equipment	1265	517	956
计算机及办公设备制造业	**Manufacture of Computers and Office Equipment**	**8439**	**6372**	**5644**
#计算机整机制造	Manufacture of Entired Computer	6402	5154	2856
计算机零部件制造	Manufacture of Computer Components and Parts	308	97	293
计算机外围设备制造	Manufacture of Computer Peripheral Equipment	809	389	1197
办公设备制造	Manufacture of Office Equipment	570	448	412
医疗仪器设备及仪器仪表制造业	**Manufacture of Medical Equipments and Measuring Instrument**	**4997**	**2582**	**6423**
1.医疗仪器设备及器械制造	Manufacture of Medical Equipment and Appliance	1571	810	2502
2.仪器仪表制造	Manufacture of Measuring Instrument	3426	1772	3921
信息化学品制造业	**Manufacture of Electronic Chemicals**	**559**	**348**	**906**

2-5-3 续表 continued

单位：件 (piece)

行业	Industry	中型企业 Medium-sized Enterprises		
		专利申请数 Patent Applications	#发明专利 Invention Patents	有效发明专利数 Number of Patents In Force
合计	**Total**	**35856**	**16066**	**39260**
医药制造业	**Manufacture of Medicines**	**5564**	**3544**	**10090**
#化学药品制造	Manufacture of Chemical Medicine	2446	1636	4803
中成药生产	Production of Finished Traditional Chinese Herbal Medicine	907	559	2442
生物药品制造	Manufacture of Biological Medicine	1125	820	2030
航空、航天器及设备制造业	**Manufacture of Aircrafts and Spacecrafts and Related Equipment**	**818**	**425**	**1066**
#飞机制造	Manufacture of Airplanes	349	165	391
航天器制造	Manufacture of Spacecrafts	173	114	331
电子及通信设备制造业	**Manufacture of Electronic Equipment and Communication Equipment**	**20055**	**8484**	**18451**
#通信设备制造	Manufacture of Communication Equipment	2520	1310	2271
#通信系统设备制造	Manufacture of Communication System Equipment	1542	810	1650
通信终端设备制造	Manufacture of Communication Terminal Equipment	978	500	621
广播电视设备制造	Manufacture of Broadcasting and TV Equipment	999	347	1432
雷达及配套设备制造	Manufacture of Radar and Its Fittings	113	44	165
视听设备制造	Manufacture of TV Set and Radio Receiver	1312	423	819
电子器件制造	Manufacture of Electronic Appliances	5717	2723	5061
#电子真空器件制造	Manufacture of Electronic Vacuum Appliance	96	36	151
半导体分立器件制造	Manufacture of Semiconductor Discreting Appliances	483	193	486
集成电路制造	Manufacture of Integrate Circuit	981	727	1136
电子元件制造	Manufacture of Electronic Components	4713	1637	4170
其他电子设备制造	Manufacture of Other Electronic Equipment	2771	1283	2659
计算机及办公设备制造业	**Manufacture of Computers and Office Equipment**	**1708**	**667**	**2077**
#计算机整机制造	Manufacture of Entired Computer	284	166	192
计算机零部件制造	Manufacture of Computer Components and Parts	324	83	273
计算机外围设备制造	Manufacture of Computer Peripheral Equipment	578	206	944
办公设备制造	Manufacture of Office Equipment	167	44	232
医疗仪器设备及仪器仪表制造业	**Manufacture of Medical Equipments and Measuring Instrument**	**7071**	**2617**	**7047**
1.医疗仪器设备及器械制造	Manufacture of Medical Equipment and Appliance	2099	807	2471
2.仪器仪表制造	Manufacture of Measuring Instrument	4972	1810	4576
信息化学品制造业	**Manufacture of Electronic Chemicals**	**640**	**329**	**529**

2-5-4 按行业分国有及国有控股企业高技术产业专利情况(2015年)

Statistics on Patents in High-tech Industry of State-owned and State-controlled Enterprises by Industry (2015)

单位：件 (piece)

行业	Industry	专利申请数 Patent Applications	#发明专利 Invention Patents	有效发明专利数 Number of Patents In Force
合计	**Total**	**41470**	**28514**	**73842**
医药制造业	**Manufacture of Medicines**	**1453**	**979**	**4483**
#化学药品制造	Manufacture of Chemical Medicine	741	549	2176
中成药生产	Production of Finished Traditional Chinese Herbal Medicine	458	267	1599
生物药品制造	Manufacture of Biological Medicine	184	125	532
航空、航天器及设备制造业	**Manufacture of Aircrafts and Spacecrafts and Related Equipment**	**5756**	**3416**	**5746**
#飞机制造	Manufacture of Airplanes	4407	2634	3686
航天器制造	Manufacture of Spacecrafts	607	432	1111
电子及通信设备制造业	**Manufacture of Electronic Equipment and Communication Equipment**	**26522**	**19012**	**57220**
#通信设备制造	Manufacture of Communication Equipment	8462	7352	37302
#通信系统设备制造	Manufacture of Communication System Equipment	7992	7083	36888
通信终端设备制造	Manufacture of Communication Terminal Equipment	470	269	414
广播电视设备制造	Manufacture of Broadcasting and TV Equipment	293	177	230
雷达及配套设备制造	Manufacture of Radar and Its Fittings	639	327	676
视听设备制造	Manufacture of TV Set and Radio Receiver	3546	2065	3376
电子器件制造	Manufacture of Electronic Appliances	10973	7744	11799
#电子真空器件制造	Manufacture of Electronic Vacuum Appliance	30	13	121
半导体分立器件制造	Manufacture of Semiconductor Discreting Appliances	110	53	121
集成电路制造	Manufacture of Integrate Circuit	1229	921	1503
电子元件制造	Manufacture of Electronic Components	1079	504	1447
其他电子设备制造	Manufacture of Other Electronic Equipment	833	521	1727
计算机及办公设备制造业	**Manufacture of Computers and Office Equipment**	**4493**	**3421**	**2421**
#计算机整机制造	Manufacture of Entired Computer	3252	2630	549
计算机零部件制造	Manufacture of Computer Components and Parts	21	4	9
计算机外围设备制造	Manufacture of Computer Peripheral Equipment	485	218	764
办公设备制造	Manufacture of Office Equipment	459	360	444
医疗仪器设备及仪器仪表制造业	**Manufacture of Medical Equipments and Measuring Instrument**	**2760**	**1430**	**3229**
1.医疗仪器设备及器械制造	Manufacture of Medical Equipment and Appliance	423	114	344
2.仪器仪表制造	Manufacture of Measuring Instrument	2337	1316	2885
信息化学品制造业	**Manufacture of Electronic Chemicals**	**486**	**256**	**743**

2-5-5 按行业和登记注册类型分高技术产业专利情况(2015年)
Statistics on Patents in High-tech Industry by Industrial Sector and Registration Status(2015)

单位：件 (piece)

行业	Industry	内资企业 Domestic Funded 专利申请数 Patent Applications	#发明专利 Invention Patents	有效发明专利数 Number of Patents In Force
合计	**Total**	**116532**	**62623**	**183403**
医药制造业	**Manufacture of Medicines**	**12977**	**7874**	**25440**
#化学药品制造	Manufacture of Chemical Medicine	5045	3252	10940
中成药生产	Production of Finished Traditional Chinese Herbal Medicine	2662	1628	8158
生物药品制造	Manufacture of Biological Medicine	1946	1226	3120
航空、航天器及设备制造业	**Manufacture of Aircrafts and Spacecrafts and Related Equipment**	**6149**	**3525**	**6084**
#飞机制造	Manufacture of Airplanes	4516	2656	3716
航天器制造	Manufacture of Spacecrafts	716	448	1125
电子及通信设备制造业	**Manufacture of Electronic Equipment and Communication Equipment**	**68363**	**38509**	**126855**
#通信设备制造	Manufacture of Communication Equipment	22609	18139	87548
#通信系统设备制造	Manufacture of Communication System Equipment	17807	15220	85608
通信终端设备制造	Manufacture of Communication Terminal Equipment	4802	2919	1940
广播电视设备制造	Manufacture of Broadcasting and TV Equipment	3093	1208	1326
雷达及配套设备制造	Manufacture of Radar and Its Fittings	856	431	1021
视听设备制造	Manufacture of TV Set and Radio Receiver	5484	2626	4295
电子器件制造	Manufacture of Electronic Appliances	14638	7765	16188
#电子真空器件制造	Manufacture of Electronic Vacuum Appliance	219	71	312
半导体分立器件制造	Manufacture of Semiconductor Discreting Appliances	1366	528	1097
集成电路制造	Manufacture of Integrate Circuit	2486	1623	4311
电子元件制造	Manufacture of Electronic Components	9671	3643	7571
其他电子设备制造	Manufacture of Other Electronic Equipment	5372	2060	4219
计算机及办公设备制造业	**Manufacture of Computers and Office Equipment**	**7548**	**4454**	**5096**
#计算机整机制造	Manufacture of Entired Computer	3633	2853	817
计算机零部件制造	Manufacture of Computer Components and Parts	803	251	775
计算机外围设备制造	Manufacture of Computer Peripheral Equipment	1456	526	1954
办公设备制造	Manufacture of Office Equipment	975	468	707
医疗仪器设备及仪器仪表制造业	**Manufacture of Medical Equipments and Measuring Instrument**	**19978**	**7437**	**18289**
1.医疗仪器设备及器械制造	Manufacture of Medical Equipment and Appliance	5675	2128	5688
2.仪器仪表制造	Manufacture of Measuring Instrument	14303	5309	12601
信息化学品制造业	**Manufacture of Electronic Chemicals**	**1517**	**824**	**1639**

2-5-5 续表 1 continued

单位：件 (piece)

行业	Industry	#国有企业 State-owned Enterprises 专利申请数 Patent Applications	#发明专利 Invention Patents	有效发明专利数 Number of Patents In Force
合计	**Total**	**3057**	**1802**	**4617**
医药制造业	**Manufacture of Medicines**	**67**	**54**	**349**
#化学药品制造	Manufacture of Chemical Medicine	4	4	45
中成药生产	Production of Finished Traditional Chinese Herbal Medicine	17	7	123
生物药品制造	Manufacture of Biological Medicine	43	43	169
航空、航天器及设备制造业	**Manufacture of Aircrafts and Spacecrafts and Related Equipment**	**967**	**585**	**1276**
#飞机制造	Manufacture of Airplanes	222	122	362
航天器制造	Manufacture of Spacecrafts	442	333	661
电子及通信设备制造业	**Manufacture of Electronic Equipment and Communication Equipment**	**1198**	**799**	**1816**
#通信设备制造	Manufacture of Communication Equipment	747	560	1043
#通信系统设备制造	Manufacture of Communication System Equipment	747	560	1043
通信终端设备制造	Manufacture of Communication Terminal Equipment			
广播电视设备制造	Manufacture of Broadcasting and TV Equipment			
雷达及配套设备制造	Manufacture of Radar and Its Fittings	213	138	493
视听设备制造	Manufacture of TV Set and Radio Receiver			
电子器件制造	Manufacture of Electronic Appliances	37	16	159
#电子真空器件制造	Manufacture of Electronic Vacuum Appliance	5	1	37
半导体分立器件制造	Manufacture of Semiconductor Discreting Appliances			
集成电路制造	Manufacture of Integrate Circuit	6	4	13
电子元件制造	Manufacture of Electronic Components	186	80	118
其他电子设备制造	Manufacture of Other Electronic Equipment			
计算机及办公设备制造业	**Manufacture of Computers and Office Equipment**	**100**	**85**	**249**
#计算机整机制造	Manufacture of Entired Computer			
计算机零部件制造	Manufacture of Computer Components and Parts			
计算机外围设备制造	Manufacture of Computer Peripheral Equipment	98	85	247
办公设备制造	Manufacture of Office Equipment	2		2
医疗仪器设备及仪器仪表制造业	**Manufacture of Medical Equipments and Measuring Instrument**	**724**	**278**	**914**
1.医疗仪器设备及器械制造	Manufacture of Medical Equipment and Appliance	320	36	95
2.仪器仪表制造	Manufacture of Measuring Instrument	404	242	819
信息化学品制造业	**Manufacture of Electronic Chemicals**	**1**	**1**	**13**

2-5-5 续表 2 continued

单位：件 (piece)

行业	Industry	港澳台投资企业 Enterprises with Funds from Hong Kong, Macau and Taiwan 专利申请数 Patent Applications	#发明专利 Invention Patents	有效发明专利数 Number of Patents In Force
合计	**Total**	**19272**	**11292**	**29070**
医药制造业	**Manufacture of Medicines**	**1657**	**1204**	**3156**
#化学药品制造	Manufacture of Chemical Medicine	975	726	1873
中成药生产	Production of Finished Traditional Chinese Herbal Medicine	177	100	462
生物药品制造	Manufacture of Biological Medicine	390	342	671
航空、航天器及设备制造业	**Manufacture of Aircrafts and Spacecrafts and Related Equipment**	**27**	**8**	**14**
#飞机制造	Manufacture of Airplanes	5	2	
航天器制造	Manufacture of Spacecrafts			
电子及通信设备制造业	**Manufacture of Electronic Equipment and Communication Equipment**	**12113**	**6834**	**19936**
#通信设备制造	Manufacture of Communication Equipment	4873	3714	10025
#通信系统设备制造	Manufacture of Communication System Equipment	3526	2646	9439
通信终端设备制造	Manufacture of Communication Terminal Equipment	1347	1068	586
广播电视设备制造	Manufacture of Broadcasting and TV Equipment	472	133	318
雷达及配套设备制造	Manufacture of Radar and Its Fittings	12		
视听设备制造	Manufacture of TV Set and Radio Receiver	1193	446	1472
电子器件制造	Manufacture of Electronic Appliances	1996	1001	4311
#电子真空器件制造	Manufacture of Electronic Vacuum Appliance	9		
半导体分立器件制造	Manufacture of Semiconductor Discreting Appliances	86	26	65
集成电路制造	Manufacture of Integrate Circuit	637	495	2129
电子元件制造	Manufacture of Electronic Components	2469	1039	2705
其他电子设备制造	Manufacture of Other Electronic Equipment	433	193	433
计算机及办公设备制造业	**Manufacture of Computers and Office Equipment**	**3505**	**2488**	**3105**
#计算机整机制造	Manufacture of Entired Computer	2856	2237	2192
计算机零部件制造	Manufacture of Computer Components and Parts	183	42	225
计算机外围设备制造	Manufacture of Computer Peripheral Equipment	430	195	611
办公设备制造	Manufacture of Office Equipment	18	2	51
医疗仪器设备及仪器仪表制造业	**Manufacture of Medical Equipments and Measuring Instrument**	**1851**	**713**	**2663**
1.医疗仪器设备及器械制造	Manufacture of Medical Equipment and Appliance	671	253	506
2.仪器仪表制造	Manufacture of Measuring Instrument	1180	460	2157
信息化学品制造业	**Manufacture of Electronic Chemicals**	**119**	**45**	**196**

2-5-5 续表 3 continued

单位：件 (piece)

行业	Industry	外商投资企业 Foreign Funded Enterprises 专利申请数 Patent Applications	#发明专利 Invention Patents	有效发明专利数 Number of Patents In Force
合计	**Total**	**22659**	**14379**	**28931**
医药制造业	**Manufacture of Medicines**	**1386**	**941**	**2663**
#化学药品制造	Manufacture of Chemical Medicine	711	522	1576
中成药生产	Production of Finished Traditional Chinese Herbal Medicine	172	141	435
生物药品制造	Manufacture of Biological Medicine	302	202	433
航空、航天器及设备制造业	**Manufacture of Aircrafts and Spacecrafts and Related Equipment**	**103**	**39**	**136**
#飞机制造	Manufacture of Airplanes	30	15	104
航天器制造	Manufacture of Spacecrafts			
电子及通信设备制造业	**Manufacture of Electronic Equipment and Communication Equipment**	**17480**	**11608**	**21009**
#通信设备制造	Manufacture of Communication Equipment	4021	3198	6631
#通信系统设备制造	Manufacture of Communication System Equipment	551	402	1634
通信终端设备制造	Manufacture of Communication Terminal Equipment	3470	2796	4997
广播电视设备制造	Manufacture of Broadcasting and TV Equipment	383	254	1147
雷达及配套设备制造	Manufacture of Radar and Its Fittings			
视听设备制造	Manufacture of TV Set and Radio Receiver	255	84	456
电子器件制造	Manufacture of Electronic Appliances	9605	6463	8590
#电子真空器件制造	Manufacture of Electronic Vacuum Appliance	4		26
半导体分立器件制造	Manufacture of Semiconductor Discreting Appliances	342	124	534
集成电路制造	Manufacture of Integrate Circuit	2645	2266	2663
电子元件制造	Manufacture of Electronic Components	1690	671	2318
其他电子设备制造	Manufacture of Other Electronic Equipment	653	361	880
计算机及办公设备制造业	**Manufacture of Computers and Office Equipment**	**1106**	**721**	**1631**
#计算机整机制造	Manufacture of Entired Computer	383	315	219
计算机零部件制造	Manufacture of Computer Components and Parts	215	84	340
计算机外围设备制造	Manufacture of Computer Peripheral Equipment	101	39	223
办公设备制造	Manufacture of Office Equipment	159	89	141
医疗仪器设备及仪器仪表制造业	**Manufacture of Medical Equipments and Measuring Instrument**	**2431**	**985**	**3188**
1.医疗仪器设备及器械制造	Manufacture of Medical Equipment and Appliance	924	430	1819
2.仪器仪表制造	Manufacture of Measuring Instrument	1507	555	1369
信息化学品制造业	**Manufacture of Electronic Chemicals**	**153**	**85**	**304**

2-5-6 按地区和企业规模分高技术产业专利情况(2015年)

Statistics on Patents in High-tech Industry by Region and Industrial Sector(2015)

单位：件 (piece)

地区	Region	大型企业 Large-sized Enterprises		
		专利申请数 Patent Applications	#发明专利 Invention Patents	有效发明专利数 Number of Patents In Force
全国	**Total**	**78706**	**54928**	**160468**
东部地区	Eastern Region	64805	46609	143988
中部地区	Middle Region	6649	4246	7225
西部地区	Western Region	5305	2838	7276
东北地区	Northeaastern Region	1947	1235	1979
北京	Beijing	3741	2901	5781
天津	Tianjin	1023	615	1739
河北	Hebei	376	281	1090
山西	Shanxi	55	40	150
内蒙古	Inner Mongolia	25	5	14
辽宁	Liaoning	1317	843	1387
吉林	Jilin	119	90	257
黑龙江	Heilongjiang	511	302	335
上海	Shanghai	4157	3692	6188
江苏	Jiangsu	7596	4210	8834
浙江	Zhejiang	3722	2111	4974
安徽	Anhui	2037	1396	1035
福建	Fujian	1887	1163	2168
江西	Jiangxi	620	323	462
山东	Shandong	7648	5159	4994
河南	Henan	691	390	636
湖北	Hubei	2101	1591	3741
湖南	Hunan	1145	506	1201
广东	Guangdong	34617	26440	108183
广西	Guangxi	57	43	59
海南	Hainan	38	37	37
重庆	Chongqing	466	262	356
四川	Sichuan	2772	1290	3651
贵州	Guizhou	595	376	986
云南	Yunnan	80	47	389
西藏	Tibet			
陕西	Shaanxi	1151	725	1702
甘肃	Gansu	73	35	72
青海	Qinghai	11	6	2
宁夏	Ningxia	14	12	32
新疆	Xinjiang	61	37	13

2-5-6 续表 continued

单位：件 (piece)

地区	Region	中型企业 Medium-sized Enterprises		
		专利申请数 Patent Applications	#发明专利 Invention Patents	有效发明专利数 Number of Patents In Force
全国	**Total**	**35856**	**16066**	**39260**
东部地区	Eastern Region	26621	11854	29811
中部地区	Middle Region	4654	2248	4168
西部地区	Western Region	3895	1637	4007
东北地区	Northeaastern Region	686	327	1274
北京	Beijing	2199	1405	4214
天津	Tianjin	982	566	1134
河北	Hebei	441	213	407
山西	Shanxi	34	21	185
内蒙古	Inner Mongolia	66	35	44
辽宁	Liaoning	297	128	675
吉林	Jilin	158	81	321
黑龙江	Heilongjiang	231	118	278
上海	Shanghai	1534	1085	2430
江苏	Jiangsu	6076	2312	6010
浙江	Zhejiang	3387	1066	2574
安徽	Anhui	1153	647	1379
福建	Fujian	1204	596	1157
江西	Jiangxi	645	228	603
山东	Shandong	1951	977	2430
河南	Henan	783	232	497
湖北	Hubei	884	433	749
湖南	Hunan	1155	687	755
广东	Guangdong	8767	3565	9113
广西	Guangxi	64	39	208
海南	Hainan	80	69	342
重庆	Chongqing	812	252	517
四川	Sichuan	1871	856	1544
贵州	Guizhou	373	195	395
云南	Yunnan	65	31	319
西藏	Tibet	2	2	19
陕西	Shaanxi	522	157	691
甘肃	Gansu	38	16	153
青海	Qinghai	3	1	8
宁夏	Ningxia	37	25	70
新疆	Xinjiang	42	28	39

2-5-7 各地区国有及国有控股企业高技术产业专利情况(2015年)

Statistics on Patents in High-tech Industry of State-owned and State-controlled Enterprises by Region (2015)

单位：件 (piece)

地区	Region	专利申请数 Patent Applications	#发明专利 Invention Patents	有效发明专利数 Number of Patents In Force
全国	**Total**	**41470**	**28514**	**73842**
东部地区	Eastern Region	28194	20805	59324
中部地区	Middle Region	5563	3634	6075
西部地区	Western Region	5869	3044	6411
东北地区	Northeaastern Region	1844	1031	2032
北京	Beijing	2005	1407	5248
天津	Tianjin	1654	883	1522
河北	Hebei	346	266	618
山西	Shanxi	41	32	72
内蒙古	Inner Mongolia	59	22	18
辽宁	Liaoning	1205	663	1321
吉林	Jilin	58	17	155
黑龙江	Heilongjiang	581	351	556
上海	Shanghai	2117	1696	2937
江苏	Jiangsu	1792	1027	2727
浙江	Zhejiang	363	202	801
安徽	Anhui	1755	1292	1283
福建	Fujian	840	573	971
江西	Jiangxi	551	312	295
山东	Shandong	5621	4048	2564
河南	Henan	712	368	557
湖北	Hubei	1835	1264	3493
湖南	Hunan	669	366	375
广东	Guangdong	13439	10689	41909
广西	Guangxi	59	42	50
海南	Hainan	17	14	27
重庆	Chongqing	429	220	396
四川	Sichuan	2955	1407	2534
贵州	Guizhou	862	512	941
云南	Yunnan	85	45	493
西藏	Tibet	2	2	19
陕西	Shaanxi	1380	776	1912
甘肃	Gansu	5	5	30
青海	Qinghai	14	8	10
宁夏	Ningxia			
新疆	Xinjiang	19	5	8

2-5-8 按地区和登记注册类型分高技术产业专利情况(2015年)
Statistics on Patents in High-tech Industry by Region and Registration Status(2015)

单位：件 (piece)

地区	Region	内资企业 Domestic Funded		
		专利申请数 Patent Applications	#发明专利 Invention Patents	有效发明专利数 Number of Patents In Force
全国	**Total**	**116532**	**62623**	**183403**
东部地区	Eastern Region	84092	46423	149322
中部地区	Middle Region	16322	8436	15785
西部地区	Western Region	12992	6084	14311
东北地区	Northeaastern Region	3126	1680	3985
北京	Beijing	4254	2650	7923
天津	Tianjin	2759	1482	4527
河北	Hebei	1040	545	1431
山西	Shanxi	232	133	574
内蒙古	Inner Mongolia	119	56	107
辽宁	Liaoning	1809	957	2528
吉林	Jilin	337	195	721
黑龙江	Heilongjiang	980	528	736
上海	Shanghai	3573	2352	4414
江苏	Jiangsu	15639	6696	12675
浙江	Zhejiang	8846	2723	5479
安徽	Anhui	5386	3057	4670
福建	Fujian	2980	1301	2213
江西	Jiangxi	2248	970	1489
山东	Shandong	10779	6517	8119
河南	Henan	2001	831	1503
湖北	Hubei	3625	2032	5524
湖南	Hunan	2830	1413	2025
广东	Guangdong	34036	21985	101963
广西	Guangxi	426	205	486
海南	Hainan	186	172	578
重庆	Chongqing	2335	889	1194
四川	Sichuan	6378	2906	6490
贵州	Guizhou	1104	625	1562
云南	Yunnan	313	192	962
西藏	Tibet	2	2	63
陕西	Shaanxi	1916	987	2829
甘肃	Gansu	202	86	384
青海	Qinghai	5	3	11
宁夏	Ningxia	57	47	114
新疆	Xinjiang	135	86	109

2-5-8 续表 1 continued

单位：件 (piece)

地区	Region	#国有企业 State-owned Enterprises 专利申请数 Patent Applications	#发明专利 Invention Patents	有效发明专利数 Number of Patents In Force
全国	**Total**	**3057**	**1802**	**4617**
东部地区	Eastern Region	997	474	1077
中部地区	Middle Region	1057	720	1680
西部地区	Western Region	983	592	1751
东北地区	Northeaastern Region	20	16	109
北京	Beijing	160	134	376
天津	Tianjin	112	61	105
河北	Hebei	55	15	15
山西	Shanxi	3	3	9
内蒙古	Inner Mongolia			
辽宁	Liaoning			
吉林	Jilin			
黑龙江	Heilongjiang	20	16	109
上海	Shanghai	98	79	65
江苏	Jiangsu	201	110	290
浙江	Zhejiang	15	10	14
安徽	Anhui	145	68	260
福建	Fujian	6	4	13
江西	Jiangxi			
山东	Shandong	345	61	183
河南	Henan	54	32	76
湖北	Hubei	837	605	1325
湖南	Hunan	18	12	10
广东	Guangdong	5		16
广西	Guangxi	19	6	16
海南	Hainan			
重庆	Chongqing	45	16	49
四川	Sichuan	260	162	452
贵州	Guizhou	146	73	121
云南	Yunnan	19	12	175
西藏	Tibet			
陕西	Shaanxi	494	323	938
甘肃	Gansu			
青海	Qinghai			
宁夏	Ningxia			
新疆	Xinjiang			

2-5-8 续表 2 continued

单位：件 (piece)

地区	Region	港澳台投资企业 Enterprises with Funds from Hong Kong, Macau and Taiwan 专利申请数 Patent Applications	#发明专利 Invention Patents	有效发明专利数 Number of Patents In Force
全国	**Total**	**19272**	**11292**	**29070**
东部地区	Eastern Region	17356	10322	27368
中部地区	Middle Region	1598	842	1160
西部地区	Western Region	253	96	351
东北地区	Northeaastern Region	65	32	191
北京	Beijing	3099	2419	3636
天津	Tianjin	186	157	215
河北	Hebei	53	44	337
山西	Shanxi	1	1	7
内蒙古	Inner Mongolia	6	4	14
辽宁	Liaoning	52	26	114
吉林	Jilin	9	3	42
黑龙江	Heilongjiang	4	3	35
上海	Shanghai	1158	948	2862
江苏	Jiangsu	3381	1672	3906
浙江	Zhejiang	2594	1491	3667
安徽	Anhui	250	79	43
福建	Fujian	613	291	604
江西	Jiangxi	81	23	13
山东	Shandong	139	111	253
河南	Henan	116	35	76
湖北	Hubei	399	373	220
湖南	Hunan	751	331	801
广东	Guangdong	6057	3157	11840
广西	Guangxi	8	8	22
海南	Hainan	76	32	48
重庆	Chongqing	56	22	53
四川	Sichuan	122	40	125
贵州	Guizhou			5
云南	Yunnan	18	12	49
西藏	Tibet			
陕西	Shaanxi	36	8	42
甘肃	Gansu			
青海	Qinghai			
宁夏	Ningxia	7	2	41
新疆	Xinjiang			

2-5-8 续表 3 continued

单位：件 (piece)

地 区	Region	外商投资企业 Foreign Funded Enterprises		
		专利申请数 Patent Applications	#发明专利 Invention Patents	有效发明专利数 Number of Patents In Force
全 国	**Total**	**22659**	**14379**	**28931**
东部地区	Eastern Region	21109	13395	27147
中部地区	Middle Region	473	257	570
西部地区	Western Region	477	256	681
东北地区	Northeaastern Region	600	471	533
北 京	Beijing	484	236	1485
天 津	Tianjin	186	66	281
河 北	Hebei	79	63	131
山 西	Shanxi			4
内蒙古	Inner Mongolia			
辽 宁	Liaoning	522	424	376
吉 林	Jilin	14	14	6
黑龙江	Heilongjiang	64	33	151
上 海	Shanghai	2498	2164	3711
江 苏	Jiangsu	4137	2035	5881
浙 江	Zhejiang	1498	561	1237
安 徽	Anhui	86	37	94
福 建	Fujian	1080	674	1546
江 西	Jiangxi	89	37	99
山 东	Shandong	609	370	1197
河 南	Henan	57	17	84
湖 北	Hubei	208	145	248
湖 南	Hunan	33	21	41
广 东	Guangdong	10536	7224	11668
广 西	Guangxi	1	1	20
海 南	Hainan	2	2	10
重 庆	Chongqing	76	31	58
四 川	Sichuan	239	151	395
贵 州	Guizhou	18	3	78
云 南	Yunnan	6	3	16
西 藏	Tibet			
陕 西	Shaanxi	104	52	107
甘 肃	Gansu			
青 海	Qinghai	11	6	2
宁 夏	Ningxia			
新 疆	Xinjiang	22	9	5

2-5-9　按地区和行业分高技术产业专利情况(2015年)

Statistics on Patents in High-tech Industry by Region and Industrial Sector(2015)

单位：件　(piece)

地　区	Region	医药制造业 Medical and Pharmaceutical Products Manufacturing		
		专利申请数 Patent Applications	#发明专利 Invention Patents	有效发明专利数 Number of Patents In Force
全　国	**Total**	**16020**	**10019**	**31259**
东部地区	Eastern Region	8963	6027	19634
中部地区	Middle Region	3348	1874	4372
西部地区	Western Region	2972	1628	5843
东北地区	Northeaastern Region	737	490	1410
北　京	Beijing	414	288	1614
天　津	Tianjin	613	459	2386
河　北	Hebei	375	305	972
山　西	Shanxi	97	69	283
内蒙古	Inner Mongolia	49	29	77
辽　宁	Liaoning	222	147	438
吉　林	Jilin	252	187	564
黑龙江	Heilongjiang	263	156	408
上　海	Shanghai	471	314	1151
江　苏	Jiangsu	2057	1407	3258
浙　江	Zhejiang	1442	777	2275
安　徽	Anhui	713	410	1214
福　建	Fujian	293	159	421
江　西	Jiangxi	369	135	668
山　东	Shandong	1716	1260	4135
河　南	Henan	460	254	442
湖　北	Hubei	592	344	1052
湖　南	Hunan	1117	662	713
广　东	Guangdong	1372	905	2853
广　西	Guangxi	115	91	275
海　南	Hainan	210	153	569
重　庆	Chongqing	537	279	629
四　川	Sichuan	1573	782	2386
贵　州	Guizhou	137	82	666
云　南	Yunnan	258	175	950
西　藏	Tibet	2	2	63
陕　西	Shaanxi	125	70	348
甘　肃	Gansu	88	39	284
青　海	Qinghai	4	3	3
宁　夏	Ningxia	42	41	87
新　疆	Xinjiang	42	35	75

2-5-9 续表 1 continued

单位：件 (piece)

地 区	Region	航空、航天器及设备制造业 Manufacture of Aircrafts and Spacecrafts and Related Equipment		
		专利申请数 Patent Applications	#发明专利 Invention Patents	有效发明专利数 Number of Patents In Force
全 国	**Total**	**6279**	**3572**	**6234**
东部地区	Eastern Region	1619	942	1994
中部地区	Middle Region	1442	797	916
西部地区	Western Region	1886	1095	2079
东北地区	Northeaastern Region	1332	738	1245
北 京	Beijing	368	251	894
天 津	Tianjin	705	423	487
河 北	Hebei	54	22	37
山 西	Shanxi			
内 蒙 古	Inner Mongolia			
辽 宁	Liaoning	832	455	983
吉 林	Jilin			
黑 龙 江	Heilongjiang	500	283	262
上 海	Shanghai	220	165	309
江 苏	Jiangsu	143	53	139
浙 江	Zhejiang	36	6	7
安 徽	Anhui	7	2	18
福 建	Fujian			
江 西	Jiangxi	491	297	174
山 东	Shandong	49	13	88
河 南	Henan	364	241	342
湖 北	Hubei	340	118	250
湖 南	Hunan	240	139	132
广 东	Guangdong	44	9	33
广 西	Guangxi			
海 南	Hainan			
重 庆	Chongqing			
四 川	Sichuan	395	189	403
贵 州	Guizhou	629	371	679
云 南	Yunnan			
西 藏	Tibet			
陕 西	Shaanxi	862	535	997
甘 肃	Gansu			
青 海	Qinghai			
宁 夏	Ningxia			
新 疆	Xinjiang			

2-5-9 续表 2 continued

单位：件 (piece)

地区	Region	电子及通信设备制造业 Manufacture of Electronic Equipment and Communication Equipment		
		专利申请数 Patent Applications	#发明专利 Invention Patents	有效发明专利数 Number of Patents In Force
全　国	**Total**	**97956**	**56951**	**167800**
东部地区	Eastern Region	81587	48505	153189
中部地区	Middle Region	9442	5335	8255
西部地区	Western Region	6060	2633	5219
东北地区	Northeaastern Region	867	478	1137
北　京	Beijing	2549	1711	5949
天　津	Tianjin	1227	588	1031
河　北	Hebei	321	138	338
山　西	Shanxi	82	37	134
内蒙古	Inner Mongolia	2	1	20
辽　宁	Liaoning	746	454	931
吉　林	Jilin	74	18	171
黑龙江	Heilongjiang	47	6	35
上　海	Shanghai	5120	4262	8087
江　苏	Jiangsu	13068	5629	11017
浙　江	Zhejiang	8002	3080	6267
安　徽	Anhui	3897	2310	2637
福　建	Fujian	3094	1593	2567
江　西	Jiangxi	1115	467	472
山　东	Shandong	4694	2443	3076
河　南	Henan	471	146	305
湖　北	Hubei	2579	1778	3948
湖　南	Hunan	1298	597	759
广　东	Guangdong	43460	29009	114790
广　西	Guangxi	135	65	183
海　南	Hainan	52	52	67
重　庆	Chongqing	823	283	151
四　川	Sichuan	3933	1749	3480
贵　州	Guizhou	321	166	278
云　南	Yunnan	24	13	32
西　藏	Tibet			
陕　西	Shaanxi	728	310	991
甘　肃	Gansu	79	35	68
青　海	Qinghai			
宁　夏	Ningxia			
新　疆	Xinjiang	15	11	16

2-5-9 续表 3 continued

单位：件 (piece)

地区	Region	计算机及办公设备制造业 Manufacture of Computer and Office Equipments		
		专利申请数 Patent Applications	#发明专利 Invention Patents	有效发明专利数 Number of Patents In Force
全国	**Total**	**12159**	**7663**	**9832**
东部地区	Eastern Region	11065	7213	8818
中部地区	Middle Region	689	220	574
西部地区	Western Region	358	216	364
东北地区	Northeastern Region	47	14	76
北京	Beijing	3038	2336	2666
天津	Tianjin	88	56	126
河北	Hebei	21	5	12
山西	Shanxi	3	3	
内蒙古	Inner Mongolia	9	7	7
辽宁	Liaoning	40	14	74
吉林	Jilin	5		
黑龙江	Heilongjiang	2		2
上海	Shanghai	266	223	193
江苏	Jiangsu	776	440	1278
浙江	Zhejiang	286	51	93
安徽	Anhui	424	148	437
福建	Fujian	781	382	1034
江西	Jiangxi	33	3	1
山东	Shandong	3403	2666	783
河南	Henan	54	16	10
湖北	Hubei	26	12	74
湖南	Hunan	149	38	52
广东	Guangdong	2406	1054	2633
广西	Guangxi	8	8	14
海南	Hainan			
重庆	Chongqing	159	78	11
四川	Sichuan	167	123	314
贵州	Guizhou			
云南	Yunnan	9		5
西藏	Tibet			
陕西	Shaanxi	6		13
甘肃	Gansu			
青海	Qinghai			
宁夏	Ningxia			
新疆	Xinjiang			

2-5-9 续表 4 continued

单位：件 (piece)

地区	Region	医疗仪器设备及仪器仪表制造业 Manufacture of Medical Equipments and Measuring Instrument		
		专利申请数 Patent Applications	#发明专利 Invention Patents	有效发明专利数 Number of Patents In Force
全国	**Total**	**24260**	**9135**	**24140**
东部地区	Eastern Region	18078	6726	18681
中部地区	Middle Region	3215	1212	2942
西部地区	Western Region	2168	735	1677
东北地区	Northeaastern Region	799	462	840
北京	Beijing	1388	642	1809
天津	Tianjin	451	151	860
河北	Hebei	267	84	272
山西	Shanxi	51	25	168
内蒙古	Inner Mongolia	11	1	11
辽宁	Liaoning	537	337	592
吉林	Jilin	29	7	34
黑龙江	Heilongjiang	233	118	214
上海	Shanghai	1115	476	1165
江苏	Jiangsu	6580	2592	6351
浙江	Zhejiang	3055	803	1619
安徽	Anhui	662	295	480
福建	Fujian	452	121	317
江西	Jiangxi	367	109	205
山东	Shandong	1523	486	1322
河南	Henan	695	189	448
湖北	Hubei	664	276	445
湖南	Hunan	776	318	1196
广东	Guangdong	3245	1370	4966
广西	Guangxi	177	50	56
海南	Hainan	2	1	
重庆	Chongqing	937	297	494
四川	Sichuan	650	238	405
贵州	Guizhou	35	9	22
云南	Yunnan	36	14	34
西藏	Tibet			
陕西	Shaanxi	259	105	558
甘肃	Gansu	35	12	32
青海	Qinghai			2
宁夏	Ningxia	10	5	58
新疆	Xinjiang	18	4	5

2-5-9 续表 5 continued

单位：件 (piece)

地　区	Region	信息化学品制造业 Manufacture of Electronic Chemicals 专利申请数 Patent Applications	#发明专利 Invention Patents	有效发明专利数 Number of Patents In Force
全　国	**Total**	**1789**	**954**	**2139**
东部地区	Eastern Region	1245	727	1521
中部地区	Middle Region	257	97	456
西部地区	Western Region	278	129	161
东北地区	Northeaastern Region	9	1	1
北　京	Beijing	80	77	112
天　津	Tianjin	47	28	133
河　北	Hebei	134	98	268
山　西	Shanxi			
内蒙古	Inner Mongolia	54	22	6
辽　宁	Liaoning	6		
吉　林	Jilin			
黑龙江	Heilongjiang	3	1	1
上　海	Shanghai	37	24	82
江　苏	Jiangsu	533	282	419
浙　江	Zhejiang	117	58	122
安　徽	Anhui	19	8	21
福　建	Fujian	53	11	24
江　西	Jiangxi	43	19	81
山　东	Shandong	142	130	165
河　南	Henan	130	37	116
湖　北	Hubei	31	22	223
湖　南	Hunan	34	11	15
广　东	Guangdong	102	19	196
广　西	Guangxi			
海　南	Hainan			
重　庆	Chongqing	11	5	20
四　川	Sichuan	21	16	22
贵　州	Guizhou			
云　南	Yunnan	10	5	6
西　藏	Tibet			
陕　西	Shaanxi	76	27	71
甘　肃	Gansu			
青　海	Qinghai	12	6	8
宁　夏	Ningxia	12	3	10
新　疆	Xinjiang	82	45	18

2-6-1 按行业分高技术产业技术获取和技术改造情况(2015年)

Technology Acquisition and Renovation in High-tech Industry by Region (2015)

单位：万元 (10000 yuan)

行 业	Industry	引进技术经费支出 Expenditure for Acquisition of Foreign Technology	消化吸收经费支出 Expenditure for Assimilation of Technology	购买境内技术经费支出 Expenditure for Purchase of Domestic Technology	技术改造经费支出 Expenditure for Technical Renovation
合计	**Total**	**756931**	**139247**	**676263**	**4008570**
医药制造业	**Manufacture of Medicines**	**59189**	**33891**	**183832**	**1158829**
#化学药品制造	Manufacture of Chemical Medicine	47481	20932	124796	652026
中成药生产	Production of Finished Traditional Chinese Herbal Medicine	2941	5638	34456	315103
生物药品制造	Manufacture of Biological Medicine	1379	4637	12796	96417
航空、航天器及设备制造业	**Manufacture of Aircrafts and Spacecrafts and Related Equipment**	**13841**	**2731**	**17445**	**701523**
#飞机制造	Manufacture of Airplanes	8979	46	14369	618060
航天器制造	Manufacture of Spacecrafts	380			34505
电子及通信设备制造业	**Manufacture of Electronic Equipment and Communication Equipment**	**614364**	**67467**	**451387**	**1566882**
#通信设备制造	Manufacture of Communication Equipment	343590	1567	376595	145708
#通信系统设备制造	Manufacture of Communication System Equipment	13533	1151	17611	46614
通信终端设备制造	Manufacture of Communication Terminal Equipment	330058	416	358984	99094
广播电视设备制造	Manufacture of Broadcasting and TV Equipment	5411	2368	1581	42155
雷达及配套设备制造	Manufacture of Radar and Its Fittings	522		2	46320
视听设备制造	Manufacture of TV Set and Radio Receiver	71184	37358	19470	111416
电子器件制造	Manufacture of Electronic Appliances	114094	10833	17765	447126
#电子真空器件制造	Manufacture of Electronic Vacuum Appliance	84	1320	80	14766
半导体分立器件制造	Manufacture of Semiconductor Discreting Appliances	2317	1009	911	25093
集成电路制造	Manufacture of Integrate Circuit	14481	1842	6320	128234
电子元件制造	Manufacture of Electronic Components	35262	2577	23388	422796
其他电子设备制造	Manufacture of Other Electronic Equipment	2655	1719	1480	49514
计算机及办公设备制造业	**Manufacture of Computers and Office Equipment**	**4620**	**4576**	**6546**	**164273**
#计算机整机制造	Manufacture of Entired Computer	679	3707	2797	123477
计算机零部件制造	Manufacture of Computer Components and Parts	2693	869	1660	8294
计算机外围设备制造	Manufacture of Computer Peripheral Equipment	1248		779	11759
办公设备制造	Manufacture of Office Equipment			498	17125
医疗仪器设备及仪器仪表制造业	**Manufacture of Medical Equipments and Measuring Instrument**	**59581**	**4824**	**16306**	**290382**
1.医疗仪器设备及器械制造	Manufacture of Medical Equipment and Appliance	36295	1346	1607	85961
2.仪器仪表制造	Manufacture of Measuring Instrument	23287	3478	14699	204421
信息化学品制造业	**Manufacture of Electronic Chemicals**	**5336**	**25759**	**747**	**126681**

2-6-2 各地区高技术产业技术获取和技术改造情况(2015年)

Technology Acquisition and Renovation in High-tech Industry by Region (2015)

单位：万元 (10000 yuan)

地　区	Region	引进技术经费支出 Expenditure for Acquisition of Foreign Technology	消化吸收经费支出 Expenditure for Assimilation of Technology	购买境内技术经费支出 Expenditure for Purchase of Domestic Technology	技术改造经费支出 Expenditure for Technical Renovation
全　国	**Total**	**756931**	**139247**	**676263**	**4008570**
东部地区	Eastern Region	701990	96330	607001	2411404
中部地区	Middle Region	39583	9491	29493	799870
西部地区	Western Region	14732	28418	29805	623716
东北地区	Northeaastern Region	627	5008	9964	173579
北　京	Beijing	44286	675	4778	32478
天　津	Tianjin	44105	756	139	17924
河　北	Hebei	4202	4742	9468	48183
山　西	Shanxi	600	764	451	11446
内蒙古	Inner Mongolia			10	18223
辽　宁	Liaoning	244	160	3328	98811
吉　林	Jilin	47	4687	6250	43751
黑龙江	Heilongjiang	335	161	386	31018
上　海	Shanghai	18198	30939	23964	46296
江　苏	Jiangsu	127555	25923	58477	966752
浙　江	Zhejiang	12638	8297	41046	344566
安　徽	Anhui	308	3887	5060	67831
福　建	Fujian	45768	8056	49255	135182
江　西	Jiangxi	551	210	3583	170056
山　东	Shandong	47192	7754	37258	438577
河　南	Henan	549	1239	2288	80192
湖　北	Hubei	35205	1905	6216	168568
湖　南	Hunan	2371	1486	11896	301777
广　东	Guangdong	357746	9039	379754	373491
广　西	Guangxi		37	381	8857
海　南	Hainan	300	150	2862	7955
重　庆	Chongqing	2101	150	6908	52182
四　川	Sichuan	8893	3269	16240	199099
贵　州	Guizhou	96	4	702	61799
云　南	Yunnan		23883	1299	34001
西　藏	Tibet				92
陕　西	Shaanxi	3514	536	3749	227208
甘　肃	Gansu	128	40	465	1788
青　海	Qinghai				21
宁　夏	Ningxia				15973
新　疆	Xinjiang		500	50	4473

2-6-3　按行业和企业规模分高技术产业技术获取和技术改造情况(2015年)

Technology Acquisition and Renovation in High-tech Industry by Industrial Sector and Scale of Enterprises(2015)

单位：万元　　(10000 yuan)

行　业	Industry	大型企业 Large-sized Enterprises			
		引进技术经费支出 Expenditure for Acquisition of Foreign Technology	消化吸收经费支出 Expenditure for Assimilation of Technology	购买境内技术经费支出 Expenditure for Purchase of Domestic Technology	技术改造经费支出 Expenditure for Technical Renovation
合计	**Total**	**619793**	**70661**	**525497**	**2373452**
医药制造业	**Manufacture of Medicines**	**49693**	**25889**	**94538**	**574791**
#化学药品制造	Manufacture of Chemical Medicine	42263	19333	80579	369093
中成药生产	Production of Finished Traditional Chinese Herbal Medicine	181	5074	12896	144475
生物药品制造	Manufacture of Biological Medicine	303	198	745	16599
航空、航天器及设备制造业	**Manufacture of Aircrafts and Spacecrafts and Related Equipment**	**9359**	**5**	**14368**	**489993**
#飞机制造	Manufacture of Airplanes	8979	5	14368	437865
航天器制造	Manufacture of Spacecrafts	380			25692
电子及通信设备制造业	**Manufacture of Electronic Equipment and Communication Equipment**	**544899**	**38912**	**411217**	**966767**
#通信设备制造	Manufacture of Communication Equipment	338977	1047	374146	84539
#通信系统设备制造	Manufacture of Communication System Equipment	12520	1025	16491	26968
通信终端设备制造	Manufacture of Communication Terminal Equipment	326458	22	357656	57571
广播电视设备制造	Manufacture of Broadcasting and TV Equipment	4630	2167	67	20398
雷达及配套设备制造	Manufacture of Radar and Its Fittings	522		2	34131
视听设备制造	Manufacture of TV Set and Radio Receiver	60162	16562	6338	88971
电子器件制造	Manufacture of Electronic Appliances	78874	6546	11378	317361
#电子真空器件制造	Manufacture of Electronic Vacuum Appliance				13472
半导体分立器件制造	Manufacture of Semiconductor Discreting Appliances				2588
集成电路制造	Manufacture of Integrate Circuit	3885	1500	3717	106102
电子元件制造	Manufacture of Electronic Components	22044	759	8267	220198
其他电子设备制造	Manufacture of Other Electronic Equipment	517	1639	1116	29453
计算机及办公设备制造业	**Manufacture of Computers and Office Equipment**	**3498**	**4027**	**3354**	**144801**
#计算机整机制造	Manufacture of Entired Computer		3707	2362	122932
计算机零部件制造	Manufacture of Computer Components and Parts	2691	320	591	3561
计算机外围设备制造	Manufacture of Computer Peripheral Equipment	807		401	8610
办公设备制造	Manufacture of Office Equipment				8578
医疗仪器设备及仪器仪表制造业	**Manufacture of Medical Equipments and Measuring Instrument**	**7134**	**102**	**1671**	**140032**
1.医疗仪器设备及器械制造	Manufacture of Medical Equipment and Appliance	225		788	48284
2.仪器仪表制造	Manufacture of Measuring Instrument	6909	102	883	91747
信息化学品制造业	**Manufacture of Electronic Chemicals**	**5210**	**1726**	**350**	**57069**

2-6-3 续表 continued

单位：万元 (10000 yuan)

行　业	Industry	中型企业 Medium-sized Enterprises			
		引进技术经费支出 Expenditure for Acquisition of Foreign Technology	消化吸收经费支出 Expenditure for Assimilation of Technology	购买境内技术经费支出 Expenditure for Purchase of Domestic Technology	技术改造经费支出 Expenditure for Technical Renovation
合计	**Total**	**97628**	**58600**	**107562**	**982270**
医药制造业	**Manufacture of Medicines**	**6106**	**6145**	**62011**	**368307**
#化学药品制造	Manufacture of Chemical Medicine	4828	1466	32864	192461
中成药生产	Production of Finished Traditional Chinese Herbal Medicine		470	12269	111465
生物药品制造	Manufacture of Biological Medicine	949	3644	7696	42278
航空、航天器及设备制造业	**Manufacture of Aircrafts and Spacecrafts and Related Equipment**	**198**			**65238**
#飞机制造	Manufacture of Airplanes				35053
航天器制造	Manufacture of Spacecrafts				8813
电子及通信设备制造业	**Manufacture of Electronic Equipment and Communication Equipment**	**44201**	**25932**	**32335**	**390863**
#通信设备制造	Manufacture of Communication Equipment	4576	356	2204	32765
#通信系统设备制造	Manufacture of Communication System Equipment	1013		1044	13054
通信终端设备制造	Manufacture of Communication Terminal Equipment	3563	356	1160	19711
广播电视设备制造	Manufacture of Broadcasting and TV Equipment	32	69		10090
雷达及配套设备制造	Manufacture of Radar and Its Fittings				373
视听设备制造	Manufacture of TV Set and Radio Receiver	10853	20765	12470	20956
电子器件制造	Manufacture of Electronic Appliances	13430	2849	3613	74481
#电子真空器件制造	Manufacture of Electronic Vacuum Appliance		1320		84
半导体分立器件制造	Manufacture of Semiconductor Discreting Appliances	794		429	14793
集成电路制造	Manufacture of Integrate Circuit	10440	316	2319	6796
电子元件制造	Manufacture of Electronic Components	11480	1175	13520	124232
其他电子设备制造	Manufacture of Other Electronic Equipment	2138			10184
计算机及办公设备制造业	**Manufacture of Computers and Office Equipment**	**52**	**549**	**1713**	**6804**
#计算机整机制造	Manufacture of Entired Computer			10	8
计算机零部件制造	Manufacture of Computer Components and Parts	2	549	550	1721
计算机外围设备制造	Manufacture of Computer Peripheral Equipment	50		309	2127
办公设备制造	Manufacture of Office Equipment			133	522
医疗仪器设备及仪器仪表制造业	**Manufacture of Medical Equipments and Measuring Instrument**	**47071**	**1941**	**11174**	**94636**
1.医疗仪器设备及器械制造	Manufacture of Medical Equipment and Appliance	34655	756	551	25949
2.仪器仪表制造	Manufacture of Measuring Instrument	12416	1186	10623	68687
信息化学品制造业	**Manufacture of Electronic Chemicals**		**24033**	**328**	**56421**

2-6-4 按行业分国有及国有控股企业高技术产业技术获取和技术改造情况(2015年)

Technology Acquisition and Renovation in High-tech Industry of State-owned and State-controlled Enterprises by Industrial Sector (2015)

单位：万元 (10000 yuan)

行业	Industry	引进技术经费支出 Expenditure for Acquisition of Foreign Technology	消化吸收经费支出 Expenditure for Assimilation of Technology	购买境内技术经费支出 Expenditure for Purchase of Domestic Technology	技术改造经费支出 Expenditure for Technical Renovation
合计	**Total**	**77648**	**39952**	**69692**	**1212295**
医药制造业	**Manufacture of Medicines**	**9727**	**8504**	**16846**	**153929**
#化学药品制造	Manufacture of Chemical Medicine	2425	7022	14363	110504
中成药生产	Production of Finished Traditional Chinese Herbal Medicine	181	48	523	25568
生物药品制造	Manufacture of Biological Medicine	175	150	1642	3776
航空、航天器及设备制造业	**Manufacture of Aircrafts and Spacecrafts and Related Equipment**	**6465**	**46**	**17095**	**677584**
#飞机制造	Manufacture of Airplanes	5919	46	14019	598760
航天器制造	Manufacture of Spacecrafts	380			34505
电子及通信设备制造业	**Manufacture of Electronic Equipment and Communication Equipment**	**59913**	**6553**	**28432**	**186550**
#通信设备制造	Manufacture of Communication Equipment		300	3636	21687
#通信系统设备制造	Manufacture of Communication System Equipment			1145	17911
通信终端设备制造	Manufacture of Communication Terminal Equipment		300	2492	3776
广播电视设备制造	Manufacture of Broadcasting and TV Equipment	2572	1076	1225	4349
雷达及配套设备制造	Manufacture of Radar and Its Fittings			2	34325
视听设备制造	Manufacture of TV Set and Radio Receiver	7884	5056	284	23035
电子器件制造	Manufacture of Electronic Appliances	26927		12134	55221
#电子真空器件制造	Manufacture of Electronic Vacuum Appliance	84			1119
半导体分立器件制造	Manufacture of Semiconductor Discreting Appliances			429	16076
集成电路制造	Manufacture of Integrate Circuit	1300		3717	7720
电子元件制造	Manufacture of Electronic Components	3845	121	11149	41812
其他电子设备制造	Manufacture of Other Electronic Equipment	2103			4635
计算机及办公设备制造业	**Manufacture of Computers and Office Equipment**	**679**	**450**	**425**	**123651**
#计算机整机制造	Manufacture of Entired Computer	679	450	425	112865
计算机零部件制造	Manufacture of Computer Components and Parts				
计算机外围设备制造	Manufacture of Computer Peripheral Equipment				4636
办公设备制造	Manufacture of Office Equipment				6150
医疗仪器设备及仪器仪表制造业	**Manufacture of Medical Equipments and Measuring Instrument**	**765**	**517**	**6566**	**23890**
1.医疗仪器设备及器械制造	Manufacture of Medical Equipment and Appliance	31	195	502	7467
2.仪器仪表制造	Manufacture of Measuring Instrument	734	322	6064	16423
信息化学品制造业	**Manufacture of Electronic Chemicals**	**98**	**23883**	**328**	**46692**

2-6-5 按行业和登记注册类型分高技术产业技术获取和技术改造情况(2015年)

Technology Acquisition and Renovation in High-tech Industry by Industrial Sector and Registration Status(2015)

单位：万元 (10000 yuan)

行业	Industry	内资企业 Domestic Funded			
		引进技术经费支出 Expenditure for Acquisition of Foreign Technology	消化吸收经费支出 Expenditure for Assimilation of Technology	购买境内技术经费支出 Expenditure for Purchase of Domestic Technology	技术改造经费支出 Expenditure for Technical Renovation
合计	**Total**	**482426**	**80379**	**604177**	**3178639**
医药制造业	**Manufacture of Medicines**	**50488**	**29243**	**144646**	**984369**
#化学药品制造	Manufacture of Chemical Medicine	40781	16441	90479	536267
中成药生产	Production of Finished Traditional Chinese Herbal Medicine	1220	5563	31321	301550
生物药品制造	Manufacture of Biological Medicine	1100	4601	11474	63623
航空、航天器及设备制造业	**Manufacture of Aircrafts and Spacecrafts and Related Equipment**	**13810**	**2731**	**17445**	**693031**
#飞机制造	Manufacture of Airplanes	8979	46	14369	611152
航天器制造	Manufacture of Spacecrafts	380			34505
电子及通信设备制造业	**Manufacture of Electronic Equipment and Communication Equipment**	**410242**	**20540**	**423330**	**1034222**
#通信设备制造	Manufacture of Communication Equipment	337779	1488	375615	94399
#通信系统设备制造	Manufacture of Communication System Equipment	11527	1151	17608	40097
通信终端设备制造	Manufacture of Communication Terminal Equipment	326252	337	358007	54301
广播电视设备制造	Manufacture of Broadcasting and TV Equipment	3100	1266	1581	24776
雷达及配套设备制造	Manufacture of Radar and Its Fittings	522		2	46320
视听设备制造	Manufacture of TV Set and Radio Receiver	11855	6761	1107	55714
电子器件制造	Manufacture of Electronic Appliances	43100	2190	16975	201788
#电子真空器件制造	Manufacture of Electronic Vacuum Appliance	84		80	14766
半导体分立器件制造	Manufacture of Semiconductor Discreting Appliances	1057	260	909	23284
集成电路制造	Manufacture of Integrate Circuit	11022	316	6054	28624
电子元件制造	Manufacture of Electronic Components	7561	1408	21668	296916
其他电子设备制造	Manufacture of Other Electronic Equipment	1971	1699	1480	29634
计算机及办公设备制造业	**Manufacture of Computers and Office Equipment**	**1107**	**770**	**2807**	**148194**
#计算机整机制造	Manufacture of Entired Computer	679	450	435	112873
计算机零部件制造	Manufacture of Computer Components and Parts	203	320	882	7126
计算机外围设备制造	Manufacture of Computer Peripheral Equipment	225		182	11041
办公设备制造	Manufacture of Office Equipment			498	14472
医疗仪器设备及仪器仪表制造业	**Manufacture of Medical Equipments and Measuring Instrument**	**6556**	**2588**	**15615**	**240813**
1.医疗仪器设备及器械制造	Manufacture of Medical Equipment and Appliance	275	721	1607	80474
2.仪器仪表制造	Manufacture of Measuring Instrument	6281	1867	14008	160339
信息化学品制造业	**Manufacture of Electronic Chemicals**	**224**	**24508**	**332**	**78010**

2-6-5 续表 1 continued

单位：万元 (10000 yuan)

行 业	Industry	#国有企业 State-owned Enterprises 引进技术经费支出 Expenditure for Acquisition of Foreign Technology	消化吸收经费支出 Expenditure for Assimilation of Technology	购买境内技术经费支出 Expenditure for Purchase of Domestic Technology	技术改造经费支出 Expenditure for Technical Renovation
合计	**Total**	**937**	**257**	**3925**	**132150**
医药制造业	**Manufacture of Medicines**				**1051**
#化学药品制造	Manufacture of Chemical Medicine				965
中成药生产	Production of Finished Traditional Chinese Herbal Medicine				58
生物药品制造	Manufacture of Biological Medicine				20
航空、航天器及设备制造业	**Manufacture of Aircrafts and Spacecrafts and Related Equipment**	**724**	**5**	**3423**	**86242**
#飞机制造	Manufacture of Airplanes	178	5	347	30031
航天器制造	Manufacture of Spacecrafts	380			26782
电子及通信设备制造业	**Manufacture of Electronic Equipment and Communication Equipment**		**1**		**35818**
#通信设备制造	Manufacture of Communication Equipment				350
#通信系统设备制造	Manufacture of Communication System Equipment				350
通信终端设备制造	Manufacture of Communication Terminal Equipment				
广播电视设备制造	Manufacture of Broadcasting and TV Equipment				
雷达及配套设备制造	Manufacture of Radar and Its Fittings				13310
视听设备制造	Manufacture of TV Set and Radio Receiver				
电子器件制造	Manufacture of Electronic Appliances				
#电子真空器件制造	Manufacture of Electronic Vacuum Appliance				
半导体分立器件制造	Manufacture of Semiconductor Discreting Appliances				
集成电路制造	Manufacture of Integrate Circuit				
电子元件制造	Manufacture of Electronic Components		1		22158
其他电子设备制造	Manufacture of Other Electronic Equipment				
计算机及办公设备制造业	**Manufacture of Computers and Office Equipment**				
#计算机整机制造	Manufacture of Entired Computer				
计算机零部件制造	Manufacture of Computer Components and Parts				
计算机外围设备制造	Manufacture of Computer Peripheral Equipment				
办公设备制造	Manufacture of Office Equipment				
医疗仪器设备及仪器仪表制造业	**Manufacture of Medical Equipments and Measuring Instrument**	**213**	**252**	**502**	**9039**
1.医疗仪器设备及器械制造	Manufacture of Medical Equipment and Appliance			502	7460
2.仪器仪表制造	Manufacture of Measuring Instrument	213	252		1579
信息化学品制造业	**Manufacture of Electronic Chemicals**				

2-6-5 续表 2 continued

单位：万元 (10000 yuan)

行业	Industry	港澳台投资企业 Enterprises with Funds from Hong Kong, Macau and Taiwan			
		引进技术经费支出 Expenditure for Acquisition of Foreign Technology	消化吸收经费支出 Expenditure for Assimilation of Technology	购买境内技术经费支出 Expenditure for Purchase of Domestic Technology	技术改造经费支出 Expenditure for Technical Renovation
合计	**Total**	**106073**	**19770**	**42830**	**404439**
医药制造业	**Manufacture of Medicines**	**4894**	**3770**	**13888**	**74607**
#化学药品制造	Manufacture of Chemical Medicine	3208	3770	11619	46463
中成药生产	Production of Finished Traditional Chinese Herbal Medicine	1642		1518	9476
生物药品制造	Manufacture of Biological Medicine	44		638	13305
航空、航天器及设备制造业	**Manufacture of Aircrafts and Spacecrafts and Related Equipment**				
#飞机制造	Manufacture of Airplanes				
航天器制造	Manufacture of Spacecrafts				
电子及通信设备制造业	**Manufacture of Electronic Equipment and Communication Equipment**	**89931**	**10798**	**25076**	**262708**
#通信设备制造	Manufacture of Communication Equipment			889	34179
#通信系统设备制造	Manufacture of Communication System Equipment				1399
通信终端设备制造	Manufacture of Communication Terminal Equipment			889	32781
广播电视设备制造	Manufacture of Broadcasting and TV Equipment				16985
雷达及配套设备制造	Manufacture of Radar and Its Fittings				
视听设备制造	Manufacture of TV Set and Radio Receiver	7598		16172	45746
电子器件制造	Manufacture of Electronic Appliances	56415	5013	421	92605
#电子真空器件制造	Manufacture of Electronic Vacuum Appliance				
半导体分立器件制造	Manufacture of Semiconductor Discreting Appliances				533
集成电路制造	Manufacture of Integrate Circuit	183	26		17611
电子元件制造	Manufacture of Electronic Components	5286	467	1510	48093
其他电子设备制造	Manufacture of Other Electronic Equipment	468			19326
计算机及办公设备制造业	**Manufacture of Computers and Office Equipment**	**809**	**3806**	**3510**	**3846**
#计算机整机制造	Manufacture of Entired Computer		3257	2362	1949
计算机零部件制造	Manufacture of Computer Components and Parts	2	549	550	1168
计算机外围设备制造	Manufacture of Computer Peripheral Equipment	807		598	530
办公设备制造	Manufacture of Office Equipment				200
医疗仪器设备及仪器仪表制造业	**Manufacture of Medical Equipments and Measuring Instrument**	**5328**	**145**	**7**	**23717**
1.医疗仪器设备及器械制造	Manufacture of Medical Equipment and Appliance	313	108		523
2.仪器仪表制造	Manufacture of Measuring Instrument	5015	36	7	23194
信息化学品制造业	**Manufacture of Electronic Chemicals**	**5112**	**1251**	**350**	**39561**

2-6-5　续表 3　continued

单位：万元　(10000 yuan)

行　业	Industry	外商投资企业 Foreign Funded Enterprises			
		引进技术经费支出 Expenditure for Acquisition of Foreign Technology	消化吸收经费支出 Expenditure for Assimilation of Technology	购买境内技术经费支出 Expenditure for Purchase of Domestic Technology	技术改造经费支出 Expenditure for Technical Renovation
合计	**Total**	**168432**	**39098**	**29256**	**425492**
医药制造业	**Manufacture of Medicines**	**3807**	**878**	**25298**	**99853**
#化学药品制造	Manufacture of Chemical Medicine	3492	721	22698	69296
中成药生产	Production of Finished Traditional Chinese Herbal Medicine	80	75	1617	4077
生物药品制造	Manufacture of Biological Medicine	235	37	684	19489
航空、航天器及设备制造业	**Manufacture of Aircrafts and Spacecrafts and Related Equipment**	**32**			**8492**
#飞机制造	Manufacture of Airplanes				6908
航天器制造	Manufacture of Spacecrafts				
电子及通信设备制造业	**Manufacture of Electronic Equipment and Communication Equipment**	**114191**	**36130**	**2981**	**269952**
#通信设备制造	Manufacture of Communication Equipment	5811	78	91	17130
#通信系统设备制造	Manufacture of Communication System Equipment	2005		3	5118
通信终端设备制造	Manufacture of Communication Terminal Equipment	3806	78	88	12011
广播电视设备制造	Manufacture of Broadcasting and TV Equipment	2311	1102		395
雷达及配套设备制造	Manufacture of Radar and Its Fittings				
视听设备制造	Manufacture of TV Set and Radio Receiver	51731	30597	2191	9957
电子器件制造	Manufacture of Electronic Appliances	14579	3630	369	152733
#电子真空器件制造	Manufacture of Electronic Vacuum Appliance		1320		
半导体分立器件制造	Manufacture of Semiconductor Discreting Appliances	1260	749	2	1276
集成电路制造	Manufacture of Integrate Circuit	3276	1500	267	82000
电子元件制造	Manufacture of Electronic Components	22415	702	211	77787
其他电子设备制造	Manufacture of Other Electronic Equipment	216	20		554
计算机及办公设备制造业	**Manufacture of Computers and Office Equipment**	**2705**		**229**	**12233**
#计算机整机制造	Manufacture of Entired Computer				8655
计算机零部件制造	Manufacture of Computer Components and Parts	2488		229	
计算机外围设备制造	Manufacture of Computer Peripheral Equipment	217			189
办公设备制造	Manufacture of Office Equipment				2453
医疗仪器设备及仪器仪表制造业	**Manufacture of Medical Equipments and Measuring Instrument**	**47697**	**2091**	**684**	**25852**
1.医疗仪器设备及器械制造	Manufacture of Medical Equipment and Appliance	35707	516		4964
2.仪器仪表制造	Manufacture of Measuring Instrument	11990	1575	684	20888
信息化学品制造业	**Manufacture of Electronic Chemicals**			**65**	**9110**

2-6-6 按地区和企业规模分高技术产业技术获取和技术改造情况(2015年)

Technology Acquisition and Renovation in High-tech Industry by Region and Scale of Enterprises(2015)

单位：万元 (10000 yuan)

地区	Region	大型企业 Large-sized Enterprises			
		引进技术经费支出 Expenditure for Acquisition of Foreign Technology	消化吸收经费支出 Expenditure for Assimilation of Technology	购买境内技术经费支出 Expenditure for Purchase of Domestic Technology	技术改造经费支出 Expenditure for Technical Renovation
全国	**Total**	**619793**	**70661**	**525497**	**2373452**
东部地区	Eastern Region	591744	56895	498434	1558811
中部地区	Middle Region	19059	6046	15784	269696
西部地区	Western Region	8991	3252	10430	405033
东北地区	Northeaastern Region		4468	849	139913
北京	Beijing	1027	450		1247
天津	Tianjin	41308	226		4752
河北	Hebei	4142	4487	7763	36805
山西	Shanxi				
内蒙古	Inner Mongolia				17959
辽宁	Liaoning			524	90314
吉林	Jilin		4457		26015
黑龙江	Heilongjiang		11	325	23585
上海	Shanghai	8650	9605	6717	14975
江苏	Jiangsu	102817	15355	44306	618103
浙江	Zhejiang	6584	7078	17416	195110
安徽	Anhui		3257	2362	35649
福建	Fujian	35039	6598	24032	87827
江西	Jiangxi	539	14	1	12697
山东	Shandong	44947	6979	25194	377588
河南	Henan	203	1029	1108	69936
湖北	Hubei	18317	1540	4570	56105
湖南	Hunan		206	7742	95309
广东	Guangdong	347227	6118	373006	222405
广西	Guangxi				650
海南	Hainan				
重庆	Chongqing	181	73	1493	18261
四川	Sichuan	6925	2704	6273	117205
贵州	Guizhou			700	45141
云南	Yunnan			620	273
西藏	Tibet				
陕西	Shaanxi	1816		1022	200492
甘肃	Gansu	68		323	
青海	Qinghai				
宁夏	Ningxia				5053
新疆	Xinjiang		475		

2-6-6 续表 continued

单位：万元 (10000 yuan)

地 区	Region	中型企业 Medium-sized Enterprises 引进技术经费支出 Expenditure for Acquisition of Foreign Technology	消化吸收经费支出 Expenditure for Assimilation of Technology	购买境内技术经费支出 Expenditure for Purchase of Domestic Technology	技术改造经费支出 Expenditure for Technical Renovation
全 国	**Total**	**97628**	**58600**	**107562**	**982270**
东部地区	Eastern Region	91788	32111	85262	563839
中部地区	Middle Region	3749	1732	8367	219573
西部地区	Western Region	1899	24527	11575	169427
东北地区	Northeaastern Region	192	230	2358	29431
北 京	Beijing	41831		3012	29010
天 津	Tianjin	2796	530	110	7020
河 北	Hebei		190	1673	9029
山 西	Shanxi	600	474	314	11130
内 蒙 古	Inner Mongolia				
辽 宁	Liaoning	70		258	7513
吉 林	Jilin		230	2100	15273
黑 龙 江	Heilongjiang	122			6645
上 海	Shanghai	9025	21137	17105	28477
江 苏	Jiangsu	10382	5373	9475	210592
浙 江	Zhejiang	5742	492	16270	112147
安 徽	Anhui	298	271	948	18079
福 建	Fujian	9758	1178	22062	28747
江 西	Jiangxi	2	150	3306	8913
山 东	Shandong	2239	425	9185	27874
河 南	Henan	22	150	1050	2805
湖 北	Hubei	888	340	260	99164
湖 南	Hunan	1940	346	2489	79482
广 东	Guangdong	9713	2636	3509	103588
广 西	Guangxi				5319
海 南	Hainan	300	150	2862	7355
重 庆	Chongqing	596	60	5197	28066
四 川	Sichuan	193	415	4162	60840
贵 州	Guizhou	3	4	2	11846
云 南	Yunnan		23883	418	29713
西 藏	Tibet				
陕 西	Shaanxi	1107	166	1746	19929
甘 肃	Gansu				900
青 海	Qinghai				21
宁 夏	Ningxia				10347
新 疆	Xinjiang			50	2446

2-6-7 各地区国有及国有控股企业高技术产业技术获取和技术改造情况(2015年)

Technology Acquisition and Renovation in High-tech Industry of State-owned and State-controlled Enterprises by Region (2015)

单位：万元 (10000 yuan)

地区	Region	引进技术经费支出 Expenditure for Acquisition of Foreign Technology	消化吸收经费支出 Expenditure for Assimilation of Technology	购买境内技术经费支出 Expenditure for Purchase of Domestic Technology	技术改造经费支出 Expenditure for Technical Renovation
全国	**Total**	**77648**	**39952**	**69692**	**1212295**
东部地区	Eastern Region	50208	14364	45100	346139
中部地区	Middle Region	17202	148	10322	299503
西部地区	Western Region	9903	25280	13421	451896
东北地区	Northeaastern Region	335	161	849	114757
北京	Beijing	3508	495	676	30519
天津	Tianjin	31	495	29	16084
河北	Hebei	1169	1200	1490	15861
山西	Shanxi				187
内蒙古	Inner Mongolia				
辽宁	Liaoning			524	90495
吉林	Jilin				
黑龙江	Heilongjiang	335	161	325	24262
上海	Shanghai	2577		20088	10936
江苏	Jiangsu	296	11	556	7467
浙江	Zhejiang	1524	5822	6072	51696
安徽	Anhui	177		620	16283
福建	Fujian	25543		7989	1427
江西	Jiangxi		41		149837
山东	Shandong	14830	6340	4124	176589
河南	Henan			111	56927
湖北	Hubei	17025	107	2347	50808
湖南	Hunan			7245	25461
广东	Guangdong	730	1	4077	34304
广西	Guangxi				491
海南	Hainan				1256
重庆	Chongqing	181	37	1077	6994
四川	Sichuan	6731	1215	9642	146973
贵州	Guizhou				50565
云南	Yunnan		23883	428	29097
西藏	Tibet				
陕西	Shaanxi	2923	120	1951	217605
甘肃	Gansu	68		323	
青海	Qinghai				21
宁夏	Ningxia				
新疆	Xinjiang		25		150

2-6-8 按地区和登记注册类型分高技术产业技术获取和技术改造情况(2015年)

Technology Acquisition and Renovation in High-tech Industry by Region and Registration Status(2015)

单位：万元 (10000 yuan)

地 区	Region	内资企业 Domestic Funded			
		引进技术经费支出 Expenditure for Acquisition of Foreign Technology	消化吸收经费支出 Expenditure for Assimilation of Technology	购买境内技术经费支出 Expenditure for Purchase of Domestic Technology	技术改造经费支出 Expenditure for Technical Renovation
全 国	**Total**	**482426**	**80379**	**604177**	**3178639**
东部地区	Eastern Region	462293	41048	538974	1725248
中部地区	Middle Region	6674	6154	27056	720586
西部地区	Western Region	12904	28169	28652	564865
东北地区	Northeaastern Region	557	5008	9494	167940
北 京	Beijing	3062	675	4458	31229
天 津	Tianjin	77	300	129	17843
河 北	Hebei	1229	1455	3243	37056
山 西	Shanxi	600	764	451	11446
内 蒙 古	Inner Mongolia			10	264
辽 宁	Liaoning	174	160	3328	97041
吉 林	Jilin	47	4687	6100	43621
黑 龙 江	Heilongjiang	335	161	66	27278
上 海	Shanghai	2577	94	23687	8358
江 苏	Jiangsu	14587	19159	28863	664414
浙 江	Zhejiang	11548	7666	38985	279059
安 徽	Anhui	308	630	2698	62290
福 建	Fujian	35078	1709	25309	72645
江 西	Jiangxi	549	210	3581	166576
山 东	Shandong	45601	7205	34396	385220
河 南	Henan	225	1179	2258	76069
湖 北	Hubei	2622	1885	6173	168245
湖 南	Hunan	2371	1486	11896	235960
广 东	Guangdong	348234	2635	377043	224484
广 西	Guangxi		37	381	4094
海 南	Hainan	300	150	2862	4941
重 庆	Chongqing	709	150	6360	41419
四 川	Sichuan	8769	3174	16225	178912
贵 州	Guizhou	96	4	702	61799
云 南	Yunnan		23883	946	33407
西 藏	Tibet				92
陕 西	Shaanxi	3201	382	3513	224168
甘 肃	Gansu	128	40	465	1788
青 海	Qinghai				21
宁 夏	Ningxia				15973
新 疆	Xinjiang		500	50	2929

2-6-8 续表 1 continued

单位：万元 (10000 yuan)

地 区	Region	#国有企业 State-owned Enterprises			
		引进技术经费支出 Expenditure for Acquisition of Foreign Technology	消化吸收经费支出 Expenditure for Assimilation of Technology	购买境内技术经费支出 Expenditure for Purchase of Domestic Technology	技术改造经费支出 Expenditure for Technical Renovation
全 国	**Total**	**937**	**257**	**3925**	**132150**
东部地区	Eastern Region		1	502	10365
中部地区	Middle Region	344	107	347	25145
西部地区	Western Region	380		3076	96640
东北地区	Northeaastern Region	213	150		
北 京	Beijing				254
天 津	Tianjin				2048
河 北	Hebei				278
山 西	Shanxi				
内蒙古	Inner Mongolia				
辽 宁	Liaoning				
吉 林	Jilin				
黑龙江	Heilongjiang	213	150		
上 海	Shanghai				
江 苏	Jiangsu				81
浙 江	Zhejiang				100
安 徽	Anhui				5328
福 建	Fujian				
江 西	Jiangxi				
山 东	Shandong			502	7460
河 南	Henan				4736
湖 北	Hubei	344	107	347	14431
湖 南	Hunan				650
广 东	Guangdong		1		146
广 西	Guangxi				361
海 南	Hainan				
重 庆	Chongqing				964
四 川	Sichuan			3076	29456
贵 州	Guizhou				9924
云 南	Yunnan				
西 藏	Tibet				
陕 西	Shaanxi	380			55934
甘 肃	Gansu				
青 海	Qinghai				
宁 夏	Ningxia				
新 疆	Xinjiang				

2-6-8 续表 2 continued

单位：万元 (10000 yuan)

地　区	Region	港澳台投资企业 Enterprises with Funds from Hong Kong, Macau and Taiwan			
		引进技术经费支出 Expenditure for Acquisition of Foreign Technology	消化吸收经费支出 Expenditure for Assimilation of Technology	购买境内技术经费支出 Expenditure for Purchase of Domestic Technology	技术改造经费支出 Expenditure for Technical Renovation
全　国	**Total**	**106073**	**19770**	**42830**	**404439**
东部地区	Eastern Region	88240	16289	39447	303852
中部地区	Middle Region	16002	3277	2407	68937
西部地区	Western Region	1761	204	826	29751
东北地区	Northeaastern Region	70		150	1900
北　京	Beijing	483		54	1206
天　津	Tianjin	16074		10	52
河　北	Hebei	2973	3287	3329	1974
山　西	Shanxi				
内蒙古	Inner Mongolia				17959
辽　宁	Liaoning	70			1770
吉　林	Jilin			150	130
黑龙江	Heilongjiang				
上　海	Shanghai	4631	26	270	1675
江　苏	Jiangsu	46629	1802	6745	162702
浙　江	Zhejiang			1009	22095
安　徽	Anhui		3257	2362	4649
福　建	Fujian	8484	5626	23782	24047
江　西	Jiangxi	2		2	43
山　东	Shandong	165	483	1932	12777
河　南	Henan				3900
湖　北	Hubei	16001	20	43	23
湖　南	Hunan				60323
广　东	Guangdong	8800	5065	2317	74368
广　西	Guangxi				4685
海　南	Hainan				2956
重　庆	Chongqing	1324		548	255
四　川	Sichuan	124	95	15	6853
贵　州	Guizhou				
云　南	Yunnan			263	
西　藏	Tibet				
陕　西	Shaanxi	313	108		
甘　肃	Gansu				
青　海	Qinghai				
宁　夏	Ningxia				
新　疆	Xinjiang				

2-6-8 续表 3 continued

单位：万元 (10000 yuan)

地区	Region	外商投资企业 Foreign Funded Enterprises			
		引进技术经费支出 Expenditure for Acquisition of Foreign Technology	消化吸收经费支出 Expenditure for Assimilation of Technology	购买境内技术经费支出 Expenditure for Purchase of Domestic Technology	技术改造经费支出 Expenditure for Technical Renovation
全国	**Total**	**168432**	**39098**	**29256**	**425492**
东部地区	Eastern Region	151457	38992	28580	382305
中部地区	Middle Region	16907	60	30	10348
西部地区	Western Region	67	46	327	29099
东北地区	Northeaastern Region			320	3740
北京	Beijing	40741		267	43
天津	Tianjin	27954	455		29
河北	Hebei			2897	9154
山西	Shanxi				
内蒙古	Inner Mongolia				
辽宁	Liaoning				
吉林	Jilin				
黑龙江	Heilongjiang			320	3740
上海	Shanghai	10990	30819	7	36263
江苏	Jiangsu	66338	4962	22869	139636
浙江	Zhejiang	1090	631	1053	43413
安徽	Anhui				892
福建	Fujian	2205	721	164	38490
江西	Jiangxi				3437
山东	Shandong	1426	65	930	40579
河南	Henan	324	60	30	223
湖北	Hubei	16583			301
湖南	Hunan				5495
广东	Guangdong	713	1340	394	74639
广西	Guangxi				78
海南	Hainan				58
重庆	Chongqing	67			10509
四川	Sichuan				13335
贵州	Guizhou				
云南	Yunnan			90	594
西藏	Tibet				
陕西	Shaanxi		46	237	3040
甘肃	Gansu				
青海	Qinghai				
宁夏	Ningxia				
新疆	Xinjiang				1544

2-6-9 按地区和行业分高技术产业技术获取和技术改造情况(2015年)

Technology Acquisition and Renovation in High-tech Industry by Region and Industrial Sector(2015)

单位：万元 (10000 yuan)

地区	Region	医药制造业 Medical and Pharmaceutical Products Manufacturing			
		引进技术经费支出 Expenditure for Acquisition of Foreign Technology	消化吸收经费支出 Expenditure for Assimilation of Technology	购买境内技术经费支出 Expenditure for Purchase of Domestic Technology	技术改造经费支出 Expenditure for Technical Renovation
全国	**Total**	**59189**	**33891**	**183832**	**1158829**
东部地区	Eastern Region	53403	24409	144509	729736
中部地区	Middle Region	2540	4200	13653	243025
西部地区	Western Region	3176	583	15956	136157
东北地区	Northeaastern Region	70	4698	9714	49912
北京	Beijing	1042	180	3630	3296
天津	Tianjin	77		129	2927
河北	Hebei	3763	4487	7777	25231
山西	Shanxi	600	619	371	11435
内蒙古	Inner Mongolia			10	18223
辽宁	Liaoning	70		3078	4681
吉林	Jilin		4687	6250	43512
黑龙江	Heilongjiang		11	386	1720
上海	Shanghai			4075	8043
江苏	Jiangsu	3295	10006	46266	196703
浙江	Zhejiang	5321	7094	28901	177872
安徽	Anhui	177	206	1773	22874
福建	Fujian	694		9985	14909
江西	Jiangxi			3392	14291
山东	Shandong	37876	2238	35985	238636
河南	Henan	22	859	926	17620
湖北	Hubei	1475	1654	5235	49542
湖南	Hunan	266	863	1956	127263
广东	Guangdong	1034	254	4898	54162
广西	Guangxi			356	7810
海南	Hainan	300	150	2862	7955
重庆	Chongqing	2013	73	6095	31337
四川	Sichuan	1035	470	5764	37631
贵州	Guizhou			700	10490
云南	Yunnan			971	4883
西藏	Tibet				92
陕西	Shaanxi			1549	6801
甘肃	Gansu	128	40	461	851
青海	Qinghai				
宁夏	Ningxia				15973
新疆	Xinjiang			50	2066

2-6-9 续表 1 continued

单位：万元 (10000 yuan)

地 区	Region	航空、航天器及设备制造业 Manufacture of Aircrafts and Spacecrafts and Related Equipment			
		引进技术经费支出 Expenditure for Acquisition of Foreign Technology	消化吸收经费支出 Expenditure for Assimilation of Technology	购买境内技术经费支出 Expenditure for Purchase of Domestic Technology	技术改造经费支出 Expenditure for Technical Renovation
全 国	**Total**	**13841**	**2731**	**17445**	**701523**
东部地区	Eastern Region	6619	2685	352	38869
中部地区	Middle Region	344	46	7592	208037
西部地区	Western Region	6878		9502	340589
东北地区	Northeaastern Region				114028
北 京	Beijing			2	11802
天 津	Tianjin				4981
河 北	Hebei				1059
山 西	Shanxi				
内 蒙 古	Inner Mongolia				
辽 宁	Liaoning				88671
吉 林	Jilin				
黑 龙 江	Heilongjiang				25357
上 海	Shanghai				
江 苏	Jiangsu	6588	2685	350	19218
浙 江	Zhejiang				231
安 徽	Anhui				
福 建	Fujian				
江 西	Jiangxi		41		144265
山 东	Shandong	32			25
河 南	Henan				30487
湖 北	Hubei	344	5	347	19632
湖 南	Hunan			7245	13653
广 东	Guangdong				1556
广 西	Guangxi				
海 南	Hainan				
重 庆	Chongqing				
四 川	Sichuan	5062		8606	102447
贵 州	Guizhou				41129
云 南	Yunnan				
西 藏	Tibet				
陕 西	Shaanxi	1816		896	197013
甘 肃	Gansu				
青 海	Qinghai				
宁 夏	Ningxia				
新 疆	Xinjiang				

2-6-9　续表 2　continued

单位：万元　　(10000 yuan)

地　区	Region	电子及通信设备制造业 Manufacture of Electronic Equipment and Communication Equipment 引进技术经费支出 Expenditure for Acquisition of Foreign Technology	消化吸收经费支出 Expenditure for Assimilation of Technology	购买境内技术经费支出 Expenditure for Purchase of Domestic Technology	技术改造经费支出 Expenditure for Technical Renovation
全　国	**Total**	**614364**	**67467**	**451387**	**1566882**
东部地区	Eastern Region	575238	63135	444827	1208734
中部地区	Middle Region	34956	892	3556	257450
西部地区	Western Region	4171	3280	3004	95028
东北地区	Northeaastern Region		160		5671
北　京	Beijing	7512		664	16966
天　津	Tianjin	43997	560	10	7138
河　北	Hebei	40	65	30	18057
山　西	Shanxi		146	80	12
内 蒙 古	Inner Mongolia				
辽　宁	Liaoning		160		1879
吉　林	Jilin				192
黑 龙 江	Heilongjiang				3600
上　海	Shanghai	6926	30589	13887	33559
江　苏	Jiangsu	101718	8853	9404	530409
浙　江	Zhejiang	5380	1187	7610	126916
安　徽	Anhui	121	281	779	34829
福　建	Fujian	44963	8028	38988	113437
江　西	Jiangxi	549	19	189	5540
山　东	Shandong	9158	5320	577	72163
河　南	Henan			741	1547
湖　北	Hubei	32581	145	634	94459
湖　南	Hunan	1704	301	1133	121064
广　东	Guangdong	355544	8533	373658	290088
广　西	Guangxi		37	25	842
海　南	Hainan				
重　庆	Chongqing	20	60	265	5393
四　川	Sichuan	2797	2799	1655	55855
贵　州	Guizhou	96	4	2	10180
云　南	Yunnan				43
西　藏	Tibet				
陕　西	Shaanxi	1257	380	1057	20815
甘　肃	Gansu				900
青　海	Qinghai				
宁　夏	Ningxia				
新　疆	Xinjiang				1000

2-6-9 续表 3 continued

单位：万元 (10000 yuan)

地 区	Region	计算机及办公设备制造业 Manufacture of Computer and Office Equipments			
		引进技术经费支出 Expenditure for Acquisition of Foreign Technology	消化吸收经费支出 Expenditure for Assimilation of Technology	购买境内技术经费支出 Expenditure for Purchase of Domestic Technology	技术改造经费支出 Expenditure for Technical Renovation
全 国	**Total**	**4620**	**4576**	**6546**	**164273**
东部地区	Eastern Region	4242	999	2016	138721
中部地区	Middle Region	204	3577	3767	15514
西部地区	Western Region			763	10038
东北地区	Northeaastern Region	174			
北 京	Beijing	679	450	425	210
天 津	Tianjin				537
河 北	Hebei				
山 西	Shanxi				
内 蒙 古	Inner Mongolia				
辽 宁	Liaoning	174			
吉 林	Jilin				
黑 龙 江	Heilongjiang				
上 海	Shanghai				
江 苏	Jiangsu	2755	549	341	6271
浙 江	Zhejiang			508	1747
安 徽	Anhui		3257	2462	2203
福 建	Fujian			198	313
江 西	Jiangxi	2		2	281
山 东	Shandong				113318
河 南	Henan	203	320	591	540
湖 北	Hubei				
湖 南	Hunan			712	12489
广 东	Guangdong	807		544	16325
广 西	Guangxi				
海 南	Hainan				
重 庆	Chongqing			548	9173
四 川	Sichuan			215	865
贵 州	Guizhou				
云 南	Yunnan				
西 藏	Tibet				
陕 西	Shaanxi				
甘 肃	Gansu				
青 海	Qinghai				
宁 夏	Ningxia				
新 疆	Xinjiang				

2-6-9 续表 4 continued

单位：万元 (10000 yuan)

地　区	Region	医疗仪器设备及仪器仪表制造业 Manufacture of Medical Equipments and Measuring Instrument			
		引进技术经费支出 Expenditure for Acquisition of Foreign Technology	消化吸收经费支出 Expenditure for Assimilation of Technology	购买境内技术经费支出 Expenditure for Purchase of Domestic Technology	技术改造经费支出 Expenditure for Technical Renovation
全　国	**Total**	**59581**	**4824**	**16306**	**290382**
东部地区	Eastern Region	57376	3850	14879	224205
中部地区	Middle Region	1441	626	926	52978
西部地区	Western Region	382	197	252	9231
东北地区	Northeaastern Region	382	150	250	3968
北　京	Beijing	35052	45	58	204
天　津	Tianjin	31	195		11
河　北	Hebei	399	190	1661	3577
山　西	Shanxi				
内蒙古	Inner Mongolia				
辽　宁	Liaoning			250	3580
吉　林	Jilin	47			47
黑龙江	Heilongjiang	335	150		341
上　海	Shanghai	11272	350	6002	4693
江　苏	Jiangsu	8088	2579	1701	150722
浙　江	Zhejiang	1936	16	4027	35789
安　徽	Anhui	10	143	46	7449
福　建	Fujian	110	28	80	5663
江　西	Jiangxi				2241
山　东	Shandong	127	195	696	14079
河　南	Henan	324	60	30	14184
湖　北	Hubei	706	102		2026
湖　南	Hunan	400	321	851	27079
广　东	Guangdong	362	252	654	9467
广　西	Guangxi				205
海　南	Hainan				
重　庆	Chongqing	67	17		4795
四　川	Sichuan				1892
贵　州	Guizhou				
云　南	Yunnan				244
西　藏	Tibet				
陕　西	Shaanxi	315	156	248	2057
甘　肃	Gansu			4	37
青　海	Qinghai				
宁　夏	Ningxia				
新　疆	Xinjiang		25		

2-6-9 续表 4 continued

单位：万元 (10000 yuan)

地区	Region	信息化学品制造业 Manufacture of Electronic Chemicals			
		引进技术经费支出 Expenditure for Acquisition of Foreign Technology	消化吸收经费支出 Expenditure for Assimilation of Technology	购买境内技术经费支出 Expenditure for Purchase of Domestic Technology	技术改造经费支出 Expenditure for Technical Renovation
全　国	**Total**	**5336**	**25759**	**747**	**126681**
东部地区	Eastern Region	5112	1251	419	71140
中部地区	Middle Region	98	150		22867
西部地区	Western Region	126	24358	328	32674
东北地区	Northeaastern Region				
北　京	Beijing				
天　津	Tianjin				2330
河　北	Hebei				260
山　西	Shanxi				
内蒙古	Inner Mongolia				
辽　宁	Liaoning				
吉　林	Jilin				
黑龙江	Heilongjiang				
上　海	Shanghai				
江　苏	Jiangsu	5112	1251	415	63430
浙　江	Zhejiang				2011
安　徽	Anhui				476
福　建	Fujian			4	860
江　西	Jiangxi		150		3437
山　东	Shandong				356
河　南	Henan				15815
湖　北	Hubei	98			2909
湖　南	Hunan				230
广　东	Guangdong				1893
广　西	Guangxi				
海　南	Hainan				
重　庆	Chongqing				1484
四　川	Sichuan				409
贵　州	Guizhou				
云　南	Yunnan		23883	328	28831
西　藏	Tibet				
陕　西	Shaanxi	126			521
甘　肃	Gansu				
青　海	Qinghai				21
宁　夏	Ningxia				
新　疆	Xinjiang		475		1407

2-7-1 按行业分高技术产业企业办研发机构情况(2015年)
R&D Institutions in High-tech Industry by Industrial Sector (2015)

行业	Industry	有研发机构的企业数(个) Number of Enterprises with R&D Institutions (unit)	机构数(个) R&D Institutions (unit)	机构人员(人) Personnel in R&D Institutions (person)	机构经费支出(万元) Expenditure in R&D Institutions (10000 yuan)	#仪器设备 Equipment
合计	**Total**	**8760**	**11265**	**770322**	**21874916**	**14997594**
医药制造业	**Manufacture of Medicines**	**2136**	**2781**	**125646**	**2967662**	**2973794**
#化学药品制造	Manufacture of Chemical Medicine	876	1170	61954	1652353	1694246
中成药生产	Production of Finished Traditional Chinese Herbal Medicine	464	620	31034	612819	553297
生物药品制造	Manufacture of Biological Medicine	350	462	18073	458941	456770
航空、航天器及设备制造业	**Manufacture of Aircrafts and Spacecrafts and Related Equipment**	**130**	**194**	**33208**	**679990**	**1092464**
#飞机制造	Manufacture of Airplanes	70	113	24224	495666	866312
航天器制造	Manufacture of Spacecrafts	9	15	1644	53327	76299
电子及通信设备制造业	**Manufacture of Electronic Equipment and Communication Equipment**	**4183**	**5351**	**455005**	**14829696**	**8547511**
#通信设备制造	Manufacture of Communication Equipment	499	727	183211	8600254	1591352
#通信系统设备制造	Manufacture of Communication System Equipment	297	453	145786	7729474	1212139
通信终端设备制造	Manufacture of Communication Terminal Equipment	202	274	37425	870780	379213
广播电视设备制造	Manufacture of Broadcasting and TV Equipment	220	292	12871	298625	200862
雷达及配套设备制造	Manufacture of Radar and Its Fittings	26	45	6654	105373	160218
视听设备制造	Manufacture of TV Set and Radio Receiver	250	320	25415	844061	460593
电子器件制造	Manufacture of Electronic Appliances	915	1178	76998	2090898	2789898
#电子真空器件制造	Manufacture of Electronic Vacuum Appliance	29	32	1583	17256	25710
半导体分立器件制造	Manufacture of Semiconductor Discreting Appliances	124	149	5783	101637	135438
集成电路制造	Manufacture of Integrate Circuit	156	206	17383	605916	996382
电子元件制造	Manufacture of Electronic Components	1519	1775	91053	1641734	2034675
其他电子设备制造	Manufacture of Other Electronic Equipment	328	406	32065	674364	638358
计算机及办公设备制造业	**Manufacture of Computers and Office Equipment**	**423**	**565**	**56422**	**1299658**	**618190**
#计算机整机制造	Manufacture of Entired Computer	51	77	25617	715950	290814
计算机零部件制造	Manufacture of Computer Components and Parts	117	142	6461	121387	61395
计算机外围设备制造	Manufacture of Computer Peripheral Equipment	116	169	10537	207222	145033
办公设备制造	Manufacture of Office Equipment	72	80	5026	101592	58306
医疗仪器设备及仪器仪表制造业	**Manufacture of Medical Equipments and Measuring Instrument**	**1740**	**2164**	**90219**	**1811095**	**1254201**
1.医疗仪器设备及器械制造	Manufacture of Medical Equipment and Appliance	420	516	19256	470813	331577
2.仪器仪表制造	Manufacture of Measuring Instrument	1320	1648	70963	1340282	922624
信息化学品制造业	**Manufacture of Electronic Chemicals**	**148**	**210**	**9822**	**286815**	**511436**

2-7-2 各地区高技术产业企业办研发机构情况(2015年)

R&D Institutions in High-tech Industry by Region(2015)

地区	Region	有研发机构的企业数(个) Number of Enterprises with R&D Institutions (unit)	机构数(个) R&D Institutions (unit)	机构人员(人) Personnel in R&D Institutions (person)	机构经费支出(万元) Expenditure in R&D Institutions (10000 yuan)	#仪器设备 Equipment
全　国	**Total**	**8760**	**11265**	**770322**	**21874916**	**14997594**
东部地区	Eastern Region	6724	8581	616127	18991018	11800904
中部地区	Middle Region	1270	1632	82587	1686729	1551208
西部地区	Western Region	594	824	48598	852145	1201833
东北地区	Northeaastern Region	172	228	23010	345024	443650
北　京	Beijing	255	313	21392	879890	471578
天　津	Tianjin	108	139	14046	349560	429382
河　北	Hebei	152	167	12690	215736	224505
山　西	Shanxi	45	47	2631	49008	58076
内蒙古	Inner Mongolia	26	29	1020	19171	45104
辽　宁	Liaoning	77	110	14760	235652	323064
吉　林	Jilin	40	55	3558	48023	42950
黑龙江	Heilongjiang	55	63	4692	61349	77636
上　海	Shanghai	151	185	22551	880310	1178552
江　苏	Jiangsu	2810	3489	148584	3579250	4332198
浙　江	Zhejiang	1139	1308	69251	1581776	914699
安　徽	Anhui	401	535	18035	414447	407813
福　建	Fujian	222	294	21541	585304	338188
江　西	Jiangxi	161	203	11695	169958	330285
山　东	Shandong	414	613	49511	1255110	1030524
河　南	Henan	238	310	20739	291351	250978
湖　北	Hubei	180	242	16378	371380	297556
湖　南	Hunan	245	295	13109	390585	206500
广　东	Guangdong	1450	2045	254952	9632987	2869285
广　西	Guangxi	49	67	2507	32470	33581
海　南	Hainan	23	28	1609	31096	11994
重　庆	Chongqing	118	153	7647	158385	129383
四　川	Sichuan	155	225	14343	242403	265926
贵　州	Guizhou	49	63	5359	122894	163967
云　南	Yunnan	45	54	2223	46881	27678
西　藏	Tibet	1	1	8	36	20
陕　西	Shaanxi	98	160	11613	182304	341012
甘　肃	Gansu	24	26	1508	18038	110808
青　海	Qinghai	4	7	119	4009	3249
宁　夏	Ningxia	11	18	1635	20527	17236
新　疆	Xinjiang	14	21	616	5029	63869

2-7-3 按行业和企业规模分高技术产业企业办研发机构情况(2015年)

R&D Institutions in High-tech Industry by Industrial Sector and Scale of Enterprises(2015)

行业	Industry	大型企业 Large-sized Enterprises				
		有研发机构的企业数(个) Number of Enterprises with R&D Institutions (unit)	机构数(个) R&D Institutions (unit)	机构人员(人) Personnel in R&D Institutions (person)	机构经费支出(万元) Expenditure in R&D Institutions (10000 yuan)	#仪器设备 Equipment
合计	**Total**	**1031**	**2001**	**444968**	**15728537**	**8291003**
医药制造业	**Manufacture of Medicines**	**197**	**401**	**48247**	**1309285**	**1162960**
#化学药品制造	Manufacture of Chemical Medicine	111	254	28330	890049	728992
中成药生产	Production of Finished Traditional Chinese Herbal Medicine	61	109	15169	291341	254849
生物药品制造	Manufacture of Biological Medicine	14	18	2505	78308	94916
航空、航天器及设备制造业	**Manufacture of Aircrafts and Spacecrafts and Related Equipment**	**43**	**78**	**23283**	**517267**	**674479**
#飞机制造	Manufacture of Airplanes	30	59	17890	393105	549540
航天器制造	Manufacture of Spacecrafts	6	8	1378	52121	74808
电子及通信设备制造业	**Manufacture of Electronic Equipment and Communication Equipment**	**595**	**1126**	**305271**	**12152858**	**5551194**
#通信设备制造	Manufacture of Communication Equipment	95	219	158740	8123112	1164812
#通信系统设备制造	Manufacture of Communication System Equipment	40	130	131187	7463557	908414
通信终端设备制造	Manufacture of Communication Terminal Equipment	55	89	27553	659555	256398
广播电视设备制造	Manufacture of Broadcasting and TV Equipment	25	50	4111	140140	102960
雷达及配套设备制造	Manufacture of Radar and Its Fittings	10	19	5657	88229	99090
视听设备制造	Manufacture of TV Set and Radio Receiver	43	79	14706	643839	347526
电子器件制造	Manufacture of Electronic Appliances	148	261	45965	1503218	1904699
#电子真空器件制造	Manufacture of Electronic Vacuum Appliance	2	2	745	9448	16968
半导体分立器件制造	Manufacture of Semiconductor Discreting Appliances	13	23	1862	31287	28843
集成电路制造	Manufacture of Integrate Circuit	34	69	10271	437175	767225
电子元件制造	Manufacture of Electronic Components	201	313	46007	905616	1104132
其他电子设备制造	Manufacture of Other Electronic Equipment	35	57	18942	456290	444845
计算机及办公设备制造业	**Manufacture of Computers and Office Equipment**	**85**	**164**	**40786**	**1045539**	**419927**
#计算机整机制造	Manufacture of Entired Computer	23	34	23900	677556	274304
计算机零部件制造	Manufacture of Computer Components and Parts	24	41	3124	70885	25446
计算机外围设备制造	Manufacture of Computer Peripheral Equipment	16	49	5231	127007	63783
办公设备制造	Manufacture of Office Equipment	6	13	2375	57850	18485
医疗仪器设备及仪器仪表制造业	**Manufacture of Medical Equipments and Measuring Instrument**	**84**	**175**	**22181**	**528866**	**295505**
1.医疗仪器设备及器械制造	Manufacture of Medical Equipment and Appliance	16	28	3577	105207	52208
2.仪器仪表制造	Manufacture of Measuring Instrument	68	147	18604	423659	243297
信息化学品制造业	**Manufacture of Electronic Chemicals**	**27**	**57**	**5200**	**174722**	**186938**

2-7-3 续表

行 业	Industry	中型企业 Medium-sized Enterprises 有研发机构的企业数(个) Number of Enterprises with R&D Institutions (unit)	机构数(个) R&D Institutions (unit)	机构人员(人) Personnel in R&D Institutions (person)	机构经费支出(万元) Expenditure in R&D Institutions (10000 yuan)	#仪器设备 Equipment
合计	**Total**	**2759**	**3571**	**192331**	**3758976**	**4505829**
医药制造业	**Manufacture of Medicines**	**684**	**925**	**44717**	**1017041**	**1241207**
#化学药品制造	Manufacture of Chemical Medicine	325	411	21837	526015	756422
中成药生产	Production of Finished Traditional Chinese Herbal Medicine	160	230	9088	175650	170191
生物药品制造	Manufacture of Biological Medicine	97	153	8367	230280	224900
航空、航天器及设备制造业	**Manufacture of Aircrafts and Spacecrafts and Related Equipment**	**37**	**50**	**4833**	**76592**	**143956**
#飞机制造	Manufacture of Airplanes	22	33	2281	37168	77808
航天器制造	Manufacture of Spacecrafts	2	3	224	856	1041
电子及通信设备制造业	**Manufacture of Electronic Equipment and Communication Equipment**	**1400**	**1766**	**93417**	**1700913**	**2177435**
#通信设备制造	Manufacture of Communication Equipment	141	201	14834	300073	311562
#通信系统设备制造	Manufacture of Communication System Equipment	79	119	8342	165527	230743
通信终端设备制造	Manufacture of Communication Terminal Equipment	62	82	6492	134546	80819
广播电视设备制造	Manufacture of Broadcasting and TV Equipment	65	86	5187	95847	57413
雷达及配套设备制造	Manufacture of Radar and Its Fittings	7	11	649	11897	55168
视听设备制造	Manufacture of TV Set and Radio Receiver	98	119	7659	147453	86760
电子器件制造	Manufacture of Electronic Appliances	306	386	19834	386095	704009
#电子真空器件制造	Manufacture of Electronic Vacuum Appliance	9	10	505	2760	3367
半导体分立器件制造	Manufacture of Semiconductor Discreting Appliances	29	36	2098	39692	70029
集成电路制造	Manufacture of Integrate Circuit	48	54	4139	105245	188805
电子元件制造	Manufacture of Electronic Components	557	652	29375	472428	709992
其他电子设备制造	Manufacture of Other Electronic Equipment	92	129	6909	126223	83808
计算机及办公设备制造业	**Manufacture of Computers and Office Equipment**	**139**	**159**	**9892**	**161548**	**126475**
#计算机整机制造	Manufacture of Entired Computer	17	19	1177	28004	10370
计算机零部件制造	Manufacture of Computer Components and Parts	37	41	2014	28245	19635
计算机外围设备制造	Manufacture of Computer Peripheral Equipment	46	54	3554	49115	69575
办公设备制造	Manufacture of Office Equipment	20	21	1531	27815	9937
医疗仪器设备及仪器仪表制造业	**Manufacture of Medical Equipments and Measuring Instrument**	**458**	**611**	**36952**	**737292**	**583632**
1.医疗仪器设备及器械制造	Manufacture of Medical Equipment and Appliance	126	175	9004	242192	195443
2.仪器仪表制造	Manufacture of Measuring Instrument	332	436	27948	495100	388189
信息化学品制造业	**Manufacture of Electronic Chemicals**	**41**	**60**	**2520**	**65592**	**233124**

2-7-4　按行业分国有及国有控股企业高技术产业企业办研发机构情况(2015年)

R&D Institutions in High-tech Industry of State-owned and State-controlled Enterprises by Industrial Sector (2015)

行　业	Industry	有研发机构的企业数(个) Number of Enterprises with R&D Institutions (unit)	机构数(个) R&D Institutions (unit)	机构人员(人) Personnel in R&D Institutions (person)	机构经费支出(万元) Expenditure in R&D Institutions (10000 yuan)	#仪器设备 Equipment
合计	**Total**	**694**	**1130**	**160171**	**4022999**	**3334295**
医药制造业	**Manufacture of Medicines**	**201**	**298**	**19223**	**479806**	**480193**
#化学药品制造	Manufacture of Chemical Medicine	94	149	10177	268989	217595
中成药生产	Production of Finished Traditional Chinese Herbal Medicine	69	104	5710	129637	143389
生物药品制造	Manufacture of Biological Medicine	22	27	1759	53379	81730
航空、航天器及设备制造业	**Manufacture of Aircrafts and Spacecrafts and Related Equipment**	**78**	**116**	**30376**	**608823**	**1003010**
#飞机制造	Manufacture of Airplanes	51	81	22806	452180	823716
航天器制造	Manufacture of Spacecrafts	8	11	1602	52977	75849
电子及通信设备制造业	**Manufacture of Electronic Equipment and Communication Equipment**	**263**	**461**	**76034**	**2282295**	**1307404**
#通信设备制造	Manufacture of Communication Equipment	55	119	38202	1206733	353549
#通信系统设备制造	Manufacture of Communication System Equipment	33	79	33748	1141000	299751
通信终端设备制造	Manufacture of Communication Terminal Equipment	22	40	4454	65732	53798
广播电视设备制造	Manufacture of Broadcasting and TV Equipment	12	17	1902	42623	21204
雷达及配套设备制造	Manufacture of Radar and Its Fittings	14	25	6007	97404	148736
视听设备制造	Manufacture of TV Set and Radio Receiver	15	41	6879	322973	146269
电子器件制造	Manufacture of Electronic Appliances	70	92	12392	416248	429175
#电子真空器件制造	Manufacture of Electronic Vacuum Appliance	4	4	508	2533	4554
半导体分立器件制造	Manufacture of Semiconductor Discreting Appliances	5	5	604	11561	29205
集成电路制造	Manufacture of Integrate Circuit	15	15	866	34333	112125
电子元件制造	Manufacture of Electronic Components	59	103	6068	84193	111634
其他电子设备制造	Manufacture of Other Electronic Equipment	17	30	2809	67506	51961
计算机及办公设备制造业	**Manufacture of Computers and Office Equipment**	**31**	**74**	**20608**	**395812**	**209071**
#计算机整机制造	Manufacture of Entired Computer	9	18	11478	235237	170679
计算机零部件制造	Manufacture of Computer Components and Parts	2	3	331	5796	1271
计算机外围设备制造	Manufacture of Computer Peripheral Equipment	11	29	3094	54598	16836
办公设备制造	Manufacture of Office Equipment	5	12	1651	32785	1929
医疗仪器设备及仪器仪表制造业	**Manufacture of Medical Equipments and Measuring Instrument**	**102**	**153**	**11744**	**211690**	**204594**
1.医疗仪器设备及器械制造	Manufacture of Medical Equipment and Appliance	10	12	964	21217	25899
2.仪器仪表制造	Manufacture of Measuring Instrument	92	141	10780	190473	178695
信息化学品制造业	**Manufacture of Electronic Chemicals**	**19**	**28**	**2186**	**44573**	**130023**

2-7-5 按行业和登记注册类型分高技术产业企业办研发机构情况(2015年)

R&D Institutions in High-tech Industry by Industrial Sector and Registration Status(2015)

行业	Industry	内资企业 Domestic Funded				
		有研发机构的企业数(个) Number of Enterprises with R&D Institutions (unit)	机构数(个) R&D Institutions (unit)	机构人员(人) Personnel in R&D Institutions (person)	机构经费支出(万元) Expenditure in R&D Institutions (10000 yuan)	#仪器设备 Equipment
合计	**Total**	**6560**	**8550**	**533651**	**15547543**	**8554091**
医药制造业	**Manufacture of Medicines**	**1797**	**2319**	**99390**	**2186903**	**2111427**
#化学药品制造	Manufacture of Chemical Medicine	718	951	46249	1118700	1093936
中成药生产	Production of Finished Traditional Chinese Herbal Medicine	407	534	26819	534189	451346
生物药品制造	Manufacture of Biological Medicine	279	363	13504	324855	324507
航空、航天器及设备制造业	**Manufacture of Aircrafts and Spacecrafts and Related Equipment**	**114**	**164**	**31391**	**637783**	**1046639**
#飞机制造	Manufacture of Airplanes	60	93	23615	471435	843408
航天器制造	Manufacture of Spacecrafts	9	15	1644	53327	76299
电子及通信设备制造业	**Manufacture of Electronic Equipment and Communication Equipment**	**2855**	**3762**	**295369**	**10736041**	**3886682**
#通信设备制造	Manufacture of Communication Equipment	376	560	139558	7460551	924154
#通信系统设备制造	Manufacture of Communication System Equipment	239	370	122537	7053492	775120
通信终端设备制造	Manufacture of Communication Terminal Equipment	137	190	17021	407059	149034
广播电视设备制造	Manufacture of Broadcasting and TV Equipment	159	207	9226	175343	120582
雷达及配套设备制造	Manufacture of Radar and Its Fittings	25	44	6632	105153	160203
视听设备制造	Manufacture of TV Set and Radio Receiver	148	210	14462	483173	280787
电子器件制造	Manufacture of Electronic Appliances	598	793	41635	987294	906639
#电子真空器件制造	Manufacture of Electronic Vacuum Appliance	25	28	1495	15675	23970
半导体分立器件制造	Manufacture of Semiconductor Discreting Appliances	82	100	3969	57378	92603
集成电路制造	Manufacture of Integrate Circuit	92	120	7683	174380	170817
电子元件制造	Manufacture of Electronic Components	980	1141	44955	769980	810517
其他电子设备制造	Manufacture of Other Electronic Equipment	239	309	17216	301306	196634
计算机及办公设备制造业	**Manufacture of Computers and Office Equipment**	**252**	**360**	**29151**	**547263**	**325708**
#计算机整机制造	Manufacture of Entired Computer	28	50	13269	285029	184341
计算机零部件制造	Manufacture of Computer Components and Parts	51	69	2396	44370	27893
计算机外围设备制造	Manufacture of Computer Peripheral Equipment	73	111	6888	102487	57241
办公设备制造	Manufacture of Office Equipment	56	64	3561	61841	33893
医疗仪器设备及仪器仪表制造业	**Manufacture of Medical Equipments and Measuring Instrument**	**1428**	**1796**	**70889**	**1284813**	**903261**
1.医疗仪器设备及器械制造	Manufacture of Medical Equipment and Appliance	326	395	13935	275632	171025
2.仪器仪表制造	Manufacture of Measuring Instrument	1102	1401	56954	1009180	732236
信息化学品制造业	**Manufacture of Electronic Chemicals**	**114**	**149**	**7461**	**154740**	**280374**

2-7-5 续表 1 continued

行 业	Industry	#国有企业 State-owned Enterprises 有研发机构的企业数(个) Number of Enterprises with R&D Institutions (unit)	机构数(个) R&D Institutions (unit)	机构人员(人) Personnel in R&D Institutions (person)	机构经费支出(万元) Expenditure in R&D Institutions (10000 yuan)	#仪器设备 Equipment
合计	**Total**	**82**	**143**	**18164**	**415873**	**427240**
医药制造业	**Manufacture of Medicines**	**19**	**20**	**821**	**13323**	**15764**
#化学药品制造	Manufacture of Chemical Medicine	6	6	203	4846	3163
中成药生产	Production of Finished Traditional Chinese Herbal Medicine	8	9	186	3115	1674
生物药品制造	Manufacture of Biological Medicine	3	3	334	4635	10317
航空、航天器及设备制造业	**Manufacture of Aircrafts and Spacecrafts and Related Equipment**	**22**	**32**	**6498**	**138540**	**142363**
#飞机制造	Manufacture of Airplanes	10	17	2184	34386	34230
航天器制造	Manufacture of Spacecrafts	5	7	959	43871	74570
电子及通信设备制造业	**Manufacture of Electronic Equipment and Communication Equipment**	**21**	**61**	**8621**	**234623**	**225944**
#通信设备制造	Manufacture of Communication Equipment	5	19	6379	204868	158501
#通信系统设备制造	Manufacture of Communication System Equipment	4	14	6156	199754	158056
通信终端设备制造	Manufacture of Communication Terminal Equipment	1	5	223	5114	445
广播电视设备制造	Manufacture of Broadcasting and TV Equipment					
雷达及配套设备制造	Manufacture of Radar and Its Fittings	3	4	1048	13765	50791
视听设备制造	Manufacture of TV Set and Radio Receiver	1	1	92	4013	3526
电子器件制造	Manufacture of Electronic Appliances	2	2	203	888	943
#电子真空器件制造	Manufacture of Electronic Vacuum Appliance	1	1	183	786	921
半导体分立器件制造	Manufacture of Semiconductor Discreting Appliances					
集成电路制造	Manufacture of Integrate Circuit					
电子元件制造	Manufacture of Electronic Components	9	34	886	10377	11742
其他电子设备制造	Manufacture of Other Electronic Equipment					
计算机及办公设备制造业	**Manufacture of Computers and Office Equipment**	**1**	**1**	**21**	**144**	**7**
#计算机整机制造	Manufacture of Entired Computer					
计算机零部件制造	Manufacture of Computer Components and Parts					
计算机外围设备制造	Manufacture of Computer Peripheral Equipment					
办公设备制造	Manufacture of Office Equipment	1	1	21	144	7
医疗仪器设备及仪器仪表制造业	**Manufacture of Medical Equipments and Measuring Instrument**	**18**	**28**	**2188**	**28715**	**41148**
1.医疗仪器设备及器械制造	Manufacture of Medical Equipment and Appliance	1	1	540	8230	18600
2.仪器仪表制造	Manufacture of Measuring Instrument	17	27	1648	20485	22548
信息化学品制造业	**Manufacture of Electronic Chemicals**	**1**	**1**	**15**	**528**	**2014**

2-7-5 续表 2 continued

行 业	Industry	港澳台投资企业 Enterprises with Funds from Hong Kong, Macau and Taiwan				
		有研发机构的企业数(个) Number of Enterprises with R&D Institutions (unit)	机构数(个) R&D Institutions (unit)	机构人员(人) Personnel in R&D Institutions (person)	机构经费支出(万元) Expenditure in R&D Institutions (10000 yuan)	#仪器设备 Equipment
合计	**Total**	**952**	**1227**	**117917**	**3026503**	**2325041**
医药制造业	**Manufacture of Medicines**	**156**	**228**	**13673**	**384917**	**318446**
#化学药品制造	Manufacture of Chemical Medicine	65	98	7664	248689	169423
中成药生产	Production of Finished Traditional Chinese Herbal Medicine	41	62	2541	33759	47361
生物药品制造	Manufacture of Biological Medicine	31	48	2648	87010	85561
航空、航天器及设备制造业	**Manufacture of Aircrafts and Spacecrafts and Related Equipment**	**3**	**4**	**826**	**16038**	**5029**
#飞机制造	Manufacture of Airplanes	2	3	94	5757	4286
航天器制造	Manufacture of Spacecrafts					
电子及通信设备制造业	**Manufacture of Electronic Equipment and Communication Equipment**	**601**	**741**	**84883**	**1992994**	**1577957**
#通信设备制造	Manufacture of Communication Equipment	43	65	26705	569252	275869
#通信系统设备制造	Manufacture of Communication System Equipment	20	28	15711	366691	157742
通信终端设备制造	Manufacture of Communication Terminal Equipment	23	37	10994	202560	118127
广播电视设备制造	Manufacture of Broadcasting and TV Equipment	32	53	1810	49226	56039
雷达及配套设备制造	Manufacture of Radar and Its Fittings	1	1	22	220	15
视听设备制造	Manufacture of TV Set and Radio Receiver	55	59	7724	281695	145314
电子器件制造	Manufacture of Electronic Appliances	126	154	18824	414623	429363
#电子真空器件制造	Manufacture of Electronic Vacuum Appliance	1	1	25	670	1635
半导体分立器件制造	Manufacture of Semiconductor Discreting Appliances	12	14	357	10991	7432
集成电路制造	Manufacture of Integrate Circuit	21	30	3938	125816	76002
电子元件制造	Manufacture of Electronic Components	268	322	22361	425464	498735
其他电子设备制造	Manufacture of Other Electronic Equipment	37	41	4422	179073	107977
计算机及办公设备制造业	**Manufacture of Computers and Office Equipment**	**79**	**103**	**10499**	**424098**	**161012**
#计算机整机制造	Manufacture of Entired Computer	11	15	5285	294661	48432
计算机零部件制造	Manufacture of Computer Components and Parts	34	39	1820	37034	19401
计算机外围设备制造	Manufacture of Computer Peripheral Equipment	24	39	2806	84807	83393
办公设备制造	Manufacture of Office Equipment	5	5	166	2120	5263
医疗仪器设备及仪器仪表制造业	**Manufacture of Medical Equipments and Measuring Instrument**	**98**	**116**	**6674**	**133237**	**70117**
1.医疗仪器设备及器械制造	Manufacture of Medical Equipment and Appliance	25	31	1344	24962	24140
2.仪器仪表制造	Manufacture of Measuring Instrument	73	85	5330	108275	45976
信息化学品制造业	**Manufacture of Electronic Chemicals**	**15**	**35**	**1362**	**75219**	**192480**

2-7-5 续表 3 continued

行业	Industry	外商投资企业 Foreign Funded Enterprises				
		有研发机构的企业数（个） Number of Enterprises with R&D Institutions (unit)	机构数（个） R&D Institutions (unit)	机构人员（人） Personnel in R&D Institutions (person)	机构经费支出（万元） Expenditure in R&D Institutions (10000 yuan)	#仪器设备 Equipment
合计	**Total**	**1248**	**1488**	**118754**	**3300871**	**4118463**
医药制造业	**Manufacture of Medicines**	**183**	**234**	**12583**	**395842**	**543920**
#化学药品制造	Manufacture of Chemical Medicine	93	121	8041	284964	430887
中成药生产	Production of Finished Traditional Chinese Herbal Medicine	16	24	1674	44871	54591
生物药品制造	Manufacture of Biological Medicine	40	51	1921	47076	46702
航空、航天器及设备制造业	**Manufacture of Aircrafts and Spacecrafts and Related Equipment**	**13**	**26**	**991**	**26169**	**40795**
#飞机制造	Manufacture of Airplanes	8	17	515	18474	18618
航天器制造	Manufacture of Spacecrafts					
电子及通信设备制造业	**Manufacture of Electronic Equipment and Communication Equipment**	**727**	**848**	**74753**	**2100662**	**3082872**
#通信设备制造	Manufacture of Communication Equipment	80	102	16948	570451	391329
#通信系统设备制造	Manufacture of Communication System Equipment	38	55	7538	309291	279276
通信终端设备制造	Manufacture of Communication Terminal Equipment	42	47	9410	261160	112053
广播电视设备制造	Manufacture of Broadcasting and TV Equipment	29	32	1835	74056	24241
雷达及配套设备制造	Manufacture of Radar and Its Fittings					
视听设备制造	Manufacture of TV Set and Radio Receiver	47	51	3229	79193	34492
电子器件制造	Manufacture of Electronic Appliances	191	231	16539	688981	1453896
#电子真空器件制造	Manufacture of Electronic Vacuum Appliance	3	3	63	911	105
半导体分立器件制造	Manufacture of Semiconductor Discreting Appliances	30	35	1457	33268	35403
集成电路制造	Manufacture of Integrate Circuit	43	56	5762	305720	749564
电子元件制造	Manufacture of Electronic Components	271	312	23737	446290	725423
其他电子设备制造	Manufacture of Other Electronic Equipment	52	56	10427	193984	333747
计算机及办公设备制造业	**Manufacture of Computers and Office Equipment**	**92**	**102**	**16772**	**328297**	**131470**
#计算机整机制造	Manufacture of Entired Computer	12	12	7063	136261	58042
计算机零部件制造	Manufacture of Computer Components and Parts	32	34	2245	39983	14101
计算机外围设备制造	Manufacture of Computer Peripheral Equipment	19	19	843	19928	4399
办公设备制造	Manufacture of Office Equipment	11	11	1299	37631	19151
医疗仪器设备及仪器仪表制造业	**Manufacture of Medical Equipments and Measuring Instrument**	**214**	**252**	**12656**	**393045**	**280823**
1.医疗仪器设备及器械制造	Manufacture of Medical Equipment and Appliance	69	90	3977	170218	136412
2.仪器仪表制造	Manufacture of Measuring Instrument	145	162	8679	222827	144411
信息化学品制造业	**Manufacture of Electronic Chemicals**	**19**	**26**	**999**	**56855**	**38582**

2-7-6 按地区和企业规模分高技术产业企业办研发机构情况(2015年)

R&D Institutions in High-tech Industry by Region and Industrial Sector(2015)

地区	Region	大型企业 Large-sized Enterprises				
		有R&D机构的企业单位数(个) Number of Enterprises with R&D Institutions (unit)	机构数(个) R&D Institutions (unit)	机构人员(人) Personnel in R&D Institutions (person)	机构经费支出(万元) Expenditure in R&D Institutions (10000 yuan)	#仪器设备 Equipment
全国	**Total**	**1031**	**2001**	**444968**	**15728537**	**8291003**
东部地区	Eastern Region	802	1547	365180	13956699	6533501
中部地区	Middle Region	118	214	38715	1023047	682267
西部地区	Western Region	86	186	25741	499272	729799
东北地区	Northeaastern Region	25	54	15332	249521	345436
北京	Beijing	20	35	5811	443240	258689
天津	Tianjin	16	29	9456	211013	313578
河北	Hebei	13	18	5707	128842	105549
山西	Shanxi	5	5	576	23253	26567
内蒙古	Inner Mongolia	3	4	256	10167	31658
辽宁	Liaoning	11	25	11423	198031	275340
吉林	Jilin	6	15	1697	16476	22973
黑龙江	Heilongjiang	8	14	2212	35014	47123
上海	Shanghai	33	42	14706	680652	881031
江苏	Jiangsu	304	546	65220	1855628	2155602
浙江	Zhejiang	67	130	29246	854209	339569
安徽	Anhui	19	40	6536	245558	210288
福建	Fujian	28	53	11929	438899	144401
江西	Jiangxi	23	53	3477	59520	32623
山东	Shandong	47	136	33553	921342	661847
河南	Henan	38	59	11983	185128	125665
湖北	Hubei	20	37	10381	281643	198216
湖南	Hunan	13	20	5762	227945	88910
广东	Guangdong	273	557	189513	8422597	1673211
广西	Guangxi	7	14	1034	15387	21318
海南	Hainan	1	1	39	278	25
重庆	Chongqing	18	32	4019	74116	52163
四川	Sichuan	17	30	6512	139467	161584
贵州	Guizhou	11	19	3081	96800	66810
云南	Yunnan	3	4	608	24436	10756
西藏	Tibet					
陕西	Shaanxi	21	70	8431	120795	274950
甘肃	Gansu	2	4	906	11452	100393
青海	Qinghai	1	4	56	300	120
宁夏	Ningxia	2	2	758	6252	7046
新疆	Xinjiang	1	3	80	100	3000

2-7-6 续表 continued

地区	Region	中型企业 Medium-sized Enterprises				
		有R&D机构的企业单位数（个）Number of Enterprises with R&D Institutions (unit)	机构数（个）R&D Institutions (unit)	机构人员（人）Personnel in R&D Institutions (person)	机构经费支出（万元）Expenditure in R&D Institutions (10000 yuan)	#仪器设备 Equipment
全　国	**Total**	**2759**	**3571**	**192331**	**3758976**	**4505829**
东部地区	Eastern Region	2119	2702	151682	3148817	3747763
中部地区	Middle Region	383	527	22348	335165	352624
西部地区	Western Region	209	287	14330	234208	362684
东北地区	Northeaastern Region	48	55	3971	40786	42759
北　京	Beijing	81	101	9374	279614	140884
天　津	Tianjin	28	34	2322	48847	68867
河　北	Hebei	50	53	4540	52854	77724
山　西	Shanxi	11	11	1012	15618	15072
内蒙古	Inner Mongolia	7	7	239	3866	4310
辽　宁	Liaoning	17	19	1067	15860	13181
吉　林	Jilin	13	16	1241	10629	14977
黑龙江	Heilongjiang	18	20	1663	14297	14602
上　海	Shanghai	43	56	5028	132950	250041
江　苏	Jiangsu	858	1069	46443	1029624	1525883
浙　江	Zhejiang	299	369	21170	416503	336731
安　徽	Anhui	85	136	5207	72175	81489
福　建	Fujian	70	105	6682	101860	156223
江　西	Jiangxi	67	76	2889	34698	46662
山　东	Shandong	108	147	9183	215282	262117
河　南	Henan	111	154	6308	79336	98356
湖　北	Hubei	46	70	3421	45823	61368
湖　南	Hunan	63	80	3511	87515	49678
广　东	Guangdong	567	748	45734	846139	918656
广　西	Guangxi	19	23	641	8692	7932
海　南	Hainan	15	20	1206	25145	10638
重　庆	Chongqing	50	63	2575	63784	62205
四　川	Sichuan	55	90	4953	63229	71879
贵　州	Guizhou	22	27	1929	22744	94760
云　南	Yunnan	12	16	723	9212	9407
西　藏	Tibet					
陕　西	Shaanxi	31	38	1991	42281	38581
甘　肃	Gansu	3	3	155	2195	2779
青　海	Qinghai	3	3	63	3709	3129
宁　夏	Ningxia	3	9	729	11352	9321
新　疆	Xinjiang	4	8	332	3145	58381

2-7-7 各地区国有及国有控股企业高技术产业企业办研发机构情况(2015年)

R&D Institutions in High-tech Industry of State-owned and State-controlled Enterprises by Region (2015)

地区	Region	有研发机构的企业数(个) Number of Enterprises with R&D Institutions (unit)	机构数(个) R&D Institutions (unit)	机构人员(人) Personnel in R&D Institutions (person)	机构经费支出(万元) Expenditure in R&D Institutions (10000 yuan)	#仪器设备 Equipment
全国	**Total**	**694**	**1130**	**160171**	**4022999**	**3334295**
东部地区	Eastern Region	403	645	98130	2711244	1550621
中部地区	Middle Region	117	187	26609	642081	739373
西部地区	Western Region	147	246	25647	469383	720879
东北地区	Northeaastern Region	27	52	9785	200291	323422
北京	Beijing	63	82	7213	239659	124074
天津	Tianjin	43	52	4570	90775	116126
河北	Hebei	22	23	2915	55883	70394
山西	Shanxi	6	6	570	15489	24432
内蒙古	Inner Mongolia	4	4	216	2449	27362
辽宁	Liaoning	15	33	7306	165433	275586
吉林	Jilin	1	1	21	552	417
黑龙江	Heilongjiang	11	18	2458	34305	47418
上海	Shanghai	37	46	5184	161337	153017
江苏	Jiangsu	91	141	11330	236794	408063
浙江	Zhejiang	30	57	4416	102837	82523
安徽	Anhui	34	54	4383	140762	167437
福建	Fujian	11	27	5270	116256	43768
江西	Jiangxi	12	16	4686	65239	236589
山东	Shandong	22	42	19170	563193	286246
河南	Henan	22	37	3974	74855	74353
湖北	Hubei	23	46	10148	262510	208576
湖南	Hunan	20	28	2848	83225	27986
广东	Guangdong	83	170	37839	1139396	265964
广西	Guangxi	5	9	446	2485	1525
海南	Hainan	1	5	223	5114	445
重庆	Chongqing	23	34	2724	48815	40520
四川	Sichuan	30	45	6843	135176	143567
贵州	Guizhou	27	36	4368	98148	155588
云南	Yunnan	9	11	884	25560	8309
西藏	Tibet					
陕西	Shaanxi	41	95	9652	145713	304202
甘肃	Gansu	4	4	366	9501	38807
青海	Qinghai	1	4	56	300	120
宁夏	Ningxia					
新疆	Xinjiang	3	4	92	1237	880

2-7-8 按地区和登记注册类型分高技术产业企业办研发机构情况(2015年)

R&D Institutions in High-tech Industry by Region and Registration Status(2015)

地区	Region	内资企业 Domestic Funded				
		有研发机构的企业数(个) Number of Enterprises with R&D Institutions (unit)	机构数(个) R&D Institutions (unit)	机构人员(人) Personnel in R&D Institutions (person)	机构经费支出(万元) Expenditure in R&D Institutions (10000 yuan)	#仪器设备 Equipment
全　国	**Total**	**6560**	**8550**	**533651**	**15547543**	**8554091**
东部地区	Eastern Region	4694	6074	401405	13112617	5583273
中部地区	Middle Region	1166	1511	69629	1353853	1394117
西部地区	Western Region	547	761	45318	813333	1155329
东北地区	Northeaastern Region	153	204	17299	267740	421372
北　京	Beijing	196	235	14457	397008	189770
天　津	Tianjin	86	106	8997	195936	198156
河　北	Hebei	136	146	10026	141357	184993
山　西	Shanxi	42	44	2416	47377	55825
内蒙古	Inner Mongolia	23	26	897	15997	43586
辽　宁	Liaoning	68	101	9788	192781	315063
吉　林	Jilin	37	52	3393	32084	41204
黑龙江	Heilongjiang	48	51	4118	42875	65106
上　海	Shanghai	87	97	8477	245064	192350
江　苏	Jiangsu	1763	2262	78411	1772886	1585822
浙　江	Zhejiang	931	1078	47197	977396	645913
安　徽	Anhui	376	506	16680	351359	390373
福　建	Fujian	152	204	8871	170208	189286
江　西	Jiangxi	138	178	10402	147097	312153
山　东	Shandong	361	530	39447	1013147	826309
河　南	Henan	216	277	14680	214581	204895
湖　北	Hubei	166	228	15749	360201	283695
湖　南	Hunan	228	278	9702	233238	147177
广　东	Guangdong	964	1393	184280	8176925	1564283
广　西	Guangxi	45	63	2181	28783	31553
海　南	Hainan	18	23	1242	22690	6393
重　庆	Chongqing	103	136	6399	141682	108177
四　川	Sichuan	144	207	13844	237836	261005
贵　州	Guizhou	49	63	5359	122894	163967
云　南	Yunnan	39	47	1781	40809	18002
西　藏	Tibet	1	1	8	36	20
陕　西	Shaanxi	92	153	11227	177999	335877
甘　肃	Gansu	24	26	1508	18038	110808
青　海	Qinghai	3	3	63	3709	3129
宁　夏	Ningxia	11	18	1635	20527	17236
新　疆	Xinjiang	13	18	416	5024	61969

2-7-8 续表 1 continued

地 区	Region	#国有企业 State-owned Enterprises 有研发机构的企业数(个) Number of Enterprises with R&D Institutions (unit)	机构数(个) R&D Institutions (unit)	机构人员(人) Personnel in R&D Institutions (person)	机构经费支出(万元) Expenditure in R&D Institutions (10000 yuan)	#仪器设备 Equipment
全 国	**Total**	**82**	**143**	**18164**	**415873**	**427240**
东部地区	Eastern Region	27	37	3663	92201	132055
中部地区	Middle Region	20	35	10172	251340	183723
西部地区	Western Region	33	69	4294	71963	111434
东北地区	Northeaastern Region	2	2	35	370	27
北 京	Beijing	5	5	490	23742	6159
天 津	Tianjin					
河 北	Hebei	4	4	438	3408	5529
山 西	Shanxi	1	1	20	30	2
内 蒙 古	Inner Mongolia					
辽 宁	Liaoning					
吉 林	Jilin					
黑 龙 江	Heilongjiang	2	2	35	370	27
上 海	Shanghai	3	7	778	24459	71251
江 苏	Jiangsu	5	7	685	22235	19472
浙 江	Zhejiang	3	3	170	3383	3408
安 徽	Anhui	4	6	882	10528	3628
福 建	Fujian					
江 西	Jiangxi	1	1	71	100	98
山 东	Shandong	2	2	806	9101	25273
河 南	Henan	4	4	626	9665	9654
湖 北	Hubei	7	20	8441	228769	169661
湖 南	Hunan	3	3	132	2248	680
广 东	Guangdong	4	4	73	759	518
广 西	Guangxi	2	3	48	267	418
海 南	Hainan	1	5	223	5114	445
重 庆	Chongqing	4	5	218	2895	1748
四 川	Sichuan	7	13	1025	16883	16015
贵 州	Guizhou	6	6	794	9115	5417
云 南	Yunnan	2	2	83	2428	260
西 藏	Tibet					
陕 西	Shaanxi	11	39	2116	40030	87462
甘 肃	Gansu	1	1	10	345	114
青 海	Qinghai					
宁 夏	Ningxia					
新 疆	Xinjiang					

2-7-8 续表 2 continued

地 区	Region	港澳台投资企业 Enterprises with Funds from Hong Kong, Macau and Taiwan				
		有研发机构的企业数 (个) Number of Enterprises with R&D Institutions (unit)	机构数 (个) R&D Institutions (unit)	机构人员 (人) Personnel in R&D Institutions (person)	机构经费支出 (万元) Expenditure in R&D Institutions (10000 yuan)	#仪器设备 Equipment
全 国	**Total**	**952**	**1227**	**117917**	**3026503**	**2325041**
东部地区	Eastern Region	860	1114	104038	2670386	2153363
中部地区	Middle Region	55	66	11144	298988	131458
西部地区	Western Region	27	37	2162	28788	32461
东北地区	Northeaastern Region	10	10	573	28341	7759
北 京	Beijing	21	27	3661	251126	37893
天 津	Tianjin	8	14	3199	103100	36107
河 北	Hebei	5	7	1901	48389	13995
山 西	Shanxi	1	1	56	335	1426
内蒙古	Inner Mongolia	2	2	58	3034	1498
辽 宁	Liaoning	4	4	277	10584	4071
吉 林	Jilin	3	3	165	15939	1746
黑龙江	Heilongjiang	3	3	131	1818	1942
上 海	Shanghai	20	35	3403	127444	82047
江 苏	Jiangsu	367	457	24842	615347	753074
浙 江	Zhejiang	99	105	13904	377889	144068
安 徽	Anhui	12	14	1114	58000	13843
福 建	Fujian	39	48	4633	197445	88377
江 西	Jiangxi	12	12	650	8514	4741
山 东	Shandong	7	15	391	31283	15575
河 南	Henan	11	20	5559	69698	42661
湖 北	Hubei	9	9	497	9582	12013
湖 南	Hunan	10	10	3268	152859	56774
广 东	Guangdong	293	405	48005	914937	981635
广 西	Guangxi	3	3	307	2885	1824
海 南	Hainan	1	1	99	3426	592
重 庆	Chongqing	11	13	1106	15489	18780
四 川	Sichuan	5	12	225	883	972
贵 州	Guizhou					
云 南	Yunnan	4	5	418	5747	9013
西 藏	Tibet					
陕 西	Shaanxi	2	2	48	751	374
甘 肃	Gansu					
青 海	Qinghai					
宁 夏	Ningxia					
新 疆	Xinjiang					

2-7-8 续表 3 continued

地　区	Region	外商投资企业 Foreign Funded Enterprises				
		有研发机构的企业数(个) Number of Enterprises with R&D Institutions (unit)	机构数(个) R&D Institutions (unit)	机构人员(人) Personnel in R&D Institutions (person)	机构经费支出(万元) Expenditure in R&D Institutions (10000 yuan)	#仪器设备 Equipment
全　国	**Total**	**1248**	**1488**	**118754**	**3300871**	**4118463**
东部地区	Eastern Region	1170	1393	110684	3208015	4064268
中部地区	Middle Region	49	55	1814	33889	25633
西部地区	Western Region	20	26	1118	10024	14043
东北地区	Northeaastern Region	9	14	5138	48943	14519
北　京	Beijing	38	51	3274	231756	243914
天　津	Tianjin	14	19	1850	50523	195119
河　北	Hebei	11	14	763	25990	25517
山　西	Shanxi	2	2	159	1296	825
内蒙古	Inner Mongolia	1	1	65	140	20
辽　宁	Liaoning	5	5	4695	32288	3931
吉　林	Jilin					
黑龙江	Heilongjiang	4	9	443	16655	10588
上　海	Shanghai	44	53	10671	507803	904156
江　苏	Jiangsu	680	770	45331	1191017	1993302
浙　江	Zhejiang	109	125	8150	226491	124719
安　徽	Anhui	13	15	241	5087	3598
福　建	Fujian	31	42	8037	217652	60525
江　西	Jiangxi	11	13	643	14348	13391
山　东	Shandong	46	68	9673	210680	188640
河　南	Henan	11	13	500	7073	3422
湖　北	Hubei	5	5	132	1598	1849
湖　南	Hunan	7	7	139	4488	2549
广　东	Guangdong	193	247	22667	541124	323368
广　西	Guangxi	1	1	19	802	204
海　南	Hainan	4	4	268	4979	5008
重　庆	Chongqing	4	4	142	1215	2426
四　川	Sichuan	6	6	274	3684	3949
贵　州	Guizhou					
云　南	Yunnan	2	2	24	325	664
西　藏	Tibet					
陕　西	Shaanxi	4	5	338	3554	4761
甘　肃	Gansu					
青　海	Qinghai	1	4	56	300	120
宁　夏	Ningxia					
新　疆	Xinjiang	1	3	200	5	1900

2-7-9 按地区和行业分高技术产业企业办研发机构情况(2015年)

R&D Institutions in High-tech Industry by Region and Industrial Sector (2015)

地　区	Region	医药制造业 Medical and Pharmaceutical Products Manufacturing				
		有研发机构的企业数(个) Number of Enterprises with R&D Institutions (unit)	机构数(个) R&D Institutions (unit)	机构人员(人) Personnel in R&D Institutions (person)	机构经费支出(万元) Expenditure in R&D Institutions (10000 yuan)	#仪器设备 Equipment
全　国	**Total**	**2136**	**2781**	**125646**	**2967662**	**2973794**
东部地区	Eastern Region	1268	1674	84526	2218469	2204719
中部地区	Middle Region	509	641	21897	375046	381675
西部地区	Western Region	271	353	12592	270829	302017
东北地区	Northeaastern Region	88	113	6631	103319	85383
北　京	Beijing	72	73	4808	156942	98778
天　津	Tianjin	34	48	5384	110497	79914
河　北	Hebei	66	74	4988	125512	78821
山　西	Shanxi	27	29	1448	34311	28184
内蒙古	Inner Mongolia	17	19	713	18148	14053
辽　宁	Liaoning	22	26	1433	24726	17175
吉　林	Jilin	35	49	3229	45494	38276
黑龙江	Heilongjiang	31	38	1969	33099	29932
上　海	Shanghai	45	58	3040	104744	79807
江　苏	Jiangsu	439	549	21910	626144	723018
浙　江	Zhejiang	217	302	14069	294499	276432
安　徽	Anhui	124	169	4396	68924	98993
福　建	Fujian	43	60	1847	32109	29316
江　西	Jiangxi	61	74	2817	38187	27011
山　东	Shandong	171	246	15107	450344	461652
河　南	Henan	114	143	6531	89536	86367
湖　北	Hubei	90	107	3529	69207	61928
湖　南	Hunan	93	119	3176	74880	79193
广　东	Guangdong	161	243	12349	297050	365600
广　西	Guangxi	27	35	1415	22083	29409
海　南	Hainan	20	21	1024	20628	11380
重　庆	Chongqing	49	63	2707	77664	61033
四　川	Sichuan	59	95	2073	35757	30378
贵　州	Guizhou	15	19	820	23261	6723
云　南	Yunnan	34	41	1617	38625	23060
西　藏	Tibet	1	1	8	36	20
陕　西	Shaanxi	32	37	1140	23503	17273
甘　肃	Gansu	21	21	827	13622	47644
青　海	Qinghai	2	2	23	3454	2788
宁　夏	Ningxia	7	10	980	10618	11859
新　疆	Xinjiang	7	10	269	4059	57778

2-7-9 续表 1 continued

地区	Region	航空、航天器及设备制造业 Manufacture of Aircrafts and Spacecrafts and Related Equipment				
		有研发机构的企业数（个） Number of Enterprises with R&D Institutions (unit)	机构数（个） R&D Institutions (unit)	机构人员（人） Personnel in R&D Institutions (person)	机构经费支出（万元） Expenditure in R&D Institutions (10000 yuan)	#仪器设备 Equipment
全国	**Total**	**130**	**194**	**33208**	**679990**	**1092464**
东部地区	Eastern Region	55	81	7073	168436	230691
中部地区	Middle Region	19	29	9202	177597	280434
西部地区	Western Region	46	71	10903	219937	366500
东北地区	Northeaastern Region	10	13	6030	114020	214839
北京	Beijing	10	19	1627	40909	18915
天津	Tianjin	3	4	410	6788	9368
河北	Hebei	4	4	874	6941	27567
山西	Shanxi					
内蒙古	Inner Mongolia					
辽宁	Liaoning	4	6	4189	96003	172884
吉林	Jilin					
黑龙江	Heilongjiang	6	7	1841	18017	41955
上海	Shanghai	3	3	1481	38624	97621
江苏	Jiangsu	28	37	1618	55655	45325
浙江	Zhejiang	1	1	24	240	184
安徽	Anhui	4	4	117	1068	6420
福建	Fujian					
江西	Jiangxi	3	3	3694	54361	228776
山东	Shandong	3	10	193	4624	15991
河南	Henan	3	6	2071	38605	17420
湖北	Hubei	6	13	2499	36490	17339
湖南	Hunan	3	3	821	47073	10478
广东	Guangdong	3	3	846	14656	15720
广西	Guangxi					
海南	Hainan					
重庆	Chongqing					
四川	Sichuan	9	15	2764	58100	100592
贵州	Guizhou	18	22	2846	74858	85029
云南	Yunnan					
西藏	Tibet					
陕西	Shaanxi	19	34	5293	86979	180879
甘肃	Gansu					
青海	Qinghai					
宁夏	Ningxia					
新疆	Xinjiang					

2-7-9 续表 2 continued

地 区	Region	电子及通信设备制造业 Manufacture of Electronic Equipment and Communication Equipment				
		有研发机构的企业数 (个) Number of Enterprises with R&D Institutions (unit)	机构数 (个) R&D Institutions (unit)	机构人员 (人) Personnel in R&D Institutions (person)	机构经费支出 (万元) Expenditure in R&D Institutions (10000 yuan)	#仪器设备 Equipment
全 国	**Total**	**4183**	**5351**	**455005**	**14829696**	**8547511**
东部地区	Eastern Region	3484	4402	392409	13579317	7331089
中部地区	Middle Region	494	644	37391	890546	691849
西部地区	Western Region	165	249	17166	255912	394154
东北地区	Northeaastern Region	40	56	8039	103921	130419
北 京	Beijing	79	102	6390	287178	250232
天 津	Tianjin	43	50	5257	137101	263263
河 北	Hebei	45	47	3941	46153	79430
山 西	Shanxi	9	9	541	7243	8821
内蒙古	Inner Mongolia	2	2	52	435	784
辽 宁	Liaoning	29	44	7512	99313	124146
吉 林	Jilin	5	6	329	2529	4674
黑龙江	Heilongjiang	6	6	198	2080	1599
上 海	Shanghai	67	79	14256	600485	958770
江 苏	Jiangsu	1427	1757	81584	1885702	2581324
浙 江	Zhejiang	553	608	38248	963394	477951
安 徽	Anhui	203	277	11084	282069	278006
福 建	Fujian	135	168	11736	362781	260810
江 西	Jiangxi	71	89	3875	59414	53130
山 东	Shandong	131	210	12663	407177	224568
河 南	Henan	57	75	7533	95623	80128
湖 北	Hubei	54	81	8611	232319	183909
湖 南	Hunan	100	113	5747	213879	87854
广 东	Guangdong	1002	1375	217915	8880393	2234268
广 西	Guangxi	13	22	839	7021	2251
海 南	Hainan	2	6	419	8954	476
重 庆	Chongqing	34	46	2080	38274	34812
四 川	Sichuan	62	85	7953	132064	124515
贵 州	Guizhou	14	20	1513	23388	68763
云 南	Yunnan	3	3	66	594	2048
西 藏	Tibet					
陕 西	Shaanxi	31	63	3947	49038	96983
甘 肃	Gansu	2	4	637	4407	63147
青 海	Qinghai	1	1	40	255	342
宁 夏	Ningxia					
新 疆	Xinjiang	3	3	39	436	509

2-7-9 续表 3 continued

地 区	Region	计算机及办公设备制造业 Manufacture of Computer and Office Equipments 有研发机构的企业数（个）Number of Enterprises with R&D Institutions (unit)	机构数（个）R&D Institutions (unit)	机构人员（人）Personnel in R&D Institutions (person)	机构经费支出（万元）Expenditure in R&D Institutions (10000 yuan)	#仪器设备 Equipment
全 国	**Total**	**423**	**565**	**56422**	**1299658**	**618190**
东部地区	Eastern Region	377	506	51969	1207835	588592
中部地区	Middle Region	24	32	2472	66767	13757
西部地区	Western Region	18	22	1692	21011	15265
东北地区	Northeaastern Region	4	5	289	4046	576
北 京	Beijing	17	24	2852	225922	30317
天 津	Tianjin	5	5	1819	59304	12681
河 北	Hebei	2	2	344	1335	558
山 西	Shanxi					
内 蒙 古	Inner Mongolia	2	3	53	89	80
辽 宁	Liaoning	2	3	87	809	426
吉 林	Jilin					
黑 龙 江	Heilongjiang	2	2	202	3237	150
上 海	Shanghai	8	11	323	14922	2750
江 苏	Jiangsu	150	171	10473	210003	181587
浙 江	Zhejiang	44	44	1394	19290	12924
安 徽	Anhui	11	14	1022	42682	3922
福 建	Fujian	16	31	6752	175757	36320
江 西	Jiangxi	2	2	55	475	3295
山 东	Shandong	10	12	16265	284016	208258
河 南	Henan	3	4	189	4010	2327
湖 北	Hubei	3	3	61	1465	160
湖 南	Hunan	5	9	1145	18136	4052
广 东	Guangdong	125	206	11747	217285	103197
广 西	Guangxi	1	1	10	97	182
海 南	Hainan					
重 庆	Chongqing	9	12	1210	13485	11608
四 川	Sichuan	2	2	88	832	2808
贵 州	Guizhou					
云 南	Yunnan	3	3	246	4955	457
西 藏	Tibet					
陕 西	Shaanxi	1	1	85	1553	130
甘 肃	Gansu					
青 海	Qinghai					
宁 夏	Ningxia					
新 疆	Xinjiang					

2-7-9　续表 4　continued

地　区	Region	医疗仪器设备及仪器仪表制造业 Manufacture of Medical Equipments and Measuring Instrument				
		有研发机构的企业数（个） Number of Enterprises with R&D Institutions (unit)	机构数（个） R&D Institutions (unit)	机构人员（人） Personnel in R&D Institutions (person)	机构经费支出（万元） Expenditure in R&D Institutions (10000 yuan)	#仪器设备 Equipment
全　国	**Total**	**1740**	**2164**	**90219**	**1811095**	**1254201**
东部地区	Eastern Region	1433	1772	73826	1586086	1030059
中部地区	Middle Region	201	255	9730	137092	135115
西部地区	Western Region	78	98	4683	68398	77190
东北地区	Northeaastern Region	28	39	1980	19519	11837
北　京	Beijing	75	93	5596	167745	71619
天　津	Tianjin	20	29	967	30266	12337
河　北	Hebei	29	34	1893	25039	20598
山　西	Shanxi	9	9	642	7454	21072
内蒙古	Inner Mongolia	2	2	19	251	3358
辽　宁	Liaoning	19	30	1524	14639	8205
吉　林	Jilin					
黑龙江	Heilongjiang	9	9	456	4880	3632
上　海	Shanghai	28	34	3451	121535	39604
江　苏	Jiangsu	709	884	29112	660537	517333
浙　江	Zhejiang	306	335	14934	266568	124780
安　徽	Anhui	53	62	1242	17373	19742
福　建	Fujian	26	33	1198	14392	11014
江　西	Jiangxi	21	30	978	9855	11295
山　东	Shandong	89	122	4787	87659	97860
河　南	Henan	53	73	3717	47553	32667
湖　北	Hubei	22	31	981	20241	25616
湖　南	Hunan	43	50	2170	34617	24722
广　东	Guangdong	150	207	11722	210831	134776
广　西	Guangxi	8	9	243	3269	1739
海　南	Hainan					
		1	1	166	1514	138
重　庆	Chongqing	25	31	1593	28587	20008
四　川	Sichuan	21	26	1390	14876	6227
贵　州	Guizhou	2	2	180	1387	3452
云　南	Yunnan	4	4	174	2591	2101
西　藏	Tibet					
陕　西	Shaanxi	12	20	972	15516	39538
甘　肃	Gansu	1	1	44	10	17
青　海	Qinghai					
宁　夏	Ningxia	2	2	44	1500	77
新　疆	Xinjiang	1	1	24	413	673

2-7-9 续表 5 continued

地 区	Region	信息化学品制造业 Manufacture of Electronic Chemicals 有研发机构的企业数(个) Number of Enterprises with R&D Institutions (unit)	机构数(个) R&D Institutions (unit)	机构人员(人) Personnel in R&D Institutions (person)	机构经费支出(万元) Expenditure in R&D Institutions (10000 yuan)	#仪器设备 Equipment
全 国	**Total**	**148**	**210**	**9822**	**286815**	**511436**
东部地区	Eastern Region	107	146	6324	230875	415754
中部地区	Middle Region	23	31	1895	39681	48379
西部地区	Western Region	16	31	1562	16059	46707
东北地区	Northeaastern Region	2	2	41	200	596
北 京	Beijing	2	2	119	1194	1716
天 津	Tianjin	3	3	209	5603	51819
河 北	Hebei	6	6	650	10756	17531
山 西	Shanxi					
内 蒙 古	Inner Mongolia	3	3	183	247	26829
辽 宁	Liaoning	1	1	15	163	228
吉 林	Jilin					
黑 龙 江	Heilongjiang	1	1	26	37	368
上 海	Shanghai					
江 苏	Jiangsu	57	91	3887	141208	283611
浙 江	Zhejiang	18	18	582	37785	22429
安 徽	Anhui	6	9	174	2332	729
福 建	Fujian	2	2	8	265	729
江 西	Jiangxi	3	5	276	7668	6778
山 东	Shandong	10	13	496	21291	22195
河 南	Henan	8	9	698	16024	32069
湖 北	Hubei	5	7	697	11658	8604
湖 南	Hunan	1	1	50	2000	200
广 东	Guangdong	9	11	373	12773	15724
广 西	Guangxi					
海 南	Hainan					
重 庆	Chongqing	1	1	57	375	1922
四 川	Sichuan	2	2	75	773	1406
贵 州	Guizhou					
云 南	Yunnan	1	3	120	117	12
西 藏	Tibet					
陕 西	Shaanxi	3	5	176	5716	6208
甘 肃	Gansu					
青 海	Qinghai	1	4	56	300	120
宁 夏	Ningxia	2	6	611	8410	5301
新 疆	Xinjiang	3	7	284	121	4909

固定资产投资情况
Statistics on Investment in Fixed Assets

3-1-1　高技术产业固定资产投资基本情况

Statistics on Investment in Fixed Assets in High-tech Industry

指　　标	Indicator	2000	2005	2012	2013	2014	2015
施工项目个数（个）	Number of Projects under Construction (unit)	2734	7095	15681	17691	18403	20028
#新开工项目个数	Number of Projects Started This Year	1640	4460	10223	11637	12039	14122
全部建成投产项目个数（个）	Number of Projects Completed and Put into Use (unit)	1282	3158	8968	10528	11914	14100
项目建成投产率（%）	Rate of Projects Completed and Put into Use (%)	46.89	44.51	57.19	59.51	64.74	70.40
投资额（亿元）	Investment (100 million yuan)	562.95	2144.09	12932.65	15557.68	17451.72	19950.65
新增固定资产（亿元）	Newly Increased Fixed Assets (100 million yuan)	421.02	1463.88	8377.13	9874.27	11790.74	14307.54
固定资产交付使用率（%）	Rate of Fixed Assets Put into Use (%)	74.79	68.28	64.78	63.47	67.56	71.71

注：2000年数据口径为投资额在50万元以上的基本建设项目和更新改造项目，2005年的数据口径为投资额在50万元以上的城镇项目，2011年及以后年份数据口径为投资额在500万元以上的全部项目。以下至3-1-12表相同。

3-1-2　制造业固定资产投资基本情况

Statistics on Investment in Fixed Assets in Manufacturing Industry

指　　标	Indicator	2000	2005	2012	2013	2014	2015
施工项目个数（个）	Number of Projects under Construction (unit)	28463	90627	195867	214681	228053	247943
#新开工项目个数	Number of Projects Started This Year	19566	67686	138202	153839	164543	189695
全部建成投产项目个数（个）	Number of Projects Completed and Put into Use (unit)	16803	49335	127527	142785	162735	191427
项目建成投产率（%）	Rate of Projects Completed and Put into Use (%)	59.03	54.44	65.11	66.51	71.36	77.21
投资额（亿元）	Investment (100 million yuan)	3279.26	20406.58	124403.90	147584.43	166897.74	180233.40
新增固定资产（亿元）	Newly Increased Fixed Assets (100 million yuan)	2689.27	13276.49	86517.27	103244.61	124992.02	144434.70
固定资产交付使用率（%）	Rate of Fixed Assets Put into Use (%)	82.01	65.06	69.55	69.96	74.89	80.14

3-1-3 分行业固定资产投资情况

Statistics on Investment in Fixed Assets in High-tech Industry by Industrial Sector

行 业	Industry	施工项目（个） Number of Projects under Construction (unit)					
		2000	2005	2012	2013	2014	2015
合计	**Total**	**2734**	**7095**	**15681**	**17691**	**18403**	**20028**
医药制造业	**Manufacture of Medicines**	**1261**	**3201**	**4988**	**5755**	**6132**	**6468**
#化学药品制造	Manufacture of Chemical Medicine	727	1185	1534	1810	1845	1950
中成药生产	Production of Finished Traditional Chinese Herbal Medicine	374	718	1002	1131	1184	1205
生物药品制造	Manufacture of Biological Medicine	120	405	866	1025	1056	1137
航空、航天器及设备制造业	**Manufacture of Aircrafts and Spacecrafts and Related Equipment**	**331**	**181**	**330**	**370**	**375**	**422**
#飞机制造	Manufacture of Airplanes	274	159	130	127	141	141
航天器制造	Manufacture of Spacecrafts	57	22	40	31	21	25
电子及通信设备制造业	**Manufacture of Electronic Equipment and Communication Equipment**	**826**	**2524**	**6874**	**7754**	**7941**	**8507**
#通信设备制造	Manufacture of Communication Equipment	159	394	663	791	863	982
#通信系统设备制造	Manufacture of Communication System Equipment	91	142	418	500	548	621
通信终端设备制造	Manufacture of Communication Terminal Equipment	36	49	245	291	315	361
广播电视设备制造	Manufacture of Broadcasting and TV Equipment	19	57	376	315	243	249
雷达及配套设备制造	Manufacture of Radar and Its Fittings	32	28	99	88	64	67
视听设备制造	Manufacture of TV Set and Radio Receiver	92	174	186	193	255	264
电子器件制造	Manufacture of Electronic Appliances	153	474	1552	1608	1667	1689
#电子真空器件制造	Manufacture of Electronic Vacuum Appliance	49	63	208	186	160	124
半导体分立器件制造	Manufacture of Semiconductor Discreting Appliances	57	54	164	117	116	132
集成电路制造	Manufacture of Integrate Circuit	47	139	224	249	241	241
电子元件制造	Manufacture of Electronic Components	291	1059	2147	2606	2532	2714
其他电子设备制造	Manufacture of Other Electronic Equipment	80	338	690	901	1057	1179
计算机及办公设备制造业	**Manufacture of Computers and Office Equipment**	**72**	**298**	**766**	**799**	**849**	**1011**
#计算机整机制造	Manufacture of Entired Computer	35	66	187	128	108	96
计算机零部件制造	Manufacture of Computer Components and Parts	32	184	242	276	313	396
计算机外围设备制造	Manufacture of Computer Peripheral Equipment			115	130	138	191
办公设备制造	Manufacture of Office Equipment	5	48	52	49	73	84
医疗仪器设备及仪器仪表制造业	**Manufacture of Medical Equipments and Measuring Instrument**	**244**	**891**	**2723**	**3013**	**3106**	**3410**
1.医疗仪器设备及器械制造	Manufacture of Medical Equipment and Appliance	72	238	970	1064	1101	1293
2.仪器仪表制造	Manufacture of Measuring Instrument	172	653	1753	1949	2005	2117
信息化学品制造业	**Manufacture of Electronic Chemicals**						**210**

3-1-3 续表 1 continued

行 业	Industry	新开工项目（个） Number of Projects Started This Year (unit)					
		2000	2005	2012	2013	2014	2015
合计	**Total**	**1640**	**4460**	**10223**	**11637**	**12039**	**14122**
医药制造业	**Manufacture of Medicines**	**774**	**1983**	**3264**	**3706**	**3931**	**4353**
#化学药品制造	Manufacture of Chemical Medicine	450	720	954	1117	1123	1290
中成药生产	Production of Finished Traditional Chinese Herbal Medicine	237	446	653	718	753	746
生物药品制造	Manufacture of Biological Medicine	65	245	558	642	625	753
航空、航天器及设备制造业	**Manufacture of Aircrafts and Spacecrafts and Related Equipment**	**196**	**68**	**180**	**206**	**215**	**250**
#飞机制造	Manufacture of Airplanes	160	61	61	63	79	70
航天器制造	Manufacture of Spacecrafts	36	7	25	14	10	16
电子及通信设备制造业	**Manufacture of Electronic Equipment and Communication Equipment**	**481**	**1632**	**4406**	**5118**	**5157**	**6080**
#通信设备制造	Manufacture of Communication Equipment	90	251	424	480	511	673
#通信系统设备制造	Manufacture of Communication System Equipment	48	82	276	313	325	438
通信终端设备制造	Manufacture of Communication Terminal Equipment	21	35	148	167	186	235
广播电视设备制造	Manufacture of Broadcasting and TV Equipment	13	40	255	192	159	188
雷达及配套设备制造	Manufacture of Radar and Its Fittings	18	12	51	45	43	41
视听设备制造	Manufacture of TV Set and Radio Receiver	54	104	114	131	178	185
电子器件制造	Manufacture of Electronic Appliances	73	284	943	1014	1060	1130
#电子真空器件制造	Manufacture of Electronic Vacuum Appliance	27	36	135	108	115	95
半导体分立器件制造	Manufacture of Semiconductor Discreting Appliances	23	28	102	71	78	91
集成电路制造	Manufacture of Integrate Circuit	23	69	132	142	144	154
电子元件制造	Manufacture of Electronic Components	185	722	1449	1858	1728	2024
其他电子设备制造	Manufacture of Other Electronic Equipment	48	219	460	611	687	867
计算机及办公设备制造业	**Manufacture of Computers and Office Equipment**	**34**	**164**	**496**	**524**	**559**	**755**
#计算机整机制造	Manufacture of Entired Computer	16	34	114	65	57	57
计算机零部件制造	Manufacture of Computer Components and Parts	15	97	155	184	218	315
计算机外围设备制造	Manufacture of Computer Peripheral Equipment			67	92	93	144
办公设备制造	Manufacture of Office Equipment	3	33	38	34	49	60
医疗仪器设备及仪器仪表制造业	**Manufacture of Medical Equipments and Measuring Instrument**	**155**	**613**	**1877**	**2083**	**2177**	**2532**
1.医疗仪器设备及器械制造	Manufacture of Medical Equipment and Appliance	42	165	721	771	786	975
2.仪器仪表制造	Manufacture of Measuring Instrument	113	448	1156	1312	1391	1557
信息化学品制造业	**Manufacture of Electronic Chemicals**						**152**

3-1-3 续表 2 continued

行 业	Industry	建成投产项目（个） Number of Projects Completed and Put into Use (unit)					
		2000	2005	2012	2013	2014	2015
合计	**Total**	**1282**	**3158**	**8968**	**10528**	**11914**	**14100**
医药制造业	**Manufacture of Medicines**	**602**	**1457**	**2785**	**3335**	**3802**	**4438**
#化学药品制造	Manufacture of Chemical Medicine	369	546	821	1048	1114	1343
中成药生产	Production of Finished Traditional Chinese Herbal Medicine	173	356	553	652	693	777
生物药品制造	Manufacture of Biological Medicine	38	132	458	546	622	758
航空、航天器及设备制造业	**Manufacture of Aircrafts and Spacecrafts and Related Equipment**	**168**	**73**	**155**	**191**	**181**	**252**
#飞机制造	Manufacture of Airplanes	155	64	58	58	63	66
航天器制造	Manufacture of Spacecrafts	13	9	21	20	10	19
电子及通信设备制造业	**Manufacture of Electronic Equipment and Communication Equipment**	**374**	**1111**	**3921**	**4586**	**5232**	**6077**
#通信设备制造	Manufacture of Communication Equipment	64	166	341	399	520	643
#通信系统设备制造	Manufacture of Communication System Equipment	33	53	216	255	347	420
通信终端设备制造	Manufacture of Communication Terminal Equipment	19	26	125	144	173	223
广播电视设备制造	Manufacture of Broadcasting and TV Equipment	11	21	228	223	167	187
雷达及配套设备制造	Manufacture of Radar and Its Fittings	15	8	57	54	37	44
视听设备制造	Manufacture of TV Set and Radio Receiver	45	64	115	116	165	190
电子器件制造	Manufacture of Electronic Appliances	65	195	883	930	1034	1150
#电子真空器件制造	Manufacture of Electronic Vacuum Appliance	23	24	122	129	122	94
半导体分立器件制造	Manufacture of Semiconductor Discreting Appliances	27	25	109	72	73	87
集成电路制造	Manufacture of Integrate Circuit	15	47	107	127	149	157
电子元件制造	Manufacture of Electronic Components	139	502	1310	1600	1778	2042
其他电子设备制造	Manufacture of Other Electronic Equipment	35	155	369	519	701	866
计算机及办公设备制造业	**Manufacture of Computers and Office Equipment**	**32**	**118**	**449**	**464**	**576**	**653**
#计算机整机制造	Manufacture of Entired Computer	12	25	110	71	68	54
计算机零部件制造	Manufacture of Computer Components and Parts	18	68	136	167	221	291
计算机外围设备制造	Manufacture of Computer Peripheral Equipment			72	85	93	116
办公设备制造	Manufacture of Office Equipment	2	25	31	26	48	55
医疗仪器设备及仪器仪表制造业	**Manufacture of Medical Equipments and Measuring Instrument**	**106**	**399**	**1658**	**1952**	**2123**	**2543**
1.医疗仪器设备及器械制造	Manufacture of Medical Equipment and Appliance	27	109	613	702	754	945
2.仪器仪表制造	Manufacture of Measuring Instrument	79	290	1045	1250	1369	1598
信息化学品制造业	**Manufacture of Electronic Chemicals**						**137**

3-1-3　续表 3　continued

行　业	Industry	项目建成投产率 (%) Rate of Projects Completed and Put into Use (%)					
		2000	2005	2012	2013	2014	2015
合计	**Total**	**46.89**	**44.51**	**57.19**	**59.51**	**64.74**	**70.40**
医药制造业	**Manufacture of Medicines**	**47.74**	**45.52**	**55.83**	**57.95**	**62.00**	**68.61**
#化学药品制造	Manufacture of Chemical Medicine	50.76	46.08	53.52	57.90	60.38	68.87
中成药生产	Production of Finished Traditional Chinese Herbal Medicine	46.26	49.58	55.19	57.65	58.53	64.48
生物药品制造	Manufacture of Biological Medicine	31.67	32.59	52.89	53.27	58.90	66.67
航空、航天器及设备制造业	**Manufacture of Aircrafts and Spacecrafts and Related Equipment**	**50.76**	**40.33**	**46.97**	**51.62**	**48.27**	**59.72**
#飞机制造	Manufacture of Airplanes	56.57	40.25	44.62	45.67	44.68	46.81
航天器制造	Manufacture of Spacecrafts	22.81	40.91	52.50	64.52	47.62	76.00
电子及通信设备制造业	**Manufacture of Electronic Equipment and Communication Equipment**	**45.28**	**44.02**	**57.04**	**59.14**	**65.89**	**71.44**
#通信设备制造	Manufacture of Communication Equipment	40.25	42.13	51.43	50.44	60.25	65.48
#通信系统设备制造	Manufacture of Communication System Equipment	36.26	37.32	51.67	51.00	63.32	67.63
通信终端设备制造	Manufacture of Communication Terminal Equipment	52.78	53.06	51.02	49.48	54.92	61.77
广播电视设备制造	Manufacture of Broadcasting and TV Equipment	57.89	36.84	60.64	70.79	68.72	75.10
雷达及配套设备制造	Manufacture of Radar and Its Fittings	46.88	28.57	57.58	61.36	57.81	65.67
视听设备制造	Manufacture of TV Set and Radio Receiver	57.89	36.78	61.83	60.10	64.71	71.97
电子器件制造	Manufacture of Electronic Appliances	42.48	41.14	56.89	57.84	62.03	68.09
#电子真空器件制造	Manufacture of Electronic Vacuum Appliance	46.94	38.10	58.65	69.35	76.25	75.81
半导体分立器件制造	Manufacture of Semiconductor Discreting Appliances	47.37	46.30	66.46	61.54	62.93	65.91
集成电路制造	Manufacture of Integrate Circuit	31.91	33.81	47.77	51.00	61.83	65.15
电子元件制造	Manufacture of Electronic Components	47.77	47.40	61.02	61.40	70.22	75.24
其他电子设备制造	Manufacture of Other Electronic Equipment	43.75	45.86	53.48	57.60	66.32	73.45
计算机及办公设备制造业	**Manufacture of Computers and Office Equipment**	**44.44**	**39.60**	**58.62**	**58.07**	**67.84**	**64.59**
#计算机整机制造	Manufacture of Entired Computer	34.29	37.88	58.82	55.47	62.96	56.25
计算机零部件制造	Manufacture of Computer Components and Parts	56.25	36.96	56.20	60.51	70.61	73.48
计算机外围设备制造	Manufacture of Computer Peripheral Equipment			62.61	65.38	67.39	60.73
办公设备制造	Manufacture of Office Equipment	40.00	52.08	59.62	53.06	65.75	65.48
医疗仪器设备及仪器仪表制造业	**Manufacture of Medical Equipments and Measuring Instrument**	**43.44**	**44.78**	**60.89**	**64.79**	**68.35**	**74.57**
1.医疗仪器设备及器械制造	Manufacture of Medical Equipment and Appliance	37.50	45.80	63.20	65.98	68.48	73.09
2.仪器仪表制造	Manufacture of Measuring Instrument	45.93	44.41	59.61	64.14	68.28	75.48
信息化学品制造业	**Manufacture of Electronic Chemicals**						**65.24**

3-1-3 续表 4 continued

行 业	Industry	投资额(亿元) Investment (100 million yuan)					
		2000	2005	2012	2013	2014	2015
合计	**Total**	**562.95**	**2144.09**	**12932.65**	**15557.68**	**17451.72**	**19950.65**
医药制造业	**Manufacture of Medicines**	**133.62**	**696.05**	**3575.38**	**4529.35**	**5191.93**	**5811.88**
#化学药品制造	Manufacture of Chemical Medicine	81.50	289.30	1264.43	1591.98	1702.85	1938.52
中成药生产	Production of Finished Traditional Chinese Herbal Medicine	27.40	140.52	684.03	831.76	978.39	1075.51
生物药品制造	Manufacture of Biological Medicine	20.74	116.50	731.30	994.84	1075.46	1146.24
航空、航天器及设备制造业	**Manufacture of Aircrafts and Spacecrafts and Related Equipment**	**43.23**	**69.99**	**434.03**	**620.60**	**701.92**	**743.97**
#飞机制造	Manufacture of Airplanes	31.70	64.20	190.64	232.33	330.75	366.83
航天器制造	Manufacture of Spacecrafts	11.52	5.78	45.28	40.58	23.13	26.40
电子及通信设备制造业	**Manufacture of Electronic Equipment and Communication Equipment**	**335.98**	**1062.99**	**6336.97**	**7573.37**	**8434.59**	**9425.24**
#通信设备制造	Manufacture of Communication Equipment	55.36	139.89	658.04	897.01	1089.80	1189.15
#通信系统设备制造	Manufacture of Communication System Equipment	35.04	32.96	342.11	454.70	520.01	573.26
通信终端设备制造	Manufacture of Communication Terminal Equipment	8.37	16.02	315.93	442.31	569.79	615.89
广播电视设备制造	Manufacture of Broadcasting and TV Equipment	2.06	9.96	257.68	215.90	200.69	218.93
雷达及配套设备制造	Manufacture of Radar and Its Fittings	3.04	8.86	97.24	66.95	72.94	93.45
视听设备制造	Manufacture of TV Set and Radio Receiver	32.25	70.19	163.71	210.10	228.14	243.89
电子器件制造	Manufacture of Electronic Appliances	159.65	399.08	2063.66	2485.88	2831.93	3032.58
#电子真空器件制造	Manufacture of Electronic Vacuum Appliance	67.89	17.48	131.41	121.71	104.65	87.15
半导体分立器件制造	Manufacture of Semiconductor Discreting Appliances	10.11	56.18	189.45	115.27	107.40	121.56
集成电路制造	Manufacture of Integrate Circuit	81.65	195.44	348.41	575.60	645.29	671.43
电子元件制造	Manufacture of Electronic Components	70.93	345.87	1409.11	1655.82	1748.42	2032.24
其他电子设备制造	Manufacture of Other Electronic Equipment	12.69	89.14	501.38	852.58	967.63	1127.67
计算机及办公设备制造业	**Manufacture of Computers and Office Equipment**	**26.17**	**168.14**	**836.31**	**835.81**	**876.90**	**1169.13**
#计算机整机制造	Manufacture of Entired Computer	12.41	49.66	283.95	282.67	185.05	184.52
计算机零部件制造	Manufacture of Computer Components and Parts	13.51	102.91	261.09	248.18	329.29	482.82
计算机外围设备制造	Manufacture of Computer Peripheral Equipment			135.07	124.86	121.85	160.27
办公设备制造	Manufacture of Office Equipment	0.25	15.57	34.86	32.87	43.63	70.98
医疗仪器设备及仪器仪表制造业	**Manufacture of Medical Equipments and Measuring Instrument**	**23.95**	**146.92**	**1749.97**	**1998.55**	**2246.39**	**2530.51**
1.医疗仪器设备及器械制造	Manufacture of Medical Equipment and Appliance	8.90	38.83	535.57	673.03	856.18	977.49
2.仪器仪表制造	Manufacture of Measuring Instrument	15.05	108.09	1214.40	1325.53	1390.21	1553.02
信息化学品制造业	**Manufacture of Electronic Chemicals**						**269.93**

3-1-3　续表 5　continued

行　业	Industry	新增固定资产（亿元）Newly Increased Fixed Assets (100 million yuan)					
		2000	2005	2012	2013	2014	2015
合计	**Total**	**421.02**	**1463.88**	**8377.13**	**9874.27**	**11790.74**	**14307.54**
医药制造业	**Manufacture of Medicines**	**105.05**	**442.20**	**2135.58**	**2989.45**	**3613.84**	**4201.55**
#化学药品制造	Manufacture of Chemical Medicine	65.94	188.69	734.44	1131.58	1229.29	1330.22
中成药生产	Production of Finished Traditional Chinese Herbal Medicine	19.32	96.50	453.85	522.25	615.58	765.29
生物药品制造	Manufacture of Biological Medicine	16.21	55.68	348.89	527.76	673.27	827.64
航空、航天器及设备制造业	**Manufacture of Aircrafts and Spacecrafts and Related Equipment**	**34.44**	**43.73**	**256.81**	**352.68**	**338.99**	**605.01**
#飞机制造	Manufacture of Airplanes	29.01	40.09	111.05	100.13	123.00	286.19
航天器制造	Manufacture of Spacecrafts	5.43	3.64	32.89	34.48	10.72	21.61
电子及通信设备制造业	**Manufacture of Electronic Equipment and Communication Equipment**	**239.78**	**742.71**	**4271.88**	**4682.65**	**5632.40**	**6616.82**
#通信设备制造	Manufacture of Communication Equipment	45.83	73.54	394.06	509.17	728.28	737.45
#通信系统设备制造	Manufacture of Communication System Equipment	27.51	14.56	194.53	232.09	386.86	414.82
通信终端设备制造	Manufacture of Communication Terminal Equipment	7.94	10.92	199.54	277.08	341.42	322.63
广播电视设备制造	Manufacture of Broadcasting and TV Equipment	2.06	10.06	202.53	150.95	130.74	176.35
雷达及配套设备制造	Manufacture of Radar and Its Fittings	2.17	1.35	85.86	37.68	23.19	59.89
视听设备制造	Manufacture of TV Set and Radio Receiver	28.42	40.98	114.50	148.82	163.72	175.03
电子器件制造	Manufacture of Electronic Appliances	99.07	304.49	1451.64	1467.56	1781.90	1950.32
#电子真空器件制造	Manufacture of Electronic Vacuum Appliance	45.46	12.09	81.86	88.30	93.66	74.44
半导体分立器件制造	Manufacture of Semiconductor Discreting Appliances	9.40	19.59	166.45	76.53	73.82	113.26
集成电路制造	Manufacture of Integrate Circuit	44.21	129.03	234.28	265.32	553.76	486.52
电子元件制造	Manufacture of Electronic Components	52.12	240.71	973.46	1110.15	1235.02	1583.56
其他电子设备制造	Manufacture of Other Electronic Equipment	10.12	71.59	323.27	507.04	672.06	824.26
计算机及办公设备制造业	**Manufacture of Computers and Office Equipment**	**22.81**	**140.51**	**580.32**	**497.90**	**579.20**	**731.65**
#计算机整机制造	Manufacture of Entired Computer	9.43	33.44	188.20	155.25	139.93	84.52
计算机零部件制造	Manufacture of Computer Components and Parts	13.25	92.44	193.07	157.66	185.18	347.91
计算机外围设备制造	Manufacture of Computer Peripheral Equipment			101.02	77.30	111.19	94.14
办公设备制造	Manufacture of Office Equipment	0.13	14.62	19.53	18.25	37.68	38.27
医疗仪器设备及仪器仪表制造业	**Manufacture of Medical Equipments and Measuring Instrument**	**18.94**	**94.73**	**1132.55**	**1351.60**	**1626.30**	**1998.70**
1.医疗仪器设备及器械制造	Manufacture of Medical Equipment and Appliance	8.54	25.39	365.72	477.66	591.90	765.55
2.仪器仪表制造	Manufacture of Measuring Instrument	10.40	69.34	766.82	873.94	1034.40	1233.15
信息化学品制造业	**Manufacture of Electronic Chemicals**						**153.81**

3-1-3 续表 6 continued

行 业	Industry	固定资产交付使用率 (%) Rate of Fixed Assets Put into Use (%)					
		2000	2005	2012	2013	2014	2015
合计	**Total**	**74.79**	**68.28**	**64.78**	**63.47**	**67.56**	**71.71**
医药制造业	**Manufacture of Medicines**	**78.62**	**63.53**	**59.73**	**66.00**	**69.60**	**72.29**
#化学药品制造	Manufacture of Chemical Medicine	80.90	65.22	58.09	71.08	72.19	68.62
中成药生产	Production of Finished Traditional Chinese Herbal Medicine	70.50	68.67	66.35	62.79	62.92	71.16
生物药品制造	Manufacture of Biological Medicine	78.14	47.79	47.71	53.05	62.60	72.20
航空、航天器及设备制造业	**Manufacture of Aircrafts and Spacecrafts and Related Equipment**	**79.67**	**62.48**	**59.17**	**56.83**	**48.29**	**81.32**
#飞机制造	Manufacture of Airplanes	91.51	62.45	58.25	43.10	37.19	78.02
航天器制造	Manufacture of Spacecrafts	47.10	62.98	72.65	84.97	46.35	81.86
电子及通信设备制造业	**Manufacture of Electronic Equipment and Communication Equipment**	**71.37**	**69.87**	**67.41**	**61.83**	**66.78**	**70.20**
#通信设备制造	Manufacture of Communication Equipment	82.78	52.57	59.88	56.76	66.83	62.01
#通信系统设备制造	Manufacture of Communication System Equipment	78.50	44.17	56.86	51.04	74.39	72.36
通信终端设备制造	Manufacture of Communication Terminal Equipment	94.90	68.16	63.16	62.64	59.92	52.38
广播电视设备制造	Manufacture of Broadcasting and TV Equipment	100.00	101.00	78.60	69.91	65.14	80.55
雷达及配套设备制造	Manufacture of Radar and Its Fittings	71.22	15.24	88.30	56.29	31.79	64.09
视听设备制造	Manufacture of TV Set and Radio Receiver	88.12	58.38	69.94	70.83	71.76	71.77
电子器件制造	Manufacture of Electronic Appliances	62.06	76.30	70.34	59.04	62.92	64.31
#电子真空器件制造	Manufacture of Electronic Vacuum Appliance	66.96	69.16	62.29	72.56	89.50	85.41
半导体分立器件制造	Manufacture of Semiconductor Discreting Appliances	93.00	34.87	87.86	66.39	68.74	93.17
集成电路制造	Manufacture of Integrate Circuit	54.15	66.02	67.24	46.09	85.82	72.46
电子元件制造	Manufacture of Electronic Components	73.47	69.60	69.08	67.05	70.64	77.92
其他电子设备制造	Manufacture of Other Electronic Equipment	79.76	80.31	64.48	59.47	69.45	73.09
计算机及办公设备制造业	**Manufacture of Computers and Office Equipment**	**87.14**	**83.57**	**69.39**	**59.57**	**66.05**	**62.58**
#计算机整机制造	Manufacture of Entired Computer	75.99	67.34	66.28	54.92	75.61	45.80
计算机零部件制造	Manufacture of Computer Components and Parts	98.08	89.83	73.95	63.52	56.24	72.06
计算机外围设备制造	Manufacture of Computer Peripheral Equipment			74.79	61.91	91.26	58.74
办公设备制造	Manufacture of Office Equipment	49.78	93.90	56.03	55.53	86.36	53.91
医疗仪器设备及仪器仪表制造业	**Manufacture of Medical Equipments and Measuring Instrument**	**79.08**	**64.48**	**64.72**	**67.63**	**72.40**	**78.98**
1.医疗仪器设备及器械制造	Manufacture of Medical Equipment and Appliance	95.94	65.39	68.29	70.97	69.13	78.32
2.仪器仪表制造	Manufacture of Measuring Instrument	69.11	64.15	63.14	65.93	74.41	79.40
信息化学品制造业	**Manufacture of Electronic Chemicals**						**56.98**

3-1-4　国有及国有控股企业固定资产投资情况

Statistics on Investment in Fixed Assets in State-owned and State-controlled Enterprises by Industrial Sector

行　业	Industry	施工项目（个） Number of Projects under Construction (unit)					
		2000	2005	2012	2013	2014	2015
合计	**Total**	**1321**	**1285**	**741**	**1304**	**1329**	**1354**
医药制造业	**Manufacture of Medicines**	**478**	**553**	**140**	**345**	**339**	**334**
#化学药品制造	Manufacture of Chemical Medicine	310	269	45	119	109	105
中成药生产	Production of Finished Traditional Chinese Herbal Medicine	131	115	27	88	85	81
生物药品制造	Manufacture of Biological Medicine	29	65	33	70	69	66
航空、航天器及设备制造业	**Manufacture of Aircrafts and Spacecrafts and Related Equipment**	**328**	**169**	**123**	**162**	**140**	**148**
#飞机制造	Manufacture of Airplanes	273	148	75	83	68	72
航天器制造	Manufacture of Spacecrafts	55	21	10	9	5	4
电子及通信设备制造业	**Manufacture of Electronic Equipment and Communication Equipment**	**363**	**369**	**327**	**556**	**617**	**631**
#通信设备制造	Manufacture of Communication Equipment	74	103	45	143	166	183
#通信系统设备制造	Manufacture of Communication System t Equipmen	50	55	36	96	125	146
通信终端设备制造	Manufacture of Communication Terminal Equipment	11	10	9	47	41	37
广播电视设备制造	Manufacture of Broadcasting and TV Equipment	13	18	21	15	13	10
雷达及配套设备制造	Manufacture of Radar and Its Fittings	27	22	11	15	22	15
视听设备制造	Manufacture of TV Set and Radio Receiver	39	31	7	18	25	21
电子器件制造	Manufacture of Electronic Appliances	67	84	115	119	123	127
#电子真空器件制造	Manufacture of Electronic Vacuum Appliance	19	21	11	11	7	6
半导体分立器件制造	Manufacture of Semiconductor Discreting Appliances	35	13	29	8	8	8
集成电路制造	Manufacture of Integrate Circuit	13	19	15	30	25	17
电子元件制造	Manufacture of Electronic Components	111	91	60	103	99	120
其他电子设备制造	Manufacture of Other Electronic Equipment	32	20	38	84	97	94
计算机及办公设备制造业	**Manufacture of Computers and Office Equipment**	**19**	**41**	**44**	**73**	**67**	**86**
#计算机整机制造	Manufacture of Entired Computer	16	11	27	24	15	18
计算机零部件制造	Manufacture of Computer Components and Parts		26	9	17	22	31
计算机外围设备制造	Manufacture of Computer Peripheral Equipment			1	5	10	13
办公设备制造	Manufacture of Office Equipment	3	4	3	5	2	4
医疗仪器设备及仪器仪表制造业	**Manufacture of Medical Equipments and Measuring Instrument**	**133**	**153**	**107**	**168**	**166**	**144**
1.医疗仪器设备及器械制造	Manufacture of Medical Equipment and Appliance	27	16	11	33	30	32
2.仪器仪表制造	Manufacture of Measuring Instrument	106	137	96	135	136	112
信息化学品制造业	**Manufacture of Electronic Chemicals**						**11**

3-1-4 续表 1 continued

行 业	Industry	新开工项目（个） Number of Projects Started This Year (unit)					
		2000	2005	2012	2013	2014	2015
合计	**Total**	**803**	**636**	**427**	**670**	**649**	**786**
医药制造业	**Manufacture of Medicines**	**311**	**303**	**80**	**188**	**168**	**184**
#化学药品制造	Manufacture of Chemical Medicine	200	152	26	64	54	59
中成药生产	Production of Finished Traditional Chinese Herbal Medicine	92	60	14	56	43	36
生物药品制造	Manufacture of Biological Medicine	13	39	20	28	29	33
航空、航天器及设备制造业	**Manufacture of Aircrafts and Spacecrafts and Related Equipment**	**194**	**60**	**61**	**80**	**67**	**76**
#飞机制造	Manufacture of Airplanes	160	54	34	36	30	40
航天器制造	Manufacture of Spacecrafts	34	6	4	2		2
电子及通信设备制造业	**Manufacture of Electronic Equipment and Communication Equipment**	**212**	**181**	**192**	**282**	**301**	**365**
#通信设备制造	Manufacture of Communication Equipment	41	52	30	77	68	100
#通信系统设备制造	Manufacture of Communication System t Equipmen	27	21	25	52	53	75
通信终端设备制造	Manufacture of Communication Terminal Equipment	5	9	5	25	15	25
广播电视设备制造	Manufacture of Broadcasting and TV Equipment	8	14	13	6	9	8
雷达及配套设备制造	Manufacture of Radar and Its Fittings	14	7	2	6	13	7
视听设备制造	Manufacture of TV Set and Radio Receiver	23	12	4	13	14	10
电子器件制造	Manufacture of Electronic Appliances	34	36	71	54	62	77
#电子真空器件制造	Manufacture of Electronic Vacuum Appliance	11	6	7	4	6	5
半导体分立器件制造	Manufacture of Semiconductor Discreting Appliances	14	6	19	1	3	4
集成电路制造	Manufacture of Integrate Circuit	9	8	3	11	9	6
电子元件制造	Manufacture of Electronic Components	73	52	39	50	55	78
其他电子设备制造	Manufacture of Other Electronic Equipment	19	8	18	46	42	49
计算机及办公设备制造业	**Manufacture of Computers and Office Equipment**	**7**	**12**	**32**	**33**	**30**	**53**
#计算机整机制造	Manufacture of Entired Computer	6	4	18	7	4	8
计算机零部件制造	Manufacture of Computer Components and Parts		7	8	8	12	22
计算机外围设备制造	Manufacture of Computer Peripheral Equipment				1	6	8
办公设备制造	Manufacture of Office Equipment	1	1	2	2		3
医疗仪器设备及仪器仪表制造业	**Manufacture of Medical Equipments and Measuring Instrument**	**79**	**80**	**62**	**87**	**83**	**100**
1.医疗仪器设备及器械制造	Manufacture of Medical Equipment and Appliance	12	10	6	21	16	25
2.仪器仪表制造	Manufacture of Measuring Instrument	67	70	56	66	67	75
信息化学品制造业	**Manufacture of Electronic Chemicals**						**8**

3-1-4 续表 2 continued

行 业	Industry	建成投产项目（个） Number of Projects Completed and Put into Use (unit)					
		2000	2005	2012	2013	2014	2015
合计	**Total**	**627**	**503**	**338**	**568**	**685**	**757**
医药制造业	**Manufacture of Medicines**	**233**	**260**	**52**	**156**	**175**	**164**
#化学药品制造	Manufacture of Chemical Medicine	148	128	15	52	56	46
中成药生产	Production of Finished Traditional Chinese Herbal Medicine	70	60	13	41	37	47
生物药品制造	Manufacture of Biological Medicine	9	23	7	27	32	25
航空、航天器及设备制造业	**Manufacture of Aircrafts and Spacecrafts and Related Equipment**	**167**	**68**	**49**	**82**	**65**	**79**
#飞机制造	Manufacture of Airplanes	155	60	28	42	33	30
航天器制造	Manufacture of Spacecrafts	12	8	2	4	1	2
电子及通信设备制造业	**Manufacture of Electronic Equipment and Communication Equipment**	**159**	**128**	**162**	**212**	**306**	**359**
#通信设备制造	Manufacture of Communication Equipment	29	43	16	47	75	120
#通信系统设备制造	Manufacture of Communication System t Equipmen	16	24	14	33	51	99
通信终端设备制造	Manufacture of Communication Terminal Equipment	7	4	2	14	24	21
广播电视设备制造	Manufacture of Broadcasting and TV Equipment	9	8	10	10	8	6
雷达及配套设备制造	Manufacture of Radar and Its Fittings	11	6	4	1	13	9
视听设备制造	Manufacture of TV Set and Radio Receiver	18	8	3	7	13	11
电子器件制造	Manufacture of Electronic Appliances	27	24	75	41	61	63
#电子真空器件制造	Manufacture of Electronic Vacuum Appliance	7	4	7	8	4	3
半导体分立器件制造	Manufacture of Semiconductor Discreting Appliances	17	2	21	2	4	4
集成电路制造	Manufacture of Integrate Circuit	3	5	2	9	11	11
电子元件制造	Manufacture of Electronic Components	52	34	32	49	51	68
其他电子设备制造	Manufacture of Other Electronic Equipment	13	5	12	29	43	48
计算机及办公设备制造业	**Manufacture of Computers and Office Equipment**	**9**	**5**	**19**	**33**	**33**	**54**
#计算机整机制造	Manufacture of Entired Computer	7	2	13	13	4	14
计算机零部件制造	Manufacture of Computer Components and Parts		1	3	6	11	23
计算机外围设备制造	Manufacture of Computer Peripheral Equipment			1	1	6	5
办公设备制造	Manufacture of Office Equipment	2	2	2	3	1	2
医疗仪器设备及仪器仪表制造业	**Manufacture of Medical Equipments and Measuring Instrument**	**59**	**42**	**56**	**85**	**106**	**94**
1.医疗仪器设备及器械制造	Manufacture of Medical Equipment and Appliance	10	7	5	14	18	25
2.仪器仪表制造	Manufacture of Measuring Instrument	49	35	51	71	88	69
信息化学品制造业	**Manufacture of Electronic Chemicals**						**7**

3-1-4 续表 3 continued

行 业	Industry	项目建成投产率 (%) Rate of Projects Completed and Put into Use (%)					
		2000	2005	2012	2013	2014	2015
合计	**Total**	**47.46**	**39.14**	**45.61**	**43.56**	**51.54**	**55.91**
医药制造业	**Manufacture of Medicines**	**48.74**	**47.02**	**37.14**	**45.22**	**51.62**	**49.10**
#化学药品制造	Manufacture of Chemical Medicine	47.74	47.58	33.33	43.70	51.38	43.81
中成药生产	Production of Finished Traditional Chinese Herbal Medicine	53.44	52.17	48.15	46.59	43.53	58.02
生物药品制造	Manufacture of Biological Medicine	31.03	35.38	21.21	38.57	46.38	37.88
航空、航天器及设备制造业	**Manufacture of Aircrafts and Spacecrafts and Related Equipment**	**50.91**	**40.24**	**39.84**	**50.62**	**46.43**	**53.38**
#飞机制造	Manufacture of Airplanes	56.78	40.54	37.33	50.60	48.53	41.67
航天器制造	Manufacture of Spacecrafts	21.82	38.10	20.00	44.44	20.00	50.00
电子及通信设备制造业	**Manufacture of Electronic Equipment and Communication Equipment**	**43.80**	**34.69**	**49.54**	**38.13**	**49.59**	**56.89**
#通信设备制造	Manufacture of Communication Equipment	39.19	41.75	35.56	32.87	45.18	65.57
#通信系统设备制造	Manufacture of Communication System t Equipmen	32.00	43.64	38.89	34.38	40.80	67.81
通信终端设备制造	Manufacture of Communication Terminal Equipment	63.64	40.00	22.22	29.79	58.54	56.76
广播电视设备制造	Manufacture of Broadcasting and TV Equipment	69.23	44.44	47.62	66.67	61.54	60.00
雷达及配套设备制造	Manufacture of Radar and Its Fittings	40.74	27.27	36.36	6.67	59.09	60.00
视听设备制造	Manufacture of TV Set and Radio Receiver	46.15	25.81	42.86	38.89	52.00	52.38
电子器件制造	Manufacture of Electronic Appliances	40.30	28.57	65.22	34.45	49.59	49.61
#电子真空器件制造	Manufacture of Electronic Vacuum Appliance	36.84	19.05	63.64	72.73	57.14	50.00
半导体分立器件制造	Manufacture of Semiconductor Discreting Appliances	48.57	15.38	72.41	25.00	50.00	50.00
集成电路制造	Manufacture of Integrate Circuit	23.08	26.32	13.33	30.00	44.00	64.71
电子元件制造	Manufacture of Electronic Components	46.85	37.36	53.33	47.57	51.52	56.67
其他电子设备制造	Manufacture of Other Electronic Equipment	40.63	25.00	31.58	34.52	44.33	51.06
计算机及办公设备制造业	**Manufacture of Computers and Office Equipment**	**47.37**	**12.20**	**43.18**	**45.21**	**49.25**	**62.79**
#计算机整机制造	Manufacture of Entired Computer	43.75	18.18	48.15	54.17	26.67	77.78
计算机零部件制造	Manufacture of Computer Components and Parts		3.85	33.33	35.29	50.00	74.19
计算机外围设备制造	Manufacture of Computer Peripheral Equipment			100.00	20.00	60.00	38.46
办公设备制造	Manufacture of Office Equipment	66.67	50.00	66.67	60.00	50.00	50.00
医疗仪器设备及仪器仪表制造业	**Manufacture of Medical Equipments and Measuring Instrument**	**44.36**	**27.45**	**52.34**	**50.60**	**63.86**	**65.28**
1.医疗仪器设备及器械制造	Manufacture of Medical Equipment and Appliance	37.04	43.75	45.45	42.42	60.00	78.13
2.仪器仪表制造	Manufacture of Measuring Instrument	46.23	25.55	53.13	52.59	64.71	61.61
信息化学品制造业	**Manufacture of Electronic Chemicals**						**63.64**

3-1-4 续表 4 continued

行 业	Industry	投资额（亿元） Investment (100 million yuan)					
		2000	2005	2012	2013	2014	2015
合计	**Total**	**168.44**	**380.71**	**1123.77**	**1892.79**	**2060.03**	**2328.63**
医药制造业	**Manufacture of Medicines**	**39.66**	**137.69**	**145.70**	**305.59**	**339.05**	**389.95**
#化学药品制造	Manufacture of Chemical Medicine	28.85	61.14	54.58	107.35	93.90	128.22
中成药生产	Production of Finished Traditional Chinese Herbal Medicine	7.12	20.29	25.37	66.28	71.25	72.16
生物药品制造	Manufacture of Biological Medicine	3.25	30.03	41.20	82.01	128.77	104.34
航空、航天器及设备制造业	**Manufacture of Aircrafts and Spacecrafts and Related Equipment**	**41.21**	**67.20**	**237.85**	**317.72**	**300.60**	**403.07**
#飞机制造	Manufacture of Airplanes	30.33	61.46	150.88	150.65	145.67	233.15
航天器制造	Manufacture of Spacecrafts	10.89	5.74	17.02	19.78	8.00	13.64
电子及通信设备制造业	**Manufacture of Electronic Equipment and Communication Equipment**	**71.98**	**150.31**	**466.01**	**1012.32**	**1198.84**	**1198.48**
#通信设备制造	Manufacture of Communication Equipment	17.20	42.09	114.29	194.09	144.00	200.31
#通信系统设备制造	Manufacture of Communication System t Equipmen	11.02	17.29	66.99	86.72	74.53	113.82
通信终端设备制造	Manufacture of Communication Terminal Equipment	3.14	4.04	47.29	107.37	69.47	86.48
广播电视设备制造	Manufacture of Broadcasting and TV Equipment	1.17	3.21	7.03	4.22	5.88	7.93
雷达及配套设备制造	Manufacture of Radar and Its Fittings	2.60	8.32	11.15	12.79	21.53	30.41
视听设备制造	Manufacture of TV Set and Radio Receiver	12.93	7.67	7.33	27.95	26.13	31.12
电子器件制造	Manufacture of Electronic Appliances	19.34	49.24	202.37	490.10	657.26	605.12
#电子真空器件制造	Manufacture of Electronic Vacuum Appliance	16.47	9.81	15.83	10.86	8.86	3.67
半导体分立器件制造	Manufacture of Semiconductor Discreting Appliances	1.34	5.73	72.07	4.02	10.67	8.23
集成电路制造	Manufacture of Integrate Circuit	1.53	10.85	13.05	65.60	59.67	43.99
电子元件制造	Manufacture of Electronic Components	15.51	27.95	51.12	95.20	78.30	100.41
其他电子设备制造	Manufacture of Other Electronic Equipment	3.24	11.82	32.57	98.70	155.96	127.19
计算机及办公设备制造业	**Manufacture of Computers and Office Equipment**	**4.84**	**8.11**	**109.26**	**116.78**	**80.73**	**133.42**
#计算机整机制造	Manufacture of Entired Computer	4.67	2.05	71.64	51.83	15.67	36.89
计算机零部件制造	Manufacture of Computer Components and Parts	0.14	5.79	25.48	22.13	26.20	39.19
计算机外围设备制造	Manufacture of Computer Peripheral Equipment			1.46	8.44	9.80	12.71
办公设备制造	Manufacture of Office Equipment	0.03	0.27	8.52	6.26	1.18	4.59
医疗仪器设备及仪器仪表制造业	**Manufacture of Medical Equipments and Measuring Instrument**	**10.75**	**17.40**	**164.95**	**140.39**	**140.80**	**171.54**
1.医疗仪器设备及器械制造	Manufacture of Medical Equipment and Appliance	2.53	2.18	18.73	18.31	27.83	41.66
2.仪器仪表制造	Manufacture of Measuring Instrument	8.22	15.22	146.22	122.08	112.97	129.88
信息化学品制造业	**Manufacture of Electronic Chemicals**						**32.16**

3-1-4 续表 5 continued

行 业	Industry	新增固定资产（亿元） Newly Increased Fixed Assets (100 million yuan)					
		2000	2005	2012	2013	2014	2015
合计	**Total**	**130.94**	**213.70**	**606.60**	**1170.99**	**1096.25**	**1387.76**
医药制造业	**Manufacture of Medicines**	**32.52**	**93.08**	**60.06**	**156.91**	**261.33**	**226.16**
#化学药品制造	Manufacture of Chemical Medicine	23.10	40.76	23.38	64.35	85.52	49.76
中成药生产	Production of Finished Traditional Chinese Herbal Medicine	5.27	19.02	15.70	31.94	30.89	68.44
生物药品制造	Manufacture of Biological Medicine	2.94	18.48	7.79	25.04	108.82	56.22
航空、航天器及设备制造业	**Manufacture of Aircrafts and Spacecrafts and Related Equipment**	**34.32**	**41.88**	**143.14**	**152.80**	**143.54**	**378.05**
#飞机制造	Manufacture of Airplanes	29.00	38.28	89.79	78.26	59.61	201.25
航天器制造	Manufacture of Spacecrafts	5.32	3.60	11.89	21.18	3.00	11.94
电子及通信设备制造业	**Manufacture of Electronic Equipment and Communication Equipment**	**53.38**	**66.12**	**277.03**	**649.69**	**545.82**	**562.17**
#通信设备制造	Manufacture of Communication Equipment	15.23	21.72	39.87	98.49	85.73	104.03
#通信系统设备制造	Manufacture of Communication System t Equipmen	9.29	7.27	18.93	34.36	61.54	86.08
通信终端设备制造	Manufacture of Communication Terminal Equipment	3.44	1.73	20.94	64.13	24.19	17.96
广播电视设备制造	Manufacture of Broadcasting and TV Equipment	1.23	1.98	4.79	2.30	3.41	3.67
雷达及配套设备制造	Manufacture of Radar and Its Fittings	1.47	0.98	25.57	0.91	7.42	19.51
视听设备制造	Manufacture of TV Set and Radio Receiver	11.77	2.49	3.26	18.13	6.43	9.15
电子器件制造	Manufacture of Electronic Appliances	8.51	20.59	131.32	324.29	256.39	213.82
#电子真空器件制造	Manufacture of Electronic Vacuum Appliance	6.16	4.35	7.09	8.58	14.84	1.10
半导体分立器件制造	Manufacture of Semiconductor Discreting Appliances	1.07	2.37	59.64	1.65	6.86	2.56
集成电路制造	Manufacture of Integrate Circuit	1.28	8.52	1.16	42.67	16.77	32.65
电子元件制造	Manufacture of Electronic Components	12.65	15.96	28.55	86.15	64.66	65.53
其他电子设备制造	Manufacture of Other Electronic Equipment	2.52	2.40	15.75	52.19	61.56	89.27
计算机及办公设备制造业	**Manufacture of Computers and Office Equipment**	**3.37**	**1.90**	**48.74**	**88.62**	**52.53**	**80.41**
#计算机整机制造	Manufacture of Entired Computer	3.30	0.53	43.42	61.44	16.76	25.83
计算机零部件制造	Manufacture of Computer Components and Parts	0.04	0.29	1.27	14.68	10.27	32.13
计算机外围设备制造	Manufacture of Computer Peripheral Equipment			3.20	0.91	9.81	2.46
办公设备制造	Manufacture of Office Equipment	0.04	1.09	0.66	5.45	0.76	4.85
医疗仪器设备及仪器仪表制造业	**Manufacture of Medical Equipments and Measuring Instrument**	**7.35**	**10.72**	**77.62**	**122.97**	**93.02**	**106.00**
1.医疗仪器设备及器械制造	Manufacture of Medical Equipment and Appliance	2.32	1.53	6.77	26.69	18.24	30.33
2.仪器仪表制造	Manufacture of Measuring Instrument	5.04	9.19	70.85	96.28	74.78	75.68
信息化学品制造业	**Manufacture of Electronic Chemicals**						**34.97**

3-1-4　续表 6　continued

行　业	Industry	固定资产交付使用率 (%) Rate of Fixed Assets Put into Use (%)					
		2000	2005	2012	2013	2014	2015
合计	**Total**	**77.74**	**56.13**	**53.98**	**61.87**	**53.22**	**59.60**
医药制造业	**Manufacture of Medicines**	**81.99**	**67.60**	**41.22**	**51.35**	**77.08**	**58.00**
#化学药品制造	Manufacture of Chemical Medicine	80.08	66.67	42.84	59.94	91.07	38.81
中成药生产	Production of Finished Traditional Chinese Herbal Medicine	74.01	93.74	61.89	48.19	43.35	94.85
生物药品制造	Manufacture of Biological Medicine	90.51	61.54	18.90	30.54	84.50	53.88
航空、航天器及设备制造业	**Manufacture of Aircrafts and Spacecrafts and Related Equipment**	**83.28**	**62.32**	**60.18**	**48.09**	**47.75**	**93.79**
#飞机制造	Manufacture of Airplanes	95.63	62.28	59.51	51.94	40.92	86.32
航天器制造	Manufacture of Spacecrafts	48.88	62.72	69.82	107.08	37.52	87.56
电子及通信设备制造业	**Manufacture of Electronic Equipment and Communication Equipment**	**74.16**	**43.99**	**59.45**	**64.18**	**45.53**	**46.91**
#通信设备制造	Manufacture of Communication Equipment	88.56	51.60	34.89	50.74	59.53	51.94
#通信系统设备制造	Manufacture of Communication System t Equipmen	84.31	42.05	28.26	39.62	82.57	75.62
通信终端设备制造	Manufacture of Communication Terminal Equipment	109.43	42.82	44.27	59.73	34.82	20.76
广播电视设备制造	Manufacture of Broadcasting and TV Equipment	105.66	61.68	68.10	54.62	57.92	46.26
雷达及配套设备制造	Manufacture of Radar and Its Fittings	56.52	11.78	229.25	7.11	34.46	64.16
视听设备制造	Manufacture of TV Set and Radio Receiver	91.01	32.46	44.48	64.85	24.61	29.42
电子器件制造	Manufacture of Electronic Appliances	44.00	41.82	64.89	66.17	39.01	35.33
#电子真空器件制造	Manufacture of Electronic Vacuum Appliance	37.40	44.34	44.79	79.00	167.59	29.85
半导体分立器件制造	Manufacture of Semiconductor Discreting Appliances	79.72	41.36	82.76	40.97	64.33	31.15
集成电路制造	Manufacture of Integrate Circuit	83.86	78.53	8.89	65.04	28.10	74.22
电子元件制造	Manufacture of Electronic Components	81.60	57.10	55.84	90.50	82.58	65.26
其他电子设备制造	Manufacture of Other Electronic Equipment	77.76	20.30	48.37	52.88	39.47	70.18
计算机及办公设备制造业	**Manufacture of Computers and Office Equipment**	**69.66**	**23.43**	**44.61**	**75.89**	**65.07**	**60.27**
#计算机整机制造	Manufacture of Entired Computer	70.70	25.85	60.61	118.53	106.92	70.01
计算机零部件制造	Manufacture of Computer Components and Parts	25.45	5.01	4.99	66.32	39.19	81.98
计算机外围设备制造	Manufacture of Computer Peripheral Equipment			219.04	10.76	100.10	19.36
办公设备制造	Manufacture of Office Equipment	105.39	403.70	7.76	86.94	64.51	105.49
医疗仪器设备及仪器仪表制造业	**Manufacture of Medical Equipments and Measuring Instrument**	**68.39**	**61.61**	**47.06**	**87.59**	**66.07**	**61.79**
1.医疗仪器设备及器械制造	Manufacture of Medical Equipment and Appliance	91.51	70.18	36.16	145.81	65.57	72.80
2.仪器仪表制造	Manufacture of Measuring Instrument	61.26	60.38	48.45	78.87	66.19	58.26
信息化学品制造业	**Manufacture of Electronic Chemicals**						**108.76**

3-1-5 内资企业固定资产投资情况
Statistics on Investment in Fixed Assets in Domestic Funded Enterprises by Industrial Sector

行 业	Industry	施工项目（个） Number of Projects under Construction (unit)					
		2000	2005	2012	2013	2014	2015
合计	**Total**	**2270**	**5424**	**13941**	**15952**	**16672**	**18275**
医药制造业	**Manufacture of Medicines**	**1136**	**2858**	**4629**	**5376**	**5772**	**6090**
#化学药品制造	Manufacture of Chemical Medicine	642	1028	1383	1629	1682	1763
中成药生产	Production of Finished Traditional Chinese Herbal Medicine		653	945	1069	1126	1131
生物药品制造	Manufacture of Biological Medicine	98	350	789	960	984	1077
航空、航天器及设备制造业	**Manufacture of Aircrafts and Spacecrafts and Related Equipment**	**329**	**175**	**308**	**337**	**343**	**395**
#飞机制造	Manufacture of Airplanes	273	153	124	119	133	132
航天器制造	Manufacture of Spacecrafts	56	22	37	29	20	24
电子及通信设备制造业	**Manufacture of Electronic Equipment and Communication Equipment**	**585**	**1495**	**5884**	**6801**	**6957**	**7575**
#通信设备制造	Manufacture of Communication Equipment	134	284	596	710	754	875
#通信系统设备制造	Manufacture of Communication System Equipment	81	119	385	469	504	575
通信终端设备制造	Manufacture of Communication Terminal Equipment	27	30	211	241	250	300
广播电视设备制造	Manufacture of Broadcasting and TV Equipment	16	43	346	286	220	232
雷达及配套设备制造	Manufacture of Radar and Its Fittings	32	28	88	80	63	65
视听设备制造	Manufacture of TV Set and Radio Receiver	58	92	143	158	194	206
电子器件制造	Manufacture of Electronic Appliances	101	248	1254	1370	1413	1447
#电子真空器件制造	Manufacture of Electronic Vacuum Appliance	33	46	188	174	151	116
半导体分立器件制造	Manufacture of Semiconductor Discreting Appliances	49	31	132	92	88	109
集成电路制造	Manufacture of Integrate Circuit	19	47	140	182	172	175
电子元件制造	Manufacture of Electronic Components	186	600	1816	2251	2203	2369
其他电子设备制造	Manufacture of Other Electronic Equipment	58	200	610	821	967	1106
计算机及办公设备制造业	**Manufacture of Computers and Office Equipment**	**36**	**142**	**626**	**652**	**688**	**836**
#计算机整机制造	Manufacture of Entired Computer	24	39	159	106	91	85
计算机零部件制造	Manufacture of Computer Components and Parts	8	82	184	219	252	329
计算机外围设备制造	Manufacture of Computer Peripheral Equipment			79	89	96	133
办公设备制造	Manufacture of Office Equipment	4	21	48	43	58	69
医疗仪器设备及仪器仪表制造业	**Manufacture of Medical Equipments and Measuring Instrument**	**184**	**754**	**2494**	**2786**	**2912**	**3196**
1.医疗仪器设备及器械制造	Manufacture of Medical Equipment and Appliance	36	196	887	980	1017	1204
2.仪器仪表制造	Manufacture of Measuring Instrument	148	558	1607	1806	1895	1992
信息化学品制造业	**Manufacture of Electronic Chemicals**						**183**

3-1-5 续表 1 continued

行 业	Industry	新开工项目（个） Number of Projects Started This Year (unit)					
		2000	2005	2012	2013	2014	2015
合计	**Total**	**1372**	**3422**	**9255**	**10657**	**10991**	**12934**
医药制造业	**Manufacture of Medicines**	**703**	**1790**	**3068**	**3496**	**3737**	**4115**
#化学药品制造	Manufacture of Chemical Medicine	399	633	874	1009	1040	1165
中成药生产	Production of Finished Traditional Chinese Herbal Medicine		411	620	686	719	705
生物药品制造	Manufacture of Biological Medicine	51	208	520	609	589	719
航空、航天器及设备制造业	**Manufacture of Aircrafts and Spacecrafts and Related Equipment**	**195**	**66**	**170**	**191**	**202**	**237**
#飞机制造	Manufacture of Airplanes	160	59	60	60	75	67
航天器制造	Manufacture of Spacecrafts	35	7	24	14	9	16
电子及通信设备制造业	**Manufacture of Electronic Equipment and Communication Equipment**	**340**	**979**	**3867**	**4572**	**4530**	**5420**
#通信设备制造	Manufacture of Communication Equipment	72	176	392	435	445	609
#通信系统设备制造	Manufacture of Communication System Equipment	41	63	260	295	298	407
通信终端设备制造	Manufacture of Communication Terminal Equipment	14	23	132	140	147	202
广播电视设备制造	Manufacture of Broadcasting and TV Equipment	11	30	240	175	153	172
雷达及配套设备制造	Manufacture of Radar and Its Fittings	18	12	46	41	42	40
视听设备制造	Manufacture of TV Set and Radio Receiver	35	56	91	113	129	146
电子器件制造	Manufacture of Electronic Appliances	50	157	788	900	890	962
#电子真空器件制造	Manufacture of Electronic Vacuum Appliance	19	25	124	102	108	89
半导体分立器件制造	Manufacture of Semiconductor Discreting Appliances	20	16	87	58	59	76
集成电路制造	Manufacture of Integrate Circuit	11	30	81	109	94	109
电子元件制造	Manufacture of Electronic Components	119	414	1249	1632	1511	1761
其他电子设备制造	Manufacture of Other Electronic Equipment	35	134	418	561	637	818
计算机及办公设备制造业	**Manufacture of Computers and Office Equipment**	**15**	**68**	**419**	**438**	**460**	**631**
#计算机整机制造	Manufacture of Entired Computer	11	21	96	54	52	51
计算机零部件制造	Manufacture of Computer Components and Parts	2	35	123	154	178	267
计算机外围设备制造	Manufacture of Computer Peripheral Equipment			53	64	64	97
办公设备制造	Manufacture of Office Equipment	2	12	35	30	38	52
医疗仪器设备及仪器仪表制造业	**Manufacture of Medical Equipments and Measuring Instrument**	**119**	**519**	**1731**	**1960**	**2062**	**2404**
1.医疗仪器设备及器械制造	Manufacture of Medical Equipment and Appliance	21	142	658	720	735	921
2.仪器仪表制造	Manufacture of Measuring Instrument	98	377	1073	1240	1327	1483
信息化学品制造业	**Manufacture of Electronic Chemicals**						**127**

3-1-5 续表 2 continued

行　业	Industry	建成投产项目（个） Number of Projects Completed and Put into Use (unit)					
		2000	2005	2012	2013	2014	2015
合计	**Total**	**1057**	**2394**	**8064**	**9567**	**10834**	**12987**
医药制造业	**Manufacture of Medicines**	**528**	**1305**	**2619**	**3144**	**3605**	**4210**
#化学药品制造	Manufacture of Chemical Medicine	321	471	750	959	1025	1222
中成药生产	Production of Finished Traditional Chinese Herbal Medicine		326	524	616	668	735
生物药品制造	Manufacture of Biological Medicine	28	117	426	520	584	725
航空、航天器及设备制造业	**Manufacture of Aircrafts and Spacecrafts and Related Equipment**	**168**	**70**	**150**	**176**	**168**	**236**
#飞机制造	Manufacture of Airplanes	155	61	57	54	62	62
航天器制造	Manufacture of Spacecrafts	13	9	20	18	10	18
电子及通信设备制造业	**Manufacture of Electronic Equipment and Communication Equipment**	**265**	**643**	**3377**	**4042**	**4579**	**5464**
#通信设备制造	Manufacture of Communication Equipment	53	128	309	364	461	573
#通信系统设备制造	Manufacture of Communication System Equipment	30	49	199	241	320	390
通信终端设备制造	Manufacture of Communication Terminal Equipment	14	15	110	123	141	183
广播电视设备制造	Manufacture of Broadcasting and TV Equipment	9	18	210	209	156	176
雷达及配套设备制造	Manufacture of Radar and Its Fittings	15	8	50	48	36	44
视听设备制造	Manufacture of TV Set and Radio Receiver	26	33	94	94	124	150
电子器件制造	Manufacture of Electronic Appliances	43	95	734	800	872	990
#电子真空器件制造	Manufacture of Electronic Vacuum Appliance	14	15	111	120	116	89
半导体分立器件制造	Manufacture of Semiconductor Discreting Appliances	25	13	91	57	52	70
集成电路制造	Manufacture of Integrate Circuit	4	13	65	95	101	112
电子元件制造	Manufacture of Electronic Components	90	270	1107	1370	1542	1809
其他电子设备制造	Manufacture of Other Electronic Equipment	29	91	325	481	641	821
计算机及办公设备制造业	**Manufacture of Computers and Office Equipment**	**14**	**46**	**377**	**389**	**470**	**562**
#计算机整机制造	Manufacture of Entired Computer	10	11	95	63	56	49
计算机零部件制造	Manufacture of Computer Components and Parts	2	20	109	134	180	255
计算机外围设备制造	Manufacture of Computer Peripheral Equipment			52	59	63	83
办公设备制造	Manufacture of Office Equipment	2	15	29	24	40	48
医疗仪器设备及仪器仪表制造业	**Manufacture of Medical Equipments and Measuring Instrument**	**82**	**330**	**1541**	**1816**	**2012**	**2402**
1.医疗仪器设备及器械制造	Manufacture of Medical Equipment and Appliance	15	85	570	654	706	896
2.仪器仪表制造	Manufacture of Measuring Instrument	67	245	971	1162	1306	1506
信息化学品制造业	**Manufacture of Electronic Chemicals**						**113**

3-1-5　续表 3　continued

行　业	Industry	项目建成投产率 (%) Rate of Projects Completed and Put into Use (%)					
		2000	2005	2012	2013	2014	2015
合计	**Total**	**46.56**	**44.14**	**57.84**	**59.97**	**64.98**	**71.06**
医药制造业	**Manufacture of Medicines**	**46.48**	**45.66**	**56.58**	**58.48**	**62.46**	**69.13**
#化学药品制造	Manufacture of Chemical Medicine	50.00	45.82	54.23	58.87	60.94	69.31
中成药生产	Production of Finished Traditional Chinese Herbal Medicine		49.92	55.45	57.62	59.33	64.99
生物药品制造	Manufacture of Biological Medicine	28.57	33.43	53.99	54.17	59.35	67.32
航空、航天器及设备制造业	**Manufacture of Aircrafts and Spacecrafts and Related Equipment**	**51.06**	**40.00**	**48.70**	**52.23**	**48.98**	**59.75**
#飞机制造	Manufacture of Airplanes	56.78	39.87	45.97	45.38	46.62	46.97
航天器制造	Manufacture of Spacecrafts	23.21	40.91	54.05	62.07	50.00	75.00
电子及通信设备制造业	**Manufacture of Electronic Equipment and Communication Equipment**	**45.30**	**43.01**	**57.39**	**59.43**	**65.82**	**72.13**
#通信设备制造	Manufacture of Communication Equipment	39.55	45.07	51.85	51.27	61.14	65.49
#通信系统设备制造	Manufacture of Communication System Equipment	37.04	41.18	51.69	51.39	63.49	67.83
通信终端设备制造	Manufacture of Communication Terminal Equipment	51.85	50.00	52.13	51.04	56.40	61.00
广播电视设备制造	Manufacture of Broadcasting and TV Equipment	56.25	41.86	60.69	73.08	70.91	75.86
雷达及配套设备制造	Manufacture of Radar and Its Fittings	46.88	28.57	56.82	60.00	57.14	67.69
视听设备制造	Manufacture of TV Set and Radio Receiver	44.83	35.87	65.73	59.49	63.92	72.82
电子器件制造	Manufacture of Electronic Appliances	42.57	38.31	58.53	58.39	61.71	68.42
#电子真空器件制造	Manufacture of Electronic Vacuum Appliance	42.42	32.61	59.04	68.97	76.82	76.72
半导体分立器件制造	Manufacture of Semiconductor Discreting Appliances	51.02	41.94	68.94	61.96	59.09	64.22
集成电路制造	Manufacture of Integrate Circuit	21.05	27.66	46.43	52.20	58.72	64.00
电子元件制造	Manufacture of Electronic Components	48.39	45.00	60.96	60.86	70.00	76.36
其他电子设备制造	Manufacture of Other Electronic Equipment	50.00	45.50	53.28	58.59	66.29	74.23
计算机及办公设备制造业	**Manufacture of Computers and Office Equipment**	**38.89**	**32.39**	**60.22**	**59.66**	**68.31**	**67.22**
#计算机整机制造	Manufacture of Entired Computer	41.67	28.21	59.75	59.43	61.54	57.65
计算机零部件制造	Manufacture of Computer Components and Parts	25.00	24.39	59.24	61.19	71.43	77.51
计算机外围设备制造	Manufacture of Computer Peripheral Equipment			65.82	66.29	65.63	62.41
办公设备制造	Manufacture of Office Equipment	50.00	71.43	60.42	55.81	68.97	69.57
医疗仪器设备及仪器仪表制造业	**Manufacture of Medical Equipments and Measuring Instrument**	**44.57**	**43.77**	**61.79**	**65.18**	**69.09**	**75.16**
1.医疗仪器设备及器械制造	Manufacture of Medical Equipment and Appliance	41.67	43.37	64.26	66.73	69.42	74.42
2.仪器仪表制造	Manufacture of Measuring Instrument	45.27	43.91	60.42	64.34	68.92	75.60
信息化学品制造业	**Manufacture of Electronic Chemicals**						**61.75**

3-1-5 续表 4 continued

行 业	Industry	投资额（亿元） Investment (100 million yuan)					
		2000	2005	2012	2013	2014	2015
合计	**Total**	**300.49**	**1150.48**	**10622.58**	**13168.47**	**15128.22**	**17303.78**
医药制造业	**Manufacture of Medicines**	**109.56**	**590.97**	**3308.38**	**4252.80**	**4897.82**	**5464.56**
#化学药品制造	Manufacture of Chemical Medicine	63.42	232.42	1106.11	1442.77	1551.83	1753.02
中成药生产	Production of Finished Traditional Chinese Herbal Medicine		126.68	656.51	793.20	932.73	1013.45
生物药品制造	Manufacture of Biological Medicine	16.82	96.87	693.95	950.05	1029.66	1103.11
航空、航天器及设备制造业	**Manufacture of Aircrafts and Spacecrafts and Related Equipment**	**41.32**	**66.28**	**389.80**	**575.27**	**670.79**	**701.75**
#飞机制造	Manufacture of Airplanes	30.34	60.50	183.44	222.57	324.59	348.36
航天器制造	Manufacture of Spacecrafts	10.98	5.78	37.27	37.23	22.39	24.34
电子及通信设备制造业	**Manufacture of Electronic Equipment and Communication Equipment**	**123.21**	**343.62**	**4851.86**	**5982.73**	**6828.34**	**7626.16**
#通信设备制造	Manufacture of Communication Equipment	41.85	77.24	524.29	737.06	883.45	993.46
#通信系统设备制造	Manufacture of Communication System Equipment	26.46	28.24	311.92	423.21	454.38	522.43
通信终端设备制造	Manufacture of Communication Terminal Equipment	6.84	8.35	212.37	313.85	429.06	471.03
广播电视设备制造	Manufacture of Broadcasting and TV Equipment	1.48	7.78	212.21	186.78	188.51	193.48
雷达及配套设备制造	Manufacture of Radar and Its Fittings	3.04	8.86	84.02	59.41	70.26	92.88
视听设备制造	Manufacture of TV Set and Radio Receiver	16.13	25.13	116.44	170.99	154.44	178.30
电子器件制造	Manufacture of Electronic Appliances	29.53	82.72	1440.36	1774.90	2072.80	2142.65
#电子真空器件制造	Manufacture of Electronic Vacuum Appliance	22.45	12.36	108.36	108.64	95.70	74.85
半导体分立器件制造	Manufacture of Semiconductor Discreting Appliances	3.74	9.26	140.48	71.83	68.21	93.26
集成电路制造	Manufacture of Integrate Circuit	3.34	16.49	137.10	277.20	269.50	210.78
电子元件制造	Manufacture of Electronic Components	25.23	105.54	1045.22	1279.36	1426.60	1674.67
其他电子设备制造	Manufacture of Other Electronic Equipment	5.95	36.35	413.85	714.40	845.09	1024.72
计算机及办公设备制造业	**Manufacture of Computers and Office Equipment**	**12.32**	**33.44**	**546.05**	**575.20**	**629.79**	**908.60**
#计算机整机制造	Manufacture of Entired Computer	7.14	10.82	202.54	174.03	124.66	141.89
计算机零部件制造	Manufacture of Computer Components and Parts	5.03	20.01	165.92	180.55	242.60	362.03
计算机外围设备制造	Manufacture of Computer Peripheral Equipment			45.69	87.79	76.87	98.72
办公设备制造	Manufacture of Office Equipment	0.16	2.61	29.15	22.57	29.96	60.07
医疗仪器设备及仪器仪表制造业	**Manufacture of Medical Equipments and Measuring Instrument**	**14.07**	**116.18**	**1526.50**	**1782.47**	**2101.48**	**2367.06**
1.医疗仪器设备及器械制造	Manufacture of Medical Equipment and Appliance	4.35	31.48	477.76	607.44	790.47	906.29
2.仪器仪表制造	Manufacture of Measuring Instrument	9.72	84.70	1048.74	1175.03	1311.01	1460.78
信息化学品制造业	**Manufacture of Electronic Chemicals**						**235.65**

3-1-5 续表 5 continued

行业	Industry	新增固定资产（亿元） Newly Increased Fixed Assets (100 million yuan)					
		2000	2005	2012	2013	2014	2015
合计	**Total**	**234.07**	**699.11**	**6679.28**	**8387.56**	**10036.35**	**12539.13**
医药制造业	**Manufacture of Medicines**	**79.52**	**378.96**	**1969.19**	**2814.61**	**3407.24**	**3960.99**
#化学药品制造	Manufacture of Chemical Medicine	47.47	151.37	638.49	1029.51	1125.84	1185.47
中成药生产	Production of Finished Traditional Chinese Herbal Medicine		86.06	438.01	499.70	596.15	730.22
生物药品制造	Manufacture of Biological Medicine	11.14	47.58	312.80	506.53	636.37	799.02
航空、航天器及设备制造业	**Manufacture of Aircrafts and Spacecrafts and Related Equipment**	**34.42**	**42.56**	**235.21**	**305.03**	**315.05**	**572.26**
#飞机制造	Manufacture of Airplanes	29.01	38.92	108.66	94.41	120.82	268.74
航天器制造	Manufacture of Spacecrafts	5.41	3.64	25.73	31.13	10.72	19.55
电子及通信设备制造业	**Manufacture of Electronic Equipment and Communication Equipment**	**100.00**	**190.67**	**3099.51**	**3734.58**	**4367.10**	**5466.63**
#通信设备制造	Manufacture of Communication Equipment	39.05	39.49	287.59	408.39	588.43	609.57
#通信系统设备制造	Manufacture of Communication System Equipment	25.43	13.27	168.25	218.40	337.42	370.06
通信终端设备制造	Manufacture of Communication Terminal Equipment	6.46	5.07	119.34	189.99	251.01	239.51
广播电视设备制造	Manufacture of Broadcasting and TV Equipment	1.48	8.85	175.30	134.52	119.91	155.90
雷达及配套设备制造	Manufacture of Radar and Its Fittings	2.17	1.35	70.12	27.63	20.50	59.89
视听设备制造	Manufacture of TV Set and Radio Receiver	13.48	10.28	80.70	120.76	105.08	119.31
电子器件制造	Manufacture of Electronic Appliances	18.51	40.71	960.99	1053.83	1184.08	1431.70
#电子真空器件制造	Manufacture of Electronic Vacuum Appliance	12.47	6.55	70.98	76.95	85.24	65.64
半导体分立器件制造	Manufacture of Semiconductor Discreting Appliances	3.14	4.90	115.11	50.30	42.64	95.04
集成电路制造	Manufacture of Integrate Circuit	2.89	4.63	66.83	130.22	182.49	153.21
电子元件制造	Manufacture of Electronic Components	20.58	67.64	671.67	860.82	979.17	1306.50
其他电子设备制造	Manufacture of Other Electronic Equipment	4.74	22.34	250.09	442.31	587.48	774.75
计算机及办公设备制造业	**Manufacture of Computers and Office Equipment**	**10.17**	**15.49**	**349.04**	**359.26**	**424.57**	**565.80**
#计算机整机制造	Manufacture of Entired Computer	5.21	4.91	118.95	113.52	98.11	59.77
计算机零部件制造	Manufacture of Computer Components and Parts	4.93	7.06	123.09	105.80	138.00	256.44
计算机外围设备制造	Manufacture of Computer Peripheral Equipment			29.39	53.29	83.30	68.41
办公设备制造	Manufacture of Office Equipment	0.04	3.51	15.01	17.66	29.57	31.69
医疗仪器设备及仪器仪表制造业	**Manufacture of Medical Equipments and Measuring Instrument**	**9.96**	**71.43**	**1026.34**	**1174.07**	**1522.40**	**1852.32**
1.医疗仪器设备及器械制造	Manufacture of Medical Equipment and Appliance	4.02	17.27	339.02	424.47	550.59	707.19
2.仪器仪表制造	Manufacture of Measuring Instrument	5.94	54.16	687.32	749.60	971.81	1145.14
信息化学品制造业	**Manufacture of Electronic Chemicals**						**121.12**

3-1-5 续表 6 continued

行 业	Industry	固定资产交付使用率（%） Rate of Fixed Assets Put into Use (%)					
		2000	2005	2012	2013	2014	2015
合计	**Total**	**77.90**	**60.77**	**62.88**	**63.69**	**66.34**	**72.46**
医药制造业	**Manufacture of Medicines**	**72.58**	**64.13**	**59.52**	**66.18**	**69.57**	**72.49**
#化学药品制造	Manufacture of Chemical Medicine	74.85	65.13	57.72	71.36	72.55	67.62
中成药生产	Production of Finished Traditional Chinese Herbal Medicine		67.93	66.72	63.00	63.91	72.05
生物药品制造	Manufacture of Biological Medicine	66.23	49.12	45.08	53.32	61.80	72.43
航空、航天器及设备制造业	**Manufacture of Aircrafts and Spacecrafts and Related Equipment**	**83.30**	**64.21**	**60.34**	**53.02**	**46.97**	**81.55**
#飞机制造	Manufacture of Airplanes	95.62	64.33	59.23	42.42	37.22	77.14
航天器制造	Manufacture of Spacecrafts	49.27	62.98	69.04	83.61	47.90	80.33
电子及通信设备制造业	**Manufacture of Electronic Equipment and Communication Equipment**	**81.16**	**55.49**	**63.88**	**62.42**	**63.96**	**71.68**
#通信设备制造	Manufacture of Communication Equipment	93.31	51.13	54.85	55.41	66.61	61.36
#通信系统设备制造	Manufacture of Communication System Equipment	96.11	46.99	53.94	51.60	74.26	70.83
通信终端设备制造	Manufacture of Communication Terminal Equipment	94.44	60.72	56.19	60.54	58.50	50.85
广播电视设备制造	Manufacture of Broadcasting and TV Equipment	100.00	113.75	82.60	72.02	63.61	80.58
雷达及配套设备制造	Manufacture of Radar and Its Fittings	71.38	15.24	83.45	46.51	29.18	64.48
视听设备制造	Manufacture of TV Set and Radio Receiver	83.57	40.91	69.31	70.62	68.04	66.92
电子器件制造	Manufacture of Electronic Appliances	62.68	49.21	66.72	59.37	57.12	66.82
#电子真空器件制造	Manufacture of Electronic Vacuum Appliance	55.55	52.99	65.50	70.83	89.08	87.70
半导体分立器件制造	Manufacture of Semiconductor Discreting Appliances	83.96	52.92	81.94	70.02	62.52	101.91
集成电路制造	Manufacture of Integrate Circuit	86.53	28.08	48.75	46.98	67.71	72.69
电子元件制造	Manufacture of Electronic Components	81.57	64.09	64.26	67.29	68.64	78.02
其他电子设备制造	Manufacture of Other Electronic Equipment	79.66	61.46	60.43	61.91	69.52	75.61
计算机及办公设备制造业	**Manufacture of Computers and Office Equipment**	**82.55**	**46.32**	**63.92**	**62.46**	**67.41**	**62.27**
#计算机整机制造	Manufacture of Entired Computer	72.97	45.38	58.73	65.23	78.70	42.12
计算机零部件制造	Manufacture of Computer Components and Parts	98.01	35.28	74.19	58.60	56.89	70.83
计算机外围设备制造	Manufacture of Computer Peripheral Equipment			64.33	60.70	108.37	69.30
办公设备制造	Manufacture of Office Equipment	25.00	134.48	51.50	78.24	98.70	52.76
医疗仪器设备及仪器仪表制造业	**Manufacture of Medical Equipments and Measuring Instrument**	**70.79**	**61.48**	**67.23**	**65.87**	**72.44**	**78.25**
1.医疗仪器设备及器械制造	Manufacture of Medical Equipment and Appliance	92.41	54.86	70.96	69.88	69.65	78.03
2.仪器仪表制造	Manufacture of Measuring Instrument	61.11	63.94	65.54	63.79	74.13	78.39
信息化学品制造业	**Manufacture of Electronic Chemicals**						**51.40**

3-1-6　港澳台资企业固定资产投资情况

Statistics on Investment in Fixed Assets in Hong Kong,Macau and Taiwan Funded Enterprises by Industrial Sector

行　业	Industry	施工项目（个） Number of Projects under Construction (unit)					
		2000	2005	2012	2013	2014	2015
合计	**Total**	**201**	**700**	**750**	**745**	**777**	**764**
医药制造业	**Manufacture of Medicines**	**70**	**158**	**150**	**181**	**163**	**174**
#化学药品制造	Manufacture of Chemical Medicine	34	81	64	84	72	79
中成药生产	Production of Finished Traditional Chinese Herbal Medicine		35	29	38	36	47
生物药品制造	Manufacture of Biological Medicine	11	19	25	27	27	23
航空、航天器及设备制造业	**Manufacture of Aircrafts and Spacecrafts and Related Equipment**			**8**	**9**	**11**	**10**
#飞机制造	Manufacture of Airplanes			1	1	1	2
航天器制造	Manufacture of Spacecrafts			3	2	1	1
电子及通信设备制造业	**Manufacture of Electronic Equipment and Communication Equipment**	**103**	**426**	**437**	**405**	**439**	**397**
#通信设备制造	Manufacture of Communication Equipment	9	48	32	32	44	47
#通信系统设备制造	Manufacture of Communication System Equipment	2	10	18	19	23	20
通信终端设备制造	Manufacture of Communication Terminal Equipment	4	8	14	13	21	27
广播电视设备制造	Manufacture of Broadcasting and TV Equipment	2	6	14	16	16	7
雷达及配套设备制造	Manufacture of Radar and Its Fittings			5	4	1	1
视听设备制造	Manufacture of TV Set and Radio Receiver	18	41	25	23	34	35
电子器件制造	Manufacture of Electronic Appliances	21	75	124	89	92	92
#电子真空器件制造	Manufacture of Electronic Vacuum Appliance	7	4	10	6	3	3
半导体分立器件制造	Manufacture of Semiconductor Discreting Appliances	4	7	18	7	8	8
集成电路制造	Manufacture of Integrate Circuit	10	30	23	20	20	19
电子元件制造	Manufacture of Electronic Components	45	191	152	164	164	147
其他电子设备制造	Manufacture of Other Electronic Equipment	8	65	30	28	40	34
计算机及办公设备制造业	**Manufacture of Computers and Office Equipment**	**17**	**65**	**70**	**68**	**88**	**94**
#计算机整机制造	Manufacture of Entired Computer	5	10	11	8	7	5
计算机零部件制造	Manufacture of Computer Components and Parts	12	42	34	37	41	38
计算机外围设备制造	Manufacture of Computer Peripheral Equipment			18	16	25	38
办公设备制造	Manufacture of Office Equipment		13	1		7	5
医疗仪器设备及仪器仪表制造业	**Manufacture of Medical Equipments and Measuring Instrument**	**11**	**51**	**85**	**82**	**76**	**81**
1.医疗仪器设备及器械制造	Manufacture of Medical Equipment and Appliance	2	13	28	31	40	35
2.仪器仪表制造	Manufacture of Measuring Instrument	9	38	57	51	36	46
信息化学品制造业	**Manufacture of Electronic Chemicals**						**8**

3-1-6 续表 1 continued

行 业	Industry	新开工项目（个） Number of Projects Started This Year (unit)					
		2000	2005	2012	2013	2014	2015
合计	**Total**	**123**	**432**	**382**	**380**	**469**	**501**
医药制造业	**Manufacture of Medicines**	**42**	**90**	**74**	**99**	**77**	**114**
#化学药品制造	Manufacture of Chemical Medicine	22	41	34	50	35	54
中成药生产	Production of Finished Traditional Chinese Herbal Medicine		21	14	19	18	27
生物药品制造	Manufacture of Biological Medicine	9	16	9	14	9	14
航空、航天器及设备制造业	**Manufacture of Aircrafts and Spacecrafts and Related Equipment**			**5**	**3**	**7**	**3**
#飞机制造	Manufacture of Airplanes			1		1	1
航天器制造	Manufacture of Spacecrafts			1		1	
电子及通信设备制造业	**Manufacture of Electronic Equipment and Communication Equipment**	**65**	**268**	**216**	**203**	**280**	**271**
#通信设备制造	Manufacture of Communication Equipment	7	32	16	16	32	27
#通信系统设备制造	Manufacture of Communication System Equipment	2	8	11	9	15	12
通信终端设备制造	Manufacture of Communication Terminal Equipment	3	6	5	7	17	15
广播电视设备制造	Manufacture of Broadcasting and TV Equipment	1	4	4	8	5	7
雷达及配套设备制造	Manufacture of Radar and Its Fittings			3	2	1	1
视听设备制造	Manufacture of TV Set and Radio Receiver	11	21	12	12	27	20
电子器件制造	Manufacture of Electronic Appliances	10	44	56	35	57	68
#电子真空器件制造	Manufacture of Electronic Vacuum Appliance	4	2	7	3	3	2
半导体分立器件制造	Manufacture of Semiconductor Discreting Appliances	2	4	5	1	4	6
集成电路制造	Manufacture of Integrate Circuit	4	16	11	6	11	11
电子元件制造	Manufacture of Electronic Components	30	122	89	90	104	105
其他电子设备制造	Manufacture of Other Electronic Equipment	6	45	13	16	25	19
计算机及办公设备制造业	**Manufacture of Computers and Office Equipment**	**10**	**37**	**40**	**34**	**56**	**62**
#计算机整机制造	Manufacture of Entired Computer	3	3	9	4	2	3
计算机零部件制造	Manufacture of Computer Components and Parts	7	24	21	18	24	22
计算机外围设备制造	Manufacture of Computer Peripheral Equipment			4	11	19	31
办公设备制造	Manufacture of Office Equipment		10	1		7	1
医疗仪器设备及仪器仪表制造业	**Manufacture of Medical Equipments and Measuring Instrument**	**6**	**37**	**47**	**41**	**49**	**43**
1.医疗仪器设备及器械制造	Manufacture of Medical Equipment and Appliance	2	7	23	18	26	18
2.仪器仪表制造	Manufacture of Measuring Instrument	4	30	24	23	23	25
信息化学品制造业	**Manufacture of Electronic Chemicals**						**8**

3-1-6 续表 2 continued

行 业	Industry	建成投产项目（个） Number of Projects Completed and Put into Use (unit)					
		2000	2005	2012	2013	2014	2015
合计	**Total**	**96**	**296**	**360**	**397**	**471**	**471**
医药制造业	**Manufacture of Medicines**	**37**	**67**	**68**	**91**	**94**	**105**
#化学药品制造	Manufacture of Chemical Medicine	22	35	32	43	44	56
中成药生产	Production of Finished Traditional Chinese Herbal Medicine		17	12	22	16	23
生物药品制造	Manufacture of Biological Medicine	3	3	9	10	13	12
航空、航天器及设备制造业	**Manufacture of Aircrafts and Spacecrafts and Related Equipment**			**2**	**6**	**4**	**7**
#飞机制造	Manufacture of Airplanes				1		2
航天器制造	Manufacture of Spacecrafts			1	2		1
电子及通信设备制造业	**Manufacture of Electronic Equipment and Communication Equipment**	**48**	**179**	**214**	**222**	**280**	**251**
#通信设备制造	Manufacture of Communication Equipment	4	15	15	17	23	34
#通信系统设备制造	Manufacture of Communication System Equipment	2		8	9	14	14
通信终端设备制造	Manufacture of Communication Terminal Equipment	2	6	7	8	9	20
广播电视设备制造	Manufacture of Broadcasting and TV Equipment	2	1	6	7	6	5
雷达及配套设备制造	Manufacture of Radar and Its Fittings			4	3	1	
视听设备制造	Manufacture of TV Set and Radio Receiver	9	15	9	14	19	22
电子器件制造	Manufacture of Electronic Appliances	7	34	59	47	57	54
#电子真空器件制造	Manufacture of Electronic Vacuum Appliance	4	2	6	5	2	
半导体分立器件制造	Manufacture of Semiconductor Discreting Appliances	1	2	11	3	7	7
集成电路制造	Manufacture of Integrate Circuit	2	11	8	8	9	9
电子元件制造	Manufacture of Electronic Components	22	82	82	95	113	95
其他电子设备制造	Manufacture of Other Electronic Equipment	4	32	13	12	23	23
计算机及办公设备制造业	**Manufacture of Computers and Office Equipment**	**10**	**26**	**34**	**30**	**52**	**44**
#计算机整机制造	Manufacture of Entired Computer	1	3	5	3	4	1
计算机零部件制造	Manufacture of Computer Components and Parts	9	19	15	16	24	17
计算机外围设备制造	Manufacture of Computer Peripheral Equipment			10	10	17	20
办公设备制造	Manufacture of Office Equipment		4	1		3	3
医疗仪器设备及仪器仪表制造业	**Manufacture of Medical Equipments and Measuring Instrument**	**1**	**24**	**42**	**48**	**41**	**57**
1.医疗仪器设备及器械制造	Manufacture of Medical Equipment and Appliance		6	16	16	24	20
2.仪器仪表制造	Manufacture of Measuring Instrument	1	18	26	32	17	37
信息化学品制造业	**Manufacture of Electronic Chemicals**						**7**

3-1-6 续表 3 continued

行 业	Industry	项目建成投产率 (%) Rate of Projects Completed and Put into Use (%)					
		2000	2005	2012	2013	2014	2015
合计	**Total**	**47.76**	**42.29**	**48.00**	**53.29**	**60.62**	**61.65**
医药制造业	**Manufacture of Medicines**	**52.86**	**42.41**	**45.33**	**50.28**	**57.67**	**60.34**
#化学药品制造	Manufacture of Chemical Medicine	64.71	43.21	50.00	51.19	61.11	70.89
中成药生产	Production of Finished Traditional Chinese Herbal Medicine		48.57	41.38	57.89	44.44	48.94
生物药品制造	Manufacture of Biological Medicine	27.27	15.79	36.00	37.04	48.15	52.17
航空、航天器及设备制造业	**Manufacture of Aircrafts and Spacecrafts and Related Equipment**			**25.00**	**66.67**	**36.36**	**70.00**
#飞机制造	Manufacture of Airplanes				100.00		100.00
航天器制造	Manufacture of Spacecrafts			33.33	100.00		100.00
电子及通信设备制造业	**Manufacture of Electronic Equipment and Communication Equipment**	**46.60**	**42.02**	**48.97**	**54.81**	**63.78**	**63.22**
#通信设备制造	Manufacture of Communication Equipment	44.44	31.25	46.88	53.13	52.27	72.34
#通信系统设备制造	Manufacture of Communication System Equipment	100.00		44.44	47.37	60.87	70.00
通信终端设备制造	Manufacture of Communication Terminal Equipment	50.00	75.00	50.00	61.54	42.86	74.07
广播电视设备制造	Manufacture of Broadcasting and TV Equipment	100.00	16.67	42.86	43.75	37.50	71.43
雷达及配套设备制造	Manufacture of Radar and Its Fittings			80.00	75.00	100.00	
视听设备制造	Manufacture of TV Set and Radio Receiver	50.00	36.59	36.00	60.87	55.88	62.86
电子器件制造	Manufacture of Electronic Appliances	33.33	45.33	47.58	52.81	61.96	58.70
#电子真空器件制造	Manufacture of Electronic Vacuum Appliance	57.14	50.00	60.00	83.33	66.67	
半导体分立器件制造	Manufacture of Semiconductor Discreting Appliances	25.00	28.57	61.11	42.86	87.50	87.50
集成电路制造	Manufacture of Integrate Circuit	20.00	36.67	34.78	40.00	45.00	47.37
电子元件制造	Manufacture of Electronic Components	48.89	42.93	53.95	57.93	68.90	64.63
其他电子设备制造	Manufacture of Other Electronic Equipment	50.00	49.23	43.33	42.86	57.50	67.65
计算机及办公设备制造业	**Manufacture of Computers and Office Equipment**	**58.82**	**40.00**	**48.57**	**44.12**	**59.09**	**46.81**
#计算机整机制造	Manufacture of Entired Computer	20.00	30.00	45.45	37.50	57.14	20.00
计算机零部件制造	Manufacture of Computer Components and Parts	75.00	45.24	44.12	43.24	58.54	44.74
计算机外围设备制造	Manufacture of Computer Peripheral Equipment			55.56	62.50	68.00	52.63
办公设备制造	Manufacture of Office Equipment		30.77	100.00		42.86	60.00
医疗仪器设备及仪器仪表制造业	**Manufacture of Medical Equipments and Measuring Instrument**	**9.09**	**47.06**	**49.41**	**58.54**	**53.95**	**70.37**
1.医疗仪器设备及器械制造	Manufacture of Medical Equipment and Appliance		46.15	57.14	51.61	60.00	57.14
2.仪器仪表制造	Manufacture of Measuring Instrument	11.11	47.37	45.61	62.75	47.22	80.43
信息化学品制造业	**Manufacture of Electronic Chemicals**						**87.50**

3-1-6 续表 4 continued

行 业	Industry	投资额（亿元） Investment (100 million yuan)					
		2000	2005	2012	2013	2014	2015
合计	**Total**	**53.91**	**365.51**	**1032.56**	**967.66**	**870.17**	**937.44**
医药制造业	**Manufacture of Medicines**	**7.67**	**55.37**	**120.63**	**119.65**	**120.72**	**160.72**
#化学药品制造	Manufacture of Chemical Medicine	3.42	35.92	75.05	57.85	68.07	87.98
中成药生产	Production of Finished Traditional Chinese Herbal Medicine		7.15	11.45	23.35	28.21	34.67
生物药品制造	Manufacture of Biological Medicine	2.15	8.26	13.86	19.12	11.09	17.20
航空、航天器及设备制造业	**Manufacture of Aircrafts and Spacecrafts and Related Equipment**	**0.04**		**10.62**	**15.58**	**11.54**	**15.92**
#飞机制造	Manufacture of Airplanes			0.51	0.93	0.24	2.63
航天器制造	Manufacture of Spacecrafts	0.04		8.02	2.89	0.75	2.06
电子及通信设备制造业	**Manufacture of Electronic Equipment and Communication Equipment**	**39.83**	**252.84**	**652.86**	**598.12**	**556.29**	**587.51**
#通信设备制造	Manufacture of Communication Equipment	2.62	29.50	86.07	79.98	133.43	90.64
#通信系统设备制造	Manufacture of Communication System Equipment	0.22	1.43	6.21	11.95	45.46	20.27
通信终端设备制造	Manufacture of Communication Terminal Equipment	0.43	2.10	79.86	68.03	87.96	70.37
广播电视设备制造	Manufacture of Broadcasting and TV Equipment	0.09	1.31	33.40	21.60	10.00	8.12
雷达及配套设备制造	Manufacture of Radar and Its Fittings			6.12	4.20	2.68	0.27
视听设备制造	Manufacture of TV Set and Radio Receiver	6.35	25.01	15.20	20.03	28.81	34.96
电子器件制造	Manufacture of Electronic Appliances	21.18	110.31	208.75	165.51	147.68	165.56
#电子真空器件制造	Manufacture of Electronic Vacuum Appliance	10.76	0.77	14.71	4.41	1.37	3.20
半导体分立器件制造	Manufacture of Semiconductor Discreting Appliances	0.55	3.54	21.08	7.26	10.37	3.85
集成电路制造	Manufacture of Integrate Circuit	9.87	56.48	19.13	19.45	24.30	86.81
电子元件制造	Manufacture of Electronic Components	7.19	72.40	190.31	195.14	148.92	185.29
其他电子设备制造	Manufacture of Other Electronic Equipment	2.41	14.30	44.96	63.38	48.09	32.59
计算机及办公设备制造业	**Manufacture of Computers and Office Equipment**	**5.20**	**48.96**	**149.53**	**137.30**	**117.77**	**110.56**
#计算机整机制造	Manufacture of Entired Computer	1.38	13.44	42.87	62.16	24.26	11.64
计算机零部件制造	Manufacture of Computer Components and Parts	3.74	28.91	46.78	39.37	62.94	67.27
计算机外围设备制造	Manufacture of Computer Peripheral Equipment			49.07	22.87	19.45	20.62
办公设备制造	Manufacture of Office Equipment	0.08	6.60	0.25		2.84	2.46
医疗仪器设备及仪器仪表制造业	**Manufacture of Medical Equipments and Measuring Instrument**	**1.16**	**8.33**	**98.90**	**97.00**	**63.86**	**53.23**
1.医疗仪器设备及器械制造	Manufacture of Medical Equipment and Appliance	0.10	1.34	18.85	24.96	33.76	22.82
2.仪器仪表制造	Manufacture of Measuring Instrument	1.06	6.99	80.06	72.04	30.10	30.40
信息化学品制造业	**Manufacture of Electronic Chemicals**						**9.49**

3-1-6 续表 5 continued

行 业	Industry	新增固定资产（亿元） Newly Increased Fixed Assets (100 million yuan)					
		2000	2005	2012	2013	2014	2015
合计	**Total**	**41.61**	**304.76**	**695.68**	**573.16**	**639.91**	**695.40**
医药制造业	**Manufacture of Medicines**	**6.26**	**35.18**	**75.11**	**86.20**	**105.00**	**121.82**
#化学药品制造	Manufacture of Chemical Medicine	2.87	23.05	38.63	50.38	61.10	84.08
中成药生产	Production of Finished Traditional Chinese Herbal Medicine		5.08	7.09	11.61	13.89	16.55
生物药品制造	Manufacture of Biological Medicine	1.49	4.00	22.25	8.58	13.50	10.13
航空、航天器及设备制造业	**Manufacture of Aircrafts and Spacecrafts and Related Equipment**	**0.01**		**7.91**	**7.88**	**8.67**	**10.07**
#飞机制造	Manufacture of Airplanes				0.68		2.87
航天器制造	Manufacture of Spacecrafts	0.01		7.17	2.89		2.06
电子及通信设备制造业	**Manufacture of Electronic Equipment and Communication Equipment**	**29.84**	**225.62**	**485.51**	**336.93**	**430.18**	**428.65**
#通信设备制造	Manufacture of Communication Equipment	2.27	13.62	72.97	56.21	55.34	47.79
#通信系统设备制造	Manufacture of Communication System Equipment	0.22	0.07	3.60	6.58	31.16	19.23
通信终端设备制造	Manufacture of Communication Terminal Equipment	0.26	1.91	69.38	49.62	24.17	28.56
广播电视设备制造	Manufacture of Broadcasting and TV Equipment	0.10	0.55	14.21	7.06	6.48	5.65
雷达及配套设备制造	Manufacture of Radar and Its Fittings			9.83	4.17	2.68	
视听设备制造	Manufacture of TV Set and Radio Receiver	5.16	13.16	13.72	17.01	16.56	32.82
电子器件制造	Manufacture of Electronic Appliances	12.76	133.14	156.35	98.77	122.73	133.65
#电子真空器件制造	Manufacture of Electronic Vacuum Appliance	6.93	0.84	8.87	3.99	1.21	2.67
半导体分立器件制造	Manufacture of Semiconductor Discreting Appliances	0.52	2.37	25.60	4.57	15.14	3.84
集成电路制造	Manufacture of Integrate Circuit	5.31	41.35	27.76	14.48	16.27	71.46
电子元件制造	Manufacture of Electronic Components	7.37	57.52	143.58	111.49	119.11	138.48
其他电子设备制造	Manufacture of Other Electronic Equipment	2.18	7.62	27.04	20.16	47.02	20.93
计算机及办公设备制造业	**Manufacture of Computers and Office Equipment**	**4.56**	**37.55**	**88.66**	**55.49**	**54.96**	**79.98**
#计算机整机制造	Manufacture of Entired Computer	0.67	9.13	34.38	8.15	10.11	13.46
计算机零部件制造	Manufacture of Computer Components and Parts	3.81	22.58	33.75	28.96	24.86	44.81
计算机外围设备制造	Manufacture of Computer Peripheral Equipment			12.00	11.72	16.81	13.25
办公设备制造	Manufacture of Office Equipment	0.08	5.84	0.25		1.17	0.78
医疗仪器设备及仪器仪表制造业	**Manufacture of Medical Equipments and Measuring Instrument**	**0.94**	**6.41**	**38.48**	**86.68**	**41.10**	**46.37**
1.医疗仪器设备及器械制造	Manufacture of Medical Equipment and Appliance	0.09	0.82	10.81	14.89	17.08	20.46
2.仪器仪表制造	Manufacture of Measuring Instrument	0.85	5.59	27.67	71.78	24.03	25.91
信息化学品制造业	**Manufacture of Electronic Chemicals**						**8.51**

3-1-6 续表 6 continued

行 业	Industry	固定资产交付使用率 (%) Rate of Fixed Assets Put into Use (%)					
		2000	2005	2012	2013	2014	2015
合计	**Total**	**77.18**	**83.38**	**67.37**	**59.23**	**73.54**	**74.18**
医药制造业	**Manufacture of Medicines**	**81.62**	**63.54**	**62.27**	**72.04**	**86.98**	**75.79**
#化学药品制造	Manufacture of Chemical Medicine	83.92	64.17	51.47	87.09	89.75	95.57
中成药生产	Production of Finished Traditional Chinese Herbal Medicine		71.05	61.93	49.72	49.23	47.75
生物药品制造	Manufacture of Biological Medicine	69.30	48.43	160.59	44.87	121.77	58.91
航空、航天器及设备制造业	**Manufacture of Aircrafts and Spacecrafts and Related Equipment**	**25.00**		**74.49**	**50.55**	**75.12**	**63.25**
#飞机制造	Manufacture of Airplanes				73.12		109.07
航天器制造	Manufacture of Spacecrafts	25.00		89.39	100.00		100.00
电子及通信设备制造业	**Manufacture of Electronic Equipment and Communication Equipment**	**74.92**	**89.23**	**74.37**	**56.33**	**77.33**	**72.96**
#通信设备制造	Manufacture of Communication Equipment	86.64	46.17	84.79	70.27	41.47	52.73
#通信系统设备制造	Manufacture of Communication System Equipment	100.00	4.90	57.96	55.07	68.54	94.86
通信终端设备制造	Manufacture of Communication Terminal Equipment	60.47	90.95	86.87	72.94	27.48	40.59
广播电视设备制造	Manufacture of Broadcasting and TV Equipment	111.11	41.98	42.55	32.68	64.80	69.57
雷达及配套设备制造	Manufacture of Radar and Its Fittings			160.50	99.28	100.00	
视听设备制造	Manufacture of TV Set and Radio Receiver	81.26	52.62	90.27	84.94	57.46	93.88
电子器件制造	Manufacture of Electronic Appliances	60.25	120.70	74.90	59.68	83.11	80.73
#电子真空器件制造	Manufacture of Electronic Vacuum Appliance	64.41	109.09	60.31	90.45	88.97	83.58
半导体分立器件制造	Manufacture of Semiconductor Discreting Appliances	94.55	66.95	121.41	62.94	146.03	99.99
集成电路制造	Manufacture of Integrate Circuit	53.80	73.21	145.10	74.47	66.97	82.31
电子元件制造	Manufacture of Electronic Components	102.50	79.45	75.44	57.13	79.98	74.73
其他电子设备制造	Manufacture of Other Electronic Equipment	90.46	53.29	60.13	31.81	97.77	64.22
计算机及办公设备制造业	**Manufacture of Computers and Office Equipment**	**87.69**	**76.70**	**59.29**	**40.41**	**46.67**	**72.34**
#计算机整机制造	Manufacture of Entired Computer	48.55	67.93	80.18	13.12	41.66	115.67
计算机零部件制造	Manufacture of Computer Components and Parts	101.87	78.10	72.15	73.56	39.49	66.61
计算机外围设备制造	Manufacture of Computer Peripheral Equipment			24.46	51.22	86.44	64.28
办公设备制造	Manufacture of Office Equipment	100.00	88.48	100.00		41.32	31.75
医疗仪器设备及仪器仪表制造业	**Manufacture of Medical Equipments and Measuring Instrument**	**81.03**	**76.95**	**38.91**	**89.36**	**64.37**	**87.12**
1.医疗仪器设备及器械制造	Manufacture of Medical Equipment and Appliance	90.00	61.19	57.38	59.68	50.59	89.63
2.仪器仪表制造	Manufacture of Measuring Instrument	80.19	79.97	34.56	99.64	79.83	85.23
信息化学品制造业	**Manufacture of Electronic Chemicals**						**89.67**

3-1-7 外资企业固定资产投资情况
Statistics on Investment in Fixed Assets in Foreign Funded Enterprises by Industrial Sector

行业	Industry	施工项目（个） Number of Projects under Construction (unit)					
		2000	2005	2012	2013	2014	2015
合计	**Total**	**263**	**971**	**952**	**958**	**954**	**989**
医药制造业	**Manufacture of Medicines**	**82**	**185**	**201**	**187**	**197**	**204**
#化学药品制造	Manufacture of Chemical Medicine	51	76	86	97	91	108
中成药生产	Production of Finished Traditional Chinese Herbal Medicine		30	27	18	22	27
生物药品制造	Manufacture of Biological Medicine	11	36	50	38	45	37
航空、航天器及设备制造业	**Manufacture of Aircrafts and Spacecrafts and Related Equipment**	**2**	**6**	**14**	**24**	**21**	**17**
#飞机制造	Manufacture of Airplanes	1	6	5	7	7	7
航天器制造	Manufacture of Spacecrafts	1					
电子及通信设备制造业	**Manufacture of Electronic Equipment and Communication Equipment**	**138**	**603**	**536**	**529**	**545**	**535**
#通信设备制造	Manufacture of Communication Equipment	16	62	34	49	65	60
#通信系统设备制造	Manufacture of Communication System Equipment	8	13	15	12	21	26
通信终端设备制造	Manufacture of Communication Terminal Equipment	5	11	19	37	44	34
广播电视设备制造	Manufacture of Broadcasting and TV Equipment	1	8	16	13	7	10
雷达及配套设备制造	Manufacture of Radar and Its Fittings			6	4		1
视听设备制造	Manufacture of TV Set and Radio Receiver	16	41	17	10	27	23
电子器件制造	Manufacture of Electronic Appliances	31	151	172	147	162	150
#电子真空器件制造	Manufacture of Electronic Vacuum Appliance	9	13	10	6	6	5
半导体分立器件制造	Manufacture of Semiconductor Discreting Appliances	4	16	14	18	20	15
集成电路制造	Manufacture of Integrate Circuit	18	62	61	47	49	47
电子元件制造	Manufacture of Electronic Components	60	268	171	184	165	198
其他电子设备制造	Manufacture of Other Electronic Equipment	14	73	47	50	50	39
计算机及办公设备制造业	**Manufacture of Computers and Office Equipment**	**19**	**91**	**66**	**77**	**73**	**81**
#计算机整机制造	Manufacture of Entired Computer	6	17	15	14	10	6
计算机零部件制造	Manufacture of Computer Components and Parts	12	60	24	19	20	29
计算机外围设备制造	Manufacture of Computer Peripheral Equipment			17	24	17	20
办公设备制造	Manufacture of Office Equipment	1	14	3	6	8	10
医疗仪器设备及仪器仪表制造业	**Manufacture of Medical Equipments and Measuring Instrument**	**22**	**86**	**135**	**141**	**118**	**133**
1.医疗仪器设备及器械制造	Manufacture of Medical Equipment and Appliance	7	29	51	52	44	54
2.仪器仪表制造	Manufacture of Measuring Instrument	15	57	84	89	74	79
信息化学品制造业	**Manufacture of Electronic Chemicals**						**19**

3-1-7　续表 1　continued

行　业	Industry	新开工项目（个） Number of Projects Started This Year (unit)					
		2000	2005	2012	2013	2014	2015
合计	**Total**	**145**	**606**	**556**	**570**	**579**	**687**
医药制造业	**Manufacture of Medicines**	**44**	**103**	**119**	**100**	**117**	**124**
#化学药品制造	Manufacture of Chemical Medicine	29	46	45	58	48	71
中成药生产	Production of Finished Traditional Chinese Herbal Medicine		14	18	7	16	14
生物药品制造	Manufacture of Biological Medicine	5	21	29	19	27	20
航空、航天器及设备制造业	**Manufacture of Aircrafts and Spacecrafts and Related Equipment**	**1**	**2**	**5**	**12**	**6**	**10**
#飞机制造	Manufacture of Airplanes		2		3	3	2
航天器制造	Manufacture of Spacecrafts	1					
电子及通信设备制造业	**Manufacture of Electronic Equipment and Communication Equipment**	**76**	**385**	**306**	**328**	**347**	**389**
#通信设备制造	Manufacture of Communication Equipment	11	43	15	29	34	37
#通信系统设备制造	Manufacture of Communication System Equipment	5	11	5	9	12	19
通信终端设备制造	Manufacture of Communication Terminal Equipment	4	6	10	20	22	18
广播电视设备制造	Manufacture of Broadcasting and TV Equipment	1	6	11	9	1	9
雷达及配套设备制造	Manufacture of Radar and Its Fittings			2	2		
视听设备制造	Manufacture of TV Set and Radio Receiver	8	27	10	5	22	19
电子器件制造	Manufacture of Electronic Appliances	13	83	97	77	113	100
#电子真空器件制造	Manufacture of Electronic Vacuum Appliance	4	9	4	3	4	4
半导体分立器件制造	Manufacture of Semiconductor Discreting Appliances	1	8	10	12	15	9
集成电路制造	Manufacture of Integrate Circuit	8	23	40	27	39	34
电子元件制造	Manufacture of Electronic Components	36	186	103	131	113	158
其他电子设备制造	Manufacture of Other Electronic Equipment	7	40	26	32	25	30
计算机及办公设备制造业	**Manufacture of Computers and Office Equipment**	**9**	**59**	**34**	**50**	**43**	**62**
#计算机整机制造	Manufacture of Entired Computer	2	10	7	7	3	3
计算机零部件制造	Manufacture of Computer Components and Parts	6	38	11	11	16	26
计算机外围设备制造	Manufacture of Computer Peripheral Equipment			10	16	10	16
办公设备制造	Manufacture of Office Equipment	1	11	2	4	4	7
医疗仪器设备及仪器仪表制造业	**Manufacture of Medical Equipments and Measuring Instrument**	**15**	**57**	**92**	**80**	**66**	**85**
1.医疗仪器设备及器械制造	Manufacture of Medical Equipment and Appliance	4	16	36	33	25	36
2.仪器仪表制造	Manufacture of Measuring Instrument	11	41	56	47	41	49
信息化学品制造业	**Manufacture of Electronic Chemicals**						**17**

3-1-7 续表 2 continued

行 业	Industry	建成投产项目（个） Number of Projects Completed and Put into Use (unit)					
		2000	2005	2012	2013	2014	2015
合计	**Total**	**129**	**468**	**517**	**538**	**609**	**642**
医药制造业	**Manufacture of Medicines**	**46**	**85**	**90**	**92**	**103**	**123**
#化学药品制造	Manufacture of Chemical Medicine	26	40	38	46	45	65
中成药生产	Production of Finished Traditional Chinese Herbal Medicine		13	16	10	9	19
生物药品制造	Manufacture of Biological Medicine	7	12	21	16	25	21
航空、航天器及设备制造业	**Manufacture of Aircrafts and Spacecrafts and Related Equipment**		**3**	**3**	**9**	**9**	**9**
#飞机制造	Manufacture of Airplanes		3	1	3	1	2
航天器制造	Manufacture of Spacecrafts						
电子及通信设备制造业	**Manufacture of Electronic Equipment and Communication Equipment**	**61**	**289**	**318**	**308**	**373**	**362**
#通信设备制造	Manufacture of Communication Equipment	7	23	16	18	36	36
#通信系统设备制造	Manufacture of Communication System Equipment	1	4	9	5	13	16
通信终端设备制造	Manufacture of Communication Terminal Equipment	3	5	7	13	23	20
广播电视设备制造	Manufacture of Broadcasting and TV Equipment		2	12	7	5	6
雷达及配套设备制造	Manufacture of Radar and Its Fittings			3	3		
视听设备制造	Manufacture of TV Set and Radio Receiver	10	16	12	6	22	18
电子器件制造	Manufacture of Electronic Appliances	15	66	88	82	105	106
#电子真空器件制造	Manufacture of Electronic Vacuum Appliance	5	7	5	4	4	5
半导体分立器件制造	Manufacture of Semiconductor Discreting Appliances	1	10	7	12	14	10
集成电路制造	Manufacture of Integrate Circuit	9	23	34	24	39	36
电子元件制造	Manufacture of Electronic Components	27	150	116	129	123	138
其他电子设备制造	Manufacture of Other Electronic Equipment	2	32	28	24	37	22
计算机及办公设备制造业	**Manufacture of Computers and Office Equipment**	**8**	**46**	**36**	**43**	**54**	**47**
#计算机整机制造	Manufacture of Entired Computer	1	11	9	5	8	4
计算机零部件制造	Manufacture of Computer Components and Parts	7	29	12	16	17	19
计算机外围设备制造	Manufacture of Computer Peripheral Equipment			9	15	13	13
办公设备制造	Manufacture of Office Equipment		6	1	2	5	4
医疗仪器设备及仪器仪表制造业	**Manufacture of Medical Equipments and Measuring Instrument**	**14**	**45**	**70**	**86**	**70**	**84**
1.医疗仪器设备及器械制造	Manufacture of Medical Equipment and Appliance	3	18	26	31	24	29
2.仪器仪表制造	Manufacture of Measuring Instrument	11	27	44	55	46	55
信息化学品制造业	**Manufacture of Electronic Chemicals**						**17**

3-1-7　续表 3　continued

行　业	Industry	项目建成投产率 (%) Rate of Projects Completed and Put into Use (%)					
		2000	2005	2012	2013	2014	2015
合计	**Total**	**49.05**	**48.20**	**54.31**	**56.16**	**63.84**	**64.91**
医药制造业	**Manufacture of Medicines**	**56.10**	**45.95**	**44.78**	**49.20**	**52.28**	**60.29**
#化学药品制造	Manufacture of Chemical Medicine	50.98	52.63	44.19	47.42	49.45	60.19
中成药生产	Production of Finished Traditional Chinese Herbal Medicine		43.33	59.26	55.56	40.91	70.37
生物药品制造	Manufacture of Biological Medicine	63.64	33.33	42.00	42.11	55.56	56.76
航空、航天器及设备制造业	**Manufacture of Aircrafts and Spacecrafts and Related Equipment**		**50.00**	**21.43**	**37.50**	**42.86**	**52.94**
#飞机制造	Manufacture of Airplanes		50.00	20.00	42.86	14.29	28.57
航天器制造	Manufacture of Spacecrafts						
电子及通信设备制造业	**Manufacture of Electronic Equipment and Communication Equipment**	**44.20**	**47.93**	**59.33**	**58.22**	**68.44**	**67.66**
#通信设备制造	Manufacture of Communication Equipment	43.75	37.10	47.06	36.73	55.38	60.00
#通信系统设备制造	Manufacture of Communication System Equipment	12.50	30.77	60.00	41.67	61.90	61.54
通信终端设备制造	Manufacture of Communication Terminal Equipment	60.00	45.45	36.84	35.14	52.27	58.82
广播电视设备制造	Manufacture of Broadcasting and TV Equipment		25.00	75.00	53.85	71.43	60.00
雷达及配套设备制造	Manufacture of Radar and Its Fittings			50.00	75.00		
视听设备制造	Manufacture of TV Set and Radio Receiver	62.50	39.02	70.59	60.00	81.48	78.26
电子器件制造	Manufacture of Electronic Appliances	48.39	43.71	51.16	55.78	64.81	70.67
#电子真空器件制造	Manufacture of Electronic Vacuum Appliance	55.56	53.85	50.00	66.67	66.67	100.00
半导体分立器件制造	Manufacture of Semiconductor Discreting Appliances	25.00	62.50	50.00	66.67	70.00	66.67
集成电路制造	Manufacture of Integrate Circuit	50.00	37.10	55.74	51.06	79.59	76.60
电子元件制造	Manufacture of Electronic Components	45.00	55.97	67.84	70.11	74.55	69.70
其他电子设备制造	Manufacture of Other Electronic Equipment	14.29	43.84	59.57	48.00	74.00	56.41
计算机及办公设备制造业	**Manufacture of Computers and Office Equipment**	**42.11**	**50.55**	**54.55**	**55.84**	**73.97**	**58.02**
#计算机整机制造	Manufacture of Entired Computer	16.67	64.71	60.00	35.71	80.00	66.67
计算机零部件制造	Manufacture of Computer Components and Parts	58.33	48.33	50.00	84.21	85.00	65.52
计算机外围设备制造	Manufacture of Computer Peripheral Equipment			52.94	62.50	76.47	65.00
办公设备制造	Manufacture of Office Equipment		42.86	33.33	33.33	62.50	40.00
医疗仪器设备及仪器仪表制造业	**Manufacture of Medical Equipments and Measuring Instrument**	**63.64**	**52.33**	**51.85**	**60.99**	**59.32**	**63.16**
1.医疗仪器设备及器械制造	Manufacture of Medical Equipment and Appliance	42.86	62.07	50.98	59.62	54.55	53.70
2.仪器仪表制造	Manufacture of Measuring Instrument	73.33	47.37	52.38	61.80	62.16	69.62
信息化学品制造业	**Manufacture of Electronic Chemicals**						**89.47**

3-1-7 续表 4 continued

行业	Industry	投资额（亿元） Investment (100 million yuan)					
		2000	2005	2012	2013	2014	2015
合计	**Total**	**208.56**	**628.10**	**1264.98**	**1405.32**	**1453.33**	**1709.43**
医药制造业	**Manufacture of Medicines**	**18.75**	**49.72**	**144.12**	**153.99**	**173.39**	**186.59**
#化学药品制造	Manufacture of Chemical Medicine	14.67	20.97	82.82	91.36	82.94	97.53
中成药生产	Production of Finished Traditional Chinese Herbal Medicine		6.68	15.80	13.23	17.45	27.39
生物药品制造	Manufacture of Biological Medicine	1.77	11.36	23.29	25.67	34.71	25.93
航空、航天器及设备制造业	**Manufacture of Aircrafts and Spacecrafts and Related Equipment**	**1.87**	**3.71**	**33.61**	**29.75**	**19.59**	**26.30**
#飞机制造	Manufacture of Airplanes	1.37	3.71	6.68	8.83	5.92	15.83
航天器制造	Manufacture of Spacecrafts	0.50			0.47		
电子及通信设备制造业	**Manufacture of Electronic Equipment and Communication Equipment**	**172.94**	**466.53**	**824.73**	**980.79**	**1049.96**	**1211.57**
#通信设备制造	Manufacture of Communication Equipment	10.88	33.15	47.49	79.97	72.92	105.05
#通信系统设备制造	Manufacture of Communication System Equipment	8.37	3.28	23.98	19.54	20.17	30.55
通信终端设备制造	Manufacture of Communication Terminal Equipment	1.10	5.56	23.51	60.43	52.76	74.50
广播电视设备制造	Manufacture of Broadcasting and TV Equipment	0.50	0.87	12.07	7.52	2.19	17.33
雷达及配套设备制造	Manufacture of Radar and Its Fittings			7.10	3.34		0.30
视听设备制造	Manufacture of TV Set and Radio Receiver	9.77	20.05	32.01	18.22	44.89	30.63
电子器件制造	Manufacture of Electronic Appliances	108.94	206.04	413.48	544.35	611.45	724.37
#电子真空器件制造	Manufacture of Electronic Vacuum Appliance	34.68	4.34	8.34	8.66	7.59	9.10
半导体分立器件制造	Manufacture of Semiconductor Discreting Appliances	5.82	43.37	27.89	36.18	28.82	24.46
集成电路制造	Manufacture of Integrate Circuit	68.43	122.47	192.17	278.96	351.49	373.84
电子元件制造	Manufacture of Electronic Components	38.52	167.93	169.15	177.46	172.89	172.28
其他电子设备制造	Manufacture of Other Electronic Equipment	4.33	38.49	41.13	70.71	74.44	70.36
计算机及办公设备制造业	**Manufacture of Computers and Office Equipment**	**8.65**	**85.74**	**139.52**	**122.61**	**129.34**	**149.96**
#计算机整机制造	Manufacture of Entired Computer	3.89	25.39	37.79	46.48	36.13	30.99
计算机零部件制造	Manufacture of Computer Components and Parts	4.74	53.98	48.40	27.98	23.75	53.52
计算机外围设备制造	Manufacture of Computer Peripheral Equipment			40.13	13.79	25.53	40.93
办公设备制造	Manufacture of Office Equipment	0.02	6.36	5.46	10.29	10.84	8.45
医疗仪器设备及仪器仪表制造业	**Manufacture of Medical Equipments and Measuring Instrument**	**6.36**	**22.40**	**123.00**	**118.18**	**81.05**	**110.22**
1.医疗仪器设备及器械制造	Manufacture of Medical Equipment and Appliance	2.09	6.01	38.57	40.23	31.95	48.38
2.仪器仪表制造	Manufacture of Measuring Instrument	4.27	16.39	84.43	77.95	49.10	61.84
信息化学品制造业	**Manufacture of Electronic Chemicals**						**24.78**

3-1-7　续表 5　continued

行　业	Industry	新增固定资产（亿元） Newly Increased Fixed Assets (100 million yuan)					
		2000	2005	2012	2013	2014	2015
合计	**Total**	**145.33**	**460.01**	**994.36**	**898.55**	**1114.47**	**1073.02**
医药制造业	**Manufacture of Medicines**	**20.90**	**28.05**	**88.65**	**85.85**	**101.60**	**118.74**
#化学药品制造	Manufacture of Chemical Medicine	15.60	14.27	56.88	51.69	42.36	60.67
中成药生产	Production of Finished Traditional Chinese Herbal Medicine		5.36	8.48	9.12	5.55	18.52
生物药品制造	Manufacture of Biological Medicine	3.58	4.10	13.48	12.65	23.39	18.48
航空、航天器及设备制造业	**Manufacture of Aircrafts and Spacecrafts and Related Equipment**		**1.17**	**13.69**	**39.77**	**15.28**	**22.68**
#飞机制造	Manufacture of Airplanes		1.17	2.39	5.04	2.18	14.58
航天器制造	Manufacture of Spacecrafts				0.47		
电子及通信设备制造业	**Manufacture of Electronic Equipment and Communication Equipment**	**109.94**	**326.43**	**683.46**	**600.31**	**835.13**	**721.54**
#通信设备制造	Manufacture of Communication Equipment	4.51	20.42	33.31	44.57	84.52	80.09
#通信系统设备制造	Manufacture of Communication System Equipment	1.86	1.23	22.68	7.11	18.28	25.53
通信终端设备制造	Manufacture of Communication Terminal Equipment	1.22	3.95	10.63	37.46	66.24	54.56
广播电视设备制造	Manufacture of Broadcasting and TV Equipment	0.47	0.66	13.02	9.37	4.34	14.80
雷达及配套设备制造	Manufacture of Radar and Its Fittings			5.92	5.88		
视听设备制造	Manufacture of TV Set and Radio Receiver	9.78	17.53	20.08	10.13	42.09	22.90
电子器件制造	Manufacture of Electronic Appliances	67.80	130.64	333.23	313.85	475.08	384.96
#电子真空器件制造	Manufacture of Electronic Vacuum Appliance	26.06	4.70	2.01	7.37	7.20	6.12
半导体分立器件制造	Manufacture of Semiconductor Discreting Appliances	5.73	12.32	25.74	21.66	16.04	14.37
集成电路制造	Manufacture of Integrate Circuit	36.01	83.05	139.68	120.63	355.00	261.85
电子元件制造	Manufacture of Electronic Components	24.16	115.55	157.74	133.90	136.74	138.59
其他电子设备制造	Manufacture of Other Electronic Equipment	3.21	41.63	44.70	40.49	37.56	28.58
计算机及办公设备制造业	**Manufacture of Computers and Office Equipment**	**8.08**	**87.47**	**142.17**	**82.46**	**99.67**	**85.87**
#计算机整机制造	Manufacture of Entired Computer	3.56	19.39	34.61	33.57	31.71	11.29
计算机零部件制造	Manufacture of Computer Components and Parts	4.52	62.81	36.23	22.61	22.32	46.66
计算机外围设备制造	Manufacture of Computer Peripheral Equipment			59.44	11.88	11.08	12.48
办公设备制造	Manufacture of Office Equipment	0.01	5.27	4.27	0.59	6.94	5.79
医疗仪器设备及仪器仪表制造业	**Manufacture of Medical Equipments and Measuring Instrument**	**6.42**	**16.89**	**66.39**	**90.15**	**62.80**	**100.01**
1.医疗仪器设备及器械制造	Manufacture of Medical Equipment and Appliance	2.80	7.30	15.61	37.81	24.24	37.91
2.仪器仪表制造	Manufacture of Measuring Instrument	3.61	9.59	50.78	52.34	38.56	62.10
信息化学品制造业	**Manufacture of Electronic Chemicals**						**24.18**

3-1-7 续表 6 continued

行 业	Industry	固定资产交付使用率 (%) Rate of Fixed Assets Put into Use (%)					
		2000	2005	2012	2013	2014	2015
合计	**Total**	**69.68**	**73.24**	**78.61**	**63.94**	**76.68**	**62.77**
医药制造业	**Manufacture of Medicines**	**111.47**	**56.42**	**61.51**	**55.75**	**58.60**	**63.64**
#化学药品制造	Manufacture of Chemical Medicine	106.34	68.05	68.68	56.58	51.07	62.21
中成药生产	Production of Finished Traditional Chinese Herbal Medicine		80.24	53.66	68.96	31.79	67.62
生物药品制造	Manufacture of Biological Medicine	202.26	36.09	57.86	49.28	67.39	71.26
航空、航天器及设备制造业	**Manufacture of Aircrafts and Spacecrafts and Related Equipment**		**31.54**	**40.72**	**133.68**	**77.96**	**86.24**
#飞机制造	Manufacture of Airplanes		31.54	35.75	57.05	36.77	92.08
航天器制造	Manufacture of Spacecrafts				100.00		
电子及通信设备制造业	**Manufacture of Electronic Equipment and Communication Equipment**	**63.57**	**69.97**	**82.87**	**61.21**	**79.54**	**59.55**
#通信设备制造	Manufacture of Communication Equipment	41.45	61.60	70.14	55.73	115.90	76.24
#通信系统设备制造	Manufacture of Communication System Equipment	22.22	37.50	94.58	36.39	90.64	83.56
通信终端设备制造	Manufacture of Communication Terminal Equipment	110.91	71.04	45.20	61.98	125.56	73.23
广播电视设备制造	Manufacture of Broadcasting and TV Equipment	94.00	75.86	107.86	124.64	198.56	85.38
雷达及配套设备制造	Manufacture of Radar and Its Fittings			83.41	176.04		
视听设备制造	Manufacture of TV Set and Radio Receiver	100.10	87.43	62.72	55.61	93.75	74.76
电子器件制造	Manufacture of Electronic Appliances	62.24	63.41	80.59	57.65	77.70	53.14
#电子真空器件制造	Manufacture of Electronic Vacuum Appliance	75.14	108.29	24.07	85.07	94.90	67.22
半导体分立器件制造	Manufacture of Semiconductor Discreting Appliances	98.45	28.41	92.31	59.86	55.66	58.76
集成电路制造	Manufacture of Integrate Circuit	52.62	67.81	72.69	43.24	101.00	70.04
电子元件制造	Manufacture of Electronic Components	62.72	68.81	93.25	75.46	79.09	80.44
其他电子设备制造	Manufacture of Other Electronic Equipment	74.13	108.16	108.68	57.26	50.46	40.61
计算机及办公设备制造业	**Manufacture of Computers and Office Equipment**	**93.41**	**102.02**	**101.90**	**67.25**	**77.06**	**57.26**
#计算机整机制造	Manufacture of Entired Computer	91.52	76.37	91.58	72.22	87.76	36.42
计算机零部件制造	Manufacture of Computer Components and Parts	95.36	116.36	74.86	80.82	93.99	87.19
计算机外围设备制造	Manufacture of Computer Peripheral Equipment			148.13	86.20	43.40	30.49
办公设备制造	Manufacture of Office Equipment	50.00	82.86	78.19	5.72	64.04	68.53
医疗仪器设备及仪器仪表制造业	**Manufacture of Medical Equipments and Measuring Instrument**	**100.94**	**75.40**	**53.97**	**76.28**	**77.48**	**90.73**
1.医疗仪器设备及器械制造	Manufacture of Medical Equipment and Appliance	133.97	121.46	40.47	93.99	75.85	78.35
2.仪器仪表制造	Manufacture of Measuring Instrument	84.54	58.51	60.14	67.14	78.54	100.42
信息化学品制造业	**Manufacture of Electronic Chemicals**						**97.56**

3-1-8 各地区固定资产投资情况

Statistics on Investment in Fixed Assets in High-tech Industry by Region

地区	Region	施工项目（个）Number of Projects under Construction (unit)					
		2000	2005	2012	2013	2014	2015
全国	**Total**	**2734**	**7095**	**15681**	**17691**	**18403**	**20028**
东部地区	Eastern Region	1417	3875	7903	9118	9288	10028
中部地区	Middle Region	464	1516	4292	4725	4925	5381
西部地区	Western Region	542	1081	2228	2749	2997	3331
东北地区	Northeastern Region	311	623	1258	1099	1193	1288
北京	Beijing	111	72	131	197	186	147
天津	Tianjin	83	76	293	295	335	416
河北	Hebei	138	251	510	510	464	485
山西	Shanxi	36	116	145	175	163	166
内蒙古	Inner Mongolia	23	72	99	141	130	194
辽宁	Liaoning	132	290	551	423	397	478
吉林	Jilin	96	200	489	446	567	569
黑龙江	Heilongjiang	83	133	218	230	229	241
上海	Shanghai	134	127	316	276	236	204
江苏	Jiangsu	206	804	2594	3009	2847	3194
浙江	Zhejiang	171	502	1478	1972	1772	1753
安徽	Anhui	59	257	942	1038	1094	1339
福建	Fujian	70	243	432	500	486	475
江西	Jiangxi	44	291	885	928	879	955
山东	Shandong	155	614	1154	1233	1254	1576
河南	Henan	99	276	749	764	819	817
湖北	Hubei	146	288	674	769	865	829
湖南	Hunan	57	216	897	1051	1105	1275
广东	Guangdong	264	976	981	1103	1671	1743
广西	Guangxi	68	184	422	615	715	789
海南	Hainan	17	26	14	23	37	35
重庆	Chongqing	29	108	331	410	460	548
四川	Sichuan	146	421	656	694	705	813
贵州	Guizhou	145	74	44	58	72	82
云南	Yunnan	46	68	126	142	145	146
西藏	Tibet	2	2	17	17	24	14
陕西	Shaanxi	117	268	308	326	337	376
甘肃	Gansu	26	83	125	242	294	232
青海	Qinghai	11	16	22	15	21	35
宁夏	Ningxia	14	9	35	41	31	32
新疆	Xinjiang	6	32	43	48	63	70

3-1-8 续表 1 continued

地 区	Region	新开工项目（个） Number of Projects Started This Year (unit)					
		2000	2005	2012	2013	2014	2015
全 国	**Total**	**1640**	**4460**	**10223**	**11637**	**12039**	**14122**
东部地区	Eastern Region	858	2452	5029	5973	6114	7137
中部地区	Middle Region	284	926	2874	3159	3141	3697
西部地区	Western Region	313	630	1438	1741	1900	2257
东北地区	Northeastern Region	185	452	882	764	884	1031
北 京	Beijing	58	26	35	40	37	22
天 津	Tianjin	62	44	173	194	233	320
河 北	Hebei	94	187	290	305	294	305
山 西	Shanxi	20	46	76	95	89	106
内蒙古	Inner Mongolia	11	49	80	99	109	145
辽 宁	Liaoning	85	216	329	295	284	386
吉 林	Jilin	43	150	416	323	461	486
黑龙江	Heilongjiang	57	86	137	146	139	159
上 海	Shanghai	80	65	155	111	88	77
江 苏	Jiangsu	139	564	1895	2296	2245	2669
浙 江	Zhejiang	94	285	912	1267	997	1088
安 徽	Anhui	41	155	604	674	730	1019
福 建	Fujian	28	134	206	283	286	308
江 西	Jiangxi	19	152	621	661	536	636
山 东	Shandong	94	435	806	874	863	1176
河 南	Henan	70	201	439	429	476	458
湖 北	Hubei	87	189	443	500	512	489
湖 南	Hunan	36	134	691	800	798	989
广 东	Guangdong	150	578	550	589	1048	1155
广 西	Guangxi	46	118	323	447	550	612
海 南	Hainan	13	16	7	14	23	17
重 庆	Chongqing	17	68	209	271	261	406
四 川	Sichuan	75	273	399	404	393	519
贵 州	Guizhou	118	47	26	35	32	38
云 南	Yunnan	14	31	77	86	89	81
西 藏	Tibet	2	2	10	10	14	4
陕 西	Shaanxi	62	115	179	172	183	224
甘 肃	Gansu	13	63	73	163	202	148
青 海	Qinghai	4	6	11	9	11	23
宁 夏	Ningxia	4	7	26	25	16	22
新 疆	Xinjiang	4	18	25	20	40	35

3-1-8 续表 2 continued

地　区	Region	建成投产项目（个） Number of Projects Completed and Put into Use (unit)					
		2000	2005	2012	2013	2014	2015
全　国	**Total**	**1282**	**3158**	**8968**	**10528**	**11914**	**14100**
东部地区	Eastern Region	639	1741	4384	5463	6088	6967
中部地区	Middle Region	258	661	2590	2821	3123	3783
西部地区	Western Region	242	406	1200	1550	1859	2300
东北地区	Northeastern Region	143	350	794	694	844	1050
北　京	Beijing	38	26	14	45	53	31
天　津	Tianjin	46	28	142	156	194	203
河　北	Hebei	61	136	300	337	290	351
山　西	Shanxi	13	45	70	94	92	114
内蒙古	Inner Mongolia	13	44	57	95	85	161
辽　宁	Liaoning	66	171	365	275	289	427
吉　林	Jilin	34	109	307	315	435	461
黑龙江	Heilongjiang	43	70	122	104	120	162
上　海	Shanghai	21	57	68	37	53	60
江　苏	Jiangsu	120	495	1873	2363	2298	2638
浙　江	Zhejiang	70	200	631	983	1047	1191
安　徽	Anhui	33	84	549	670	759	1014
福　建	Fujian	22	88	192	243	256	284
江　西	Jiangxi	28	137	618	585	586	619
山　东	Shandong	79	224	695	746	811	1124
河　南	Henan	53	146	417	425	446	548
湖　北	Hubei	91	120	366	365	433	497
湖　南	Hunan	27	85	570	682	807	991
广　东	Guangdong	134	412	464	545	1070	1070
广　西	Guangxi	43	70	273	414	501	584
海　南	Hainan	5	5	5	8	16	15
重　庆	Chongqing	14	40	185	196	310	388
四　川	Sichuan	66	129	391	406	426	555
贵　州	Guizhou	97	42	14	16	28	44
云　南	Yunnan	14	25	59	75	72	85
西　藏	Tibet	2	1	4	9	10	9
陕　西	Shaanxi	34	105	129	167	182	228
甘　肃	Gansu	7	29	43	124	188	167
青　海	Qinghai	2	14	15	7	8	17
宁　夏	Ningxia	5	8	17	21	18	24
新　疆	Xinjiang	1	13	13	20	31	38

3-1-8 续表 3 continued

地 区	Region	项目建成投产率 (%) Rate of Projects Completed and Put into Use (%)					
		2000	2005	2012	2013	2014	2015
全 国	**Total**	**46.89**	**44.51**	**57.19**	**59.51**	**64.74**	**70.40**
东部地区	Eastern Region	45.10	44.93	55.47	59.91	65.55	69.48
中部地区	Middle Region	55.60	43.60	60.34	59.70	63.41	70.30
西部地区	Western Region	44.65	37.56	53.86	56.38	62.03	69.05
东北地区	Northeastern Region	45.98	56.18	63.12	63.15	70.75	81.52
北 京	Beijing	34.23	36.11	10.69	22.84	28.49	21.09
天 津	Tianjin	55.42	36.84	48.46	52.88	57.91	48.80
河 北	Hebei	44.20	54.18	58.82	66.08	62.50	72.37
山 西	Shanxi	36.11	38.79	48.28	53.71	56.44	68.67
内蒙古	Inner Mongolia	56.52	61.11	57.58	67.38	65.38	82.99
辽 宁	Liaoning	50.00	58.97	66.24	65.01	72.80	89.33
吉 林	Jilin	35.42	54.50	62.78	70.63	76.72	81.02
黑龙江	Heilongjiang	51.81	52.63	55.96	45.22	52.40	67.22
上 海	Shanghai	15.67	44.88	21.52	13.41	22.46	29.41
江 苏	Jiangsu	58.25	61.57	72.21	78.53	80.72	82.59
浙 江	Zhejiang	40.94	39.84	42.69	49.85	59.09	67.94
安 徽	Anhui	55.93	32.68	58.28	64.55	69.38	75.73
福 建	Fujian	31.43	36.21	44.44	48.60	52.67	59.79
江 西	Jiangxi	63.64	47.08	69.83	63.04	66.67	64.82
山 东	Shandong	50.97	36.48	60.23	60.50	64.67	71.32
河 南	Henan	53.54	52.90	55.67	55.63	54.46	67.07
湖 北	Hubei	62.33	41.67	54.30	47.46	50.06	59.95
湖 南	Hunan	47.37	39.35	63.55	64.89	73.03	77.73
广 东	Guangdong	50.76	42.21	47.30	49.41	64.03	61.39
广 西	Guangxi	63.24	38.04	64.69	67.32	70.07	74.02
海 南	Hainan	29.41	19.23	35.71	34.78	43.24	42.86
重 庆	Chongqing	48.28	37.04	55.89	47.80	67.39	70.80
四 川	Sichuan	45.21	30.64	59.60	58.50	60.43	68.27
贵 州	Guizhou	66.90	56.76	31.82	27.59	38.89	53.66
云 南	Yunnan	30.43	36.76	46.83	52.82	49.66	58.22
西 藏	Tibet	100.00	50.00	23.53	52.94	41.67	64.29
陕 西	Shaanxi	29.06	39.18	41.88	51.23	54.01	60.64
甘 肃	Gansu	26.92	34.94	34.40	51.24	63.95	71.98
青 海	Qinghai	18.18	87.50	68.18	46.67	38.10	48.57
宁 夏	Ningxia	35.71	88.89	48.57	51.22	58.06	75.00
新 疆	Xinjiang	16.67	40.63	30.23	41.67	49.21	54.29

3-1-8 续表 4 continued

地　区	Region	投资额（亿元） Investment (100 million yuan)					
		2000	2005	2012	2013	2014	2015
全　国	**Total**	**562.95**	**2144.09**	**12932.65**	**15557.68**	**17451.72**	**19950.65**
东部地区	Eastern Region	379.95	1438.03	6320.58	7119.79	7664.74	9102.18
中部地区	Middle Region	58.26	311.19	3668.36	4730.53	5574.76	6237.78
西部地区	Western Region	74.80	219.00	1944.35	2503.61	3028.46	3437.98
东北地区	Northeastern Region	49.93	175.85	999.36	1203.74	1183.76	1172.72
北　京	Beijing	24.49	84.10	136.59	138.73	105.89	120.20
天　津	Tianjin	53.88	58.04	314.07	312.59	323.46	416.97
河　北	Hebei	13.89	66.81	454.16	562.92	710.02	864.28
山　西	Shanxi	2.97	32.81	126.92	228.45	254.09	210.31
内蒙古	Inner Mongolia	1.87	30.40	224.58	268.33	338.47	344.15
辽　宁	Liaoning	18.15	75.16	460.20	611.52	563.87	514.70
吉　林	Jilin	16.27	57.22	372.80	443.24	478.18	515.62
黑龙江	Heilongjiang	15.51	43.47	166.36	148.99	141.70	142.39
上　海	Shanghai	85.53	126.80	272.16	308.20	249.01	236.25
江　苏	Jiangsu	32.70	400.16	2432.63	2617.75	2797.86	3110.17
浙　江	Zhejiang	19.60	102.78	436.73	551.13	607.24	735.35
安　徽	Anhui	5.55	32.92	700.62	870.03	891.89	1031.83
福　建	Fujian	12.08	51.04	280.11	377.48	405.98	580.23
江　西	Jiangxi	2.36	69.88	675.32	833.10	1013.00	1087.26
山　东	Shandong	23.99	198.56	1086.62	1277.65	1412.86	1643.88
河　南	Henan	12.69	52.43	899.62	1206.15	1523.74	1726.49
湖　北	Hubei	15.53	53.96	713.10	909.12	1092.03	1261.15
湖　南	Hunan	17.29	38.79	552.78	683.68	800.01	920.73
广　东	Guangdong	108.63	318.29	881.60	934.57	1004.85	1366.55
广　西	Guangxi	2.05	24.12	195.27	231.92	336.79	365.62
海　南	Hainan	3.11	7.33	25.91	38.78	47.59	28.28
重　庆	Chongqing	3.21	28.30	371.59	415.10	563.34	770.88
四　川	Sichuan	31.05	99.58	643.60	823.59	733.66	768.49
贵　州	Guizhou	6.31	10.36	85.58	107.46	143.83	137.84
云　南	Yunnan	1.24	12.94	54.21	61.60	71.86	64.98
西　藏	Tibet	0.07	0.22	3.72	3.23	4.74	2.18
陕　西	Shaanxi	28.23	49.31	222.09	403.63	620.70	747.20
甘　肃	Gansu	2.98	10.48	69.86	112.49	115.43	112.22
青　海	Qinghai	0.30	2.28	15.81	26.98	37.76	56.47
宁　夏	Ningxia	1.22	1.59	16.02	17.80	13.03	25.12
新　疆	Xinjiang	0.19	3.94	42.01	31.47	48.86	42.82

3-1-8 续表 5 continued

地 区	Region	新增固定资产（亿元） Newly Increased Fixed Assets (100 million yuan)					
		2000	2005	2012	2013	2014	2015
全 国	**Total**	**421.02**	**1463.88**	**8377.13**	**9874.27**	**11790.74**	**14307.54**
东部地区	Eastern Region	285.75	1042.80	4331.12	5165.06	5770.79	6813.89
中部地区	Middle Region	38.97	202.28	2235.16	2656.28	3485.60	4062.40
西部地区	Western Region	53.88	104.83	1122.84	1296.57	1623.96	2327.58
东北地区	Northeastern Region	42.41	113.98	688.01	756.36	910.39	1103.68
北 京	Beijing	15.89	104.89	71.21	296.24	277.99	77.23
天 津	Tianjin	20.54	28.05	172.97	241.94	207.61	345.44
河 北	Hebei	10.50	44.15	282.12	499.34	435.47	704.05
山 西	Shanxi	1.69	16.81	68.05	105.76	132.63	138.16
内蒙古	Inner Mongolia	0.67	19.84	61.20	103.40	177.38	168.77
辽 宁	Liaoning	13.89	42.76	321.09	366.93	403.68	528.84
吉 林	Jilin	11.46	32.38	259.21	283.82	395.96	463.29
黑龙江	Heilongjiang	17.06	38.84	107.71	105.61	110.76	111.56
上 海	Shanghai	66.19	68.14	123.85	86.22	115.69	146.14
江 苏	Jiangsu	28.76	367.60	1914.18	1945.72	2193.11	2538.16
浙 江	Zhejiang	16.47	59.04	227.31	342.41	466.03	604.90
安 徽	Anhui	3.80	20.13	333.46	464.35	602.47	637.49
福 建	Fujian	7.05	30.26	148.92	234.86	351.16	341.23
江 西	Jiangxi	2.23	46.54	463.36	512.60	587.51	658.78
山 东	Shandong	21.40	102.31	598.70	842.25	911.79	1071.16
河 南	Henan	5.32	32.96	545.41	716.83	984.69	1209.63
湖 北	Hubei	10.78	35.61	436.26	411.16	609.82	721.95
湖 南	Hunan	14.48	30.39	388.62	445.58	568.48	696.38
广 东	Guangdong	96.50	226.05	784.48	652.70	801.40	978.48
广 西	Guangxi	1.56	9.63	143.20	169.31	221.55	275.67
海 南	Hainan	0.89	2.68	7.38	23.37	10.55	7.09
重 庆	Chongqing	1.50	9.88	157.82	214.70	302.39	418.29
四 川	Sichuan	28.93	33.00	489.20	461.98	495.82	658.05
贵 州	Guizhou	4.91	10.40	37.16	42.85	63.66	165.78
云 南	Yunnan	1.17	5.50	49.39	32.39	44.77	42.05
西 藏	Tibet	0.07	0.21	1.21	1.77	2.60	2.00
陕 西	Shaanxi	13.66	33.24	127.19	147.97	205.78	474.08
甘 肃	Gansu	2.75	4.72	42.70	74.55	75.15	77.91
青 海	Qinghai	0.24	3.12	4.93	4.20	3.93	9.47
宁 夏	Ningxia	0.45	1.59	4.60	14.62	9.40	13.13
新 疆	Xinjiang	0.20	3.17	4.25	28.84	21.53	22.37

3-1-8　续表 6　continued

地　区	Region	固定资产交付使用率 (%) Rate of Fixed Assets Put into Use (%)					
		2000	2005	2012	2013	2014	2015
全　国	**Total**	**74.79**	**68.27**	**64.78**	**63.47**	**67.56**	**71.71**
东部地区	Eastern Region	75.21	72.52	68.52	72.55	75.29	74.86
中部地区	Middle Region	66.89	65.00	60.93	56.15	62.52	65.13
西部地区	Western Region	72.03	47.87	57.75	51.79	53.62	67.70
东北地区	Northeastern Region	84.94	64.82	68.84	62.83	76.91	94.11
北　京	Beijing	64.87	124.71	52.13	213.55	262.53	64.25
天　津	Tianjin	38.12	48.33	55.07	77.40	64.18	82.85
河　北	Hebei	75.60	66.08	62.12	88.70	61.33	81.46
山　西	Shanxi	56.88	51.22	53.62	46.29	52.20	65.69
内蒙古	Inner Mongolia	35.79	65.25	27.25	38.53	52.41	49.04
辽　宁	Liaoning	76.52	56.90	69.77	60.00	71.59	102.75
吉　林	Jilin	70.46	56.59	69.53	64.03	82.80	89.85
黑龙江	Heilongjiang	109.97	89.36	64.75	70.89	78.16	78.34
上　海	Shanghai	77.39	53.73	45.51	27.97	46.46	61.86
江　苏	Jiangsu	87.94	91.86	78.69	74.33	78.39	81.61
浙　江	Zhejiang	84.07	57.44	52.05	62.13	76.75	82.26
安　徽	Anhui	68.51	61.16	47.59	53.37	67.55	61.78
福　建	Fujian	58.37	59.27	53.16	62.22	86.50	58.81
江　西	Jiangxi	94.49	66.60	68.61	61.53	58.00	60.59
山　东	Shandong	89.19	51.53	55.10	65.92	64.53	65.16
河　南	Henan	41.89	62.86	60.63	59.43	64.62	70.06
湖　北	Hubei	69.44	66.00	61.18	45.23	55.84	57.25
湖　南	Hunan	83.77	78.35	70.30	65.17	71.06	75.63
广　东	Guangdong	88.83	71.02	88.98	69.84	79.75	71.60
广　西	Guangxi	76.39	39.93	73.33	73.00	65.78	75.40
海　南	Hainan	28.59	36.48	28.47	60.27	22.17	25.05
重　庆	Chongqing	46.77	34.91	42.47	51.72	53.68	54.26
四　川	Sichuan	93.15	33.14	76.01	56.09	67.58	85.63
贵　州	Guizhou	77.83	100.46	43.42	39.87	44.26	120.27
云　南	Yunnan	93.62	42.47	91.10	52.58	62.30	64.71
西　藏	Tibet	100.00	96.59	32.53	54.88	54.82	91.68
陕　西	Shaanxi	48.40	67.41	57.27	36.66	33.15	63.45
甘　肃	Gansu	92.34	45.03	61.13	66.27	65.10	69.43
青　海	Qinghai	79.16	136.53	31.16	15.58	10.41	16.78
宁　夏	Ningxia	37.21	99.84	28.70	82.14	72.09	52.24
新　疆	Xinjiang	104.96	80.48	10.11	91.63	44.06	52.25

3-1-9 各地区国有及国有控股企业固定资产投资情况

Statistics on Investment in Fixed Assets in State-owned and State-controlled Enterprises by Region

地区	Region	施工项目（个） Number of Projects under Construction (unit)					
		2000	2005	2012	2013	2014	2015
全国	**Total**	**1321**	**1285**	**741**	**1304**	**1329**	**1354**
东部地区	Eastern Region	579	486	267	582	598	598
中部地区	Middle Region	256	307	164	258	279	288
西部地区	Western Region	351	352	252	383	391	415
东北地区	Northeastern Region	135	140	58	81	61	53
北京	Beijing	67	40	10	39	37	27
天津	Tianjin	19	14	18	41	39	45
河北	Hebei	69	74	23	26	26	23
山西	Shanxi	26	43	9	18	14	10
内蒙古	Inner Mongolia	14	17		4	10	36
辽宁	Liaoning	73	53	17	24	16	10
吉林	Jilin	12	36	16	27	19	13
黑龙江	Heilongjiang	50	51	25	30	26	30
上海	Shanghai	71	36	39	50	41	38
江苏	Jiangsu	124	71	81	96	79	90
浙江	Zhejiang	41	53	29	47	60	68
安徽	Anhui	24	43	33	51	45	46
福建	Fujian	22	22	14	38	35	52
江西	Jiangxi	40	46	20	32	28	38
山东	Shandong	55	27	27	52	41	39
河南	Henan	68	30	12	21	25	22
湖北	Hubei	63	68	37	72	91	68
湖南	Hunan	21	60	53	64	76	104
广东	Guangdong	65	106	25	186	236	214
广西	Guangxi	42	32	13	51	59	39
海南	Hainan	4	11	1	7	4	2
重庆	Chongqing	9	25	60	73	69	70
四川	Sichuan	51	77	74	100	103	110
贵州	Guizhou	129	6	13	15	18	20
云南	Yunnan	37	19	10	13	12	13
西藏	Tibet	1	2	2	4	3	4
陕西	Shaanxi	84	167	59	84	62	72
甘肃	Gansu	21	44	17	31	39	27
青海	Qinghai	4	4	1	1		6
宁夏	Ningxia	11	1	1	3	2	2
新疆	Xinjiang	4	7	2	4	14	16

3-1-9 续表 1 continued

地 区	Region	新开工项目（个） Number of Projects Started This Year (unit)					
		2000	2005	2012	2013	2014	2015
全 国	**Total**	**803**	**636**	**427**	**670**	**649**	**786**
东部地区	Eastern Region	357	248	139	249	258	316
中部地区	Middle Region	153	134	101	151	160	188
西部地区	Western Region	204	159	156	223	202	249
东北地区	Northeastern Region	89	95	31	47	29	33
北 京	Beijing	37	10	2	5	7	2
天 津	Tianjin	15	8	5	20	15	24
河 北	Hebei	43	54	11	15	20	16
山 西	Shanxi	11	5	5	11	8	2
内 蒙 古	Inner Mongolia	7	9		4	9	32
辽 宁	Liaoning	50	35	13	15	7	6
吉 林	Jilin	6	32	8	22	14	11
黑 龙 江	Heilongjiang	33	28	10	10	8	16
上 海	Shanghai	51	19	10	14	9	11
江 苏	Jiangsu	85	35	53	55	38	61
浙 江	Zhejiang	19	21	19	22	28	24
安 徽	Anhui	20	19	21	32	28	28
福 建	Fujian	8	8	11	19	13	36
江 西	Jiangxi	17	16	15	13	14	28
山 东	Shandong	36	16	15	28	26	26
河 南	Henan	47	19	1	9	11	10
湖 北	Hubei	38	41	20	37	47	31
湖 南	Hunan	13	25	39	49	52	89
广 东	Guangdong	31	50	13	67	102	116
广 西	Guangxi	29	21	5	33	41	24
海 南	Hainan	3	6		4		
重 庆	Chongqing	6	14	33	38	28	35
四 川	Sichuan	21	41	53	58	51	69
贵 州	Guizhou	110	5	5	7	5	12
云 南	Yunnan	11	7	6	4	5	7
西 藏	Tibet	1	2	2	3	1	2
陕 西	Shaanxi	39	55	39	48	27	38
甘 肃	Gansu	9	31	11	24	23	15
青 海	Qinghai	3					6
宁 夏	Ningxia	2	1		3	1	1
新 疆	Xinjiang	2	3	2	1	11	8

3-1-9 续表 2 continued

地 区	Region	建成投产项目（个） Number of Projects Completed and Put into Use (unit)					
		2000	2005	2012	2013	2014	2015
全 国	**Total**	**627**	**503**	**338**	**568**	**685**	**757**
东部地区	Eastern Region	245	205	110	215	283	298
中部地区	Middle Region	146	128	79	125	153	171
西部地区	Western Region	165	99	121	187	217	258
东北地区	Northeastern Region	71	71	28	41	32	30
北 京	Beijing	22	14	3	7	9	6
天 津	Tianjin	13	7	3	14	14	12
河 北	Hebei	31	44	14	19	20	15
山 西	Shanxi	12	19	3	10	6	4
内 蒙 古	Inner Mongolia	10	12		2	9	35
辽 宁	Liaoning	41	24	9	12	12	7
吉 林	Jilin		19	12	22	12	9
黑 龙 江	Heilongjiang	30	28	7	7	8	14
上 海	Shanghai	3	20	2	9	7	7
江 苏	Jiangsu	69	35	53	55	49	66
浙 江	Zhejiang	14	19	11	11	13	29
安 徽	Anhui	16	11	17	29	29	33
福 建	Fujian	8	8	2	11	13	19
江 西	Jiangxi	26	21	9	17	14	18
山 东	Shandong	22	6	17	29	23	21
河 南	Henan	39	17	6	7	15	13
湖 北	Hubei	34	28	9	15	30	24
湖 南	Hunan	9	20	35	47	59	79
广 东	Guangdong	33	33	4	56	133	122
广 西	Guangxi	27	15	5	25	31	23
海 南	Hainan	3	4	1	4	2	1
重 庆	Chongqing	3	6	25	27	33	44
四 川	Sichuan	21	18	47	52	64	71
贵 州	Guizhou	93	2	5	3	9	11
云 南	Yunnan	14	6	2	7	6	6
西 藏	Tibet	1	1		2	1	4
陕 西	Shaanxi	20	40	30	49	32	32
甘 肃	Gansu	6	17	7	17	26	15
青 海	Qinghai	1	4		1		5
宁 夏	Ningxia	5	1		2	1	2
新 疆	Xinjiang	1	4			5	10

3-1-9　续表 3　continued

地　　区	Region	项目建成投产率 (%) Rate of Projects Completed and Put into Use (%)					
		2000	2005	2012	2013	2014	2015
全　　国	**Total**	**47.46**	**39.14**	**45.61**	**43.56**	**51.54**	**55.91**
东部地区	Eastern Region	42.31	42.18	41.20	36.94	47.32	49.83
中部地区	Middle Region	57.03	41.69	48.17	48.45	54.84	59.38
西部地区	Western Region	47.01	28.13	48.02	48.83	55.50	62.17
东北地区	Northeastern Region	52.59	50.71	48.28	50.62	52.46	56.60
北　　京	Beijing	32.84	35.00	30.00	17.95	24.32	22.22
天　　津	Tianjin	68.42	50.00	16.67	34.15	35.90	26.67
河　　北	Hebei	44.93	59.46	60.87	73.08	76.92	65.22
山　　西	Shanxi	46.15	44.19	33.33	55.56	42.86	40.00
内 蒙 古	Inner Mongolia	71.43	70.59		50.00	90.00	97.22
辽　　宁	Liaoning	56.16	45.28	52.94	50.00	75.00	70.00
吉　　林	Jilin		52.78	75.00	81.48	63.16	69.23
黑 龙 江	Heilongjiang	60.00	54.90	28.00	23.33	30.77	46.67
上　　海	Shanghai	4.23	55.56	5.13	18.00	17.07	18.42
江　　苏	Jiangsu	55.65	49.30	65.43	57.29	62.03	73.33
浙　　江	Zhejiang	34.15	35.85	37.93	23.40	21.67	42.65
安　　徽	Anhui	66.67	25.58	51.52	56.86	64.44	71.74
福　　建	Fujian	36.36	36.36	14.29	28.95	37.14	36.54
江　　西	Jiangxi	65.00	45.65	45.00	53.13	50.00	47.37
山　　东	Shandong	40.00	22.22	62.96	55.77	56.10	53.85
河　　南	Henan	57.35	56.67	50.00	33.33	60.00	59.09
湖　　北	Hubei	53.97	41.18	24.32	20.83	32.97	35.29
湖　　南	Hunan	42.86	33.33	66.04	73.44	77.63	75.96
广　　东	Guangdong	50.77	31.13	16.00	30.11	56.36	57.01
广　　西	Guangxi	64.29	46.88	38.46	49.02	52.54	58.97
海　　南	Hainan	75.00	36.36	100.00	57.14	50.00	50.00
重　　庆	Chongqing	33.33	24.00	41.67	36.99	47.83	62.86
四　　川	Sichuan	41.18	23.38	63.51	52.00	62.14	64.55
贵　　州	Guizhou	72.09	33.33	38.46	20.00	50.00	55.00
云　　南	Yunnan	37.84	31.58	20.00	53.85	50.00	46.15
西　　藏	Tibet	100.00	50.00		50.00	33.33	100.00
陕　　西	Shaanxi	23.81	23.95	50.85	58.33	51.61	44.44
甘　　肃	Gansu	28.57	38.64	41.18	54.84	66.67	55.56
青　　海	Qinghai	25.00	100.00		100.00		83.33
宁　　夏	Ningxia	45.45	100.00		66.67	50.00	100.00
新　　疆	Xinjiang	25.00	57.14			35.71	62.50

3-1-9 续表 4 continued

地 区	Region	投资额（亿元） Investment (100 million yuan)					
		2000	2005	2012	2013	2014	2015
全 国	**Total**	**168.44**	**380.71**	**1123.77**	**1892.79**	**2060.03**	**2328.63**
东部地区	Eastern Region	80.87	166.97	386.65	780.81	800.55	882.40
中部地区	Middle Region	20.28	67.12	252.36	585.07	599.68	601.53
西部地区	Western Region	45.49	82.02	425.86	446.92	565.93	787.36
东北地区	Northeastern Region	21.83	64.60	58.90	79.99	93.87	57.34
北 京	Beijing	9.65	9.18	8.49	42.66	29.27	28.19
天 津	Tianjin	5.15	9.31	25.78	35.05	28.72	55.73
河 北	Hebei	7.59	24.06	40.74	39.49	43.82	70.59
山 西	Shanxi	1.75	4.83	30.24	26.21	16.04	41.69
内蒙古	Inner Mongolia	0.51	7.24		3.87	11.46	45.73
辽 宁	Liaoning	8.48	21.15	31.15	39.01	64.59	21.12
吉 林	Jilin	1.80	15.55	6.15	20.43	10.33	10.81
黑龙江	Heilongjiang	11.55	27.90	21.60	20.55	18.95	25.41
上 海	Shanghai	11.88	17.81	48.26	122.95	63.08	43.90
江 苏	Jiangsu	14.29	52.89	166.63	219.92	292.22	255.41
浙 江	Zhejiang	3.95	9.42	17.61	34.39	56.36	81.49
安 徽	Anhui	1.61	8.49	64.89	256.68	179.06	81.65
福 建	Fujian	2.13	5.89	20.97	58.19	51.08	126.27
江 西	Jiangxi	2.22	16.05	42.61	57.10	72.14	68.52
山 东	Shandong	8.60	15.84	37.14	92.70	97.59	65.62
河 南	Henan	6.24	5.91	8.22	42.57	59.70	76.57
湖 北	Hubei	6.49	15.51	49.01	134.11	212.38	224.85
湖 南	Hunan	1.46	9.09	57.40	68.39	60.36	108.26
广 东	Guangdong	16.35	14.34	20.87	107.27	109.06	139.68
广 西	Guangxi	0.89	4.20	7.14	19.28	42.43	21.79
海 南	Hainan	0.39	4.03	0.16	28.19	29.35	15.52
重 庆	Chongqing	0.45	10.47	162.20	140.84	235.47	319.34
四 川	Sichuan	13.10	24.81	152.68	142.38	68.70	107.38
贵 州	Guizhou	4.57	0.53	28.26	24.95	45.77	46.38
云 南	Yunnan	1.05	6.11	5.71	10.13	9.64	6.53
西 藏	Tibet	0.04	0.22	0.04	0.49	0.70	0.38
陕 西	Shaanxi	22.37	32.06	58.77	81.39	132.83	219.17
甘 肃	Gansu	2.81	6.13	8.72	19.57	14.22	12.14
青 海	Qinghai	0.22	0.29	0.60		0.41	3.63
宁 夏	Ningxia	0.70	0.05	1.10	0.20	0.32	0.18
新 疆	Xinjiang	0.18	1.35	0.65	3.82	3.99	4.72

3-1-9　续表 5　continued

地　区	Region	新增固定资产（亿元） Newly Increased Fixed Assets (100 million yuan)					
		2000	2005	2012	2013	2014	2015
全　国	**Total**	**130.94**	**213.70**	**606.60**	**1170.99**	**1096.25**	**1387.76**
东部地区	Eastern Region	65.15	85.90	163.97	635.68	440.85	543.84
中部地区	Middle Region	15.44	45.28	205.64	224.03	361.21	286.72
西部地区	Western Region	29.64	32.79	217.47	260.53	221.73	516.80
东北地区	Northeastern Region	20.69	49.74	19.51	50.74	72.46	40.41
北　京	Beijing	5.47	11.34	8.98	224.55	26.29	16.91
天　津	Tianjin	3.48	6.87	1.67	46.35	16.85	65.47
河　北	Hebei	6.43	16.06	16.84	62.11	24.94	44.47
山　西	Shanxi	1.39	6.50	27.58	11.90	7.45	38.62
内蒙古	Inner Mongolia	0.17	4.41		1.89	10.68	50.33
辽　宁	Liaoning	6.21	8.88	9.32	26.46	53.23	14.66
吉　林	Jilin	0.11	11.98	4.19	15.26	6.04	10.02
黑龙江	Heilongjiang	14.37	28.88	6.00	9.02	13.19	15.72
上　海	Shanghai	7.88	4.87	2.89	20.58	9.65	11.35
江　苏	Jiangsu	12.30	23.35	97.00	86.61	104.77	211.40
浙　江	Zhejiang	4.02	6.31	9.87	13.37	25.46	48.58
安　徽	Anhui	1.02	6.13	41.90	54.45	154.01	52.46
福　建	Fujian	1.21	2.08	2.52	29.51	31.30	25.45
江　西	Jiangxi	2.12	10.27	11.84	35.94	26.03	44.52
山　东	Shandong	8.19	3.01	20.68	45.69	62.89	30.25
河　南	Henan	4.21	4.24	9.90	33.55	53.04	22.21
湖　北	Hubei	4.55	7.27	26.71	29.28	66.62	45.28
湖　南	Hunan	1.98	6.46	87.71	58.91	54.06	83.62
广　东	Guangdong	15.33	8.21	3.35	85.17	137.04	89.74
广　西	Guangxi	0.55	1.68	2.39	6.90	14.44	16.55
海　南	Hainan	0.29	2.12	0.16	21.73	1.68	0.21
重　庆	Chongqing	0.13	1.46	54.09	73.73	46.34	94.06
四　川	Sichuan	13.33	8.32	98.31	97.01	53.14	69.63
贵　州	Guizhou	3.47	0.28	16.03	8.04	17.26	85.68
云　南	Yunnan	0.99	1.63	1.33	8.04	3.97	5.98
西　藏	Tibet	0.04	0.21		0.25	0.01	1.20
陕　西	Shaanxi	8.17	14.96	39.72	52.03	62.33	171.41
甘　肃	Gansu	2.66	3.01	5.59	12.47	12.82	11.42
青　海	Qinghai	0.20	1.42				2.36
宁　夏	Ningxia	0.45	0.05		0.17	0.26	0.18
新　疆	Xinjiang	0.20	1.45			0.49	8.01

3-1-9 续表 6 continued

地 区	Region	固定资产交付使用率 (%) Rate of Fixed Assets Put into Use (%)					
		2000	2005	2012	2013	2014	2015
全 国	**Total**	**77.74**	**56.13**	**53.98**	**61.87**	**53.22**	**59.60**
东部地区	Eastern Region	80.56	51.45	42.41	81.41	55.07	61.63
中部地区	Middle Region	76.13	67.46	81.49	38.29	60.23	47.66
西部地区	Western Region	65.16	39.98	51.07	58.29	39.18	65.64
东北地区	Northeastern Region	94.78	77.00	33.13	63.43	77.19	70.47
北 京	Beijing	56.74	123.57	105.84	526.40	89.82	60.00
天 津	Tianjin	67.63	73.87	6.50	132.22	58.68	117.47
河 北	Hebei	84.71	66.75	41.34	157.28	56.91	63.01
山 西	Shanxi	78.98	134.60	91.21	45.40	46.45	92.64
内蒙古	Inner Mongolia	33.75	60.84		48.84	93.19	110.05
辽 宁	Liaoning	73.31	42.00	29.93	67.84	82.41	69.42
吉 林	Jilin	6.12	77.06	68.08	74.68	58.44	92.75
黑龙江	Heilongjiang	124.42	103.51	27.80	43.88	69.59	61.87
上 海	Shanghai	66.33	27.33	5.99	16.74	15.29	25.85
江 苏	Jiangsu	86.07	44.14	58.21	39.38	35.85	82.77
浙 江	Zhejiang	101.76	67.00	56.07	38.88	45.17	59.61
安 徽	Anhui	63.04	72.15	64.57	21.21	86.01	64.25
福 建	Fujian	56.82	35.29	12.02	50.72	61.27	20.16
江 西	Jiangxi	95.40	63.98	27.80	62.93	36.09	64.97
山 东	Shandong	95.26	18.98	55.67	49.28	64.44	46.10
河 南	Henan	67.58	71.70	120.45	78.81	88.84	29.01
湖 北	Hubei	70.13	46.83	54.51	21.83	31.37	20.14
湖 南	Hunan	135.65	70.98	152.80	86.15	89.57	77.24
广 东	Guangdong	93.76	57.24	16.07	79.40	125.65	64.25
广 西	Guangxi	61.59	40.11	33.46	35.80	34.03	75.94
海 南	Hainan	75.56	52.70	100.00	77.08	5.71	1.34
重 庆	Chongqing	29.53	13.93	33.35	52.35	19.68	29.45
四 川	Sichuan	101.74	33.53	64.39	68.13	77.35	64.84
贵 州	Guizhou	75.92	52.91	56.73	32.23	37.72	184.73
云 南	Yunnan	94.99	26.69	23.29	79.42	41.14	91.57
西 藏	Tibet	100.00	96.59		51.02	2.01	319.79
陕 西	Shaanxi	36.53	46.66	67.59	63.93	46.93	78.21
甘 肃	Gansu	94.75	49.16	64.10	63.71	90.13	94.05
青 海	Qinghai	94.69	482.65		100.00		64.91
宁 夏	Ningxia	65.15	100.00		84.96	81.13	100.00
新 疆	Xinjiang	113.54	107.97			12.16	169.70

3-1-10 各地区内资企业固定资产投资情况

Statistics on Investment in Fixed Assets in Domeistic Funded Enterprises by Region

地 区	Region	施工项目（个） Number of Projects under Construction (unit)					
		2000	2005	2012	2013	2014	2015
全 国	**Total**	**2270**	**5424**	**13941**	**15952**	**16672**	**18275**
东部地区	Eastern Region	1056	2474	6503	7712	7833	8591
中部地区	Middle Region	421	1369	4114	4542	4783	5227
西部地区	Western Region	521	1013	2125	2637	2887	3193
东北地区	Northeastern Region	272	568	1199	1061	1169	1264
北 京	Beijing	92	51	98	158	152	118
天 津	Tianjin	47	43	239	250	286	365
河 北	Hebei	122	227	492	497	452	466
山 西	Shanxi	34	110	140	167	158	160
内蒙古	Inner Mongolia	22	64	95	136	127	188
辽 宁	Liaoning	109	249	528	410	389	472
吉 林	Jilin	84	192	466	432	558	558
黑龙江	Heilongjiang	79	127	205	219	222	234
上 海	Shanghai	93	63	218	193	176	150
江 苏	Jiangsu	166	487	2092	2517	2378	2670
浙 江	Zhejiang	151	382	1262	1738	1571	1560
安 徽	Anhui	49	229	903	1000	1063	1296
福 建	Fujian	43	144	345	406	387	411
江 西	Jiangxi	43	253	835	875	849	927
山 东	Shandong	121	461	1069	1146	1180	1470
河 南	Henan	95	253	735	750	808	808
湖 北	Hubei	130	259	641	734	832	799
湖 南	Hunan	48	201	860	1016	1073	1237
广 东	Guangdong	143	426	677	788	1223	1352
广 西	Guangxi	65	170	398	588	684	738
海 南	Hainan	13	20	11	19	28	29
重 庆	Chongqing	26	101	300	370	431	525
四 川	Sichuan	133	384	632	667	675	777
贵 州	Guizhou	144	69	44	57	70	80
云 南	Yunnan	46	64	117	137	142	146
西 藏	Tibet	2	2	17	17	24	13
陕 西	Shaanxi	114	260	298	320	329	363
甘 肃	Gansu	25	82	125	242	292	230
青 海	Qinghai	11	14	22	15	21	35
宁 夏	Ningxia	14	9	34	40	30	28
新 疆	Xinjiang	6	28	43	48	62	70

3-1-10 续表 1 continued

地 区	Region	新开工项目（个） Number of Projects Started This Year (unit)						
		2000	2005	2011	2012	2013	2014	2015
全 国	**Total**	**1372**	**3422**	**7428**	**9255**	**10657**	**10991**	**12934**
东部地区	Eastern Region	654	1589	3769	4271	5184	5225	6163
中部地区	Middle Region	251	836	2225	2763	3039	3064	3590
西部地区	Western Region	299	589	719	1378	1684	1831	2166
东北地区	Northeastern Region	168	408	715	843	750	871	1015
北 京	Beijing	49	18	33	28	33	30	17
天 津	Tianjin	39	23	124	148	167	196	284
河 北	Hebei	82	172	215	285	301	288	295
山 西	Shanxi	18	44	83	76	91	86	102
内 蒙 古	Inner Mongolia	10	45	56	76	97	107	139
辽 宁	Liaoning	76	180	230	314	292	281	381
吉 林	Jilin	38	144	393	397	314	454	478
黑 龙 江	Heilongjiang	54	84	92	132	144	136	156
上 海	Shanghai	61	31	80	107	77	65	48
江 苏	Jiangsu	115	373	1496	1582	1971	1900	2249
浙 江	Zhejiang	80	219	460	805	1155	898	985
安 徽	Anhui	32	138	491	581	649	712	984
福 建	Fujian	19	79	170	176	243	234	273
江 西	Jiangxi	19	132	364	586	621	518	618
山 东	Shandong	76	320	575	748	810	815	1092
河 南	Henan	66	186	380	431	419	472	455
湖 北	Hubei	76	169	382	424	479	496	468
湖 南	Hunan	30	122	469	665	780	780	963
广 东	Guangdong	79	228	415	386	416	783	906
广 西	Guangxi	44	113	200	309	428	523	572
海 南	Hainan	10	13	1	6	11	16	14
重 庆	Chongqing	14	64	153	193	253	250	392
四 川	Sichuan	69	250	276	384	389	376	497
贵 州	Guizhou	117	44	22	26	34	30	38
云 南	Yunnan	14	29	33	72	84	87	81
西 藏	Tibet	2	2	7	10	10	14	3
陕 西	Shaanxi	59	111	110	173	172	178	219
甘 肃	Gansu	12	63	79	73	163	200	148
青 海	Qinghai	4	5	11	11	9	11	23
宁 夏	Ningxia	4	7	12	26	25	16	19
新 疆	Xinjiang	4	14	16	25	20	39	35

3-1-10 续表 2 continued

地 区	Region	建成投产项目（个） Number of Projects Completed and Put into Use (unit)					
		2000	2005	2012	2013	2014	2015
全 国	**Total**	**1057**	**2394**	**8064**	**9567**	**10834**	**12987**
东部地区	Eastern Region	474	1088	3664	4695	5172	6052
中部地区	Middle Region	226	604	2483	2719	3036	3684
西部地区	Western Region	231	383	1152	1482	1797	2221
东北地区	Northeastern Region	126	319	765	671	829	1030
北 京	Beijing	31	15	9	38	44	25
天 津	Tianjin	34	17	122	135	173	187
河 北	Hebei	52	128	293	331	286	338
山 西	Shanxi	13	44	69	89	89	110
内 蒙 古	Inner Mongolia	12	39	56	92	82	155
辽 宁	Liaoning	57	147	355	268	282	421
吉 林	Jilin	28	103	291	304	429	452
黑 龙 江	Heilongjiang	41	69	119	99	118	157
上 海	Shanghai	7	29	46	23	32	36
江 苏	Jiangsu	92	290	1532	2001	1931	2222
浙 江	Zhejiang	61	156	554	869	950	1075
安 徽	Anhui	24	78	523	646	733	980
福 建	Fujian	16	54	166	218	205	261
江 西	Jiangxi	27	122	582	548	566	605
山 东	Shandong	62	163	635	679	762	1045
河 南	Henan	50	137	410	419	440	542
湖 北	Hubei	79	104	349	354	419	479
湖 南	Hunan	21	80	550	663	789	968
广 东	Guangdong	74	166	304	395	778	850
广 西	Guangxi	41	65	255	392	481	553
海 南	Hainan	4	5	3	6	11	13
重 庆	Chongqing	12	36	175	174	290	376
四 川	Sichuan	59	120	378	391	410	534
贵 州	Guizhou	97	41	14	15	28	44
云 南	Yunnan	14	24	54	71	70	85
西 藏	Tibet	2	1	4	9	10	9
陕 西	Shaanxi	33	100	128	166	182	223
甘 肃	Gansu	6	29	43	124	188	166
青 海	Qinghai	2	12	15	7	8	17
宁 夏	Ningxia	5	8	17	21	18	21
新 疆	Xinjiang	1	12	13	20	30	38

3-1-10 续表 3 continued

地 区	Region	项目建成投产率 (%) Rate of Projects Completed and Put into Use (%)					
		2000	2005	2012	2013	2014	2015
全 国	**Total**	**46.56**	**44.14**	**57.84**	**59.97**	**64.98**	**71.06**
东部地区	Eastern Region	44.89	43.98	56.34	60.88	66.03	70.45
中部地区	Middle Region	53.68	44.12	60.35	59.86	63.47	70.48
西部地区	Western Region	44.34	37.81	54.21	56.20	62.24	69.56
东北地区	Northeastern Region	46.32	56.16	63.80	63.24	70.92	81.49
北 京	Beijing	33.70	29.41	9.18	24.05	28.95	21.19
天 津	Tianjin	72.34	39.53	51.05	54.00	60.49	51.23
河 北	Hebei	42.62	56.39	59.55	66.60	63.27	72.53
山 西	Shanxi	38.24	40.00	49.29	53.29	56.33	68.75
内蒙古	Inner Mongolia	54.55	60.94	58.95	67.65	64.57	82.45
辽 宁	Liaoning	52.29	59.04	67.23	65.37	72.49	89.19
吉 林	Jilin	33.33	53.65	62.45	70.37	76.88	81.00
黑龙江	Heilongjiang	51.90	54.33	58.05	45.21	53.15	67.09
上 海	Shanghai	7.53	46.03	21.10	11.92	18.18	24.00
江 苏	Jiangsu	55.42	59.55	73.23	79.50	81.20	83.22
浙 江	Zhejiang	40.40	40.84	43.90	50.00	60.47	68.91
安 徽	Anhui	48.98	34.06	57.92	64.60	68.96	75.62
福 建	Fujian	37.21	37.50	48.12	53.69	52.97	63.50
江 西	Jiangxi	62.79	48.22	69.70	62.63	66.67	65.26
山 东	Shandong	51.24	35.36	59.40	59.25	64.58	71.09
河 南	Henan	52.63	54.15	55.78	55.87	54.46	67.08
湖 北	Hubei	60.77	40.15	54.45	48.23	50.36	59.95
湖 南	Hunan	43.75	39.80	63.95	65.26	73.53	78.25
广 东	Guangdong	51.75	38.97	44.90	50.13	63.61	62.87
广 西	Guangxi	63.08	38.24	64.07	66.67	70.32	74.93
海 南	Hainan	30.77	25.00	27.27	31.58	39.29	44.83
重 庆	Chongqing	46.15	35.64	58.33	47.03	67.29	71.62
四 川	Sichuan	44.36	31.25	59.81	58.62	60.74	68.73
贵 州	Guizhou	67.36	59.42	31.82	26.32	40.00	55.00
云 南	Yunnan	30.43	37.50	46.15	51.82	49.30	58.22
西 藏	Tibet	100.00	50.00	23.53	52.94	41.67	69.23
陕 西	Shaanxi	28.95	38.46	42.95	51.88	55.32	61.43
甘 肃	Gansu	24.00	35.37	34.40	51.24	64.38	72.17
青 海	Qinghai	18.18	85.71	68.18	46.67	38.10	48.57
宁 夏	Ningxia	35.71	88.89	50.00	52.50	60.00	75.00
新 疆	Xinjiang	16.67	42.86	30.23	41.67	48.39	54.29

3-1-10　续表 4　continued

地　区	Region	投资额（亿元） Investment (100 million yuan)					
		2000	2005	2012	2013	2014	2015
全　国	**Total**	**300.49**	**1150.48**	**10622.58**	**13168.47**	**15128.22**	**17303.78**
东部地区	Eastern Region	158.87	561.81	4559.67	5433.02	5999.23	7109.64
中部地区	Middle Region	36.89	255.16	3346.20	4444.24	5294.77	5972.02
西部地区	Western Region	67.01	187.22	1778.61	2154.25	2674.37	3073.97
东北地区	Northeastern Region	37.72	146.30	938.10	1136.96	1159.85	1148.15
北　京	Beijing	11.39	10.34	77.27	96.55	65.63	56.94
天　津	Tianjin	9.21	16.64	226.48	266.75	262.63	342.15
河　北	Hebei	12.32	58.61	435.55	545.63	684.00	789.27
山　西	Shanxi	2.82	18.48	112.34	201.62	189.24	158.97
内蒙古	Inner Mongolia	1.85	21.92	205.07	252.37	334.89	339.06
辽　宁	Liaoning	11.36	49.65	432.92	561.48	550.89	501.89
吉　林	Jilin	11.50	54.27	353.49	431.78	469.92	506.04
黑龙江	Heilongjiang	14.86	42.38	151.69	143.70	139.04	140.22
上　海	Shanghai	16.66	13.36	135.58	182.11	138.76	96.85
江　苏	Jiangsu	18.80	131.62	1660.24	1899.92	2082.98	2278.53
浙　江	Zhejiang	16.54	69.78	352.99	459.74	523.58	636.09
安　徽	Anhui	4.54	28.89	652.37	839.21	869.64	986.57
福　建	Fujian	4.39	16.97	186.31	235.50	282.02	452.78
江　西	Jiangxi	2.36	60.62	633.65	791.47	986.85	1063.43
山　东	Shandong	16.84	130.33	1009.27	1194.18	1315.52	1539.60
河　南	Henan	8.54	45.53	818.28	1132.21	1485.43	1709.78
湖　北	Hubei	14.08	43.14	646.22	875.18	1048.97	1219.95
湖　南	Hunan	2.69	36.59	483.34	604.55	714.65	833.32
广　东	Guangdong	48.20	88.41	452.27	516.88	600.98	890.72
广　西	Guangxi	1.99	20.57	173.01	208.12	317.55	344.12
海　南	Hainan	2.52	5.19	23.71	35.76	43.13	26.72
重　庆	Chongqing	2.68	27.80	299.76	336.22	515.65	733.85
四　川	Sichuan	24.10	74.34	622.13	743.26	681.20	714.78
贵　州	Guizhou	6.29	8.14	85.58	105.61	136.23	135.99
云　南	Yunnan	1.24	11.91	50.29	59.88	70.78	64.98
西　藏	Tibet	0.07	0.22	3.72	3.23	4.74	2.13
陕　西	Shaanxi	28.02	47.63	195.51	257.19	401.59	504.47
甘　肃	Gansu	2.89	9.87	69.86	112.49	114.04	110.92
青　海	Qinghai	0.30	2.21	15.81	26.67	37.76	56.47
宁　夏	Ningxia	1.22	1.59	15.85	17.74	13.03	24.38
新　疆	Xinjiang	0.19	3.51	42.01	31.47	46.93	42.82

3-1-10 续表 5 continued

地 区	Region	新增固定资产（亿元） Newly Increased Fixed Assets (100 million yuan)					
		2000	2005	2012	2013	2014	2015
全 国	**Total**	**234.07**	**699.11**	**6679.28**	**8387.56**	**10036.35**	**12539.13**
东部地区	Eastern Region	130.70	334.60	2934.32	3995.18	4264.38	5368.84
中部地区	Middle Region	25.14	171.30	2036.20	2539.66	3357.06	3961.20
西部地区	Western Region	46.63	95.87	1061.38	1157.65	1518.93	2130.14
东北地区	Northeastern Region	31.60	97.34	647.38	695.07	895.97	1078.95
北 京	Beijing	6.99	10.26	22.31	242.00	61.63	30.85
天 津	Tianjin	5.87	16.12	122.58	207.18	155.46	299.05
河 北	Hebei	8.98	37.56	273.53	490.74	430.68	643.73
山 西	Shanxi	1.69	14.43	63.17	99.04	110.70	126.76
内蒙古	Inner Mongolia	0.65	13.96	60.72	86.00	160.36	163.98
辽 宁	Liaoning	8.14	28.84	310.03	323.95	395.92	514.54
吉 林	Jilin	7.00	29.80	237.85	273.51	389.92	454.23
黑龙江	Heilongjiang	16.46	38.70	99.51	97.61	110.13	110.18
上 海	Shanghai	14.04	9.56	29.64	36.48	33.45	42.51
江 苏	Jiangsu	16.78	78.30	1233.57	1411.82	1646.24	1890.42
浙 江	Zhejiang	13.80	39.27	176.60	285.63	394.07	512.43
安 徽	Anhui	2.81	18.95	309.91	436.55	589.48	609.55
福 建	Fujian	2.66	9.88	79.61	166.41	182.93	278.69
江 西	Jiangxi	2.23	38.97	431.92	485.82	562.74	647.33
山 东	Shandong	14.55	68.93	550.58	783.11	861.28	1000.72
河 南	Henan	5.24	28.90	471.10	696.23	965.69	1197.80
湖 北	Hubei	9.99	26.75	390.87	395.97	599.82	712.79
湖 南	Hunan	2.54	29.31	369.23	426.05	528.63	666.98
广 东	Guangdong	44.70	54.64	440.73	349.47	491.73	663.58
广 西	Guangxi	1.51	7.64	122.94	144.71	206.76	258.27
海 南	Hainan	0.83	2.43	5.18	22.34	6.92	6.86
重 庆	Chongqing	1.17	9.65	138.89	159.28	265.90	396.89
四 川	Sichuan	22.12	29.06	479.28	432.46	468.49	610.22
贵 州	Guizhou	4.91	8.58	37.16	40.99	63.66	165.78
云 南	Yunnan	1.17	4.37	47.38	30.47	43.98	42.05
西 藏	Tibet	0.07	0.22	1.21	1.77	2.60	1.95
陕 西	Shaanxi	13.62	32.19	117.34	139.76	198.33	369.15
甘 肃	Gansu	2.66	4.22	42.70	74.55	75.15	77.61
青 海	Qinghai	0.24	2.86	4.93	4.20	3.93	9.47
宁 夏	Ningxia	0.45	1.59	4.60	14.62	9.40	12.41
新 疆	Xinjiang	0.20	3.12	4.25	28.84	20.39	22.37

3-1-10 续表 6 continued

地 区	Region	固定资产交付使用率 (%) Rate of Fixed Assets Put into Use (%)					
		2000	2005	2012	2013	2014	2015
全 国	**Total**	**77.90**	**60.77**	**62.88**	**63.69**	**66.34**	**72.46**
东部地区	Eastern Region	82.27	59.56	64.35	73.54	71.08	75.51
中部地区	Middle Region	68.15	67.13	60.85	57.14	63.40	66.33
西部地区	Western Region	69.59	51.21	59.67	53.74	56.80	69.30
东北地区	Northeastern Region	83.78	66.53	69.01	61.13	77.25	93.97
北 京	Beijing	61.37	99.23	28.87	250.65	93.90	54.19
天 津	Tianjin	63.74	96.88	54.12	77.67	59.19	87.40
河 北	Hebei	72.89	64.08	62.80	89.94	62.96	81.56
山 西	Shanxi	59.93	78.08	56.23	49.12	58.49	79.74
内蒙古	Inner Mongolia	35.14	63.69	29.61	34.08	47.89	48.36
辽 宁	Liaoning	71.65	58.09	71.61	57.70	71.87	102.52
吉 林	Jilin	60.87	54.91	67.29	63.34	82.97	89.76
黑龙江	Heilongjiang	110.77	91.32	65.60	67.93	79.21	78.58
上 海	Shanghai	84.27	71.56	21.86	20.03	24.11	43.90
江 苏	Jiangsu	89.26	59.49	74.30	74.31	79.03	82.97
浙 江	Zhejiang	83.43	56.28	50.03	62.13	75.26	80.56
安 徽	Anhui	61.89	65.59	47.51	52.02	67.78	61.78
福 建	Fujian	60.59	58.22	42.73	70.66	64.86	61.55
江 西	Jiangxi	94.49	64.29	68.16	61.38	57.02	60.87
山 东	Shandong	86.40	52.89	54.55	65.58	65.47	65.00
河 南	Henan	61.36	63.47	57.57	61.49	65.01	70.06
湖 北	Hubei	70.95	62.01	60.49	45.24	57.18	58.43
湖 南	Hunan	94.42	80.10	76.39	70.47	73.97	80.04
广 东	Guangdong	92.74	61.80	97.45	67.61	81.82	74.50
广 西	Guangxi	75.88	37.14	71.06	69.53	65.11	75.05
海 南	Hainan	32.94	46.82	21.84	62.48	16.04	25.66
重 庆	Chongqing	43.66	34.71	46.33	47.37	51.57	54.08
四 川	Sichuan	91.78	39.09	77.04	58.18	68.77	85.37
贵 州	Guizhou	78.06	105.41	43.42	38.82	46.73	121.91
云 南	Yunnan	94.35	36.69	94.20	50.88	62.13	64.71
西 藏	Tibet	100.00	100.00	32.53	54.88	54.82	91.49
陕 西	Shaanxi	48.61	67.58	60.02	54.34	49.39	73.17
甘 肃	Gansu	92.04	42.76	61.13	66.27	65.89	69.97
青 海	Qinghai	80.00	129.41	31.16	15.76	10.41	16.78
宁 夏	Ningxia	36.89	100.00	29.01	82.41	72.13	50.88
新 疆	Xinjiang	105.26	88.89	10.11	91.63	43.46	52.25

3-1-11 各地区港澳台资企业固定资产投资情况

Statistics on Investment in Fixed Assets in Hong Kong, Macau and Taiwan Funded Enterprises by Region

地 区	Region	施工项目（个） Number of Projects under Construction (unit)					
		2000	2005	2012	2013	2014	2015
全 国	**Total**	**201**	**700**	**750**	**745**	**777**	**764**
东部地区	Eastern Region	147	577	606	583	625	585
中部地区	Middle Region	30	88	80	88	75	89
西部地区	Western Region	9	24	50	64	66	83
东北地区	Northeastern Region	15	11	14	10	11	7
北 京	Beijing	8	3	15	16	12	10
天 津	Tianjin	3	4	10	7	8	7
河 北	Hebei	7	11	9	5	5	9
山 西	Shanxi	2	1	1	2	3	4
内蒙古	Inner Mongolia		6	4	5	3	6
辽 宁	Liaoning	7	5	6	4	4	1
吉 林	Jilin	7	3	3	2	3	4
黑龙江	Heilongjiang	1	3	5	4	4	2
上 海	Shanghai	9	11	39	31	26	17
江 苏	Jiangsu	12	106	176	170	123	150
浙 江	Zhejiang	14	46	94	101	87	83
安 徽	Anhui	9	18	18	19	17	33
福 建	Fujian	18	48	50	57	72	47
江 西	Jiangxi	1	25	20	31	19	13
山 东	Shandong	8	19	22	24	14	21
河 南	Henan	3	10	6	5	4	4
湖 北	Hubei	9	18	19	19	18	15
湖 南	Hunan	6	10	16	12	14	20
广 东	Guangdong	63	317	190	171	275	239
广 西	Guangxi	3	9	10	14	24	40
海 南	Hainan	2	3	1	1	3	2
重 庆	Chongqing	3	1	17	28	20	18
四 川	Sichuan	4	16	10	9	13	13
贵 州	Guizhou		1			1	1
云 南	Yunnan		1	4	4	1	
西 藏	Tibet						
陕 西	Shaanxi	1	4	4	3	2	3
甘 肃	Gansu	1	1				
青 海	Qinghai						
宁 夏	Ningxia			1	1	1	2
新 疆	Xinjiang					1	

3-1-11　续表 1　continued

地　区	Region	新开工项目（个） Number of Projects Started This Year (unit)					
		2000	2005	2012	2013	2014	2015
全　国	**Total**	**123**	**432**	**382**	**380**	**469**	**501**
东部地区	Eastern Region	89	352	302	288	380	379
中部地区	Middle Region	24	58	48	58	42	65
西部地区	Western Region	5	15	25	30	42	53
东北地区	Northeastern Region	5	7	7	4	5	4
北　京	Beijing	5	2	3	1	3	1
天　津	Tianjin	3	2	3	2	6	6
河　北	Hebei	5	6	2	2	3	5
山　西	Shanxi	2			1	2	3
内蒙古	Inner Mongolia		3	4	2	2	6
辽　宁	Liaoning	2	3	1	2	1	1
吉　林	Jilin	2	3	2	1	2	3
黑龙江	Heilongjiang	1	1	4	1	2	
上　海	Shanghai	5	6	15	9	9	3
江　苏	Jiangsu	6	67	110	107	91	117
浙　江	Zhejiang	9	30	44	45	46	44
安　徽	Anhui	8	11	13	10	10	26
福　建	Fujian	7	25	19	25	41	23
江　西	Jiangxi		17	11	25	10	9
山　东	Shandong	6	15	13	14	6	18
河　南	Henan	3	8	1	3	2	2
湖　北	Hubei	6	12	12	13	9	11
湖　南	Hunan	5	7	11	6	9	14
广　东	Guangdong	39	195	93	82	172	160
广　西	Guangxi	2	3	5	9	20	30
海　南	Hainan	2	1		1	3	2
重　庆	Chongqing	3	1	7	15	7	10
四　川	Sichuan		9	6	2	10	5
贵　州	Guizhou		1			1	
云　南	Yunnan		1	1	2	1	
西　藏	Tibet						
陕　西	Shaanxi	1	3	2			1
甘　肃	Gansu	1					
青　海	Qinghai						
宁　夏	Ningxia						1
新　疆	Xinjiang					1	

3-1-11 续表 2 continued

地区	Region	建成投产项目（个） Number of Projects Completed and Put into Use (unit)					
		2000	2005	2012	2013	2014	2015
全国	**Total**	**96**	**296**	**360**	**397**	**471**	**471**
东部地区	Eastern Region	64	251	291	304	377	356
中部地区	Middle Region	22	31	47	52	50	61
西部地区	Western Region	8	11	15	38	38	48
东北地区	Northeastern Region	2	3	7	3	6	6
北京	Beijing	5	2	2	2	4	4
天津	Tianjin	1		3	1	5	3
河北	Hebei	3	5	4	3	1	7
山西	Shanxi				1	2	3
内蒙古	Inner Mongolia		4	1	3	3	6
辽宁	Liaoning		1	4	1	3	1
吉林	Jilin	2	2	2	1	2	3
黑龙江	Heilongjiang			1	1	1	2
上海	Shanghai		6	8	3	5	5
江苏	Jiangsu	10	58	119	135	90	119
浙江	Zhejiang	6	18	31	49	41	55
安徽	Anhui	9	3	11	12	13	26
福建	Fujian	5	14	14	11	36	16
江西	Jiangxi	1	10	13	20	15	8
山东	Shandong	4	6	14	16	9	17
河南	Henan	2	3	3	3	2	3
湖北	Hubei	5	9	11	7	10	11
湖南	Hunan	5	2	9	9	8	10
广东	Guangdong	28	138	95	83	183	129
广西	Guangxi	2	4	6	10	15	24
海南	Hainan			1	1	3	1
重庆	Chongqing	2	1	4	14	12	10
四川	Sichuan	4	5	2	7	6	6
贵州	Guizhou		1				
云南	Yunnan			2	4	1	
西藏	Tibet						
陕西	Shaanxi	1	4				1
甘肃	Gansu	1					
青海	Qinghai						
宁夏	Ningxia						1
新疆	Xinjiang					1	

3-1-11 续表 3 continued

地　区	Region	项目建成投产率 (%) Rate of Projects Completed and Put into Use (%)					
		2000	2005	2012	2013	2014	2015
全　国	**Total**	**47.76**	**42.29**	**48.00**	**53.29**	**60.62**	**61.65**
东部地区	Eastern Region	43.54	43.50	48.02	52.14	60.32	60.85
中部地区	Middle Region	73.33	35.23	58.75	59.09	66.67	68.54
西部地区	Western Region	88.89	45.83	30.00	59.38	57.58	57.83
东北地区	Northeastern Region	13.33	27.27	50.00	30.00	54.55	85.71
北　京	Beijing	62.50	66.67	13.33	12.50	33.33	40.00
天　津	Tianjin	33.33		30.00	14.29	62.50	42.86
河　北	Hebei	42.86	45.45	44.44	60.00	20.00	77.78
山　西	Shanxi				50.00	66.67	75.00
内蒙古	Inner Mongolia		66.67	25.00	60.00	100.00	100.00
辽　宁	Liaoning		20.00	66.67	25.00	75.00	100.00
吉　林	Jilin	28.57	66.67	66.67	50.00	66.67	75.00
黑龙江	Heilongjiang			20.00	25.00	25.00	100.00
上　海	Shanghai		54.55	20.51	9.68	19.23	29.41
江　苏	Jiangsu	83.33	54.72	67.61	79.41	73.17	79.33
浙　江	Zhejiang	42.86	39.13	32.98	48.51	47.13	66.27
安　徽	Anhui	100.00	16.67	61.11	63.16	76.47	78.79
福　建	Fujian	27.78	29.17	28.00	19.30	50.00	34.04
江　西	Jiangxi	100.00	40.00	65.00	64.52	78.95	61.54
山　东	Shandong	50.00	31.58	63.64	66.67	64.29	80.95
河　南	Henan	66.67	30.00	50.00	60.00	50.00	75.00
湖　北	Hubei	55.56	50.00	57.89	36.84	55.56	73.33
湖　南	Hunan	83.33	20.00	56.25	75.00	57.14	50.00
广　东	Guangdong	44.44	43.53	50.00	48.54	66.55	53.97
广　西	Guangxi	66.67	44.44	60.00	71.43	62.50	60.00
海　南	Hainan			100.00	100.00	100.00	50.00
重　庆	Chongqing	66.67	100.00	23.53	50.00	60.00	55.56
四　川	Sichuan	100.00	31.25	20.00	77.78	46.15	46.15
贵　州	Guizhou		100.00				
云　南	Yunnan			50.00	100.00	100.00	
西　藏	Tibet						
陕　西	Shaanxi	100.00	100.00				33.33
甘　肃	Gansu	100.00					
青　海	Qinghai						
宁　夏	Ningxia						50.00
新　疆	Xinjiang					100.00	

3-1-11 续表 4 continued

地　区	Region	投资额（亿元） Investment (100 million yuan)					
		2000	2005	2012	2013	2014	2015
全　国	**Total**	**53.91**	**365.51**	**1032.56**	**967.66**	**870.17**	**937.44**
东部地区	Eastern Region	40.72	300.49	713.64	607.06	574.49	709.92
中部地区	Middle Region	6.16	46.92	200.16	177.72	195.73	156.27
西部地区	Western Region	1.25	12.96	104.99	164.24	89.49	67.58
东北地区	Northeastern Region	5.78	5.14	13.77	18.64	10.45	3.68
北　京	Beijing	1.05	35.22	10.74	18.50	10.01	13.53
天　津	Tianjin	0.96	4.38	38.99	13.53	14.74	21.88
河　北	Hebei	0.64	4.15	8.75	7.84	13.76	43.18
山　西	Shanxi	0.15	14.11	5.88	20.27	64.28	50.37
内蒙古	Inner Mongolia		8.25	19.51	15.97	3.58	5.10
辽　宁	Liaoning	1.08	2.42	5.86	14.09	6.00	0.37
吉　林	Jilin	4.63	1.97	6.65	2.98	3.04	2.86
黑龙江	Heilongjiang	0.07	0.75	1.26	1.57	1.42	0.46
上　海	Shanghai	8.20	20.09	24.84	17.89	24.03	42.35
江　苏	Jiangsu	1.93	71.85	281.37	217.68	189.70	262.25
浙　江	Zhejiang	1.33	14.69	38.17	40.58	35.94	33.88
安　徽	Anhui	0.64	2.99	20.63	14.56	15.00	33.50
福　建	Fujian	3.11	11.14	51.03	101.26	76.39	82.88
江　西	Jiangxi	0.01	6.66	16.63	30.56	15.51	6.07
山　东	Shandong	2.09	21.63	17.24	25.78	30.26	26.10
河　南	Henan	4.14	4.71	72.56	64.45	28.70	6.39
湖　北	Hubei	1.00	9.05	54.13	24.11	32.29	22.83
湖　南	Hunan	0.23	1.14	30.33	23.77	39.97	37.10
广　东	Guangdong	21.12	114.59	241.43	163.43	178.11	183.59
广　西	Guangxi	0.06	1.86	8.13	15.59	15.07	16.08
海　南	Hainan	0.23	0.88	1.07	0.56	1.55	0.27
重　庆	Chongqing	0.53	0.09	59.41	68.27	31.60	27.10
四　川	Sichuan	0.60	10.31	14.55	60.74	28.65	11.66
贵　州	Guizhou		0.75			5.54	0.85
云　南	Yunnan		0.31	1.67	1.22	0.53	
西　藏	Tibet						
陕　西	Shaanxi	0.04	0.89	1.55	2.22	2.56	6.25
甘　肃	Gansu	0.09	0.60				
青　海	Qinghai				0.18		
宁　夏	Ningxia			0.17	0.06	0.01	0.55
新　疆	Xinjiang					1.94	

3-1-11 续表 5 continued

地 区	Region	新增固定资产（亿元） Newly Increased Fixed Assets (100 million yuan)					
		2000	2005	2012	2013	2014	2015
全 国	**Total**	**41.61**	**304.76**	**695.68**	**573.16**	**639.91**	**695.40**
东部地区	Eastern Region	33.60	272.83	515.35	367.67	483.22	583.70
中部地区	Middle Region	1.29	26.32	142.42	63.57	80.71	71.40
西部地区	Western Region	1.26	3.25	28.45	109.85	69.29	36.94
东北地区	Northeastern Region	5.47	2.36	9.47	32.08	6.68	3.36
北 京	Beijing	1.90	80.52	3.99	7.75	5.16	15.40
天 津	Tianjin	0.69	3.37	5.34	4.97	13.86	16.70
河 北	Hebei	0.72	3.86	0.67	3.08	2.05	34.97
山 西	Shanxi		2.35		0.60	21.61	10.51
内 蒙 古	Inner Mongolia		5.69	0.48	17.40	17.02	4.80
辽 宁	Liaoning	1.44	0.69	1.96	30.00	4.49	0.37
吉 林	Jilin	4.01	1.67	7.10	1.88	1.71	2.54
黑 龙 江	Heilongjiang	0.02		0.40	0.20	0.49	0.46
上 海	Shanghai	3.38	4.36	24.17	4.69	14.50	40.18
江 苏	Jiangsu	2.38	76.05	246.19	177.57	122.13	222.06
浙 江	Zhejiang	0.74	8.53	20.12	20.02	33.68	29.79
安 徽	Anhui	0.65	0.71	12.80	8.38	6.76	21.06
福 建	Fujian	1.39	6.28	40.05	33.36	129.36	45.94
江 西	Jiangxi	0.01	5.59	10.42	19.36	23.46	3.98
山 东	Shandong	2.13	1.97	12.25	11.23	12.24	10.28
河 南	Henan	0.07	3.69	68.34	15.00	14.78	10.78
湖 北	Hubei	0.35	7.68	36.78	14.26	7.47	8.82
湖 南	Hunan	0.22	0.61	14.08	5.98	6.63	16.26
广 东	Guangdong	20.22	85.94	161.51	104.42	148.69	168.24
广 西	Guangxi	0.05	1.74	5.82	15.89	11.05	12.59
海 南	Hainan		0.19	1.07	0.56	1.53	0.14
重 庆	Chongqing	0.33	0.09	16.49	51.11	23.89	12.55
四 川	Sichuan	0.81	1.07	4.85	23.53	15.70	6.40
贵 州	Guizhou		0.75				
云 南	Yunnan			0.80	1.92	0.50	
西 藏	Tibet						
陕 西	Shaanxi	0.04	0.85				0.07
甘 肃	Gansu	0.09	0.49				
青 海	Qinghai						
宁 夏	Ningxia						0.53
新 疆	Xinjiang					1.13	

3-1-11 续表 6 continued

地 区	Region	固定资产交付使用率 (%) Rate of Fixed Assets Put into Use (%)					
		2000	2005	2012	2013	2014	2015
全 国	**Total**	**77.18**	**83.38**	**67.37**	**59.23**	**73.54**	**74.18**
东部地区	Eastern Region	82.51	90.80	72.21	60.57	84.11	82.22
中部地区	Middle Region	20.94	56.10	71.15	35.77	41.24	45.69
西部地区	Western Region	100.80	25.08	27.09	66.89	77.43	54.66
东北地区	Northeastern Region	94.64	45.91	68.76	172.07	63.95	91.30
北 京	Beijing	180.95	228.62	37.11	41.92	51.56	113.86
天 津	Tianjin	71.88	76.94	13.69	36.72	94.03	76.30
河 北	Hebei	112.50	93.01	7.69	39.24	14.94	80.99
山 西	Shanxi		16.65		2.96	33.63	20.87
内蒙古	Inner Mongolia		68.97	2.46	108.97	475.44	94.12
辽 宁	Liaoning	133.33	28.51	33.48	212.87	74.82	100.00
吉 林	Jilin	86.61	84.77	106.86	63.06	56.18	88.79
黑龙江	Heilongjiang	28.57		31.78	12.74	34.58	100.00
上 海	Shanghai	41.22	21.70	97.28	26.21	60.33	94.89
江 苏	Jiangsu	123.32	105.85	87.50	81.58	64.38	84.67
浙 江	Zhejiang	55.64	58.07	52.70	49.35	93.73	87.93
安 徽	Anhui	101.56	23.75	62.06	57.51	45.10	62.86
福 建	Fujian	44.69	56.37	78.49	32.95	169.35	55.43
江 西	Jiangxi	100.00	83.93	62.65	63.34	151.27	65.55
山 东	Shandong	101.91	9.11	71.02	43.56	40.44	39.38
河 南	Henan	1.69	78.34	94.19	23.27	51.51	168.60
湖 北	Hubei	35.00	84.86	67.94	59.14	23.14	38.63
湖 南	Hunan	95.65	53.51	46.40	25.15	16.58	43.82
广 东	Guangdong	95.74	75.00	66.90	63.89	83.48	91.64
广 西	Guangxi	83.33	93.55	71.63	101.96	73.33	78.31
海 南	Hainan		21.59	100.00	100.00	98.92	51.32
重 庆	Chongqing	62.26	100.00	27.76	74.86	75.60	46.30
四 川	Sichuan	135.00	10.38	33.36	38.75	54.78	54.87
贵 州	Guizhou		100.00				
云 南	Yunnan			47.84	157.75	93.55	
西 藏	Tibet						
陕 西	Shaanxi	100.00	95.51				1.17
甘 肃	Gansu	100.00	81.67				
青 海	Qinghai						
宁 夏	Ningxia						95.96
新 疆	Xinjiang					58.54	

3-1-12 各地区外资企业固定资产投资情况

Statistics on Investment in Fixed Assets in Foreign funded Enterprises by Region

地 区	Region	施工项目（个） Number of Projects under Construction (unit)					
		2000	2005	2012	2013	2014	2015
全 国	**Total**	**263**	**971**	**952**	**958**	**954**	**989**
东部地区	Eastern Region	214	824	783	811	830	852
中部地区	Middle Region	13	59	83	79	67	65
西部地区	Western Region	12	44	48	44	44	55
东北地区	Northeastern Region	24	44	38	24	13	17
北 京	Beijing	11	18	18	23	22	19
天 津	Tianjin	33	29	44	38	41	44
河 北	Hebei	9	13	9	7	7	10
山 西	Shanxi		5	4	3	2	2
内蒙古	Inner Mongolia	1	2				
辽 宁	Liaoning	16	36	13	7	4	5
吉 林	Jilin	5	5	17	10	6	7
黑龙江	Heilongjiang	3	3	8	7	3	5
上 海	Shanghai	32	53	59	52	34	37
江 苏	Jiangsu	28	211	325	319	346	374
浙 江	Zhejiang	6	74	115	131	114	110
安 徽	Anhui	1	10	21	16	14	10
福 建	Fujian	9	51	37	35	27	17
江 西	Jiangxi		13	25	20	11	15
山 东	Shandong	26	134	61	62	60	85
河 南	Henan	1	13	6	9	7	5
湖 北	Hubei	7	11	13	14	15	15
湖 南	Hunan	3	5	14	17	18	18
广 东	Guangdong	58	233	113	141	173	152
广 西	Guangxi		5	13	9	7	11
海 南	Hainan	2	3	2	3	6	4
重 庆	Chongqing		6	14	12	9	5
四 川	Sichuan	9	21	10	18	17	23
贵 州	Guizhou	1	4		1	1	1
云 南	Yunnan		3	5	1	2	
西 藏	Tibet						1
陕 西	Shaanxi	2	4	6	3	6	10
甘 肃	Gansu					2	2
青 海	Qinghai		2				
宁 夏	Ningxia						2
新 疆	Xinjiang		4				

3-1-12 续表 1 continued

地 区	Region	新开工项目（个） Number of Projects Started This Year (unit)					
		2000	2005	2012	2013	2014	2015
全 国	**Total**	**145**	**606**	**556**	**570**	**579**	**687**
东部地区	Eastern Region	115	511	448	491	509	595
中部地区	Middle Region	9	32	50	49	35	42
西部地区	Western Region	9	26	33	23	27	38
东北地区	Northeastern Region	12	37	25	7	8	12
北 京	Beijing	4	6	4	6	4	4
天 津	Tianjin	20	19	22	25	31	30
河 北	Hebei	7	9	3	1	3	5
山 西	Shanxi		2			1	1
内 蒙 古	Inner Mongolia	1	1				
辽 宁	Liaoning	7	33	10		2	4
吉 林	Jilin	3	3	14	6	5	5
黑 龙 江	Heilongjiang	2	1	1	1	1	3
上 海	Shanghai	14	28	33	25	14	26
江 苏	Jiangsu	18	124	202	215	254	303
浙 江	Zhejiang	5	36	59	66	53	59
安 徽	Anhui	1	6	10	12	8	9
福 建	Fujian	2	30	11	13	11	12
江 西	Jiangxi		3	19	15	8	9
山 东	Shandong	12	100	43	50	42	66
河 南	Henan	1	7	6	7	2	1
湖 北	Hubei	5	8	7	6	7	10
湖 南	Hunan	1	5	8	9	9	12
广 东	Guangdong	32	155	70	88	93	89
广 西	Guangxi		2	8	6	7	10
海 南	Hainan	1	2	1	2	4	1
重 庆	Chongqing		3	9	3	4	4
四 川	Sichuan	6	14	8	13	7	17
贵 州	Guizhou	1	2		1	1	
云 南	Yunnan		1	4		1	
西 藏	Tibet						1
陕 西	Shaanxi	2	1	4		5	4
甘 肃	Gansu					2	
青 海	Qinghai		1				
宁 夏	Ningxia						2
新 疆	Xinjiang		4				

3-1-12　续表 2　continued

地　区	Region	建成投产项目（个） Number of Projects Completed and Put into Use (unit)					
		2000	2005	2012	2013	2014	2015
全　国	**Total**	**129**	**468**	**517**	**538**	**609**	**642**
东部地区	Eastern Region	101	402	420	456	539	559
中部地区	Middle Region	10	26	50	39	37	38
西部地区	Western Region	3	12	28	27	24	31
东北地区	Northeastern Region	15	28	19	16	9	14
北　京	Beijing	2	9	3	5	5	2
天　津	Tianjin	11	11	17	20	16	13
河　北	Hebei	6	3	3	2	3	6
山　西	Shanxi		1	1	2	1	1
内蒙古	Inner Mongolia	1	1				
辽　宁	Liaoning	9	23	5	4	4	5
吉　林	Jilin	4	4	12	8	4	6
黑龙江	Heilongjiang	2	1	2	4	1	3
上　海	Shanghai	14	22	14	11	16	19
江　苏	Jiangsu	18	147	221	225	277	297
浙　江	Zhejiang	3	26	40	64	56	61
安　徽	Anhui		3	15	10	13	8
福　建	Fujian	1	20	12	13	15	7
江　西	Jiangxi		5	20	16	5	6
山　东	Shandong	13	55	45	50	40	62
河　南	Henan	1	6	3	3	4	3
湖　北	Hubei	7	7	5	3	4	7
湖　南	Hunan	1	3	6	5	10	13
广　东	Guangdong	32	108	64	65	109	91
广　西	Guangxi		1	11	9	5	7
海　南	Hainan	1		1	1	2	1
重　庆	Chongqing		3	6	8	8	2
四　川	Sichuan	3	4	7	8	10	15
贵　州	Guizhou				1		
云　南	Yunnan		1	3		1	
西　藏	Tibet						
陕　西	Shaanxi		1	1	1		4
甘　肃	Gansu						1
青　海	Qinghai		2				
宁　夏	Ningxia						2
新　疆	Xinjiang		1				

3-1-12 续表 3 continued

地区	Region	项目建成投产率（%） Rate of Projects Completed and Put into Use (%)					
		2000	2005	2012	2013	2014	2015
全　国	**Total**	**49.05**	**48.20**	**54.31**	**56.16**	**63.84**	**64.91**
东部地区	Eastern Region	47.20	48.79	53.64	56.23	64.94	65.61
中部地区	Middle Region	76.92	44.07	60.24	49.37	55.22	58.46
西部地区	Western Region	25.00	27.27	58.33	61.36	54.55	56.36
东北地区	Northeastern Region	62.50	63.64	50.00	66.67	69.23	82.35
北　京	Beijing	18.18	50.00	16.67	21.74	22.73	10.53
天　津	Tianjin	33.33	37.93	38.64	52.63	39.02	29.55
河　北	Hebei	66.67	23.08	33.33	28.57	42.86	60.00
山　西	Shanxi		20.00	25.00	66.67	50.00	50.00
内蒙古	Inner Mongolia	100.00	50.00				
辽　宁	Liaoning	56.25	63.89	38.46	57.14	100.00	100.00
吉　林	Jilin	80.00	80.00	70.59	80.00	66.67	85.71
黑龙江	Heilongjiang	66.67	33.33	25.00	57.14	33.33	60.00
上　海	Shanghai	43.75	41.51	23.73	21.15	47.06	51.35
江　苏	Jiangsu	64.29	69.67	68.00	70.53	80.06	79.41
浙　江	Zhejiang	50.00	35.14	34.78	48.85	49.12	55.45
安　徽	Anhui		30.00	71.43	62.50	92.86	80.00
福　建	Fujian	11.11	39.22	32.43	37.14	55.56	41.18
江　西	Jiangxi		38.46	80.00	80.00	45.45	40.00
山　东	Shandong	50.00	41.04	73.77	80.65	66.67	72.94
河　南	Henan	100.00	46.15	50.00	33.33	57.14	60.00
湖　北	Hubei	100.00	63.64	38.46	21.43	26.67	46.67
湖　南	Hunan	33.33	60.00	42.86	29.41	55.56	72.22
广　东	Guangdong	55.17	46.35	56.64	46.10	63.01	59.87
广　西	Guangxi		20.00	84.62	100.00	71.43	63.64
海　南	Hainan	50.00		50.00	33.33	33.33	25.00
重　庆	Chongqing		50.00	42.86	66.67	88.89	40.00
四　川	Sichuan	33.33	19.05	70.00	44.44	58.82	65.22
贵　州	Guizhou				100.00		
云　南	Yunnan		33.33	60.00		50.00	
西　藏	Tibet						
陕　西	Shaanxi		25.00	16.67	33.33		40.00
甘　肃	Gansu						50.00
青　海	Qinghai		100.00				
宁　夏	Ningxia						100.00
新　疆	Xinjiang		25.00				

3-1-12　续表 4　continued

地　区	Region	投资额（亿元） Investment (100 million yuan)					
		2000	2005	2012	2013	2014	2015
全　国	**Total**	**208.56**	**628.10**	**1264.98**	**1405.32**	**1453.33**	**1709.43**
东部地区	Eastern Region	180.38	575.76	1044.22	1075.52	1091.02	1282.62
中部地区	Middle Region	15.20	9.11	117.62	104.10	84.25	109.49
西部地区	Western Region	6.56	18.82	60.21	183.78	264.60	296.44
东北地区	Northeastern Region	6.42	24.41	42.94	41.92	13.46	20.89
北　京	Beijing	12.05	38.54	48.58	23.68	30.24	49.73
天　津	Tianjin	43.70	37.02	48.60	32.30	46.08	52.94
河　北	Hebei	0.93	4.05	9.86	8.44	12.26	31.83
山　西	Shanxi		0.22	8.70	6.02	0.57	0.98
内蒙古	Inner Mongolia	0.02	0.22				
辽　宁	Liaoning	5.70	23.09	17.68	30.17	6.99	12.45
吉　林	Jilin	0.14	0.98	11.84	8.04	5.23	6.72
黑龙江	Heilongjiang	0.58	0.34	13.42	3.72	1.24	1.72
上　海	Shanghai	60.67	93.36	111.73	108.19	86.21	97.06
江　苏	Jiangsu	11.97	196.69	490.74	499.77	525.18	569.39
浙　江	Zhejiang	1.72	18.32	44.58	50.65	47.72	65.38
安　徽	Anhui	0.36	1.04	27.63	15.20	7.26	11.76
福　建	Fujian	4.58	22.94	42.72	40.27	47.57	44.57
江　西	Jiangxi		2.60	23.54	10.80	10.65	17.76
山　东	Shandong	5.07	46.60	59.37	57.43	67.08	78.17
河　南	Henan	0.01	2.19	7.92	9.49	9.61	10.32
湖　北	Hubei	0.45	1.76	12.56	9.20	10.77	18.37
湖　南	Hunan	14.37	1.07	37.27	53.38	45.39	50.31
广　东	Guangdong	39.32	115.30	186.90	252.33	225.75	292.24
广　西	Guangxi		1.69	14.06	6.87	4.17	5.43
海　南	Hainan	0.37	1.26	1.13	2.45	2.91	1.30
重　庆	Chongqing		0.41	12.42	10.61	16.09	9.94
四　川	Sichuan	6.35	14.93	6.45	19.60	23.81	42.05
贵　州	Guizhou	0.02	1.47		1.86	2.06	1.00
云　南	Yunnan		0.72	2.25	0.50	0.55	
西　藏	Tibet						0.05
陕　西	Shaanxi	0.18	0.79	25.03	144.21	216.55	236.48
甘　肃	Gansu					1.38	1.30
青　海	Qinghai		0.08		0.14		
宁　夏	Ningxia						0.19
新　疆	Xinjiang		0.43				

3-1-12 续表 5 continued

地区	Region	新增固定资产（亿元） Newly Increased Fixed Assets (100 million yuan)					
		2000	2005	2012	2013	2014	2015
全 国	**Total**	**145.33**	**460.01**	**994.36**	**898.55**	**1114.47**	**1073.02**
东部地区	Eastern Region	121.46	435.35	878.43	798.51	1023.18	861.35
中部地区	Middle Region	12.53	4.66	53.39	49.28	47.83	29.80
西部地区	Western Region	6.00	5.71	32.21	27.76	35.73	160.49
东北地区	Northeastern Region	5.35	14.29	30.33	22.99	7.73	21.37
北 京	Beijing	7.00	14.11	44.91	46.49	211.19	30.97
天 津	Tianjin	13.97	8.56	45.05	29.80	38.28	29.70
河 北	Hebei	0.80	2.73	7.93	4.51	2.73	25.35
山 西	Shanxi		0.03	4.89	5.62	0.32	0.90
内蒙古	Inner Mongolia	0.02	0.18				
辽 宁	Liaoning	4.31	13.24	8.82	7.20	3.27	13.93
吉 林	Jilin	0.46	0.91	13.70	8.00	4.34	6.52
黑龙江	Heilongjiang	0.58	0.14	7.81	7.80	0.13	0.91
上 海	Shanghai	48.78	54.21	70.05	45.05	67.73	63.44
江 苏	Jiangsu	9.60	213.26	434.14	355.97	424.73	425.68
浙 江	Zhejiang	1.94	11.23	29.53	36.65	38.28	62.68
安 徽	Anhui	0.35	0.47	10.74	18.75	6.23	6.89
福 建	Fujian	3.00	14.09	29.20	34.68	38.87	16.60
江 西	Jiangxi		1.98	19.80	7.24	1.31	7.48
山 东	Shandong	4.71	31.41	35.25	47.77	38.27	60.17
河 南	Henan	0.01	0.37	5.40	5.60	4.22	1.06
湖 北	Hubei	0.44	1.18	8.42	0.34	2.53	0.34
湖 南	Hunan	11.72	0.47	4.13	11.74	33.22	13.14
广 东	Guangdong	31.58	85.46	181.25	197.13	160.98	146.66
广 西	Guangxi		0.24	14.37	7.40	3.74	4.81
海 南	Hainan	0.06	0.05	1.13	0.47	2.10	0.09
重 庆	Chongqing		0.13	2.44	4.31	12.60	8.86
四 川	Sichuan	6.00	2.87	4.33	5.99	11.63	41.43
贵 州	Guizhou		1.07		1.86		
云 南	Yunnan		1.13	1.21		0.30	
西 藏	Tibet						0.05
陕 西	Shaanxi		0.20	9.85	8.21	7.45	104.86
甘 肃	Gansu						0.30
青 海	Qinghai		0.26				
宁 夏	Ningxia						0.19
新 疆	Xinjiang		0.04				

3-1-12　续表 6　continued

地　区	Region	固定资产交付使用率 (%) Rate of Fixed Assets Put into Use (%)					
		2000	2005	2012	2013	2014	2015
全　国	**Total**	**69.68**	**73.24**	**78.61**	**63.94**	**76.68**	**62.77**
东部地区	Eastern Region	67.34	75.61	84.12	74.24	93.78	67.16
中部地区	Middle Region	82.43	51.15	45.39	47.35	56.77	27.22
西部地区	Western Region	91.46	30.34	53.50	15.11	13.50	54.14
东北地区	Northeastern Region	83.33	58.54	70.63	54.85	57.48	102.34
北　京	Beijing	58.09	36.61	92.45	196.32	698.30	62.28
天　津	Tianjin	31.97	23.12	92.70	92.24	83.08	56.09
河　北	Hebei	86.02	67.41	80.37	53.44	22.26	79.63
山　西	Shanxi		13.64	56.19	93.36	56.97	91.68
内 蒙 古	Inner Mongolia	100.00	81.82				
辽　宁	Liaoning	75.61	57.34	49.89	23.85	46.74	111.94
吉　林	Jilin	328.57	92.86	115.70	99.47	82.96	97.05
黑 龙 江	Heilongjiang	100.00	41.18	58.18	209.89	10.75	53.34
上　海	Shanghai	80.40	58.07	62.69	41.64	78.56	65.37
江　苏	Jiangsu	80.20	108.42	88.46	71.23	80.87	74.76
浙　江	Zhejiang	112.79	61.30	66.25	72.35	80.22	95.87
安　徽	Anhui	97.22	45.19	38.89	123.31	85.83	58.55
福　建	Fujian	65.50	61.42	68.36	86.11	81.70	37.24
江　西	Jiangxi		76.15	84.12	67.02	12.31	42.11
山　东	Shandong	92.90	67.40	59.37	83.18	57.06	76.97
河　南	Henan	100.00	16.89	68.20	59.01	43.86	10.27
湖　北	Hubei	97.78	67.05	67.04	3.68	23.46	1.86
湖　南	Hunan	81.56	43.93	11.09	22.00	73.19	26.12
广　东	Guangdong	80.32	74.12	96.98	78.13	71.31	50.18
广　西	Guangxi		14.20	102.19	107.62	89.66	88.68
海　南	Hainan	16.22	3.97	100.00	18.99	72.11	6.95
重　庆	Chongqing		31.71	19.64	40.61	78.36	89.13
四　川	Sichuan	94.49	19.22	67.25	30.56	48.86	98.52
贵　州	Guizhou		72.79		100.00		
云　南	Yunnan		156.94	53.98		54.36	
西　藏	Tibet						100.00
陕　西	Shaanxi		25.32	39.35	5.69	3.44	44.34
甘　肃	Gansu						23.08
青　海	Qinghai		325.00				
宁　夏	Ningxia						100.00
新　疆	Xinjiang		9.30				

3-2-1　按行业分高技术产业投资基本情况(2015年)

Basic Statistics on Investment in Fixed Assets in High-tech Industry by Industrial Sector (2015)

行　业	Industry	施工项目(个) Number of Projects under Construction (unit)	#新开工 Number of Projects Started This Year	建成投产项目(个) Number of Projects Completed and Put into Use (unit)
合计	**Total**	**20028**	**14122**	**14100**
医药制造业	**Manufacture of Medicines**	**6468**	**4353**	**4438**
#化学药品制造	Manufacture of Chemical Medicine	1950	1290	1343
中成药生产	Production of Finished Traditional Chinese Herbal Medicine	1205	746	777
生物药品制造	Manufacture of Biological Medicine	1137	753	758
航空、航天器及设备制造业	**Manufacture of Aircrafts and Spacecrafts and Related Equipment**	**422**	**250**	**252**
#飞机制造	Manufacture of Airplanes	141	70	66
航天器制造	Manufacture of Spacecrafts	25	16	19
电子及通信设备制造业	**Manufacture of Electronic Equipment and Communication Equipment**	**8507**	**6080**	**6077**
#通信设备制造	Manufacture of Communication Equipment	982	673	643
#通信系统设备制造	Manufacture of Communication System Equipment	621	438	420
通信终端设备制造	Manufacture of Communication Terminal Equipment	361	235	223
广播电视设备制造	Manufacture of Broadcasting and TV Equipment	249	188	187
雷达及配套设备制造	Manufacture of Radar and Its Fittings	67	41	44
视听设备制造	Manufacture of TV Set and Radio Receiver	264	185	190
电子器件制造	Manufacture of Electronic Appliances	1689	1130	1150
#电子真空器件制造	Manufacture of Electronic Vacuum Appliance	124	95	94
半导体分立器件制造	Manufacture of Semiconductor Discreting Appliances	132	91	87
集成电路制造	Manufacture of Integrate Circuit	241	154	157
电子元件制造	Manufacture of Electronic Components	2714	2024	2042
其他电子设备制造	Manufacture of Other Electronic Equipment	1179	867	866
计算机及办公设备制造业	**Manufacture of Computers and Office Equipment**	**1011**	**755**	**653**
#计算机整机制造	Manufacture of Entired Computer	96	57	54
计算机零部件制造	Manufacture of Computer Components and Parts	396	315	291
计算机外围设备制造	Manufacture of Computer Peripheral Equipment	191	144	116
办公设备制造	Manufacture of Office Equipment	84	60	55
医疗仪器设备及仪器仪表制造业	**Manufacture of Medical Equipments and Measuring Instrument**	**3410**	**2532**	**2543**
1.医疗仪器设备及器械制造	Manufacture of Medical Equipment and Appliance	1293	975	945
2.仪器仪表制造	Manufacture of Measuring Instrument	2117	1557	1598
信息化学品制造业	**Manufacture of Electronic Chemicals**	**210**	**152**	**137**

注：本表数据口径为投资额在500万元以上的全部项目。以下至3-2-7表相同。

3-2-1 续表 continued

行业	Industry	项目建成投产率(%) Rate of Projects Completed and Put into Use (%)	投资额(亿元) Investment (100 million yuan)	新增固定资产(亿元) Newly Increased Fixed Assets (100 million yuan)	固定资产交付使用率(%) Rate of Fixed Assets Put into Use (%)
合计	**Total**	**70.40**	**19950.65**	**14307.54**	**71.71**
医药制造业	**Manufacture of Medicines**	**68.61**	**5811.88**	**4201.55**	**72.29**
#化学药品制造	Manufacture of Chemical Medicine	68.87	1938.52	1330.22	68.62
中成药生产	Production of Finished Traditional Chinese Herbal Medicine	64.48	1075.51	765.29	71.16
生物药品制造	Manufacture of Biological Medicine	66.67	1146.24	827.64	72.20
航空、航天器及设备制造业	**Manufacture of Aircrafts and Spacecrafts and Related Equipment**	**59.72**	**743.97**	**605.01**	**81.32**
#飞机制造	Manufacture of Airplanes	46.81	366.83	286.19	78.02
航天器制造	Manufacture of Spacecrafts	76.00	26.40	21.61	81.86
电子及通信设备制造业	**Manufacture of Electronic Equipment and Communication Equipment**	**71.44**	**9425.24**	**6616.82**	**70.20**
#通信设备制造	Manufacture of Communication Equipment	65.48	1189.15	737.45	62.01
#通信系统设备制造	Manufacture of Communication System Equipment	67.63	573.26	414.82	72.36
通信终端设备制造	Manufacture of Communication Terminal Equipment	61.77	615.89	322.63	52.38
广播电视设备制造	Manufacture of Broadcasting and TV Equipment	75.10	218.93	176.35	80.55
雷达及配套设备制造	Manufacture of Radar and Its Fittings	65.67	93.45	59.89	64.09
视听设备制造	Manufacture of TV Set and Radio Receiver	71.97	243.89	175.03	71.77
电子器件制造	Manufacture of Electronic Appliances	68.09	3032.58	1950.32	64.31
#电子真空器件制造	Manufacture of Electronic Vacuum Appliance	75.81	87.15	74.44	85.41
半导体分立器件制造	Manufacture of Semiconductor Discreting Appliances	65.91	121.56	113.26	93.17
集成电路制造	Manufacture of Integrate Circuit	65.15	671.43	486.52	72.46
电子元件制造	Manufacture of Electronic Components	75.24	2032.24	1583.56	77.92
其他电子设备制造	Manufacture of Other Electronic Equipment	73.45	1127.67	824.26	73.09
计算机及办公设备制造业	**Manufacture of Computers and Office Equipment**	**64.59**	**1169.13**	**731.65**	**62.58**
#计算机整机制造	Manufacture of Entired Computer	56.25	184.52	84.52	45.80
计算机零部件制造	Manufacture of Computer Components and Parts	73.48	482.82	347.91	72.06
计算机外围设备制造	Manufacture of Computer Peripheral Equipment	60.73	160.27	94.14	58.74
办公设备制造	Manufacture of Office Equipment	65.48	70.98	38.27	53.91
医疗仪器设备及仪器仪表制造业	**Manufacture of Medical Equipments and Measuring Instrument**	**74.57**	**2530.51**	**1998.70**	**78.98**
1.医疗仪器设备及器械制造	Manufacture of Medical Equipment and Appliance	73.09	977.49	765.55	78.32
2.仪器仪表制造	Manufacture of Measuring Instrument	75.48	1553.02	1233.15	79.40
信息化学品制造业	**Manufacture of Electronic Chemicals**	**65.24**	**269.93**	**153.81**	**56.98**

注：本表数据口径为投资额在500万元以上的全部项目。以下至3-2-7表相同。

3-2-2 各地区高技术产业投资基本情况(2015年)

Basic Statistics on Investment in Fixed Assets in High-tech Industry by Region (2015)

地 区	Region	施工项目 (个) Number of Projects under Construction (unit)	#新开工 Number of Projects Started This Year	建成投产项目 (个) Number of Projects Completed and Put into Use (unit)
全 国	**Total**	**20028**	**14122**	**14100**
东部地区	Eastern Region	10028	7137	6967
中部地区	Middle Region	5381	3697	3783
西部地区	Western Region	3331	2257	2300
东北地区	Northeastern Region	1288	1031	1050
北 京	Beijing	147	22	31
天 津	Tianjin	416	320	203
河 北	Hebei	485	305	351
山 西	Shanxi	166	106	114
内蒙古	Inner Mongolia	194	145	161
辽 宁	Liaoning	478	386	427
吉 林	Jilin	569	486	461
黑龙江	Heilongjiang	241	159	162
上 海	Shanghai	204	77	60
江 苏	Jiangsu	3194	2669	2638
浙 江	Zhejiang	1753	1088	1191
安 徽	Anhui	1339	1019	1014
福 建	Fujian	475	308	284
江 西	Jiangxi	955	636	619
山 东	Shandong	1576	1176	1124
河 南	Henan	817	458	548
湖 北	Hubei	829	489	497
湖 南	Hunan	1275	989	991
广 东	Guangdong	1743	1155	1070
广 西	Guangxi	789	612	584
海 南	Hainan	35	17	15
重 庆	Chongqing	548	406	388
四 川	Sichuan	813	519	555
贵 州	Guizhou	82	38	44
云 南	Yunnan	146	81	85
西 藏	Tibet	14	4	9
陕 西	Shaanxi	376	224	228
甘 肃	Gansu	232	148	167
青 海	Qinghai	35	23	17
宁 夏	Ningxia	32	22	24
新 疆	Xinjiang	70	35	38

3-2-2 续表 continued

地 区	Region	项目建成投产率 (%) Rate of Projects Completed and Put into Use (%)	投资额 (亿元) Investment (100 million yuan)	新增固定资产 (亿元) Newly Increased Fixed Assets (100 million yuan)	固定资产交付使用率 (%) Rate of Fixed Assets Put into Use (%)
全 国	**Total**	**70.40**	**19950.65**	**14307.54**	**71.71**
东部地区	Eastern Region	69.48	9102.18	6813.89	74.86
中部地区	Middle Region	70.30	6237.78	4062.40	65.13
西部地区	Western Region	69.05	3437.98	2327.58	67.70
东北地区	Northeastern Region	81.52	1172.72	1103.68	94.11
北 京	Beijing	21.09	120.20	77.23	64.25
天 津	Tianjin	48.80	416.97	345.44	82.85
河 北	Hebei	72.37	864.28	704.05	81.46
山 西	Shanxi	68.67	210.31	138.16	65.69
内蒙古	Inner Mongolia	82.99	344.15	168.77	49.04
辽 宁	Liaoning	89.33	514.70	528.84	102.75
吉 林	Jilin	81.02	515.62	463.29	89.85
黑龙江	Heilongjiang	67.22	142.39	111.56	78.34
上 海	Shanghai	29.41	236.25	146.14	61.86
江 苏	Jiangsu	82.59	3110.17	2538.16	81.61
浙 江	Zhejiang	67.94	735.35	604.90	82.26
安 徽	Anhui	75.73	1031.83	637.49	61.78
福 建	Fujian	59.79	580.23	341.23	58.81
江 西	Jiangxi	64.82	1087.26	658.78	60.59
山 东	Shandong	71.32	1643.88	1071.16	65.16
河 南	Henan	67.07	1726.49	1209.63	70.06
湖 北	Hubei	59.95	1261.15	721.95	57.25
湖 南	Hunan	77.73	920.73	696.38	75.63
广 东	Guangdong	61.39	1366.55	978.48	71.60
广 西	Guangxi	74.02	365.62	275.67	75.40
海 南	Hainan	42.86	28.28	7.09	25.05
重 庆	Chongqing	70.80	770.88	418.29	54.26
四 川	Sichuan	68.27	768.49	658.05	85.63
贵 州	Guizhou	53.66	137.84	165.78	120.27
云 南	Yunnan	58.22	64.98	42.05	64.71
西 藏	Tibet	64.29	2.18	2.00	91.68
陕 西	Shaanxi	60.64	747.20	474.08	63.45
甘 肃	Gansu	71.98	112.22	77.91	69.43
青 海	Qinghai	48.57	56.47	9.47	16.78
宁 夏	Ningxia	75.00	25.12	13.13	52.24
新 疆	Xinjiang	54.29	42.82	22.37	52.25

3-2-3 按行业分国有及国有控股企业高技术产业投资基本情况(2015年)

Basic Statistics on Investment in Fixed Assets in High-tech Industry of State-owned and State-controlled Enterprises by Industrial Sector (2015)

行业	Industry	施工项目(个) Number of Projects under Construction (unit)	#新开工 Number of Projects Started This Year	建成投产项目(个) Number of Projects Completed and Put into Use (unit)
合计	**Total**	**1354**	**786**	**757**
医药制造业	**Manufacture of Medicines**	**334**	**184**	**164**
#化学药品制造	Manufacture of Chemical Medicine	105	59	46
中成药生产	Production of Finished Traditional Chinese Herbal Medicine	81	36	47
生物药品制造	Manufacture of Biological Medicine	66	33	25
航空、航天器及设备制造业	**Manufacture of Aircrafts and Spacecrafts and Related Equipment**	**148**	**76**	**79**
#飞机制造	Manufacture of Airplanes	72	40	30
航天器制造	Manufacture of Spacecrafts	4	2	2
电子及通信设备制造业	**Manufacture of Electronic Equipment and Communication Equipment**	**631**	**365**	**359**
#通信设备制造	Manufacture of Communication Equipment	183	100	120
#通信系统设备制造	Manufacture of Communication System Equipment	146	75	99
通信终端设备制造	Manufacture of Communication Terminal Equipment	37	25	21
广播电视设备制造	Manufacture of Broadcasting and TV Equipment	10	8	6
雷达及配套设备制造	Manufacture of Radar and Its Fittings	15	7	9
视听设备制造	Manufacture of TV Set and Radio Receiver	21	10	11
电子器件制造	Manufacture of Electronic Appliances	127	77	63
#电子真空器件制造	Manufacture of Electronic Vacuum Appliance	6	5	3
半导体分立器件制造	Manufacture of Semiconductor Discreting Appliances	8	4	4
集成电路制造	Manufacture of Integrate Circuit	17	6	11
电子元件制造	Manufacture of Electronic Components	120	78	68
其他电子设备制造	Manufacture of Other Electronic Equipment	94	49	48
计算机及办公设备制造业	**Manufacture of Computers and Office Equipment**	**86**	**53**	**54**
#计算机整机制造	Manufacture of Entired Computer	18	8	14
计算机零部件制造	Manufacture of Computer Components and Parts	31	22	23
计算机外围设备制造	Manufacture of Computer Peripheral Equipment	13	8	5
办公设备制造	Manufacture of Office Equipment	4	3	2
医疗仪器设备及仪器仪表制造业	**Manufacture of Medical Equipments and Measuring Instrument**	**144**	**100**	**94**
1.医疗仪器设备及器械制造	Manufacture of Medical Equipment and Appliance	32	25	25
2.仪器仪表制造	Manufacture of Measuring Instrument	112	75	69
信息化学品制造业	**Manufacture of Electronic Chemicals**	**11**	**8**	**7**

3-2-3　续表　continued

行　　业	Industry	项目建成投产率(%) Rate of Projects Completed and Put into Use (%)	投资额(亿元) Investment (100 million yuan)	新增固定资产(亿元) Newly Increased Fixed Assets (100 million yuan)	固定资产交付使用率(%) Rate of Fixed Assets Put into Use (%)
合计	**Total**	**55.91**	**2328.63**	**1387.76**	**59.60**
医药制造业	**Manufacture of Medicines**	**49.10**	**389.95**	**226.16**	**58.00**
#化学药品制造	Manufacture of Chemical Medicine	43.81	128.22	49.76	38.81
中成药生产	Production of Finished Traditional Chinese Herbal Medicine	58.02	72.16	68.44	94.85
生物药品制造	Manufacture of Biological Medicine	37.88	104.34	56.22	53.88
航空、航天器及设备制造业	**Manufacture of Aircrafts and Spacecrafts and Related Equipment**	**53.38**	**403.07**	**378.05**	**93.79**
#飞机制造	Manufacture of Airplanes	41.67	233.15	201.25	86.32
航天器制造	Manufacture of Spacecrafts	50.00	13.64	11.94	87.56
电子及通信设备制造业	**Manufacture of Electronic Equipment and Communication Equipment**	**56.89**	**1198.48**	**562.17**	**46.91**
#通信设备制造	Manufacture of Communication Equipment	65.57	200.31	104.03	51.94
#通信系统设备制造	Manufacture of Communication System Equipment	67.81	113.82	86.08	75.62
通信终端设备制造	Manufacture of Communication Terminal Equipment	56.76	86.48	17.96	20.76
广播电视设备制造	Manufacture of Broadcasting and TV Equipment	60.00	7.93	3.67	46.26
雷达及配套设备制造	Manufacture of Radar and Its Fittings	60.00	30.41	19.51	64.16
视听设备制造	Manufacture of TV Set and Radio Receiver	52.38	31.12	9.15	29.42
电子器件制造	Manufacture of Electronic Appliances	49.61	605.12	213.82	35.33
#电子真空器件制造	Manufacture of Electronic Vacuum Appliance	50.00	3.67	1.10	29.85
半导体分立器件制造	Manufacture of Semiconductor Discreting Appliances	50.00	8.23	2.56	31.15
集成电路制造	Manufacture of Integrate Circuit	64.71	43.99	32.65	74.22
电子元件制造	Manufacture of Electronic Components	56.67	100.41	65.53	65.26
其他电子设备制造	Manufacture of Other Electronic Equipment	51.06	127.19	89.27	70.18
计算机及办公设备制造业	**Manufacture of Computers and Office Equipment**	**62.79**	**133.42**	**80.41**	**60.27**
#计算机整机制造	Manufacture of Entired Computer	77.78	36.89	25.83	70.01
计算机零部件制造	Manufacture of Computer Components and Parts	74.19	39.19	32.13	81.98
计算机外围设备制造	Manufacture of Computer Peripheral Equipment	38.46	12.71	2.46	19.36
办公设备制造	Manufacture of Office Equipment	50.00	4.59	4.85	105.49
医疗仪器设备及仪器仪表制造业	**Manufacture of Medical Equipments and Measuring Instrument**	**65.28**	**171.54**	**106.00**	**61.79**
1.医疗仪器设备及器械制造	Manufacture of Medical Equipment and Appliance	78.13	41.66	30.33	72.80
2.仪器仪表制造	Manufacture of Measuring Instrument	61.61	129.88	75.68	58.26
信息化学品制造业	**Manufacture of Electronic Chemicals**	**63.64**	**32.16**	**34.97**	**108.76**

3-2-4 按行业和登记注册类型分高技术产业投资基本情况(2015年)

Basic Statistics on Investment in Fixed Assets in High-tech Industry in High-tech Industry by Industrial Sector and Registration Status (2015)

行业	Industry	内资企业 Domestic Funded		
		施工项目(个) Number of Projects under Construction (unit)	#新开工 Number of Projects Started This Year	建成投产项目(个) Number of Projects Completed and Put into Use (unit)
合计	**Total**	**18275**	**12934**	**12987**
医药制造业	**Manufacture of Medicines**	**6090**	**4115**	**4210**
#化学药品制造	Manufacture of Chemical Medicine	1763	1165	1222
中成药生产	Production of Finished Traditional Chinese Herbal Medicine	1131	705	735
生物药品制造	Manufacture of Biological Medicine	1077	719	725
航空、航天器及设备制造业	**Manufacture of Aircrafts and Spacecrafts and Related Equipment**	**395**	**237**	**236**
#飞机制造	Manufacture of Airplanes	132	67	62
航天器制造	Manufacture of Spacecrafts	24	16	18
电子及通信设备制造业	**Manufacture of Electronic Equipment and Communication Equipment**	**7575**	**5420**	**5464**
#通信设备制造	Manufacture of Communication Equipment	875	609	573
#通信系统设备制造	Manufacture of Communication System Equipment	575	407	390
通信终端设备制造	Manufacture of Communication Terminal Equipment	300	202	183
广播电视设备制造	Manufacture of Broadcasting and TV Equipment	232	172	176
雷达及配套设备制造	Manufacture of Radar and Its Fittings	65	40	44
视听设备制造	Manufacture of TV Set and Radio Receiver	206	146	150
电子器件制造	Manufacture of Electronic Appliances	1447	962	990
#电子真空器件制造	Manufacture of Electronic Vacuum Appliance	116	89	89
半导体分立器件制造	Manufacture of Semiconductor Discreting Appliances	109	76	70
集成电路制造	Manufacture of Integrate Circuit	175	109	112
电子元件制造	Manufacture of Electronic Components	2369	1761	1809
其他电子设备制造	Manufacture of Other Electronic Equipment	1106	818	821
计算机及办公设备制造业	**Manufacture of Computers and Office Equipment**	**836**	**631**	**562**
#计算机整机制造	Manufacture of Entired Computer	85	51	49
计算机零部件制造	Manufacture of Computer Components and Parts	329	267	255
计算机外围设备制造	Manufacture of Computer Peripheral Equipment	133	97	83
办公设备制造	Manufacture of Office Equipment	69	52	48
医疗仪器设备及仪器仪表制造业	**Manufacture of Medical Equipments and Measuring Instrument**	**3196**	**2404**	**2402**
1.医疗仪器设备及器械制造	Manufacture of Medical Equipment and Appliance	1204	921	896
2.仪器仪表制造	Manufacture of Measuring Instrument	1992	1483	1506
信息化学品制造业	**Manufacture of Electronic Chemicals**	**183**	**127**	**113**

3-2-4 续表 1 continued

行业	Industry	内资企业 Domestic Funded			
		项目建成投产率(%) Rate of Projects Completed and Put into Use (%)	投资额(亿元) Investment (100 million yuan)	新增固定资产(亿元) Newly Increased Fixed Assets (100 million yuan)	固定资产交付使用率(%) Rate of Fixed Assets Put into Use (%)
合计	**Total**	**71.06**	**17303.78**	**12539.13**	**72.46**
医药制造业	**Manufacture of Medicines**	**69.13**	**5464.56**	**3960.99**	**72.49**
#化学药品制造	Manufacture of Chemical Medicine	69.31	1753.02	1185.47	67.62
中成药生产	Production of Finished Traditional Chinese Herbal Medicine	64.99	1013.45	730.22	72.05
生物药品制造	Manufacture of Biological Medicine	67.32	1103.11	799.02	72.43
航空、航天器及设备制造业	**Manufacture of Aircrafts and Spacecrafts and Related Equipment**	**59.75**	**701.75**	**572.26**	**81.55**
#飞机制造	Manufacture of Airplanes	46.97	348.36	268.74	77.14
航天器制造	Manufacture of Spacecrafts	75.00	24.34	19.55	80.33
电子及通信设备制造业	**Manufacture of Electronic Equipment and Communication Equipment**	**72.13**	**7626.16**	**5466.63**	**71.68**
#通信设备制造	Manufacture of Communication Equipment	65.49	993.46	609.57	61.36
#通信系统设备制造	Manufacture of Communication System Equipment	67.83	522.43	370.06	70.83
通信终端设备制造	Manufacture of Communication Terminal Equipment	61.00	471.03	239.51	50.85
广播电视设备制造	Manufacture of Broadcasting and TV Equipment	75.86	193.48	155.90	80.58
雷达及配套设备制造	Manufacture of Radar and Its Fittings	67.69	92.88	59.89	64.48
视听设备制造	Manufacture of TV Set and Radio Receiver	72.82	178.30	119.31	66.92
电子器件制造	Manufacture of Electronic Appliances	68.42	2142.65	1431.70	66.82
#电子真空器件制造	Manufacture of Electronic Vacuum Appliance	76.72	74.85	65.64	87.70
半导体分立器件制造	Manufacture of Semiconductor Discreting Appliances	64.22	93.26	95.04	101.91
集成电路制造	Manufacture of Integrate Circuit	64.00	210.78	153.21	72.69
电子元件制造	Manufacture of Electronic Components	76.36	1674.67	1306.50	78.02
其他电子设备制造	Manufacture of Other Electronic Equipment	74.23	1024.72	774.75	75.61
计算机及办公设备制造业	**Manufacture of Computers and Office Equipment**	**67.22**	**908.60**	**565.80**	**62.27**
#计算机整机制造	Manufacture of Entired Computer	57.65	141.89	59.77	42.12
计算机零部件制造	Manufacture of Computer Components and Parts	77.51	362.03	256.44	70.83
计算机外围设备制造	Manufacture of Computer Peripheral Equipment	62.41	98.72	68.41	69.30
办公设备制造	Manufacture of Office Equipment	69.57	60.07	31.69	52.76
医疗仪器设备及仪器仪表制造业	**Manufacture of Medical Equipments and Measuring Instrument**	**75.16**	**2367.06**	**1852.32**	**78.25**
1.医疗仪器设备及器械制造	Manufacture of Medical Equipment and Appliance	74.42	906.29	707.19	78.03
2.仪器仪表制造	Manufacture of Measuring Instrument	75.60	1460.78	1145.14	78.39
信息化学品制造业	**Manufacture of Electronic Chemicals**	**61.75**	**235.65**	**121.12**	**51.40**

3-2-4 续表 2 continued

行 业	Industry	#国有企业 State-owned Enterprises 施工项目(个) Number of Projects under Construction (unit)	#新开工 Number of Projects Started This Year	建成投产项目(个) Number of Projects Completed and Put into Use (unit)
合计	**Total**	**788**	**486**	**457**
医药制造业	**Manufacture of Medicines**	**190**	**110**	**103**
#化学药品制造	Manufacture of Chemical Medicine	57	34	27
中成药生产	Production of Finished Traditional Chinese Herbal Medicine	43	22	29
生物药品制造	Manufacture of Biological Medicine	35	15	14
航空、航天器及设备制造业	**Manufacture of Aircrafts and Spacecrafts and Related Equipment**	**108**	**65**	**58**
#飞机制造	Manufacture of Airplanes	53	32	20
航天器制造	Manufacture of Spacecrafts	3	2	2
电子及通信设备制造业	**Manufacture of Electronic Equipment and Communication Equipment**	**336**	**210**	**187**
#通信设备制造	Manufacture of Communication Equipment	78	53	45
#通信系统设备制造	Manufacture of Communication System Equipment	58	37	33
通信终端设备制造	Manufacture of Communication Terminal Equipment	20	16	12
广播电视设备制造	Manufacture of Broadcasting and TV Equipment	7	5	4
雷达及配套设备制造	Manufacture of Radar and Its Fittings	12	6	7
视听设备制造	Manufacture of TV Set and Radio Receiver	13	6	9
电子器件制造	Manufacture of Electronic Appliances	62	40	33
#电子真空器件制造	Manufacture of Electronic Vacuum Appliance	2	1	1
半导体分立器件制造	Manufacture of Semiconductor Discreting Appliances	3	1	1
集成电路制造	Manufacture of Integrate Circuit	8	2	4
电子元件制造	Manufacture of Electronic Components	65	45	40
其他电子设备制造	Manufacture of Other Electronic Equipment	67	40	32
计算机及办公设备制造业	**Manufacture of Computers and Office Equipment**	**57**	**33**	**40**
#计算机整机制造	Manufacture of Entired Computer	14	6	11
计算机零部件制造	Manufacture of Computer Components and Parts	27	19	21
计算机外围设备制造	Manufacture of Computer Peripheral Equipment	6	3	2
办公设备制造	Manufacture of Office Equipment	1	1	1
医疗仪器设备及仪器仪表制造业	**Manufacture of Medical Equipments and Measuring Instrument**	**91**	**65**	**64**
1.医疗仪器设备及器械制造	Manufacture of Medical Equipment and Appliance	21	18	18
2.仪器仪表制造	Manufacture of Measuring Instrument	70	47	46
信息化学品制造业	**Manufacture of Electronic Chemicals**	**6**	**3**	**5**

3-2-4 续表 3 continued

行业	Industry	#国有企业 State-owned Enterprises 项目建成投产率(%) Rate of Projects Completed and Put into Use (%)	投资额(亿元) Investment (100 million yuan)	新增固定资产(亿元) Newly Increased Fixed Assets (100 million yuan)	固定资产交付使用率(%) Rate of Fixed Assets Put into Use (%)
合计	**Total**	**57.99**	**1389.44**	**999.63**	**71.94**
医药制造业	**Manufacture of Medicines**	**54.21**	**261.54**	**150.58**	**57.57**
#化学药品制造	Manufacture of Chemical Medicine	47.37	90.72	31.47	34.69
中成药生产	Production of Finished Traditional Chinese Herbal Medicine	67.44	51.12	33.81	66.15
生物药品制造	Manufacture of Biological Medicine	40.00	59.01	44.44	75.31
航空、航天器及设备制造业	**Manufacture of Aircrafts and Spacecrafts and Related Equipment**	**53.70**	**329.72**	**316.84**	**96.09**
#飞机制造	Manufacture of Airplanes	37.74	202.93	180.75	89.07
航天器制造	Manufacture of Spacecrafts	66.67	13.51	11.94	88.38
电子及通信设备制造业	**Manufacture of Electronic Equipment and Communication Equipment**	**55.65**	**545.59**	**361.60**	**66.28**
#通信设备制造	Manufacture of Communication Equipment	57.69	89.14	51.95	58.29
#通信系统设备制造	Manufacture of Communication System Equipment	56.90	74.15	45.05	60.75
通信终端设备制造	Manufacture of Communication Terminal Equipment	60.00	14.99	6.90	46.07
广播电视设备制造	Manufacture of Broadcasting and TV Equipment	57.14	3.38	1.46	43.35
雷达及配套设备制造	Manufacture of Radar and Its Fittings	58.33	14.63	17.15	117.23
视听设备制造	Manufacture of TV Set and Radio Receiver	69.23	11.98	7.81	65.19
电子器件制造	Manufacture of Electronic Appliances	53.23	229.08	143.41	62.60
#电子真空器件制造	Manufacture of Electronic Vacuum Appliance	50.00	0.28	0.12	42.86
半导体分立器件制造	Manufacture of Semiconductor Discreting Appliances	33.33	4.39		0.07
集成电路制造	Manufacture of Integrate Circuit	50.00	22.03	6.46	29.31
电子元件制造	Manufacture of Electronic Components	61.54	68.32	41.13	60.20
其他电子设备制造	Manufacture of Other Electronic Equipment	47.76	76.25	65.86	86.38
计算机及办公设备制造业	**Manufacture of Computers and Office Equipment**	**70.18**	**100.49**	**65.35**	**65.03**
#计算机整机制造	Manufacture of Entired Computer	78.57	32.98	22.12	67.06
计算机零部件制造	Manufacture of Computer Components and Parts	77.78	37.15	30.48	82.06
计算机外围设备制造	Manufacture of Computer Peripheral Equipment	33.33	5.74	1.17	20.40
办公设备制造	Manufacture of Office Equipment	100.00	3.57	3.50	98.00
医疗仪器设备及仪器仪表制造业	**Manufacture of Medical Equipments and Measuring Instrument**	**70.33**	**122.44**	**71.23**	**58.17**
1.医疗仪器设备及器械制造	Manufacture of Medical Equipment and Appliance	85.71	28.08	18.66	66.46
2.仪器仪表制造	Manufacture of Measuring Instrument	65.71	94.36	52.57	55.71
信息化学品制造业	**Manufacture of Electronic Chemicals**	**83.33**	**29.66**	**34.03**	**114.75**

3-2-4 续表 4 continued

行业	Industry	港澳台投资企业 Enterprises with Funds from Hong Kong, Macau and Taiwan 施工项目(个) Number of Projects under Construction (unit)	#新开工 Number of Projects Started This Year	建成投产项目(个) Number of Projects Completed and Put into Use (unit)
合计	**Total**	**764**	**501**	**471**
医药制造业	**Manufacture of Medicines**	**174**	**114**	**105**
#化学药品制造	Manufacture of Chemical Medicine	79	54	56
中成药生产	Production of Finished Traditional Chinese Herbal Medicine	47	27	23
生物药品制造	Manufacture of Biological Medicine	23	14	12
航空、航天器及设备制造业	**Manufacture of Aircrafts and Spacecrafts and Related Equipment**	**10**	**3**	**7**
#飞机制造	Manufacture of Airplanes	2	1	2
航天器制造	Manufacture of Spacecrafts	1		1
电子及通信设备制造业	**Manufacture of Electronic Equipment and Communication Equipment**	**397**	**271**	**251**
#通信设备制造	Manufacture of Communication Equipment	47	27	34
#通信系统设备制造	Manufacture of Communication System Equipment	20	12	14
通信终端设备制造	Manufacture of Communication Terminal Equipment	27	15	20
广播电视设备制造	Manufacture of Broadcasting and TV Equipment	7	7	5
雷达及配套设备制造	Manufacture of Radar and Its Fittings	1	1	
视听设备制造	Manufacture of TV Set and Radio Receiver	35	20	22
电子器件制造	Manufacture of Electronic Appliances	92	68	54
#电子真空器件制造	Manufacture of Electronic Vacuum Appliance	3	2	
半导体分立器件制造	Manufacture of Semiconductor Discreting Appliances	8	6	7
集成电路制造	Manufacture of Integrate Circuit	19	11	9
电子元件制造	Manufacture of Electronic Components	147	105	95
其他电子设备制造	Manufacture of Other Electronic Equipment	34	19	23
计算机及办公设备制造业	**Manufacture of Computers and Office Equipment**	**94**	**62**	**44**
#计算机整机制造	Manufacture of Entired Computer	5	3	1
计算机零部件制造	Manufacture of Computer Components and Parts	38	22	17
计算机外围设备制造	Manufacture of Computer Peripheral Equipment	38	31	20
办公设备制造	Manufacture of Office Equipment	5	1	3
医疗仪器设备及仪器仪表制造业	**Manufacture of Medical Equipments and Measuring Instrument**	**81**	**43**	**57**
1.医疗仪器设备及器械制造	Manufacture of Medical Equipment and Appliance	35	18	20
2.仪器仪表制造	Manufacture of Measuring Instrument	46	25	37
信息化学品制造业	**Manufacture of Electronic Chemicals**	**8**	**8**	**7**

3-2-4 续表 5 continued

行　业	Industry	港澳台投资企业 Enterprises with Funds from Hong Kong, Macau and Taiwan			
		项目建成投产率(%) Rate of Projects Completed and Put into Use (%)	投资额(亿元) Investment (100 million yuan)	新增固定资产(亿元) Newly Increased Fixed Assets (100 million yuan)	固定资产交付使用率(%) Rate of Fixed Assets Put into Use (%)
合计	**Total**	**61.65**	**937.44**	**695.40**	**74.18**
医药制造业	**Manufacture of Medicines**	**60.34**	**160.72**	**121.82**	**75.79**
#化学药品制造	Manufacture of Chemical Medicine	70.89	87.98	84.08	95.57
中成药生产	Production of Finished Traditional Chinese Herbal Medicine	48.94	34.67	16.55	47.75
生物药品制造	Manufacture of Biological Medicine	52.17	17.20	10.13	58.91
航空、航天器及设备制造业	**Manufacture of Aircrafts and Spacecrafts and Related Equipment**	**70.00**	**15.92**	**10.07**	**63.25**
#飞机制造	Manufacture of Airplanes	100.00	2.63	2.87	109.07
航天器制造	Manufacture of Spacecrafts	100.00	2.06	2.06	100.00
电子及通信设备制造业	**Manufacture of Electronic Equipment and Communication Equipment**	**63.22**	**587.51**	**428.65**	**72.96**
#通信设备制造	Manufacture of Communication Equipment	72.34	90.64	47.79	52.73
#通信系统设备制造	Manufacture of Communication System Equipment	70.00	20.27	19.23	94.86
通信终端设备制造	Manufacture of Communication Terminal Equipment	74.07	70.37	28.56	40.59
广播电视设备制造	Manufacture of Broadcasting and TV Equipment	71.43	8.12	5.65	69.57
雷达及配套设备制造	Manufacture of Radar and Its Fittings		0.27		
视听设备制造	Manufacture of TV Set and Radio Receiver	62.86	34.96	32.82	93.88
电子器件制造	Manufacture of Electronic Appliances	58.70	165.56	133.65	80.73
#电子真空器件制造	Manufacture of Electronic Vacuum Appliance		3.20	2.67	83.58
半导体分立器件制造	Manufacture of Semiconductor Discreting Appliances	87.50	3.85	3.84	99.99
集成电路制造	Manufacture of Integrate Circuit	47.37	86.81	71.46	82.31
电子元件制造	Manufacture of Electronic Components	64.63	185.29	138.48	74.73
其他电子设备制造	Manufacture of Other Electronic Equipment	67.65	32.59	20.93	64.22
计算机及办公设备制造业	**Manufacture of Computers and Office Equipment**	**46.81**	**110.56**	**79.98**	**72.34**
#计算机整机制造	Manufacture of Entired Computer	20.00	11.64	13.46	115.67
计算机零部件制造	Manufacture of Computer Components and Parts	44.74	67.27	44.81	66.61
计算机外围设备制造	Manufacture of Computer Peripheral Equipment	52.63	20.62	13.25	64.28
办公设备制造	Manufacture of Office Equipment	60.00	2.46	0.78	31.75
医疗仪器设备及仪器仪表制造业	**Manufacture of Medical Equipments and Measuring Instrument**	**70.37**	**53.23**	**46.37**	**87.12**
1.医疗仪器设备及器械制造	Manufacture of Medical Equipment and Appliance	57.14	22.82	20.46	89.63
2.仪器仪表制造	Manufacture of Measuring Instrument	80.43	30.40	25.91	85.23
信息化学品制造业	**Manufacture of Electronic Chemicals**	**87.50**	**9.49**	**8.51**	**89.67**

3-2-4 续表 6 continued

行业	Industry	外商投资企业 Foreign Funded Enterprises 施工项目(个) Number of Projects under Construction (unit)	#新开工 Number of Projects Started This Year	建成投产项目(个) Number of Projects Completed and Put into Use (unit)
合计	**Total**	**989**	**687**	**642**
医药制造业	**Manufacture of Medicines**	**204**	**124**	**123**
#化学药品制造	Manufacture of Chemical Medicine	108	71	65
中成药生产	Production of Finished Traditional Chinese Herbal Medicine	27	14	19
生物药品制造	Manufacture of Biological Medicine	37	20	21
航空、航天器及设备制造业	**Manufacture of Aircrafts and Spacecrafts and Related Equipment**	**17**	**10**	**9**
#飞机制造	Manufacture of Airplanes	7	2	2
航天器制造	Manufacture of Spacecrafts			
电子及通信设备制造业	**Manufacture of Electronic Equipment and Communication Equipment**	**535**	**389**	**362**
#通信设备制造	Manufacture of Communication Equipment	60	37	36
#通信系统设备制造	Manufacture of Communication System Equipment	26	19	16
通信终端设备制造	Manufacture of Communication Terminal Equipment	34	18	20
广播电视设备制造	Manufacture of Broadcasting and TV Equipment	10	9	6
雷达及配套设备制造	Manufacture of Radar and Its Fittings	1		
视听设备制造	Manufacture of TV Set and Radio Receiver	23	19	18
电子器件制造	Manufacture of Electronic Appliances	150	100	106
#电子真空器件制造	Manufacture of Electronic Vacuum Appliance	5	4	5
半导体分立器件制造	Manufacture of Semiconductor Discreting Appliances	15	9	10
集成电路制造	Manufacture of Integrate Circuit	47	34	36
电子元件制造	Manufacture of Electronic Components	198	158	138
其他电子设备制造	Manufacture of Other Electronic Equipment	39	30	22
计算机及办公设备制造业	**Manufacture of Computers and Office Equipment**	**81**	**62**	**47**
#计算机整机制造	Manufacture of Entired Computer	6	3	4
计算机零部件制造	Manufacture of Computer Components and Parts	29	26	19
计算机外围设备制造	Manufacture of Computer Peripheral Equipment	20	16	13
办公设备制造	Manufacture of Office Equipment	10	7	4
医疗仪器设备及仪器仪表制造业	**Manufacture of Medical Equipments and Measuring Instrument**	**133**	**85**	**84**
1.医疗仪器设备及器械制造	Manufacture of Medical Equipment and Appliance	54	36	29
2.仪器仪表制造	Manufacture of Measuring Instrument	79	49	55
信息化学品制造业	**Manufacture of Electronic Chemicals**	**19**	**17**	**17**

3-2-4　续表 7　continued

行　　业	Industry	外商投资企业 Foreign Funded Enterprises			
		项目建成投产率(%) Rate of Projects Completed and Put into Use (%)	投资额(亿元) Investment (100 million yuan)	新增固定资产(亿元) Newly Increased Fixed Assets (100 million yuan)	固定资产交付使用率(%) Rate of Fixed Assets Put into Use (%)
合计	**Total**	**64.91**	**1709.43**	**1073.02**	**62.77**
医药制造业	**Manufacture of Medicines**	**60.29**	**186.59**	**118.74**	**63.64**
#化学药品制造	Manufacture of Chemical Medicine	60.19	97.53	60.67	62.21
中成药生产	Production of Finished Traditional Chinese Herbal Medicine	70.37	27.39	18.52	67.62
生物药品制造	Manufacture of Biological Medicine	56.76	25.93	18.48	71.26
航空、航天器及设备制造业	**Manufacture of Aircrafts and Spacecrafts and Related Equipment**	**52.94**	**26.30**	**22.68**	**86.24**
#飞机制造	Manufacture of Airplanes	28.57	15.83	14.58	92.08
航天器制造	Manufacture of Spacecrafts				
电子及通信设备制造业	**Manufacture of Electronic Equipment and Communication Equipment**	**67.66**	**1211.57**	**721.54**	**59.55**
#通信设备制造	Manufacture of Communication Equipment	60.00	105.05	80.09	76.24
#通信系统设备制造	Manufacture of Communication System Equipment	61.54	30.55	25.53	83.56
通信终端设备制造	Manufacture of Communication Terminal Equipment	58.82	74.50	54.56	73.23
广播电视设备制造	Manufacture of Broadcasting and TV Equipment	60.00	17.33	14.80	85.38
雷达及配套设备制造	Manufacture of Radar and Its Fittings		0.30		
视听设备制造	Manufacture of TV Set and Radio Receiver	78.26	30.63	22.90	74.76
电子器件制造	Manufacture of Electronic Appliances	70.67	724.37	384.96	53.14
#电子真空器件制造	Manufacture of Electronic Vacuum Appliance	100.00	9.10	6.12	67.22
半导体分立器件制造	Manufacture of Semiconductor Discreting Appliances	66.67	24.46	14.37	58.76
集成电路制造	Manufacture of Integrate Circuit	76.60	373.84	261.85	70.04
电子元件制造	Manufacture of Electronic Components	69.70	172.28	138.59	80.44
其他电子设备制造	Manufacture of Other Electronic Equipment	56.41	70.36	28.58	40.61
计算机及办公设备制造业	**Manufacture of Computers and Office Equipment**	**58.02**	**149.96**	**85.87**	**57.26**
#计算机整机制造	Manufacture of Entired Computer	66.67	30.99	11.29	36.42
计算机零部件制造	Manufacture of Computer Components and Parts	65.52	53.52	46.66	87.19
计算机外围设备制造	Manufacture of Computer Peripheral Equipment	65.00	40.93	12.48	30.49
办公设备制造	Manufacture of Office Equipment	40.00	8.45	5.79	68.53
医疗仪器设备及仪器仪表制造业	**Manufacture of Medical Equipments and Measuring Instrument**	**63.16**	**110.22**	**100.01**	**90.73**
1.医疗仪器设备及器械制造	Manufacture of Medical Equipment and Appliance	53.70	48.38	37.91	78.35
2.仪器仪表制造	Manufacture of Measuring Instrument	69.62	61.84	62.10	100.42
信息化学品制造业	**Manufacture of Electronic Chemicals**	**89.47**	**24.78**	**24.18**	**97.56**

3-2-5 各地区国有及国有控股企业高技术产业投资基本情况(2015年)

Basic Statistics on Investment in Fixed Assets in High-tech Industry of State-owned and State-controlled Enterprises by Region (2015)

地区	Region	施工项目(个) Number of Projects under Construction (unit)	#新开工 Number of Projects Started This Year	建成投产项目(个) Number of Projects Completed and Put into Use (unit)	项目建成投产率(%) Rate of Projects Completed and Put into Use (%)	投资额(亿元) Investment (100 million yuan)	新增固定资产(亿元) Newly Increased Fixed Assets (100 million yuan)	固定资产交付使用率(%) Rate of Fixed Assets Put into Use (%)
全国	**Total**	**1354**	**786**	**757**	**55.91**	**2328.63**	**1387.76**	**59.60**
东部地区	Eastern Region	598	316	298	49.83	882.40	543.84	61.63
中部地区	Middle Region	288	188	171	59.38	601.53	286.72	47.66
西部地区	Western Region	415	249	258	62.17	787.36	516.80	65.64
东北地区	Northeastern Region	53	33	30	56.60	57.34	40.41	70.47
北京	Beijing	27	2	6	22.22	28.19	16.91	60.00
天津	Tianjin	45	24	12	26.67	55.73	65.47	117.47
河北	Hebei	23	16	15	65.22	70.59	44.47	63.01
山西	Shanxi	10	2	4	40.00	41.69	38.62	92.64
内蒙古	Inner Mongolia	36	32	35	97.22	45.73	50.33	110.05
辽宁	Liaoning	10	6	7	70.00	21.12	14.66	69.42
吉林	Jilin	13	11	9	69.23	10.81	10.02	92.75
黑龙江	Heilongjiang	30	16	14	46.67	25.41	15.72	61.87
上海	Shanghai	38	11	7	18.42	43.90	11.35	25.85
江苏	Jiangsu	90	61	66	73.33	255.41	211.40	82.77
浙江	Zhejiang	68	24	29	42.65	81.49	48.58	59.61
安徽	Anhui	46	28	33	71.74	81.65	52.46	64.25
福建	Fujian	52	36	19	36.54	126.27	25.45	20.16
江西	Jiangxi	38	28	18	47.37	68.52	44.52	64.97
山东	Shandong	39	26	21	53.85	65.62	30.25	46.10
河南	Henan	22	10	13	59.09	76.57	22.21	29.01
湖北	Hubei	68	31	24	35.29	224.85	45.28	20.14
湖南	Hunan	104	89	79	75.96	108.26	83.62	77.24
广东	Guangdong	214	116	122	57.01	139.68	89.74	64.25
广西	Guangxi	39	24	23	58.97	21.79	16.55	75.94
海南	Hainan	2		1	50.00	15.52	0.21	1.34
重庆	Chongqing	70	35	44	62.86	319.34	94.06	29.45
四川	Sichuan	110	69	71	64.55	107.38	69.63	64.84
贵州	Guizhou	20	12	11	55.00	46.38	85.68	184.73
云南	Yunnan	13	7	6	46.15	6.53	5.98	91.57
西藏	Tibet	4	2	4	100.00	0.38	1.20	319.79
陕西	Shaanxi	72	38	32	44.44	219.17	171.41	78.21
甘肃	Gansu	27	15	15	55.56	12.14	11.42	94.05
青海	Qinghai	6	6	5	83.33	3.63	2.36	64.91
宁夏	Ningxia	2	1	2	100.00	0.18	0.18	100.00
新疆	Xinjiang	16	8	10	62.50	4.72	8.01	169.70

3-2-6 按地区和登记注册类型分高技术产业投资基本情况(2015年)

Basic Statistics on Investment in Fixed Assets in High-tech Industry by Region and Registration Status (2015)

地区	Region	内资企业 Domestic Funded						
		施工项目(个) Number of Projects under Construction (unit)	#新开工 Number of Projects Started This Year	建成投产项目(个) Number of Projects Completed and Put into Use (unit)	项目建成投产率(%) Rate of Projects Completed and Put into Use (%)	投资额(亿元) Investment (100 million yuan)	新增固定资产(亿元) Newly Increased Fixed Assets (100 million yuan)	固定资产交付使用率(%) Rate of Fixed Assets Put into Use (%)
全 国	**Total**	**18275**	**12934**	**12987**	**71.06**	**17303.78**	**12539.13**	**72.46**
东部地区	Eastern Region	8591	6163	6052	70.45	7109.64	5368.84	75.51
中部地区	Middle Region	5227	3590	3684	70.48	5972.02	3961.20	66.33
西部地区	Western Region	3193	2166	2221	69.56	3073.97	2130.14	69.30
东北地区	Northeastern Region	1264	1015	1030	81.49	1148.15	1078.95	93.97
北 京	Beijing	118	17	25	21.19	56.94	30.85	54.19
天 津	Tianjin	365	284	187	51.23	342.15	299.05	87.40
河 北	Hebei	466	295	338	72.53	789.27	643.73	81.56
山 西	Shanxi	160	102	110	68.75	158.97	126.76	79.74
内蒙古	Inner Mongolia	188	139	155	82.45	339.06	163.98	48.36
辽 宁	Liaoning	472	381	421	89.19	501.89	514.54	102.52
吉 林	Jilin	558	478	452	81.00	506.04	454.23	89.76
黑龙江	Heilongjiang	234	156	157	67.09	140.22	110.18	78.58
上 海	Shanghai	150	48	36	24.00	96.85	42.51	43.90
江 苏	Jiangsu	2670	2249	2222	83.22	2278.53	1890.42	82.97
浙 江	Zhejiang	1560	985	1075	68.91	636.09	512.43	80.56
安 徽	Anhui	1296	984	980	75.62	986.57	609.55	61.78
福 建	Fujian	411	273	261	63.50	452.78	278.69	61.55
江 西	Jiangxi	927	618	605	65.26	1063.43	647.33	60.87
山 东	Shandong	1470	1092	1045	71.09	1539.60	1000.72	65.00
河 南	Henan	808	455	542	67.08	1709.78	1197.80	70.06
湖 北	Hubei	799	468	479	59.95	1219.95	712.79	58.43
湖 南	Hunan	1237	963	968	78.25	833.32	666.98	80.04
广 东	Guangdong	1352	906	850	62.87	890.72	663.58	74.50
广 西	Guangxi	738	572	553	74.93	344.12	258.27	75.05
海 南	Hainan	29	14	13	44.83	26.72	6.86	25.66
重 庆	Chongqing	525	392	376	71.62	733.85	396.89	54.08
四 川	Sichuan	777	497	534	68.73	714.78	610.22	85.37
贵 州	Guizhou	80	38	44	55.00	135.99	165.78	121.91
云 南	Yunnan	146	81	85	58.22	64.98	42.05	64.71
西 藏	Tibet	13	3	9	69.23	2.13	1.95	91.49
陕 西	Shaanxi	363	219	223	61.43	504.47	369.15	73.17
甘 肃	Gansu	230	148	166	72.17	110.92	77.61	69.97
青 海	Qinghai	35	23	17	48.57	56.47	9.47	16.78
宁 夏	Ningxia	28	19	21	75.00	24.38	12.41	50.88
新 疆	Xinjiang	70	35	38	54.29	42.82	22.37	52.25

3-2-6 续表 1 continued

地 区	Region	#国有企业 State-owned Enterprises						
		施工项目(个) Number of Projects under Construction (unit)	#新开工 Number of Projects Started This Year	建成投产项目(个) Number of Projects Completed and Put into Use (unit)	项目建成投产率(%) Rate of Projects Completed and Put into Use (%)	投资额(亿元) Investment (100 million yuan)	新增固定资产(亿元) Newly Increased Fixed Assets (100 million yuan)	固定资产交付使用率(%) Rate of Fixed Assets Put into Use (%)
全 国	**Total**	**788**	**486**	**457**	**57.99**	**1389.44**	**999.63**	**71.94**
东部地区	Eastern Region	268	157	142	52.99	501.69	370.31	73.81
中部地区	Middle Region	190	128	114	60.00	347.59	162.15	46.65
西部地区	Western Region	293	179	180	61.43	501.56	439.73	87.67
东北地区	Northeastern Region	37	22	21	56.76	38.61	27.45	71.08
北 京	Beijing	7	1			8.47	0.09	1.09
天 津	Tianjin	18	10	9	50.00	33.93	45.79	134.95
河 北	Hebei	19	15	13	68.42	58.00	39.58	68.24
山 西	Shanxi	2		1	50.00	8.48	8.05	94.88
内 蒙 古	Inner Mongolia	29	27	28	96.55	41.87	46.05	109.97
辽 宁	Liaoning	8	5	5	62.50	20.12	11.98	59.57
吉 林	Jilin	9	8	5	55.56	6.17	5.14	83.25
黑 龙 江	Heilongjiang	20	9	11	55.00	12.33	10.33	83.77
上 海	Shanghai	21	5	3	14.29	32.91	7.53	22.87
江 苏	Jiangsu	64	44	46	71.88	207.97	182.37	87.69
浙 江	Zhejiang	32	12	15	46.88	33.39	28.10	84.15
安 徽	Anhui	29	14	20	68.97	42.96	21.86	50.87
福 建	Fujian	39	30	14	35.90	45.02	19.94	44.29
江 西	Jiangxi	30	23	12	40.00	57.21	34.34	60.03
山 东	Shandong	25	14	15	60.00	52.32	25.81	49.33
河 南	Henan	13	5	10	76.92	49.97	16.72	33.46
湖 北	Hubei	44	24	17	38.64	116.93	22.64	19.36
湖 南	Hunan	72	62	54	75.00	72.03	58.54	81.28
广 东	Guangdong	43	26	27	62.79	29.67	21.10	71.11
广 西	Guangxi	32	19	18	56.25	18.01	14.66	81.44
海 南	Hainan							
重 庆	Chongqing	61	29	39	63.93	129.01	88.20	68.36
四 川	Sichuan	53	31	26	49.06	57.04	40.42	70.86
贵 州	Guizhou	16	11	9	56.25	36.03	67.71	187.95
云 南	Yunnan	11	7	6	54.55	5.90	5.98	101.45
西 藏	Tibet	1		1	100.00	0.04	0.30	832.88
陕 西	Shaanxi	58	32	31	53.45	202.60	167.75	82.80
甘 肃	Gansu	20	13	12	60.00	6.16	4.46	72.45
青 海	Qinghai	6	6	5	83.33	3.63	2.36	64.91
宁 夏	Ningxia	2	1	2	100.00	0.18	0.18	100.00
新 疆	Xinjiang	4	3	3	75.00	1.10	1.65	150.02

3-2-6 续表 2 continued

地 区	Region	港澳台投资企业 Enterprises with Funds from Hong Kong, Macau and Taiwan						
		施工项目(个) Number of Projects under Construction (unit)	#新开工 Number of Projects Started This Year	建成投产项目(个) Number of Projects Completed and Put into Use (unit)	项目建成投产率(%) Rate of Projects Completed and Put into Use (%)	投资额(亿元) Investment (100 million yuan)	新增固定资产(亿元) Newly Increased Fixed Assets (100 million yuan)	固定资产交付使用率(%) Rate of Fixed Assets Put into Use (%)
全 国	**Total**	**764**	**501**	**471**	**61.65**	**937.44**	**695.40**	**74.18**
东部地区	Eastern Region	585	379	356	60.85	709.92	583.70	82.22
中部地区	Middle Region	89	65	61	68.54	156.27	71.40	45.69
西部地区	Western Region	83	53	48	57.83	67.58	36.94	54.66
东北地区	Northeastern Region	7	4	6	85.71	3.68	3.36	91.30
北 京	Beijing	10	1	4	40.00	13.53	15.40	113.86
天 津	Tianjin	7	6	3	42.86	21.88	16.70	76.30
河 北	Hebei	9	5	7	77.78	43.18	34.97	80.99
山 西	Shanxi	4	3	3	75.00	50.37	10.51	20.87
内蒙古	Inner Mongolia	6	6	6	100.00	5.10	4.80	94.12
辽 宁	Liaoning	1	1	1	100.00	0.37	0.37	100.00
吉 林	Jilin	4	3	3	75.00	2.86	2.54	88.79
黑龙江	Heilongjiang	2		2	100.00	0.46	0.46	100.00
上 海	Shanghai	17	3	5	29.41	42.35	40.18	94.89
江 苏	Jiangsu	150	117	119	79.33	262.25	222.06	84.67
浙 江	Zhejiang	83	44	55	66.27	33.88	29.79	87.93
安 徽	Anhui	33	26	26	78.79	33.50	21.06	62.86
福 建	Fujian	47	23	16	34.04	82.88	45.94	55.43
江 西	Jiangxi	13	9	8	61.54	6.07	3.98	65.55
山 东	Shandong	21	18	17	80.95	26.10	10.28	39.38
河 南	Henan	4	2	3	75.00	6.39	10.78	168.60
湖 北	Hubei	15	11	11	73.33	22.83	8.82	38.63
湖 南	Hunan	20	14	10	50.00	37.10	16.26	43.82
广 东	Guangdong	239	160	129	53.97	183.59	168.24	91.64
广 西	Guangxi	40	30	24	60.00	16.08	12.59	78.31
海 南	Hainan	2	2	1	50.00	0.27	0.14	51.32
重 庆	Chongqing	18	10	10	55.56	27.10	12.55	46.30
四 川	Sichuan	13	5	6	46.15	11.66	6.40	54.87
贵 州	Guizhou	1				0.85		
云 南	Yunnan							
西 藏	Tibet							
陕 西	Shaanxi	3	1	1	33.33	6.25	0.07	1.17
甘 肃	Gansu							
青 海	Qinghai							
宁 夏	Ningxia	2	1	1	50.00	0.55	0.53	95.96
新 疆	Xinjiang							

3-2-6 续表 3 continued

地区	Region	外商投资企业 Foreign Funded Enterprises						
		施工项目(个) Number of Projects under Construction (unit)	#新开工 Number of Projects Started This Year	建成投产项目(个) Number of Projects Completed and Put into Use (unit)	项目建成投产率(%) Rate of Projects Completed and Put into Use (%)	投资额(亿元) Investment (100 million yuan)	新增固定资产(亿元) Newly Increased Fixed Assets (100 million yuan)	固定资产交付使用率(%) Rate of Fixed Assets Put into Use (%)
全国	**Total**	**989**	**687**	**642**	**64.91**	**1709.43**	**1073.02**	**62.77**
东部地区	Eastern Region	852	595	559	65.61	1282.62	861.35	67.16
中部地区	Middle Region	65	42	38	58.46	109.49	29.80	27.22
西部地区	Western Region	55	38	31	56.36	296.44	160.49	54.14
东北地区	Northeastern Region	17	12	14	82.35	20.89	21.37	102.34
北京	Beijing	19	4	2	10.53	49.73	30.97	62.28
天津	Tianjin	44	30	13	29.55	52.94	29.70	56.09
河北	Hebei	10	5	6	60.00	31.83	25.35	79.63
山西	Shanxi	2	1	1	50.00	0.98	0.90	91.68
内蒙古	Inner Mongolia							
辽宁	Liaoning	5	4	5	100.00	12.45	13.93	111.94
吉林	Jilin	7	5	6	85.71	6.72	6.52	97.05
黑龙江	Heilongjiang	5	3	3	60.00	1.72	0.91	53.34
上海	Shanghai	37	26	19	51.35	97.06	63.44	65.37
江苏	Jiangsu	374	303	297	79.41	569.39	425.68	74.76
浙江	Zhejiang	110	59	61	55.45	65.38	62.68	95.87
安徽	Anhui	10	9	8	80.00	11.76	6.89	58.55
福建	Fujian	17	12	7	41.18	44.57	16.60	37.24
江西	Jiangxi	15	9	6	40.00	17.76	7.48	42.11
山东	Shandong	85	66	62	72.94	78.17	60.17	76.97
河南	Henan	5	1	3	60.00	10.32	1.06	10.27
湖北	Hubei	15	10	7	46.67	18.37	0.34	1.86
湖南	Hunan	18	12	13	72.22	50.31	13.14	26.12
广东	Guangdong	152	89	91	59.87	292.24	146.66	50.18
广西	Guangxi	11	10	7	63.64	5.43	4.81	88.68
海南	Hainan	4	1	1	25.00	1.30	0.09	6.95
重庆	Chongqing	5	4	2	40.00	9.94	8.86	89.13
四川	Sichuan	23	17	15	65.22	42.05	41.43	98.52
贵州	Guizhou	1				1.00		
云南	Yunnan							
西藏	Tibet	1	1			0.05	0.05	100.00
陕西	Shaanxi	10	4	4	40.00	236.48	104.86	44.34
甘肃	Gansu	2		1	50.00	1.30	0.30	23.08
青海	Qinghai							
宁夏	Ningxia	2	2	2	100.00	0.19	0.19	100.00
新疆	Xinjiang							

3-2-7　按地区和行业分高技术产业投资基本情况(2015年)
Basic Statistics on Investment in Fixed Assets in High-tech Industry by Region and Industrial Sector (2015)

地区	Region	医药制造业 Medical and Pharmaceutical Products Manufacturing						
		施工项目(个) Number of Projects under Construction (unit)	#新开工 Number of Projects Started This Year	建成投产项目(个) Number of Projects Completed and Put into Use (unit)	项目建成投产率(%) Rate of Projects Completed and Put into Use (%)	投资额(亿元) Investment (100 million yuan)	新增固定资产(亿元) Newly Increased Fixed Assets (100 million yuan)	固定资产交付使用率(%) Rate of Fixed Assets Put into Use (%)
全　国	**Total**	**6468**	**4353**	**4438**	**68.61**	**5811.88**	**4201.55**	**72.29**
东部地区	Eastern Region	2553	1705	1648	64.55	2309.85	1700.71	73.63
中部地区	Middle Region	1777	1186	1249	70.29	1816.37	1258.10	69.26
西部地区	Western Region	1465	937	1033	70.51	1111.31	757.00	68.12
东北地区	Northeastern Region	673	525	508	75.48	574.34	485.74	84.57
北　京	Beijing	72	9	14	19.44	39.79	13.02	32.71
天　津	Tianjin	83	44	26	31.33	66.78	38.26	57.28
河　北	Hebei	196	114	149	76.02	396.23	323.88	81.74
山　西	Shanxi	118	75	88	74.58	90.40	102.45	113.33
内蒙古	Inner Mongolia	94	68	78	82.98	158.61	57.04	35.96
辽　宁	Liaoning	109	83	84	77.06	131.97	118.76	89.99
吉　林	Jilin	431	364	342	79.35	378.82	311.62	82.26
黑龙江	Heilongjiang	133	78	82	61.65	63.55	55.36	87.12
上　海	Shanghai	69	27	15	21.74	44.43	24.13	54.29
江　苏	Jiangsu	575	467	450	78.26	571.17	437.41	76.58
浙　江	Zhejiang	402	250	243	60.45	228.50	190.10	83.19
安　徽	Anhui	352	252	248	70.45	254.35	132.46	52.08
福　建	Fujian	127	80	81	63.78	78.69	66.11	84.01
江　西	Jiangxi	310	212	210	67.74	337.23	158.56	47.02
山　东	Shandong	633	446	438	69.19	673.30	443.69	65.90
河　南	Henan	301	166	204	67.77	472.67	381.91	80.80
湖　北	Hubei	317	195	203	64.04	411.45	278.56	67.70
湖　南	Hunan	379	286	296	78.10	250.27	204.16	81.57
广　东	Guangdong	369	251	220	59.62	202.24	160.44	79.33
广　西	Guangxi	298	220	222	74.50	137.84	104.05	75.49
海　南	Hainan	27	17	12	44.44	8.72	3.69	42.33
重　庆	Chongqing	142	91	97	68.31	132.86	99.93	75.21
四　川	Sichuan	324	199	225	69.44	282.35	226.92	80.37
贵　州	Guizhou	48	22	24	50.00	74.11	71.23	96.11
云　南	Yunnan	131	72	76	58.02	57.65	36.96	64.10
西　藏	Tibet	12	3	8	66.67	2.09	1.65	78.57
陕　西	Shaanxi	158	102	111	70.25	134.47	73.47	54.64
甘　肃	Gansu	189	122	144	76.19	75.62	58.85	77.82
青　海	Qinghai	12	8	6	50.00	18.70	4.51	24.09
宁　夏	Ningxia	21	14	17	80.95	12.81	8.03	62.73
新　疆	Xinjiang	36	16	25	69.44	24.21	14.38	59.40

3-2-7 续表 1 continued

地 区	Region	航空、航天器及设备制造业 Manufacture of Aircrafts and Spacecrafts and Related Equipment						
		施工项目(个) Number of Projects under Construction (unit)	#新开工 Number of Projects Started This Year	建成投产项目(个) Number of Projects Completed and Put into Use (unit)	项目建成投产率(%) Rate of Projects Completed and Put into Use (%)	投资额(亿元) Investment (100 million yuan)	新增固定资产(亿元) Newly Increased Fixed Assets (100 million yuan)	固定资产交付使用率(%) Rate of Fixed Assets Put into Use (%)
全 国	**Total**	**422**	**250**	**252**	**59.72**	**743.97**	**605.01**	**81.32**
东部地区	Eastern Region	156	94	111	71.15	227.62	208.55	91.63
中部地区	Middle Region	100	63	60	60.00	179.27	99.49	55.50
西部地区	Western Region	136	76	61	44.85	303.50	279.74	92.17
东北地区	Northeastern Region	30	17	20	66.67	33.60	17.23	51.28
北 京	Beijing	7	4	4	57.14	1.45	3.31	227.96
天 津	Tianjin	20	10	13	65.00	39.76	72.06	181.24
河 北	Hebei	8	5	5	62.50	21.36	17.94	83.99
山 西	Shanxi	3	1	1	33.33	5.99	1.46	24.46
内蒙古	Inner Mongolia	4	2	2	50.00	20.47	13.99	68.34
辽 宁	Liaoning	17	14	15	88.24	15.86	10.93	68.94
吉 林	Jilin					1.00	1.00	100.00
黑龙江	Heilongjiang	13	3	5	38.46	16.74	5.30	31.66
上 海	Shanghai	11	1			18.87	0.56	2.96
江 苏	Jiangsu	63	50	57	90.48	87.62	73.78	84.20
浙 江	Zhejiang	6	4	4	66.67	3.59	1.52	42.35
安 徽	Anhui	9	7	6	66.67	15.35	6.61	43.05
福 建	Fujian	4	1	2	50.00	9.46	11.96	126.46
江 西	Jiangxi	36	26	16	44.44	75.07	38.44	51.20
山 东	Shandong	31	19	25	80.65	33.74	26.96	79.89
河 南	Henan	14	5	7	50.00	31.45	12.65	40.21
湖 北	Hubei	16	5	10	62.50	36.02	26.62	73.91
湖 南	Hunan	22	19	20	90.91	15.39	13.71	89.09
广 东	Guangdong	5		1	20.00	10.28	0.46	4.52
广 西	Guangxi	4	4	3	75.00	2.11	1.17	55.33
海 南	Hainan	1				1.48		
重 庆	Chongqing	2	2	1	50.00	3.32	2.20	66.19
四 川	Sichuan	53	36	30	56.60	58.90	51.48	87.42
贵 州	Guizhou	3	2	3	100.00	11.67	41.59	356.40
云 南	Yunnan							
西 藏	Tibet							
陕 西	Shaanxi	67	29	22	32.84	203.79	169.30	83.08
甘 肃	Gansu	2				2.91		
青 海	Qinghai							
宁 夏	Ningxia							
新 疆	Xinjiang	1	1			0.33		

3-2-7 续表 2 continued

地区	Region	电子及通信设备制造业 Manufacture of Electronic Equipment and Communication Equipment 施工项目(个) Number of Projects under Construction (unit)	#新开工 Number of Projects Started This Year	建成投产项目(个) Number of Projects Completed and Put into Use (unit)	项目建成投产率(%) Rate of Projects Completed and Put into Use (%)	投资额(亿元) Investment (100 million yuan)	新增固定资产(亿元) Newly Increased Fixed Assets (100 million yuan)	固定资产交付使用率(%) Rate of Fixed Assets Put into Use (%)
全　国	**Total**	**8507**	**6080**	**6077**	**71.44**	**9425.24**	**6616.82**	**70.20**
东部地区	Eastern Region	4803	3467	3446	71.75	4703.51	3439.40	73.12
中部地区	Middle Region	2341	1630	1643	70.18	3056.77	2001.34	65.47
西部地区	Western Region	1056	730	713	67.52	1337.80	806.97	60.32
东北地区	Northeastern Region	307	253	275	89.58	327.17	369.10	112.82
北　京	Beijing	33	3	8	24.24	58.27	45.57	78.20
天　津	Tianjin	183	152	111	60.66	200.51	159.33	79.46
河　北	Hebei	172	115	117	68.02	325.62	230.40	70.76
山　西	Shanxi	29	19	16	55.17	99.32	27.48	27.67
内蒙古	Inner Mongolia	27	16	19	70.37	83.50	26.32	31.53
辽　宁	Liaoning	201	165	186	92.54	236.42	258.81	109.47
吉　林	Jilin	56	47	49	87.50	62.89	88.32	140.42
黑龙江	Heilongjiang	50	41	40	80.00	27.85	21.97	78.90
上　海	Shanghai	80	33	32	40.00	133.31	100.04	75.04
江　苏	Jiangsu	1553	1319	1294	83.32	1656.85	1355.79	81.83
浙　江	Zhejiang	880	537	631	71.70	333.48	269.82	80.91
安　徽	Anhui	601	463	452	75.21	548.05	359.77	65.65
福　建	Fujian	269	180	166	61.71	449.24	231.54	51.54
江　西	Jiangxi	401	263	256	63.84	492.77	338.88	68.77
山　东	Shandong	538	413	393	73.05	547.80	346.79	63.31
河　南	Henan	330	186	226	68.48	831.47	619.03	74.45
湖　北	Hubei	334	198	200	59.88	589.18	315.94	53.62
湖　南	Hunan	646	501	493	76.32	495.99	340.25	68.60
广　东	Guangdong	1090	715	692	63.49	981.17	696.75	71.01
广　西	Guangxi	319	248	246	77.12	141.85	110.69	78.03
海　南	Hainan	5		2	40.00	17.25	3.38	19.59
重　庆	Chongqing	191	148	121	63.35	365.89	118.63	32.42
四　川	Sichuan	313	201	211	67.41	306.41	271.13	88.49
贵　州	Guizhou	22	9	15	68.18	37.30	49.86	133.67
云　南	Yunnan	11	6	6	54.55	6.24	4.12	65.98
西　藏	Tibet	1	1			0.05	0.05	100.00
陕　西	Shaanxi	101	56	59	58.42	333.75	198.59	59.50
甘　肃	Gansu	30	21	18	60.00	17.59	14.84	84.36
青　海	Qinghai	15	8	4	26.67	33.35	1.99	5.96
宁　夏	Ningxia	6	4	5	83.33	4.83	3.74	77.51
新　疆	Xinjiang	20	12	9	45.00	7.04	7.00	99.52

3-2-7 续表 3 continued

地 区	Region	计算机及办公设备制造业 Manufacture of Computer and Office Equipments						
		施工项目（个）Number of Projects under Construction (unit)	#新开工 Number of Projects Started This Year	建成投产项目（个）Number of Projects Completed and Put into Use (unit)	项目建成投产率（%）Rate of Projects Completed and Put into Use (%)	投资额（亿元）Investment (100 million yuan)	新增固定资产（亿元）Newly Increased Fixed Assets (100 million yuan)	固定资产交付使用率（%）Rate of Fixed Assets Put into Use (%)
全 国	**Total**	**1011**	**755**	**653**	**64.59**	**1169.13**	**731.65**	**62.58**
东部地区	Eastern Region	444	314	249	56.08	442.05	288.28	65.21
中部地区	Middle Region	206	150	139	67.48	309.41	145.55	47.04
西部地区	Western Region	332	265	239	71.99	394.14	278.25	70.60
东北地区	Northeastern Region	29	26	26	89.66	23.52	19.58	83.21
北 京	Beijing	2				8.51	10.40	122.32
天 津	Tianjin	28	25	6	21.43	22.34	6.91	30.92
河 北	Hebei	11	8	8	72.73	11.09	11.57	104.37
山 西	Shanxi	2	2	2	100.00	0.76	0.76	100.00
内 蒙 古	Inner Mongolia	31	29	30	96.77	30.63	25.72	83.98
辽 宁	Liaoning	21	20	21	100.00	16.46	11.94	72.50
吉 林	Jilin	2	1	2	100.00	1.42	3.32	233.61
黑 龙 江	Heilongjiang	6	5	3	50.00	5.64	4.32	76.58
上 海	Shanghai	5				26.36	4.01	15.22
江 苏	Jiangsu	141	107	102	72.34	187.57	130.90	69.79
浙 江	Zhejiang	74	47	44	59.46	34.65	28.09	81.06
安 徽	Anhui	53	40	36	67.92	63.77	17.97	28.18
福 建	Fujian	28	15	9	32.14	12.51	5.96	47.62
江 西	Jiangxi	56	42	33	58.93	41.97	30.97	73.79
山 东	Shandong	56	47	35	62.50	67.82	40.28	59.38
河 南	Henan	30	17	21	70.00	112.95	59.96	53.08
湖 北	Hubei	30	22	16	53.33	67.67	12.13	17.92
湖 南	Hunan	35	27	31	88.57	22.29	23.76	106.61
广 东	Guangdong	99	65	45	45.45	71.19	50.15	70.45
广 西	Guangxi	78	65	41	52.56	50.22	30.88	61.49
海 南	Hainan							
重 庆	Chongqing	165	135	133	80.61	219.71	161.26	73.40
四 川	Sichuan	42	26	27	64.29	50.74	54.22	106.86
贵 州	Guizhou	4	2	1	25.00	7.21	1.81	25.02
云 南	Yunnan							
西 藏	Tibet							
陕 西	Shaanxi	10	7	7	70.00	27.83	4.36	15.67
甘 肃	Gansu	2	1			7.80		
青 海	Qinghai							
宁 夏	Ningxia							
新 疆	Xinjiang							

3-2-7 续表 4 continued

地 区	Region	医疗仪器设备及仪器仪表制造业 Manufacture of Medical Equipments and Measuring Instrument						
		施工项目(个) Number of Projects under Construction (unit)	#新开工 Number of Projects Started This Year	建成投产项目(个) Number of Projects Completed and Put into Use (unit)	项目建成投产率(%) Rate of Projects Completed and Put into Use (%)	投资额(亿元) Investment (100 million yuan)	新增固定资产(亿元) Newly Increased Fixed Assets (100 million yuan)	固定资产交付使用率(%) Rate of Fixed Assets Put into Use (%)
全 国	**Total**	**3410**	**2532**	**2543**	**74.57**	**2530.51**	**1998.70**	**78.98**
东部地区	Eastern Region	1956	1464	1440	73.62	1286.55	1098.66	85.40
中部地区	Middle Region	904	638	654	72.35	800.31	531.12	66.36
西部地区	Western Region	305	223	230	75.41	231.50	158.19	68.33
东北地区	Northeastern Region	245	207	219	89.39	212.16	210.74	99.33
北 京	Beijing	31	5	5	16.13	11.97	4.93	41.19
天 津	Tianjin	101	88	47	46.53	87.03	68.89	79.16
河 北	Hebei	92	59	68	73.91	98.90	111.92	113.17
山 西	Shanxi	14	9	7	50.00	13.85	6.01	43.40
内蒙古	Inner Mongolia	26	22	23	88.46	14.90	14.45	96.96
辽 宁	Liaoning	128	102	119	92.97	112.69	127.10	112.79
吉 林	Jilin	78	73	68	87.18	70.85	59.03	83.33
黑龙江	Heilongjiang	39	32	32	82.05	28.62	24.60	85.96
上 海	Shanghai	38	16	13	34.21	13.09	17.41	132.95
江 苏	Jiangsu	816	685	696	85.29	541.06	490.15	90.59
浙 江	Zhejiang	362	231	248	68.51	121.85	106.61	87.50
安 徽	Anhui	311	248	260	83.60	140.93	113.40	80.46
福 建	Fujian	43	28	26	60.47	28.11	25.05	89.12
江 西	Jiangxi	144	88	99	68.75	132.45	90.43	68.27
山 东	Shandong	301	237	227	75.42	296.55	206.26	69.55
河 南	Henan	131	78	84	64.12	230.17	125.38	54.47
湖 北	Hubei	125	67	65	52.00	153.35	87.78	57.24
湖 南	Hunan	179	148	139	77.65	129.55	108.12	83.46
广 东	Guangdong	170	115	109	64.12	87.17	67.41	77.34
广 西	Guangxi	84	70	68	80.95	31.53	27.18	86.21
海 南	Hainan	2		1	50.00	0.84	0.02	1.93
重 庆	Chongqing	48	30	36	75.00	49.10	36.27	73.88
四 川	Sichuan	79	56	61	77.22	68.63	50.29	73.29
贵 州	Guizhou	5	3	1	20.00	7.55	1.30	17.23
云 南	Yunnan	4	3	3	75.00	1.09	0.98	89.74
西 藏	Tibet	1		1	100.00	0.04	0.30	832.88
陕 西	Shaanxi	34	24	23	67.65	38.30	19.66	51.34
甘 肃	Gansu	9	4	5	55.56	8.30	4.22	50.81
青 海	Qinghai	5	5	4	80.00	3.15	1.72	54.52
宁 夏	Ningxia	3	2	1	33.33	5.85	0.82	13.93
新 疆	Xinjiang	7	4	4	57.14	3.07	0.99	32.29

3-2-7 续表 5 continued

地　区	Region	信息化学品制造业 Manufacture of Electronic Chemicals						
		施工项目(个) Number of Projects under Construction (unit)	#新开工 Number of Projects Started This Year	建成投产项目(个) Number of Projects Completed and Put into Use (unit)	项目建成投产率(%) Rate of Projects Completed and Put into Use (%)	投资额(亿元) Investment (100 million yuan)	新增固定资产(亿元) Newly Increased Fixed Assets (100 million yuan)	固定资产交付使用率(%) Rate of Fixed Assets Put into Use (%)
全　国	**Total**	**210**	**152**	**137**	**65.24**	**269.93**	**153.81**	**56.98**
东部地区	Eastern Region	116	93	73	62.93	132.61	78.29	59.04
中部地区	Middle Region	53	30	38	71.70	75.65	26.79	35.42
西部地区	Western Region	37	26	24	64.86	59.73	47.43	79.41
东北地区	Northeastern Region	4	3	2	50.00	1.94	1.30	66.93
北　京	Beijing	2	1			0.21		
天　津	Tianjin	1	1			0.55		
河　北	Hebei	6	4	4	66.67	11.09	8.33	75.13
山　西	Shanxi							
内蒙古	Inner Mongolia	12	8	9	75.00	36.05	31.25	86.70
辽　宁	Liaoning	2	2	2	100.00	1.30	1.30	100.00
吉　林	Jilin	2	1			0.64		
黑龙江	Heilongjiang							
上　海	Shanghai	1				0.18		
江　苏	Jiangsu	46	41	39	84.78	65.90	50.12	76.06
浙　江	Zhejiang	29	19	21	72.41	13.28	8.77	66.00
安　徽	Anhui	13	9	12	92.31	9.38	7.29	77.70
福　建	Fujian	4	4			2.22	0.61	27.41
江　西	Jiangxi	8	5	5	62.50	7.77	1.51	19.44
山　东	Shandong	17	14	6	35.29	24.67	7.20	29.17
河　南	Henan	11	6	6	54.55	47.78	10.71	22.42
湖　北	Hubei	7	2	3	42.86	3.48	0.92	26.28
湖　南	Hunan	14	8	12	85.71	7.25	6.37	87.92
广　东	Guangdong	10	9	3	30.00	14.50	3.27	22.54
广　西	Guangxi	6	5	4	66.67	2.08	1.70	81.71
海　南	Hainan							
重　庆	Chongqing							
四　川	Sichuan	2	1	1	50.00	1.47	4.00	272.83
贵　州	Guizhou							
云　南	Yunnan							
西　藏	Tibet							
陕　西	Shaanxi	6	6	6	100.00	9.06	8.69	95.87
甘　肃	Gansu							
青　海	Qinghai	3	2	3	100.00	1.26	1.26	100.00
宁　夏	Ningxia	2	2	1	50.00	1.63	0.53	32.59
新　疆	Xinjiang	6	2			8.19		

4

国际比较情况
International Comparison

4-1　高技术产业出口总额(2004-2014)

High-technology exports (2004-2014)

单位：百万美元 (million US $)

国 家	Country	2004	2005	2006	2007	2008	2009	2010	2011	2012	2013	2014
中 国	China	163007	215928	273132	302773	340118	309601	406090	457107	505646	560058	558606
美 国	USA	176282	190737	219026	218116	220884	132407	145498	145273	148772	147833	155641
日 本	Japan	126245	125445	129241	117858	119915	95159	122047	126478	123412	105076	100955
英 国	UK	65343	83697	116296	61149	59427	55135	59785	69315	67787	69223	70653
法 国	France	66065	70506	81538	78822	91980	82531	99736	105101	108365	113000	114697
德 国	Germany	135678	146389	163169	153419	159812	139961	158507	183371	183354	193088	199718
澳大利亚	Australia	3102	3289	3374	3260	3794	3247	3826	4859	4761	4565	4691
加拿大	Canada	21526	25352	26735	26311	26911	23210	23963	25017	24039	29137	31552
意大利	Italy	24518	25301	25885	26448	28813	25027	26419	31192	27526	29752	30745
瑞 典	Sweden	17296	17339	18364	15069	15424	12794	16178	18499	16547	17025	16556
瑞 士	Switzerland	26743	28364	31213	35336	42670	39447	42820	50301	50102	53350	55907
土耳其	Turkey	1011	882	1281	1644	1680	1359	1714	1921	1979	2177	2347
奥地利	Austria	14709	13019	14331	14554	15327	12255	13721	15706	16176	18412	19270
比利时	Belgium	20959	23385	23739	24932	28302	29553	31949	34681	36504	41674	43699
捷 克	Czech	7829	8934	12081	14440	17304	14252	17469	23366	22008	20921	23084
丹 麦	Denmark	9972	12118	11446	11051	11445	10630	8224	9464	8827	9185	9759
芬 兰	Finland	10616	13752	13987	13026	13506	6747	5853	5358	4448	3725	3961
希 腊	Greece	1071	1032	1185	923	1291	1170	1090	1171	1041	855	1210
冰 岛	Iceland	68	203	308	774	416	246	141	156	104	93	118
爱尔兰	Ireland	30425	32874	31829	28169	27795	24287	21232	23752	22702	21915	21261
墨西哥	Mexico	31956	32400	35899	33482	33387	31184	37657	40795	44013	45419	49403
荷 兰	Netherlands	60073	65910	69510	67416	58128	50765	59510	67148	63963	69040	70308
新西兰	New Zealand	566	603	590	603	584	473	548	661	706	723	645
挪 威	Norway	2690	2799	3338	3584	4264	3808	3834	4511	4514	4826	5208
葡萄牙	Portugal	2701	2532	2960	3213	3263	1166	1221	1547	1744	1942	2085
西班牙	Spain	10242	10718	10367	9814	10851	10157	11290	13370	13378	16346	15401
韩 国	South Korea	76117	83907	93352	101032	100909	92856	121478	122021	121313	130460	133447
新加坡	Singapore	94225	105656	124739	102854	117068	95398	126982	126435	128239	135602	137369
匈牙利	Hungary	14225	13695	14995	18271	20254	16919	18816	20649	14878	14471	12889
波 兰	Poland	1989	2645	3225	3371	5907	6627	8305	8614	9560	12052	14487
俄罗斯联邦	Russian Federation	5254	3820	3866	4109	5071	4527	5075	5443	7095	8656	9843
巴 西	Brazil	5954	8031	8418	9076	10286	7896	8122	8415	8820	8392	8229
印 度	India	3356	4139	4876	5998	7738	10728	10087	12871	12434	16693	17316

数据来源：世界银行《世界发展指标2016》。
World Bank, World Development Indicators 2016.

4-2 部分国家高技术产业出口占制造业出口的比重(2004-2014年)

The Ratio of Exports of High Technology Industry to Exports of Manufacturing in Selected Countries (2004-2014)

(%)

国家	Countries	2004	2005	2006	2007	2008	2009	2010	2011	2012	2013	2014
中国	China	30.1	30.8	30.5	26.7	25.6	27.5	27.5	25.8	26.3	27.0	25.4
美国	USA	30.3	29.9	30.1	27.2	25.9	21.5	19.9	18.1	17.8	17.8	18.2
日本	Japan	24.1	23.0	22.1	18.4	17.3	18.8	18.0	17.5	17.4	16.8	16.7
英国	UK	24.5	28.3	33.9	18.9	18.5	21.8	21.0	21.4	21.7	21.9	20.6
法国	France	19.8	20.3	21.5	18.5	20.0	22.6	24.9	23.7	25.4	25.8	26.1
德国	Germany	17.8	17.4	17.1	14.0	13.3	15.3	15.3	15.0	15.8	16.1	16.0
澳大利亚	Australia	13.5	12.8	12.3	10.3	10.8	11.9	11.9	13.1	12.7	12.9	13.6
加拿大	Canada	12.1	13.1	13.3	12.8	13.6	16.3	14.0	13.4	12.4	14.1	14.8
意大利	Italy	8.0	8.0	7.3	6.3	6.4	7.5	7.2	7.4	7.1	7.3	7.2
瑞典	Sweden	17.4	16.9	16.1	11.5	11.2	12.9	13.7	13.4	13.4	14.0	13.9
瑞士	Switzerland	24.4	24.3	24.0	23.4	24.5	26.1	25.4	24.9	25.8	26.5	26.4
土耳其	Turkey	1.9	1.5	1.9	1.9	1.6	1.7	1.9	1.8	1.8	1.9	1.9
奥地利	Austria	16.2	13.7	13.3	11.3	11.0	11.6	11.9	11.7	12.8	13.7	13.9
比利时	Belgium	8.6	8.9	8.4	7.4	8.0	10.4	10.5	10.0	11.4	11.5	12.8
捷克	Czech	13.2	13.0	14.3	13.2	13.6	14.6	15.3	16.3	16.1	14.7	14.9
丹麦	Denmark	20.3	23.4	20.2	16.8	15.6	17.9	14.2	14.0	14.2	14.3	14.4
芬兰	Finland	20.9	25.1	22.3	18.0	17.2	14.0	10.9	9.3	8.5	7.2	7.9
希腊	Greece	11.8	10.6	11.0	7.4	9.3	10.9	10.1	9.7	9.2	7.5	10.3
冰岛	Iceland	14.0	34.0	46.9	60.7	40.7	31.4	21.0	20.9	14.3	15.5	16.9
爱尔兰	Ireland	34.0	34.7	34.5	27.3	25.7	24.3	21.2	21.7	22.6	22.4	21.3
墨西哥	Mexico	21.3	19.6	19.0	17.2	15.7	18.2	16.9	16.5	16.3	15.9	16.0
荷兰	Netherlands	30.5	30.9	29.0	23.3	19.2	20.9	21.3	19.8	20.1	20.4	19.9
新西兰	New Zealand	9.6	10.2	10.3	9.1	8.5	8.9	9.0	9.3	9.7	10.3	9.1
挪威	Norway	17.4	16.1	17.2	14.7	14.8	15.8	16.2	18.5	18.8	19.1	20.7
葡萄牙	Portugal	8.7	8.9	9.3	8.4	8.1	3.8	3.4	3.5	4.1	4.3	4.4
西班牙	Spain	7.3	7.3	6.4	5.1	5.3	6.2	6.4	6.5	7.0	7.7	7.0
韩国	South Korea	32.9	32.5	32.1	30.5	27.6	28.7	29.5	25.7	26.2	27.1	26.9
新加坡	Singapore	56.9	56.9	58.1	45.2	49.4	48.1	49.9	45.2	45.3	47.0	47.2
匈牙利	Hungary	29.1	25.8	24.1	23.8	23.3	24.9	24.1	22.7	18.1	16.3	13.7
波兰	Poland	3.3	3.8	3.7	3.0	4.3	6.1	6.7	5.9	7.0	7.7	8.7
俄罗斯联邦	Russian Federation	12.9	8.4	7.8	6.9	6.5	9.2	9.1	8.0	8.4	10.0	11.5
巴西	Brazil	11.6	12.8	12.1	11.9	11.6	13.2	11.2	9.7	10.5	9.6	10.6
印度	India	6.0	5.8	6.1	6.4	6.8	9.1	7.2	6.9	6.6	8.1	8.6

数据来源：世界银行《世界发展指标2016》。
World Bank, World Development Indicators 2016.

附　　录
Appendix

附录 1 高技术产业（制造业）分类（2013）

High-technology Industry（Manufacturing Industry）Classifications (2013)

一、目的

为界定高技术产业（制造业）统计范围，特制定本分类。本分类适用于各地区、各部门开展高技术制造业统计调查。

二、定义和范围

本分类规定的高技术产业（制造业）是指国民经济行业中 R&D 投入强度（即 R&D 经费支出占主营业务收入的比重）相对较高的制造业行业，包括：医药制造，航空、航天器及设备制造，电子及通信设备制造，计算机及办公设备制造，医疗仪器设备及仪器仪表制造，信息化学品制造等 6 大类。

R&D（即研究与试验发展）是指在科学技术领域，为增加知识总量，以及运用这些知识创造新的应用而进行的系统的创造性活动。

三、编制原则

（一）以《国民经济行业分类》为基础。

本分类是以《国民经济行业分类》（GB/T 4754-2011）为基础，对国民经济行业分类中符合高技术产业（制造业）范畴相关活动的再分类。

（二）借鉴国际分类标准。

本分类借鉴 OECD（经济合作与发展组织）关于高技术产业的分类方法；分类表中第一类至第五类内容可与有关国际分类基本衔接，能够满足国际比较的需要。

四、结构和编码

本分类将高技术制造业划分为三层。

第一层为 6 个大类，用汉字数字一、二……表示；

第二层为 29 个中类，用汉字数字（一）、（二）……表示；

第三层为 42 个小类。

本分类已标明与《国民经济行业分类》（GB/T 4754-2011）直接对应的行业类别的相应代码。

五、对有关问题的说明

本分类在《高技术产业统计分类目录》（国统字〔2002〕33 号）的基础上修订完成，采用了原分类的基本结构框架。

本分类中与《国民经济行业分类》（GB/T 4754-2011）对应的行业类别的具体范围说明参见《2011 国民经济行业分类注释》。

六、高技术产业（制造业）分类表

名　　称	国民经济行业分类代码
一、医药制造业	27
（一）化学药品制造	
化学药品原料药制造	2710
化学药品制剂制造	2720
（二）中药饮片加工	2730
（三）中成药生产	2740
（四）兽用药品制造	2750
（五）生物药品制造	2760
（六）卫生材料及医药用品制造	2770
二、航空、航天器及设备制造业	
（一）飞机制造	3741
（二）航天器制造	3742
（三）航空、航天相关设备制造	3743
（四）其他航空航天器制造	3749
（五）航空航天器修理	4343
三、电子及通信设备制造业	
（一）电子工业专用设备制造	3562
（二）光纤、光缆制造	3832
（三）锂离子电池制造	3841
（四）通信设备制造	392
通信系统设备制造	3921
通信终端设备制造	3922
（五）广播电视设备制造	393
广播电视节目制作及发射设备制造	3931
广播电视接收设备及器材制造	3932
应用电视设备及其他广播电视设备制造	3939

续表

名　　称	国民经济行业分类代码
（六）雷达及配套设备制造	3940
（七）视听设备制造	395
电视机制造	3951
音响设备制造	3952
影视录放设备制造	3953
（八）电子器件制造	396
电子真空器件制造	3961
半导体分立器件制造	3962
集成电路制造	3963
光电子器件及其他电子器件制造	3969
（九）电子元件制造	397
电子元件及组件制造	3971
印制电路版制造	3972
（十）其他电子设备制造	3990
四、计算机及办公设备制造业	
（一）计算机整机制造	3911
（二）计算机零部件制造	3912
（三）计算机外围设备制造	3913
（四）其他计算机制造	3919
（五）办公设备制造	
复印和胶印设备制造	3474
计算器及货币专用设备制造	3475
五、医疗仪器设备及仪器仪表制造业	
（一）医疗仪器设备及器械制造	358
医疗诊断、监护及治疗设备制造	3581
口腔科用设备及器具制造	3582

续表

名　　称	国民经济行业分类代码
医疗实验室及医用消毒设备和器具制造	3583
医疗、外科及兽医用器械制造	3584
机械治疗及病房护理设备制造	3585
假肢、人工器官及植（介）入器械制造	3586
其他医疗设备及器械制造	3589
（二）仪器仪表制造	
工业自动控制系统装置制造	4011
电工仪器仪表制造	4012
绘图、计算及测量仪器制造	4013
实验分析仪器制造	4014
试验机制造	4015
供应用仪表及其他通用仪器制造	4019
环境监测专用仪器仪表制造	4021
运输设备及生产用计数仪表制造	4022
导航、气象及海洋专用仪器制造	4023
农林牧渔专用仪器仪表制造	4024
地质勘探和地震专用仪器制造	4025
教学专用仪器制造	4026
核子及核辐射测量仪器制造	4027
电子测量仪器制造	4028
其他专用仪器制造	4029
光学仪器制造	4041
其他仪器仪表制造业	4090
六、信息化学品制造业	
（一）信息化学品制造	2664

附录2 《高技术产业（制造业）分类（2013）》与《高技术产业统计分类目录》（国统字〔2002〕33号）对照表

Check List of High-technology Industry（Manufacturing Industry）Classifications（2013）and Statistics Catalogue of High-technology Industry Classifications（2002）

高技术产业（制造业）分类（2013）及对应2011国民经济行业分类代码		《高技术产业统计分类目录》（2002）及对应2002国民经济行业分类代码		说 明
		核燃料加工	253	删除
一、医药制造业	27	医药制造业	27	
（一）化学药品制造				
化学药品原料药制造	2710	化学药品原药制造	2710	更名
化学药品制剂制造	2720	化学药品制剂制造	2720	
（二）中药饮片加工	2730	中药饮片加工	2730	
（三）中成药生产	2740	中成药制造	2740	更名
（四）兽用药品制造	2750	兽用药品制造	2750	
（五）生物药品制造	2760	生物、生化制品的制造	2760	更名
（六）卫生材料及医药用品制造	2770	卫生材料及医药用品制造	2770	
二、航空、航天器及设备制造业		航空航天器制造	376	
（一）飞机制造	3741	飞机制造及修理	3761	旧行业3761部分内容调出
（二）航天器制造	3742	航天器制造	3762	
（三）航空、航天相关设备制造	3743			新增
（四）其他航空航天器制造	3749	其他飞行器制造	3769	更名
（五）航空航天器修理	4343			新增，旧行业3761部分内容调入
三、电子及通信设备制造业				
（一）电子工业专用设备制造	3562			新增
（二）光纤、光缆制造	3832			新增
（三）锂离子电池制造	3841			新增
（四）通信设备制造	392	通信设备制造	401	
通信系统设备制造	3921	通信传输设备制造	4011	旧行业 4011、4012和4019合并
		通信交换设备制造	4012	
		其他通信设备制造	4019	
通信终端设备制造	3922	通信终端设备制造	4013	旧行业4013和4014合并
		移动通信及终端设备制造	4014	
（五）广播电视设备制造	393	广播电视设备制造	403	
广播电视节目制作及发射设备制造	3931	广播电视节目制作及发射设备制造	4031	
广播电视接收设备及器材制造	3932	广播电视接收设备及器材制造	4032	

续表

高技术产业（制造业）分类（2013）及对应 2011 国民经济行业分类代码		《高技术产业统计分类目录》（2002）及对应 2002 国民经济行业分类代码		说 明
应用电视设备及其他广播电视设备制造	3939	应用电视设备及其他广播电视设备制造	4039	
（六）雷达及配套设备制造	3940	雷达及配套设备制造	402	
（七）视听设备制造	395	家用视听设备制造	407	更名
电视机制造	3951	家用影视设备制造	4071	旧行业 4071 分解
音响设备制造	3952	家用音响设备制造	4072	更名
影视录放设备制造	3953	家用影视设备制造	4071	旧行业 4071 分解
（八）电子器件制造	396	电子器件制造	405	
电子真空器件制造	3961	电子真空器件制造	4051	
半导体分立器件制造	3962	半导体分立器件制造	4052	
集成电路制造	3963	集成电路制造	4053	
光电子器件及其他电子器件制造	3969	光电子器件及其他电子器件制造	4059	
（九）电子元件制造	397	电子元件制造	406	
电子元件及组件制造	3971	电子元件及组件制造	4061	
印制电路版制造	3972	印制电路版制造	4062	
（十）其他电子设备制造	3990	其他电子设备制造	409	
四、计算机及办公设备制造业				与旧行业 404、4154、4155 对应
		电子计算机制造	404	
（一）计算机整机制造	3911	电子计算机整机制造	4041	
（二）计算机零部件制造	3912	电子计算机外部设备制造	4043	旧行业 4043 分解
（三）计算机外围设备制造	3913	电子计算机外部设备制造	4043	旧行业 4043 分解
（四）其他计算机制造	3919	计算机网络设备制造 电子计算机外部设备制造	4042 4043	旧行业 4042 加上旧行业 4043 的部分内容调入
（五）办公设备制造				与旧行业 4154、4155 对应
复印和胶印设备制造	3474	复印和胶印设备制造	4154	
计算器及货币专用设备制造	3475	计算器及货币专用设备制造	4155	
五、医疗仪器设备及仪器仪表制造业				与旧行业 368、411、412、4141、419 对应，但不含这些行业的调出部分
（一）医疗仪器设备及器械制造	358	医疗仪器设备及器械制造	368	旧行业 368 部分内容调出
医疗诊断、监护及治疗设备制造	3581	医疗诊断、监护及治疗设备制造	3681	旧行业 3681 部分内容调出
口腔科用设备及器具制造	3582	口腔科用设备及器具制造	3682	旧行业 3682 部分内容调出
医疗实验室及医用消毒设备和器具制造	3583	实验室及医用消毒设备和器具的制造	3683	旧行业 3683 部分内容调出

续表

高技术产业（制造业）分类（2013）及对应2011国民经济行业分类代码		《高技术产业统计分类目录》（2002）及对应2002国民经济行业分类代码		说 明
医疗、外科及兽医用器械制造	3584	医疗、外科及兽医用器械制造	3684	旧行业3684部分内容调出
机械治疗及病房护理设备制造	3585	机械治疗及病房护理设备制造	3685	旧行业3685部分内容调出
假肢、人工器官及植（介）入器械制造	3586	假肢、人工器官及植（介）入器械制造	3686	
其他医疗设备及器械制造	3589	其他医疗设备及器械制造	3689	旧行业3689部分内容调出
（二）仪器仪表制造				与旧行业411、412、4141、4190对应，但不含4190的调出部分
		通用仪器仪表制造	411	
工业自动控制系统装置制造	4011	工业自动控制系统装置制造	4111	
电工仪器仪表制造	4012	电工仪器仪表制造	4112	
绘图、计算及测量仪器制造	4013	绘图、计算及测量仪器制造	4113	
实验分析仪器制造	4014	实验分析仪器制造	4114	
试验机制造	4015	试验机制造	4115	
供应用仪表及其他通用仪器制造	4019	供应用仪表及其他通用仪器制造	4119	
		专用仪器仪表制造	412	
环境监测专用仪器仪表制造	4021	环境监测专用仪器仪表制造	4121	
运输设备及生产用计数仪表制造	4022	汽车及其他用计数仪表制造	4122	更名
导航、气象及海洋专用仪器制造	4023	导航、气象及海洋专用仪器制造	4123	
农林牧渔专用仪器仪表制造	4024	农林牧渔专用仪器仪表制造	4124	
地质勘探和地震专用仪器制造	4025	地质勘探和地震专用仪器制造	4125	
教学专用仪器制造	4026	教学专用仪器制造	4126	
核子及核辐射测量仪器制造	4027	核子及核辐射测量仪器制造	4127	
电子测量仪器制造	4028	电子测量仪器制造	4128	
其他专用仪器制造	4029	其他专用仪器制造	4129	
光学仪器制造	4041	光学仪器制造	4141	
其他仪器仪表制造业	4090	其他仪器仪表的制造及修理	4190	旧行业4190部分内容调出
六、信息化学品制造业				
（一）信息化学品制造	2664	信息化学品制造	2665	
		公共软件服务	621	删除
		基础软件服务	6211	删除
		应用软件服务	6212	删除

附录3　高技术产业(制造业)统计分类目录

Statistics Catalogue of High-technology Industry (Manufacturing Industry) Classifications

行业代码	行业名称	行业代码	行业名称
2664	信息化学品制造	3931	广播电视节目制作及发射设备制造
27	医药制造业	3932	广播电视接收设备及器材制造
2710	化学药品原料药制造	3939	应用电视设备及其他广播电视设备制造
2720	化学药品制剂制造	394	雷达及配套设备制造
2730	中药饮片加工	395	视听设备制造
2740	中成药生产	3951	电视机制造
2750	兽用药品制造	3952	音响设备制造
2760	生物药品制造	3953	影视录放设备制造
2770	卫生材料及医药用品制造	396	电子器件制造
3474	复印和胶印设备制造	3961	电子真空器件制造
3475	计算器及货币专用设备制造	3962	半导体分立器件制造
3562	电子工业专用设备制造	3963	集成电路制造
358	医疗仪器设备及器械制造	3969	光电子器件及其他电子器件制造
3581	医疗诊断、监护及治疗设备制造	397	电子元件制造
3582	口腔科用设备及器具制造	3971	电子元件及组件制造
3583	医疗实验室及医用消毒设备和器具制造	3972	印制电路版制造
3584	医疗、外科及兽医用器械制造	399	其他电子设备制造
3585	机械治疗及病房护理设备制造	401	通用仪器仪表制造
3586	假肢、人工器官及植(介)入器械制造	4011	工业自动控制系统装置制造
3589	其他医疗设备及器械制造	4012	电工仪器仪表制造
374	航空、航天器及设备制造业	4013	绘图、计算及测量仪器制造
3741	飞机制造	4014	实验分析仪器制造
3742	航天器制造	4015	试验机制造
3743	航空、航天相关设备制造	4019	供应用仪表及其他通用仪器制造
3749	其他航空航天器制造	402	专用仪器仪表制造
3832	光纤、光缆制造	4021	环境监测专用仪器仪表制造
3841	锂离子电池制造	4022	运输设备及生产用计数仪表制造
39	计算机、通信和其他电子设备制造业	4023	导航、气象及海洋专用仪器制造
391	计算机制造	4024	农林牧渔专用仪器仪表制造
3911	计算机整机制造	4025	地质勘探和地震专用仪器制造
3912	计算机零部件制造	4026	教学专用仪器制造
3913	计算机外围设备制造	4027	核子及核辐射测量仪器制造
3919	其他计算机制造	4028	电子测量仪器制造
392	通信设备制造	4029	其他专用仪器制造
3921	通信系统设备制造	4041	光学仪器制造
3922	通信终端设备制造	409	其他仪器仪表制造业
393	广播电视设备制造	4343	航空航天器修理

注：此目录摘自国家统计局国统字[2013]55号文件。

附录4 高技术产业(制造业)统计资料整理公布格式

Published Format for Sorting-out the Statistical Data of High-technology Industry (Manufacturing Industry)

行 业	对应代码
一、医药制造业	27
#化学药品制造	271+272
中成药生产	274
生物药品制造	276
二、航空、航天器及设备制造业	374+4343
#飞机制造	3741
航天器制造	3742
三、电子及通信设备制造业	39-391+3562+3832+3841
#通信设备制造	392
#通信系统设备制造	3921
通信终端设备制造	3922
广播电视设备制造	393
雷达及配套设备制造	394
视听设备制造	395
电子器件制造	396
#电子真空器件制造	3961
半导体分立器件制造	3962
集成电路制造	3963
电子元件制造	397
其他电子设备制造	399
四、计算机及办公设备制造业	391+3474+3475
#计算机整机制造	3911
计算机零部件制造	3912
计算机外围设备制造	3913
办公设备制造	3474+3475
五、医疗仪器设备及仪器仪表制造业	358+401+402+409+4041
1.医疗仪器设备及器械制造	358
2.仪器仪表制造	401+402+409+4041
六、信息化学品制造业	2664

附录 5　主要统计指标解释
Explanatory Notes on Main Statistical Indicators

资产总计　指企业拥有或控制的能以货币计量的经济资源，包括各种财产、债权和其他权利。资产按流动性分为流动资产、长期投资、固定资产、无形资产、递延资产和其他资产。该指标根据企业会计“资产负债表”中“资产总计”项目的期末数增列。

主营业务收入　指会计“利润表”中对应指标的本年累计数。未执行 2001 年《企业会计制度》的企业，用“产品销售收入”的本期累计数代替。

利润总额　指企业生产经营活动的最终成果，是企业在一定时期内实现的盈亏相抵后的利润总额(亏损以“-”号表示)，它等于营业利润加上补贴收入加上投资收益加上营业外净收入再加上以前年度损益调整。

R&D　即研究与试验发展的简称，指在科学技术领域，为增加知识总量、以及运用这些知识去创造新的应用而进行的系统的、创造性的活动，包括基础研究、应用研究、试验发展三类活动。

R&D 人员折合全时当量　是国际上通用的、用于比较科技人力投入的指标。指 R&D 全时人员（全年从事 R&D 活动累积工作时间占全部工作时间的 90%及以上人员）工作量与非全时人员按实际工作时间折算的工作量之和。例如：有 2 个 R&D 全时人员(工作时间分别为 0.9 年和 1 年)和 3 个 R&D 非全时人员(工作时间分别为 0.2 年、0.3 年和 0.7 年)，则 R&D 人员全时当量＝1+1+0.2+0.3+0.7=3.2(人年)。

R&D 经费内部支出　指调查单位在报告年度用于内部开展 R&D 活动的实际支出。包括用于 R&D 项目（课题）活动的直接支出，以及间接用于 R&D 活动的管理费、服务费、与 R&D 有关的基本建设支出以及外协加工费等。不包括生产性活动支出、归还贷款支出以及与外单位合作或委托外单位进行 R&D 活动而转拨给对方的经费支出。

政府资金　指调查单位R&D经费内部支出中来自各级政府部门的各类资金。

企业资金　指调查单位R&D经费内部支出中来自本企业的自有资金和接受其他企业委托而获得的经费。

新产品　指采用新技术原理、新设计构思研制、生产的全新产品，或在结构、材质、工艺等某一方面比原有产品有明显改进，从而显著提高了产品性能或扩大了使用功能的产品。

企业办研发机构数　指企业自办（或与外单位合办），管理上同生产系统相对独立（或单独核算）的专门研发活动机构，如企业办的技术中心、研究院所、开发中心、开发部、实验室、中试车间、试验基地等。企业办研发活动机构经过资源整合，被国家或省级有关部门认定为国家级或省级技术中心的，应按一个机构填报。与外单位合办的科技活动机构若主要由本企业出资兴办，则由本企业统计，否则应由合办方统计。企业研发管理职能处（科）室（如科研处、技术科等）一般不统计在内；若科研处、技术科等同时挂有科技活动机构的牌子，视其报告年度内主要工作任务而定，主要任务是从事研发活动的可以统计，否则不予统计。本指标不含企业在中国境外设立的研发活动机构数。

机构人员　指报告期企业办研发活动机构中从事研发活动的人员合计。

机构经费支出　指报告期企业办研发机构用于内部开展研发活动实际支出的总费用。包括机构人员劳务费（含工资）支出、机构业务费支出、管理费支出、固定资产购建支出以及其他维持机构正常工作的日常费用等的支出总和。不包括相关折旧费用、长期费用摊销和无形资产摊销等费用。

引进技术经费支出 指报告期企业用于购买国外或港澳台技术的费用支出，包括产品设计、工艺流程、图纸、配方、专利等技术资料的费用支出，以及购买关键设备、仪器、样机和样件等的费用支出。

消化吸收经费支出 引进技术的消化吸收指对引进技术的掌握、应用、复制而开展的工作，以及在此基础上的创新。引进技术的消化吸收经费支出包括：人员培训费、测绘费、参加消化吸收人员的工资、工装、工艺开发费、必备的配套设备费、翻版费等。

购买境内技术经费支出 指报告期企业购买境内其他单位研发成果的经费支出。包括购买产品设计、工艺流程、图纸、配方、专利、技术诀窍及关键设备的费用支出。

技术改造经费支出 指报告期企业进行技术改造而发生的费用支出。技术改造指企业在坚持科技进步的前提下，将科技成果应用于生产的各个领域（产品、设备、工艺等），用先进工艺、设备代替落后工艺、设备，实现以内涵为主的扩大再生产，从而提高产品质量、促进产品更新换代、节约能源、降低消耗，全面提高综合经济效益。

施工项目 指报告期内进行过建筑或安装施工活动的项目。凡是报告期内施过工的建设项目，不论施工时间长短，均作为施工项目统计。施工项目个数可以反映一定时期固定资产投资的实际规模，与同期全部建成投产项目个数相比，可以从建设速度的角度反映固定资产投资的效果。根据建设项目施工活动的不同性质，施工项目又分为：本年正式施工项目、本年收尾项目和以前年度全部停缓建项目。

全部建成投产项目 工业项目指设计文件规定形成生产能力的主体工程及其相应配套的辅助设施全部建成，经负荷试运转，证明具备生产设计规定合格产品的条件，并经过验收鉴定合格或达到竣工验收标准，与生产性工程配套的生活福利设施可以满足近期正常生产的需要，正式移交生产的建设项目。非工业项目指设计文件规定的主体工程和相应的配套工程全部建成，能够发挥设计规定的全部效益，经验收鉴定合格或达到竣工验收标准，正式移交使用的建设项目。

项目建成投产率 指一定时期内全部建成投产项目个数与同期施工项目个数的比率。该指标是从建设单位建设速度的角度反映投资效果的指标。

新增固定资产 指报告期内已经完成建造和购置过程，并已交付生产或使用单位的固定资产价值。该指标是表示固定资产投资成果的价值指标，也是反映建设进度，计算固定资产投资效果的重要指标。

固定资产交付使用率 指一定时期新增固定资产与同期完成投资额的比率。该指标是反映固定资产动用速度，衡量建设过程中宏观投资效果的综合指标。由于新增固定资产是较长时期内形成的结果，而投资额则是当年完成的，因此，该指标一般适宜于反映较长时期内固定资产的动用情况。